内容简介

　　这是一本经典的财务管理入门著作，作者以价值最大化为目标，立足于金融市场，以风险与报酬率权衡为核心，以财务决策框架为主线，构建财务管理教学用书的结构体系。本书具有以下几个特点：

　　·作者集多年财务管理教学与教材编写经验，匠心独运地审视真正重要且有用的内容，去粗取精，压缩纯理论内容，做到重点突出。

　　·尽量不用复杂的数学模型去展示那些显而易见或不太实用的论题，让学生将注意力集中在基本理念上，培养学生的财务决策与职业判断力。

　　·用严谨而不失生动活泼的笔调、通俗易懂且妙趣横生的语言描述和解释财务管理的基本理念。

　　本书主要涉及价值、风险、筹资、债务与分配政策、财务分析与财务计划等内容，第10版在保持主体内容完整的基础上，精简了部分习题，删除了与我国国情不相符的内容以及附录。

　　本书适合作为高等院校商科本科生和专业学位研究生（如MBA，EMBA和MPAcc）教学用书，也适合企业和金融机构的财务从业人员参考使用。

主要作者简介

　　理查德·布雷利（Richard A. Brealey）　伦敦商学院财务金融学教授，英国科学院院士，曾任欧洲金融协会主席和美国金融学会理事，长期担任英格兰银行总裁特邀顾问和许多金融机构的董事。

译者简介

　　胡玉明　暨南大学管理学院会计学系、管理会计研究中心教授，广东省管理会计师协会监事长。长期关注管理会计理论与方法及其中国实践，专注于本科生的会计学及相关课程的教学工作，身体力行地坚守"学海无涯乐作舟"，传播会计学理念，呼吁会计业界从注重"如何做会计"转向"如何用会计"，"由技入道"地感悟会计数字的"灵性"，强化数字化时代的数商。

工商管理经典译丛·会计与财务系列

Business Administration Classics

财务管理基础

Fundamentals of Corporate Finance（Tenth Edition）

[英] 理查德·布雷利（Richard A. Brealey）
[美] 斯图尔特·迈尔斯（Stewart C. Myers）　著
[美] 艾伦·马库斯（Alan J. Marcus）

胡玉明｜译

第10版

中国人民大学出版社
·北京·

随着现代金融市场与企业制度的发展，财务管理的重要性日益提升。国内外出版了众多财务管理论著，其中有一本值得特别关注，那就是呈现在读者面前的由著名财务学家理查德·布雷利（Richard A.Brealey）、斯图尔特·迈尔斯（Stewart C.Myers）和艾伦·马库斯（Alan J.Marcus）合著的《财务管理基础（第 10 版）》。

财务管理的内容越来越丰富，如何构造财务管理教学用书的结构体系非常重要。这也是对财务管理教学用书作者的考验。

本书作者旗帜鲜明地指出，本书不是财务管理的百科全书，重点关注的是财务管理的基本理念以及财务经理如何运用这些基本理念解决其面临的重要财务问题，强调做出财务决策的实践能力。尽管财务管理的理论与方法有些复杂，但是，一旦财务决策的概念框架得以建立，许多复杂问题就变得相对简单、通俗易懂。因此，本书的目的就在于提供财务决策的概念框架，"由技入道"，详细地揭示优秀财务经理用于做出投资决策和筹资决策的各种工具背后所隐含的道理。

根据多年财务管理教学与教材编撰经验，本书作者以价值最大化为目标，立足金融市场，以风险与报酬率权衡为核心，以财务决策框架为主线，构造财务管理教学用书的结构体系。本书包括 8 篇，共 25 章。其基本结构体系如图 1 所示。

与其他同类财务管理教学用书相比，《财务管理基础（第 10 版）》具有如下特点：

第一，匠心独运。财务管理是一门充满挑战且不断发展变化的激动人心的课程。信息技术的应用和日益增强的全球化使得财务管理的理论与实践发生了翻天覆地的变化。为了全面反映这种变化，财务管理教学用书的内容越来越丰富，篇幅也越来越大，而经济管理类专业的学生和商界人士的时间越来越宝贵。有鉴于此，如何编撰一本既能够充分体现财务管理核心内容，又不至于太庞杂的少而精的财务管理著作便是一项重要而艰辛的工作。根据多年的教学经验，本书作者匠心独运地审视究竟什么是真正重要且有用的内容，去粗取精，舍弃某些相关性不大的主题，压缩纯理论成分，真正做到了重点突出，恰到好处。

第二，强调直觉判断。如今，翻开财务管理类图书，复杂的数学模型或数学公式俯拾即是。尽管财务管理需要数学模型或数学公式，但数学模型或数学公式只是表达财务管理理念的工具。为此，本

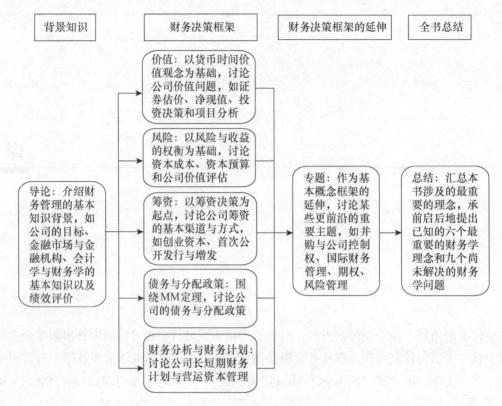

图 1　本书的基本结构体系

书作者尽量不用复杂的数学模型去展示那些显而易见或者不太实用的论题，即使是数学公式也较少运用数学符号，而尽量用文字来描述。这样就减少了学生的恐惧感和厌倦感，使其将注意力集中在财务管理的基本理念而不是数学模型或数学公式上。财务管理是理性与非理性的统一。本书作者以一种大多数人熟悉的感觉和直觉诠释财务管理理念，贯穿本书的基本写作原则就是：首先用普通的术语予以描述，然后借助文字、图表和例题解释财务管理理念，接着用更为精练的术语展示基于特定管理情境，财务经理可能采取什么财务管理行为，使财务管理理论与实践相融合，从而培养学生的财务决策与职业判断能力。

第三，通俗易懂。作为教学用书，做到通俗易懂格外重要。本书原著作者用严谨而又不失活泼的笔调描述财务管理的基本理念，用通俗易懂、妙趣横生的语言解释枯燥的财务管理理论。本书充满趣味，引人入胜。

第四，可读性强。本书采用模块化的编撰方式，各章相对独立，自成体系，方便学习者根据具体情况灵活地选用不同的章节，从而增强了本书的可读性。

第五，市场是最好的鉴定者。作为一本财务管理教学用书，自 1995 年首次出版以来，《财务管理基础》已经在不同国家和地区推出 10 版，成为经典的财务管理入门著作。

本书适用于高等学校经济管理类本科生和专业学位研究生（如 MBA，EMBA 和 MPAcc）教学，也可作为企业和金融机构的相关人员的参考读物。

需要指出的是，原著篇幅宏大。基于我国的国情，我们对原著做了适当的改编（删减）。改编方案为：（1）保持主体内容的完整性；（2）强调举一反三，触类旁通，只保留微型案例，删减所有自测题、思考题与练习题；（3）删减某些与我国国情不符的内容，如税收制度；（4）删减了附录。

　　本书的翻译和审校工作由暨南大学管理学院胡玉明教授负责。由于水平所限，难免存在不足之处，敬请读者批评指正。

　　原著的英文影印改编版已由中国人民大学出版社出版，可供读者参考。

胡玉明

本书是财务管理方面的著作，重点关注公司如何投资实物资产、如何为这些投资项目筹集资金以及这些资产最终如何影响公司的价值。本书还广泛引入财务情境。例如，本书讨论了金融市场的主要参与者——金融机构在整个经济体中所扮演的角色，证券如何交易，以及投资者如何评估证券的价值。本书为系统地思考公司与个人都可能遇到的多数重要财务问题提供了一个框架。

财务管理非常重要和有趣，而且富有挑战性。之所以说财务管理非常重要，是因为现在的资本性投资决策可能决定了公司未来一二十年甚至更长时间的经营方向。毋庸置疑，公司的成败在相当大程度上取决于公司筹集资本的能力。

之所以说财务管理非常有趣，基于以下几个理由：财务决策经常涉及巨额资金，大型投资项目或购置业务可能涉及数十亿美元。此外，财务团体是国际化的和快速发展的专业团体，囊括了形形色色的精英，也有少数令人讨厌的人。

财务管理也富有挑战性。财务决策没有固定模式，而公司经营活动面临的金融市场瞬息万变。好的经理可以处理一些日常问题，但只有最优秀的经理才能应对变化的环境。为了解决新问题，你不能仅凭经验行事，必须理解为什么公司和金融市场会那样运作，以及普遍的做法在什么情形下可能并非最佳实践。一旦你拥有了一个连贯的财务决策框架，复杂的问题就会变得更容易解决。

本书就提供了这样的框架。本书并非财务管理的百科全书。相反，本书重点关注财务管理的基本理念以及财务经理如何运用这些基本理念解决其面临的重要决策。本书解释了经理如何在获利时间不同或风险等级不同的投资项目之间做出选择，描述了金融市场的主要特征并讨论了为什么公司可能偏好某种特定的财务来源。

本书围绕现代财务管理的重要概念编撰而成。只要合理解释，这些概念可以使问题更简单。其实，现代财务管理的各种概念也很实用。如果现代财务管理概念以一个连贯的概念框架呈现出来，那么，掌握并有效地运用财务管理工具将更简单。本书也提供了这种框架。

现代财务管理并非"火箭科学"，而是可以用语言、图表和例题表述清楚的一整套理念。优秀的财务经理运用财务管理工具做出投资决策与筹资决策，而这些理念就揭示了这些财务管理工具背后隐含的道理。

本书的目的在于使财务管理对入门者而言更清晰实用、妙趣横生。本书将现代财务管理理念与财务管理实践融合在一起讨论，以更适合财务管理的初学者。

《财务管理基础》与《财务管理原理》

《财务管理基础》（*Fundamentals of Corporate Finance*）一书的部分内容取自其姊妹著作《财务管理原理》（*Principles of Corporate Finance*）。尽管这两本书的精髓相似，都以现代财务理念培养读者做出财务决策的实践能力，但是，这两本书也存在显著的差异。

第一，本书中更深入细致地讨论了货币时间价值。这些内容几乎构成整本书的基础，而且书中用一整章的篇幅来讨论货币时间价值这一重要概念。

第二，与《财务管理原理》相比，本书中提供了更多的例题。每章都有许多例题，以帮助读者熟悉并领会相关内容。

第三，本书中精简了许多主题的内容。《财务管理原理》共有 34 章，而本书只有 25 章。本书相对简练，便于拓展某些主题。对初学者而言，这是一种优势。

第四，本书假定读者没有相关的背景知识。尽管多数读者学过会计学入门课程，但本书还是在第 3 章回顾了会计学的概念。就财务经理而言，这些会计学概念非常重要。

《财务管理原理》以其轻松、非正式的写作风格而著称，《财务管理基础》延续了这种传统。此外，本书尽量少地使用数学符号。即使要呈现一个数学公式，也通常用文字而不是符号来描述。这样做有两个优势：第一，可以减少读者的恐惧感；第二，将注意力集中在财务管理的基本理念而不是数学公式上。

本书的篇章结构

本书分为 8 篇。

第 1 篇（导论） 提供了必要的背景材料。其中，第 1 章讨论了企业的组织形式、财务经理的角色、经理面临的金融市场，解释了目标各异的股东如何达成共识，并要求经理采取能够增加其投资项目价值的措施，介绍了资本机会成本的概念以及公司在评估投资项目时需要权衡的问题，还描述了协调经理与股东之间利益冲突的某些机制。当然，增加股东价值并非腐败与不道德行为的合理借口。因此，本章讨论了经理可能面临的某些道德问题。

第 2 章概述了金融市场与金融机构的职能。本章还回顾了 2007—2009 年的金融危机。近年来发生的各种事件充分说明了金融市场与金融机构为何重要，以及有多重要。

大型公司都强调团队合作，因此，公司编制财务报表帮助利益相关者监控公司的发展状况。第 3 章简要回顾了这些财务报表并提出两个关键的区别，即市场价值与账面价值之间的区别以及现金流量与利润之间的区别。本章还讨论了会计实践的某些缺陷。2001—2002 年的会计丑闻凸显了这些会计实践的缺陷。

第 4 章提供了财务报表分析的概览。与讨论财务报表分析这一主题的许多教材不同，本书的讨论是基于对估值的考虑，以及对财务比率揭示的管理层如何增加公司价值的洞察。

第 2 篇（价值） 关注估价问题。其中，第 5 章讨论了货币时间价值观念。由于多数读者更熟悉自己的财务事项，不太熟悉大型公司的财务事项，本章首先讨论某些个人财务决策，以此启发进一步的讨论，即如何评估长期现金流量序列的价值，进而评估永续年金和年金的价值。本章还简短总结了通货膨胀以及实际报酬率与名义报酬率之间的差异。

　　第 6 章和第 7 章讨论了债券与股票的基本特征，给读者提供了运用第 5 章介绍的理念评估这些证券的价值的机会。该部分解释了如何计算收益率已经确定的债券的价值以及债券价值如何随着利率的变动而变动，讨论了股票价格的决定因素以及如何运用股票估价模型推断投资者期望的报酬率，考察了股票价格如何反映投资机会以及分析师为什么要关注市盈率。第 7 章讨论了市场效率的概念。市场效率不仅是解释股票估价的一个重要概念，而且为后续处理公司发行证券、做出股利分配或资本结构决策所引发的问题提供了一个框架。

　　第 2 篇的其余各章关注公司的投资决策。第 8 章首先讨论了净现值的概念并说明如何计算一个简单投资项目的净现值。接着讨论了更复杂的投资项目，包括不同投资项目的选择、机器设备更新决策和何时应该投资的决策。本章还讨论了评估投资项目吸引力的其他指标，即内含报酬率、盈利能力指数和回收期，阐述了在资本不足时如何运用盈利能力指数选择投资项目。第 8 章的附录讨论了如何规避内含报酬率法的某些缺陷。

　　计算净现值的第一个步骤是确定折现的对象，第 9 章以资本预算分析的实例说明经理应该如何识别营运资本投资，以及所得税和折旧如何影响现金流量。

　　第 10 章首先介绍公司如何管理投资流程并确保每个人都朝着一个共同目标努力工作。接着，进一步讨论有助于经理识别其估计值隐含的关键假设的各种方法，如敏感性分析、情境分析和盈亏临界点分析。本章解释了会计盈亏临界点分析与净现值盈亏临界点分析的区别，并且描述了经理如何将未来柔性嵌入投资项目，从而充分利用有利机会获利并防止不利机会造成不良后果。

　　第 3 篇（风险） 主要关注资本成本。第 11 章以债券和股票报酬率的历史回顾开头，接着讨论个别股票的个别风险与市场风险的差异。第 12 章说明了如何计量市场风险，并讨论了风险与预期报酬率之间的关系。第 13 章讨论加权平均资本成本并提供了一个如何估算加权平均资本成本的实例。

　　第 4 篇（筹资） 开始讨论筹资决策。第 14 章提供了公司所发行的各种证券及其作为财务来源的相对重要性的概览。第 15 章讨论了公司如何发行证券，并举例逐步讨论公司最初对风险资本的需求、公司的首次公开发行和公司通过举债或发行股票满足持续的资金需求。

　　第 5 篇（债务与分配政策） 关注两类传统的长期筹资决策。第 16 章追问公司应该借多少钱并总结了公司无法偿还其债务可能引发的破产程序。第 17 章研究了公司如何确定股利及其支付政策。我们以 MM 理论为起点。根据该理论，在有效运作的市场上，股利分配决策应该无关紧要。但是，运用该初始理论可帮助读者理解为什么财务经理在实践中确实关注这些决策。

　　第 6 篇（财务分析与财务计划） 始于第 18 章的长期财务计划。第 18 章讨论了财务经理如何考虑投资决策与筹资决策对整个公司的综合影响，以及内含增长率和可持续增长率指标如何帮助经理验证公司预期增长率是否与其筹资计划协调一致。第 19 章是短期财务计划的一个概述，说明经理如何确保公司有足够的现金支付以后年度的各种款项。第 20 章讨论营运资本管理，描述了信用管理的基本步骤、存货管理的原理和公司如何有效处理各种款项的收支并尽快将现金投入营运，以及公司如何投资其多余现金、如何借钱弥补现金短缺。从理论上说，第 20 章的内容简单明了，且包括许多常用素材。

　　第 7 篇（专题） 涵盖几个重要但相对更前沿的主题，即兼并（第 21 章）、国际财务管理（第 22 章）、期权（第 23 章）和风险管理（第 24 章）。其中一些主题在前面各章已有所涉及。例如，第 10 章在讨论公司如何将未来柔性嵌入资本性投资项目时曾经提及期权概念。第 23 章将进一步概述这些内容，深入浅出地解释如何评估期权价值，并以具体案例说明为什么财务经理必须关注期权。当然，国际财务管理方面的内容也不仅仅局限于第 22 章。由于读者可能期待有一本由不同国家的作者共同编写的著作，为此，我们特意将基于不同国家和不同财务体系的案例分散在整本书中。不过，第 22 章着重解决公司面对不同货币所产生的各种特殊问题。

第 8 篇（总结）只包括总结性的一章，即第 25 章。第 25 章回顾了本书所涵盖的最重要的理念，还讨论了一些有趣的问题。这些问题要么是本书没有回答的问题，要么是财务学界之谜。因此，最后一章既是本书的结语，又是后续财务管理课程的引言。

本书教学指引

可以说，有多少教师就有多少组织财务管理课程教学的有效方式。有鉴于此，我们确保本书的内容模块化，以便按不同顺序讲授相应的主题。

我们建议在讲授财务计划之前先讨论估价原理。不过，我们知道许多教师为了更好地与预修会计学课程相衔接，倾向于讲授第 4 章（公司绩效评价）之后直接讲授第 18 章（长期财务计划）。我们确信第 6 篇（财务分析与财务计划）的内容可以安排在第 1 篇之后。

同样，我们建议在学生熟悉估价与筹资的基本原理之后再讲授营运资本管理。我们知道许多教师喜欢将讲授顺序颠倒过来。当然，改变第 20 章的讲授顺序应该没有什么问题。

我们在第 2 篇讨论投资项目评估时，强调资本机会成本取决于投资项目的风险，但直到第 3 篇才讨论如何计量风险或如何将报酬率与风险联系起来。可以根据需要改变这种顺序安排，例如，有关风险与报酬率的章节可以在投资项目评估主题之前或之后讲授，甚至可以穿插在中间讲授。

采用该书作教材的教师可向 McGraw-Hill 公司北京代表处联系索取教学课件资料，传真：（010）62790292，电子邮件：instructorchina@mcgraw-hill.com。

目　录

第 3 篇 风 险 **217**

第4篇 筹 资   **279**

第5篇 债务与分配政策   **309**

第6篇 财务分析与财务计划   **353**

第 **1** 篇

导 论

第 **1** 章

公司的目标与公司治理

学习目标

1. 列举财务经理做出的各种投资和筹资决策。

2. 区分实物资产与金融资产。

3. 列举公司这种组织形式的优劣势。

4. 描述首席财务官、司库和主计长的职责。

5. 解释为什么市场价值最大化是公司天然的财务目标。

6. 理解何谓代理问题并列举公司治理有助于缓解代理问题的某些例证。

7. 理解为什么市场价值最大化不是不道德行为的借口。

为了经营业务，公司需要拥有各种各样的资产。有些资产属于有形资产，如厂房与设备、办公楼和各种运输工具，有些资产则属于无形资产，如各种商标和专利权。公司通过借款、将利润再投资于公司和向公司股东发行新股为这些资产筹集资金。

由此，财务经理面临两个基本问题。第一，公司应该做出哪些投资？第二，公司应该如何为这些投资筹集资金？投资决策花钱，而筹资决策为这些投资筹钱。

我们以美国和其他国家知名公司近年来所做的投资和筹资决策的案例作为本章的开篇。我们将讨论何谓公司，并描述公司高级财务经理所扮演的角色。接下来，我们转向公司的财务目标。公司的财务目标通常表述为市场价值最大化或增加市场价值。只要公司的投资可以获得的报酬率高于其股东自己可以获得的报酬率，那么，财务经理就为公司增加了价值。

然而，经理也是人。他们不可能是时时处处使公司价值最大化的优秀仆人。我们还将描述大型公司内部可能产生的各种利益冲突，以及公司治理如何有助于协调公司经理与股东的利益冲突。

如果我们要求经理使公司价值最大化，那么，公司还可以成为一个好公民吗？经理难道不会受诱惑而企图玩弄不道德或非法的财务把戏吗？经理有时也可能会受到各种诱惑，但明智的经理清楚这些财务把戏不仅不道德，还注定会减损公司的价值，而不会增加公司的价值。对财务经理更有挑战性的问题是难以界定道德与不道德财务行为之间的灰色地带。

最后，我们简要地介绍本书后续章节的内容。

1.1 投资和筹资决策

作为联邦快递公司（Federal Express）的创始人，弗雷德·史密斯（Fred Smith）现在已经是一个家喻户晓的人物。但在 1965 年，他还是耶鲁大学一名大学二年级的学生。当时，他写了一篇经济学的学期论文，认为各种配送系统无法满足人们日益增长的速度和可靠性需求。[①] 后来，他加盟继父的公司。该公司是一家为航空公司提供救生设备和维护服务的企业。很快，他就发现了装运零配件的各种问题。他认为必须构建一种能够比"点对点"配送系统更有效地连接大量"点位"、由核心控制中心统一协调的空中与地面一体化配送系统。1971 年，史密斯在 27 岁时创建了联邦快递。

与许多初创公司一样，联邦快递也不断经历失败的考验。尽管史密斯及其家庭继承了几百万美元的遗产，但是这些钱远远不够。新成立的公司需要购置和更新已经老化的达索猎鹰喷气式飞机，完善核心控制中心的设施，聘用并培训飞行员、业务人员和办公室人员。公司初始的资本来源是短期银行贷款。由于公司的财务状况不稳定，银行要求公司以飞机作抵押，史密斯以个人资产为贷款担保。

1973 年 4 月，联邦快递开始以 14 架喷气式飞机组成的机群在其孟菲斯控制中心之外的地区从事业务运营，为美国 25 个城市提供服务。这时，公司已经花费 2 500 万美元，濒临破产，甚至没有足够的资金支付喷气式飞机每周的燃油费。绝望之际，公司想方设法获得了一笔 2 370 万美元的银行贷款。这笔贷款必须由通用动力公司（General Dynamics）提供担保。当然，作为回报，通用动力公司获得了购买公司的期权。（如今，通用动力公司一定非常后悔从未行权。）

到 1973 年 11 月，联邦快递的财务状况终于趋于稳定，当时它从风险资本家那里筹集了 2 450 万美元，这些提供资金的投资公司则获得了联邦快递的部分股权。最终，风险资本家向联邦快递投资了大约 9 000 万美元。

1977 年，美国首次允许私营公司在包裹配送业务领域与邮政部门展开竞争，联邦快递随之拓展了业务范围。此时，公司需要 7 架波音 727 飞机，每架波音 727 飞机的容量大约是猎鹰喷气式飞机的 7 倍。为了满足这些新增投资的资金需求，联邦快递通过首次公开发行（initial public offering，IPO）的方式向社会公众出售其股份，筹集了大约 1 900 万美元的资金。新的股东根据其所购买股份的比例成为公司的共有人。

此后，随着公司不断地取得成功，联邦快递花巨资扩大其机群和基础设施。公司引进了一套自动化装运系统和条形码跟踪系统。1994 年，公司网站（fedex.com）推出了在线包裹跟踪系统。之后，公司在美国、加拿大、法国、菲律宾和中国设立了几个新的核心控制中心。2007 年，从飞机数量来看，联邦快递（现在的公司名为 FedEx）成为世界最大的空运公司。联邦快递也投资其他公司，2016 年以 44 亿美元收购托马斯全国运输快递公司（TNT Express），创下了公司投资纪录。截至 2017 年底，公司的员工达到 40 万名，年收入达到 600 亿美元，股票市场价值为 670 亿美元。联邦快递成为隔夜送达快递服务的代名词。

---

① 富有传奇色彩的是，史密斯的这篇学期论文只得到 C。事实上，他并不记得这个成绩。

回顾过去，联邦快递的成功也不是一件十拿九稳的事情。尽管弗雷德·史密斯的想法令人振奋，但实施起来比较复杂和困难。联邦快递必须做出有效的投资决策。刚开始，这些财务决策因缺乏资金而受到限制。例如，由于新成立的公司财务状况不稳定，因此使用猎鹰喷气式飞机是唯一的选择，公司只能在少数主要城市提供服务。随着公司不断成长，公司的投资决策变得越来越复杂。公司应该购置哪种类型的飞机？公司应该何时将经营业务拓展到欧洲和亚洲？公司应该建立多少经营控制中心？随着包裹业务量的增加和覆盖区域的拓展，公司应该用何种计算机和跟踪系统与此相匹配？如果要扩大业务范围，又应该并购哪些公司？

当然，联邦快递还需要做出有效的筹资决策。例如，公司应该如何为满足投资需求筹集资金？起初，这些选择局限于家庭自有资金和银行贷款。随着公司不断成长，选择范围逐渐扩大。最后，公司可以吸引风险资本家来投资，但是，新的问题随之而来。公司需要从风险资本家那里筹集多少资金？作为回报，风险资本家将得到公司多大份额的股份？首次公开发行股票也会产生类似的问题。公司应该出售多少股？以什么价格出售？随着公司不断发展，公司需要向银行借款和向投资者发售公开交易的各种债券。面对上述问题，公司需要确定筹集资金的合适方式和条款以及筹资数额。

总之，联邦快递必须擅长财务管理。尽管与潜在竞争对手相比，公司明显占据优势，但许多欠佳的财务决策仍可能导致公司陷入困境。尽管没有两家公司的发展历史是相同的，但是，就像联邦快递那样，所有成功的公司都必须做出有效的投资和筹资决策。这些决策可能平淡无奇、显而易见，也可能不同凡响，甚至具有重要的战略意义。

我们可以进一步拓展讨论的视野。表 1-1 列示了 10 家公司做出的投资和筹资决策。其中，5 家是美国公司，5 家是他国公司。我们选择的都是大型上市公司。你也许曾到沃尔玛（Walmart）购物，在脸书（Facebook）上晒过一张图片或梦想过购买一辆法拉利（Ferrari）。

表 1-1 主要上市公司做出的投资和筹资决策实例

公司名称	投资决策	筹资决策
达美航空（美国）	从空客公司订购 100 架 A321 大型飞机。	发行 10 亿美元的 5 年期债券。
埃克森美孚（美国）	宣告将重新开发在圭亚那发现的大型海岸油田。	将经营活动产生的现金流量 85 亿美元再投资于公司。
脸书（美国）	收购一家英国虚拟现实音效公司"两只大耳朵"。	租赁位于旧金山的大型新办公楼。
菲亚特克莱斯勒（意大利）	剥离其法拉利豪华车分部。	偿还银行债务 18 亿美元。
葛兰素史克（英国）	耗资 36 亿美元研发新药。	借入短期欧元债务。
联想（中国）	宣告计划在印度建造一个新的生产设施，生产个人电脑和智能电话。	发行债券 5 亿美元和优先股 8.5 亿美元。
路威酩轩①（法国）	收购高端香水品牌库尔吉安香水。	举债为收购活动提供部分资金。
宝洁（美国）	耗资 70 多亿美元做广告。	回购股票 46 亿美元，支付股利 72 亿美元。
东芝（日本）	同意以 46 亿美元变卖其濒临破产的美国核心业务分部。	发行普通股 54 亿美元。
沃尔玛（美国）	宣告计划 3 年内在智利投资 8 亿美元。	宣告回购其部分债券。

看看这些决策，我们觉得你会认为这些决策都是明智的，至少没有明显错误。不过，如果你是财

务学新手，可能难以想象为何是这些公司而不是其他公司做出了这些决策。

投资（资本预算）决策

表 1-1 列示的那些投资决策也称**资本预算决策**（capital budgeting decisions）或**资本支出决策**（capital expenditure decisions）。表 1-1 列示的有些投资决策（如埃克森美孚的油井平台或联想的新工厂）涉及那些"看得见，摸得着"的有形资产，有些投资决策（如研发、广告和计算机软件的设计）则涉及无形资产。例如，主要制药公司每年都要投资数十亿美元研发新药。

有些投资决策可能具有非常长时期的效果。例如，美国核管理委员会原先许可经营 40 年的许多核电厂，现在还准许经营 20 多年。总体而言，这些核电厂可能还可以有效地经营 80 年。其他投资决策可能只有几个月的成效。例如，在圣诞节来临之前，沃尔玛公司耗资近 500 亿美元为其仓库和零售商店备货。在以后的几个月里，随着这些商品的出售，沃尔玛公司收回其投资。

商界的竞争非常激烈，公司只有不断推出新产品或服务才能发展。有时，公司推出新产品或服务的成本和风险非常大。例如，在澳大利亚开发戈尔贡天然气田的成本预计超过 400 亿美元。该成本由几个重要的能源公司共同分担也就不足为奇了。但是，不要以为公司每天都进行数十亿美元的投资。大多数投资决策涉及的投资规模都较小，如购置一辆卡车、一台机器或一个计算机系统。公司每年都做出数千项这样的投资决策。这些小规模支出的累计数额完全可以与如表 1-1 所示的偶尔发生的巨额投资相媲美。

然而，并非所有投资都能够成功。2011 年 10 月，惠普公司耗资 111 亿美元收购了英国软件公司奥拓诺米（Autonomy）。然而，仅仅 13 个月之后，惠普的该项投资就减值 88 亿美元。惠普宣称公司受到了奥拓诺米不当会计处理方法的误导。无论如何，惠普收购奥拓诺米都是一项损失惨重的投资。惠普的首席执行官很快就被解聘。

财务领域没有绝对正确的决策。但是，如果你掌握了各种投资分析工具并能熟练运用这些工具，就可以稳操胜券。稍后，我们将详细讨论这些投资分析工具。

筹资决策

财务经理的第二项职责是筹集公司投资和经营所需的资金，即**筹资决策**（financing decision）。如果公司需要筹集资金，可以邀请投资者提供现金以换取未来一定份额的利润，或者承诺返还投资者的本金并支付按某个固定利率计算的利息。基于第一种情形，投资者得到公司的股份，成为公司的股东和公司的共有人。此时，投资者提供了权益资本，称为权益投资者。基于第二种情形，投资者是公司的借款人，也就是将来某一天公司必须偿还其借款的债务投资者。债务融资和权益融资之间的选择通常称为资本结构决策。这里的"资本"指公司的长期筹资来源。公司谋求筹集长期资金的行为就称为"筹集资本"。

必须注意投资决策与筹资决策之间的基本差异。公司投资时，需要购置**实物资产**（real assets），而后运用这些实物资产生产公司的产品和提供服务。公司通过向投资者发售**金融资产**（financial assets）为其实物资产投资筹集资金。股票是一种金融资产，其价值在于作为一种对公司实物资产以及这些实物资产所创造收益的索取权。银行贷款也是一种金融资产，银行拥有收回本金并取得利息的权利。如果公司的经营活动不能创造足够的收益支付其结欠银行的债务，银行可以强制公司破产并行使其对公司实物资产的索取权。投资者可以在公开市场购买并交易的金融资产称为证券。表 1-1 列示的上市公司所发行的股票都是证券。表 1-1 列示的达美航空公司发行的五年期债券也是一种证券，但摩根大通银行向达美航空公司发放的银行贷款可不是一种证券。当然,如果摩根大通银行将该笔银行贷款再次出售给公众投资者,那么,该笔银行贷款就成为一种金融资产。

公司几乎可以发行所有类型的金融资产。假设公司决定借款,公司可以向投资者借款或向银行借款,借款期限可以是 1 年或 20 年。如果借款期限是 20 年,那么,公司可以保留因利率下降而提前还款的权利。公司可以在巴黎借款,得到欧元并承诺偿还欧元,也可以在纽约借入美元。(如表 1-1 所示,葛兰素史克公司选择借入欧元,不过,该公司也可以借入美元或英镑。)

就某些方面而言,筹资决策没有投资决策重要。财务经理认为"价值主要来自资产负债表的投资项目"。此外,多数成功的公司的筹资战略有时极其简单。以微软公司为例。微软公司是全球最有价值的公司之一。2018 年中期,微软公司股票的每股市场价格为 94 美元,流通在外的股票数量为 77.1 亿股。因此,微软的市场价值为 7 250 亿美元。微软的市场价值来自何处?来自其产品、品牌、全球顾客基础、研发以及未来的投资盈利的能力。微软的市场价值并非来自复杂的筹资战略,其筹资战略非常简单:公司投资几乎都是通过现金流量的留存和再投资提供资金。

与有效的投资决策相比,尽管筹资决策可能不能增加多少价值,但是,如果筹资决策很糟糕或受到坏消息的严重影响,可能会减损价值。例如,2007 年,某投资公司财团收购能源巨头得州公用事业公司(TXU)时,背负了 400 亿美元的债务。也许这最初未必是一个糟糕的决策,但之后的事实证明,这就是一个毁灭性的决策。该财团没有预料到页岩气产能的扩大以及随之而来的天然气和电力价格的暴跌。到了 2014 年 4 月,该财团已经破产。

我们已经强调财务经理在投资决策和筹资决策方面的职责:

- 投资决策意味着购置各种实物资产;
- 筹资决策意味着出售各种金融资产。

当然,这有点过于简单化。因为财务经理还需要处理许多日常工作。对于经营平稳的公司而言,这些工作很有必要。例如,如果公司以赊销的方式出售产品或提供服务,就必须确保顾客能够按时付款。国际化经营的公司必须不断地将现金从一种货币转换为另一种货币。经理必须盯住公司面临的各种风险,并确保这些风险不至于导致公司陷入困境。

1.2 何谓公司

其实,我们已经提及"公司"。但在进一步讨论之前,我们需要讨论公司的基本定义。

公司(corporation)是一个独特的、持久的法律主体。假设你决定创建一家新公司①,那么,你要与律师合作起草公司章程,明确经营目标以及如何筹资、管理与治理。公司章程必须符合公司经营业务所在国家的法律。出于各种目的,公司被视为其所在国家的居民。例如,公司可以签订契约、借款或对外贷款,也可以起诉或被诉。公司支付自己的各种税款(但公司不能参加投票)。

公司的所有者称为股东②。股东并不直接拥有公司的实物资产(如工厂、油井和商店等),只是通过金融资产(如公司的股票)拥有间接的所有权。在法律上,公司明显区别于其股东。因此,股东只负**有限责任**(limited liability),股东个人不需要对公司的债务负责。2008 年,美国金融公司——雷曼

---

① 在美国,公司以"Corporation""Incorporated"或"Inc."(如 Caterpillar Inc.)标识。英国的上市公司用"plc"(Public Limited Corporation 的首字母缩写)标识,而法国的公司有一个后缀"SA"(Société Anonyme)。在德国,公司以"GmbH"(Gesellschaft mit beschränkter Haftung)和"AG"(Aktiengesellschaft)标识。

② 股东的英文可以是"shareholder",也可以是"stockholder",二者的含义完全相同,可以混用。

兄弟（Lehman Brothers）宣告破产，没有人要求其股东投入更多的钱偿还该公司的巨额债务。股东可能损失其在公司的全部投资，但并不需要承担其他债务。

例 1.1　企业组织

假设你购买一座楼房开设一家餐馆。你已经投资该楼房、厨房设备、餐厅设备以及其他各种资产。如果你没有采取公司化经营方式，那么你就作为独资企业主拥有这些资产。如果你向银行借款开展经营活动，那么你个人要对这些债务负责。如果经营活动出现亏损，无力清偿银行债务，银行可以要求你变卖其他资产（如你的汽车或房子）筹措资金，以便偿还银行借款。但如果你以公司形式经营该餐馆，公司向银行借款，那么你的其他资产与餐馆的债务无关。当然，这也意味着如果你的餐馆实行公司化经营，银行发放贷款时将格外谨慎，因为银行对你的其他资产没有追索权。[①]

值得注意的是，如果你以公司形式经营业务，则通过金融资产（新公司的股票）的方式就将实物资产（楼房、厨房设备等）的直接所有权转换成了间接所有权。

刚刚创建的公司，其股票可能只为少数投资者（也许就是公司的经理和几个发起人）私人持有。这时，股票没有公开交易，公司就是所谓私人持股公司。随着公司的不断发展，为了进一步筹集资金，公司发行了新股，其股票在公开市场（如纽约证券交易所）交易。这时公司成为公众公司。在美国，多数知名公司都是股权高度分散的公众公司。在其他国家，更为普遍的是，大型公司依然为私人拥有，而极少数投资者可能控制着许多公众公司。

大型上市公司拥有上万股东，这些股东共同拥有公司。某个股东可能拥有 100 股公司股票，得到 100 票投票权，并享有公司收益和价值的很小部分。而养老基金或保险公司可能拥有数百万股，得到数百万票投票权，从而分享公司绩效的较大份额。

公众股东或许不能直接管理或控制公司，但是会推选出董事会，由董事会再任命高级经理并监控其经营绩效。这种所有权与控制权分离使公司具有持久的生命力。即便经理辞职或被解聘，公司依然可以生存下去。现有股东可以将其股票出售给其他新的投资者，而不中断公司的经营活动。从理论上讲，公司可以永远生存下去。实际上，公司也可以存续数代人。哈德逊湾公司（Hudson's Bay Company）是世界上最古老的公司之一，创建于 1670 年，从事加拿大北部与英格兰之间的皮革贸易业务。作为加拿大领先的连锁营运商之一，该公司目前仍在经营其业务。

公司的所有权与控制权分离也可能存在某种负面效应。因为所有权与控制权分离为公司的经理和董事开启了以自己利益而不是股东利益行事的方便之门，我们将在本章后面部分讨论这个问题。

公司还存在其他劣势。其中一个劣势就是管理公司这个法律主体的成本（包括时间和金钱）并非小规模企业所能承受。

在美国，公司还有一个重要的纳税劣势。由于公司是一个独立的法律主体，因此必须单独纳税。公司要就其利润纳税，如果股东从公司获得股利或出售其股票获利，还要再次纳税。而不以公司形式经营的企业所创造的收益，作为个人收益只纳一次税。[②]

---

① 银行可能要求你以个人资产作为餐馆贷款的抵押品，但必须征得你的同意。当然，如果你的餐馆是一家独资企业，银行就不必征得你的同意。

② 就此而言，美国的税收系统有些非同寻常。为了避免双重征税，许多国家就公司已纳税部分或多或少地给予股东某些税收减免。

企业组织的其他形式

就表 1-1 所列示的那些跨国公司而言，公司未必独占鳌头。如果你不辞辛劳，也可以采用公司的形式经营本地的管道承包或理发业务。不过，多数公司都是规模较大或有望成长的企业。小规模的夫妻店通常是独资企业。

那么，中等规模的企业又如何？如果独资企业的业务增长很快，但又不想组建公司，该怎么办？假设你希望与一些朋友或商业协会一起聚集资金和专业人才，你可以组建一家合伙企业并签署一份合伙协议，明确如何做出决策以及如何分配利润。与独资企业主一样，合伙人承担无限责任。如果企业陷入困境，每个合伙人都必须对企业的所有债务承担责任。

合伙企业具有税收优势。与公司不同，合伙人不必支付所得税。合伙人只需要就其享有利润的份额支付个人所得税。

有些企业采取混合制，将合伙企业的税收优势与公司的有限责任优势结合起来。在一个有限合伙制的企业里，合伙人可以是普通合伙人，也可以是有限合伙人。普通合伙人管理企业的经营业务，其个人对企业的债务负无限责任。有限合伙人只对其投入的钱负责，并不参与管理。

许多国家允许采取有限责任合伙企业或有限合伙公司这种企业组织形式。这种合伙企业的所有合伙人都只负有限责任。另一种变通的企业组织形式是专业公司，医师、律师和会计师通常采用这种企业组织形式。虽然这种专业公司只负有限责任，但是依然可以将专业人员个人作为起诉对象。例如，可以起诉专业人员的舞弊行为。

诸如摩根士丹利（Morgan Stanley）和高盛（Goldman Sachs）等大型投资银行都以合伙企业作为起点。不过，这些企业及其财务需求的规模越来越大，以致不再适合保持合伙企业这种组织形式。最终，这些企业都采用了公司制。如果所有权越来越分散，所有权与经营权必须分离，那么合伙企业这种组织形式也就不适合了。

1.3　财务经理是什么人

财务经理为了生存要做些什么呢？可以从几个方面回答这个简单的问题。我们可以从财务经理的职位名称入手开始讨论。多数大型公司都有一位**首席财务官**（chief financial officer，CFO）监督所有财务人员的工作。正如图 1-1 所示，首席财务官深度参与制定财务政策和财务计划，并持续与首席执行官和其他高管保持联系。首席财务官是公司最重要的财务"发言人"，负责向投资者和媒体解释各种经营绩效及其预测数据。

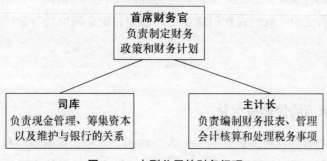

图 1-1　大型公司的财务经理

首席财务官的下属通常是**司库**（treasurer）和**主计长**（controller）。司库负责公司的现金管理、筹集资本、维护公司与银行及持有公司证券的其他投资者的关系。主计长负责编制财务报表、管理公司内部预算和会计核算、处理公司的税务事项。因此，司库的主要职责是取得并管理公司的资本，主计长的主要职责则是确保资本得到有效运用。

大型公司的财务经理负责组织和监督资本预算过程。不过，公司主要的资本投资项目都与产品开发、生产和营销计划紧密联系，因此，其他领域的经理也需要参与这些投资项目的筹划和分析。如果公司有擅长制订公司计划的员工，他们自然会参与资本预算过程。有鉴于此，我们使用"财务经理"这一称谓来称呼负责投资或筹资决策的那些人。我们也经常用"财务经理"统称参与投资或筹资决策的所有经理。

如果不考虑职位名称，财务经理的基本职责是什么？图 1-2 回答了这个问题。图 1-2 追踪了现金从投资者流向公司，然后又流回投资者的过程。当公司从投资者手中筹集资金时，现金便开始流动（图 1-2 中的箭头（1））。这些现金可能来自银行或在金融市场向投资者出售证券。公司用该现金支付购买其经营活动所需的实物资产（投资项目）的款项（图 1-2 中的箭头（2））。而后，伴随着公司的经营，各项资产创造了现金流入量（图 1-2 中的箭头（3））。该现金可能用于再投资（图 1-2 中的箭头（4a）），也可能返还给初始阶段提供资金的投资者（图 1-2 中的箭头（4b））。当然，公司筹集资金时（图 1-2 中的箭头（1））所做出的承诺限制了两者之间（图 1-2 中的箭头（4a）和箭头（4b）之间）的选择。例如，如果公司从银行借款（图 1-2 中的箭头（1）），那么必须偿还银行借款并支付利息（图 1-2 中的箭头（4b））。

图 1-2　投资者与公司经营活动之间的现金流动

说明：（1）通过向投资者出售金融资产筹集资金；（2）将现金投入公司的经营活动；（3）公司的经营活动创造现金；（4a）现金再投资；（4b）将现金返还给投资者。

根据表 1-1，你可以看到图 1-2 中的箭头（4a）和箭头（4b）的一些例证。埃克森美孚公司通过盈余再投资（图 1-2 中的箭头（4a））为其投资筹集部分资金。宝洁公司决定通过回购股票将现金返还给股东（图 1-2 中的箭头（4b））。当然，宝洁公司也可以选择以额外现金股利的方式将现金返还给股东（同样为图 1-2 中的箭头（4b））。

注意，财务经理处于公司与外部投资者之间的地位。一方面，财务经理参与公司的经营活动，尤其是帮助公司做出有效的投资决策；另一方面，财务经理要与金融机构、其他投资者和诸如纽约证券交易所这样的金融市场打交道。我们将在第 2 章更详细地讨论金融市场与金融机构。

1.4　公司的目标

股东要求经理追求市场价值最大化

小规模公司的股东与管理层可能就是同一个人。然而，大型公司的所有权与经营权的分离却是一种现实的必然。例如，沃尔玛有超过 10 万名股东，这些股东不可能都积极地参与管理。这就与试图由市民会议管理纽约市一样，必须授权。

如果这些股东有不同的品位、财富、时间安排、个人机会和风险偏好，如何有效授权？只有当所有股东都拥有一个共同的目标时，授权才能发挥作用。值得庆幸的是，几乎所有股东都认同一个天然的财务目标：股东投资的现行市场价值最大化。

如果股东可以借助功能健全的金融市场和金融机构，那么这个简单明了的公司目标就非常有意义。借助金融市场和金融机构，股东就可以灵活地管理其自身的储蓄和消费计划。这样，公司财务经理只有增加市场价值这一项任务。公司股东的名册中通常包括风险厌恶型投资者和风险偏好型投资者。你可能会听到厌恶风险的投资者说："没问题，肯定要实现价值最大化，但别触及太多高风险投资项目。"相反，风险偏好型投资者可能会说："如果期望的利润足够高，足以弥补风险，风险性投资项目还是不错的。根据我的偏好，如果公司风险太高，我将调整自己的投资组合，使投资组合更加安全。"例如，风险厌恶型投资者可能将其投资组合转向更安全的资产项目，如美国政府债券。这类股东也可能出售风险高的公司股票，购买安全性高的公司股票。这类股东在风险性投资项目增加市场价值时离开也许更好，因为如果风险性投资项目失败了，对他们的打击会更大。

例 1.2　价值最大化

Fast-Track Wireless 公司的股票交易价格为 20 美元。该公司刚刚宣布将投资一个"赌注型"的高风险但具有革命性的项目——无线网络通信技术。尽管投资者都意识到该投资项目的失败风险，但是他们对该技术的优势印象更为深刻。投资者认为该投资项目未来有非常高的利润，股票价格也会随之上涨。最终，该股票的每股价格达到 23 美元。

卡斯珀·米尔克托斯特（Caspar Milquetoast）是一名善于思考又谨慎的股东。他注意到该投资项目的负面风险，并认为这是一个出售其股票的时机。于是，他将股票出售给更偏好风险的投资者。不过，他以每股 23 美元而不是 20 美元出售股票。因此，他获得了无线网络通信项目的价值增值，却不需要承担该投资项目的风险。风险已经转嫁给更偏好风险或更乐观的其他投资者。

在功能健全的股票市场，只要投资项目的潜在优势足够吸引人，总是会有众多投资者时刻准备承担投资项目的负面风险。我们知道本案例投资项目的潜在优势非常明显，因为公司的股票吸引了愿意支付每股 23 美元的投资者。

同样的道理也适用于公司现金流量的时间分布问题。

有时，你会听到管理层说公司似乎还有其他目标。例如，管理层可能说他们的工作就是使利润最大化。这种说法似乎合乎情理。难道股东不希望公司盈利吗？不过，认真琢磨一下，利润最大化并非公司目标的一个明确定义。其理由如下：

1. 利润最大化？哪一年的利润最大化？公司可能通过削减维护费用或员工培训费用增加当期的利润，但是，除非这些开支一开始就是浪费，否则这种做法并不增加价值。如果公司的长期利润受损，股东未必喜欢较高的短期利润。

2. 公司可能通过削减当年股利并将富余的现金再投资于公司，来增加未来的利润。然而，如果公司的再投资只获得了很低的收益，那么也不符合股东利益最大化的目标。

从公司长远发展来看，公司的价值必须最大化，至少不能减损。例如，假设公司经理无视价值，将公司的唯一目标确定为增加产品和服务的市场份额。为了吸引新顾客，即便削价可能导致持续亏损，经理也大幅降低价格。随着亏损数额的增加，公司将发现越来越难借到钱，迟早无法偿还现有债务。如果股东发现新的权益投资将随着原有投资化为乌有，公司也就难以筹集到新的权益资本。

公司的经理可能为这种经营不当行为付出代价。例如，外部投资者可能会寻找轻松赚钱的机会。他们从现有股东手中收购公司股票，解聘现有经理，并重新回归价值而不是市场份额。外部投资者将从新管理层所创造的价值中获得利润。

如果经理追求的目标减损了公司的价值，那么该经理通常会提前退休。对此，另外一个解释就是**公司天然的财务目标就是使公司市场价值最大化**。

投资决策的权衡问题 好吧，我们就以市场价值最大化或至少增加市场价值为公司的财务目标。那么，为什么有些投资项目可以增加市场价值，而有些投资项目却减损市场价值？图1-3回答了这个问题。图1-3描绘了公司投资决策的权衡问题。公司有一个计划投资的项目（购置某项实物资产），假设公司手头上有足够的现金为该投资项目提供资金，财务经理正在考虑是否实施该投资项目。如果财务经理决定不实施该投资项目，公司可以将现金返还给股东（比如发放额外的股利）。（图1-3中表示投资和股利的箭头就是图1-2中的箭头（2）和箭头（4b）。）

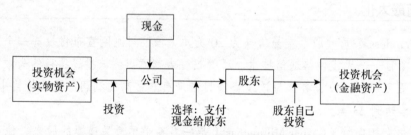

图1-3 公司投资决策的权衡问题

说明：公司可以保留现金，也可以再投资或将现金返还给股东。（箭头代表可能的现金流动或转移。）如果将现金用于再投资，其机会成本就是股东投资于金融资产能够获得的期望报酬率。

假设财务经理以公司所有者即股东的利益行事，那么股东希望财务经理做什么？答案取决于投资项目的报酬率和股东投资于金融资产能够获得的报酬率。如果投资项目的报酬率超过股东自己投资能够获得的报酬率，股东就会投票赞同公司的投资项目。如果投资项目的报酬率低于股东自己投资能够获得的报酬率，股东就会投票反对公司的投资项目，希望公司将现金返还给自己。

图1-3也适用于达美航空公司投资购置新飞机的决策。假设达美航空公司已经预留现金准备购置5架以上的A321大型飞机。达美航空可以继续实施采购计划，也可以取消该投资项目并将现金返还给股东。如果达美航空公司选择将现金返还给股东，股东就可以自己投资。

假设达美航空公司投资于新飞机的风险与美国股票市场的风险大致相同，且股票市场的期望报酬率为10%。如果达美航空公司投资于新飞机的报酬率特别高（比如，达到20%），其股东自然乐于由公司留存现金并再投资于新飞机。如果达美航空公司投资于新飞机的报酬率只有5%，其股东会希望公司取消投资项目并得到现金。在这种情形下，财务经理就应该放弃投资项目。

只要公司计划投资的项目能够获得的报酬率超过其股东自己投资于股票市场（或其他金融市场）能够获得的报酬率，股东自然追捧该投资项目，公司的市场价值随之增加。然而，如果公司计划投资的项目能够获得的报酬率较低，股东只能喝倒彩，公司的市场价值随之减损，股东强烈要求取回自己的钱，自己去投资。

就上述案例而言，达美航空公司购置新飞机可接受的最低报酬率为10%。这个最低报酬率称为取舍率或**资本机会成本**（opportunity cost of capital）。之所以称为资本机会成本，是因为它取决于股东在金融市场上各种可供选择的投资机会。如果公司将现金投资于新项目，其股东就失去了自己投资的机会。公司通过接受所有报酬率超过资本机会成本的投资项目而增加价值。

通过比较投资项目的报酬率与资本机会成本，图 1-3 说明了一个通则：与股东自己投资相比，公司应该直接将现金投资于增加市场价值的项目。[①]

值得注意的是，资本机会成本的高低取决于计划投资项目的风险。为什么呢？这固然与股东厌恶风险有关，但更重要的是，股东自己投资也得权衡风险与报酬率。最安全的投资项目（如美国政府债券）的报酬率较低，报酬率较高的投资项目（如股票市场投资）的风险较高，有时甚至遭受惨重的损失（例如，2008 年美国股票市场下跌了 38%）。其他投资项目的风险也较高。例如，与常规公司的股票相比，高新技术公司的成长性股票预期报酬率较高，但其波动性也更大。

经理借助金融市场衡量公司投资项目的资本机会成本。他们可通过查阅安全性债务证券的现行利率考察安全性投资项目的资本机会成本。就风险性投资项目而言，经理必须估计其资本机会成本。我们将在第 11 章讨论这个问题。

1.5 代理问题、高管薪酬与公司治理

独资企业的财务管理不存在任何利益冲突，其业主既是所有者也是管理者。他们获得有效决策和努力工作的成果，承受糟糕决策或偷懒的惩罚。他们的个人财富与独资企业的价值紧密联系。

许多大型公司的所有者主要是外部投资者，因此，管理者可能受到某种诱惑，追求自己的利益，而没有以股东利益最大化的方式行事。例如，他们可能回避有价值但风险较高的投资项目，因为他们更关心自己工作的安全性，而不关心价值最大化。他们可能借助过于激进的投资或过度自信地收购其他公司来构建公司帝国。

之所以会产生各种减损价值的行为，是因为管理者并非股东，而是股东的代理人。因此，这些问题称为**代理问题**（agency problems）。因代理问题或缓解代理问题的成本而减损的价值，称为**代理成本**（agency costs）。

有时，这些代理问题可能导致异常行为。泰科公司（Tyco）的前首席执行官丹尼斯·科兹洛夫斯基（Dennis Kozlowski）为其妻子的生日聚会耗资 200 万美元，而他将其中的一半列入公司成本。霍林格国际公司（Hollinger International）以前的老板布莱克（Black）动用公司的喷气式飞机带妻子到博拉博拉岛旅行。当然，这些只是极端的案例。在公司正常经营过程中出现的代理问题经常很微妙且微不足道，但只要管理者滥用别人的钱，就会产生代理问题。

可以把公司的价值视为众多受益者共同分配的一个饼。这些受益者不仅包括公司管理者和员工，而且包括股东和贷款人。因为政府对公司的销售和利润征税，所以政府也是受益者。这些受益者称为**利益相关者**（stakeholders），因为他们都与公司存在利益关系。只要各利益相关者的利益不一致，就会产生代理问题。

在实践中，可以通过三种方式缓解代理问题。第一，公司制定防范无效支出和抑制不慎投资的内部控制和决策程序。我们将在后续几章讨论这些程序。例如，在第 8 章、第 9 章和第 10 章讨论各种使公司价值最大化的规范的资本性投资决策程序。第二，公司力图设计出协调经理利益与股东利益的

[①] 我们提及达美航空公司新飞机投资项目的未来报酬率可能为 5% 或 20%。我们将在第 8 章看到，未来报酬率有时难以计算和解释。不过，通则总是成立的。我们将在第 8 章和第 9 章讨论如何通过计算投资项目的净现值运用该通则。

薪酬计划。第三，公司受到公司治理制度的约束。我们接着讨论薪酬与公司治理问题。

高管薪酬

高管薪酬组合几乎总是与公司的财务绩效挂钩。高管薪酬组合通常包括固定的工资以及与利润或其他财务绩效指标挂钩的年度奖金。越是资深的经理，其固定工资占薪酬总额的比例就越低。当然，薪酬也并不都是现金，还包括部分股票。[①] 许多公司的薪酬组合还包括股票期权。我们将在第 23 章讨论股票期权。股票期权对每股股票价格最大化具有特别强的激励效果。

就少数高层经理而言，薪酬上升的空间非常大。例如，2017 年，商业软件巨头甲骨文公司的首席执行官拉里·埃里森（Larry Ellison）的薪酬总额为 2 100 万美元。但是，其中只有 1 美元是基本工资，其余部分是股票和股票期权。如果甲骨文公司的股票价格跌破其 2017 年的水平，这些期权将毫无价值。不过，如果甲骨文公司的股票价格上涨，这些期权就会很值钱。而且，作为甲骨文公司的创始人，埃里森持有的股票价值 600 亿美元。没有人可以确定基于不同的薪酬组合，埃里森工作的努力程度如何，但有一件事很清楚：埃里森个人拥有甲骨文公司市场价值的巨大份额。

精心设计的薪酬计划可以激励经理努力实现股东财富最大化目标，从而缓解代理问题。然而，有些薪酬计划并没有经过精心设计，使造成公司价值减损的经理也得到了奖励。例如，在罗伯特·纳德利（Robert Nardelli）担任家得宝公司首席执行官的六年间，该公司股票价格下跌了 20%，而其竞争对手——劳氏公司（Lowe's）的股票价格上涨了将近一倍。尽管如此，2007 年 1 月，纳德利被解聘时还是得到了高达 2.1 亿美元的薪酬。毋庸置疑，许多股东非常不满。

2010 年，金融改革法案《多德－弗兰克法案》（Dodd-Frank Act）赋予美国股东通过一年或三年期非约束性的"薪酬话语权"（say on pay）投票对高管薪酬表达自己意见的权利。（英国公司的股东也拥有类似的权利。）多数股东投票赞同薪酬政策，但有时也有股东反对。例如，2015 年，汽车供应商博格华纳公司（Borg Warner）的股东"否决"首席执行官的薪酬方案，公司只能调低首席执行官的激励薪酬 240 万美元。其他首席执行官则谨小慎微地防止其薪酬组合成为众矢之的。

公司治理

尽管金融市场与金融机构应该为那些能够通过投资增加价值的公司提供直接融资，但只有投资者得到保护，公司内部不存在代理问题或至少代理问题可以容忍，资金才能从投资者手中流向公司。这就需要一种**公司治理**（corporate governance）机制，确保资金在合适的时间流向合适的公司。公司治理指保护股东和其他投资者的法律、规章、制度和公司惯例。如果公司出现各种丑闻，我们认为公司治理已经失效。如果公司努力为股东创造价值，我们感到非常欣慰，公司治理正在有效地发挥作用。

从某种意义上说，有效的公司治理依赖于精心设计的高管薪酬组合。有效的公司治理还包括如下要素：

法规要求 公司治理要求制定相应的法律和法规保护投资者，防范内部人的内幕交易。首席执行官和财务经理负有维护投资者利益的受托责任。也就是说，首席执行官和财务经理必须行事公允，对股东的利益负责。否则，他们就会像丹尼斯·科兹洛夫斯基和霍林格国际的布莱克那样断送自己的职业生涯并锒铛入狱。

[①] 经理只有在公司供职或满足具体绩效目标时，才有可能获得这些股票。

董事会　董事会不仅任命公司的高层经理（包括首席执行官和首席财务官），而且负责批准公司重要的财务决策。例如，只有董事会才有权批准发放股利或公开发行证券的议案。董事会还负责批准高层经理的薪酬与奖励计划。董事会通常授权高层经理对中小规模的投资项目做出决策，但董事会几乎从未授权高层经理批准大型投资项目。

董事会由股东选举产生，理应代表股东的利益。董事会往往被描绘成高级管理层的被动支持者，但现在已经开始强调独立性。2002 年的《萨班斯 - 奥克斯利法案》（Sarbanes-Oxley Act）要求公司的董事会拥有更多的独立董事，即更多的董事不隶属于管理层。现在，大多数董事是独立董事。即使首席执行官缺席，董事会也可以正常召开。《萨班斯 - 奥克斯利法案》还要求首席执行官和首席财务官必须对公司的会计程序及其结果签署个人意见。

维权股东　机构股东（包括养老基金）越来越积极地监控管理层的行为并推动公司治理的变革。如此一来，有许多公司的首席执行官被解聘，其中包括通用电气公司（GE）、福特汽车公司（Ford）、CSX 运输公司（CSX）和美国国际集团公司（AIG）的首席执行官。非美国公司的董事会一向被认为与管理层相处更友好，如今也频繁更换绩效不佳的经理。首席执行官离职的公司包括国泰航空（Cathay Pacific）、蒂森克虏伯（Thyssenkrup）、拉法基豪瑞（LafargeHolcim）、东芝（Toshiba）、玛莎百货（Marks and Spencer）和德意志银行（Deutsche Bank）。

尽管美国的公司通常拥有众多个人股东，但也会有大股东。大股东（blockholder）就是持有某公司流通在外股票数量的 5%、10% 或更高比例的股东。大股东可能包括富裕的个人或家族，如公司创始人的后代。[①] 如果持有 5% 的流通在外股票数量的股东提出问题，首席财务官必须做出相应的回答。

如果股东对公司管理层不满意，也可以采取"用脚投票"的方式，出售手上的股票，将资金转投其他项目。"用脚投票"可以传递出一个强有力的信号。如果"用脚投票"的股东太多，股票价格暴跌，可能对高层经理的薪酬和声誉造成不利影响。

收购　"用脚投票"为收购开启了方便之门。公司的股票价格跌得越厉害，其他公司就越容易收购其多数股份，从而收购该公司。如果公司被收购，原来的管理团队可能就要自谋出路。我们将在第 21 章讨论收购问题。

投资者能够获得的信息　如果外部投资者不能获得详细的、最新的信息，公司治理就难以有效发挥作用。如果公司是透明的，投资者可以看到公司真实的盈利能力和未来发展前景，那么，股票价格一旦下跌，公司的所有问题都会马上显露出来，证券分析师、债券评级机构、银行和其他贷款人就会格外关注该公司。银行和其他贷款人会时刻关注其借款人的动态。

美国证券交易委员会（Securities and Exchange Commission，SEC）制定了上市公司的会计与报告准则。我们将在第 3 章讨论会计学与财务学的基本知识。

1.6　市场价值最大化的道德问题

股东要求经理追求公司的股票市场价值最大化。不过，这也许回避了问题的实质：经理基于股东狭隘的自身利益行事就令人满意吗？关注股东价值是否意味着经理必须扮演贪婪、唯利是图、欺凌弱

---

①　即使不存在拥有多数股份的所有者，大部分股权也可能有效地发挥控制作用。例如，拉里·埃里森的 10 亿股甲骨文公司的股票，使其拥有该公司 25% 的股权。除非出现某些极端的事件，这样的持股比例意味着他可以随心所欲地控制甲骨文公司。

者的角色？

本书主要讨论可以增加价值的财务政策。在大多数情况下，做得好（价值最大化）与做好事并不冲突。要做得好，首先必须为你的顾客做好事。对此，亚当·斯密于 1776 年给出的解释是：

> 我们期待的晚餐，并非来自屠夫、酿酒者或面包师行善，而是他们的自利。我们不是强调他们的人性，而是强调他们的利己主义。我们与他们谈论的从来都不是自己的需求，而是他们的利益。[①]

只有满足顾客的需求并拥有真诚的顾客，公司才能盈利。如果顾客不满意，员工也不满意，利润不断下降，股票价格低迷，公司可能因此而倒闭。[②]

当然，与其他行业一样，商界也会产生道德问题。如果利益巨大，经理也可能受到诱惑而犯错误。各种法律和规章力图防范经理的不诚信行为。各种成文规则和法律只能起到一定的作用。与其他日常事务一样，商业事务中也存在某些不成文的行为规范。不过，这些不成文的规范具有强制力，因为优秀的经理知道公司的声誉是公司最重要的资产之一。因此，公平交易、信守诺言就是商业法则。金融交易通常只是双方握手成交，交易双方都知道对方不会因随后出现不利情况而反悔。

如果发生有损声誉的行为，公司将为此付出高昂的代价。大众汽车公司（Volkswagen）就是一个相关例证。大众汽车公司在其出厂的柴油车安装了秘密软件，在这些柴油车接受检测时，降低其污染物排放量。这些柴油车正常行驶过程的实际污染物排放量都很高，而且远远高于法定的最低污染物排放量。2015 年，大众汽车公司的秘密软件丑闻传开，引发声讨浪潮。大众汽车公司的股票价格下降了 35%，其首席执行官被解聘。许多经销商的仓库里堆满了卖不出去的大众汽车公司的柴油车。仅就美国而言，大众汽车公司因秘密软件丑闻而遭受的各种罚款和支付的各种赔偿数额可能超过 200 亿美元。

在财务学领域，声誉尤为重要。如果在超市购买了一件知名品牌商品，你可能非常确信自己将得到什么。但在金融交易领域，对方通常比你拥有更多信息，你很难确定所购买的金融产品的质量。因此，诚信的金融公司会与顾客建立长期的业务关系，并确立一份公平交易和财务诚信的名单。

当然，欺凌个人投资者的江湖骗子处处皆有。繁荣的市场，江湖骗子尤其多（只有"退潮时才能看到谁在裸泳"[③]）。2008 年，繁荣的市场衰退，许多骗局显露出来。一个臭名昭著的案例就是声名狼藉的金融家伯纳德·麦道夫（Bernard Madoff）一手操纵的庞氏骗局。[④] 麦道夫吸收了个人和机构投资者大约 200 亿美元的投资，并告诉这些投资者其投资价值已经增加到 650 亿美元。事实证明，该数据纯属编造。（尽管不清楚麦道夫是如何处理这些钱的，但显然大部分钱支付给了庞氏骗局的早期投资者，以营造一种投资绩效卓越的假象。）事后看来，投资者不应该信任麦道夫或为麦道夫操纵资金的财务顾问。

---

① Adam Smith, *An Inquiry into the Nature and Causes of the Wealth of Nations* (New York: Random House, 1937; first published 1776), p.14.

② 股东价值的完整性。投资者倾向于给予那些员工认为值得信赖和是好的工作场所的公司更高的评价。这些公司的经营绩效也更好。参见 A.Edmans," Does the Stock Market Fully Value Intangibles? Employee Satisfaction and Equity Price," *Journal of Financial Economics* 101, no. 3 (September 2011), 621–640, 以及 L.Guiso, Sapienza, and L.Zingales," The Value of Corporate Culture," *Journal of Financial Economics* 117, no. 1 (July 2015), pp.60–76.

③ 该引文来自沃伦·巴菲特 2008 年 3 月致伯克希尔 – 哈撒韦公司（Berkshire Hathaway）股东的年度信函。

④ 庞氏骗局以查尔斯·庞兹（Charles Ponzi）的名字命名。1920 年，查尔斯·庞兹创建了一家投资公司，承诺给投资者提供难以置信的高报酬率。很快，新英格兰的投资者非常踊跃地将资金交给查尔斯·庞兹，3 小时就汇集了 100 万美元。查尔斯·庞兹只从其筹集的资金中拿出约 30 美元用于投资，却用后面的投资者的钱为最初的投资者支付高额的股利，造成高利润且快速支付股利的假象。在庞氏骗局败露后，查尔斯·庞兹开始了其 5 年的狱中生活。

（我们希望）麦道夫的庞氏骗局是"一生只有一次的事件"。（庞氏骗局可能经常出现，但几乎没有人预料到麦道夫事件波及的范围与持续时间。）庞氏骗局是不道德和违法的勾当，最终必然以悲剧收场。毋庸讳言，庞氏骗局的初衷就不是为投资者增加价值。

确定何为道德行为并不容易，更何况存在许多灰色地带。

1.7　财务职业生涯

在美国，在财务服务行业工作的人数超过 100 万，有许多人在公司担任财务经理。尽管无法告诉你这些人每天都在做什么具体工作，但我们可以为你提供财务职业生涯的一些信息。

我们前面讨论过，公司面临两个重要的财务决策：投资决策和筹资决策。因此，作为一名新入行的财务分析师，你可以帮助分析某个重要的新投资项目。你也许可以通过与银行协商贷款事宜或安排租赁厂房与设备，来帮助公司为该投资项目筹集资金。财务分析师还可以从事短期融资、管理公司的收账和现金投资或查证顾客付款的可能性，也会参与监控公司的风险，例如，帮助公司为厂房和设备投保，或协助买卖期权、期货和其他风险管理工具。

除了在公司财务部工作，你也可能到金融机构工作。银行是最大的雇主。银行吸收存款，然后将现金借给公司和个人。如果你到银行工作，可能要先从基层分支机构做起。基层分支机构从事个人和小型公司的存贷款业务。你也可能到银行总部工作，帮助分析一笔向大型公司贷款 5 亿美元的业务。

除了贷款业务，银行还开展其他业务。与其他金融机构相比，银行提供的工作岗位更多。例如，如果你在大型银行的现金管理部门工作，可以帮助公司以电子方式划转大笔现金，支付工资、税款和供应商的货款。银行还买卖外汇，你也可能在外汇交易业务办公室的计算机屏幕前工作。另一个有吸引力的银行工作岗位来自衍生金融品部门，你可以通过买卖各种期权、期货等衍生金融品帮助公司管理风险。这是数学和计算机高手施展才华的地方。

投资银行（如高盛和摩根士丹利）帮助公司将其证券出售给投资者。投资银行还设有帮助公司完成并购的部门。如果公司发行证券或试图收购其他公司，就会涉及巨额资金，公司可能希望尽快了断此事。因此，投资银行员工的工作压力很大，并且工作时间很长，当然，薪酬非常可观。

保险行业是另一个大雇主。许多保险公司一直参与设计和销售人寿保险和财产保险的保单，保险公司的主要顾客是公司。如果你在保险公司或大型保险经纪公司工作，可能发现自己正在为美国的波音 787 机型飞机或印度尼西亚的石油钻塔投保。

人寿保险公司是商业房地产公司和投资者的主要借款人。（人寿保险公司将来自投保人的保费收入投入中长期贷款业务，银行则专注于短期融资业务。）因此，你可能负责协商一笔用于新购物中心建设的 5 000 万美元贷款业务，或者调查某家因扩大生产规模而申请贷款的家族式制造公司的信用状况。

当然，你还可能涉足"理财"业务，也就是决定应该买卖哪家公司的股票，或者应该投资于股票还是更安全的证券，如美国财政部发行的国债（债务性证券）。以共同基金为例。共同基金从个人投资者那里获得资金，然后投资于股票或债券的组合。共同基金的财务分析师分析这些证券的未来前景并与投资经理一起决定应该买卖哪种证券。其实，许多金融机构都设有投资管理部门。例如，你可能在保险公司的投资管理部门从事财务分析师的工作。（保险公司也投资交易性证券。）你也有可能在负责管理退休基金、大学和慈善机构资金的银行的信托部门从事财务分析师的工作。

股票经纪公司帮助投资管理公司和个人进行证券投资。股票经纪公司聘用从事股票交易的销售员和交易员，也聘用财务分析师分析各种证券，帮助顾客决定应该买卖哪种证券。

与美国许多大型商业银行一样，投资银行和股票经纪公司的总部大都设在纽约。保险公司和投资管理公司的总部的地点则较为分散。例如，有些大型保险公司的总部设在哈特福德和康涅狄格，而许多投资管理公司的总部设在波士顿。当然，有些美国金融机构在国外经营大量的业务。金融是一种全球性业务，因此，你可能在某个海外分支机构工作一段时间，或者临时出差到其他某个主要金融中心，如伦敦、东京、香港或新加坡。

1.8 本书后续内容预览

本书依次涵盖投资决策、筹资决策以及需要对投资决策与筹资决策有所了解的各种计划问题。不过，本书有三章引导性的内容，可以帮助读者大致了解财务管理。第 2 章简要讨论金融市场与金融机构；第 3 章回顾会计的基本概念；第 4 章论述财务报表分析的方法。

我们已经指出，财务经理的职责就是做出能够增加公司股东价值的投资决策和筹资决策。该论断为第 4 章之后所讨论的后续问题提供了一个"宝库"。

● 如何计算未来现金流量系列的价值？今天的一美元比 10 年或 20 年后的一美元更值钱。因此，财务经理在评估某个新投资项目对公司价值的影响时，必须注意现金流量的时间分布。我们将在第 5 ～ 10 章讨论如何计算创造现金流量系列的投资项目的现值。我们首先讨论如何计算债券和股票的现值，然后讨论如何评估资本性投资项目所创造的现金流量的价值。现值是财务管理的一个核心概念，几乎贯穿每一章。

● 如何计量风险？我们在第 5 ～ 10 章基本没有考虑风险问题。然而，风险性现金流量不如安全性现金流量值钱。我们将在第 11 ～ 13 章讨论如何计量风险以及风险如何影响现值。

● 资金来自何方？宽泛地说，资金要么来源于借款，要么来源于股东投资或再投资的现金。然而，如果仔细深究，资金来源并没有那么简单。第 14 章简要讨论资金来源；第 15 ～ 17 章讨论公司如何向投资者出售证券、如何在债务融资与权益融资之间抉择以及如何就向股东发放现金股利做出决策。

● 如何确保公司的财务决策形成一个有机整体？这个问题包含两层意思。第一层意思是确保公司能够为其未来增长战略提供资金。这是长期财务计划需要解决的问题。第二层意思是确保公司制定一个合理可行的短期资产（如现金、存货和顾客往来现金）管理与融资计划。我们在第 18 ～ 20 章讨论公司的长短期财务计划。

● 财务经理还有哪些其他职责？并非财务经理的所有职责都可以简单地归入投资决策或筹资决策。我们在第 21 ～ 24 章讨论四个主题。首先讨论兼并与收购问题，接着讨论国际财务管理问题。公司在国外可能面临其在国内经营过程中面临的所有财务问题，但是，由于多种货币、不同的税制以及外国机构和政府强制实施的特殊法规，国际财务管理问题更复杂。最后，讨论风险管理和各种特殊证券，如期货和期权。财务经理可以运用这些证券套期保值或规避风险。

问题可谓千头万绪，但如果你好好琢磨本书，就可以发现有些主题不断重现。你将在本书中经常看到这些主题：

1. 财务管理就是要增加价值。

2. 资本机会成本确立了投资的标准。

3. 安全的一美元比有风险的一美元更值钱。

4. 有效的投资决策比有效的筹资决策创造更多的价值。

5. 有效的公司治理至关重要。

本章小结

财务经理做出的两种重要决策是什么?（学习目标 1）

财务管理可以分为:（1）投资（或资本预算）决策;（2）筹资决策。公司必须决定:（1）投资哪种实物资产;（2）如何筹集投资项目所需的资金。

实物资产的含义是什么?（学习目标 2）

实物资产包括用于生产和销售公司产品或提供服务的所有资产。实物资产可能是有形资产（如厂房和设备），也可能是无形资产（如专利或商标）。与此相反，金融资产（如股票或债券）是对实物资产创造的收益的索取权。

公司这种组织形式的优劣势是什么?（学习目标 3）

公司是一个独特的、持久的法律主体。公司的所有权与经营权分离。即使管理层或所有权变更，公司也可以继续经营而不至于中断。公司的所有者只承担有限责任。当然，管理公司这个法律机器的成本也很高。此外，由于公司需要就其利润纳税，而股东收到公司支付的股利或出售其股票获利还要再次纳税，因此，公司面临双重纳税问题。

公司的财务经理主要是指哪些人?（学习目标 4）

几乎所有经理都不同程度地参与投资决策，但有些经理如司库、主计长和首席财务官在财会领域有专长。司库通常直接负责筹集资本并维护与银行和持有公司证券的投资者之间的关系。主计长负责编制财务报表和管理预算。大型公司的首席财务官不仅监督司库和主计长，而且参与制定财务政策和公司计划。

为什么实现股东财富最大化很重要?（学习目标 5）

价值最大化是公司天然的财务目标。借助功能健全的金融市场，股东就可以根据其意愿投资或消费所增加的财富。

投资决策需要权衡什么基本问题?（学习目标 5）

公司既可以投资实物资产，也可以将现金返还给股东，由股东自己去投资。股东自己投资能够获得的报酬率称为资本机会成本。只要公司的投资项目能够获得的报酬率超过资本机会成本，公司就增加了股东财富。

公司如何确保经理以股东利益行事?（学习目标 6）

经理与股东的利益冲突可能导致代理问题和代理成本。缓解这些代理问题的方式有:财务控制;精心设计的经理薪酬组合;有效的公司治理。

实现市场价值最大化合乎道德规范吗?（学习目标 7）

股东并不需要可能的股票价格最大化，而需要真正的股票价格最大化。不过，市场价值最大化与道德行为未必冲突。实现价值最大化的最可靠路径就是提供令顾客满意的产品和服务。得到顾客、员工和其他利益相关者认可的良好声誉对公司的长期盈利和价值提升也很重要。

第 **2** 章

金融市场与金融机构

学习目标

1. 理解金融市场与金融机构如何引导储蓄转向公司投资。

2. 理解银行、保险公司、共同基金和养老基金的基本结构。

3. 解释金融市场与金融机构的功能。

4. 了解 2007—2009 年金融危机背后的主要事件和随后的欧元区危机。

如果公司需要发行更多的股票,那么财务经理最好对股票市场如何运作有所了解。如果公司需要向银行借款,那么财务经理最好对银行及其他金融机构如何运作有所了解。如果公司谋划资本投资项目如厂房扩建或新产品开发,那么财务经理需要认真思考公司从外部投资者那里筹集资金的资本成本问题。我们在第 1 章已经讨论过,公司的资本机会成本就是股东自己在金融市场的投资预期可以获得的报酬率。这就意味着如果财务经理要做出明智的投资决策,就必须了解金融市场如何确定各种价格。

金融市场与金融机构构成了公司的财务环境。在开始学习财务管理知识时,你不必理解财务环境的所有问题,但是对财务环境的总体理解可以为你提供进一步学习的有用框架。例如,该框架有助于你理解为什么第 6 章需要计算债券的到期收益率,第 9 章需要计算资本投资项目的净现值,第 13 章需要计算公司的加权平均资本成本。

本章讨论三个问题。第一,描述金融市场与金融机构的基本概况,主要讨论股票市场与债券市场、银行与保险公司、共同基金与养老基金。第二,描述金融市场与金融机构的功能,并讨论金融市场与金融机构如何帮助公司和整个经济体。第三,讨论 2007—2009 年的金融危机以及随后发生的欧元区危机。了解金融市场功能不健全可能引发的问题,对于理解金融市场与金融机构如何运作及其重要性至关重要。

2.1 金融市场与金融机构的重要性

我们在第 1 章讨论过,为了生存与发展,公司必须擅长财务管理。所有公司都面临重要的投资和筹资决策，然而，公司的这些决策不是在真空中做出的，而是基于特定金融环境做出的。金融环境包括两个重要部分：金融市场与金融机构。

公司必须借助金融市场与金融机构筹集其发展所需的资金。如果公司出现多余现金，不需要马上融资，就必须将这些现金用于投资，如将现金存入银行或购买证券。下面我们以苹果公司为例加以说明。

表 2-1 列示了苹果公司从 1976 年在加利福尼亚的一个车库起步到 2018 年现金充裕的时间表和筹资来源范例。苹果公司股票的初始投资额为 25 万美元。苹果公司还可以从那些不要求立即付款的零部件供应商那里获得短期融资。这样，苹果公司就可以得到零部件，组装并出售电脑，然后支付供应商的应付账款。（我们将在第 19 章讨论应付账款问题。）随着公司的发展，苹果公司得到几次通过向私人风险投资者出售股票来融资的机会。（我们将在第 15 章讨论风险资本问题。）1980 年 12 月，苹果公司向公众投资者首次公开发行股票，筹集资金 9 100 万美元。1981 年 5 月，苹果公司又一次发行股票。①

表 2-1 苹果公司筹资决策范例

时间	筹资范例
1976 年 4 月：苹果公司成立	苹果公司第一任董事会主席迈克·马库拉（Mike Makkula）投资 25 万美元购买苹果公司的股票。
1976 年：出售第一批 200 台电脑	零部件供应商为苹果公司提供 30 天的赊购期（通过应付账款融资）。
1978—1979 年	苹果公司从风险资本投资者那里筹集 350 万美元。
1980 年 12 月：首次公开发行股票	扣除各种筹资费用，苹果公司通过向公众投资者出售股票筹集 9 100 万美元。
1981 年 5 月	苹果公司以每股 31.25 美元的价格出售股票，筹集资金 260 万美元。
1987 年 4 月	苹果公司按每股 0.12 美元第一次发放现金股利。
20 世纪 90 年代初	苹果公司实施了几次股票回购计划。
1994 年	苹果公司以 6.5% 的利率借款 3 亿美元。
1996—1997 年：苹果公司在 1996 年第二季度报告亏损 7.4 亿美元，1997 年解聘 2 700 名员工	1996 年 2 月，苹果公司暂停发放现金股利。1996 年 6 月，向私人投资者借款 6.61 亿美元。这些借款为苹果公司实施战略计划并"回到公司利润水平"提供了"足够的流动性"。
1997 年 9 月：收购富鼎电脑公司（Power Computer Corp）资产	以苹果公司 1 亿美元的股票为收购活动提供资金。
2004 年：苹果公司因 iMac，iPod 和其他产品而得到健康发展并盈利	苹果公司偿还了 1994 年借入的长期借款 3 亿美元，不再有长期借款。
2005—2013 年	苹果公司的利润快速增长。公司将现金投资于有价证券，到 2013 年 6 月，有价证券投资数额累计达到 1 470 亿美元。
2012—2013 年	苹果公司宣告此后三年计划向股东支付现金 1 000 亿美元。苹果公司的借款达到 170 亿美元。
2013—2015 年	根据苹果公司的资本回报计划，通过支付股利和回购股票，向股东分派现金。到 2017 年，苹果公司计划分配现金总额为 2 000 亿美元。
2015 年	苹果公司借入美元债务 145 亿美元以及欧元债务、英镑债务、瑞士法郎债务和日元债务 48 亿美元。
2017 年 12 月	苹果公司所有流通在外股票的市场价值总额为 8 510 亿美元，远超过其股东的累计投资额（1 400 亿美元）。股东累计投资额包括留存收益 1 050 亿美元。

① 1981 年发行的股票原先由苹果公司员工持有，这使得一些员工及时兑现并分散其持有的公司股票，但苹果公司没有筹集到更多的资金。

苹果公司成为一家上市公司之后，就可以从更多的渠道筹集资金，并通过发行更多股票为收购活动筹集资金。我们在表 2-1 中列举了一些范例。

1987 年，苹果公司开始向股东发放现金股利，20 世纪 90 年代初期，公司还通过股票回购向投资者分发现金。但是，1996 年和 1997 年，苹果公司遭遇了一次重大的打击，停止了正常的股利发放。为了弥补损失并为复兴计划筹集资金，苹果公司不得不向一些私人投资者借款 6.61 亿美元。不过，苹果公司在 1998 年和 2001 年分别推出 iMac 和 iPod 之后，便结束其艰难的岁月。苹果公司的盈利能力快速增强，能够通过不断地将盈余用于经营活动来为公司的发展提供资金。

步入 21 世纪，苹果公司的利润快速增加，现金非常充裕。2012 年，苹果公司恢复发放现金股利并开始实施大规模的股票回购计划。从 2012 年 9 月到 2017 年 12 月，苹果公司向股东派发现金 2 260 亿美元。但此举并没有减缓苹果公司的现金增加速度。到了 2018 年 2 月，苹果公司拥有的现金及有价证券数额为 2 850 亿美元。

苹果公司以其产品创新而闻名遐迩，主要产品包括 Macintosh，iPhone 和 iPad。但是，苹果公司的筹资活动并不独特。事实上，苹果公司的筹资活动与其他成功的公司并没有显著差异。然而，筹资渠道对于苹果公司的发展与盈利至关重要。如果苹果公司在一个拥有原始金融系统的国家从事经营活动，我们还会有 Macintosh，iPhone 或 iPad 吗？当然不会有！没有功能健全的金融系统就没有繁荣昌盛的经济。

现代金融系统根据公司创建时间、增长速度和经营性质提供不同的筹资方式。例如，苹果公司在早期依靠风险资本筹集资金，之后只在公开的股票市场发行股票筹集资金，再以后，随着公司日趋成熟，开始转向其他筹资方式（包括表 2-1 列示的范例）。当然，表 2-1 并没有涵盖现代公司的所有筹资渠道。各种新的筹资渠道不断涌现，我们将在本书后面部分讨论。

2.2 储蓄如何流向公司

公司投资于实物资产的货币最终来源于投资者的储蓄，但是，在从储蓄到公司投资这条道路上可能存在许多"站点"。要顺利走完这条道路，可能需要借助金融市场、金融中介，或者两者兼而有之。

我们先举最简单的例子。有一家规模小、股权集中的公司，如初创时期的苹果公司。图 2-1 的箭头说明了这个例子中股东储蓄的流动过程。其流动过程可能存在两个路径：公司发行新股或将现金再投资于公司的经营活动。再投资意味着现有股东的储蓄增加。再投资的现金可能原本已经支付给这些股东并被股东个人消费了。但由于没有实际取走并花费这些现金，股东已经将其储蓄再投资于公司。**留存现金并再投资于公司的经营活动，意味着公司代表股东储蓄现金并再投资。**

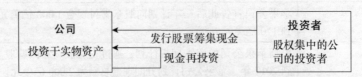

图 2-1 股权集中的公司中储蓄流向投资的过程

说明：投资者用其储蓄购买公司的股票。如果公司代表投资者再投资，投资者的储蓄就会增加。

当然，小型公司也可以选择其他筹资渠道。例如，小型公司可以向银行借款。而银行可能通过吸收储蓄筹集资金。这时，投资者的储蓄通过银行流向公司。

现在考虑一家大型的上市公司，如 2018 年初的苹果公司。这与初创时期的苹果公司有什么差别？首先，规模不同：苹果公司前 12 个月的年收入为 2 390 亿美元，其资产负债表显示资产总额为

4 070 亿美元。其次，经营范围也不同：苹果公司拥有许多产品线，而且全球经营。正因为具有这样的经营规模和经营范围，苹果公司通过各种不同的途径吸引投资者的储蓄。苹果公司之所以能够这样做，是因为它已是一家大型的盈利的上市公司。

图 2-2 描绘了储蓄流向大型上市公司的流动过程。值得注意的是，与图 2-1 相比，图 2-2 有两个重要的差异：第一，上市公司可以在全球范围内吸收投资者的储蓄；第二，储蓄的流动要通过金融市场、金融中介，或者两者兼而有之。假设美洲银行通过发行新股筹集 9 亿美元的资金。某意大利投资者以每股 30 美元的价格购买了 2 000 股。现在，美洲银行获得了这 60 000 美元和出售剩余股票筹集的资金，然后向苹果公司发放贷款 3 亿美元。意大利投资者的储蓄通过金融市场（股票市场）和金融中介（美洲银行）最后流向苹果公司，从而结束其流动过程。

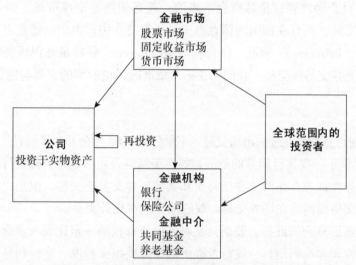

图 2-2　大型上市公司中储蓄流向投资的过程

说明：储蓄来源于全球范围内的投资者。这些储蓄可能通过金融市场或金融中介流向上市公司。上市公司也可以代表股东再投资。

当然，该意大利投资者的 60 000 美元并不是以一封标明"来自 L. 达芬奇"的信到达苹果公司的。美洲银行的股票购买者的投资无法明显区分开来，而是汇总在一起。L. 达芬奇先生拥有美洲银行所有资产的一定份额，而不仅仅拥有苹果公司贷款的一定份额。这样，投资者的储蓄通过金融市场和银行流向苹果公司，从而为苹果公司的资本投资项目提供资金。

股票市场

金融市场（financial market）是证券发行与交易的市场。证券是一种交易性金融资产，如股票。对公司而言，股票市场可能是最重要的金融市场。

随着公司的发展，其对外部资本的需求急剧扩大。当这种需求扩大到一定程度时，公司可能会在有组织的证券交易所（如纽约证券交易所或纳斯达克证券交易所）发行股票，从而成为上市公司。第一次发行股票称为首次公开发行。首次公开发行股票的购买者为公司的实物资产投资提供资金。作为一种回报，购买者成为公司的共有人，并分享公司未来的成功或承担公司未来失败的风险。（1999 年和 2000 年多数互联网公司首次公开发行股票的投资者非常失望，但也有许多投资者获得了丰厚的回报。如果我们在 1980 年苹果公司首次公开发行时购买了该公司的股票，会怎样呢？）当然，公司的首次公开发行并不是其最后一次发行股票。例如，20 世纪 30 年代，美洲银行上市了，但它可能在一段时间之后再次发行新股。

发行新股既会增加公司持有的现金数额，又会增加公众持有的股票数量。这种发行称为一级发行，并在**一级市场**（primary market）交易。当然，除了帮助公司筹集资金之外，金融市场还为投资者之间交易证券提供方便。例如，史密斯可能决定出售其持有的苹果公司股票来筹集一些资金，而与此同时，琼斯将其闲置现金用于投资苹果公司股票。其结果只是苹果公司股票的所有权从史密斯手中转移到琼斯手中，对公司本身没有任何影响。这种现有证券的买卖称为二手交易。二手交易发生于**二级市场**（secondary market）。值得注意的是，如果苹果公司筹资新的资本并投资于长期项目，而史密斯和琼斯个人需要用钱却无法在二级市场出售其持有的苹果公司股票，那么史密斯和琼斯可能不开心。

由于股东拥有公司的普通权益，因此股票市场也称权益市场。你可能听说过，财务经理将资本结构决策称为"债务筹资与权益筹资之间的选择"。

我们必须强调：财务经理要在全球舞台上表演，就必须熟悉全球市场。例如，苹果公司的股票不仅在纳斯达克市场交易，而且在德国的德意志交易所交易。中国电信、德意志银行、法拉利、诺华（Novartis）、巴西石油（Petrobras）、索尼、联合利华（Unilever）、曼联足球俱乐部以及其他 500 多家国外公司的股票在纽约证券交易所交易。我们将在第 7 章继续讨论股票的交易与定价问题。

其他金融市场

债务性证券和权益性证券都在金融市场交易。苹果公司 1994 年公开向投资者发行债券（见表 2－1）。第 1 章的表 1－1 也提供了一些发行债券的范例，如达美航空公司和联想公司发行的债务性证券。

尽管有些公司债务性证券在纽约证券交易所和其他证券交易所交易，但是，多数公司债务性证券通过一种银行与证券交易商网络在场外交易。政府债券也在场外交易。

债券是一种比股票更复杂的证券。股票只是对公司所有权的一定比例的索取权，没有明确的到期日。债券和其他债务性证券在到期日、发行者提供的保障或担保程度、支付利息的高低和时间等方面可能各不相同。有些债券采用"浮动"利率，其利息的支付与未来利率水平挂钩。对于许多债券，债券发行公司可以在其规定的到期日之前提前"赎回"（回购和置换）。有些债券可以转换为其他证券，通常转换为债券发行公司的股票。你现在还不需要掌握这些债券的区别，只需要知道债券市场或**固定收益市场**（fix-income market）是一个复杂且富有挑战性的市场。公司不仅需要确定采用债务筹资还是权益筹资，而且必须考虑如何设计债券。我们将在第 6 章回到债务性证券的交易与定价问题。

长期债务和权益市场称为**资本市场**（capital market）。公司的资本就是其长期筹资额。短期证券在**货币市场**（money market）交易。"短期"意味着其期限不足一年。例如，信誉好的大型公司通过发行商业票据筹集短期资金。商业票据是一种到期日不超过 270 天的债券，通过货币市场发行。

财务经理还经常接触其他金融市场。下面只是三个范例，具体内容参见展开专门讨论的章节。

● 外汇市场（第 22 章）。任何从事国际贸易的公司都必须能够将货币在美元与其他货币之间来回转换。外汇通过大型的国际银行网络进行场外交易。

● 商品市场（第 24 章）。许多商品都在有组织的交易所如芝加哥商品交易所（Chicago Mercantile Exchange）或洲际交易所（Intercontinental Exchange）交易。你可以在这些交易所买卖玉米、小麦、棉花、燃油、天然气、铜、银、白金等商品。

● 期权和其他衍生品市场（第 23 章和第 24 章）。衍生品是一种收益取决于其他证券或商品价格的证券。例如，你可以购买一份在将来某个特定日期以一个固定价格购买 IBM 股票的期权。该期权的收益取决于到期日 IBM 股票的价格。商品也可以通过各种被称为期货合约的衍生证券进行交易。

尽管商品市场和衍生品市场并不是筹资的场所，却是财务经理可以调整各种经营风险的市场。例如，某电力公司可能希望通过商品市场的交易"锁定"未来的天然气价格，从而规避原材料突然涨价的风险。

尽管存在不确定性，但无论出于投机还是避险目的，投资者都可能对交易感兴趣。由此产生了可以满足投资者交易需求的市场。近年来创建的一些小规模市场为赌博者对某个事件下赌注提供了平台。

金融中介

金融中介（financial intermediary）是从投资者那里筹集资金并向个人、公司和其他组织提供资金的一种组织。对公司而言，金融中介是其重要的筹资来源。

金融中介与制造业公司有何不同呢？第一，金融中介可能以多种方式（如吸收存款或销售保单）筹集资金；第二，金融中介将资金投资于金融资产（如股票、债券或者向公司或个人发放贷款）。与金融中介不同，制造业公司主要投资于厂房、设备或其他实物资产。

我们将讨论两种重要的金融中介：共同基金和养老基金。

共同基金（mutual funds）通过向投资者出售股票筹集资金。共同基金汇集投资者的资金从事证券组合投资。投资者可以随意买卖共同基金的股票。通常，初始投资额不超过 3 000 美元。例如，先锋探险家基金（Vanguard's Explorer Fund）持有一个由大约 550 只股票构成的投资组合，其 2018 年初的市场价值约为 136 亿美元。先锋探险家基金的投资者可以通过购买更多的股票增加其基金份额，并获得更多的投资组合股利和增值。[①] 如果投资者决定赎回投资，也可以将持有的股份出售给先锋探险家基金。[②]

共同基金的优势显而易见：除非你非常富有，否则，你不可能自己购买和管理一个由 550 只股票构成的投资组合，至少不能有效地管理这样的投资组合。**共同基金为投资者提供低成本、多元化和专业化管理。对大多数投资者而言，购买共同基金比自己建立一个多元化的股票与债券投资组合更有效。**

共同基金经理也尽其所能"击败市场"，即通过发现高于平均报酬率的股票创造更好的绩效。至于共同基金经理能否始终胜券在握，那是另一个问题。我们将在第 7 章讨论这个问题。

共同基金经理提供服务，并收取一定的管理费用。当然，共同基金的运作也需要经营费用。就先锋探险家基金而言，每年的管理费用和经营费用大约是投资组合价值的 0.3%。这似乎很合理，但要注意：共同基金的费用通常要高于先锋探险家基金，每年的管理费用和经营费用总额有时超过 1%。这相当于使你的投资报酬率大幅地往下降。

共同基金是从储蓄到公司投资这条道路上的一个"站点"。假设先锋探险家基金购买了美洲银行新发行的部分股票。通过虚线箭头可以看到从储蓄流向投资的过程：

美国有大约 8 000 种共同基金。事实上，共同基金的数量远超过上市公司的数量！共同基金追求广泛而多元化的投资战略。有些共同基金专注于支付丰厚股利的安全性股票，有些共同基金专注于高科技成长性股票，有些"平衡型"共同基金专注于股票与债券的投资组合，还有些共同基金专注于特定国家或地区。例如，富达投资共同基金集团公司（Fidelity Investments）的基金就专注于投资加拿大、日本、中国、欧洲和拉丁美洲等国家或地区的股票。

---

① 共同基金并不是一般公司而是投资公司。如果所有来自股利和增值的收益都派发给股东，共同基金不必支付任何税款。共同基金的股东需要就这部分收益支付个人所得税。

② 与大多数基金一样，先锋探险家基金是一种开放式基金，可以随时向新投资者发行基金股份。如果股东决定赎回其基金股份，可以回购现有的基金股份。买卖价格取决于购买或赎回当天的基金资产净值。封闭式基金在交易所交易的基金份额是固定的。如果你想投资于封闭式基金，就必须从其他基金股东那里购买基金股份。

与共同基金一样，**对冲基金**（hedge funds）也汇集不同投资者的储蓄并代表这些投资者进行投资。不过，对冲基金与共同基金至少存在两点差异：第一，对冲基金通常遵循复杂的高风险投资战略，只适合精明的投资者，如养老基金、捐赠基金和富人。别尝试给对冲基金送去 3 000 美元或 5 000 美元的支票，因为多数对冲基金并不从事"零售"投资业务。第二，对冲基金以丰厚的薪酬组合极力吸引最有才华的经理。对冲基金完全可以支付高额薪酬。因为对冲基金向投资者收取与绩效挂钩的巨额费用。[①] 与此不同，共同基金通常根据管理的资产的一定比例支付经理的薪酬。

对冲基金也遵循许多不同的投资战略。有些对冲基金通过识别价值高估的股票或市场并卖空，从而获得利润。（这里我们不涉及卖空的过程。只需要记住：如果价格下跌，卖空者获得利润。[②]）"风险基金"专注于陷入困境的公司的证券。有些对冲基金把赌注压在参与收购谈判的公司上，有些对冲基金则寻求错误定价的可转换债券，还有些对冲基金操盘货币和利率。尽管对冲基金管理的金额没有共同基金大，但对冲基金有时持仓非常重，对市场影响很大。

还有其他汇集储蓄并用于投资的方式。下面讨论养老基金计划。公司或其他组织代表其员工制定养老基金计划。养老基金计划有许多种类，最普遍的养老基金计划是固定缴款计划。根据固定缴款计划，员工按每月工资的一定百分比缴纳**养老基金**（pension fund）。（例如，雇主和员工可能各自缴纳5%。）所有参与该养老基金的员工的缴款数额经汇集投资于证券或共同基金。（通常，员工可以从基金名录中选择不同的投资战略。）每个员工的固定缴款计划余额随着历年的持续缴款和投资收益的逐年累积而不断增加。员工退休之后，固定缴款计划余额就可以作为员工的生活费用来源。员工退休之后可用的养老基金数额取决于累计缴款数额及其投资报酬率。[③]

养老基金基于长期投资而设计。养老基金提供专业化管理和多元化投资。养老基金还有一个重要的税收优势：缴款数额是税前扣除项目，而且在最终提取现金之前，养老基金计划的内部投资收益不用缴税。[④]

养老基金计划是最重要的储蓄工具之一。2018 年 6 月，美国各种养老基金计划的资产总额超过22 万亿美元。

金融机构

银行和保险公司都是**金融机构**（financial institutions）。[⑤] 金融机构是一种不仅仅汇集储蓄并予以投资的金融中介。例如，金融机构以特殊方式（如吸收存款或销售保单）筹集资金，并提供额外的金融服务。与共同基金不同，金融机构不仅投资于证券，而且直接为个人、公司或其他组织提供贷款。

商业银行 美国大约有 4 900 家商业银行。[⑥] 这些商业银行规模不等，有的商业银行规模巨大，

---

① 有时，这种与绩效挂钩的薪酬可能非常高。例如，根据《福布斯》（Forbes）的估计，2017 年顶级对冲基金经理的薪酬高达15 亿美元。

② 卖空者从另一个投资者那里借入证券而后卖出该证券。当然，卖空者迟早必须买回该证券而后还给原先的所有者。如果卖空者买回该证券的价格低于其卖出该证券的价格，卖空者就可获得利润。

③ 与此不同，根据固定收益计划，雇主承诺支付一定水平的退休基金（根据公式计算）并投资于养老基金计划。该计划的累计投资价值必须足以弥补雇主承诺支付的退休基金，否则雇主必须投入更多的资金。固定缴款计划逐步取代了固定收益计划。

④ 固定收益养老基金计划也具有这些优势。不同的是，固定收益养老基金计划由雇主投资，而不是由员工投资。根据固定收益养老基金计划，雇主可以享受投资收益的延期纳税优惠。延期纳税降低了固定收益养老基金计划的融资成本。

⑤ 我们可以更好地区分金融中介与金融机构。尽管共同基金可以视为金融机构，但是金融机构通常指一种更复杂的金融中介如银行。

⑥ 吸收存款并主要为公司提供融资的银行称为商业银行。储蓄银行和储蓄与贷款银行吸收存款，然后主要向个人提供贷款。例如，储蓄银行和储蓄与贷款银行为购房者提供抵押贷款。

如拥有 2.1 万亿美元的摩根大通银行（JPMorgan Chase）；有的商业银行则规模非常小，如资产总额只有 340 万美元的移民商业银行（Emigrant Mercantile Bank）。商业银行是公司贷款的主要来源。（美国通常不允许商业银行进行公司的权益性投资，但大多数国家是允许的。）假设某家经营林业产品的公司与当地银行商谈一笔 250 万美元、为期 9 个月的贷款，那么其储蓄流动过程为：

商业银行为公司提供债务融资，也为存款者提供一个安全存钱和按需取钱的场所。

投资银行　我们已经讨论了商业银行。商业银行从存款者和其他投资者那里筹集资金，然后向公司和个人发放贷款。投资银行与此不同。投资银行通常既不吸收存款，也不为公司提供贷款。[1] 投资银行为公司的筹资活动提供建议和帮助。例如，投资银行以协商价格购买承销公司发行的新股，然后将这些股票出售给投资者。这样，发行股票的公司以固定价格发行新股，而投资银行负责将这些股票分销给投资者。我们将在第 15 章更详细地讨论股票发行问题。

投资银行还为收购、兼并与合并活动提供建议；为个人和机构投资者提供投资建议，管理投资组合；经营外汇、商品、债券、期权和其他衍生品的交易席位。

投资银行将其资金投向初创公司或创业公司。例如，澳大利亚的麦格理银行（Macquarie Bank）已经在全球投资了机场、收费公路、发电及其传输系统以及其他基础设施项目。

最大的投资银行都是金融强势集团，包括高盛、摩根士丹利、拉扎德（Lazard Freres）、野村证券（Nomura）和麦格理银行。[2] 此外，主要商业银行（如美洲银行和花旗银行）都设有投资银行分部。[3]

保险公司　就公司的长期筹资而言，保险公司比银行更重要。保险公司大量投资于公司的股票和债券，而且经常直接为公司提供长期贷款。

假设某家公司需要一笔期限为 9 年（而不是 9 个月）的贷款 250 万美元。该公司可以直接向投资者发行债券，也可以与保险公司协商获得一笔期限为 9 年的贷款：

保险公司发放贷款的资金主要来源于出售保单。比如，你为你的家庭购买了一份火灾保单。你支付现金给保险公司，换取一项金融资产（保单）。尽管你不能从这项金融资产获得任何利息，但是，如果发生火灾，保险公司必须在保险范围内赔偿你的损失。这就是你的投资收益。（当然，你希望避免火灾事故发生，但是，如果火灾真的发生了，你的经济状况会因保险而得到改善，因为有保险总比没有保险要好。）

保险公司不会只出售一份保单，而会出售成千上万份保单。通常，保险公司可以计算出发生火灾的平均概率，这样就可以估计出对保单持有者的整体赔偿责任。当然，为了弥补营销和管理费用、支

---

① 投资银行不吸收存款，也不为公司或个人提供贷款。当然，为收购活动或其他交易提供临时融资的"过桥贷款"（bridge loans）除外。投资银行有时也称商人银行。

② 投资银行与商业银行之间的差异并非法定的。2008 年以来，高盛和摩根士丹利都已经取得经营银行业务的牌照，接受美国联邦储备银行的监管。不过，高盛和摩根士丹利都不经营小额存款或贷款业务。

③ 美洲银行持有美林的股权，而美林是最大的投资银行之一。2009 年，美林的抵押投资业务遭受巨大损失，美洲银行出手救援。

付保单持有者的理赔款并为股东创造一定的利润，保险公司必须对其保单收取足够的保险费。

美国公司总体筹资状况

图 2-3[①] 的饼状图描绘了债券与其他债务性证券的投资者的分布情况。值得注意的是，共同基金、养老基金、保险公司和银行等机构投资者十分重要。住户部门（个人投资者和非营利组织）在图 2-3 中所占的份额还不足 10%。其余的部分代表国外投资者（美国以外的投资者）和所占份额更小的其他类型投资者。

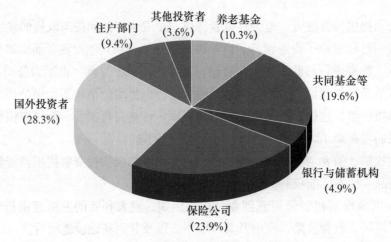

图 2-3　2018 年 6 月公司债券和国外债券持有者的分布（总额为 13.0 万亿美元）

资料来源：Board of Governors of the Federal Reserve System, Division of Research and Statistics, *Flow of Funds Accounts*, Table L.213 (www.federalreserve.gov).

图 2-4 的饼状图描绘了持有美国公司发行股票的投资者的分布情况。由图 2-4 可见，住户部门独占鳌头，占全部投资者的 38.7%。养老基金、保险公司和共同基金共占全部投资者的 43.9%。别忘了，美国的银行通常不能持有其他公司的股票。国外投资者占全部投资者的 15.5%。

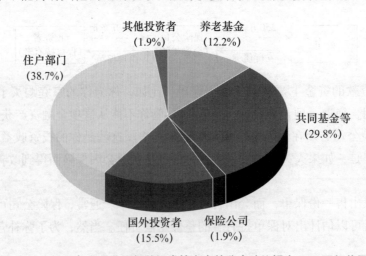

图 2-4　2018 年 6 月公司权益证券持有者的分布（总额为 46.8 万亿美元）

资料来源：Board of Governors of the Federal Reserve System, Division of Research and Statistics, *Flow of Funds Accounts*, Table L.223 (www.federalreserve.gov).

---

①　图 2-3 和图 2-4 中百分比之和不等于 100%，原书如此。——译者

上述饼状图所示的汇总金额非常大。图 2-3 中涉及的债务总额为 13.0 万亿美元，而图 2-4 中涉及的权益总额为 46.8 万亿美元。

第 14 章将更详细地讨论公司筹资模式。

2.3 金融市场与金融中介的功能

金融市场与金融中介为公司提供筹资渠道，引导储蓄流向实物投资。这些功能在本章的 2.1 节和 2.2 节已阐述。但是，金融市场与金融中介还有其他一些不太显而易见的功能。

跨期转移资金

个人需要及时转移支出。如果你现在有富余的钱，希望存起来以备日后不时之需，你可以把钱存入银行的储蓄账户，以后再连本带利一起取出。如果你现在没有钱，又想购买一辆小汽车，你可以向银行借款，以后再归还这笔借款。现代金融系统提供了一种时间机器。贷款人（债权人）及时向前转移其资金，借款人（债务人）则向后转移资金。借贷双方都非常满意，因为他们不必等到实际获得收益时才消费。当然，并不是只有个人才需要经常筹集资金。拥有良好投资机会但内部创造的资金不足的公司也需要通过借款或发行新股筹集资金。许多政府也通过举债弥补赤字并为眼前的各种支出筹集资金。

为退休而储蓄的年轻人可能通过养老基金将其 30 年或 40 年的当期收入转移到未来使用。他们甚至可能购买人寿保险将其收入转移给子孙后代。

从理论上讲，尽管拥有闲置资金的个人或公司也可以通过阅读报纸的广告或浏览网站寻找需要资金者，但是，借助金融市场与金融中介通常成本更低，也更便捷。这不仅仅涉及如何降低寻找合适的对象的成本问题，后续的工作更重要。例如，银行不可能只发放贷款，然后一走了之。银行必须监控借款人，以确保贷款真正用于预定目的且借款人的信用状况稳定。

转移与分散风险

金融市场与金融中介使得投资者和公司都可以降低和分散风险。保险公司就是一个鲜明的范例。如果你购买了住房保险，就可以大大降低因火灾、盗窃或意外事故而遭受损失的风险。但就保险公司而言，你的保单并不是风险非常高的赌注。保险公司可以通过出售成千上万份保单分散风险，并且期望所有保单平均分担损失。[①] 保险公司使你与其他成千上万住房所有者共同承担风险。

投资者也应该分散风险。例如，你可以购买持有数百种股票的共同基金的股票。事实上，你可以购买投资于大众市场指数所包含的所有股票的指数化基金。例如，先锋 500 指数基金（Vanguard 500 Index Fund）持有标准普尔综合股票市场指数（Standard & Poor's Composite stock market index）所包含的股票。（标准普尔 500 指数反映了美国最主要股票的绩效，是专业投资者广泛运用的指数。）如果你购买了这种基金，就可以规避该指数包含的 500 家成分公司的特有风险。持股多元化可以分散公司的特有风险。尽管如此，你依然无法规避股票市场整体下跌的风险。事实上，我们将在第 11 章看到，投资者主要关注市场风险，而不是个别公司的特有风险。

购买指数化共同基金是一种以低成本投资于多元化投资组合的方式。交易型开放式指数基金

---

① 遗憾的是，保险公司并不能总是平均分担损失。飓风和地震可能马上给成千上万家庭造成巨大损失。这种潜在的损失如此大，以至于财产保险公司必须通过再保险才能抵御这种灾难。

（exchange-traded funds，ETF）可以提供另外一种多元化投资途径。该基金是一种可以在一次交易中同时买卖股票的投资组合。例如，标准普尔预托证券（Standard & Poor's Depository Receipts，SPDR）投资于与标准普尔股票市场指数相匹配的投资组合。2018年初，投资于这种追随基准标准普尔500指数的标准普尔预托证券的总额为2 530亿美元。

在某些方面，交易型开放式指数基金比共同基金更高效。如果你想买卖交易型开放式指数基金，只要像买卖股票那样下单就可以了。[①] 不过，这与购买开放式共同基金有所不同。如果你想要投资于开放式共同基金，就必须先把钱存入该基金，然后获得其新近发行的份额。而如果你想赎回投资，就要通知该基金，该基金赎回你的份额，把支票寄给你。此外，与共同基金相比，许多较大规模的交易型开放式指数基金的收费比较低。道富金融集团（State Street Global Advisors）每年收取的管理费用只是其管理的标准普尔预托证券总额的0.094 5%。例如，如果投资额为100 000美元，其管理费用只有94.5美元（0.094 5%×100 000）。

金融市场还提供其他风险分担机制。例如，一个小麦农场主和一个面包公司都会受到小麦收割之后的价格波动的影响。农场主担心价格下跌，面包公司则担心价格上涨。如果面包公司与农场主达成协议，在将来某个时点以固定价格购买小麦，那么双方都会很开心。如果面包公司与农场主必须通过互联网签约服务平台一起达成这个交易，恐怕有点难度。值得庆幸的是，根本就不需要什么互联网签约服务平台，双方都可以在商品市场交易，农场主作为卖方，面包公司作为买方。

流动性

金融市场与金融中介也提供了**流动性**（liquidity），即当需要资金时将投资转变为现金的能力。假设2月1日你在某家储蓄银行存入5 000美元。当月内，银行用你的存款和其他新存款向某家房地产开发商提供一笔期限为6个月的建筑贷款。3月1日，你需要取回5 000美元。银行能够支付给你5 000美元，因为银行拥有成千上万名存款者，而且如果有必要，银行还有其他筹资来源。银行可以用你和其他顾客的流动性存款为房地产开发商提供非流动性贷款。如果你将钱直接借给房地产开发商6个月，1个月之后，你可能难以收回这笔钱。[②]

上市公司的股票是流动的，因为股票或多或少可以在股票市场连续交易。投入60 000美元购买美洲银行股票的某意大利投资者可以很快就收回这笔钱。（与美洲银行股票的正常交易量相比，卖出60 000美元股票如同沧海一粟。）共同基金也能够很快用现金赎回股票，因为共同基金投资于交易性证券。如果有必要，交易性证券可以随时抛售。

当然，所谓流动性只是一个程度问题。就主要货币而言，外汇市场具有很强的流动性。美洲银行或德意志银行可以在一眨眼的工夫就购买价值2亿美元的日元或欧元，而这种购买行为几乎不会对汇率产生任何影响。美国国库券的流动性也很强。在主要国际股票交易所交易的许多大型上市公司的股票，其流动性只比国库券略为逊色。

如果你急需资金，那么流动性极为重要。如果你想马上出手价值500 000美元、交易量较小的小

---

① 就此而言，交易型开放式指数基金像封闭式基金。不过，交易型开放式指数基金的经理通常没有必要去寻找胜券在握的股票。交易型开放式指数基金的投资组合与证券的指数或固定篮子挂钩，其发行者确保交易型开放式指数基金的价格追随基本指数或篮子里的证券价格。

② 当然，银行难以同时偿还全部存款者的存款。为此，银行可能将其贷款廉价出售给房地产开发商和其他借款人。这些贷款的流动性较差，可能引起银行挤兑问题。公众质疑银行偿还其存款者存款的能力可能引起取款风潮，每个存款者都希望首先取出自己的钱。不过，银行挤兑很罕见。因为银行存款有美国联邦存款保险公司（U.S.Federal Deposit Insurance Corporation）作为后盾。美国联邦存款保险公司为每个银行存款账户提供的保险额达到250 000美元。

型公司的股票，就有可能要稍微降低股票价格。当然，如果你很有耐心，而且对其他投资者突然大量卖出股票的行为不感到惊奇，就有可能以更好的价格出售手中的股票。你在出售房地产时也可能面临同样的问题。如果你想在仓促之间出售房屋或公寓，房屋或公寓就不是一种流动性资产。如果你决定马上出售房屋或公寓，就会难以得到其全部价值。

偿还机制

可以想象，如果你每次购物都需要支付现金，或者波音公司必须在全美范围内运送整卡车的百元美钞支付供应商的货款，那生活该多么不方便。经常账户、信用卡和电子转账使得个人和公司可以快捷安全地远距离支付和接收货款。显然，银行就是这种收付款服务的提供商，但并不是唯一的提供商。例如，你在货币市场购买共同基金的股票，共同基金把你的钱和其他投资者的钱汇集在一起，用于购买具有安全性的短期证券。就像你拥有一笔银行存款那样，你可以就这笔共同基金投资签发支票。

金融市场提供信息

在功能健全的金融市场，你可以看出哪些证券和商品值钱，还可以看出或至少估计出投资者期待其储蓄能够获得的报酬率。金融市场提供的这些信息通常是财务经理的工作中必不可少的。下面介绍运用这些信息的四个范例。

商品价格　汽车和轻型卡车的排气系统运用催化式排气净化器减少污染，所用的催化剂就包括在纽约商品交易所交易的铂。

如果某催化式排气净化器制造商在 3 月准备编制 10 月的生产计划，那么，该制造商 10 月购买铂时每盎司的预算价格是多少呢？这很容易得到。该公司的首席财务官只要查阅纽约商品交易所有关铂的市场价格就可以啦！10 月每盎司铂的交货价格是 943 美元。（这是 2018 年 4 月铂在 10 月交货的收盘价格。）该公司的首席财务官可以根据自己的意愿锁定该价格。我们将在第 24 章讨论这种交易方式。

利率　Catalytic Concepts 公司的首席财务官必须筹集 4 亿美元资金。她计划发行 30 年期的债券。该债券的利率将是多少呢？为了解决该问题，该首席财务官查阅了金融市场交易的现有债券的利率。

表 2 - 2 列示了其查阅结果。注意利率如何随着信用质量的恶化而攀升。规模最大、安全性最高、信用等级为 AAA 和 AA 的公司，其长期借款利率为 3.5%。之后，随着信用质量的下降，利率逐渐上升。尽管信用等级为 BBB 的债券依然是投资等级的债券，但其利率远高于信用等级为 AAA 的债券利率。信用等级低于 BBB 的公司，其债券就属于垃圾债券。信用等级为 BB 的公司，其借款利率攀升到5.1%。而信用等级为 B 的公司，其风险更高，因此投资者要求的利率为 6.5%。

表 2 - 2　2018 年 5 月长期公司债券的利率

信用等级	利率
AAA	3.5%
AA	3.5%
A	3.8%
BBB	4.3%
BB	5.1%
B	6.5%

说明：信用等级高（AAA 和 AA）公司的利率最低。利率随着信用质量的下降而提升。

资料来源：ICE Bank of America Merrill Lynch indices.

我们将在第6章更详细地讨论债券评级与利率问题。你可以看到财务经理如何运用固定收益市场的信息预测发行新债券筹集资金的利率。例如，如果 Catalytic Concepts 公司的信用等级达到 BBB，根据表2-2所列示的利率，该公司通过发行债券筹集资金的利率大约为4.3%。

公司价值 2018年3月，卡拉威高尔夫公司（Callaway Golf）的价值是多少？阿拉斯加航空集团公司（Alaska Air Group）、卡特彼勒公司（Caterpillar）、百胜集团公司（Yum! Brands）或微软公司的价值又是多少呢？表2-3列示了这些公司的市场价值。我们只要将公司流通在外的股票数量乘以股票市场每股价格就可以得到其价值。投资者对卡拉威高尔夫公司和微软公司的估价分别约为15.5亿美元和7 030亿美元。

表2-3 2018年3月卡拉威高尔夫公司及其他公司市场价值总额计算表

公司名称	股票数量（1）	股票价格（2）	市场价值（3）=（1）×（2）
卡拉威高尔夫	94.6	16.36	1 548
阿拉斯加航空集团	123.4	61.76	7 621
百胜集团	332.5	85.13	28 306
卡特彼勒	597.6	147.38	88 074
微软	7 690	91.39	702 789

说明：股票数量与市场价值按百万美元单位计算，股票价格的单位为美元。公司名称后的括号内是股票代码。

资料来源：Yahoo!Finance, finance.yahoo.com.

股票价格与市场价值汇集了投资者对公司经营状况的集体评价，包括当前绩效评价和未来前景评价。因此，股票价格上涨是投资者传递给经理的一个正面信号。[①] 这就是高级管理层的薪酬要与股票价格挂钩的缘由。拥有其就职公司股票的管理者有动力去增加公司的市场价值。因此，可以通过协调管理者的利益与股东的利益来降低代理成本。

这就是上市公司的一个重要优势。私营公司无法将股票价格作为绩效评价指标。当然，私营公司也可以用股份激励管理者，但其股票无法通过金融市场来估价。

资本成本 为了计量或至少估计公司投资项目的**资本成本**（cost of capital），财务经理必须关注金融市场。资本成本是投资项目可接受的最低报酬率。公司应该接受报酬率高于资本成本的投资项目，因为这种投资项目会增加公司价值，改善公司和股东的财务状况。报酬率低于资本成本的投资项目实际上减损了公司价值，公司不应该接受这种投资项目。[②]

因此，公司外部的投资报酬率决定了公司内部投资项目的取舍率。金融市场的期望投资报酬率决定了资本机会成本。

资本机会成本通常并不是公司支付给银行或保险公司的贷款利率。如果公司正在从事风险性投资，那么，其机会成本就是投资者在金融市场上相同风险水平的投资项目能够获得的期望报酬率。风险性证券的期望报酬率通常高于公司借款的利率。

我们在第1章已经讨论过资本成本问题，这里再次简要地提及，有助于巩固资本成本概念。我们

---

① 我们不能断言投资者的估价总是正确的。金融可能是一种高风险的业务。也就是说，就你的财富而言，金融是一种危险的业务。事后来看，投资者也可能犯下可怕的错误。例如，2000年，投资者显然高估了网络公司和电信公司的价值。不过，一般而言，金融市场可以快速准确地收集和评估这些信息。我们将在第7章再讨论这个问题。

② 当然，公司也可能出于其他目的的投资。例如，公司可能投资于工厂的控制污染设备。该设备也许不能创造现金收益，但为了履行公司的法律和道德义务，该设备可能依然值得投资。

将在第 11 章和第 12 章详细地讨论资本成本问题。

2.4　2007—2009 年的金融危机

尽管 2007—2009 年的金融危机催生了许多问题，但由这次金融危机得出了一个结论：金融市场和金融机构至关重要。如果金融市场和金融机构不能有效地发挥作用，整个世界就会陷入全球经济危机。

2000 年，随着互联网公司和电信公司股票泡沫的破裂，美国联邦储备委员会和其他中央银行实施了宽松的货币政策。正是这种宽松的货币政策导致了金融危机。此外，其他经济体巨额的国际收支顺差反过来投资于美国债务性证券。这也促使利率走低，信贷宽松。

银行纷纷利用这种低成本的资金增加对低收入借款人的次级房屋抵押贷款。许多银行以低首付吸引希望拥有房产的房主并向这些房主发放贷款。这种低首付贷款在后期需要分期支付的款项较高。[①]（有些房产购买者赌房价会逐步上涨，可以在分期支付较高款项的条款生效之前，将房产重新出售或再融资。）甚至还有银行向借款人推销所谓"不需要任何收入、不需要工作和不需要任何资产"（No Income，No Job and No Assets）的贷款。多数次级抵押贷款被打包成可以再出售的抵押担保证券。许多银行并没有将这些抵押担保证券出售给可以真正承担风险的投资者，而是自己持有大量的抵押担保证券或将抵押担保证券出售给其他银行。

抵押贷款融资的广泛运用对房价的暴涨起着推波助澜的作用。截至 2006 年 6 月，房价在 5 年内涨了一倍。2006 年 6 月之后，房价开始下滑，房主开始违约，无力偿还抵押贷款。一年之后，大型投资银行贝尔斯登（Bear Stearns）宣告其两家对冲基金持有的抵押担保证券损失惨重。到 2008 年春天，贝尔斯登濒临破产，经美国联邦储备委员会安排，摩根大通银行收购了贝尔斯登。

2008 年 9 月，金融危机达到高潮，美国政府不得不出手接管联邦抵押贷款机构巨头房利美（Fannie Mae）和房地美（Freddie Mac）。房利美和房地美都在次级抵押证券上投资了数千亿美元。几天之后，金融系统开始彻底崩溃。美林和雷曼兄弟也陷入困境。2008 年 9 月 14 日，美国政府安排美洲银行接管美林并给予财务担保。不过，美国政府却没有援救雷曼兄弟。雷曼兄弟随即申请破产保护。两天之后，美国政府不得不借给保险业巨头美国国际集团（AIG）850 亿美元，美国国际集团给大量抵押担保证券和其他违约债券提供了保险。随后，美国财政部公开披露其计划耗资 7 000 亿美元购买"有问题的"抵押担保证券。

伴随着雷曼兄弟的破产以及美国政府救援贝尔斯登、房利美、房地美、美林和美国国际集团等事件的发生，投资者和金融机构不禁发问："接下来可能轮到哪家企业呢？我还敢与 X 银行打交道或借钱给 X 银行吗？"在多数情境下，谨慎的回答是"不敢"。由此，许多日常金融交易被迫取消，未被取消的则交易条件非常苛刻。[②]与此同时，抵押担保证券和其他难以估值的证券的交易萎缩。如此一来，这些证券更难以估值。由于银行与其他金融机构越来越不愿意买卖证券或相互借贷，整个经济的信贷规模大幅收缩，公司投资额随之萎缩。美国经济遭受了"大萧条"以来最严重的挫折。失业率急剧上升，公司倒闭的数量增加了 3 倍。

只有少数发达国家逃过了金融危机。除了遭受房产市场泡沫破裂的重创之外，许多外国银行还大

[①]　有一种所谓的"选择可调整利率抵押贷款"（option ARM loan），其最低分期付款额甚至不足以弥补贷款当期的利息。尚未支付的利息增加了分期贷款总额，这样，最终需要偿还的贷款数额不断增加，房主将不堪重负。

[②]　2018 年，银行之间相互贷款的利率上升到 4.6%，超过了美国政府债券的利率，利差不到 0.5%。

量投资于次级抵押证券,只能仰仗于其所在国政府的救援。许多欧洲国家政府负债累累,随着银行紧急救援成本的不断攀升,投资者开始担心政府的偿债能力。因此,在欧洲,银行业的危机与主权债务危机纠缠在一起。

希腊的债务问题更为严重。希腊政府的债务已经累计高达 3 500 亿欧元 (约 4 600 亿美元)。希腊是欧元单一货币俱乐部的成员,因此,希腊政府无法控制其本国货币,也不能发行更多的欧元来偿还债务。2011 年,希腊政府违约的债务总额高达 1 000 亿欧元。

作为一名财务学专业的学生,你从这些金融危机中可以吸取哪些教训呢?可以吸取三个教训。第一,一旦金融市场与金融机构不能发挥本章所述的各项功能,就必须注意其严重的经济后果。例如,许多市场 (包括抵押担保证券市场) 的流动性突然减弱可能引发金融危机。这意味着流动性资产的潜在购买者可能难以确定这些流动性资产的价值。因此,金融市场的信息功能大为减弱。

第二,贝尔斯登、雷曼兄弟、美林和其他陷入困境的公司为何如此脆弱?一个原因是这些公司的资金绝大部分来源于债务,而且多数来源于必须频繁融资的短期债务。投资银行 (如雷曼兄弟) 的资金通常有 95% 以上来源于债务资本,只有不足 5% 的资金来源于权益资本。因此,只要投资银行的资产价值下降 5%,就可能摧毁其权益 "安全垫",导致其资不抵债。有鉴于此,金融危机之后,监管部门已经要求银行增加来源于权益资本的资金比例。当然,监管部门的要求也影响了银行向股东分配的数额。在美国,如果银行的权益资本比率达不到正常水平,监管部门就可以阻止银行向股东支付股利。我们将在第 16 章和第 17 章讨论债务融资还是权益融资的决策以及分配政策。

第三,有些金融危机的原因可以追溯到第 1 章提及的代理问题。负责抵押业务的经理至少可能隐约地意识到推销巨额次级抵押担保证券可能 "有始无终"。"嘿,我可能引发一场金融危机",晨思并没有唤醒这些经理,正是经理的激励薪酬驱使其希望在游戏结束之前获得丰厚的奖金。经理的经济薪酬偏离了股东利益。相应地,公司的价值也将遭受损失。

ⅲⅼ 本章小结

公司筹资来源于何处? (学习目标 1)

公司筹资的最终来源是个人储蓄。储蓄可能借助金融市场与金融中介流动。金融中介包括共同基金、养老基金和金融机构 (如银行和保险公司)。

非金融公司为什么也需要现代金融市场和金融机构? (学习目标 1)

公司需要为其创新和发展筹集资金。现代金融市场根据公司的创建时间和经营性质提供各种筹资方式。例如,高科技创业公司通过风险资本筹资,而成熟的公司更多地依赖债券市场。

如果公司通过留存和再投资来源于经营活动的现金为其投资项目筹资,那么,这将意味着什么? (学习目标 1)

就此而言,这意味着公司代表其股东储蓄。

共同基金与养老基金有哪些重要优势? (学习目标 2)

共同基金与养老基金允许投资者多元化投资于专业化管理的投资组合。养老基金还为投资者提供额外的税收优惠。在从养老基金计划提取现金之前,养老基金的投资收益不必纳税。

金融市场有哪些功能? (学习目标 3)

金融市场有助于引导储蓄流向公司投资,并将借款人与贷款人联系起来。金融市场为投资者提供流动性和多元化投资的机会。金融市场的各种交易为财务经理提供大量有用信息。

金融机构有哪些不同的功能？（学习目标 3）

金融机构实现了许多类似于金融市场的功能，但实现的方式不同。金融机构引导储蓄流向公司投资，并充当借款人与贷款人的中介。银行还为存款者提供流动性，当然也在整个经济体制的支付系统中扮演着特殊的角色。保险公司使保单持有者可以共同分担风险。

如果金融市场与金融机构不能有效地发挥作用，可能产生什么后果？（学习目标 4）

2007—2009 年的金融危机提供了一个惊人的例证。以美国为主导的次级抵押贷款规模的膨胀导致银行系统的崩溃，政府被迫以高昂成本紧急救援银行和其他金融机构。伴随着信贷市场的失灵，各国陷入经济大萧条。2009 年，欧洲多数国家的金融危机并没有结束。由于政府竭尽全力减少其"堆积如山"的债务，强化银行系统的功能，许多国家的经济活动急剧萎缩，失业严重。

第 **3** 章

会计学与财务学基本知识

学习目标

1. 解释资产负债表、利润表和现金流量表所包含的信息。

2. 区分市场价值与账面价值。

3. 解释收益如何不同于现金流量。

我们在第 1 章指出，大型公司需要团队合作。所有参与者，包括股东、债权人、董事、管理层和员工，都可以享受公司成功的利益，也都监控公司的经营过程。有鉴于此，公司定期编制财务报表，并聘用一个独立的会计师事务所验证公司是否以"真实和公允的观点"呈报了这些财务报表。

19 世纪中期之前，多数公司都由所有者自己负责管理，除了所有者个人贷款之外，几乎不需要外部资本。因此，公司几乎不需要提供综合性会计信息。但是，随着工业革命的爆发、大型铁路公司与河运公司的创立，股东和银行家需要有助于评估公司财务实力的信息。于是，会计这一职业开始登上历史舞台。

我们并不想讨论会计实务的细枝末节，但是在整本书中都会提及财务报表，因此有必要简要回顾会计学的主要内容。我们将在本章讨论资产负债表、利润表和现金流量表等主要财务报表，还将讨论收益与现金流量、账面价值与市场价值之间的重要区别。

我们在本章关注财务报表的目的主要在于对会计学课程做简要回顾。这与我们最后的目标还有很大的差距。例如，我们将在第 4 章讨论经理如何运用财务报表分析公司的绩效并评估公司的财务实力。

3.1 资产负债表

上市公司每个季度必须向美国证券交易委员会提交财务报表。这些季度报告（或称 10Qs）为投资者提供有关公司该季度的盈余以及该季度末的资产与负债等相关信息。此外，上市公司还需要提交年度财务报表（或称 10Ks），更为详尽地提供整个年度经营成果的信息。

这些财务报表包括资产负债表、利润表和现金流量表。我们将依次分别讨论这些财务报表。[①]

为了购置经营用的许多资产，公司需要筹集资金。在筹集这些资金的过程中，公司也为那些提供资金的人承担了责任或"负债"。**资产负债表**（balance sheet）呈现了某个特定时点公司的各项资产与负债的一个"快照"。列示于资产负债表左边的各项资产表示所筹集资金的运用，列示于资产负债表右边的各项负债表示各种资金的来源。

有些资产项目比其他资产项目更容易转换为现金，这些资产项目称为流动资产。会计师将流动性最强的资产项目列示于资产负债表的上方，按流动性强弱依次往下排列，直至流动性最弱的资产项目。例如，表 3-1 列示了家得宝公司 2017 财年末的合并资产负债表[②]（"合并"仅仅意味着资产负债表揭示了家得宝公司及其拥有的其他公司的财务状况）。我们以 2017 财年末为例，你可以看到家得宝公司拥有 35.95 亿美元的现金与有价证券。此外，该公司已经出售价值 19.52 亿美元的商品但尚未收到货款。这些货款很快就会到期，因此，资产负债表以流动资产项目列示这些尚未收款的账单或应收账款（简称应收款）。接下来的资产项目是各种存货。这些存货可能包括：（1）公司从供应商那里购买的原材料和辅助材料；（2）在产品；（3）仓库等待装运的产成品。就家得宝公司而言，存货主要包括仓库里或货架上的商品。就制造业公司而言，存货则更多地体现为原材料和在产品。当然，总是存在某些难以归类的资产项目，于是有了第四类资产项目，即其他流动资产。

表 3-1 家得宝公司资产负债表 单位：百万美元

资产	2017 财年	2016 财年	负债与股东权益	2017 财年	2016 财年
流动资产			流动负债		
现金与有价证券	3 595	2 538	到期应付款	2 761	1 252
应收账款	1 952	2 029	应付账款	7 244	7 000
存货	12 748	12 549	其他流动负债	6 189	5 881
其他流动资产	638	608	流动负债总额	16 194	14 133
流动资产总额	18 933	17 724	长期债务	24 267	22 349
固定资产			其他长期负债	2 614	2 151
有形固定资产			负债总额	43 075	38 633
财产、厂房与设备	41 414	40 426	股东权益		
减：累计折旧	19 339	18 512	普通股与其他实收资本	9 715	9 010
有形固定资产净值	22 075	21 914	留存收益	39 935	35 517
无形资产（商誉）	2 275	2 093	库藏股	-48 196	-40 194
其他资产	1 246	1 235	股东权益总额	1 454	4 333
资产总额	44 529	42 966	负债与股东权益总额	44 529	42 966

说明：各列之和存在因四舍五入所致的误差。

资料来源：Derived from Home Depot annual reports.

家得宝公司资产负债表中的现金与有价证券、应收账款以及存货等资产都会在不久的将来投入使用或转换为现金，因此这些资产项目称为流动资产。资产负债表中资产项下接下来列示的各项资产是诸如建筑物、设备和运输工具等长期资产（或固定资产）。

---

① 除此之外，上市公司还提供股东权益表。股东权益表揭示公司有多少盈余留存于公司而不是作为股利支付，以及公司发行新股筹集了多少资金或回购股票用掉多少资金。我们不打算详细讨论股东权益表。

② 家得宝公司的 2017 财年截止于 2018 年 1 月 28 日，因此，表 3-1 的资产负债表列示了 2018 年 1 月 28 日家得宝公司的各项资产与各项负债。我们简化或剔除了家得宝公司公开发布的财务报表的某些细节。

资产负债表显示，2017财年末，家得宝公司的财产、厂房与设备的总价值为414.14亿美元。这是这些资产的原始成本，但现在不可能值这么多钱。例如，假设该公司两年前购置了一辆货车，现在货车的价值远低于家得宝公司当时的购置价格。从理论上讲，会计师可能单独估计该货车现在的价值，但是这样做不划算，也存在一定的主观性。事实上，会计师往往凭经验估计这些固定资产价值的折旧。除非情况特殊，会计师始终坚持这种做法。例如，会计师可能每年从该货车的原始成本中扣减1/3的价值，以反映其逐渐减少的价值。如果家得宝公司两年前以15 000美元购置该货车，那么，资产负债表将显示累计折旧为10 000美元（2×5 000）。扣除折旧之后，该货车的净值只剩下5 000美元。表3-1显示家得宝公司的固定资产累计折旧总额为193.39亿美元。如果各项固定资产的原始成本为414.14亿美元，那么其账面净值就只剩下220.75亿美元（414.14-193.39）。

除了有形资产，家得宝公司还有各项无形资产，如公司的品牌、有实力的管理层以及训练有素的员工。除非无形资产可以识别并估价，会计师通常不愿意在资产负债表中列示这些无形资产。

不过，这里有一个重要的例外。如果家得宝公司过去曾经收购其他公司，已经支付的被收购公司各项资产的价款远超过被收购公司的账面价值，那么，该差额作为"商誉"列示于家得宝公司的资产负债表。家得宝公司资产负债表列示的无形资产都是商誉。

现在来看看家得宝公司资产负债表的右边。这部分显示了该公司购置各项资产的资金来自何处。会计师从公司的负债（即公司所结欠的资金）开始看起。首先看到的是可能需要马上偿还的那些负债。例如，2017财年末，家得宝公司借入的27.61亿美元即将到期，该公司因收到商品但尚未付款而结欠供应商的货款72.44亿美元。这些尚未支付的账单作为应付账款（或应付款）列示于资产负债表。这些借款和应付账款都是家得宝公司必须在该年度内偿还的债务，因此归为流动负债。

家得宝公司的流动资产总额为189.33亿美元，而流动负债总额为161.94亿美元，流动资产总额与流动负债总额的差额为27.39亿美元（189.33-161.94）。这个数字就是家得宝公司的流动资产净额或营运资本净额，它粗略地度量了该公司潜在的现金储备情况。

在流动负债之后，家得宝公司的会计师列示了公司的长期负债，即一年之后到期的债务。你可以看到，银行和其他投资者向公司提供了242.67亿美元的长期贷款。

家得宝公司的负债是其对各种利益主体的财务义务。例如，如果家得宝公司从供应商处购买各种商品，就有义务支付供应商的货款；如果从银行借款，就有义务偿还银行贷款。因此，供应商和银行对家得宝公司的资产具有优先索取权。偿还这些负债之后剩下的资产才归属于股东，这个数字就是股东权益。就家得宝公司而言，其股东权益的价值总额是14.54亿美元。表3-1显示，家得宝公司的股东权益包括三部分：有一部分即97.15亿美元来源于向投资者发行新股；更大的部分即399.35亿美元则来源于公司已经留存并代表股东再投资于公司的盈余[①]；最后一部分是库藏股，其数额也不小，不过是一个负值（-481.96亿美元）。这个数字是家得宝公司回购其股票所花的费用。用于回购股票的资金已经退出该公司并减少了股东权益。

图3-1揭示了资产负债表各个项目是如何联系在一起的。资产有两大类：马上投入使用或转换为现金的流动资产，有形或无形的长期资产或固定资产。负债也有两大类：马上需要偿还的流动负债和长期负债。

---

① 此时常会引起某些困惑。你可能自然而然地认为留存收益是公司从其过去的经营活动中获取的一部分现金。实际上，留存收益与现金之间不存在任何联系。家得宝公司再投资于公司的收益可能早已用于购置新设备、卡车、仓库等资产，通常只有很少部分现金收益可能存在银行。值得注意的是，家得宝公司的资产负债表显示留存收益为399.35亿美元，然而，其现金与有价证券却只有35.95亿美元。

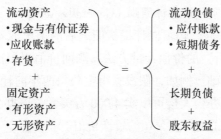

图 3-1　资产负债表的各项资产与负债

资产总额与负债总额之间的差额就是股东权益总额，这就是基本的资产负债表恒等式。有时也将股东称为公司的"剩余索取者"，这意味着股东权益总额是资产总额扣除负债总额之后的余额：

$$股东权益总额＝净资产总额＝资产总额－负债总额 \qquad (3.1)$$

为了便于对财务报表进行比较，分析师经常编制**共同比资产负债表**（common-size balance sheet），以各个项目占资产总额的百分比重新表述各个项目。表 3-2 列示了家得宝公司的共同比资产负债表。财务经理可能会关注共同比资产负债表，并马上发现公司 2017 财年的流动资产总额占资产总额的比例略高于 2016 财年，而流动负债总额则以一个较高的比例增加。因此，营运资本净额减少。尽管不必过于担忧，但财务经理可能希望核查这种情形是否可能持续存在。

表 3-2　家得宝公司共同比资产负债表

（所有项目以占资产总额的百分比形式列示）

资产	2017 财年	2016 财年	负债与股东权益	2017 财年	2016 财年
流动资产			流动负债		
现金与有价证券	8.1	5.9	到期应付款	6.2	2.9
应收账款	4.4	4.7	应付账款	16.3	16.3
存货	28.6	29.2	其他流动负债	13.9	13.7
其他流动资产	1.4	1.4	流动负债总额	36.4	32.9
流动资产总额	42.5	41.3	长期债务	54.5	52.0
固定资产			其他长期负债	5.9	5.0
有形固定资产			负债总额	96.7	89.9
财产、厂房与设备	93.0	94.1	股东权益		
减：累计折旧	43.4	43.1	普通股与其他实收资本	21.8	21.0
有形固定资产净值	49.6	51.0	留存收益	89.7	82.7
无形资产（商誉）	5.1	4.9	库藏股	-108.2	-93.5
其他资产	2.8	2.9	股东权益总额	3.3	10.1
资产总额	100.0	100.0	负债与股东权益总额	100.0	100.0

资料来源：Derived from Home Depot annual reports.

顺便说一下，几乎所有上市公司的财务报表都很容易获得。在网上可以找到许多公司的年度报告。你也可以在雅虎财经（finance.yahoo.com）或谷歌财经（finance.google.com）上找到许多公司的主要财务报表。

账面价值与市场价值

我们在本书中会经常强调资产负债表所列示的各项资产的账面价值与市场价值之间的差异。

　　资产负债表各个项目都是根据**公认会计原则**（Generally Accepted Accounting Principles，GAAP）计价的。根据公认会计原则，所有资产必须以计提折旧之后的历史成本列示于资产负债表。因此，**账面价值**（book values）是"向后看"的价值计量方法。账面价值以资产的过去成本为基础，而不是以其现行市场价格或公司价值为基础。例如，假设家得宝公司两年前耗资 3 000 万美元建造了一栋办公大楼。根据当今的市场行情，该办公大楼可以卖 4 000 万美元。该办公大楼的账面价值低于其市场价值。因此，资产负债表可能低估了家得宝公司的资产价值。

　　考察一下英特尔公司为生产特殊用途的计算机芯片而耗资 8 亿美元建设一家工厂的案例。该工厂的账面价值为 8 亿美元减去其折旧。假设工厂建成后不久出现了一种新的芯片，使现有的芯片变得过时。英特尔公司的这家新工厂的市场价值可能随之下降 50%，甚至更多。就此案例而言，市场价值低于账面价值。

　　一些资产的账面价值与市场价值之间的差异大于另一些资产的账面价值与市场价值之间的差异。就现金而言，账面价值与市场价值之间的差异为零，但就固定资产而言，账面价值与市场价值之间的差异可能很大。会计师先以固定资产的原始成本计价，再根据固定资产的预计使用年限计提折旧。计提折旧的目的在于将固定资产的原始成本在其使用年限内分配。显然，固定资产折旧所遵循的规则并没有反映固定资产市场价值的实际损失。通常，固定资产的市场价值远远高于其账面价值，但有时也低于其账面价值。

　　资产负债表右边的各个项目也是如此。以负债项目为例，会计师只记录你已经承诺支付的货币数额。就短期负债而言，该数额通常接近其市场价值。例如，如果你次日需要偿还欠银行的 100 万美元，资产负债表账户就会显示 100 万美元的账面负债。只要你没有破产，这 100 万美元大体上就是你对银行承诺支付的市场价值。现在假设 100 万美元在若干年之后才偿还，尽管资产负债表账户依然显示 100 万美元的负债，但该负债的市场价值取决于利率的变化情况。如果在你发行债券之后利率上升了，债权人为该债券支付的数额可能低于 100 万美元；如果在你发行债券之后利率下降了，债权人为该债券支付的数额可能超过 100 万美元。[①] 因此，长期负债的市场价值可能高于或低于其账面价值。**资产和负债的市场价值通常不等于其账面价值。账面价值以历史或原始价值为基础，市场价值则度量了资产和负债的现行价值。**

　　就股东权益而言，账面价值与市场价值之间的差异可能非常重要。股东权益的账面价值度量了股东过去投入的现金加上公司已经留存并代表股东再投资于公司的现金。但是，该数额与投资者购买这些股份所投入的市场价值总额相去甚远。

　　如果公司的股票市场价格暴跌，千万别对股东宣称公司的账面价值令人满意。股东在乎的不是账面价值，而是所持有股票的市场价值。市场价值，而不是账面价值，才是股东出售所持有股票的价格。希望让股东满意的管理者也必须关注市场价值。

　　我们经常会发现，借助以市场价值为基础的资产负债表来审视公司大有裨益。与传统的资产负债表相似，以市场价值为基础的资产负债表也列示公司的各项资产，只不过是以现行市场价值（而不是历史成本减去折旧）记录各项资产。同样，各项负债也以市场价值列示。**资产和负债的市场价值之间的差额就是股东权益索取权的市场价值。股票价格就等于股东权益的市场价值除以公司发行的股票数量。**

---

① 我们将在第 6 章讨论利率的变化如何影响债务的市场价值。

例 3.1　　**以市场价值或账面价值为基础的资产负债表**

Jupiter 汽车公司开发了一种具有革命性的汽车生产线,其生产汽车的效率比竞争对手高出 20%。为此,公司已在新工厂投入 100 亿美元。为了解决该投资项目的资金,公司除了借款 40 亿美元之外,还通过发行新股筹集了 60 亿美元。目前,Jupiter 汽车公司已经发行股票 1 亿股。投资者对公司未来的发展前景充满信心,相信新工厂创造的利润足以使股票价格涨至每股 75 美元。

如果新工厂是公司唯一的资产,那么公司投资之后,以账面价值为基础的资产负债表如下:

Jupiter 汽车公司以账面价值为基础的资产负债表			单位:十亿美元
资产	金额	负债与股东权益	金额
汽车厂	10	债务	4
		股东权益	6

投资者以市场价值对 Jupiter 汽车公司的股东权益进行估价,其价值为 75 亿美元(75 美元 / 股 × 1 亿股)。我们假设尚未偿还的债务价值为 40 亿美元。[①] 如果你拥有 Jupiter 汽车公司的股票和所有债务,你的投资价值为 115 亿美元(75 + 40)。此时,你拥有公司的门锁、存货和水桶等一切资产,也享有公司所有现金流量。既然你以 115 亿美元买下了整个公司,公司的资产价值总额就是 115 亿美元。换言之,资产的市场价值必须等于负债的市场价值加上股东权益的市场价值。

现在,我们可以编制以市场价值为基础的资产负债表如下:

Jupiter 汽车公司以市场价值为基础的资产负债表			单位:十亿美元
资产	金额	负债与股东权益	金额
汽车厂	11.5	债务	4
		股东权益	7.5

值得注意的是,Jupiter 汽车公司新工厂的市场价值比其建造成本多了 15 亿美元。该差额就是投资者期待该工厂能够创造的超额利润。**因此,与以公司账面价值为基础的资产负债表相比,以市场价值为基础的资产负债表具有前瞻性。这取决于投资者期待各项资产所能够创造的利润。**

市场价值超过账面价值,这令人惊讶吗?你不应该感到惊讶!公司发现筹集资金投资于各种项目非常具有吸引力,因为公司相信投资项目的价值会大于其成本。否则,公司为何要为该投资项目操心?你通常会发现,公司的股票价格高于其账面价值。

3.2　利润表

如果说家得宝公司的资产负债表就像公司每个特定时点的一个"快照",那么,**利润表**(income statement)就像一段"录像"。利润表反映的是公司过去一年的盈利状况。

---

① 为了解决该投资项目的资金,Jupiter 汽车公司已经借款 40 亿美元。如果借款期间利率发生变化,该债务的价值可能低于或高于 40 亿美元。

　　表 3-3 列示了家得宝公司的简化利润表。从表 3-3 可以看到，家得宝公司 2017 财年的销售收入为 1 009.04 亿美元，而销售成本（665.48 亿美元）和销售与一般管理费用（178.64 亿美元）之和为844.12 亿美元。销售成本是最大的费用项目，数额高达 665.48 亿美元，包括家得宝公司的购货成本、员工工资以及取得和出售商品所发生的其他费用。销售与一般管理费用包括办公费用、广告费用和分销费用等。

表 3-3　家得宝公司 2017 财年利润表

	金额（百万美元）	占销售收入的百分比（%）
销售收入	100 904	100.0
销货成本	66 548	66.0
销售与一般管理费用	17 864	17.7
折旧	1 811	1.8
息税前利润（EBIT）	14 681	14.5
利息费用	983	1.0
应税收益	13 698	13.6
所得税	5 068	5.0
净收益	8 630	8.6
净收益的分配		
股利	4 212	4.2
留存收益增加额	4 418	4.4

资料来源：Derived from Home Depot annual reports.

　　除了这些付现费用之外，家得宝公司还对用于生产商品的厂房与设备计提了折旧，2017 财年的折旧费用为 18.11 亿美元。因此，家得宝公司的息税前利润（earnings before interest and taxes，EBIT）为：

$$息税前利润 = 销售收入 - 各项成本 - 折旧$$
$$= 100\ 904 - (66\ 548 + 17\ 864) - 1\ 811 = 14\ 681（百万美元）$$

　　利润表的其他部分列示了息税前利润的分配情况。正如我们前面看到的，家得宝公司投资于厂房与设备的部分资金来源于借款。家得宝公司 2017 财年支付了该笔借款的利息 9.83 亿美元。另外一部分利润以税金的形式交给了政府。这部分税金的数额为 50.68 亿美元。支付利息与税金之后剩余的86.30 亿美元利润才归属于股东。这部分利润中，家得宝公司将 42.12 亿美元用于支付股利，将其余的 44.18 亿美元再投资于公司。也许这些再投资的资金使公司更有价值。

　　家得宝公司用于再投资的利润 44.18 亿美元在资产负债表中表现为留存收益的增加额。值得注意的是，由表 3-1 可知，家得宝公司 2017 财年的留存收益从 355.17 亿美元增加到 399.35 亿美元，增加了 44.18 亿美元。然而，由于家得宝公司回购了部分股票，其 2017 财年的股东权益总额减少了。

　　正如编制共同比资产负债表有时很有用，我们也可以编制**共同比利润表**（common-size income statement）。共同比利润表的所有项目都以销售收入的百分比表示。表 3-3 的最后一列就显示了家得宝公司的共同比利润表的内容。例如，你可以看到销货成本占销售收入的 66.0%，而销售与一般管理费用占销售收入的 17.7%。

收益与现金流量

区分家得宝公司创造的收益与现金流量很重要。以下从两个方面解释为何收益与现金流量并不是一回事：

1. 折旧。家得宝公司的会计师在编制利润表时，不仅仅计算收到和付出的现金。会计师首先从支付的现金入手，然后将其分为两大类：本期支出（如工资）和资本支出（如购置新设备）。本期支出从本期利润中扣除。然而，可以长期使用的设备成本并不在其购置年份的本期利润中扣除，会计师通过每年计提一笔折旧费用，将该设备的购置成本在其预计使用年限内摊销。

在计算利润时，即使购置新设备的现金已经支付，会计师也不会在购置新设备的年份扣除该项支出。不过，即使本期并没有发生现金支出，会计师也会在本期扣除以前年份购置的各项资产的折旧。例如，假设有一个 100 000 美元的投资项目在 10 年内每年按 10 000 美元计提折旧。[1] 尽管现金在购置该项资产时就已经实际支付，但该折旧额还是作为每年的费用处理。有鉴于此，折旧费用归类为非现金费用。

为了计算公司所创造的现金，有必要将折旧费用加回会计利润（折旧费用不是一种现金支出），并扣除购置新的资本性设备的支出（购置新的资本性设备的支出是一种现金支出）。

2. 收付实现制与权责发生制会计。以制造业公司为例。该公司在第一个时期花费 60 美元购买商品，然后在第二个时期以 100 美元出售该商品，但顾客延迟付款，到了第三个时期才收到顾客支付的货款。可知，该公司在第一个时期发生了一笔 60 美元的现金流出量，在第三个时期收到顾客支付的货款时，该公司发生了一笔 100 美元的现金流入量。该公司的现金流量如下：

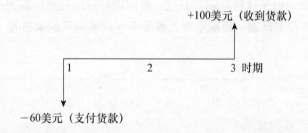

如果说公司在第一个时期亏损（现金流量为负值）或在第三个时期盈利（现金流量为正值），那么可能会产生误导。为了编制利润表，会计师关注销售发生的时点（案例中的第二个时期）并汇集与销售相关的收入与费用。就该公司而言，利润表如下。

	单位：美元
销售收入	100
减：销货成本	60
利润	40

这种收入与费用配比的会计处理方法称为权责发生制会计。

当然，会计师不能忽视现金收支的实际时间分布这个事实。因此，在第一个时期发生的现金支出并没有作为一项费用，而是作为一项存货投资。在随后的第二个时期，这些商品已经出售，会计师再

---

[1]　在美国，公司可以有"两套账"：一套账基于报告目的，另一套账基于纳税目的。新的税法改革允许多数投资项目计提折旧或立即"费用化"，而财务报告准则通常要求将购置成本在若干年内摊销。

减少存货的数额。

为了将利润表的销货成本转化为现金流出量，我们必须扣除资产负债表的存货投资：

单位：美元

时期	第一个时期	第二个时期
销货成本（利润表）	0	60
+ 存货投资（资产负债表）	60	−60
= 支付的现金	60	0

会计师也不能忽视该公司第三个时期才能收到货款这个事实。在第二个时期，销售发生时，资产负债表的应收账款增加，说明顾客又欠了该公司100美元。在随后的第三个时期，顾客支付了100美元，该公司的应收账款相应地减少了100美元。因此，为了将利润表的销售收入转化为现金流入量，我们必须扣除资产负债表的应收账款投资：

单位：美元

时期	第二个时期	第三个时期
销售收入（利润表）	100	0
− 应收账款投资（资产负债表）	100	−100
= 收到的现金	0	+100

我们将在第9章更详细地讨论这些问题。不过，我们现在可以先总结其关键点：**现金流出量等于利润表列示的销货成本加上存货变动额，而现金流入量等于利润表列示的销售收入减去应收账款变动额。**

例 3.2　利润与现金流量

假设上述制造业公司在第二个时期支出80美元生产某些商品。这些商品在第三个时期以120美元出售，但在第四个时期收到顾客支付的货款。

那么，这些交易的现金流量如下：

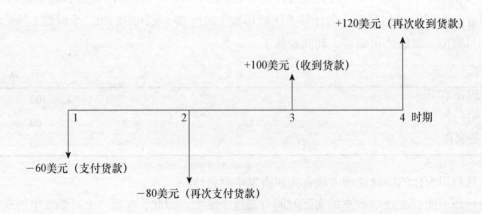

新的交易如何影响利润表和资产负债表呢？利润表将收入与成本相配比并在第一个时期和第二个时期销售发生时记录销货成本。利润表列示的成本与现金流量的差额记录为存货投资（随后收回投资）。如前所述，会计师在第一个时期记录一项存货投资。该公司在第二个时期出售这些商品，同时又生产了另外

80 美元的商品。这样，存货增加了 20 美元。在第三个时期出售这些商品之后，存货减少了 80 美元。下表验证了各个时期的现金流出量等于利润表列示的销货成本加上存货变动额。

时期	第一个时期	第二个时期	第三个时期
销货成本（利润表）	0	60	80
+ 存货投资（资产负债表）	60	−60+80=20	−80
= 支付的现金	60	80	0

与上表类似，下表调节了利润表列示的销售收入与现金流入量的差异：

时期	第二个时期	第三个时期	第四个时期
销售收入（利润表）	100	120	0
− 应收账款投资（资产负债表）	100	−100+120=20	−120
= 收到的现金	0	+100	+120

会计师分别在第二个时期和第三个时期的利润表记录了 100 美元和 120 美元的销售收入。但是，该公司待收取的货款只能确认为资产负债表的一项应收账款投资。公司收到的现金等于利润表列示的销售收入减去应收账款投资。

3.3 现金流量表

如果公司购置新厂房和机器设备，或者向银行支付利息、向股东发放股利，就需要现金。因此，财务经理需要跟踪现金流入与流出的"来龙去脉"。

我们已经看到公司的现金流量与净收益存在显著差异。导致这种差异的原因至少有两个：

1. 在购置资本性商品的年份，利润表并没有将资本支出确认为费用，而是以每年提取折旧的形式将资本支出在一定期间内摊销。

2. 利润表采用会计的权责发生制方法。这就意味着在销售发生时（而不是收到现金或支付现金时）确认收入与费用。

现金流量表（statement of cash flows）不仅列示了来自经营活动的现金流入量与现金流出量，而且列示了来自投资活动和筹资活动的现金流入量与现金流出量。表 3-4 是家得宝公司的现金流量表，包括三部分：第一部分列示来自经营活动的现金流量，这是家得宝公司正常经营活动创造的现金流量；第二部分是家得宝公司投资厂房和设备或收购新公司而产生的现金流量；第三部分列示来自筹资活动（如发行新债或新股）的现金流量。我们将依次讨论现金流量表的这三部分内容。

表 3-4　家得宝公司 2017 财年现金流量表 　　　　　　　　　单位：百万美元

经营活动产生的现金流量	
净收益	8 630
折旧与摊销	2 062

续表

经营活动产生的现金流量	
营运资本项目变动额	
应收账款减少（增加）额	139
存货减少（增加）额	−84
其他流动资产减少（增加）额	−10
应付账款增加（减少）额	352
其他流动负债增加（减少）额	669
营运资本减少（增加）额	1 066
股票薪酬费用	273
经营活动产生的现金流量净额	12 031
投资活动产生的现金流量	
资本支出	−1 897
出售（购置）长期资产	47
其他投资活动	−378
投资活动提供（耗用）的现金流量净额	−2 228
筹资活动产生的现金流量	
短期债务增加（减少）额	850
长期债务增加（减少）额	2 448
股利	−4 212
回购股票	−7 745
其他	−211
筹资活动提供（耗用）的现金流量净额	−8 870
现金及现金等价物增加（减少）净额	933

资料来源：根据表 3 - 1 和表 3 - 2 的数据计算。

　　第一部分是来自经营活动的现金流量，以净收益为起点，调整利润表不涉及现金流入或流出的那部分项目。因此，必须加回已扣除的折旧。尽管利润表将折旧作为一种费用处理，但折旧并不是一种现金流出量。同理，员工股票薪酬是一种费用，但由于该费用以公司股票的形式支付，并没有列示为一项现金流出量。

　　任何流动资产（现金除外）的增加额都应该从净收益中扣除。流动资产增加额占用了现金，利润表却没有反映出来。相反，由于释放了现金，任何流动负债增加额都应该加回净收益。例如，你可以看到家得宝公司该年度花了 0.84 亿美元购买存货。同时，家得宝公司因延迟向其供应商支付货款（体现为应付账款增加），而释放现金 3.52 亿美元。经过这些调整之后，家得宝公司经营活动现金流量为 120.31 亿美元。

　　现金流量表的第二部分列示了购置资本性设备的现金支出。这些投资项目的支出净额为 22.28 亿美元。

　　现金流量表的第三部分列示了筹资活动现金流量。家得宝公司以长短期债务的形式筹集了现金约

30 亿美元，但以股利和股票回购等形式向股东支付现金将近 120 亿美元。①

经营活动、投资活动和筹资活动的综合影响使家得宝公司的现金及现金等价物增加了 9.33 亿美元：

单位：百万美元

经营活动产生的现金流量净额	12 031
－ 投资活动产生的现金流量净额	－ 2 228
＋ 筹资活动产生的现金流量净额	－ 8 870
＝ 现金及现金等价物的变动额	933

现在有一个问题可能让你感到困惑。根据现金流量表，家得宝公司因从顾客那里收回应收账款而增加现金 1.39 亿美元，但根据资产负债表（参见表 3 - 1），应收账款只减少了 0.77 亿美元（从 20.29 亿美元减少为 19.52 亿美元）。其实，如果你比较资产负债表列示的变动额与现金流量表列示的现金流量，就可以发现其他几个明显差异。例如，根据现金流量表，家得宝公司的存货增加了 0.84 亿美元，而根据资产负债表，家得宝公司的存货增加了 1.99 亿美元。尽管有几个原因可以解释这种差异，但最根本的原因是家得宝公司该年度发生了两项重要的收购业务，导致家得宝公司 2017 财年的资产总额和负债总额增加。但是，资产负债表相应项目的变动额未必列示为一项现金来源或耗用。为了理解现金的流动，你需要阅读家得宝公司的现金流量表。

自由现金流量

公司的价值取决于公司支付各项新的资本性投资之后还能够为所有投资者（包括债务投资者和权益投资者）创造多少现金流量。这种现金流量就是公司的**自由现金流量**（free cash flow）。自由现金流量包括三个部分。自由现金流量的第一部分是支付给公司债务投资者的利息。自由现金流量的第二部分是归属于股东的现金，即公司的经营性现金流量。我们从这两部分自由现金流量里扣除满足新投资项目所需的必要现金。

为了计算自由现金流量，我们以公司的净收益为起点，调整利润表那些不涉及现金流入或现金流出的相关项目数字，加回折旧（折旧不是一项现金流出量），调整涉及现金收支但利润表没有列示的营运资本变动额。经营性现金流量不能全部分配给投资者，因为公司还需要用现金支付新的资本性支出。因此，可以自由分配的资本为：

自由现金流量 = 支付给债务投资者的利息 + 股东的经营性现金流量 - 资本支出

例 3.3　家得宝公司的自由现金流量

我们利用家得宝公司的利润表和现金流量表的数据计算其 2017 财年的自由现金流量。我们以债务利息为起点。根据利润表（参见表 3 - 3），家得宝公司 2017 财年向债权人支付利息 9.83 亿美元。

然后，是计算家得宝公司为股东创造的经营性现金流量。其实，在编制家得宝公司的现金流量表（参见表 3 - 4）时，我们就已经开始这些计算，此处不再重复。根据表 3 - 4，家得宝公司 2017 财年的经营性

---

① 你可能会认为利息支出也应该列示在这部分。然而，利息支出通常属于来自经营活动的现金流量，在现金流量表的第一部分体现。这是因为利息支出不像股利那样可以自主决定，公司到期必须支付利息。因此，利息支出被视为一种经营费用，而非一种筹资决策支出。

现金流量为 120.31 亿美元。

最后，我们还要扣除家得宝公司新的资本性投资所需要的现金。根据现金流量表（参见表 3-4），该数额为 22.28 亿美元。因此，家得宝公司 2017 财年的自由现金流量为：

自由现金流量=支付的利息+经营性现金流量−资本性支出

$$=983+12\,031-2\,228=10\,786（百万美元）$$

值得注意的是，自由现金流量与现金流量表（参见表 3-4）的现金余额的增加额不同。第一，我们在计算自由现金流量时，忽视了表 3-4 的最后一部分汇总项目即"筹资活动提供的现金"。[1] 这是因为自由现金流量度量公司经营活动创造了多少可以分配给股东的现金流量。这个可分配数额不应该与公司通过筹资活动实际筹集的资金数额相混淆。第二，在计算自由现金流量时，我们已经加回支付的利息，因为这些利息是分配给股东的现金流量的一部分。[2]

如果家得宝公司的资金全部来源于权益资本，那么，明确其自由现金流量的数额通常很有意义。此时，所有自由现金流量都归属于股东。当然，如果家得宝公司不再支付 9.83 亿美元的利息，其税前收益将增加 9.83 亿美元，那么公司需要额外支付所得税 3.44 亿美元（35%×9.83）。[3] 因此，如果家得宝公司只通过权益资本筹集资金，那么，其自由现金流量将为 104.42 亿美元（107.86−3.44）。

3.4　会计惯例与会计舞弊

上市公司的管理者面临持续的监管，这些监管主要集中在盈余管理方面。证券分析师预测上市公司的每股收益，投资者则坐观上市公司能否达到证券分析师的预期。如果上市公司不能达到证券分析师的预期，即使就差一两美分，投资者也会大失所望。投资者可能认为，如果连一两美分的盈余都没有办法凑足，该上市公司一定非常糟糕。

上市公司的管理者都在抱怨这种压力，然而他们是否为了应对这些做了什么？遗憾的是，根据格雷厄姆、哈维和罗基戈帕（Graham，Harvey，and Rajgopal）对大约 400 名高级管理者的调查，他们确实做了一些事情应对这种压力。[4] 多数管理者认为，会计盈余是向投资者报告的最重要的一个数字。多数管理者承认，为了得到投资者追求的盈余，曾经调整过公司的生产和投资活动。例如，为了达到盈余目标，80% 的管理者打算减少研发、广告或厂房维护等自由裁量性支出。

当然，如果管理者可以调整会计方法，就没有必要调整公司的经营活动。财务会计准则委员会（Financial Accounting Standards Board，FASB）及其公认会计原则确定了美国的会计规则。这些会计规则和会计原则也不可避免地留下了自由裁量的空间。面临经营绩效压力的管理者很容易利用这些自由

---

[1] 有鉴于此，在计算经营活动创造的现金流量时，即使短期债务列示为流动负债，我们也忽略短期债务变动额。我们只关注公司经营活动产生的营运资本项目。

[2] 我们可以验证自由现金流量与现金流量表的逻辑关系如下：

来自表 3-4 的现金余额增加额	933 百万美元
+ 来自表 3-4 的筹资活动耗用的现金	8 870 百万美元
+ 支付的利息	983 百万美元
= 自由现金流量	10 786 百万美元

[3] 2017 年，美国公司所得税的税率为 35%，因此，家得宝公司每支付 1 美元的利息，其应税收益下降 1 美元，而所得税则下降 0.35 美元。现在，美国公司所得税的税率只有 21%。

[4] J.R.Graham, C.R.Harvey, and S.Rajgopal, " The Economic Implications of Corporate Financial Reporting," *Journal of Accounting and Economics* 40 (2005), pp.3–73.

裁量空间满足投资者的需求。投资者担心有些公司可能特别喜欢利用不同会计方法的松紧程度虚增盈余。投资者将这些公司称为"低质量"盈余公司，对这些公司的股票的估价也较低。

公司可能利用会计规则的自由裁量空间隐藏不利信息。下面列举其中的某些例证。

● 收入确认。如前所述，公司在实现销售时确认收入，而不是在顾客实际支付货款时确认收入。但是，实现销售的时间并非总是一清二楚。假设现在是 11 月份，你担心由于公司无法实现销售目标，而无法得到年度奖金。于是，你与主要顾客联系，只要顾客同意增加 12 月份的订单就允许退回尚未销售的商品。尽管顾客退货的可能性较大，公司还是将这些订单作为"销售"入账。这种做法显然不合法，而且可能让你惹上麻烦。不过，你可以告诉顾客，下一年商品价格将上涨，并建议顾客增加 12 月份的订单。这种所谓"渠道填充"（channel stuffing）的做法是以牺牲来年的销售为代价增加本年度的销售。

许多公司采用渠道填充高估其盈余。不过，这种明目张胆的做法很容易引起美国证券交易委员会的关注。例如，2002 年，制药巨头百时美施贵宝公司（Bristol Myers Squibb）披露，由于过去批发商大量购买该公司产品，存货高达数亿美元，而今批发商减少存货，百时美施贵宝公司 2002 年度利润可能只有 2001 年度利润的一半。美国证券交易委员会介入调查，百时美施贵宝公司同意支付 1.5 亿美元，以了断因采用渠道填充而不当地夸大销售和盈余的指控。我们在第 1 章提及，惠普公司收购英国软件公司奥拓诺米损失惨重。惠普公司耗资 111 亿美元收购了奥拓诺米，仅仅一年之后就以奥拓诺米采用渠道填充手段过分夸大收入为由注销了公司 88 亿美元的价值。

● "甜饼盒准备"。住房抵押贷款巨头房地美公司（Freddie Mac）曾因其非常稳定且可预测的盈余增长模式而赢得华尔街"稳定的房地美公司"之称。可以说，房地美公司在 2008 年次贷危机的风暴中突然倒闭之前，一直享有这样的美誉。遗憾的是，由于滥用准备账户，房地美公司的这种可预测性在 2003 年就开始呈现出来。这种准备账户通常是为了应对可能减少盈余的事件（如顾客无法支付其账单）的影响而设置的。然而，房地美公司似乎对这些偶发事件"过多地提取了准备"。这样，在年景不好时，房地美公司就可以"释放"这些准备，从而增加收益。房地美公司的稳定增长主要是盈余管理的结果。

● 表外资产和负债。在 2001 年破产之前（当时，这是美国历史上第二大破产案），安然公司已经负债累累，却还为与其存在所有权关系的其他公司的债务提供担保。为公允起见，安然公司本应该在其资产负债表确认这些潜在的负债。但是，安然公司在其各种交易中创造和设置了许多有名无实的公司，即特定目的主体，并将这些潜在的负债排除在其财务报表之外。

安然公司的倒闭充分说明那些坐拥丰厚薪酬组合的不诚实管理者如何忍不住诱惑向投资者隐瞒真相。如果公司对外部人更透明，也就是说，如果外部人能够更好地评估公司真实的盈利能力及其未来发展前景，那么安然公司的问题就可以在股票价格不断下跌的过程中马上显露出来。这样，证券分析师、债券评级机构、债权人和投资者也就会格外关注这些公司。

如果公司的透明度提高，那么公司通常会自我纠正出现的各种问题。但是，心怀不轨的高级管理层和透明度不高的公司有可能维护其股票价格，推延股票市场的惩罚。在破产之前的一两个月，安然公司受到了股票市场的惩罚。

安然公司并非 21 世纪初陷入会计丑闻的唯一一家公司。环球电信公司（Global Crossing）、奎斯特通信公司（Qwest Communications）、世界通信公司等虚报了数十亿美元的利润。在美国之外，意大利的乳制品公司帕玛拉特（Parmalat）伪造银行账户，数额高达 55 亿美元。法国传媒娱乐公司维旺迪环球（Vivendi Universal）在被指控会计舞弊后濒临破产。为了应对各种会计丑闻，美国国会通过了《萨班斯－奥克斯利法案》。该法案的主要目的是增强公司透明度，确保公司及其会计师为董事、债权人和股东提供有助于监督公司经营过程的信息。

根据《萨班斯－奥克斯利法案》，美国设立了上市公司会计监管委员会（Public Accounting Oversight Board），监督上市公司的审计工作。该法案禁止会计师事务所向其审计客户提供其他服务，审计师负责同一家公司的审计工作不得超过五年，要求公司董事会的审计委员会必须包括独立董事。该法案还要求公司管理层确保财务报表公允地呈现公司的财务状况，并证实公司对于财务报告具有充分的控制力并执行了严格的程序。当然，《萨班斯－奥克斯利法案》的这些要求都是有代价的。管理者和投资者都担心该法案的各种实施成本以及满足各种详尽而刻板条款的沉重负担可能迫使一些公司从上市公司回归到私营公司。基于越来越多的外国公司选择到伦敦而不是纽约上市的事实，有些人开始指责《萨班斯－奥克斯利法案》和美国其他烦琐的条款。

关于会计准则究竟应该采用"规则导向"还是"原则导向"，也存在激烈的争论。美国遵循规则导向，各种详尽的规则严格地控制着各种可能发生的情形。与美国不同，欧盟遵循原则导向，其国际财务报告准则（International Financial Reporting Standards，IFRS）确定了编制财务报表的基本原则。为了协调规则导向与原则导向的差异，欧盟和美国已经磋商多年，美国的许多机构也极力游说，积极论证原则导向的会计准则更简单易行。

本章小结

资产负债表、利润表和现金流量表包含哪些信息？（学习目标 1）

公司的投资者和其他利益相关者需要定期获得财务信息，以帮助他们监督公司的经营过程。会计师通过资产负债表、利润表和现金流量表汇总这些财务信息。

资产负债表提供了公司资产和负债的一个"快照"。资产包括可以快速转换为现金的流动资产和固定资产（如厂房与机器设备）。负债包括即将在一年内到期的流动负债和长期负债。资产总额与负债总额之间的差额就是股东权益总额。

利润表度量了公司年度内的盈利状况，揭示了收益与费用之间的差额。

现金流量表度量了公司年度内的现金来源与现金运用状况。公司现金余额的变动额就是现金来源与现金运用之间的差额。

市场价值与账面价值有何差异？（学习目标 2）

区分列示于公司账面的资产和负债的账面价值与市场价值很重要。账面价值是基于资产原始成本的历史计量的。例如，资产负债表的资产以历史成本扣除折旧之后的余额列示。与此相类似，股东权益总额度量股东过去已经投入公司或公司代表股东再投资于公司的现金。相反，市场价值是资产或负债的现行价格。

收益为何不同于现金流量？（学习目标 3）

收益不同于现金流量。主要有两个原因：（1）在对外报告的利润表上，固定资产投资并没有立即从收益中扣除，而是（以提取折旧的方式）在该设备预计使用年限内摊销；（2）会计师在销售实现时（而不是在顾客实际支付货款时）确认收入，并扣除生产成本（即使这些生产成本可能发生在以前期间）。

第**4**章

公司绩效评价

学习目标

1. 计算和解释有关上市公司的市场价值和市场增加值。
2. 计算和解释财务绩效的某些关键指标，如经济附加值以及资本、资产和权益的报酬率。
3. 计算和解释有关公司经营效率、财务杠杆和流动性的某些关键指标。
4. 说明盈利能力如何依赖于资产经营效率和销售利润率。
5. 将公司的财务状况与其竞争对手和公司以前年度的财务状况进行比较。

我们在第 1 章讨论了财务管理的基本目标：股东投资的现行市场价值最大化。就上市公司而言，股票市场决定其市场价值。其市场价值等于每股市场价格乘以流通在外的股票数量。当然，市场价值的波动主要反映公司经理无法控制的各种事件。不过，优秀的财务经理通过有效的筹资和投资决策努力增加市场价值。

我们如何判断经理是否正在努力增加价值或哪些方面有待改善呢？我们既需要衡量价值增值的指标，也需要能够解释价值增值源头的指标。例如，价值增值取决于盈利能力，因此，我们需要衡量盈利能力的指标。而盈利能力又取决于利润率和公司如何有效地运用各种资产。我们将在本章讨论衡量盈利能力和效率的一些基本指标。

价值也取决于有效的筹资决策。如果公司无所顾忌地筹资，难以支付到期债务，那么公司的价值将受损。如果公司不能保持充分的流动性，没有现金支付各种账单，公司的价值同样会受损。因此，我们将讨论财务经理和投资者用于评估公司债务政策和流动性的各种指标。

这些财务指标主要是根据公司的利润表和资产负债表计算出来的财务比率。我们务必牢记这些会计数据的局限性。

你也许听说过某些高手的故事。这些高手可以在几分钟内解析公司的各种账户，计算出各种财务比率并预测公司的未来。这些人就像经常听说但从未真正见到的喜马拉雅雪人。财务比率并不是一种水晶球，只不过是概括财务数据并评估、比较财务绩效的一种便捷方法。尽管这些财务比率有助于你提出正确的问题，但难以回答这些问题。

4.1 财务比率与股东价值

如何借助财务比率理解价值增值

有关财务比率的好消息是财务比率通常不难计算，坏消息则是财务比率太多。更糟糕的是，首先要记住很多财务比率，之后才有可能理解这些财务比率。

只要我们花点时间了解一下财务比率评价的主题以及财务比率如何与增加股东价值这个最终目标相联系，就可以减少有关财务比率的坏消息的影响。

股东价值取决于有效的投资决策。财务经理评估投资项目需要思考如下几个问题：考虑了资本成本之后，投资项目如何盈利？应该如何衡量投资项目的盈利能力？盈利能力取决于哪些因素？（我们将看到投资项目盈利能力取决于各种资产的有效运用和销售利润率。）

股东价值也取决于有效的筹资决策。这里需要考虑几个显而易见的问题：公司的资金来源充裕吗？如果公司没有充裕的资金来源，就难以发展壮大。公司的筹资战略是否谨慎？财务经理不应该使公司的资产和经营活动处于高风险状态。例如，在一个危险的高债务比率状态下从事经营活动。公司具有较强的流动性吗？（现金或随时可以出售转化为现金的资产具有缓冲作用。）公司必须能够支付各种账单，应对各种意想不到的事件。

图 4-1 更详细地总结了上述问题。图 4-1 中部左边的方框描绘了投资决策，右边的方框描绘了筹资决策。我们在每个方框中都列出一个问题以及财务经理可以用于回答该问题的财务比率或其他指标。例如，图 4-1 底部最左边的那个方框提及各项资产是否有效运用的问题。衡量资产运用效率的三个财务比率是资产周转率、存货周转率和应收账款周转率。

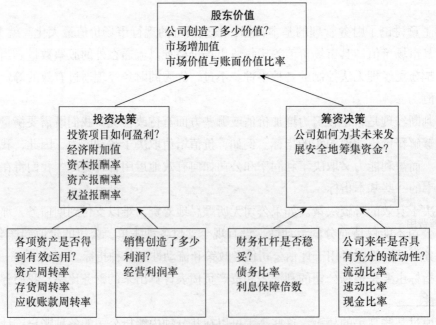

图 4-1 财务比率的组织结构图

说明：本图解释了常见财务比率和其他指标如何与股东价值相联系。

图 4-1 底部右边的两个方框提及财务杠杆（债务融资的数额）是否稳妥和公司来年是否具有充分的流动性等问题。追踪财务杠杆的财务比率包括各种债务比率（如债务权益比率）和利息保障倍数。衡量流动性的财务比率包括流动比率、速动比率和现金比率。

我们将讨论如何计算和解释图 4-1 中提及的这些财务比率和其他财务比率。不过，你现在可以将图 4-1 视为一个组织结构图。该组织结构图列出某些重要的财务比率并说明这些财务比率如何与增加股东价值这个目标相联系。

接下来，我们以图 4-1 最上面部分为起点开始讨论。我们的首要任务是衡量价值，将讨论市场价值、市场增加值、市场价值与账面价值比率。

4.2　市场价值与市场增加值

20 年前，你修习了财务管理基础课程。现在，你的事业已经渐入佳境，你在思考有关家得宝公司的问题。你可能是共同基金的经理，正在考虑是否再投入 2 500 万美元购买家得宝公司的股票；你可能是家得宝公司的大股东，正在琢磨是否将持有的股票全部出售；你可能是投资银行家，正希望与家得宝公司做生意；你可能是债券持有者，正在关注家得宝公司的信用状况；你还可能是家得宝公司的司库或首席财务官，甚至可能是家得宝公司的竞争对手，希望了解家得宝公司的价值与财务绩效。你从何处着手呢？

2017 财年，家得宝公司的普通股以每股 190.21 美元的价格收盘。家得宝公司发行了 11.7 亿股，因此，家得宝公司的**市场价值**（market capitalization）为 2 225.46 亿美元（190.21 × 11.7）或接近 2 200 亿美元。这是一个很大的数字。不过，家得宝公司是一家大型公司，其股东多年来已经投入数十亿美元。因此，你决定将家得宝公司的市场价值与公司权益的账面价值做一个比较。账面价值度量的是股东对家得宝公司的累计投资额。

于是，你再次查看家得宝公司的利润表和资产负债表，如表 4-1 和表 4-2 所示。[①] 截至 2017 财年末，家得宝公司权益的账面价值为 14.54 亿美元。这样，家得宝公司的**市场增加值**（market value added）即公司股票的市场价值与股东已经投入公司的货币总额之间的差额为 2 210.92 亿美元（2 225.46 - 14.54）。家得宝公司的股东已经投入大约 14.5 亿美元，其股票价值约 2 225.5 亿美元，市场增加值累计约为 2 211 亿美元。

表 4-1　家得宝公司 2017 财年利润表

	金额（百万美元）	占销售收入的百分比（%）
销售收入	100 904	100.0
销货成本	66 548	66.0
销售与一般管理费用	17 864	17.7
折旧	1 811	1.8
息税前利润（EBIT）	14 681	14.5
利息费用	983	1.0

[①]　为方便起见，这里再次重复第 3 章提供的财务报表。我们假设你在 2018 年 1 月 28 日（家得宝公司 2017 财年结束日）就已经看到这些财务报表。实际上，公司在 3 月之后才公布这些财务报表。

续表

	金额（百万美元）	占销售收入的百分比（%）
应税收益	13 698	13.6
所得税	5 068	5.0
净收益	8 630	8.6
净收益的分配		
股利	4 212	4.2
留存收益增加额	4 418	4.4

表 4 - 2　家得宝公司资产负债表　　　　　　　　　　　　　　　单位：百万美元

资产	2017 财年	2016 财年	负债与股东权益	2017 财年	2016 财年
流动资产			流动负债		
现金与有价证券	3 595	2 538	到期应付款	2 761	1 252
应收账款	1 952	2 029	应付账款	7 244	7 000
存货	12 748	12 549	其他流动负债	6 189	5 881
其他流动资产	638	608	流动负债总额	16 194	14 133
流动资产总额	18 933	17 724	长期债务	24 267	22 349
固定资产			其他长期负债	2 614	2 151
有形固定资产			负债总额	43 075	38 633
财产、厂房与设备	41 414	40 426	股东权益		
减：累计折旧	19 339	18 512	普通股与其他实收资本	9 715	9 010
有形固定资产净值	22 075	21 914	留存收益	39 935	35 517
无形资产（商誉）	2 275	2 093	库藏股	-48 196	-40 194
其他资产	1 246	1 235	股东权益总额	1 454	4 333
资产总额	44 529	42 966	负债与股东权益总额	44 529	42 966

说明：各列之和存在因四舍五入所致的误差。

　　根据利润表和资产负债表，我们可以看到家得宝公司仅仅一年所赚的收益远远超过其股东投入的资本净额。这也许是一件值得自豪的事情。但需要注意的是，家得宝公司在股票市场上从投资者手里回购自己的股票，其股东权益的账面价值将随之减少。股东权益账面价值减少的数额就是股票回购的数额。随着公司的不断发展，家得宝公司举借更多的债务并回购更多的股票。因此，家得宝公司的现行市场价值是流通在外的股票账面价值的好几倍。家得宝公司的案例提醒我们，权益的市场价值比账面价值更能说明持续经营企业的盈利能力。

　　EVA Dimensions 咨询公司计算了美国大样本公司的市场增加值。表 4 - 3 列示了其中几家公司，包括最成功和最失败的公司。苹果公司位居榜首，为其股东创造了 7 822 亿美元的财富。美洲银行几乎"垫底"：其股票的市场价值比股东投入该行的货币总额还少 659 亿美元。

表 4-3 2017 年 9 月公司绩效的股票市场指标

（公司按市场增加值排序）

金额单位：百万美元

公司名称	市场增加值	市场价值与账面价值比率
苹果	782 164	7.15
微软	461 134	5.84
强生	277 722	3.38
沃尔玛	209 010	3.41
可口可乐	202 102	8.59
自由港	-5 781	0.85
哥伦比亚广播公司	-16 858	0.65
美国国际集团	-30 134	0.64
康菲石油公司	-53 141	0.47
美洲银行	-65 878	0.80

资料来源：以上统计数据由 EVA Dimensions 公司提供。

表 4-3 列示的都是大型公司，其经理掌控着巨额资产。小型公司不敢奢望创造如此巨额的价值。有鉴于此，财务经理和财务分析师还可能计算股东投入的每一美元能够创造多少价值。为此，他们会计算市场价值与账面价值比率。例如，家得宝公司 2018 年初（2017 财年末）的**市场价值与账面价值比率**（market-to-book ratio）为[1]：

$$市场价值与账面价值比率 = \frac{权益的市场价值}{权益的账面价值} = \frac{222.5}{1.544} = 153.0$$

换言之，家得宝公司股东的投资价值已经增加到 153 倍。

表 4-3 还列示了 2017 年样本公司的市场价值与账面价值比率。值得注意的是，可口可乐公司的市场价值与账面价值比率高于微软公司的市场价值与账面价值比率，但微软公司的市场增加值比较高，因为其规模比较大。

表 4-3 列示的市场价值绩效指标存在三个缺陷。第一，公司股票的市场价值反映了投资者对公司未来绩效的预期。尽管投资者关注当期利润与投资，但也热切地关注预期的投资与发展。第二，市场价值可能受到财务经理无法控制的许多风险和事件的影响而发生波动。因此，作为评价公司管理层的绩效指标，市场价值指标可能存在噪声。第三，你不可能看到私营公司的市场价值，因为私营公司的股票没有上市交易。你也不可能看到大型公司的分部或工厂的市场价值。你可以用市场价值来安慰自己，作为一个整体，家得宝公司的经营绩效不错，但是，你不可能用市场价值深度比较家得宝公司的木材分部和家居装饰分部的经营绩效。为此，你需要用于评价盈利能力的会计指标。我们从经济附加值（EVA）指标开始讨论盈利能力指标。

4.3 经济附加值与会计报酬率

在编制利润表时，会计师以各种收入为起点，然后扣除各种经营成本和其他成本，但是并没有包括一项重要的成本：公司占用资本的机会成本。因此，为了考察公司是否真正创造价值，我们需要考

---

① 也可以将股票的每股价格除以每股账面价值来计算市场价值与账面价值比率。

察公司在扣除包括资本成本在内的所有成本之后是否还有利润。

正如第 1 章和第 2 章所述，资本成本是资本性投资项目可接受的最低报酬率。它是一种资本机会成本，因为它是股东在金融市场的投资机会的期望报酬率。只有获得高于资本成本的报酬率，即获得高于投资者自己投资所能获得的报酬率，公司才创造了价值。

扣除包括资本成本在内的所有成本之后的利润就称为公司的**经济附加值**（economic value added，EVA）。思腾思特咨询公司（Stern Stewart & Co.）创造了"经济附加值"这一术语，并为发展和推广经济附加值理念做了大量的工作。经济附加值也称剩余收益。

在计算经济附加值时，通常要考虑投资者投入公司的所有长期资本。这意味着既包括债券和其他长期债务，也包括权益资本。长期资本总额通常称为资本总额，是长期债务与股东权益的总和。

2017 财年初，家得宝公司的资本总额为 266.82 亿美元，包括长期债务 223.49 亿美元和股东权益 43.33 亿美元（参见表 4 - 2 的 2016 财年末的数据）。这是家得宝公司的债务和权益投资者已经投入公司的累计数额。家得宝公司的资本成本约为 8.2%。① 这样，我们可以将资本总额乘以 8.2%，得到资本成本为 21.88 亿美元（8.2% × 266.82）。为了满足债务和权益投资者的要求，家得宝公司必须获得的收益总额为 21.88 亿美元。

现在，我们可以将该数额与家得宝公司实际为其债务和权益投资者创造的利润进行比较。2017 财年，债务投资者获得的利息收益为 9.83 亿美元。家得宝公司 2017 年的所得税税率为 35%，债务投资者的税后利息收益为 6.39 亿美元（（1-0.35%）× 9.83）。② 家得宝公司归属于股东的净收益为 86.3 亿美元。因此，家得宝公司的税后利息与净收益的总和为 92.69 亿美元（6.39+86.3）。如果从 92.69 亿美元中扣除资本成本，可以看到家得宝公司赚了 70.81 亿美元（92.69-21.88），超过了投资者要求的数额。这 70.81 亿美元就是家得宝公司的经济附加值或剩余收益：

经济附加值 = 税后利息 + 净收益 - （资本成本 × 资本总额） = 639 + 8 630 - 2 188 = 7 081（百万美元）

家得宝公司的净收益与税后利息的总和就是其税后经营收益。如果家得宝公司没有任何债务且利息不能作为税前抵扣费用，税后经营收益就是家得宝公司可能获得的收益。税后经营收益就是公司完全通过权益筹资可能获得的收益。如果公司完全通过权益筹资就没有任何（税后）利息费用，所有经营收益就都归属于股东。

这样，经济附加值也等于：

经济附加值 = 税后经营收益 - （资本成本 × 资本总额） = 9 269 - 2 188 = 7 081（百万美元）

当然，家得宝公司及其竞争对手都会运用债务筹资。不过，如果我们关注不受利息税前扣除因素影响的经营利润，那么比较公司的经济附加值就更有意义。

表 4 - 4 列示了大型公司样本的经济附加值估计值。苹果公司再度名列首位。苹果公司扣除需要弥补的资本成本之后，获得的经济附加值为 376 亿美元。相比之下，美洲银行就是一个落后者。尽管美洲银行扣除资本成本之前获得的会计利润为 183.7 亿美元，但是扣除资本成本之后，美洲银行的经济附加值却亏了 24 亿美元。

---

① 这是税后加权平均资本成本。公司的加权平均资本成本取决于其经营风险。除了债务资本成本是税后的之外，加权平均资本成本几乎等同于资本机会成本。我们将在第 13 章讨论加权平均资本成本及其计算问题。

② 2017 年的公司所得税税率为 35%，现在的公司所得税税率为 21%。我们为什么采用税后利息呢？因为如果公司支付了利息，就会减少其应税收益，公司应缴纳的税金也就相应减少。这就是所谓的"节税"或"税盾"。不同公司的"节税"或"税盾"不同，取决于其债务筹资的数额。不过，我们在这里关注的是经营成果。为了使所有公司有相同的基础，我们从报告收益中扣除利息的"税盾"。换句话说，我们关注税后的利息支付额。我们在计算各公司的收益时忽略"税盾"，假设公司没有任何债务，股东获得（税后）利息。为了保持一致性，我们将资本成本定义为税后加权平均资本成本。我们将在第 13 章和第 16 章进一步讨论这些问题。

表 4 - 4　2017 年 9 月公司的经济附加值与资本报酬率

（公司按经济附加值排序）

金额单位：百万美元

公司名称	（1）税后利息 + 净收益	（2）加权平均资本成本（%）	（3）长期资本总额	（4）经济附加值（1）-（2）×（3）	（5）资本报酬率（%）（1）÷（3）	（6）超额报酬率（%）（5）-（2）
苹果	52 051	7.1	203 569	37 638	25.6	18.5
微软	20 626	7.1	61 619	16 270	33.5	26.4
强生	17 599	5.7	112 367	11 160	15.7	9.9
沃尔玛	14 891	2.8	206 206	9 076	7.2	4.4
可口可乐	8 713	5.8	44 678	6 144	19.5	13.8
哥伦比亚广播公司	1 863	6.1	55 820	-1 559	3.3	-2.8
自由港	1 710	7.1	52 991	-2 068	3.2	-3.9
美洲银行	18 370	6.7	310 587	-2 439	5.9	-0.8
美国国际集团	457	6.4	90 107	-5 300	0.5	-5.9
康菲石油公司	-1 494	6.7	102 820	-8 373	-1.5	-8.2

资料来源：以上统计数据由 EVA Dimensions 公司提供。

值得注意的是，表 4 - 4 列示的 10 家公司的资本成本差异较大。造成差异的原因主要是各公司的经营风险不同。相对较为安全的公司如沃尔玛的资本成本较低。风险较高的公司如苹果公司和微软公司的资本成本较高。

与会计收益相比，经济附加值或剩余收益是一个更好的公司绩效指标。在计算会计收益时，扣减了除资本成本之外的所有成本。相反，根据经济附加值，公司只有在弥补机会成本之后，才称得上创造价值。

经济附加值使各经营领域的经理都感觉到资本成本清晰可见，从而具有一个清晰的目标：至少必须赚回所投入资产的资本成本。工厂或分部的经理通过精简那些对利润没有什么贡献的资产就可以改善经济附加值。借助经济附加值评估公司的绩效还可以敦促经理积极处置闲置资产。因此，现在越来越多的公司开始计算经济附加值并将经理薪酬与经济附加值挂钩。

会计报酬率

经济附加值度量了公司在扣除资本成本之后赚了多少。如果其他条件不变，经理营运的资产规模越大，创造更多经济附加值的机会也就越多。小规模分部的经理可能非常能干，但是，该分部的资产规模较小，按经济附加值排序，该经理就很难排在前面。在比较各个经理的绩效时，度量公司每一美元资产的利润可能更有意义。三个普遍应用的指标是资本报酬率、资产报酬率和权益报酬率。这些指标称为账面报酬率，因为它们都是以会计信息为基础的。

资本报酬率　资本报酬率等于税后经营收益除以资本总额。2017 财年，家得宝公司的经营收益为 96.29 亿美元，该财年初的资本总额（长期债务与股东权益之和）为 266.82 亿美元。因此，家得宝公司的**资本报酬率**（return on capital，ROC）为 [1]：

$$资本报酬率 = \frac{税后经营收益}{财年初的资本总额} = \frac{9\ 269}{26\ 682} = 0.347\ 或\ 34.7\%$$

---

[1]　家得宝公司资本报酬率的分子是将税后利息加回净收益计算出来的税后经营收益。财务分析师通常会忘记利息是税前扣除项目，用税前利息计算经营收益。这使得债务筹资比例不同的公司之间资本报酬率的比较复杂化，也混淆了资本报酬率与税后加权平均资本成本的比较。我们将在第 13 章讨论加权平均资本成本。

如前所述，家得宝公司的资本成本约为8.2%。如果投资者把钱投资于其他公司或与家得宝公司经营风险相同的证券，那么，这个8.2%就是投资者2017财年初可以获得的期望报酬率。因此，2017财年家得宝公司获得的报酬率比投资者要求的报酬率高26.5个百分点（34.7%-8.2%）。

在计算资本报酬率时，我们将一个流量指标（该财年初获得的收益）与一个存量指标（该财年初的资本总额）做比较，忽略该财年内公司新增的筹资。如果新增的筹资创造了该财年的绝大部分经营收益，那么在计算资本报酬率时，将税后经营收益除以财年初与财年末的资本总额平均值可能更合适。就家得宝公司而言，该公司2017财年新增了长期债务但回购了部分股票，因此其财年末的资本总额少于财年初的资本总额。如果我们将税后经营收益除以资本总额平均值，那么家得宝公司2017财年的资本报酬率略有提高。

$$资本报酬率 = \frac{税后经营收益}{资本总额平均值} = \frac{9\ 269}{(25\ 721+26\ 682)/2} = 0.354 \ 或 \ 35.4\%$$

资本报酬率的上述两个指标，哪一个指标更好呢？这不能一概而论。但如果你希望更多地了解何种情形下倾向于采用平均值（而不是财年初的数额）计算财务比率，这倒是为你提供了简要讨论的话题。[①]

表4-4最后一栏列示了知名公司样本的资本报酬率。值得注意的是，可口可乐公司的资本报酬率为19.5%，比其资本成本高出约13个百分点。尽管可口可乐公司的资本报酬率高于沃尔玛公司，但其经济附加值较低。这主要是因为可口可乐公司的风险高于沃尔玛公司，而且资本成本较高。不过，可口可乐公司投入的资本少于沃尔玛公司。

在表4-4列示的公司中，有五家公司的经济附加值为负值。这五家公司的资本报酬率都低于其资本成本。其实，资本报酬率与资本成本之间的差距所要表达的理念正是经济附加值所要表达的理念。只不过，前者以百分数的报酬率（而不是绝对数）来表达其理念。

资产报酬率　　资产报酬率（return on assets，ROA）度量税后经营收益占公司资产总额的比例。资产总额（等于负债总额与股东权益总额之和）大于资本总额，因为资本总额并不包括流动负债。就家得宝公司而言，资产报酬率为：

$$资产报酬率 = \frac{税后经营收益}{财年初的资产总额} = \frac{9\ 269}{42\ 966} = 0.216 \ 或 \ 21.6\%$$

运用资产平均余额计算，资产报酬率略有下降：

$$资产报酬率 = \frac{税后经营收益}{资产平均余额} = \frac{9\ 269}{(44\ 529+42\ 966)/2} = 0.212 \ 或 \ 21.2\%$$

无论是计算资产报酬率还是资本报酬率，我们都采用税后经营收益，即将税后利息加回净收益。你可能会追问：如果公司完全通过权益资本筹资，那么其盈利能力如何？在比较资本结构不同的公司的盈利能力时，这种追问就很有意义。不过，财务分析师经常会忽略利息可以税前扣除，而直接采用税前利息计算经营收益。有些财务分析师根本就不考虑支付的利息，将资产报酬率界定为归属于股东的净收益除以资产总额。尽管我们不想冒犯任何人，但不得不说这种计算方法确实愚蠢。这种计算方法完全忽略了公司的资产为债务投资者所创造的收益。

权益报酬率　　我们将**权益报酬率**（return on equity，ROE）界定为股东已经投入的每一美元所能获得的收益。家得宝公司2017财年的净收益为86.3亿美元，而该财年初的股东权益总额为43.33亿美元。这样，家得宝公司的权益报酬率甚至更高：

---

① 为方便起见，有时也采用财年末的时点性数据。从严格意义上讲，这种做法并不正确。

$$权益报酬率 = \frac{净收益}{股东权益总额} = \frac{8\ 630}{4\ 333} = 1.992\ 或\ 199.2\%$$

如果我们采用股东权益平均余额，那么家得宝公司的权益报酬率为：

$$权益报酬率 = \frac{净收益}{股东权益平均余额} = \frac{8\ 630}{(1\ 454 + 4\ 333)/2} = 2.983\ 或\ 298.3\%$$

家得宝公司的权益报酬率这么高，似乎难以想象。只要略微思考就可以发现，家得宝公司通过持续的股票回购计划已经将股东权益的账面价值降到非常低的水平。如此一来，作为股东权益账面价值的百分比，权益报酬率自然非常高。当然，我们肯定不会希望看到家得宝公司（或许多其他公司）的新投资项目都获得 200% 的权益报酬率。

经济附加值与会计报酬率存在的问题

作为绩效指标，会计报酬率和经济附加值具有许多明显的优势。不同于以市场价值为基础的指标，会计报酬率和经济附加值反映当期绩效，不受导致股票市场价格变化的其他事项的影响。既可以计算整个公司的会计报酬率和经济附加值，也可以计算某个特定工厂或分部的会计报酬率和经济附加值。不过，经济附加值和会计报酬率都以资产的账面（资产负债表）价值为基础。债务资本和权益资本也都是账面价值。正如我们在第 3 章指出的，会计师并没有在资产负债表列示每一项资产，我们的计算也仅仅采用了反映账面价值的会计数据。例如，我们忽略家得宝公司为了树立品牌而在营销方面的大量投资。品牌是一项重要的资产，但资产负债表并没有反映其价值。如果资产负债表反映品牌价值，那么资产、资本和股东权益的账面价值将大大增加，家得宝公司的会计报酬率也就不会太高。

提供表 4－3 和表 4－4 数据的 EVA Dimensions 公司确实对会计数据做了许多调整，但仍难以涵盖所有资产的价值或难以判断其贬值的速度。例如，微软公司的资本报酬率确实达到 33.5% 了吗？很难说！因为微软公司近年来对操作系统和其他软件的投资并没有列示于资产负债表，而且难以精确度量。

还应该注意到，资产负债表没有列示公司资产的现行市场价值。公司账面上的各项资产以其原始成本扣除折旧为基础进行估价。根据现有的市场环境和价格水平，以前的资产可能被严重低估。因此，较高的资产报酬率表明公司过去做出了有利可图的投资决策，从而取得了很好的经营绩效，但这并不意味着你现在以资产的账面价值就可以购买相同的资产。相反，较低的报酬率表明公司过去的某些决策出现了失误，但这并不总是意味着现在的各种资产可以在其他地方得到更好的利用。

4.4 经营效率评价

我们从计算公司为股东创造了多少价值以及扣除所使用资本的成本之后公司创造了多少利润入手，开始分析家得宝公司。我们讨论了家得宝公司的权益报酬率、资本报酬率和资产报酬率，这些指标都很高。我们接下来的任务是进一步探讨家得宝公司取得成功的原因。究竟哪些因素会影响公司的整体盈利能力呢？其中一个因素是公司运用各种资产的效率。

资产周转率　资产周转率或销售与资产比率说明了每一美元的资产可以带来多少销售收入。因此，资产周转率度量了公司资产营运效率。就家得宝公司而言，每一美元的资产可以带来 2.35 美元的销售收入：

$$资产周转率 = \frac{销售收入}{财年初资产总额} = \frac{100\ 904}{42\ 966} = 2.35$$

与前述某些盈利能力比率一样，销售收入与资产比率将一个流量指标（整个财年的销售收入）与一个存量指标（某一天的资产）进行比较，因此，财务经理与财务分析师经常计算整个财年的销售收入与该财年内资产平均余额的比率。就家得宝公司而言，其结果大致相同：

$$资产周转率 = \frac{销售收入}{资产平均余额} = \frac{100\ 904}{(44\ 529+42\ 966)/2} = 2.31$$

资产周转率度量了公司如何有效地运用其全部资产。不过，你可能还对某些具体类别的资产的运用效率感兴趣。下面提供两个例证。

存货周转率　经营效率高的公司不会把过多的资本沉淀在原材料和产成品上，仅保持相对较低的原材料与产成品存货水平，并加速这些存货的周转。

资产负债表列示的是存货的成本而不是产成品最终出售的金额，因此，通常将存货平均余额与销货成本（而不是销售收入）进行比较。就家得宝公司而言：

$$存货周转率 = \frac{销货成本}{财年初存货余额} = \frac{66\ 548}{12\ 549} = 5.3$$

这个指标的另一种表达方式是考察存货的存续天数。存货的存续天数等于存货余额除以每日销货成本：

$$存货周转天数 = \frac{财年初存货余额}{每日销货成本} = \frac{12\ 549}{66\ 549/365} = 68.8(天)$$

可以说，总体上，家得宝公司有足够的存货可以满足大约 69 天的经营所需。

我们将在第 20 章看到，近年来许多公司已经加强存货管理，提高存货周转率。丰田汽车公司是存货管理的先锋，其准时制系统确保汽车零部件在需要时准时送达。丰田汽车公司约保有一个月的零部件供应和已经完工的汽车存货，其存货每年约周转 11 次。

应收账款周转率　应收账款是尚未收到货款的销售收入。应收账款周转率以应收账款的倍数度量公司的销售收入。就家得宝公司而言：

$$应收账款周转率 = \frac{销售收入}{财年初应收账款余额} = \frac{100\ 904}{2\ 029} = 49.7$$

如果顾客很快就支付货款，尚未支付的账单金额可能只占销售收入的较小部分，那么应收账款周转率可能较高。这样，较高的应收账款周转率通常意味着公司的信用管理部门效率较高，能快速跟踪那些延迟支付的顾客。不过，较高的应收账款周转率有时也可能意味着公司的信用政策过于严格，只对可以信赖且很快付款的顾客提供信用。[①]

评价信用管理部门效率的另一种方式是计算顾客支付账单的平均时间长度。公司的应收账款周转速度越快，收款期就越短。总体上，家得宝公司的顾客支付账单时间大约为 7.3 天：

$$应收账款平均收款期 = \frac{财年初应收账款余额}{平均每日销售收入} = \frac{2\ 029}{100\ 904/365} = 7.3(天)$$

尽管应收账款周转率和存货周转率有助于揭示具体业务领域的低效率，但并不是唯一有效的指标。例如，连锁零售商可能将其每平方英尺销售收入与竞争对手的每平方英尺销售收入进行对比，航空公司可能关注每位顾客每英里的收入，而律师事务所可能关注每位合伙人的收入。具有一定商业常识的人略加思考就应意识到，上述指标很可能对评价公司的经营效率最有帮助。

---

① 如果可能的话，只采用赊销收入更为合理。否则，应收账款周转率较高（或平均收款期较短）可能意味着公司赊销收入只占销售收入的较小部分。例如，如果零售顾客在家得宝公司以现金购物，那么，无论家得宝公司信用管理部门的政策如何，该交易的平均收款期都为零。

4.5　资产报酬率分析：杜邦分析系统

我们已经看到，家得宝公司每一美元资产可以带来 2.35 美元的销售收入。但是，家得宝公司的成功不仅取决于其运用资产带来销售收入的效率，而且取决于这些销售收入是否盈利。这可以借助家得宝公司的销售利润率来度量。

销售利润率　销售利润率度量销售收入转化为利润的比例。销售利润率有时可以定义为：

$$销售利润率 = \frac{净收益}{销售收入} = \frac{8\,630}{100\,904} = 0.086\ 或\ 8.6\%$$

这个定义可能产生误导。如果公司的部分资本来自债务，那么部分销售收入必须以利息的形式支付给债权人。这样，公司的经营利润就必须在债权人和股东之间分配。我们不能仅仅因为公司运用债务筹资并以利息的形式支付部分收益给债权人，就认为公司的盈利能力不如其竞争对手。因此，我们在计算销售利润率时必须将税后债务利息加回净收益。这就再次将我们引向税后经营收益和**经营利润率**（operating profit margin）：

$$经营利润率 = \frac{税后经营收益}{销售收入} = \frac{8\,630+(1-0.35)\times983}{100\,904} = 0.091\ 9\ 或\ 9.19\%$$

杜邦分析系统

由前面的计算可知，家得宝公司的资产报酬率为 21.6%。下列恒等式表明，资产报酬率取决于两个因素：家得宝公司的资产创造的销售收入（资产周转率）和每一美元销售收入赚取的利润（经营利润率）：

$$资产报酬率 = \frac{税后经营收益}{资产总额} = \underset{\underset{资产周转率}{\uparrow}}{\frac{销售收入}{资产总额}} \times \underset{\underset{经营利润率}{\uparrow}}{\frac{税后经营收益}{销售收入}} \tag{4.1}$$

这一公式将资产报酬率分解为资产周转率和经营利润率，在杜邦化学公司推广应用该公式之后，该公式通常称为**杜邦公式**（Du Pont formula）。就家得宝公司而言，根据杜邦公式，资产报酬率分解为：

$$资产报酬率 = 资产周转率 \times 经营利润率 = 2.35 \times 0.091\ 9 = 0.216$$

杜邦公式是思考公司战略的一种有用方式。例如，零售商可能为了提升资产周转率而牺牲经营利润率（沃尔玛战略），或者为了追求较高的经营利润率而牺牲资产周转率（布鲁明戴尔战略）。你自然希望资产周转率和经营利润率都比较高，但是现实中很难做到两者兼顾。高价高利润率战略通常会导致每一美元资产带来的销售收入较低，因此，公司必须权衡这些不同的目标。杜邦公式有助于厘清公司正在实施的战略。

所有公司都希望获得较高的资产报酬率，但竞争限制了公司提升资产报酬率的空间。杜邦公式有助于识别公司所面临的各项限制因素。快餐行业的资产周转率较高，其经营利润率较低。高级酒店行业的资产周转率相对较低，但其经营利润率较高。

例 4.1　资产周转率与经营利润率

公司经常通过并购供应商来寻求改善经营利润率。其基本目的在于既获得原本属于自己的利润，也获得原本属于供应商的利润。遗憾的是，除非公司具有经营管理新业务的某些特殊技能，否则，公司会发现资产周转率的降低可能抵消了经营利润。

　　某些数据可能有助于说明这个问题。表 4-5 列示了 Admiral 汽车公司及其零部件供应商 Diana 公司的销售收入、利润和资产总额。尽管 Admiral 汽车公司的经营利润率较低（其经营利润率为 20%，而 Diana 公司的经营利润率为 25%），但是，Admiral 汽车公司与 Diana 公司的资产报酬率都是 10%。由于 Diana 公司的所有产品都转入 Admiral 汽车公司，因此，Admiral 汽车公司的管理层认为两家公司合并可能会更好。如此一来，合并之后的公司就可以同时获得汽车零部件和整车的经营利润了。

表 4-5　Admiral 汽车公司与 Diana 公司合并前后的比较

	百万美元			资产	经营	资产
	销售收入	利润	资产总额	周转率	利润率	报酬率
Admiral 汽车公司	20	4	40	0.50	20%	10%
Diana 公司	8	2	20	0.40	25%	10%
Diana 汽车公司（合并后的公司）	20	6	60	0.33	30%	10%

说明：与供应商或顾客合并通常可能提高经营利润率，但资产周转率的降低可能抵消经营利润。

　　表 4-5 的最后一行列示了 Admiral 汽车公司与 Diana 公司合并之后的效果。合并之后的公司确实获得了两家公司的利润，但销售收入依然是 2 000 万美元。这是因为 Diana 公司所生产的全部零部件都在合并之后的公司内部使用。由于利润较高而销售收入不变，经营利润率提高了。遗憾的是，合并之后的公司拥有更多的资产，导致资产周转率下降。这正好抵消了经营利润率较高带来的效益。因此，合并之后的公司资产报酬率保持不变。

　　图 4-2 描绘了资产周转率与经营利润率权衡的结果。你可以看到，平均资产周转率较高的行业，其平均经营利润率较低。相反，平均经营利润率较高的行业通常伴随着较低的平均资产周转率。典型的例证就是电力或水务行业。这两个行业需要巨额的资本，因此其资产周转率较低。不过，这两个行业因其单位增量产出的边际成本非常低而获得巨额利润。图 4-2 的两条曲线描绘了资产报酬率为 3% 或 10% 的经营利润率与资产周转率的组合结果。尽管各个行业的经营利润率和资产周转率差距都很大，但是差距可能相互抵消。因此，多数行业的资产报酬率在 3% ～ 10% 之间。

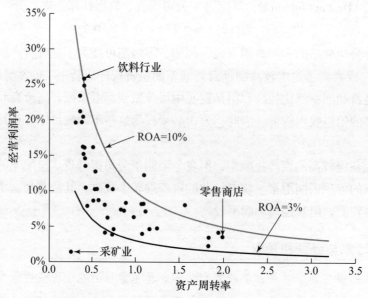

图 4-2　45 个行业的经营利润率与资产周转率

资料来源：U.S.Census Bureau, *Quarterly Report for Manufacturing and Trade Corporations*, Third Quarter 2017.

4.6　财务杠杆分析

如图 4 - 1 所示，股东价值不仅取决于有效的投资决策和盈利性的经营活动，还取决于有效的筹资决策。有鉴于此，我们先讨论财务杠杆分析，再讨论流动性评价。

如果公司借了钱，就做出了支付一系列利息并到期偿还借入的本金的承诺。如果公司的利润增加，债权人只能继续获得固定的利息收入，所有剩余部分都归股东所有。当然，如果公司的利润下降，股东将承担大部分损失。如果公司的年景非常不好，债务负担沉重的公司可能因无法偿还其债务而破产，股东将损失大部分或全部投资。

在公司年景好的时候，债务可能提高股东的报酬率，而在公司年景不好的时候，债务可能降低股东的报酬率。这就是财务杠杆效应。杠杆比率度量了公司承受的财务杠杆的程度。首席财务官始终关注杠杆比率，以确保债权人愿意继续持有公司的债务。

债务比率　通常用长期债务总额与长期资本总额（即资本总额）的比率度量财务杠杆。这里的"长期债务"不仅包括债券或其他借款，还包括长期租赁。[1] 就家得宝公司而言：

$$长期债务比率 = \frac{长期债务总额}{长期债务总额 + 股东权益总额} = \frac{24\ 267}{24\ 267 + 1\ 454} = 0.94 \ 或 \ 94\%$$

这意味着每 1 美元的长期资本有 94 美分来自债务形式。

债务权益比率也可以度量财务杠杆。就家得宝公司而言：

$$长期债务权益比率 = \frac{长期债务总额}{股东权益总额} = \frac{24\ 267}{1\ 454} = 16.69$$

就财务杠杆程度较高的公司而言，上述两个比率的差异较大。某家公司的筹资 2/3 来自债务，1/3 来自股东权益，其长期债务比率为 67%（2/3），而债务权益比率为 2。这是一家财务杠杆程度远低于家得宝的公司（以账面价值为基础）。

尽管在美国制造业公司的平均长期债务比率大约为 33%，远低于家得宝公司的长期债务比率，但还是有些公司刻意举债经营。例如，我们将在第 21 章讨论杠杆收购。被杠杆收购的公司通常发行大量债务。在 20 世纪 90 年代杠杆收购流行时，涉足杠杆收购的公司的平均债务比率大约为 90%。其中一些公司兴旺发达，归还了全部债权人的债务，另一些公司就没有那么幸运了。

值得注意的是，债务比率采用的是账面（会计）价值而不是市场价值。[2] 从理论上讲，债权人应该更关注公司的市场价值。公司的市场价值反映了公司资产的实际价值和这些资产将创造的实际现金流量。只有公司的市场价值超过其债务总额，债权人才能收回钱。因此，你可能期望看到采用债务和股东权益的市场价值计算出的债务比率。然而，债务比率普遍以账面价值为基础。

采用账面价值而不是市场价值计算财务杠杆比率，一定有问题吗？也许未必。毕竟，公司的市场价值包括研发、广告和员工培训等项目形成的无形资产价值。这些无形资产不易出售，如果公司陷入困境，这些无形资产的价值可能全部消失。因此，如果银行要求公司保持一定水平的债务比率，那么银行通常以账面价值界定债务比率。银行不考虑影响市场价值但资产负债表没有列示的无形资产。

另外值得注意的是，这些财务杠杆指标不考虑短期债务。如果短期债务只是暂时的债务或短期债

---

[1]　融资租赁是一种公司承诺定期支付款项的长期租用协议。这种承诺就像支付贷款的义务。

[2]　如果公司存在租赁资产，会计师要估计租赁承诺的价值。如果公司存在长期债务，会计师只需要列示其账面价值。账面价值与市场价值可能显著不同。

务与现金持有量相匹配，那么不考虑短期债务可能有其道理。但是，如果公司经常有短期债务，那么应该放宽债务的定义，将所有债务都包括在内。就家得宝公司而言：

$$债务比率 = \frac{负债总额}{资产总额} = \frac{43\ 075}{44\ 529} = 0.97 \text{ 或 } 97\%$$

因此，家得宝公司资产总额的 97% 来自长期债务和短期债务，3% 来自股东权益。[①] 我们也可以说债务权益比率为 29.6（43 075/1 454）。

尽管经理有时会宽泛地提及公司的债务比率，但是正如我们刚刚看到的，可以采用不同的方式计算债务比率。法律并没有规定应该如何界定一个比率。因此，提醒各位读者：在没有理解一个比率如何计算时，千万别使用这个比率。

利息保障倍数 度量财务杠杆的另一个指标是基于利润支付利息的程度。银行喜欢贷款给那些盈利的、可以轻松地履行支付利息义务的公司。息税前利润（EBIT）与支付利息数额的比率度量了利息保障程度。就家得宝公司而言：

$$利息保障倍数 = \frac{息税前利润}{支付利息数额} = \frac{14\ 681}{983} = 14.9$$

根据利息保障倍数可知，家得宝公司的筹资政策相当稳健。有时，利息保障倍数保持在 2 或 3 的水平，债权人就心满意足了。

如果公司希望避免违约，定期支付的利息数额就是公司必须确保能够越过的一道"门槛"。利息保障倍数度量了"门槛"与"跨栏选手"之间有多大的空间距离，但是只描述了部分情况。例如，利息保障倍数不能告诉我们家得宝公司是否获得了足够的现金以偿还到期债务。

现金保障比率 我们在第 3 章指出，折旧不是一种现金费用。即使折旧并没有导致现金流出公司，在计算公司的利润时也必须扣除折旧。假设为了计算经营现金流量，我们将折旧加回息税前利润。由此，我们可以计算现金保障比率。[②] 就家得宝公司而言：

$$现金保障比率 = \frac{息税前利润 + 折旧}{支付利息数额} = \frac{14\ 681 + 1\ 811}{983} = 16.8$$

财务杠杆与权益报酬率

如果公司通过借款筹集资金，就必须向债权人支付利息，这会导致净利润减少。如果公司借款而不是发行股票，分享公司剩余利润的股东就更少。那么，哪一种影响占主导地位呢？杜邦公式的分解有助于我们回答这个问题。我们可以将权益报酬率分解为四部分：

$$
\begin{aligned}
权益报酬率 &= \frac{净利润}{股东权益总额} \\[2mm]
&= \underset{\substack{\uparrow \\ 财务杠杆比率}}{\frac{资产总额}{股东权益总额}} \times \underset{\substack{\uparrow \\ 资产周转率}}{\frac{销售收入}{资产总额}} \times \underset{\substack{\uparrow \\ 经营利润率}}{\frac{税后经营收益}{销售收入}} \times \underset{\substack{\uparrow \\ "债务负担"}}{\frac{净收益}{税后经营收益}}
\end{aligned}
\tag{4.2}
$$

值得注意的是，式（4.2）中间两项相乘的结果就是资产报酬率。资产报酬率取决于公司的生产

---

① 此时，97% 的债务包括所有负债，如应付账款和其他流动负债。

② 无形资产的折旧称为摊销，也需要加回息税前利润。由此得到，息税前利润 + 折旧 + 摊销 = 息税折旧摊销前利润（EBITDA）。息税折旧摊销前利润保障比率也是一个普遍运用的指标。当然，除了这里讨论的标准比率之外，你还可能遇到其他比率。

与营销成效，并不受公司筹资组合的影响。① 但是，式（4.2）的第一项和第四项受到债务与股东权益组合的影响。第一项即"资产总额 / 股东权益总额"，称为财务杠杆比率，可以表述为"（股东权益总额 + 负债总额）/ 股东权益总额"，等于"1+债务权益比率"。最后一项称为"债务负担"，度量因利息费用而减少利润的比例。

假设公司完全通过股东权益筹资。这时，财务杠杆比率和债务负担都等于 1，权益报酬率与资产报酬率相同。如果公司借了钱，则财务杠杆比率大于 1（资产总额大于股东权益总额），债务负担小于 1（利息吸收了部分利润）。因此，财务杠杆可能提高也可能降低权益报酬率。事实上，我们将在第 16 章看到，如果公司的资产报酬率高于其支付的债务利率，财务杠杆会提升权益报酬率。家得宝公司的资本报酬率超过其支付的债务利率，因此其权益报酬率高于资本报酬率。

4.7 流动性评价

如果你希望为顾客提供信用额度或发放短期银行贷款，那么你感兴趣的问题可能不会仅仅局限于公司的财务杠杆。你希望知道公司是否有足够的现金偿还短期债务。这就是信用分析师和银行家关注某些**流动性**（liquidity）指标的原因。流动资产可以快速、低成本地转换为现金。

试想，为了支付一笔意料之外的大额账单，你会做什么？你可能拥有一些存在银行的钱或易于出售的投资项目，但你会发现要将你的旧毛衣转换成现金并不容易。同样，公司拥有流动性程度不同的各种资产。例如，应收账款和产成品存货通常具有较好的流动性。随着公司出售存货，顾客支付货款，钱就流入了公司。另一个极端的例证是，房地产可能缺乏流动性。很难在短期内找到房地产的购买者，然后协商一个公平价格并完成交易。

关注流动资产项目还有另一个原因：其账面（资产负债表）价值通常更可靠。一个催化裂化装置的账面价值未必能反映其真实的价值，但你至少可以知道有多少银行存款。

流动性比率也有某些不尽如人意的特征。由于短期资产和短期负债容易发生变化，因此流动性指标可能很快就会过时。你可能不知道催化裂化装置值多少钱，但你可以非常确定该催化裂化装置不可能在一夜之间消失。银行存款则可能随时消失。

当然，具有流动性的资产有时也可能变得缺乏流动性。2008 年次贷危机期间就出现过这种情况。有些金融机构建立了结构性投资工具（structured investment vehiches，SIVs）基金，发行了由住房抵押担保的短期债务性证券。随着住房抵押违约率的不断攀升，这种债务性证券的市场开始萎缩，交易商越来越不愿意出价。

银行家和其他短期债权人都喜欢公司拥有大量的流动资产。他们知道，如果公司的债务到期，公司可以马上用现金偿还债务。不过，流动性强并不总是一件好事。例如，经营效率高的公司的银行账户并没有过多的现金。这些公司不允许顾客延迟支付货款，也不会在仓库留存过多的原材料和产成品存货。换言之，流动性水平过高意味着资本没有得到充分运用。经济附加值指标可以解决这个问题。根据经济附加值指标，如果公司的流动资产数额超过其实际需要的数额，公司的经理将受到惩罚。

营运资本净额与资产总额的比率 流动资产包括现金、有价证券、存货和应收账款。流动资产的流动性很强。流动资产总额与流动负债总额之间的差额称为营运资本净额。营运资本净额大体上度量了公司潜在的现金储备净额。由于流动资产总额通常超过流动负债总额，因此营运资本净额通常为正

---

① 我们再次采用税后经营收益即净收益与税后利息之和。

值。就家得宝公司而言：

$$营运资本净额 = 18\,933 - 16\,194 = 2\,739(百万美元)$$

家得宝公司的营运资本净额是其资产总额的 6.1%：

$$\frac{营运资本净额}{资产总额} = \frac{2\,739}{44\,529} = 0.061 \text{ 或 } 6.1\%$$

流动比率　流动比率就是流动资产总额与流动负债总额的比率：

$$流动比率 = \frac{流动资产总额}{流动负债总额} = \frac{18\,933}{16\,194} = 1.17$$

这表明家得宝公司每 1 美元的流动负债有 1.17 美元的流动资产做保证。

流动比率的变化也可能产生误导。例如，假设公司从银行借入一大笔钱并投资于有价证券。流动负债总额增加，流动资产总额也随之增加。如果其他条件不变，则营运资本净额保持不变，但流动比率会发生变化。有鉴于此，在计算流动比率时，有时更倾向于将短期投资净额与短期债务进行对比。

速动（酸性测试）比率　有些流动资产比其他流动资产更接近现金。如果公司面临困境，存货可能不能以高于大甩卖的价格出售。（公司经常遇到麻烦，因为很难以高于生产成本的价格出售其产成品存货。）因此，在将流动资产总额与流动负债总额进行比较时，经理经常将存货和其他流动性较差的流动资产排除在外。经理关注现金、有价证券和顾客尚未支付的账单。这就产生了速动比率：

$$速动比率 = \frac{现金 + 有价证券 + 应收账款}{流动负债总额} = \frac{3\,595 + 1\,952}{16\,194} = 0.34$$

现金比率　公司流动性最强的资产是现金和有价证券，这就是财务分析师关注现金比率的原因：

$$现金比率 = \frac{现金 + 有价证券}{流动负债总额} = \frac{3\,595}{16\,194} = 0.22$$

如果公司能够马上借到钱，现金比率较低未必就有问题。谁会关心公司是否实际上是从银行借款或公司是否具有随时可以借款的信用额度保证呢？不存在任何考虑公司"预备的借款能力"的流动性标准指标。

4.8　对财务比率的理解

我们讨论了如何计算评价家得宝公司的绩效和财务状况的一些通用指标。这些指标汇总如表 4-6 所示。

表 4-6　家得宝公司绩效指标汇总表

绩效指标名称	计算公式	数值
绩效指标		
市场增加值（百万美元）	= 权益市场价值 - 权益账面价值	221 092
市场价值与账面价值比率	= 权益市场价值 / 权益账面价值	153.0
盈利能力指标		
资产报酬率（ROA）	= 税后经营收益 / 资产总额	21.6
资本报酬率（ROC）	= 税后经营收益 /（长期债务总额 + 股东权益总额）	34.7
权益报酬率（ROE）	= 净收益 / 股东权益总额	199.2
经济附加值（百万美元）	= 税后经营收益 - 资本成本 × 资本总额	7 081

续表

绩效指标名称	计算公式	数值
经营效率指标		
资产周转率	＝销售收入／财年初资产总额	2.35
应收账款周转率	＝销售收入／财年初应收账款余额	49.7
平均收账期（天）	＝财年初应收账款余额／每日销售收入	7.3
存货周转率	＝销货成本／财年初存货余额	5.3
存货周转天数	＝财年初存货余额／每日销货成本	68.8
销售利润率	＝净收益／销售收入	8.6%
经营利润率	＝税后经营收益／销售收入	9.2%
财务杠杆指标		
长期债务比率	＝长期债务总额／（长期债务总额＋股东权益总额）	0.94
长期债务权益比率	＝长期债务总额／股东权益总额	16.69
债务比率	＝负债总额／资产总额	0.97
利息保障倍数	＝息税前利润／支付利息数额	14.9
现金保障比率	＝（息税前利润＋折旧）／支付利息数额	16.8
流动性指标		
营运资本净额与资产总额比率	营运资本净额／资产总额	0.06
流动比率	＝流动资产总额／流动负债总额	1.17
速动比率	＝（现金＋有价证券＋应收账款）／流动负债总额	0.34
现金比率	＝（现金＋有价证券）／流动负债总额	0.22

　　你已经计算了这些指标，现在需要用某些方法来判断这些指标究竟是令人担忧还是令人欣喜。有时，可能存在一个自然的标杆。例如，如果公司的价值增值为负值或资本报酬率低于资本成本，该公司就没有为其股东创造价值。

　　但是其他指标呢？比如说，资产周转率或经营利润率就不存在所谓的合理标准。这些指标不仅因年份而异，而且因行业而异。在评估公司绩效时，经理通常首先关注财务比率是否已经发生变化，然后才关注公司的财务比率与同行业公司相比所处的地位。

　　我们首先将家得宝公司 2017 财年的绩效与其以前财年的绩效做比较。例如，图 4 - 3 描绘了家得宝公司 1996 财年以来的资产报酬率。我们知道，资产报酬率＝资产周转率×经营利润率。根据图 4 - 3，1999 年起，家得宝公司资产创造销售收入的能力逐步减弱，不过，经营利润率上升暂时显著抵消了资产创造销售收入能力逐渐减弱的负面影响。2008 年房地产市场低迷也导致销售利润率急剧下降，由此，家得宝公司的资产报酬率随之大幅度下降。2009 年，在新管理层的领导下，家得宝公司出现转机。在随后的各个年度，家得宝公司的资产周转率和销售利润率均得到提升。

　　管理者还需要扪心自问：与主要竞争对手相比，公司的绩效如何？表 4 - 7 列示了家得宝公司与劳氏公司的一些关键绩效指标。家得宝公司的资产报酬率较高，因为其资产周转率较高，经营利润率也较高。尽管家得宝公司的债务比率较高，但由于家得宝公司的盈利能力更强，其利息保障倍数更高。家得宝公司的存货周转得更快。不过，家得宝公司的收款期比较长，似乎说明家得宝公司催收账款不力。然而，这是一种错觉。劳氏公司通常将其应收账款出售给其他公司，因此其资产负债表上的

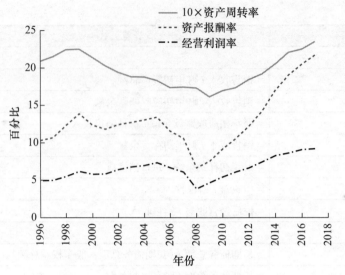

图 4-3 家得宝公司一定期间内的财务比率

应收账款维持在较低的水平。有何启示呢？财务比率可以提醒你注意公司的战略差异并揭示公司的实力或问题，但你通常还需要进一步思考，充分理解这些数字的含义。

表 4-7 2017 财年家得宝公司与劳氏公司财务指标精选

	家得宝公司	劳氏公司
绩效指标		
市场增加值（百万美元）	221 092	62 677
市场价值与账面价值比率	153.0	11.7
盈利能力指标		
资产报酬率（ROA）	21.6%	11.2%
资本报酬率（ROC）	34.7%	18.5%
权益报酬率（ROE）	199.2%	53.6%
经济附加值（百万美元）	7 081	1 929
经营效率指标		
资产周转率	2.35	1.99
应收账款周转率	49.7	116.7
平均收款期（天）	7.3	3.1
存货周转率	5.3	4.3
存货周转天数	68.8	84.4
销售利润率	8.6%	5.0%
经营利润率	9.2%	5.6%
财务杠杆指标		
长期债务比率	0.94	0.73
长期债务权益比率	16.69	2.65
债务比率	0.97	0.73
利息保障倍数	14.9	10.4
现金保障比率	16.8	12.7

续表

	家得宝公司	劳氏公司
流动性指标		
营运资本净额与资产总额比率	0.06	0.02
流动比率	1.17	1.06
速动比率	0.34	0.09
现金比率	0.22	0.06

家得宝公司与劳氏公司是竞争激烈的对手，因此比较其财务比率很有意义。不过，我们必须基于行业特征来解释所有财务比率。例如，你不可能期待软饮料制造商与珠宝商的经营利润率相同，也不可能期待软饮料制造商与金融公司的财务杠杆相同。从表 4-8 可以看到这个特征。表 4-8 列示了主要行业组的一些财务比率。

表 4-8　主要行业组的财务比率

	资产报酬率（%）	权益报酬率（%）	资产周转率	应收账款周转率	存货周转率	经营利润率（%）	长期债务比率	利息保障倍数	流动比率	速动比率
所有制造行业	6.54	13.82	0.64	9.17	8.34	10.16	0.38	3.75	1.25	0.64
食品行业	7.54	15.32	0.86	12.64	10.05	8.82	0.40	5.00	1.50	0.67
零售行业	7.55	19.04	2.06	38.11	10.17	3.67	0.46	5.48	1.27	0.54
咨询行业	4.13	8.96	0.72	6.09	92.09	5.78	0.34	2.59	0.88	0.63
化学行业	5.54	11.79	0.40	6.74	7.81	13.97	0.45	2.73	1.08	0.52
制药行业	4.67	9.43	0.32	6.16	7.36	14.68	0.50	2.74	1.06	0.54
机械行业	6.48	13.97	0.70	8.06	6.27	9.28	0.32	4.07	1.26	0.59
电力行业	1.67	2.33	0.54	9.19	5.84	3.08	0.35	3.97	1.23	0.63
汽车行业	4.64	11.02	1.18	14.31	13.43	3.92	0.27	4.90	1.02	0.54
计算机与电子行业	7.80	15.47	0.39	8.27	10.64	20.00	0.37	2.86	1.22	0.77

资料来源：U.S. Census Bureau, Quarterly Financial Report for Manufacturing, Mining, Trade, and Selected Service Industries, second quarter 2018.

值得注意的是，行业之间的差异很大。有些差异，尤其是盈利能力指标的差异，可能源于运气。2017 年，阳光可能特别眷顾某些行业，而另一些行业却没有这么幸运。但有些差异可能更多地反映了行业的基本面。例如，你可以看到，计算机公司的资产周转率比较低，但其销售利润率相对较高。相比之下，零售公司资产周转率比较高。不过，激烈的竞争使得零售公司只能获得较低的销售利润率。综合影响的结果是两个行业的资产报酬率大体相似。

4.9　财务比率的作用

当两个经理在一起讨论公司的经营业务和财务问题时，他们一定会提及财务比率。下面让我们看看两段对话。

第一段对话 首席执行官若有所思地大声说："我们如何为扩大生产规模筹集资金呢？银行愿意借给我们所需的 3 000 万美元吗？"

财务经理回答说："我曾经考虑过这个问题。我们的流动负债比率是 30%。如果我们完全通过借款筹集投资项目的资金，流动负债比率将上升到 45%。我们上次从银行借款时，承诺流动负债比率不超过 50%。因此，如果我们通过借款为该投资项目筹集资金，也许就没有多少回旋的余地来应对可能出现的紧急情况了。此外，债券评级机构目前将我们的债券评为投资级债券。债券评级机构对债券评级时，也关注公司的财务杠杆。我这里的一张表格（见表 4-9）显示，当公司的财务杠杆程度过高时，其债券就会得到较低的评级。如果我们的流动负债比率上升到 45%，我不知道债券评级机构是否会调低我们的债券评级，但可能性较大。这可能令现有债权人不高兴，从而导致新借款的成本增加。

"我们还需要考虑利息保障倍数这个指标。这个指标最初有点弱。目前我们的利息保障倍数是 3，如果我们需要的 3 000 万美元全部依靠借款，利息保障倍数将降到 2 左右。当然，我们期望新的投资项目可以获得更多的利润，但是需要数年的时间。与此同时，如果我们的年景不好，可能会面临现金短缺问题。"

表 4-9　不同信用等级北美非金融公司的财务比率中位数

评级类别	经营利润率（%）[a]	息税摊销前利润／资产总额	长期债务比率（%）[b]	现金保障比率[c]
Aaa	25.4	12.3	35.1	17.2
Aa	17.4	10.2	31.0	15.2
A	14.9	10.8	40.7	13.1
Baa	12.0	8.7	46.4	8.1
Ba	11.5	8.5	55.7	5.1
B	9.0	6.7	65.8	2.9
C	4.6	4.1	89.3	1.6

a. 经营利润／销售收入净额

b. 长期债务／资本总额的账面价值

c. 息税摊销前利润／利息费用

资料来源：Moody's Investor Service，" Moody's Financial Metrics Key Ratios by Rating and Industry for Global Non-Financial Corporates：December 2016".

首席执行官总结道："如此说来，我们应该考虑发行股票！"

第二段对话 在公司高尔夫锦标赛上非常狼狈地输给包装分部经理之后，首席执行官的心情很糟糕。他怒吼道："我看到我们的股票昨天又跌了。现在股票价格已经低于账面价值，而且股票价格只是净利润的 6 倍。我为公司尽心尽力地工作，股东应该多少有点感恩。"

财务经理回答说："我觉得我能理解股东的担心。只要看看我们账面的资产报酬率就知道了！资产报酬率只有 6%，远低于资本成本。没错，我们一直在赚钱，但还不足以弥补投资者所提供资金的成本。实际上，我们的经济增加值为负值。当然，这并不一定意味着资产用于其他地方会更好。但我们确实应该仔细考虑是否应该出售某些分部或重新配置资产。

"我们在某些方面处于良好状态。我们的短期债务非常少，而流动资产总额是流动负债总额的 3 倍。但这并不完全是好消息，因为这也说明我们拥有过多的营运资本。我曾观察过我们的主要竞争对手。其存货每年周转 12 次，而我们的存货每年只周转 8 次。竞争对手的顾客平均付款期为 45 天，而我们的顾客平均付款期为 67 天。如果我们的这两个指标可以达到竞争对手的水平，就可以释放出原本可以支付给股东的 3 亿美元资金。"

首席执行官说："也许是这样，我们明天可以更深入地讨论这个问题。同时，我还想与负责生产的经理讨论存货水平问题，与负责商业信用的经理讨论收账政策问题。你也促使我考虑是否应该出售包装分部。我总是对包装分部的经理不放心。他花太多时间练习打高尔夫的向后挥拍动作，而对资产报酬率问题不够重视。"

📖 本章小结

如何评估上市公司是否为股东创造价值？（学习目标 1）

就上市公司而言，这个问题相对比较容易解决。可以从市场价值入手。市场价值等于每股价格乘以流通在外的股票数量。股东权益的市场价值与账面价值之间的差额度量了公司投资和经营活动的市场增加值。股东权益的账面价值是股东在公司的累计投资额（包括留存收益再投资）。市场价值与账面价值比率是表示增加值的另一种方式。

就私营公司而言，由于不存在股票价格，财务经理和财务分析师只能转而选择其他绩效指标。

用什么指标评价公司的财务绩效？（学习目标 2）

财务经理和财务分析师关注权益报酬率（ROE）。权益报酬率是净收益与股东权益总额的比率。不过，在计算净收益时，必须扣除利息费用。因此，权益报酬率取决于债务比率。资本报酬率（ROC）和资产报酬率（ROA）是更好的经营绩效指标。资本报酬率必须与公司的资本成本相比较。从经营收益扣除资本成本就得到经济附加值（EVA）或剩余收益。如果经济附加值为正值，则说明公司现有的经营活动为股东创造了价值。

分别用什么指标评价公司的盈利能力、经营效率、财务杠杆和流动性？（学习目标 3）

财务经理和财务分析师只能将众多信息浓缩于公司的财务报表，依靠一些财务比率总结公司的财务绩效、经营效率和财务实力。回顾表 4-6，该表总结了最重要的财务比率。不过需要提醒的是，财务比率有时以不同的名称出现，而且计算公式也有所不同。

盈利能力指标度量销售收入报酬率。经营效率比率度量公司如何有效地运用资产。财务杠杆比率度量公司已经借了多少钱及其支付利息的义务。流动性比率度量公司获得现金的难易程度。

财务比率不断出现在各种财务讨论和合约中。银行和债权人通常要求债务比率或利息保障倍数必须限定在一定的范围内。

哪些因素决定了资产报酬率和权益报酬率？（学习目标 4）

杜邦分析系统将各种财务比率联系在一起，解释资产报酬率和权益报酬率。资产报酬率是资产周转率和经营利润率综合作用的结果。权益报酬率是财务杠杆比率、资产周转率、经营利润率和债务负担综合作用的结果。

财务报表分析存在哪些潜在缺陷？（学习目标 5）

如果机械地分析财务报表，几乎毫无意义。尽管财务比率有助于提出正确的问题，但财务比率并不提供最终的答案。此外，会计账簿并非总是反映现行市场价值，而且会计处理有时并不透明。因为不道德的经理可能为了财务报表而编造好消息和隐瞒坏消息。

为了评估公司的财务状况，你需要一个标杆。因此，分析师通常将财务比率与公司以前年度的财务比率以及同行业其他公司的财务比率对比。

巴尔赫斯·格林（Burchetts Green）非常喜欢银行培训课程，但这只是他在公司贷款部的第一份工作的良好开端。那天一大早，老板就递给他一套木马玩具公司（Hobby Horse Company, Inc.）的财务报表。她说："木马玩具公司从我们这里贷款 4 500 万美元，9 月到期，很可能要求我们展期。最近，该公司有些不对头，我已经让弗斯·普朗特（Furze Plantt）下午去该公司，看看究竟是怎么回事。你最好跟她一起去。在去该公司之前，你先看看这些财务报表，思考一下该公司存在什么问题。这是你运用在培训课程上所学知识的一次好机会。"

格林熟悉木马玩具公司的历史。该公司创建于 1990 年，有多家折扣连锁店，专门出售制作工艺品和木马的各种材料。然而，上一年新开的几家商店正好遭遇糟糕的圣诞季，导致该公司出现亏损。该公司的管理层已经停止所有新项目的建设，并出售了 15 家商店。

格林决定从木马玩具公司近六年的资产负债表和利润表（见表 4-10）入手，详细地分析其最近的财务状况（见表 4-11 和表 4-12）。

木马玩具公司可能存在哪些问题？财务比率可以反映出普朗特和格林需要关注的问题吗？

表 4-10　木马玩具公司财务要点（财年截至 3 月 31 日）　　　　　　单位：百万美元

	2019 年	2018 年	2017 年	2016 年	2015 年	2014 年
销售收入	3 351	3 314	2 845	2 796	2 493	2 160
息税前利润	-9	312	256	243	212	156
利息	37	63	65	58	48	46
所得税	3	60	46	43	39	34
净利润	-49	189	145	142	125	76
每股收益	-0.15	0.55	0.44	0.42	0.37	0.25
流动资产	669	469	491	435	392	423
固定资产净值	923	780	753	680	610	536
资产总额	1 592	1 249	1 244	1 115	1 002	959
流动负债	680	365	348	302	276	320
长期债务	236	159	297	311	319	315
股东权益	676	725	599	502	407	324
商店数量	240	221	211	184	170	157
员工数量	13 057	11 835	9 810	9 790	9 075	7 825

表 4-11　木马玩具公司利润表（财年截至 2019 年 3 月 31 日）　　　　单位：百万美元

销售收入	3 351
销货成本	1 990
销售与一般管理费用	1 211
折旧费用	159
息税前利润	-9

续表

利息费用净额	37
税前利润	−46
所得税	3
净利润	−49
净利润的分配	
留存收益增加额	−49
股利	0

表 4 - 12　木马玩具公司合并资产负债表　　　　　　　　　　　　单位：百万美元

资产	2019 年 3 月 31 日	2018 年 3 月 31 日
流动资产		
现金与有价证券	14	72
应收账款	176	194
存货	479	203
流动资产总额	669	469
固定资产		
财产、厂房与设备（扣除折旧之后净值）	1 077	910
减：累计折旧	154	130
固定资产净值	923	780
资产总额	1 592	1 249
负债与股东权益	**2019 年 3 月 31 日**	**2018 年 3 月 31 日**
流动负债		
到期应付款	484	222
应付账款	94	58
其他流动负债	102	85
流动负债总额	680	365
长期债务	236	159
股东权益		
普通股与其他实收资本	155	155
留存收益	521	570
股东权益总额	676	725
负债与股东权益总额	1 592	1 249

说明：各列之和存在因四舍五入所致的误差。

第**2**篇

价　值

第 **5** 章

货币时间价值

学习目标

1. 计算按一定利率进行投资的货币终值。

2. 计算一笔未来款项的现值。

3. 计算一系列等额现金款项的现值和终值。

4. 比较基于不同时间段的利率，如月利率与年利率。

5. 理解实际现金流量与名义现金流量、实际利率与名义利率之间的区别。

公司投资于许多项目，有些投资是看得见摸得着的有形资产，如厂房、设备和办公室，有些投资则是无形资产，如专利权或商标权。无论是哪种类型的投资，公司都期待未来得到更多钱。

个人也有投资活动。例如，你接受大学教育每年大约花费 3 万美元，这就是一项投资。你期望未来的职业生涯能够获得更高的薪水。你现在播种并期待将来的收获。

公司通过筹集资金满足投资项目的资金需求，为此可能承担负债。例如，公司可以向银行借款，并承诺以后还本付息。你可能已经通过借款为大学教育投资筹集资金，并计划以未来丰厚的薪水偿还借款。

所有这些财务决策都需要比较不同时点的现金收支额。你未来的薪水足以偿还现在的大学教育学费吗？如果你现在从银行借款支付学费，将来需要偿还银行多少钱呢？

我们将在本章初步讨论货币时间价值问题即资金现在的价值与其未来价值之间的关系。首先讨论基于既定利率水平的投资如何随着时间的推移而增值。然后讨论为了在未来获得一定数额的资金，现在所需的投资额是多少。我们还会讨论计算一系列现金款项价值的一些方法。最后讨论通货膨胀如何影响这些财务计算结果。

这些财务计算并不复杂，但如果想熟练掌握，还是应该通读本章，通过做题加强练习（我们提供了许多例题）。我们邀请你现在就投资，以期在未来得到回报。当然，如果你运用电子数据表程序或财务计算器评估现金流量的价值，那么你还将了解计算机屏幕背后正在发生的运算过程。我们将在本章后面部分讨论如何运用电子数据表程序和财务计算器。

为了简化起见，本章几乎所有的示例都以美元计价。不过，即便以欧元、日元、蒙古图格里克或亚美尼亚德拉姆计价，其基本原理和计算过程也是一样的。

5.1 终值与复利

你的银行账户有 100 美元存款。假设银行现在按每年 6% 的利率支付存款利息。一年之后，你的账户将获得 6 美元的利息：

利息 = 利率 × 本金 = 0.06 × 100 = 6 (美元)

你年初拥有 100 美元，之后获得 6 美元的利息，那么到年底，你的投资价值将增加到 106 美元：

一年之后的投资价值 = 100 + 6 = 106 (美元)

值得注意的是，100 美元的投资增长了 1.06 倍（1 + 0.06）。一般而言，基于任意利率 r，一年之后的投资价值等于本金乘以（$1 + r$）：

一年之后的投资价值 = 本金 × ($1 + r$) = 100 × 1.06 = 106 (美元)

如果你第二年继续把这笔资金存在银行，会有什么结果呢？你现在的余额 106 美元将继续获得 6% 的利息。因此

第二年的利息 = 0.06 × 106 = 6.36 (美元)

你第二年年初拥有 106 美元，以此获得了 6.36 美元的利息。这样，到了第二年年末，你的账户余额将增加到 112.36 美元（106 + 6.36）。

第一年，你投资的 100 美元增长了 1.06 倍，增加到 106 美元；第二年，106 美元增长了 1.06 倍，增加到 112.36 美元。因此，100 美元的本金按照 1.06 倍的速度增长了两次：

两年之后的投资价值 = 100 × 1.06 × 1.06 = 100 × 1.06^2 = 112.36 (美元)

如果你第三年继续如此投资，三年来，你的投资每年增长 1.06 倍。到第三年年末，总共将有 119.1 美元（100 × 1.06^3）。这几乎不可能使你迈入百万富翁的行列，尽管百万富翁也得从零开始。

显然，如果你将 100 美元投资 t 年，将获得 100 × 1.06^t 美元。如果利率为 r，期限为 t 年，那么你的投资的**终值**（future value, FV）为：

$$100 \text{ 美元的终值} = 100 × (1 + r)^t \tag{5.1}$$

值得注意的是，在本例中，你在第一年的利息收益是 6 美元（100 × 6%），在第二年的利息收益是 6.36 美元（106 × 6%）。你在第二年的利息收益比较高，因为此时你不仅可以从 100 美元的本金获得利息，而且可以从第一年已经获得的利息 6 美元获得利息。这种"利滚利"即利息的利息，也就是**复利**（compound interest）。相反，如果银行只对本金计算利息，你就只能获得**单利**（simple interest）。如果是单利，你的投资额每年只能增加 6 美元（0.06 × 100）。

表 5-1 和图 5-1 描述了复利的运算过程。根据表 5-1，你的账户每年都有一个更大的余额，即上一年的利息使你的账户余额增加。如此一来，你的利息收益也逐年增加。

表 5-1 你的储蓄额如何增长：100 美元投资按 6% 的复利计算的终值　　　　　单位：美元

年数	年初余额	本年获得的利息	年末余额
1	100.00	0.06 × 100.00 = 6.00	106.00
2	106.00	0.06 × 106.00 = 6.36	112.36

续表

年数	年初余额	本年获得的利息	年末余额
3	112.36	0.06 × 112.36 = 6.74	119.10
4	119.10	0.06 × 119.10 = 7.15	126.25
5	126.25	0.06 × 126.25 = 7.57	133.82

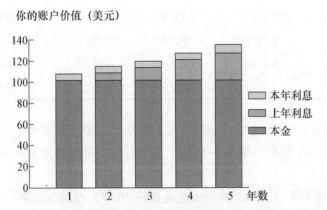

图 5 - 1　表 5 - 1 数据的直方图：100 美元投资按 6% 的复利计算的终值

　　显然，利率越高，你的储蓄增长得越快。图 5 - 2 描绘了基于不同利率水平，经过一定年数之后，你的储蓄存款账户余额。即便（复合）利率只增加很小的百分点，也可能显著影响你的储蓄存款的终值。例如，如果利率为 10%，100 美元在 10 年之后将增加到 259.37 美元（100×1.10^{10}）。如果利率为 5%，你的存款 10 年之后只有 162.89 美元（100×1.10^5）。

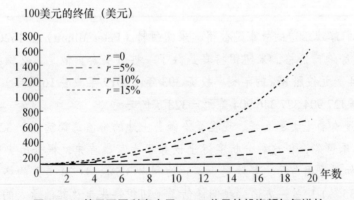

图 5 - 2　基于不同利率水平，100 美元的投资额如何增长

　　几乎所有计算器都可以很容易地计算出终值。如果你有耐心，可以将本金每年都乘以（1+r）倍（在本例中就是 1.06 倍）。一个比较简单的程序是使用计算器的功能键（y^x 键）。例如，要计算 1.06^{10}，输入 1.06，然后按 y^x 键，输入 10，按"="，就会显示答案为 1.790 8。（试试吧！）

　　如果你没有计算器，可以使用像表 5 - 2 那样的终值表。下面我们运用该表计算利率为 6%、10 年之后的投资终值。首先，找到与 10 年对应的那一行，然后往右，找到利率为 6% 的那一列，交叉点的数据显示，在利率为 6% 的条件下，10 年之后 1 美元将增加到 1.790 8 美元。

表 5－2　终值表示例：显示 1 美元的投资如何以复利率增长

年数	每年利率					
	5%	6%	7%	8%	9%	10%
1	1.050 0	1.060 0	1.070 0	1.080 0	1.090 0	1.100 0
2	1.102 5	1.123 6	1.144 9	1.166 4	1.188 1	1.210 0
3	1.157 6	1.191 0	1.225 0	1.259 7	1.295 0	1.331 0
4	1.215 5	1.262 5	1.310 8	1.360 5	1.411 6	1.464 1
5	1.276 3	1.338 2	1.402 6	1.469 3	1.538 6	1.610 5
10	1.628 9	1.790 8	1.967 2	2.158 9	2.367 4	2.593 7
20	2.653 3	3.207 1	3.869 7	4.661 0	5.604 4	6.727 5
30	4.321 9	5.743 5	7.612 3	10.062 7	13.267 7	17.449 4

值得注意的是，沿着表 5－2 的每一行从左向右移动，随着计算复利的利率不断提高，1 美元的投资终值逐步增加。而沿着表 5－2 的每一列从上向下移动，随着计算复利的期数不断增加，1 美元的投资终值也不断增加。

再举一个例子。如果利率为 10%，你将 1 美元投资 20 年，而且在此期间不抽回任何投资，那么，最终你将获得多少钱呢？你将得到 6.727 5 美元。

表 5－2 只列示了一小部分年数和利率范围的终值。[①]

终值计算表冗长乏味，而且如表 5－2 所示，该表只能够显示有限年数和利率范围的计算结果。例如，假设你需要计算利率为 7.835% 的终值，使用计算器的功能键将比使用终值表更快捷、更容易地计算出结果。

例 5.1　曼哈顿岛

关于复利的功效，人们津津乐道的故事是彼得·米纽伊特（Peter Minuit）在 1626 年以 24 美元买下曼哈顿岛。按照今天纽约的房地产价格，米纽伊特真是做了一桩好买卖。他是怎么做到的呢？考虑一下这 24 美元的终值。假设这 24 美元按照 8% 的年利率投资 393 年（2019 年减去 1626 年），其终值为：

$$24 \text{ 美元} \times 1.08^{393} = 327\ 904\ 327\ 346\ 904 \text{ 美元} = 328 \text{ 万亿美元}$$

这样看来，这桩买卖似乎没有看上去那么好。现在曼哈顿岛土地的价值总额远低于 328 万亿美元。

尽管这个故事颇有娱乐色彩，但这种分析实际上误导了大家。首先，根据历史标准，我们用来计算终值的利率 8% 非常高。如果采用与历史经验更为一致的利率 3.5%，这 24 美元的终值将显著下降，只有 17 855 364 美元（24×1.035^{393}）！另一方面，我们低估了米纽伊特先生及其继承人的报酬率：我们忽略了在过去的三四个世纪中，曼哈顿岛的土地已经获得的所有租金收益。

考虑所有因素，如果我们有幸生活在 1626 年，也会很乐意花 24 美元买下曼哈顿岛。

复利的功效并不仅限于货币。林业管理员试图预测树的复合生长率，人口统计学家预测人口的复合增长率，都是运用复利的例证。一位社会评论员曾经观察到，美国的律师数量的复合增长率超过

[①]　基于不同年数和利率的终值，可以查阅专门的复利终值表。——译者

总人口的复合增长率（20 世纪 80 年代，这两个数字分别为 3.6% 和 0.9%），并计算得出，经过大约两个世纪，律师的数量将超过总人口。上述这些案例的原理都是相同的：**复利增长意味着价值每期都以（1+增长率）倍的速度增加，t 期之后的价值将等于原始价值乘以（1+增长率）^{t}。如果资金以复利投资，其增长率就是利率。**

5.2　现值

资金可用于投资以获得利息。如果让你在现在获得 10 万美元和年末获得 10 万美元之间做出选择，你会选择现在得到这笔钱，并获取一年的利息。财务经理也持有同样的观点，认为今天到手的钱具有时间价值，或引用最基本的财务原则加以解释：**今天的一美元比明天的一美元更值钱。**

我们已经知道，100 美元以 6% 的利率投资一年，其终值将为 106 美元（$100×1.06$）。现在反过来看：为了在年末得到 106 美元，我们现在需要投入多少美元？换句话说，106 美元的**现值**（present value，PV）是多少？

为了计算终值，用现在的投资额乘以（1+利率），即 0.06 或 1.06。为了计算现值，只需要将计算过程倒过来，用终值除以 1.06：

$$现值 = PV = \frac{终值}{1.06} = \frac{106}{1.06} = 100（美元）$$

从现在开始，两年之后获得的 112.36 美元的现值是多少？或者说，为了在两年之后得到 112.36 美元，现在需要投入多少美元？答案显然是 100 美元。因为我们之前已经计算过，如果利率为 6%，100 美元将增加到 112.36 美元：

$$100×1.06^2 = 112.36（美元）$$

然而，如果我们不知道或忘记了答案，也只需要将终值除以 1.06^2：

$$现值 = PV = \frac{112.36}{1.06^2} = 100（美元）$$

通常，对于一笔资金 t 期之后的终值，其现值为：

$$现值 = \frac{t\ 期之后的终值}{(1+r)^t} \tag{5.2}$$

为了计算现值，我们将终值按照利率 r 折现。这也就是**折现现金流量**（discounted cash-flow，DCF）的计算过程，利率 r 称为**折现率**（discount rate）。

我们将在本章讨论许多难易程度不同的折现现金流量计算问题。这些计算都涉及现值、折现率以及一个或多个未来现金流量。如果某个折现现金流量问题让你感到困惑，不妨停下来，写下那些你知道的计算方法和需要计算的变量。

例 5.2　为未来购物而储蓄

假设你下一年需要 3 000 美元购买一台新电脑，年利率为 8%。为了购买电脑，你现在需要留存多少美元呢？只需要计算一年之后的 3 000 美元按 8% 的利率计算的现值即可。其近似值为：

$$现值 = PV = \frac{3\ 000}{1.08} = 2\ 778（美元）$$

值得注意的是，2 778 美元以 8% 的利率投资一年，就刚好足够你购买电脑：

$$终值 = 2\,778 \times 1.08 = 3\,000(美元)$$

你越早开始储蓄，现在需要的初始投资额就越少。例如，假设你可以将购买电脑推迟到第二年年末，那么我们可以用 3 000 美元除以 1.08^2 来计算这笔未来支出的现值：

$$现值 = \frac{3\,000}{1.08^2} = 2\,572(美元)$$

因此，为了一年之后获得 3 000 美元，你现在需要投入 2 778 美元，但如果两年之后才获得同样的 3 000 美元，你现在只需要投入 2 572 美元。

现在你知道如何计算终值和现值：为了计算以利率 r 投资 t 年之后的终值，将原始投资额即本金乘以 $(1+r)^t$。而为了计算一笔未来支出的现值，只要将上述计算过程倒过来，除以 $(1+r)^t$ 即可。

通常运用复利计算现值。图 5-2 中逐步上升的曲线描述了 100 美元以复利投资的终值。如果其他因素不变，推迟未来现金支出，则现值将降低。现金流量发生的时点越往后，其现值越小。

图 5-3 中逐步下降的曲线描述了未来某个时点将得到 100 美元的现值。值得注意的是，即使利率只有微小的变化，也可能显著影响远期的现金流量价值。如果利率为 5%，20 年之后的 100 美元现在只值 37.69 美元；如果利率上升到 10%，未来 100 美元的价值下降了大约 60%，只值 14.86 美元。

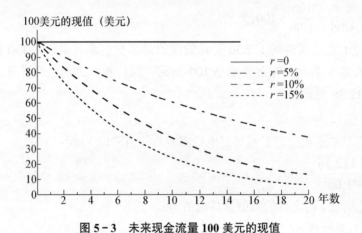

图 5-3 未来现金流量 100 美元的现值

说明：值得注意的是，现金流量发生的时点越往后，其现值越小。

现值计算公式也可以用另一种形式表示。除了将终值除以 $(1+r)^t$ 外，我们也可以将终值乘以 $1/(1+r)^t$：

$$现值 = \frac{终值}{(1+r)^t} = 终值 \times \frac{1}{(1+r)^t}$$

上述公式的 $1/(1+r)^t$ 称为**折现系数**（discount factor），它表示第 t 年获得的 1 美元的现值。例如，如果利率为 8%，两年期的折现系数为 0.857 3（$1/1.08^2$）。这样，第二年购买电脑所发生支出的现值为 2 572 美元（3 000 × 0.857 3）。

计算折现系数最简单的方法是使用计算器或电子数据表，但财务经理有时发现使用折现系数表也很方便。例如，表 5-3 提供了一小部分年数和利率的折现系数。①

---

① 基于不同年数和利率的现值，可以查阅专门的复利现值表。——译者

表 5 - 3 现值表示例：显示未来 1 美元的现值

年数	利率					
	5%	6%	7%	8%	9%	10%
1	0.952 4	0.943 4	0.934 6	0.925 9	0.917 4	0.909 1
2	0.907 0	0.890 0	0.873 4	0.857 3	0.841 7	0.826 4
3	0.863 8	0.839 6	0.816 3	0.793 8	0.772 2	0.751 3
4	0.822 7	0.792 1	0.762 9	0.735 0	0.708 4	0.683 0
5	0.783 5	0.747 3	0.713 0	0.680 6	0.649 9	0.620 9
10	0.613 9	0.558 4	0.508 3	0.463 2	0.422 4	0.385 5
20	0.376 9	0.311 8	0.258 4	0.214 5	0.178 4	0.148 6
30	0.231 4	0.174 1	0.131 4	0.099 4	0.075 4	0.057 3

试着使用表 5 - 3 检验我们前面的计算：为了购买 3 000 美元的电脑，我们现在应该准备多少钱？如果利率为 8%，那么在第一年年末支付 1 美元的现值为 0.925 9 美元。因此，3 000 美元的现值（近似值）为：

$$现值 = 3\ 000 \times \frac{1}{1.08} = 3\ 000 \times 0.925\ 9 = 2\ 778(美元)$$

这与我们在例 5.2 中得到的结果一致。

如果电脑购买计划推迟到两年之后呢？根据表 5 - 3，第二年年末支付的 1 美元的现值为 0.857 3 美元。因此，3 000 美元的现值为：

$$现值 = 3\ 000 \times \frac{1}{1.08^2} = 3\ 000 \times 0.857\ 3 = 2\ 572(美元)$$

这也与我们在例 5.2 中得到的结果一致。

值得注意的是，我们沿着表 5 - 3 的每一行从左向右移动，随着利率的提高，其现值逐步下降。我们在每一列从上向下移动，折现期间越来越长，现值也越来越小。（为何会如此呢？）

例 5.3 美国政府 10 年期借款

本息可剥离式债券（strip）是美国政府发行的一种债券。该债券承诺在将来某个时点向你支付 1 000 美元。2018 年，投资者购买 10 年期的本息可剥离式债券，要求得到 2.55% 的利率。那么，投资者购买该国债需要准备多少美元呢？很简单！由于本息可剥离式债券将在第 10 年到期，我们只要将 1 000 美元的终值乘以 10 年期的折现系数，就可以计算出其现值：

$$现值 = 1\ 000 \times \frac{1}{1.025\ 5^{10}} = 1\ 000 \times 0.777\ 4 = 777.40(美元)$$

例 5.4 计算免费信用的价值

Kangaroo 汽车公司正在为一辆价值 20 000 美元的汽车提供免息的分期付款服务。你可以预付 8 000 美元，两年之后再支付剩余款项。相邻的 Turtle 汽车公司不提供分期付款服务，但可以在标价的基础上降低

1 000 美元。如果利率为 10%，哪家公司的价格更优惠呢？

值得注意的是，Kangaroo 汽车公司的总报价更高，但有一部分费用可以推迟支付，你可以将你的钱放在银行里继续赚取利息。为了比较两家公司的报价，你需要计算支付给 Kangaroo 汽车公司款项的现值。图 5-4 的时间轴列示了支付给 Kangaroo 汽车公司的现金数额，第一笔支出 8 000 美元现在就发生，第二笔支出 12 000 美元发生在第二年年末。为了计算现值，我们将这些现金支出数额乘以两年期的折现系数。支付给 Kangaroo 汽车公司款项的现值为：

$$现值 = 8\,000 + 12\,000 \times \frac{1}{1.10^2} = 8\,000 + 9\,917.36 = 17\,917.36（美元）$$

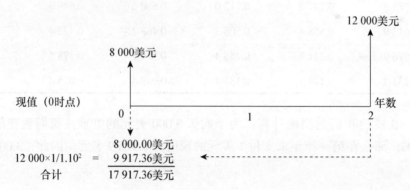

图 5-4　画出时间轴有助于计算支付给 Kangaroo 汽车公司款项的现值

假设你一开始拥有 17 917.36 美元。你立即支付给 Kangaroo 汽车公司 8 000 美元，并将剩余的 9 917.36 美元存起来。如果利率为 10%，两年之后这笔资金将增加到 12 000 美元（$9\,917.36 \times 1.10^2$），刚好支付剩余的汽车款。与 Turtle 汽车公司 19 000 美元的报价相比，成本总额为 17 917.36 美元更合适。

这个例子说明了运用现值比较不同现金支付模式的重要性。**在比较发生于不同时点的现金流量时，你务必将这些现金流量折现到同一时点。通过计算现值，我们可以知道为了支付未来的费用，现在需要储蓄多少钱。**

计算现值和终值涉及相当繁杂的运算问题。令人欣喜的是，财务计算器和电子数据表已经内置了现值和终值的计算公式。财务计算器和电子数据表可以便利你的计算工作。我们将在 5.4 节讨论如何利用财务计算器和电子数据表计算现值和终值。

利率的确定

我们继续看例 5.3 中美国政府的本息可剥离式债券。我们使用现行利率计算本息可剥离式债券的公允市场价格。但有时你只知道价格，还需要计算其背后的利率。

例如，假设你的财务顾问告诉你，购买例 5.3 中美国本息可剥离式债券需要花 777.40 美元。由此，我们知道：

$$现值 = 1\,000 \times \frac{1}{(1+r)^{10}} = 777.40（美元）$$

那么，利率是多少呢？

为了回答这个问题，你可以将上述等式变形，并使用你的计算器：

$$777.40 \times (1+r)^{10} = 1\,000（美元）$$

$$(1+r)^{10} = \frac{1\,000}{777.40} = 1.286\,3$$

$$(1+r) = 1.286\,3^{1/10} = 1.025\,5$$

$$r = 0.025\,5 \text{ 或 } 2.55\%$$

例 5.5　让你的财富翻番

你多次听你的投资顾问承诺可以让你的财富翻番吗？这真的是一件难以置信的事情吗？这取决于你希望花多长时间让你的财富翻番。如果你有足够的耐心，即使利率非常低，你的财富最终也是可以翻番的。假设你的投资顾问承诺可以在 8 年的时间内实现，这意味着利率是多少呢？

投资顾问是在承诺，现在每 1 美元的投资的终值为 2 美元。因此，我们按照下列方法计算利率：

$$FV = PV \times (1+r)^{t}$$

$$2 = 1 \times (1+r)^{8}$$

$$1+r = 2^{1/8} = 1.090\,5$$

$$r = 0.090\,5 \text{ 或 } 9.05\%$$

5.3　多重现金流量

到目前为止，我们讨论的问题只涉及单笔现金流量。这显然存在局限性。毕竟，现实世界的多数投资会随着时间的推移涉及许多笔现金流量。如果存在多笔现金收支，你会听到经理提及"现金流量序列"这个概念。

多重现金流量的终值

回顾你打算在第二年购买电脑的例子（参见例 5.2）。现在，假设为了购买电脑，你不愿意一次性将一大笔钱存入银行，而是希望每年存一部分。你可以现在存 1 200 美元，一年之后再存 1 400 美元。如果利率为 8%，两年之后你将有多少钱可以用于购买电脑？

图 5-5 的时间轴显示了你的存款将如何增长。在储蓄计划里有两笔现金流量。第一笔现金流量获得利息的时间为两年，因此将增加到 1 399.68 美元（$1\,200 \times 1.08^{2}$）。而第二笔现金流量在一年之后才发生，只投资了一年，将增加到 1 512 美元（$1\,400 \times 1.08$）。两年之后，你的存款总额为两笔现金流量终值之和，即 2 911.68 美元。

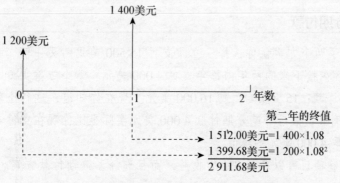

图 5-5　画出时间轴有助于计算你的存款的终值

例5.6 更多的存款

假设你再推迟一年购买电脑，你在第二年年末再存入第三笔存款1 000美元。那么，从现在开始三年之后，你将有多少钱用于购买电脑呢？

同样，我们使用如图5-6所示的时间轴来规划投入。我们可使用的资金总额将是三笔存款的终值之和。值得注意的是，如果我们存了三年，之前两笔存款的计息期又多了一年：

$$1\,200 \times 1.08^3 = 1\,511.65 \text{ 美元}$$
$$1\,400 \times 1.08^2 = 1\,632.96 \text{ 美元}$$
$$1\,000 \times 1.08 = \underline{1\,080.00} \text{ 美元}$$

终值之和　　　= 4 224.61 美元

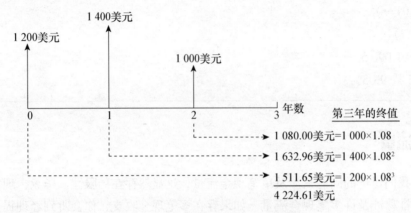

图5-6　计算现金流量系列的终值

我们的例子表明，需要解决的问题所涉及的多重现金流量问题只是单一现金流量分析的简单拓展。**为了计算现金流量序列未来某一时点的终值，先计算每笔现金流量的终值，然后将所有这些终值加总。**

我们将看到，类似的加总原则也适用于现值的计算过程。

多重现金流量的现值

当我们计算一笔未来现金流量的现值时，实际上是在计算这笔现金流量今天值多少钱。如果存在多笔未来现金流量，只需要计算每笔现金流量今天值多少钱，再将这些现值加总即可。

例5.7 一次付清与分期付款

假设汽车经销商提供了两个方案供你选择：立即支付15 500美元购买一辆二手车；采用分期付款计划，首付8 000美元，然后在接下来的两年内每年支付4 000美元。哪个方案更好？在阅读本章之前，你可能比较两个方案的支出总额：15 500美元或16 000美元。现在你知道，这种比较方法是错误的，因为你忽略了货币时间价值。例如，最后一笔分期付款4 000美元实际上比你现在支付4 000美元的成本要低。最后那笔支出的真实成本是4 000美元的现值。

假设你通过无风险投资项目可以获得8%的收益，而且选择了分期付款方案。如图5-7所示，该方案三笔现金流量的现值如下：

	现值（美元）	
首付	8 000	= 8 000
第二次支付	4 000/1.08	= 3 703.70
第三次支付	4 000/1.08²	= 3 429.36
现值总额		= 15 133.06

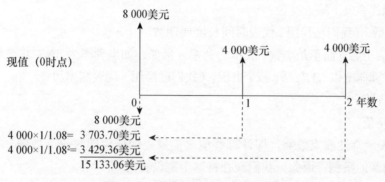

图 5-7　计算一系列现金流的现值

因为三笔支出的现值之和小于 15 500 美元，所以分期付款的方案是更好的选择。

上述分期付款方案的现值相当于你对未来支付这三笔支出现在需要投资的金额。

以下显示了你每支付一笔款项，银行存款余额的变化情况（单位：美元）：

年数	年初余额	−	支付额	=	剩余余额	+	所得利息	=	年末余额
0	15 133.06		8 000		7 133.06		570.64		7 703.70
1	7 703.70		4 000		3 703.70		296.30		4 000.00
2	4 000.00		4 000		0		0		0

如果你的账户年初余额为 15 133.06 美元，可以首付 8 000 美元，剩余 7 133.06 美元。一年之后，你的储蓄账户会收到一笔数额为 570.64 美元（7 133.06×0.08）的利息收益，账户余额变为 7 703.70 美元。同样，你支付第二笔 4 000 美元，剩下 3 703.70 美元。这一余额会因为利息收益而增加到 4 000 美元，正好支付最后一期款项。

例 5.7 说明一个基本原理：未来现金流量系列的现值就是为了在将来获得这些现金流量系列，现在需要投入的金额。

5.4　简化计算过程：第一部分

我们已经通过手工解决了许多现值计算问题，这对于你理解如何计算现值很重要。但是，手工计算现值很费劲。因此，财务经理通常借助财务计算器或电子数据表简化计算过程。我们将在本节讨论如何运用财务计算器和电子数据表求解前面讨论过的终值和现值问题，还将在本章后面部分讨论如何运用财务计算器和电子数据表求解年金的终值和现值问题。

运用财务计算器求解简单的货币时间价值问题

与求解常规货币时间价值问题涉及的输入变量相对应，财务计算器运用五个键：

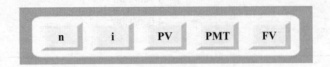

每个键分别代表以下输入变量：

● n 代表期数。（我们已经用 t 代表时间长度或期数。）

● i 代表以百分数（而不是小数）表示的利率。例如，如果利率为 8%，你要输入 8，而不是 0.08。这个键在有些计算器上以 I/YR，I/Y 或 i 出现。（我们已经用 r 代表利率。）

● PV 代表现值。

● FV 代表终值。

● PMT 代表经常性收支数额，即计算终值之前发生的任何即时收支数额。我们将先讨论没有发生经常性收支数额的案例，因此，我们现在将将这个键设置为 0。

只要知道任何四个输入变量的数值，财务计算器就可以求解第五个输入变量的数值。我们可以用例 5.1 和例 5.2 说明其计算过程。我们在例 5.1 中计算了彼得·米纽伊特的 24 美元按 8% 的利率投资 393 年的终值。输入变量的数值如下：

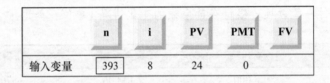

例如，要输入期数，就输入 393，然后按 n 键。同理，输入利率 8 和现值 24。由于没有发生经常性现金流量，因此，你需要为 PMT 输入 0。现在，你已知其他四个变量的数值，希望求解终值。有些财务计算器，你需要按 FV 键，而有些财务计算器，你首先要按标有 CPT 或 COMP 的计算键，再按 FV 键。财务计算器将显示一个数值：−327.90 万亿美元。不考虑负号的数值就是 24 美元的终值。你不妨试试！

为什么会出现一个负号呢？多数财务计算器将现金流量区分为现金流入量（显示为正数）和现金流出量（显示为负数）。例如，如果你今天以 12% 的利率借入 100 美元，你现在就收到钱（一个正值的现金流量），但一年之后，你必须归还 112 美元。到那时，就出现一个负值的现金流量。因此，财务计算器显示出来的终值就是一个负数。下面的现金流量时间轴说明了这个道理。最后那个负的现金流量 112 美元是你结清债务需要支付的数额。

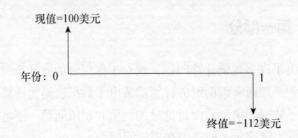

如果你不是借款而是现在投资 100 美元，期盼未来的收获，那么应该以一个负数输入 PV（先输入 100，再按"+/-"键将数值改为负数，最后按 PV 键将该数值输入 PV 寄存器）。这样，FV 就显示为正数，说明你的投资成功将给你带来一笔现金流入量。

我们在例 5.2 中讨论了一个简单的储蓄问题。我们需要求解你为了在两年之后得到 3 000 美元现在必须准备多少钱的问题。因此，输入变量的数值如下：

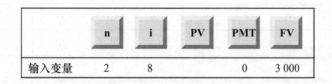

	n	i	PV	PMT	FV
输入变量	2	8		0	3 000

现在就可以计算出终值。你应该可以得到一个答案：-2 572.02。这个答案再次显示为一个负数。因为你为了在两年之后获得一笔 3 000 美元的现金流入量现在必须发生（投资）一笔 2 572.02 美元的现金流出量。

运用电子数据表求解简单的货币时间价值问题

除了运用财务计算器，我们还可以运用电子数据表求解货币时间价值问题。如果我们要求解涉及一系列不均衡现金流量的问题，那么电子数据表具有独特的优势。即使你运用财务计算器，求解不均衡现金流量问题也很单调乏味，容易出现"输入"错误。

与财务计算器一样，电子数据表内置了求解方程式的功能。该方程式涵盖货币时间价值问题的五个变量：期数、各期利率、现值、终值和经常性收支数额。现在还没有涉及经常性收支数额，我们将在后面部分讨论如何求解涉及经常性收支数额的问题。

单一现金流量 我们首先讨论运用电子数据表如微软电子表格（Microsoft Excel）求解例 5.1 和例 5.2 的单一现金流量问题。

这些单一现金流量问题的两个 Excel 函数为：

终值 = FV（rate, nper, pmt, PV）

现值 = PV（rate, nper, pmt, FV）

式中，rate 指利率；nper 指计息期数；pmt 指经常性收支数额；PV 指现值；FV 指终值。

可以看到，每个电子数据表的公式都需要四个变量。财务计算器也需要这四个变量。电子数据表提供了求解第五个变量的方法。此外，与多数财务计算器一样，电子数据表各项功能将现金流入量默认为正值，将现金流出量默认为负值。不过，与财务计算器不同，多数电子数据表要求利率以小数而不是百分数的形式（如 0.06 而不是 6%）输入。还要注意在公式前输入"="以提醒 Excel 输入的是已被定义的公式。

表 5-4 列示了运用电子数据表求解在例 5.1 中购置曼哈顿岛的 24 美元的终值。在 B3 单元格，以小数的形式输入利率。计息期数是 393（B4 单元格）我们在 B5 单元格输入经常性收支数额，其数值为 0。输入现值 -24（B6 单元格），代表购置价格。因此，终值（B8 单元格）就是一个正的现金流量。[1]

---

① 值得注意的是，由于数值太大，难以完整展现，电子数据表呈现的答案是 3.279 04E+14。这意味着该数值是 $3.279\ 04 \times 10^4$。

表 5 - 4　运用电子数据表求解 24 美元的终值

	A	B	C
1	运用电子数据表计算 24 美元的终值		
2	输入变量		
3	利率	0.08	
4	期数	393	
5	收支数额	0	
6	现值（PV）	−24	
7			
8	终值	$327 904 327 346 904	B8 单元格的公式
9			=FV（B3, B4, B5, B6）
10	注意我们在 B6 单元格以负数输入现值，因为"购置价格"是一笔现金流出量。B3 单元格的利率以小数而不是百分数的形式输入		
11			
12			
13			
14			

当然，普通人要记住 Excel 的函数（如 B8 单元格的函数）可能并不容易。（我们承认还要再努力。）不过，对我们这些记忆力差的人而言有一个简便的解决方法，你可以从 Excel 的内置函数（公式标签）的下拉菜单找到适当的函数，它将提示你涉及的必要输入变量。以表 5 - 4 为例。找到"公式标签"（Formula tab），点击"财务公式"（Financial formula），选择"FV"（终值）。接着，你的计算机屏幕就应该呈现表 5 - 5 所列示的"函数参数表"（Function Arguments）截屏。表 5 - 5 底部左边的功能框是一个"辅助设备"（Help facility），以实例说明如何运用该功能。

表 5 - 5　运用财务函数下拉菜单

	A	B	C
1	运用电子数据表计算 24 美元的终值		
2	输入变量	0.08	
3	利率	393	
4	期数	0	
5	收支数额	−24	
6	现值（PV）		
7			B8 单元格的公式
8	终值	$327 904 327 346 904	=FV（B3, B4, B5, B6）
9			

续表

	A	B	C
10			
11			
12			
13			
14			
15			
16			
17			
18			
19			
20			
21			
22			

Function Arguments

FV

Rate	.08	= 0.08
Nper		=
Pmt	0	= 0
Pv	-24	= -24
Type		= number

=

Returns the future value of an investment based on periodic, constant payments and a constant interest rate.

　　　　Pv　is the present value, or the lump-sum amount that a series of future payments is worth now. If omitted, Pv = 0.

Formula result =

Help on this function　　　　　　　　　　　　　　　　OK　　　Cancel

资料来源：Microsoft Excel.

　　现在，我们运用电子数据表来求解例 5.2。我们可以将数值输入 Excel 函数 "PV（rate, nper, pmt, FV）=PV（0.08, 2, 0, 3000）"，也可以从财务函数的下拉菜单选择现值（PV）函数，并将数值填入下面的对话框。无论采用哪种方式，你都应该得到一个答案：-2 572 美元。（值得注意的是，在电子数据表中输入数值时，你别输入 ","，如 3 000 不能输入 3,000。如果你输入了 "，"，Excel 会将输入的数值默认为两个不同的数字如 3 和 000。）

Function Arguments

PV

Rate	.08	= 0.08
Nper	2	= 2
Pmt	0	= 0
Fv	3000	= 3000
Type		= number

= -2572.016461

Returns the present value of an investment the total amount that a series of future payments is worth now.

　　　　Fv　is the future value, or a cash balance you want to attain after the last payment is made.

Formula result = -2572.016461

Help on this function　　　　　　　　　　　　　　　　OK　　　Cancel

资料来源：Microsoft Excel.

　　多重现金流量　运用电子数据表计算多重现金流量与运用电子数据表计算单一现金流量在方法上没有什么差异。你只需要计算每笔现金流量的现值并加总即可。表 5-6 说明了如何求解例 5.7 的答案。

表 5-6 运用电子数据表计算多重现金流量的现值

	A	B	C	D	E
1	运用电子数据表计算多重现金流量的现值				
2					
3	现金流量发生时间	现金流量	现值	C 列的计算公式	C 列的另一种计算公式
4	0	8 000	$8 000.00	=PV（$B$10, A4, 0-B4）	=B4/（1+$B$10）^A4
5	1	4 000	$3 703.70	=PV（$B$10, A5, 0-B5）	=B5/（1+$B$10）^A5
6	2	4 000	$3 429.36	=PV（$B$10, A6, 0-B6）	=B6/（1+$B$10）^A6
7					
8	总和		$15 133.06	=SUM（C4:C6）	=SUM（C4:C6）
9					
10	折现率	0.08			
11					
12	注意 A 列每笔现金流量的发生时间。				
13	一旦在 C4 单元格输入现值计算公式，就可以复制到 C5 单元格和 C6 单元格。				
14	如果改变 B10 单元格的输入数值，就可以计算出其他利率的现值。				

A 列列示了每笔现金流量发生的时间。这些数值确定了 C 列计算公式的期数（nper）。未来每期的现金流量数值以负数形式输入现值的计算公式。因此，现值（C 列）以正数呈现出来。E 列列示了现值函数的另一种计算方法。根据这种方法，我们直接计算现值。由此，我们可以清楚地看到所做的运算。

5.5 等额现金流量：永续年金与年金

你可能经常需要对一系列等额现金流量进行估值。例如，一笔房屋贷款可能需要房主在贷款期限内每月支付等额的款项。一份 30 年期的贷款合同可能产生 360 笔等额支出。一份 4 年期的汽车贷款每月可能产生 48 笔等额支出。一系列定期等额的现金流量称为**年金**（annuity）。如果年金的收付无限期地延续下去，就称为**永续年金**（perpetuity）。

如何确定永续年金的价值

英国政府曾经通过一种被称为统一公债的债券筹集资金。统一公债就是一种永续年金。也就是说，英国政府不会偿还这些债务，而是永久性地每年给债券持有者支付固定金额的利息。

我们如何确定这种证券的价值呢？假设你能够以 10% 的利率投资 100 美元。你每年可以获得利息 10 美元（0.10×100）。你每年从投资账户取出 10 美元，并不会减少你的余额。也就是说，100 美元的投资可以永续地每年提供 10 美元的收益。通常

永续年金的现金收支额＝利率×现值

$$C = r \times PV$$

我们可以将这个关系式变形，从而得到永续年金现值。如果利率为 r，现金收支额为 C，那么

$$\text{永续年金现值} = \frac{C}{r} = \frac{\text{现金收支额}}{\text{利率}} \tag{5.3}$$

假设某个富翁想在你所在的大学建立一项永久性基金。如果利率为 10%，每年提供 10 万美元，那么现在应该存入的金额为：

$$\text{永续年金现值} = \frac{C}{r} = \frac{100\,000}{0.10} = 1\,000\,000\text{（美元）}$$

使用永续年金的计算公式需要注意两个问题。首先，你很容易将这个计算公式与单笔现金流量的现值计算公式混淆。第一年年末的 1 美元投资，其现值为 $1/(1+r)$ 美元。1 美元永续年金的现值为 $1/r$ 美元。如果利率为 10%，那么一笔年金就是单笔现金流量的 11 倍。

其次，永续年金的计算公式告诉我们，这些款项在从现在起的第一期期末开始支付。例如，捐赠给大学的 100 万美元将从本年年末支付第一笔 10 万美元的奖学金。如果捐赠者希望预先给大学提供额外的 10 万美元，就需要准备 110 万美元。

有时，你可能需要计算数年之后才开始的永续年金的现值。例如，假设捐赠者决定从现在起的第四年年末开始每年提供 10 万美元。那么在第三年年末，这笔捐赠就与从第一年年末开始的普通永续年金一样。因此，根据年金计算公式，在第三年年末，这笔捐赠的价值为 $100\,000/r$ 美元。但这并不是其现在的价值。为了计算现值，我们需要将这个数额乘以 3 年期的折现系数。因此，如果利率为 10%，这笔"延期"的永续年金价值为：

$$100\,000 \times \frac{1}{r} \times \frac{1}{(1+r)^3} = 1\,000\,000 \times \frac{1}{1.10^3} = 751\,315\text{（美元）}$$

如何确定年金价值

让我们回到 Kangaroo 汽车公司的例子。多数分期付款计划都要求等额的款项支付。因此，我们假设该公司现在提供一种"简单支付"计划：在接下来的 3 年内，每年年末支付 8 000 美元。

Kangaroo 汽车公司的"简单支付"计划包括一笔 3 年期的年金。图 5-8 描绘了这些现金流量的时间轴，并且计算了利率为 10% 时每年现金流量的现值。可以看到，这些款项的现值总和为 19 894.82 美元。

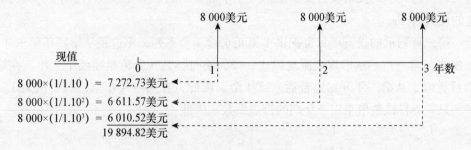

图 5-8　计算年金现值

通过计算每笔现金流量的现值，然后加总，就可以确定年金的价值。然而，使用年金计算公式更便捷。如果利率为 r，期限为 t，每年年末都支付 C 美元，那么年金现值为：

$$t\text{ 年期年金现值} = C \times \left[\frac{1}{r} - \frac{1}{r(1+r)^t} \right] \tag{5.4}$$

方括号中的表达式表示 1 美元从第一期开始的 t 年年金现值，通常称为**年金系数**（annuity factor）。因此，年金现值的另一种表达方式为：

t 年期年金现值＝年金数额×年金系数

你可以使用这个计算公式计算支付给 Kangaroo 汽车公司的款项的现值。每年支付的款项（C）为 8 000 美元，利率（r）为 10%，年数（t）为 3 年。因此

$$现值 = C \times \left[\frac{1}{r} - \frac{1}{r(1+r)^t} \right]$$

$$= 8\ 000 \times \left[\frac{1}{0.10} - \frac{1}{0.10 \times (1+0.10)^3} \right]$$

$$= 19\ 894.82(美元)$$

这个计算结果与单独计算每笔现金流量的现值所得到的答案一致。如果年数较少，这两种方法之间的区别不大。但如果你要确定较长期限的年金现值，使用计算公式就要简单很多。

如果你想知道如何得到年金计算公式，请看图 5-9。该图显示了三种不同投资项目的现金流量模式及其价值。

现金流量单位：美元								
年数	1	2	3	4	5	6	…	现值
1. A 永续年金	1	1	1	1	1	1	…	$\frac{1}{r}$
2. B 永续年金				1	1	1	…	$\frac{1}{r(1+r)^3}$
3. 3 年期年金	1	1	1					$\frac{1}{r} - \frac{1}{r(1+r)^3}$

图 5-9　年金现值等于永续年金与延期永续年金的现值之差

第一行　第一行列示的投资项目提供从第一年年末开始的 1 美元永续年金系列。我们已经知道这种永续年金的现值为 1/r。

第二行　第二行列示的投资项目也提供 1 美元永续年金系列，不过是从第四年年末才开始的。这种现金流量模式与第一行列示的现金流量模式一样，不过，其现金流量递延了 3 年。在第三年年末，这些投资项目类似于从第一年开始的普通永续年金。因此，在第三年年末，其价值为 1/r。为了计算其现值，我们只需要将该数值乘以 3 年期的折现系数。因此

$$现值 = \frac{1}{r} \times \frac{1}{(1+r)^3} = \frac{1}{r(1+r)^3}$$

第三行　第三行列示的投资项目提供连续 3 年每年 1 美元的等额现金流量。换言之，这就是一笔 3 年期的年金。你可以看到，如果汇总第二行和第三行列示的投资项目年金，就得到与第一行列示的投资项目相同的现金流量。因此，第三行列示的投资项目年金价值必须等于第一行的永续年金现值减去第二行的延期永续年金现值：

$$3 年期 1 美元年金现值 = \frac{1}{r} - \frac{1}{r(1+r)^3}$$

记住这个计算公式如同记住别人的生日一样难。但你只要记住，年金等于即期永续年金与延期永续年金之差，一切问题就迎刃而解了。

你可以使用财务计算器或电子数据表计算年金系数（我们随后讨论这个问题），也可以使用年金现值系数表。表 5-7 是一个简化的年金现值系数表。你能够找到利率为 10%、3 年期的年金系数吗？

表 5-7 年金现值系数表示例：显示 t 年内每年获得 1 美元的现值

年数	利率					
	5%	6%	7%	8%	9%	10%
1	0.952 4	0.943 4	0.934 6	0.925 9	0.917 4	0.909 1
2	1.859 4	1.833 4	1.808 0	1.783 3	1.759 1	1.735 5
3	2.723 2	2.673 0	2.624 3	2.577 1	2.531 3	2.486 9
4	3.546 0	3.465 1	3.387 2	3.312 1	3.239 7	3.169 9
5	4.329 5	4.212 4	4.100 2	3.992 7	3.889 7	3.790 8
10	7.721 7	7.360 1	7.023 6	6.710 1	6.417 7	6.144 6
20	12.462 2	11.469 9	10.594 0	9.818 1	9.128 5	8.513 6
30	15.372 5	13.764 8	12.409 0	11.257 8	10.273 7	9.426 9

比较表 5-3 和表 5-7（列示单笔现金流量的现值）可以看到，在每一行随着折现率由低到高，两张表所列示的现值都逐步下降。但是与表 5-3 相反，在每一列从上往下，表 5-7 所列示的现值逐步提高，说明年金的时间越长，其支付数额越大。

例 5.8 买彩票中大奖

2017 年 8 月，一位马萨诸塞州妇女购买了 1 张彩票，赢得了创纪录的 7.587 亿美元。她可能会收到各种不请自来的祝贺、祝福，以及慈善机构、社会组织和新认识的"挚友"的资助请求。为了做出回应，她可能指出，奖金其实并不值 7.587 亿美元。因为这笔钱将每年支付大约 2 300 万美元，分 30 年支付完。假设从第一年年末开始支付第一笔钱，那么这笔奖金的现值是多少？当时的利率大约为 2.7%。

这些钱的现值就是每年得到的钱的现值之和。不过，与其分别计算各笔钱的现值，不如将这些钱视为 30 年期的年金。这样，计算其现值就简单得多。为此，我们只需要将 2 300 万美元乘以 30 年期的年金系数：

$$PV = 2\ 300 \times 30\ \text{年期的年金系数} = 2\ 300 \times \left[\frac{1}{r} - \frac{1}{r(1+r)^{30}} \right]$$

如果利率为 2.7%，年金现值系数为：

$$\frac{1}{0.027} - \frac{1}{0.027 \times 1.027^{30}} = 20.382\ 9$$

这笔钱的现值为 4.688 亿美元（2 300 万美元 × 20.382 9），比广告所宣传的奖金要少得多，但也是一大笔收入。

彩票经销商通常会为获得巨额奖金的中奖者做一个安排，让他们在总额不变的前提下接受分期支付。

在本例中，中奖者要么选择分 30 年来领取 7.587 亿美元，要么当时就一次性获得 4.688 亿美元。这两种选择的现值相同。[①]

例 5.9　900 亿美元可以买多少奢华享受

比尔·盖茨是世界上最富有的人之一，2018 年，他的身价大约为 900 亿美元。尽管比尔·盖茨已经将其大部分财富捐赠给比尔和梅琳达·盖茨基金会，但是，我们假设他决定将其全部财富用于个人的奢华生活。如果 900 亿美元要维持其 30 年的奢华生活，那么比尔·盖茨每年可以花多少钱？假定他的投资报酬率为 6%。30 年期、利率为 6% 的年金系数为 13.764 8。我们假设比尔·盖茨每年的奢华生活费用的现值等于其财富总额：

现值=每年花费的数额×年金系数

90 000 000 000=每年花费的数额×13.764 8

每年花费的数额=6 538 000 000 美元或大约 65 亿美元

这里，我们没有考虑通货膨胀因素。用于个人奢华享受的成本将上升，因此，在 30 年内 65 亿美元的购买力不如现在的购买力。我们稍后将详细讨论这个问题。

例 5.10　房屋抵押贷款

有时，你可能需要确定基于既定现值的一系列现金收支数额。例如，购房者通常都会贷款买房。最典型的贷款安排 30 年期每月等额分期偿还。假定某栋房屋的价格为 125 000 美元，购房者以现金首付房价的 20% 即 25 000 美元，然后从某家抵押贷款银行（如当地的储蓄银行）借入剩余的 100 000 美元。那么，购房者每月的按揭付款额是多少呢？

购房者通过在以后的 30 年（360 个月）内按月分期付款的方式偿还借款。储蓄银行需要设定每月还款额，使其现值为 100 000 美元。因此

现值=每月还款额×360 个月年金现值系数=100 000（美元）

$$每月还款额=\frac{100\ 000}{360\ 个月年金现值系数}$$

假设月利率为 1%，那么

$$每月还款额=\frac{100\ 000}{\dfrac{1}{0.01}\times\dfrac{1}{0.01\times1.01^{360}}}$$

$$=\frac{100\ 000}{97.218}$$

$$=1\ 028.61（美元）$$

例 5.10 的抵押贷款只是分期付款贷款的一个例证。分期付款意味着分期付款额有一部分用来支付贷款利息，另一部分用来偿还贷款本金。表 5-8 列示了一种 4 年期、贷款总额为 1 000 美元、利

[①]　事实上，彩票奖金的支付安排比我们描述的情境更为复杂。第一年支付的数额略少于 2 300 万美元，但随后每年逐渐增加，最终的现值为 4.688 亿美元。

率为 10%、从第一年开始偿还的每年分期付款贷款范例。每年还款额（年金）为 315.47 美元。（你可以自己计算这个数值。）第一年年末，支付的利息为 1 000 美元的 10%，即 100 美元。因此，你第一笔还款额中有 100 美元支付了利息，剩下的 215.47 美元偿还（或"摊销"）了贷款本金。由此，贷款余额为 784.53 美元。

表 5 - 8 分期付款计划的范例　　　　　　　　　　　　　　　　　　　　　　　　　　单位：美元

年数	年初余额	年末利息费用	年末还款额	偿还本金	年末余额
1	1 000.00	100.00	315.47	215.47	784.53
2	784.53	78.45	315.47	237.02	547.51
3	547.51	54.75	315.47	260.72	286.79
4	286.79	28.68	315.47	286.79	0.00

第二年，尚未还款的数额较少，利息费用只有 78.45 美元。因此，偿还本金的数额为 237.02 美元（315.47 - 78.45）。第二年偿还本金的数额高于第一年。由于贷款总额减少，因此所需支付的利息也会减少。这个过程持续到最后一年，直到分期还款额刚好足够还完余额。

因为分期偿还贷款，每期还款额用于支付利息的部分随着时间的推移而逐渐减少，用于偿还本金的部分（摊销额）却逐渐增加。图 5 - 10 显示了例 5.10 中抵押贷款的分期付款过程。在最初的几年里，几乎所有分期还款额都用于支付利息，即使到 15 年之后，每月还款额的大部分仍用于支付利息。

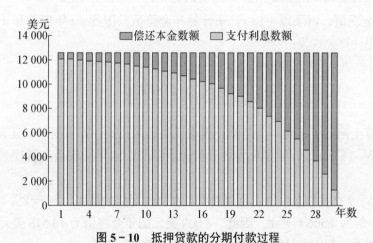

图 5 - 10 抵押贷款的分期付款过程

说明：该图显示了分期还款额的利息部分与本金部分。由于每年的每月还款额已经加总，该图显示的是抵押贷款的每年还款额。

年金终值

你可以再回过头来考虑储蓄。这次你在每年年末存入 3 000 美元。如果你的储蓄每年可以获得 8% 的利息，那么在第四年年末的价值是多少呢？我们可以借助图 5 - 11 的时间轴来回答这个问题。你第一年的储蓄可以获得 3 年的利息，第二年的储蓄可以获得 2 年的利息，第三年的储蓄可以获得 1 年的利息，但第四年年末的储蓄就无法获得利息了。四笔储蓄的终值之和为：

$$(3\,000 \times 1.08^3) + (3\,000 \times 1.08^2) + (3\,000 \times 1.08) + 3\,000 = 13\,518\,(美元)$$

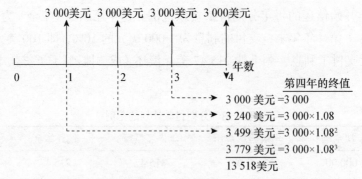

图 5-11　计算 4 年期、利率为 8%、金额为 3 000 美元的普通年金终值

不过，我们在这里看到的是定期等额的现金流量序列（即年金）。我们已经知道，可以用一个便捷的计算公式计算年金现值。因此，也应该有一个类似的计算公式可以计算定期等额现金流量序列的终值。

先想一想你所有的储蓄在今天值多少钱。在之后的 4 年内，你每年都存入 3 000 美元，这个 4 年期年金的现值等于：

现值 = 3 000 × 4 年期年金系数

$$= 3\ 000 \times \left(\frac{1}{0.08} - \frac{1}{0.08 \times 1.08^4} \right) = 9\ 936 （美元）$$

现在想一想如果你今天投资 9 936 美元，4 年之后将有多少钱。很简单！只要再乘以 1.08^4：

第四年年末的价值 = 9 936 × 1.08^4 = 13 518（美元）

我们先计算年金现值，再乘以 $(1+r)^t$ 来计算年金终值。因此，t 年期每年 1 美元的现金流量序列的年金终值的通用计算公式为：

1 美元年金终值 = 1 美元年金现值 × $(1+r)^t$

$$= \left[\frac{1}{r} - \frac{1}{r(1+r)^t} \right] \times (1+r)^t = \frac{(1+r)^t - 1}{r} \tag{5.5}$$

如果你只是计算上例的 4 年期年金终值，很难说是运用公式计算更简单，还是先计算每期终值再加总更简单（如图 5-11 所示）。但如果你要计算 10 年期或 20 年期现金流量序列的现值，那答案就不言而喻了。

你可以通过表 5-9 查找年金终值。可以看到，在 $t=4$ 对应的那一行与 $r=8\%$ 对应的那一列的交点处，1 美元的年金终值为 4.506 1 美元。因此，3 000 美元的年金终值为 13 518 美元（3 000 × 4.506 1）。实际上，你可能更喜欢运用财务计算器或电子数据表计算年金终值。

表 5-9　1 美元 t 年期的年金终值计算示例

年数	利率					
	5%	6%	7%	8%	9%	10%
1	1.000 0	1.000 0	1.000 0	1.000 0	1.000 0	1.000 0
2	2.050 0	2.060 0	2.070 0	2.080 0	2.090 0	2.100 0
3	3.152 5	3.183 6	3.214 9	3.246 4	3.278 1	3.310 0
4	4.310 1	4.374 6	4.439 9	4.506 1	4.573 1	4.641 0
5	5.525 6	5.637 1	5.750 7	5.866 6	5.984 7	6.105 1

续表

年数	利率					
	5%	6%	7%	8%	9%	10%
10	12.577 9	13.180 8	13.816 4	14.486 6	15.192 9	15.937 4
20	33.066 0	36.785 6	40.995 5	45.762 0	51.160 1	57.275 0
30	66.438 8	79.058 2	94.460 8	113.283 2	136.307 5	164.494 0

例 5.11 养老金计划

大约 50 年之后，你将退休。(到你退休时，退休年龄可能是 70 岁。)你开始为退休储蓄了吗？假设你认为，为了维持你期望的生活水平，你应该在退休之前积累 500 000 美元。那么，在第 50 年年末，要达到 500 000 美元，你每年需要存多少美元？假设年利率为 10%。你可以根据下图找到，为了得到 500 000 美元的终值需要多少年金。

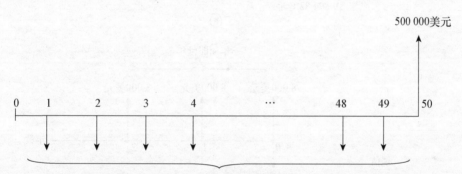

第1~50年定期等额存入金额（现金流出量）可在第50年年末累计达到500 000美元

我们知道，如果你每年存入 1 美元，50 年之后将获得：

$$每年 1 美元的年金终值 = \frac{(1+r)^t - 1}{r} = \frac{1.10^{50} - 1}{0.10} = 1\,163.91（美元）$$

我们需要确定 C 的数额，以确保得到：$C \times 1\,163.91 = 500\,000$ 美元。这样，$C = 500\,000/1\,163.91 = 429.59$ 美元。这似乎是令人惊喜的好消息。每年存入 429.59 美元好像不是很费劲的储蓄计划，但是你也不要高兴得太早。如果考虑通货膨胀的影响，结果就不那么乐观了。

即付年金

请记住，普通年金计算公式假定第一笔现金流量发生于第一期期末。年金现值是期初发生的现金收支系列的现值。同样，年金终值假设第一笔现金流量发生于期末。

然而，多数现金收支系列经常发生于每期期初。例如，Kangaroo 汽车公司（参见图 5 - 8）向你赊销汽车时，可能要求你在购车时就支付首笔货款。期初定期等额的现金收支称为**即付年金**（annuity due）。

图 5 - 12 描绘了普通年金和即付年金的现金流量序列。通过比较两种现金流量模式，你可以发现，即付年金的三笔现金流量发生的时点都比普通年金相应的现金流量早一期。因此，每笔现金流量

少折现一期，其现值也因现值系数（1+r）而增加。于是有

> 即付年金现值＝普通年金现值×（1+r） (5.6)

　　根据图5-12，将Kangaroo汽车公司的贷款支付期提前一年，其现值便从原来的19 894.82美元（作为一种普通年金的价值）提高到21 884.30美元（作为一种即付年金的价值）。值得注意的是，21 884.30美元＝19 894.82×1.10。

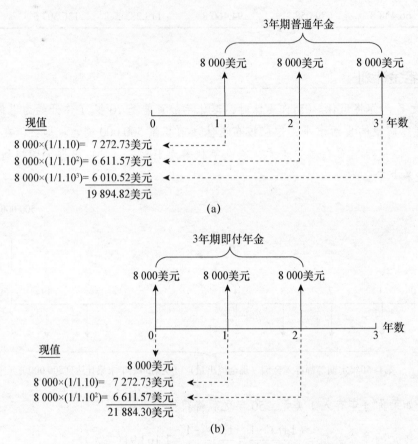

图5-12　3年期普通年金与3年期即付年金的比较

说明：（a）部分的普通年金的第一笔现金流量发生于第一年年末。（b）部分的即付年金的第一笔现金流量发生于第一年年初。因此，即付年金更有价值。

　　你可能还需要计算即付年金的终值。如果第一笔现金流量发生于期初，现金流量序列的终值将会更大，因为每一笔现金流量都可以多获得一期的利息。例如，如果利率为10%，即付年金终值正好比普通年金终值高10%。那么

> 即付年金终值＝普通年金终值×（1+r） (5.7)

5.6　简化计算过程：第二部分

　　我们在5.4节讨论了经理如何运用财务计算器或电子数据表求解现值。但是，我们没有讨论年金问题，也没有讨论经常性现金流量，只关注了现值（PV）和终值（FV）问题。然而，如果我们需要计算年金的价值，就需要关注现值、终值和定期年金收支数额（PMT）。下面举例说明如何运用财务计算器和电子数据表计算年金的价值。

运用财务计算器求解年金问题

我们前面讨论过 Kangaroo 汽车公司的"分期付款"计划。根据该计划今后 3 年每年年末都需要支付 8 000 美元。如果利率为 10%，那么这些支付额的现值是多少呢？

为了通过财务计算器得到答案，你必须输入下列数值：

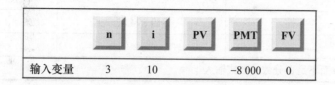

值得注意的是，PMT 不再设置为 0。相反，你需要输入定期年金收支数额（-8 000）。还需要注意，你必须以负数输入 PMT。你每年都支付给 Kangaroo 汽车公司 8 000 美元。除此之外，没有发生其他收支数额。因此，FV 设置为 0。（例如，如果你还需要在第三年再支付 5 000 美元，就可以输入一个终值 -5 000。）现在计算现值，你应该得到一个答案：19 894.82。

下面我们运用财务计算器求解例 5.10 的问题。储蓄银行为了得到 10 万美元的现值，需要设定分期付款的每月支付额。该按揭贷款每个月支付一次，共支付 360 次，每月的利率为 1%。为了计算每月定期支付数额，你需要输入下列数据：

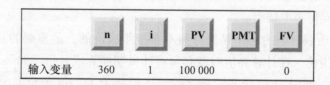

值得注意的是，我们以一个负数输入 PV：你从银行借钱时，得到一笔现金流入量。按下"PMT"键，应该得到答案：-1 028.61。因为每月支付额是一笔现金流出量。

假设该按揭贷款是一种第一个月就要马上支付的即付年金。你可以按下财务计算器的"开始"（begin）键求解即付年金。财务计算器将自动默认现金流量系列为每期期初发生现金流量的即付年金。如果你要切换到普通年金模式，只需要再次按"开始"键就可以啦！

运用电子数据表求解年金问题

运用电子数据表求解年金问题的函数与运用电子数据表求解单一现金流量的函数完全相同。不过，运用电子数据表求解年金问题时，经常性收支数额不再设置为 0。

我们再来看看 Kangaroo 汽车公司的"分期付款"计划。根据该分期付款计划，今后 3 年每年年末都需要支付 8 000 美元。我们需要计算这些分期付款数额在利率为 10% 的条件下的现值。下面的电子数据表列示了这个问题的求解过程。

	A	B	C
1	运用电子数据表计算年金现值		
2		0.1	
3	利率	3	
4	期数	8 000	

续表

	A	B	C
5	每期支付额		
6			
7			B8 单元格的计算公式
8	现值（PV）	$19 894.82	= PV（B3, B4, −B5, 0）
9			
10	注意利率以小数而不是百分数的形式输入		

5.7 实际年利率

我们知道现在你可能被这些公式弄得不知所措。然而，我们还有两个问题要讨论。如果你已经头昏脑涨，最好休息一会儿，喝杯咖啡。

到目前为止，我们主要使用年利率计算一系列年现金流量的价值。但利率可能按日、月或任何方便的间隔期报价。如果利率按不同间隔期（如月或年）报价，我们如何比较这些利率呢？

以信用卡为例。假设你必须为任何尚未偿还的余额按每月 1% 的利率支付利息。如果你一年都没有偿还这些余额，需要支付多少钱？

千万别犹豫，赶紧还钱。因为利率是按月而不是按年报价的。最重要的是，要将利率与计息期相匹配。如果利率按月报价，在计算终值时就必须将计息期换算成月份。如果你以 1% 的月利率向信用卡公司借了 100 美元，期限为 12 个月，那么你的还款额为 112.68 美元（100×1.01^{12}）。一年之后你的贷款增加到 112.68 美元。因此，我们可以说，月利率为 1% 相当于**实际年利率**（effective annual interest rate）或每年复利率为 12.68%。

通常，实际年利率可以定义为按照复利计算的年利率。因此，对于信用卡而言：

$$1+实际年利率 =（1+月利率）^{12}$$

在比较各种利率时，最好使用实际年利率。使用实际年利率比较的是一个通用期间（一年）内支付或收到的以复利计算的利息。不过，有时人们只是简单地将短期利率乘以一年内的计息次数，从而转换成年利率。事实上，美国的诚信贷款法律要求按照这种方法计算年利率。这种利率称为**年化利率**（annual percentage rates，APRs）。[①] 如果你的信用卡贷款的利率为每月 1%，那么，一年有 12 个月，该信用卡贷款的年利率为 12%（$12 \times 1\%$）。[②]

如果信用卡公司的年化利率为 12%，你如何计算其实际年利率呢？解决这个问题的方法很简单：

第一步：找出年化利率并将其除以一年内的复利计息次数，得到每期的实际利率。我们的例子按月计算利息，因此将年化利率除以 12 便得到月利率：

$$月利率 = \frac{年化利率}{12} = \frac{12\%}{12} = 1\%$$

第二步：将月利率转换成年复利率：

$$1+实际年利率 =（1+月利率）^{12} =（1+0.01）^{12} = 1.126\,8$$

---

① 诚信贷款法律适用于信用卡贷款、汽车贷款、房屋维修贷款和部分小企业贷款。大型金融机构通常不采用年化利率报价。

② 各国计算年化利率的方法有所不同。例如，在欧盟，公司的多数贷款必须以实际年利率报价。

实际年利率为 0.126 8 或 12.68%。

一般地，如果投资项目采用某个既定的年化利率，一年内有 m 个计息期，那么 1 美元一年后将增加到 $1 \times (1 + 年化利率 / m)^m$ 美元。实际年利率为 $(1 + 年化利率 / m)^m - 1$。例如，如果信用卡贷款的月利率为 1%，年化利率为 12%，那么，其实际年利率为 0.126 8（$1.01^{12} - 1$）或 12.68%。最后总结一下：**实际年利率就是投入的资金在一年内的持续增长率，它等于按照一年内的计息期进行复利计息的每期利率。**

例 5.12　银行账户的实际利率

20 世纪六七十年代，美国联邦法规限制了银行支付给储蓄账户的年化利率。为了应对竞争，银行急需大储户，想方设法寻找可以在联邦法规允许的范围内提高实际利率的途径。它们的解决方法是保持年化利率不变，但更频繁地计算存款利息。随着计算复利的间隔期越来越短，利息可以在更短的时间获得利息，因此实际年复利率提高了。假设银行可以支付的年化利率最高为 6%，表 5-10 列示了其计算过程。（实际上，年化利率可能略低于 6%，但为了更好地说明问题，6% 是一个较好的近似值。）

表 5-10　年化利率的计算过程

复利期间	每年期数（m）	每期利率（%）	投入资金增长系数	实际年利率（%）
1 年	1	6	1.06	6.000 0
半年	2	3	$1.03^2 = 1.060\ 9$	6.090 0
季度	4	1.5	$1.015^4 = 1.061\ 364$	6.136 4
每月	12	0.5	$1.005^{12} = 1.061\ 678$	6.167 8
每周	52	0.115 38	$1.001\ 153^{852} = 1.061\ 800$	6.180 0
每日	365	0.016 44	$1.000\ 164\ 4^{365} = 1.061\ 831$	6.183 1
连续计息			$e^{0.06} = 1.061\ 837$	6.183 7

说明：这些投资项目的年化利率都是 6%，但计息越频繁，实际年利率越高。

你可以从表 5-10 看到银行如何通过更频繁地计算利息来提高实际利率。

最极端的做法是假设银行连续支付利息，而不是按照固定间隔期支付利息。如果一年内连续计算复利，1 美元将增加至 $e^{年化利率}$，其中 $e = 2.718$（它是你很熟悉的自然对数）。如果你在银行存入 1 美元，该银行支付 6% 的连续复利率，到年末你的存款将增加到 1.061 837 美元（$2.718^{0.06}$）。这比按日计算复利所得到的利息只多了一点点。

5.8　通货膨胀与货币时间价值

如果银行对储蓄账户支付 6% 的利息，就是承诺你每存入 1 000 美元，银行每年将支付 60 美元的利息。银行可以确定支付多少钱，但不能确保这些钱可以购买多少物品。如果你的投资项目的价值只增加了 6%，商品和服务的价格却上涨了 10%，以你可以购买到的商品和服务来衡量，损失惨重。

实际现金流量与名义现金流量

商品和服务的价格不断变化。电脑越来越便宜，教材却越来越贵。价格的总体上涨称为**通货膨胀**

（inflation）。如果通货膨胀率为每年5%，那么，一年前价格为1美元的商品在今年的价格可能就是1.05美元。价格水平的总体上涨意味着货币购买力已经降低。如果一年前1美元可以买到一个面包，那么今年可能只能买到半个面包。

经济学家采用多种不同的价格指数衡量价格的总体水平。其中，最著名的当属居民消费价格指数（consumer price index，CPI）。居民消费价格指数衡量一个普通家庭购买一揽子特定商品和服务需要花的钱。[1] 因此，年度之间的居民消费价格指数增长比例就可衡量通货膨胀率。

表5-11列示了某些选定年份的居民消费价格指数。该指数的基期为1982—1984年。因此，该指数表示每年物价水平与这三年平均物价水平之间的比例关系。例如，1950年的居民消费价格指数为25.0。这意味着1950年平均25美元就能够买到1982—1984年间100美元才能买到的相同数量的商品和服务。到了2017年底，该指数已经上升到246.5。也就是说，2017年的物价水平是1950年的物价水平的9.86倍（246.5/25.0）。[2]

表5-11　居民消费价格指数说明通货膨胀如何增加普通家庭的购物成本

年份	居民消费价格指数	1950年以来的变化百分比（%）
1950	25.0	
1960	29.8	+19.2
1970	39.8	+59.2
1980	86.3	+245.2
1990	133.8	+435.2
2000	174.0	+596.0
2010	219.2	+776.8
2017	246.5	+886.0

观察较长一段时期内的年通货膨胀率是一件有趣的事情。图5-13描绘了这种现象。如图5-13所示，1918年通货膨胀率达到顶峰，当年价格上涨了20%。当然，你也可以看到在某些年份价格急剧下跌。

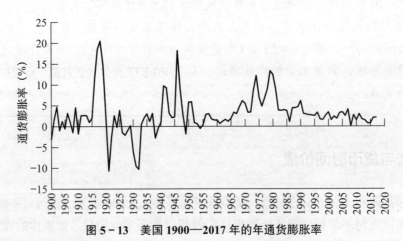

图5-13　美国1900—2017年的年通货膨胀率

资料来源：Bureau of Labor Statistics.

---

[1] 不必探究如何购买"一揽子"服务。

[2] 美国劳工统计局选择1982—1984年作为基期是随机的。例如，美国劳工统计局也可以选择1950年12月作为基期。这样，1950年该指数可能就是100，而2017年该指数就是986.0。

2018 年并不存在通货膨胀问题。美国的年通货膨胀率接近零，而有些国家正遭遇价格不断下跌或通货紧缩的局面。为此，一些经济学家认为通货膨胀已经过去了，另一些经济学家则不太确信。

例 5.13　汽油的价格

2017 年底，每加仑汽油的价格大约为 2.50 美元。此时，汽车车主可能非常怀念 1980 年，当时每加仑汽油只需要 1.08 美元。然而，在此期间，汽油的真实价格发生了怎样的变化呢？让我们来计算一下。

2017 年的居民消费价格指数大约是 1980 年的 2.87 倍。如果汽油价格与通货膨胀率保持同步上涨，那么，2017 年每加仑汽油的价格是 3.10 美元（2.87 × 1.08）。这是 1980 年的汽油价格，不过是以 2017 年的美元而不是 1980 年的美元计量的。因此，经过 37 年，汽油的真实价格已经逐渐下降。

经济学家有时会谈及现行或名义货币（美元）与不变或实际货币（美元）。现行或名义货币指当前货币的实际数额，而不变或实际货币指货币的购买力。

从名义上看，有些支出固定不变，但实际上，如果居民消费价格指数上升，其价值会下降。假设你在 1990 年签订了一份 30 年期的房屋抵押贷款合约。根据该合约，每月付款额为 800 美元。尽管这些年来居民消费价格指数上升了 1.84%（246.5/133.8），但到了 2017 年，你每月仍支付 800 美元。

如果以 1990 年的实际货币表示，到了 2017 年，你每月的付款额是多少？答案是每月付款额为 434 美元（800/1.84）。2017 年，该房屋抵押贷款的实际还款负担比 1990 年要轻得多。

通货膨胀与利率

当有人提及利率时，你可以确定这个利率是名义利率，而不是实际利率。名义利率只表示你将收到的实际货币数额，而没有考虑未来通货膨胀的补偿问题。

如果你在银行以 6% 的**名义利率**（nominal interest rate）存入 1 000 美元，到了年底，你将拥有 1 060 美元。但这并不意味着你的财富增加了 6%。假设这一年的通货膨胀率也是 6%，那么上一年值 1 000 美元的商品这一年值 1 060 美元（1 000 × 1.06）。其实，你的财富并没有增加：

$$投资项目的实际终值 = 1\,000 \times \frac{1 + 名义利率}{1 + 通货膨胀率}$$

$$= 1\,000 \times \frac{1.06}{1.06} = 1\,000（美元）$$

就本例而言，名义利率为 6%，而**实际利率**（real interest rate）为 0。

实际利率的计算公式为：

$$1 + 实际利率 = \frac{1 + 名义利率}{1 + 通货膨胀率} \tag{5.8}$$

就本例而言，名义利率与通货膨胀率都为 6%。因此

$$1 + 实际利率 = \frac{1.06}{1.06} = 1$$

$$实际利率 = 0$$

如果名义利率为 6%，而通货膨胀率只有 2%，结果又如何呢？这时，实际利率为 0.039（1.06/1.02 − 1）或 3.9%。如果一个面包的价格为 1 美元，那么今天的 1 000 美元能够买 1 000 个面包。如果

你将这 1 000 美元按照 6% 的名义利率投资，到了年底，你将获得 1 060 美元。然而，如果每个面包的价格上涨到 1.02 美元，那么你可以买到 1 039 个（1 060/1.02）面包。实际利率为 3.9%。

这里介绍一个有用的近似计算公式。实际利率约等于名义利率与通货膨胀率之间的差额[①]：

$$\text{实际利率} \approx \text{名义利率} - \text{通货膨胀率} \tag{5.9}$$

就本例而言，名义利率为 6%，通货膨胀率为 2%，实际利率为 3.9%。如果四舍五入，实际利率就是 4%。近似计算公式也得出相同的结果：

$$\text{实际利率} \approx \text{名义利率} - \text{通货膨胀率} = 6\% - 2\% = 4\%$$

如果名义利率与通货膨胀率都很小，近似计算公式就非常有效。如果名义利率与通货膨胀率都较大，就应该舍弃近似计算公式，选择其他计算方法。

例 5.14　实际利率与名义利率

2018 年初，美国的高等级公司长期债券的收益率为 2.87%。如果预期通货膨胀率大约为 1%，那么其实际收益率为：

$$1 + \text{实际利率} = \frac{1 + \text{名义利率}}{1 + \text{通货膨胀率}} = \frac{1.028\,7}{1.01} = 1.018\,5$$

$$\text{实际利率} = 0.018\,5 \text{ 或 } 1.85\%$$

近似计算公式得出类似的结果：2.87%−1.0%=1.87%。但近似计算公式并不适用于高通货膨胀的情形。例如，1922—1923 年德国处于恶性通货膨胀时期，就不宜采用近似计算公式。当时，德国每月的通货膨胀率都远高于 100%（当时，你寄一封信就需要 100 万马克）。

实际现金款项价值的确定

再考虑一下如何确定未来现金款项的价值。我们在本章前面部分已经讨论如何用名义利率折现的方法确定以现行货币计量的现金款项的价值。例如，假设名义利率为 10%，为了在一年之后获得 100 美元，你现在需要投入多少美元？这很简单！只要按 10% 的利率对 100 美元折现，就可以计算出其现值：

$$\text{现值} = \frac{100}{1.10} = 90.91（\text{美元}）$$

如果你用实际利率对实际款项折现，也可以得到同样的结果。例如，假设你预期下一年的通货膨胀率为 7%。100 美元的实际价值只有 93.46 美元（100/1.07）。一年之后，100 美元就只能买到现在 93.46 美元所能买到的物品。同样，如果通货膨胀率为 7%，则实际利率大约只有 3%。我们可以通过公式计算：

$$1 + \text{实际利率} = \frac{1 + \text{名义利率}}{1 + \text{通货膨胀率}} = \frac{1.10}{1.07} = 1.028$$

$$\text{实际利率} = 0.028 \text{ 或 } 2.8\%$$

如果我们现在用 2.8% 的实际利率对 93.46 美元的实际款项折现，得到其现值为 90.91 美元。这与前面的计算结果一样：

---

① 波形曲线（≈）表示"大约等于"。

$$现值 = \frac{93.46}{1.028} = 90.91(美元)$$

这两种方法应该总是可以得到相同的结果。

记住：以现行货币计量的现金流量必须按名义利率折现；实际现金流量必须按实际利率折现。

混淆名义现金流量与实际折现率（或实际利率与名义现金流量）是不可原谅的错误。令人惊奇的是有不少人犯错！

例 5.15   **通货膨胀可能如何影响比尔·盖茨**

例 5.9 指出，当利率为 6% 时，如果比尔·盖茨愿意，他可以将 900 亿美元用于 30 年、每年 65 亿美元的奢华享受。遗憾的是，奢华享受的花费就像汽油和零售商品一样不断上涨。因此，比尔·盖茨可能发现 65 亿美元的购买力会逐渐下降。如果他希望在 2048 年能够买到与 2018 年同样多的奢侈品，就必须在 2018 年少消费一些，然后根据通货膨胀的程度相应增加支出。那么，他在 2018 年应该消费多少呢？假设长期通货膨胀率为 3%。

比尔·盖茨需要计算 30 年期的实际年金，实际利率略低于 3%：

$$1 + 实际利率 = \frac{1 + 名义利率}{1 + 通货膨胀率} = \frac{1.06}{1.03} = 1.029$$

实际利率为 2.9%，30 年期、利率为 2.9% 的年金系数为 19.856 2，因此，比尔·盖茨每年可消费的数额（用 2018 年的货币计量）应该为：

$$90\ 000\ 000\ 000 = 每年消费数额 \times 19.856\ 2$$

$$每年消费数额 = 4\ 533\ 000\ 000(美元)$$

比尔·盖茨可以一年消费 45.33 亿美元，随后每年递增 3%（与通货膨胀率保持一致）。这只是我们忽略通货膨胀因素所得数额的大约 70%。人生总有许多不如意，富豪也不例外！

采用实际变量还是名义变量

任何用名义变量计算的现值也可以用实际变量来计算，反之亦然。多数财务分析师的预测采用名义变量，并以名义利率折现。然而，基于某些情境，运用实际现金流量可能更方便。就比尔·盖茨的例子而言，每年的实际消费水平固定不变，用实际变量计算更简单。另外，如果现金流量序列的名义变量固定不变（如某个贷款合同的每期偿还额不变），那么采用名义变量计算最简单。

📖 本章小结

如果你的钱按既定利率投资，你的投资项目的终值将是多少？（学习目标 1）

利率为 r 的 1 美元投资，其价值每期将增加 $(1+r)$。t 期之后，其价值将增加到 $(1+r)^t$ 美元。这就是 1 美元投资的复利终值。

将来收到的一笔现金流量，其现值是多少？（学习目标 2）

一笔未来现金款项的现值，就是为了满足未来的支付，你今天需要投入的金额。为了计算现值，我们将该笔未来现金款项除以 $(1+r)^t$ 或乘以折现系数 $1/(1+r)^t$。折现系数衡量在 t 期收到的 1 美元的现值。

我们如何计算一系列现金流量的现值和终值？（学习目标3）

无限期持续地获得等额的现金款项称为永续年金。有限期持续地获得等额的现金款项称为年金。一系列现金流量的现值就是每笔单独的现金流量现值之和。同样，年金终值也就是每一笔单独的现金流量终值之和。快捷的计算公式可以简化永续年金和年金的现值与终值的计算过程。

我们应该如何比较基于不同时间间隔的利率，如月利率与年利率？（学习目标4）

通常将每期利率与一年内计息次数相乘来得到短期的利率。这些年化利率没有考虑复利的功效，只是基于单利转化为年化利率。实际年利率采用复利计算年利率，它等于按照一年内的计息期进行复利计息的每期利率。

实际现金流量与名义现金流量、实际利率与名义利率之间有何区别？（学习目标5）

1美元就是1美元。但是，1美元能够购买到的商品数量因通货膨胀而减少。如果价格翻番，1美元的实际价值将减少一半。财务经理和经济学家经常发现以实际货币即购买力不变货币（美元）重新计量未来现金流量更合理。

要注意区分名义利率与实际利率。实际利率也就是投资项目的实际价值增长所隐含的利率。以名义利率折现名义现金流量（即以现行货币计量的现金流量），以实际利率折现实际现金流量（即以不变货币计量的现金流量）。千万不能混淆名义变量与实际变量。

📖 微型案例

经常路过缅因州收费公路的司机都认识阿尔弗莱德·罗德（Alfred Road）。罗德先生已经70岁了，正准备退休。他没有接受过正规的财务培训，但已经积攒了一笔钱并进行谨慎的投资。

罗德拥有自己的房产（抵押贷款已经付清），而且不打算搬家。他是一个鳏夫，希望能够将这栋房产和其他剩余资产都留给自己的女儿。

罗德积攒了18万美元并进行谨慎的投资，该投资可以获得9%的收益。他还有一笔1.2万美元的储蓄，利率为5%。罗德希望将这笔储蓄用于无法预见的开销和应急费用。

罗德的基本生活费为每月平均1 500美元，他计划每月花费500美元用于旅游和其他爱好。为了维持这种生活水平，罗德必须依赖其投资组合。其投资组合的利息为每年16 200美元（18万美元的9%）或每月1 350美元。

罗德在其余生中还可以从社会保障机构每月领取750美元。这笔钱将根据通货膨胀程度而调整。也就是说，如果居民消费价格指数上升，这笔钱也会按比例自动调高。

罗德的主要顾虑就是通货膨胀。最近的通货膨胀率低于3%，从历史情况来看，处于很低的水平。罗德的社会保障金将随着通货膨胀率上升而增加，其投资组合的收益却不会随之增加。

你对罗德有什么建议？他可以安全地花掉投资组合的所有收益吗？如果他想要保持投资的实际价值不变，每年年底可以从投资组合中收回多少钱？

假设罗德还能再活20年，而且希望在此期间花掉所有的投资组合的收益。罗德还希望每月的花销能够随通货膨胀率同步增长。换言之，他希望每月的花销的实际购买力保持不变。那么，罗德每月可以花多少钱？

假定投资组合可以持续获得9%的报酬率，通货膨胀率为4%。

第 **6** 章

债券估价

学习目标

1. 区分债券的票面利率、本期收益率与到期收益率。
2. 已知债券的到期收益率，计算其市场价格；已知债券的市场价格，计算其收益率；说明为何债券的价格与其收益率的变化方向相反。
3. 说明债券为什么存在利率风险。
4. 理解投资者为什么对债券到期收益率曲线感兴趣。
5. 理解投资者为什么关注债券评级，而且对评级较低的债券要求更高的利率。

如果公司需要从外部筹资，可以借钱。如果公司只需要期限为一个月、一个季度或一年的资金，可能向银行借钱。如果公司因长期投资而需要资金，可能发行债券。这种债券是由个人和机构投资者持有的债务性证券。

公司并不是唯一的债券发行者。美国各州和地方政府通过发行债券筹集资金，美国财政部也通过发行国库券筹集资金。多数投资者认为国库券的违约风险可以忽略不计。因此，国库券的利率低于公司债券的利率。然而，政府债券的利率是确定各种利率的基础。政府债券的利率提高或降低，公司债券的利率随之按比例提高或降低。因此，本章首先关注国库券，暂时回避违约问题。

我们首先告诉你如何理解财经媒体债券版面的内容，解释债券交易商所报出的到期收益率意味着什么。我们讨论为什么短期利率通常低于（但有时也高于）长期利率，为什么长期债券的价格对利率变动最为敏感。我们还区分实际（经通货膨胀调整后）利率与名义（货币）利率，并解释未来的通货膨胀如何影响利率。

我们在本章的后面部分回过头来讨论具有违约风险的公司债券。我们讨论债券评级如何为评估违约风险提供一种指引，以及评级较低的债券如何提供更高的预期收益率。公司债券的设计"五花八门"。本章先讨论某些主要债券的差别，第14章再进一步讨论该主题。

6.1 债券市场

政府和公司通过发行**债券**（bonds）向投资者借钱。债券市场规模庞大。2018 年初，公众持有美国政府债券总额超过 140 000 亿美元。公司也通过发行债券筹集巨额资金。例如，2018 年，西维斯公司（CVS）通过大规模发行债券筹集了 400 亿美元。债券市场已经非常成熟，也很活跃。即使存在微小的价格差异，也会引起债券交易者的巨额交易。

有时，债券存在不同的名称。例如，期限为 2～10 年的国库券称为"票据"。有些公司债券称为票据或"信用债券"。不过，我们在本章将之简单地统称为"债券"。

如果政府或公司发行债券，也就承诺了定期支付一系列的利息并偿还本金。但不能据此认为所有的债券都一样。例如，多数债券支付固定的利息，但有些债券的利息可能因为短期利率的变化而增加或减少。债券的到期日也不尽相同。有时，公司债券的期限只有几年时间。但在某些极端的情况下，有些债券的期限长达 100 年，甚至超过 100 年。

债券的特征

几年前，美国政府按常规发行了一种国库券。该国库券的利率为 2.25%，2021 年到期。债券的**面值**（face value）（也称本金或票面价值）为 1 000 美元。在债券到期日之前的每一年，债券持有者都会得到面值的 2.25%（即 22.50 美元）的利息。这笔 2.25% 的票面利息称为债券的**息票**（coupon）。（以前，许多投资者剪下债券的息票，邮寄给发行者索取其利息。）如果利率为 2.25% 的带息债券于 2021 年到期，政府不仅需要支付利息，还需要支付 1 000 美元的债券面值。

任何时候，市面上都有超过 300 种不同的国库券。财经媒体和网络每天都报道这些国库券的买卖价格。截取自《华尔街日报》网页的表 6-1 仅列示了一小部分债券的价格。表中加黑的一行显示了票面利率为 2.25%、2021 年 2 月 15 日到期的国库券。

表 6-1　2018 年 2 月国库券报价范例

到期日	息票	标价	要价	要价变动	到期要价收益率（%）
2020 年 2 月 15 日	1.375	98.328 1	98.343 8	−0.007 8	2.228
2021 年 2 月 15 日	**2.25**	**99.578 1**	**99.593 8**	**0.031 3**	**2.391**
2025 年 2 月 15 日	7.625	130.671 9	130.687 5	0.109 4	2.770
2029 年 2 月 15 日	5.25	121.851 6	121.914 1	0.234 4	2.908
2036 年 2 月 15 日	4.5	120.906 3	120.968 8	0.531 3	2.986
2041 年 2 月 15 日	4.75	127.242 2	127.304 7	0.664 1	3.084
2028 年 2 月 15 日	3	97.265 6	97.296 9	0.726 6	3.140

资料来源：*Wall Street Journal Online*, February 15, 2018, www.wsj.com.

任何人购买票面利率为 2.25% 的债券都必须支付要价即 99.593 8 美元。这意味着其价格为面值的 99.593 8%。因此，每份债券的成本为 995.938 美元。如果投资者已经拥有一些债券并希望卖出，其价格为**标价**（bid price，买方出价）。如表 6-1 所示，该债券的标价为 99.578 1 美元。就像二手车交易商以低买高卖汽车赚取价差谋生一样，债券交易商也需要赚取买入价格和卖出价格之间的差价。值得注意的是，这些利率为 2.25% 的国库券，其差价大约为债券价值的 0.015 7%。难道你不希望二手车交易商也只收取这样的差价？

表 6-1 的最后一列列示了到期要价收益率。到期要价收益率衡量投资者按要价购入债券，并持有至到期日（2021 年）所能获得的收益率。你可以看到利率为 2.25% 的国库券的到期收益率为 2.391%。我们将简要解释如何计算出这个数字。

你无法在股票交易所买到债券。债券通过债券交易商网络交易。债券交易商报出其打算买卖债券的标价和要价。例如，假设 2018 年你决定买"2021，2.25s"（即票面利率为 2.25%、2021 年到期）的债券。① 你走近一位正在屏幕上刷新最新价格的经纪人。如果你愿意继续洽谈交易，你的经纪人就会联系债券交易商，可能达成交易。

如果你打算将债券持有至到期日，就可以期待得到如图 6-1 所示的现金流量。前两年的现金流量为 2.25% 的息票。在债券到期日即 2021 年，你将获得 1 000 美元的面值和最后一期的息票。

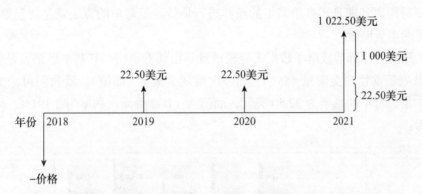

图 6-1　投资者持有票面利率为 2.25%、2021 年到期债券的现金流量

6.2　利率与债券价格

图 6-1 显示了票面利率为 2.25% 的国库券的现金流量。该债券的价值就是这些现金流量现值之和。为了计算其现值，我们需要以现行利率折现未来现金流量。

票面利率为 2.25% 的国库券并不是 2021 年到期的唯一国库券。同期到期的债券的利率都低于 2.4%。如此一来，如果票面利率为 2.25% 的债券的报酬率低于 2.4%，就没有人愿意持有该债券。同样，如果票面利率为 2.25% 的债券的报酬率更高，那么每个人都愿意出售已持有的债券而购买该债券。换言之，如果投资者头脑清醒，那么，票面利率为 2.25% 的债券必须与类似的国库券一样都提供相同的报酬率，即 2.4%。我们在第 1 章已经讨论过，你可以将 2.4% 视为投资于债券的这部分资金的机会成本。这是投资者将资金投资于其他类似证券所能获得的报酬率。

现在，我们可以以 2.391%（略低于 2.4%）的折现率折现票面利率为 2.25%、2021 年到期的债券的现金流量，从而计算其现值：

$$现值 = \frac{22.50}{1+r} + \frac{22.50}{(1+r)^2} + \frac{1\,022.50}{(1+r)^3}$$

$$= \frac{22.50}{1.023\,91} + \frac{22.50}{(1.023\,91)^2} + \frac{1\,022.50}{(1.023\,91)^3} = 995.96（美元）$$

债券的价格通常以债券面值的百分比表示。票面利率为 2.25% 的国库券的价值为其面值的

---

① 2.25 后面的"s"只是一个复数。这是债券交易商表述债券票息的方式。

99.596%。[①]

你注意到自己的债券类似于两种投资项目的组合吗？第一种投资项目提供了一笔持续 3 年、每年 22.50 美元的等额息票序列。第二种投资项目则包括最后偿还的 1 000 美元面值。因此，你可以使用年金计算公式确定息票的价值，再加上最后偿还面值的现值：

$$
\begin{aligned}
现值 &= 息票现值 + 面值现值 \\
&= (息票 \times 年金系数) + (面值 \times 折现系数) \\
&= 22.50 \times \left[\frac{1}{0.023\,91} - \frac{1}{0.023\,91\,(1.023\,91)^3} \right] + 1\,000 \times \frac{1}{1.023\,91^3} \\
&= 64.396 + 931.568 = 995.96（美元）
\end{aligned}
\tag{6.1}
$$

如果你需要对距离到期日还有很多年的债券进行估价，最简单的方法就是将息票视为一种年金，再加上最后偿还的本金现值。

你也可以采用财务计算器或电子数据表轻松地计算出债券价格。其基本思路就是明确债券为其持有者提供的一系列经常性现金流量（息票）和一次性现金流量（面值）。就我们讨论的 2.25% 债券而言，其期限为 3 年，每年的息票为 22.50 美元，面值为 1 000 美元，利率为 2.391%。因此，财务计算器的输入变量为：

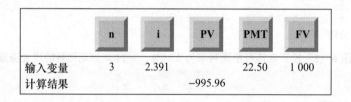

	n	i	PV	PMT	FV
输入变量	3	2.391		22.50	1 000
计算结果			−995.96		

然后，计算现值，你应该得到一个答案：−995.96。这是购买该债券的最初现金流出量。

例 6.1 债券价格与半年期息票

到目前为止，我们在计算国库券的价值时都假设按年支付利息。许多欧洲国家的债券都是按年支付利息的，但在美国，多数债券每半年支付息票。图 6-2 显示了国库券的实际现金流量。

图 6-2 票面利率为 2.25%、2021 年到期债券的现金流量

说明：该债券每半年支付利息，因此，每年支付两笔 11.25 美元的利息。

① 你可能经常发现你的计算结果与财经媒体报道的要价略有差异。例如，根据表 6-1，该债券的实际价格为 995.94 美元。其中一个原因是利率的四舍五入引起的误差（只取三个小数位），另一个原因是该债券的息票实际上不是每年 22.50 美元，而是每半年 11.25 美元。我们将在下一个例子中讨论如何处理这种半年期息票的债券。

因此，如果你在美国听说债券的票面利率为 2.25%，可以断定该债券每半年支付利息 11.25 美元（22.50/2）。同样，如果美国的投资者提到债券利率，通常指半年复利率。这样，名义利率为 2.391% 意味着半年的利率为 1.195 5%（2.391%/2）。[①] 为了更精确地对该债券估价，我们应该以半年期利率对一系列半年期息票折现：

$$现值 = \frac{11.25}{1.011\,955} + \frac{11.25}{(1.011\,955)^2} + \frac{11.25}{(1.011\,955)^3} + \frac{11.25}{(1.011\,955)^4} + \frac{11.25}{(1.011\,955)^5} + \frac{1011.25}{(1.011\,955)^6}$$

$$= 995.94 (美元)$$

因此，如果债券每半年支付利息，票面利率为 2.25%、2021 年到期债券的价值就是其面值的 99.594%，与表 6-1 列示的该债券实际价格完全一致。此外，半年期与一年期的价值差异非常小。由于每半年支付利息只是算术上的相加，因此，为了简化起见，我们基本上假设债券每年支付利息。

债券价格如何随利率的变化而变化

图 6-3 描绘了 1900—2018 年 10 年期国库券的利率走势，由此可以看出利率的波动有多大。例如，1979 年美国联邦储备委员会为了抑制通货膨胀而制定紧缩货币政策之后，利率急剧攀升。两年之内，10 年期政府债券的利率从 10% 上升到 14%。然而，2015 年，长期政府债券的利率却只有区区 1.9%。

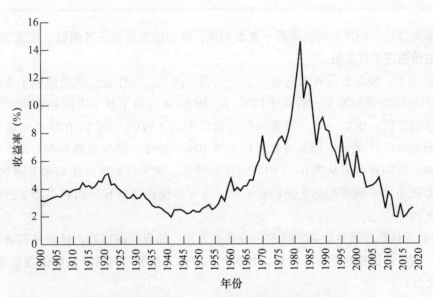

图 6-3　1900—2018 年 10 年期美国国库券的利率走势

资料来源：www.econ.yale.edu/~shiller/data.htm.

[①] 尽管债券投资者并不经常使用"年化利率"这个术语，但是，你可能已经发现年利率 2.391% 也是债券的年化利率。为了计算实际年利率，可以使用在 5.7 节提到的计算公式：

$$实际年利率 = \left(1 + \frac{年利率}{m}\right)^m - 1$$

式中，m 是每年支付利息的次数。就国库券的例子而言：

$$实际年利率 = \left(1 + \frac{0.029\,31}{2}\right)^2 - 1 = 1.011\,955^2 - 1 = 0.024\,05 \text{ 或 } 2.405\%$$

如果利率很低，年复利率与年化利率之间的差异就微乎其微。如果利率很高，年复利率与年化利率之间的差异较大。

随着利率的变化，债券价格也会发生变化。例如，假设投资者对3年期国库券要求的利率为2.25%。那么，这种国库券的价格应该是多少？再次使用现值计算公式，并以$r=0.0225$为折现率：

$$折现率为2.25\%的现值 = \frac{22.50}{1.0225} + \frac{22.50}{1.0225^2} + \frac{1\,022.50}{1.0225^3} = 1\,000.00（美元）$$

因此，如果利率与票面利率（本例为2.25%）相等，债券按面值出售。

我们之前按照2.391%的利率计算债券的价格，该利率高于票面利率。这样，债券的价格低于其面值。如果债券估价所用的利率等于其票面利率，那么债券价格等于其面值。你也许已经猜到，如果以低于票面利率的折现率对现金流量进行折现，债券的价格会高于其面值。接下来的例子证实了这种情形。

例6.2 利率与债券价格

如果利率为2.25%，投资者愿意以1 000美元购买票面利率为2.25%的3年期国库券。假设利率高于票面利率，比如达到10%。那么，债券的价格是多少？这很简单！我们只需要将折现率改为$r=0.10$并重复之前的计算过程就可以解决问题：

$$折现率为10\%的现值 = \frac{22.50}{1.10} + \frac{22.50}{1.10^2} + \frac{1\,022.50}{1.10^3} = 807.27（美元）$$

该债券按其面值的80.727%出售。

这是一种基本结论。如果市场利率高于票面利率，债券的价格低于其面值；如果市场利率低于票面利率，债券的价格高于其面值。

假设利率提高了。债券投资者听到这个消息会很不高兴。为什么？难道他们不喜欢更高的利率吗？如果你不太确定问题的答案，看一下图6-4。图6-4显示了基于不同利率水平，票面利率为2.25%的国库券的现值。想象一下，如果债券的收益率从2.391%暴涨到10%会出现什么情形。此时，该债券将只值807.27美元，债券持有者损失了19%。相反，如果市场利率下降，债券持有者则有理由欢欣鼓舞。你同样可以从图6-4中看到这种情形。例如，如果市场利率下降到0，票面利率为2.25%的债券的价值可能增加到1 067.50美元。这可是投资者持有票面利率为2.25%的国库券所能获得的最大利润。

图6-4描绘了利率与债券价格之间的一种基本关系：**如果利率提高，债券持有者所获得的现金流量现值下降，债券的价格也下降。相反，如果利率下降，债券持有者所获得的现金流量现值上升，债券的价格也上升。**

要注意的是，人们经常混淆利息或息票与根据利率计算的债券利息支付额。这里的利率是投资者要求的报酬率。国库券一旦发行，其22.50美元的息票就已经锁定。**票面利率**（coupon rate）为2.25%衡量的是息票（22.50美元）占债券面值（1 000美元）的百分比，因此也已经锁定。**然而，利率每天都在变化。利率的变化影响息票的现值，但不影响息票的支付额。**

利率风险

债券价格随利率的变化而波动。换句话说，债券价格受到**利率风险**（interest rate risk）的影响。债券投资者希望市场利率下降，这样他们持有的债券的价格就会上升。如果他们的运气不好，市场利率上升，他们的投资项目的价值就会下跌。

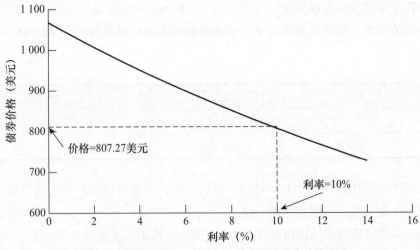

图 6 - 4　利率上升时，利率为 2.25% 的债券价值下降

利率的变化对近期现金流量现值的影响不大，但对远期现金流量现值的影响较为显著。因此，利率的变化对长期债券价格的影响大于对短期债券价格的影响。例如，比较图 6 - 5 中的两条曲线。深色线显示的是票面利率为 2.25% 的 3 年期债券价格如何随着利率水平的变化而变化。浅色线显示的是票面利率为 2.25% 的 30 年期债券价格如何随着利率水平的变化而变化。你可以看到，30 年期债券对利率波动的敏感程度高于 3 年期债券。

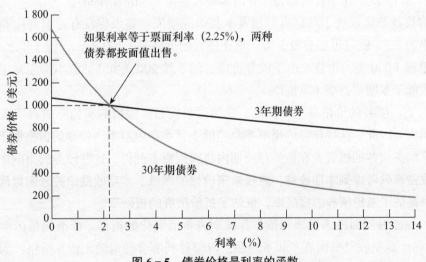

图 6 - 5　债券价格是利率的函数

你不应该对此感到惊讶。如果你购买了一种 3 年期债券，之后利率上升，你就做了一桩糟糕的交易——如果你当时再等等，就可以得到更高的利率。然而，如果你购买的是 30 年期债券而不是 3 年期债券，想想情况该会有多糟糕。如果利率下降，债券的期限越长，你损失的收益就越多。图 6 - 5 的长期债券价格大幅下跌印证了这个结论。当然，从图 6 - 5 也可以看到，这种效应也有相反的一面。如果市场利率下降，长期债券价格就会有更大幅度的提高。

6.3　到期收益率

假设你正在考虑购买一种 3 年期、票面利率为 10% 的债券，你的投资顾问已经将债券的价格告诉你。你如何计算这种债券的收益率呢？

如果债券按面值定价，那么答案很简单。债券的报酬率就是票面利率。我们可以列出投资项目的现金流量来检验一下：

现金流出量	现金流入量			报酬率
	1	2	3	
1 000 美元	100 美元	100 美元	1 100 美元	10%

你每年都获得 10% 的报酬率（100/1 000）。最后一年，你还可以收回原始投资额 1 000 美元。因此，你获得的报酬率为 10%，与票面利率一样。

现在，假设 3 年期债券的市场价格上升为 1 200 美元。你的现金流量如下：

现金流出量	现金流入量			报酬率
	1	2	3	
1 200 美元	100 美元	100 美元	1 100 美元	?

你支付了 1 200 美元，每年收到 100 美元。因此，你的收益占原始投资额的比率为 0.083（100/1 200）或 8.3%。这个比率有时称为债券的**本期收益率**（current yield）。

然而，你的收益总额取决于利息收益和资本利得或损失。如果你没有意识到债券价格必然会下跌，本期收益率为 8.3% 就显得很有吸引力。现在债券的价格是 1 200 美元，但 3 年之后债券到期时，债券将按其面值即 1 000 美元出售。由于债券价格必然下跌 200 美元（如资本损失），因此，3 年内债券的报酬率必然低于本期收益率（即 8.3%）。

我们归纳一下。债券的价格高于其面值，称为溢价发行。溢价购买债券的投资者在债券存续期内将面临资本损失，因此，这些债券的报酬率总是低于其本期收益率。债券的价格低于其面值，称为折价发行。折价购买债券的投资者在债券存续期内将得到资本利得，这些债券的报酬率高于本期收益率：因为本期收益率只考虑到本期收益，忽视未来价格的涨跌。**本期收益率并未衡量债券的全部报酬率。本期收益率高估了溢价债券的报酬率，低估了折价债券的报酬率。**

我们需要一种能够同时考虑息票和债券存续期内价值变化的指标。标准的指标称为**到期收益率**（yield to maturity）。到期收益率回答了如下问题：以何种利率合理地确定债券价格？**到期收益率可以定义为使债券的现金流量现值等于债券价格的折现率。**

如果你按面值购买了 3 年期债券，其到期收益率就等于票面利率即 10%。对此，你可以通过下面的方法加以验证：用 10% 对现金流量进行折现，债券的现值正好等于其面值即 1 000 美元：

$$折现率为 10\% 的现值 = \frac{100}{1.10} + \frac{100}{1.10^2} + \frac{100}{1.10^3} = 1\,000.00（美元）$$

但如果 3 年期债券的价格为 1 200 美元，又如何呢？这时，债券的到期收益率只有 2.94%。以 2.94% 为折现率，债券的现值等于其实际市场价值即 1 200 美元：

$$折现率为 2.94\% 的现值 = \frac{100}{1.029\,4} + \frac{100}{1.029\,4^2} + \frac{100}{1.029\,4^3} = 1\,200（美元）$$

到期收益率是一个计量债券全部收益的指标。债券全部收益包括息票收益和资本利得。如果你今天购买债券并持有至到期日，获得的报酬率就是到期收益率。债券投资者经常宽泛地提及债券的"收益率"。我们可以肯定地说，债券投资者提及的收益率是到期收益率，而不是本期收益率。

计算到期收益率

为了计算利率为 2.25% 的国库券价格，我们以利率 (r) 为折现率对现金流量进行折现。如果 $r=2.391\%$，那么该债券的价值为 995.96 美元：

$$债券价格 = \frac{22.50}{1+r} + \frac{22.50}{(1+r)^2} + \frac{1\,022.50}{(1+r)^3}$$

$$= \frac{22.50}{1.023\,91} + \frac{22.50}{(1.023\,91)^2} + \frac{1\,022.50}{(1.023\,91)^3}$$

$$= 995.96（美元）$$

我们也可以换一种方式考虑这个问题："如果债券的价格为 995.96 美元，那么，该债券的到期收益率是多少呢？"

为了计算到期收益率，我们需要计算使现值等于债券实际价格的折现率 (r)。计算到期收益率的唯一通用的方法是试错法。你先估计一个利率，并以此利率计算债券的现金流量现值。如果计算出的现值高于实际价格，那么你估计的利率一定太低了。这样，你需要再尝试一个更高的利率（因为利率越高，现值越小）。相反，如果计算出的现值低于实际价格，你必须降低利率。当然，如果手工计算的话，这种方法可能显得单调乏味。值得庆幸的是，财务计算器或电子数据表程序运用类似的试错法可以快速地计算出债券的到期收益率。

6.4 债券报酬率

到期收益率可以定义为使债券价格等于债券所承诺的所有未来现金流量现值的折现率。如果你今天购入债券并持有至到期日，到期收益率就是你将获得的报酬率。然而，随着利率的波动，你在持有期间所获得的报酬率与到期收益率可能大不相同。如果利率在某个星期、某个月或某年内上升了，你的债券价格会随之下跌，那么在那段期间内报酬率也会低于到期收益率。相反，如果利率下降，你的债券价格会上升，报酬率也会提高。下面的例子强调了这个结果。

例 6.3　报酬率与到期收益率

2008 年 5 月 15 日，美国财政部发行了利率为 4.375%、2038 年 2 月到期的债券，筹集了 90 亿美元的资金。该债券按面值的 96.38% 发行，到期收益率为 4.60%。任何人以该发行价格购买该债券并持有至到期日都可以得到这个报酬率（4.60%）。该债券发行之后数月，金融危机达到顶峰。雷曼兄弟公司申请破产，其资产总额为 6 910 亿美元。美国政府注入资金救援房利美、房地美、美国国际集团和其他银行。投资者纷纷涌向较为安全的国库券，从而导致国库券的价格飙升。到了 12 月中旬，利率为 4.375%、到期日为 2038 年的债券价格已经达到其面值的 138.05%，收益率下降到 2.5%。如果投资者很幸运，能够以发行价格购买该债券，就可以得到 416.70 美元（1 380.50 - 963.80）的资本利得。此外，8 月 15 日，该债券支付第一笔息票即 21.875 美元（这是利率为 4.375%、面值为 1 000 美元的债券每半年支付一次的息票）。这样，幸运的投资者 7 个月内将获得的**报酬率**（rate of return）为 45.5%：

$$报酬率 = \frac{息票收益+价格变动额}{投资额} \tag{6.2}$$

$$= \frac{21.875+416.70}{963.80} = 0.455 = 45.5\%$$

突然间，美国政府债券不像以前那么令人讨厌了。

债券的到期收益率与一定期间内的报酬率之间是否存在联系呢？两者之间当然存在某种联系：如果债券的到期收益率在持有期间内保持不变，债券价格随时间的推移而变化，债券的报酬率等于到期收益率。如果利率提高，债券的报酬率将低于其到期收益率；反之，如果利率下降，债券的报酬率将高于其到期收益率。

假设目前票面利率为 6% 的 30 年期国库券的到期收益率为 4% 并保持不变。图 6-6 中的实线描绘了该债券价格的走势。在债券到期日之前，债券的价格逐渐下跌，最终等于面值。在每个期间内，价格的下跌抵销了部分息票收益，最终使报酬率下降到 4%。图 6-6 中的粗虚线描绘了票面利率为 2% 并折价发行的债券的价格走势。此时，息票收益低于有竞争力的报酬率，因此该债券只能折价发行。然而，其价格逐渐趋近面值，这种因价格上涨而获取的利得使该债券的报酬率逐渐达到市场利率。

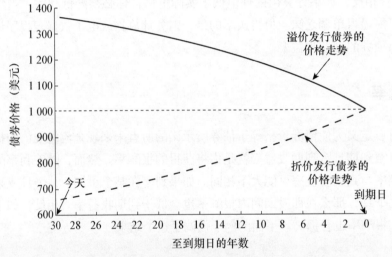

图 6-6 到期收益率不变时债券价格的走势

说明：随着到期日的临近，无论溢价发行还是折价发行，债券价格逐渐趋近于面值。

6.5 收益率曲线

当你购买一份债券时，就购买了一揽子息票和最终偿还的面值。但有时，这样一揽子购买并不方便。例如，也许你并不需要定期收入，而更看好那笔最终偿还款。当然，这不是问题。财政部准备将其债券分割为一系列的微型债券，每一种微型债券都单独支付利息。这种单独支付利息的债券称为本息可剥离式债券。

财经媒体和网络定期发布本息可剥离式债券的价格。例如，2018 年 2 月，你可以用 931.87 美元购买将于 2021 年 2 月到期、面值为 1 000 美元的本息可剥离式债券。这种 3 年期微型债券的收益率为 2.38%。也就是说，931.87 × 1.023 8³ = 1 000 美元。

债券投资者经常将债券收益率与到期日之间的关系以散点图表示。这种散点图称为**收益率曲线**（yield curve）。本息可剥离式债券提供了一种计量收益率曲线的简单方式。例如，观察图 6-7 可以看到，2018 年 2 月，1 年期本息可剥离式债券的到期收益率只有 1.92%，而 20 年或更长期限的债券收益率超过 3%。就此例而言，收益率曲线向上倾斜。[①] 通常情况都是如此，不过有时长期债券的收益率较低，因此收益率曲线向下倾斜。

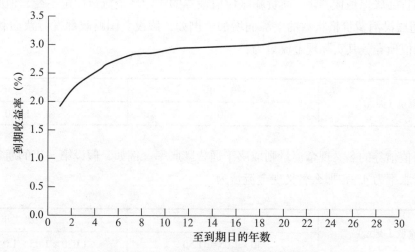

图 6-7　本息可剥离式债券的收益率曲线

说明：2018 年 2 月的本息可剥离式债券的收益率表明，投资者从长期债券获得更高的收益率。

但由此引出了一个问题：如果长期债券的收益率较高，为什么不是每个人都去购买长期债券，还会有投资者傻到用钱去投资收益率如此低的短期国库券呢？

即使收益率曲线向上倾斜，投资者也可能理智地选择远离长期债券，原因有二：一是长期债券的价格波动幅度要比短期债券大得多。从图 6-5 可以看到，长期债券的价格对利率的变动更敏感。利率的大幅上涨可能轻易地使长期债券价格下跌 20% 或 30%。如果投资者不喜欢价格波动，除非可以从长期债券获得更高的到期收益率，否则可能会投资于短期债券。

二是如果利率提高，短期债券投资者可能获利。假设你持有 1 年期债券。从现在开始的一年之后，债券到期，你可以收回投资并以市场上的任何一种利率再投资。这些利率可能很高，足以抵补你第一年从 1 年期债券获得的较低收益率。因此，如果预期未来的利率可能上涨，你可以看到一条向上倾斜的收益率曲线。

名义利率与实际利率

我们在第 5 章比较了名义利率与实际利率的区别。前面讨论的国库券，以名义变量计量，其现金流量固定不变。投资者可以确定每年都能够收到一笔固定的利息，但不知道这些钱能够购买多少商品。国库券的实际利率取决于通货膨胀率。例如，如果名义利率为 8%，通货膨胀率为 4%，那么实际利率为：

---

① 息票债券类似于本息可剥离式债券的组合，因此，投资者经常运用这些组合的收益率描绘收益率曲线。例如，你可以描绘表 6-1 所列示的小样本债券的收益率与到期日的关系。

$$1+实际利率 = \frac{1+名义利率}{1+通货膨胀率} = \frac{1.08}{1.04} = 1.0385$$

$$实际利率 = 0.0385 \ 或 \ 3.85\%$$

由于通货膨胀率不确定，因此国库券的实际利率也不确定。

你可以通过购买指数债券来确定实际利率，这种指数债券的利息与通货膨胀率挂钩。尽管指数债券在某些国家存在已久，但在美国直到 1997 年才为人所知。当时，美国财政部开始发行通货膨胀指数债券，称为通货膨胀保值债券。[①] 通货膨胀保值债券的实际现金流量固定不变，但其名义现金流量（利息与本金）随居民消费价格指数的上涨而增加。例如，假设美国财政部发行票面利率为 3%、2 年期的通货膨胀保值债券，其实际现金流量为：

实际现金流量（美元）	第一年	第二年
	30	1 030

通货膨胀保值债券的名义现金流量则取决于通货膨胀率。例如，假设第一年的通货膨胀率为 5%，第二年的通货膨胀率为 4%，那么名义现金流量为：

名义现金流量（美元）	第一年	第二年
	30 × 1.05 = 31.50	1 030 × 1.05 × 1.04 = 1 124.76

这些现金流量刚好足以向债券持有者提供 3% 的实际利率。

2018 年底，10 年期的通货膨胀保值债券的收益率大约为 1.1%。这个收益率就是一种实际利率。实际利率反映了你的投资收益可以购买的商品的数量。通货膨胀保值债券的实际收益率（1.1%）比当时 10 年期国库券的名义收益率（3.2%）低 2.1 个百分点。如果事实证明每年的通货膨胀率高于 2.1%，那么你持有通货膨胀保值债券就能够获得更高的报酬率；如果每年的通货膨胀率低于 2.1%，则情况刚好相反，持有国库券将获利更多。

图 6-8 描绘了 2003 年以来美国实际利率与名义利率的历史走势。在该期间内，实际利率与名义利率的走势相当一致，通货膨胀率也相当平稳。因此，主要是因为实际利率的波动引发名义利率的变动。值得注意的是，2012 年和 2013 年的实际利率为负数。这意味着你投资于这些债券的钱的购买力逐年下降。

2003 年以来，尽管通货膨胀的趋势已经逐渐缓和，但如果投资者预期通货膨胀率较高，为了弥补美元购买力逐渐下降，投资者可能要求得到更高的名义利率。例如，假设投资者向上修订其通货膨胀率预期，认为通货膨胀率还会提高 1 个百分点。如果投资者的储蓄要求得到相同的实际利率，名义利率必须提高 1 个百分点，以补偿更高的通货膨胀率预期。因此，在通货膨胀率较高且波动较大期间，我们可以看到名义利率的变动要比实际利率的变动大得多。例如，1980 年，美国的通货膨胀率超过了 14%。相应地，美国国库券的利率攀升到 15%，而实际利率则保持相对稳定（大约为 1%）。

---

① 1997 年以前，指数债券在美国也并非完全不为人知。例如，1780 年，美国独立战争的士兵就得到过指数债券的赔偿。该债券支付的价值包括 "5 蒲式耳玉米、68 $\frac{4}{17}$ 磅牛肉、10 磅羊毛和 16 磅皮革"。

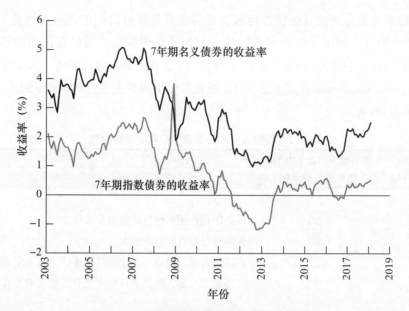

图 6-8 美国政府发行债券的收益率的变化

说明：图中下面的线描绘了美国政府发行的 7 年期指数债券的实际收益率，上面的线描绘了美国政府发行的 7 年期名义债券的收益率。

6.6 公司债券与违约风险

到目前为止，我们一直关注美国国库券。但联邦政府并不是债券的唯一发行者，美国各州和地方政府通过发行债券举债①，公司也可以发行债券。许多外国政府和公司也在美国举债。同时，美国公司通过在其他国家发行债券举借美元或其他货币。例如，美国公司可能在伦敦发行美元债券，然后出售给全球的投资者。

投资者通常认为美国财政部发行的债券完全没有风险。投资者知道美国政府总是可以印钞票偿还债务。不过，若是外国政府以美元举债，投资者就会担心，如果将来发生经济危机，政府可能没有足够的美元偿还借款。债券的价格和到期收益率体现了这种担忧。例如，2001 年阿根廷政府有 950 亿美元（以美元标价）的债务违约，导致其政府债券的价格下跌，其承诺的收益率不断攀升，居然比美国国库券的收益率还高出 40 个百分点。

与政府不同，公司不能自己印钞票。然而，违约的幽灵总是挥之不去。因此，对公司债券持有者承诺还本付息是最佳情形：公司永远不会支付超出承诺的现金流量，如果年景不好，公司还可能无法完全支付其承诺的现金流量。②

债券发行者可能无法履行其义务的风险称为**违约风险**（default risk）或**信用风险**（credit risk）。公司需要通过为其债券提供较高的利率弥补其违约风险。相同票面利率和到期日的公司债券与美国国库券承诺的收益率之间的差额就是**违约风险溢酬**（default premium）。公司陷入困境的可能性越大，投资者要求的违约风险溢酬就越高。

---

① 这些市政债券享受特殊的税收优惠。购买各州和当地政府债券的投资者所获得的息票收入可以免缴联邦所得税。因此，投资者愿意接受这种收益率较低的债券。

② 市政当局也不能自己印钞票，因此也可能违约。2013 年，背负 185 亿美元债务的底特律市停止偿还某些债务，让投资者尝到了"苦头"！2017 年，背负 700 多亿美元债务的波多黎各政府也无法信守承诺。

　　穆迪公司、标准普尔公司或其他债券评级公司的债券评级可以用于判断多数公司债券的安全性。表 6-2 按从高到低的顺序列示了各种债券评级。例如，得到穆迪公司最高评级的债券称为 Aaa（或"3A"）级债券。接下来，依次是 Aa（"双 A"）级债券、A 级、Baa 级债券等。Baa 级及其以上级别的债券称为**投资级**（investment grade）债券，而 Ba 级及其以下级别的债券称为投机级债券、高收益率债券或**垃圾债券**（junk bonds）。[①]

表 6-2　穆迪公司和标准普尔公司的债券评级

穆迪公司评级	标准普尔公司评级	发行之后 10 年内债券违约百分比（%）	安全性
投资级债券			
Aaa	AAA	0.1	最高级别；还本付息的能力非常强。
Aa	AA	0.7	还本付息的可能性非常大。
A	A	2.2	偿还能力强，但环境变化对其偿还能力有一定的影响。
Baa	BBB	3.5	偿还能力充足，但经济环境变化对其偿还能力有较大影响。
高收益债券			
Ba	BB	15.7	偿还能力具有相当大的不确定性。
B	B	35.5	存续期间还本付息的可能性存在问题。
Caa	CCC	48.9	已经违约或即将违约。
Ca	CC		
C	C	–	支付债务利息或偿还债务本金的可能性极小。

　　表 6-2 列示了标准普尔公司债券评级的各种违约可能性。由此可见，信用评级高的债券极少会违约。在 183 年之后的 10 年里，3A 级美国公司债券的违约率只有 1‰。然而，如果投资级债券降级或违约，所造成的冲击可想而知。例如，2001 年 5 月，世界通信公司发行 118 亿美元的投资级债券。仅仅过了一年多，世界通信公司就申请破产，其债券持有者的损失超过其投资额的 80%。信用评级较低的债券违约就更普遍了。例如，发行时被穆迪公司评为 CCC 级或以下级别的债券，有接近 50% 在 10 年内违约。[②]

　　表 6-3 列示了 2018 年 3 月公司债券样本的价格和到期收益率。你可能预期，公司债券的收益率会高于美国国库券的收益率。你可以看到，随着安全性下降，收益率差异通常越来越大。

表 6-3　2018 年 3 月评级较高的公司债券样本的价格和到期收益率

发行公司名称	债券代码	票面利率（%）	到期日	评级	到期收益率（%）
微软	MSFT	2.40	2 022	AAA	2.89
沃尔玛	WMT	6.75	2 023	AA	2.92
百时美施贵宝	BMY	6.80	2 023	A	3.43
康宁	GLW	7.73	2 024	BBB	4.00
西南能源	SWN	4.10	2 022	BB	4.80
超微半导体	AMD	7.00	2 024	B	5.28

资料来源：*FINRA.*

---

　　① 不同评级机构对同一级别债券的标识也有所不同。例如，穆迪公司将最安全的 A 级债券评为 A1，标准普尔公司则将其评为 A+。穆迪公司将最不安全的 A 级债券评为 A3，标准普尔公司则将其评为 A-。

　　② Moody's Investor Service,"Annual Default Study：Corporate Default and Recovery Rates，1920–2017."

投资者也喜欢可以很方便地买卖的流动性强的债券。因此，我们通常发现交易量大的债券更受青睐，其收益率也低于流动性差的债券。2007—2009 年银行业危机期间，这个特点显得更为重要。当时，许多公司债券市场迅速萎缩，投资者几乎无法出售其持有的债券。

图 6-9 描绘了 1953 年以来公司债券与美国国库券的收益率差异。由于存在不确定性，收益率差异不断扩大。例如，2008 年末，由于担心经济衰退，Baa 级债券所承诺的收益率不断攀升，居然比国库券的收益率高出 6 个百分点。也许较低级别债券所承诺的较高收益率深深地吸引了你，但要记住：这些债券并不总是信守承诺。

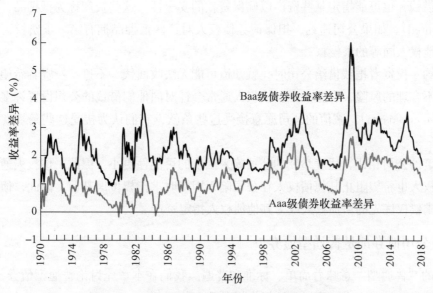

图 6-9　公司债券与 10 年期国库券的收益率差异

你可以通过美国金融业监管局（Financial Industry Regulatory Authority，FINRA）的网站搜寻到多数公司债券的相关信息，包括公司债券评级。

例 6.4　承诺的到期收益率与期望的到期收益率

几年前，Bad Bet 公司发行了票面利率为 10%（按年支付）、面值为 1 000 美元的债券，该债券将在 6 年之后到期。然而，该公司目前进入破产程序，已经停止支付利息，其债券的价格只有 200 美元。基于其承诺的现金流量，该债券的到期收益率为 63.9%（在你的计算器上输入 PV=-200，FV=1 000，PMT=100，n=6，计算出 i）。但该计算过程建立在非常不现实的基础上：假定该公司能够恢复支付利息，走出破产困境。假设最有可能的结果是经过 3 年的诉讼（该公司在这 3 年内不支付利息），债券持有者每 1 美元可以收回 27 美分，即每份 1 000 元面值的债券可以收回 270 美元。此时，该债券的期望收益率为 10.5%（在你的计算器上输入 PV=-200，FV=270，PMT=0，n=3，计算出 i）。如果违约的可能性非常大，承诺的收益率可能严重偏离预期报酬率。

防范违约风险

公司债券可能没有风险，也可能像一个头晕的人走钢丝，风险极大。公司债券的风险取决于公司资产的价值和风险。尽管债券持有者无法消除违约风险，但可以采取措施防范违约风险。

优先权 有些债券属于次级债券。如果公司债券违约，次级债券债权人的求偿权排在公司一般债权人之后。次级债券债权人拥有次级求偿权。只有满足所有有优先求偿权的债权人之后，才能满足次级债券债权人。因此，希望控制风险的投资者将持有优先求偿权债券。

除非债券协议另有规定，你把钱借给公司，你就拥有优先求偿权。不过，这并不能确保你总是处于优先地位。因为公司可能指定某些资产专门用于保护其他债权人的利益。由此产生下一个问题。

安全性 如果你借钱买房，债权人将就该房屋制定抵押条款以确保贷款的安全性。如果你违约，没有按时清偿贷款，债权人就可以处置该房屋。

如果公司借钱，也可能指定某些资产以确保贷款的安全性。这些资产称为抵押品，这种债务称为**担保债务**（secured）。如果公司违约，担保债券债权人对这些抵押品拥有第一求偿权，对公司其他资产拥有与其他债权人同等的求偿权。

保护性契约 投资者把钱借给公司时，就知道可能无法收回钱。不过，投资者希望公司能够好好用钱，不要冒不合理的风险。有鉴于此，债权人通常会针对向他们借钱的公司设置许多条款或**保护性契约**（protective covenants）。诚信的公司愿意接受这些条款，它们认为接受这些条款就能够以合理的利率借到钱。

与举债无度的公司相比，适度举债的公司陷入困境的可能性更小。因此，债权人通常限制公司借款的数额。债权人也希望阻止其他债权人在公司陷入困境时求偿权位居其前。因此，债权人可能不允许公司再引入求偿权优先的新债权人或为其他债权人指定资产。

并非所有公司债券都是普通型债券

财务学上的"普通型"意味着简单、标准和普遍。我们在本章先讨论普通型债券，在第 14 章讨论非普通型的债券和借钱方式。不过，这里先提及几个范例：

- 零息债券。这种债券只在到期日偿还本金，存续期间不支付息票。（零息债券类似于本息可剥离式债券。其息票与债券分离，可以单独出售。）
- 浮动利率债券。这种债券支付的息票不固定，随着短期利率的变动而变动。
- 可转换债券。这种债券可以转换成发行公司特定数量的普通股。

📖 本章小结

债券的票面利率、本期收益率与到期收益率之间有什么区别？（学习目标 1）

债券是政府或公司的一种长期债务。如果你拥有一份债券，在债券到期之前，你每年都可以得到一笔固定的利息。这笔固定的利息称为息票。票面利率是以债券面值的一定比率表述的每年利息支付额。债券到期时，需要偿还债券面值。在美国，多数债券的面值为 1 000 美元。本期收益率是以债券价格的一定比率表示的每年利息支付额。到期收益率计量投资者购买债券并持有至到期所获得的报酬率，包括息票收益以及购买价格与面值之间的差额。

已知到期收益率，如何计算债券的市场价格？已知债券的市场价格，如何计算其收益率？为什么债券的价格与其收益率的变化方向相反？（学习目标 2）

以可比债券的到期收益率折现债券的息票和最后本金偿还额，就可以计算出债券的价值。以债券的到期收益率折现债券的现金流量就得到债券的价格。你可以利用已知的债券价格计算该债券的利率，使债券现值等于债券价格的利率就是到期收益率。因为折现率越高，现值就越低，所以债券价格与其到期收益率的变化方向相反。

债券为什么存在利率风险？（学习目标 3）

债券价格受到利率风险的影响。如果市场利率下降，债券价格就上升，而如果市场利率上升，债券价格就下降。长期债券的利率风险高于短期债券的利率风险。

何谓收益率曲线？投资者为什么关注收益率曲线？（学习目标 4）

收益率曲线描绘了债券收益率与到期日之间的关系。长期债券的收益率通常高于短期债券的收益率。长期债券的价格对利率变动的敏感程度更高，因此，较高的收益率补偿了债券持有者。如果投资者预期利率会上升，可能也愿意接受短期债券较低的利率。

投资者为什么关注债券评级，而且对评级较低的债券要求更高的利率？（学习目标 5）

债券发行者因陷入财务困境而违约的可能性越大，投资者要求其承诺的收益率就越高。信用风险意味着债券承诺的到期收益率高于其期望收益率。投资者因承担信用风险而要求得到的额外收益率称为违约风险溢酬。债券评级计量了债券的信用风险。

第 **7** 章

股票估价

学习目标

1. 读懂互联网或报纸财经版有关股票交易的报道。
2. 已知未来股利和未来股票价格，计算股票的现值并解释股票价格和市盈率如何体现成长机会。
3. 运用估值模型估算企业价值。
4. 理解专业人士所说的"华尔街没有免费午餐"意味着什么。

公司可以通过举债或向投资者发行新的普通股为投资项目筹集现金。如果公司举债，就有义务去偿还债务。如果公司发行股票，就没有此义务，但新股东成为公司的所有者。所有新老股东按照持股比例共同分享公司的财富。我们在本章首先讨论普通股、股票市场和股票估价原理。

我们先讨论如何买卖股票，然后讨论哪些因素影响股票价格、如何运用股票估价公式评估个别股票和企业价值。我们将分析股票价格如何反映公司的投资机会以及股票市场分析师为什么如此关注公司的市盈率。

为什么你应该关注股票如何估价？其实，如果你想知道一家公司的股票价值，可以查阅互联网或《华尔街日报》上发布的股票价格。但你必须知道什么因素会影响股票价格，原因在于：首先，你可能需要估计那些没有在证券交易所交易的股票的价值。例如，你可能是一个成功公司的创始人，计划首次向公众发行股票。你和你的顾问需要估计股票的发行价格。

其次，为了制定合理的资本预算决策，公司需要知道市场如何评估其价值。如果投资项目能够增加股东财富，该投资项目就具有吸引力。除非你知道股票是如何定价的，否则无法判断该投资项目的优劣。

你必须知道股票是如何估价的，也许还有第三个原因：你可能希望相关知识能够让你在华尔街大赚一笔。尽管这是一种不错的想法，但我们将看到，即使是专业的投资者也难以在竞争中脱颖而出并持续获得较高的报酬率。

7.1 股票与股票市场

我们在第 1 章讨论了联邦快递公司是如何成长与兴盛的。为了发展壮大，联邦快递需要资金。起初，它主要靠举债，1978 年，它首次向公众发行**普通股**（common stock）。购买联邦快递**首次公开发行**（initial public offering，IPO）股票的投资者成为该公司的所有者，并作为股东分享该公司未来的成功，承受该公司未来的失败。[①]

公司的首次公开发行并非终点，自 1978 年以来，联邦快递通过多次发行股票筹集了许多资金。公司在**一级市场**（primary market）出售股票的行为称为**首次发行**（primary offerings）。

持有股票是一种冒险的行为。例如，如果你在 2018 年初购买了通用电气公司的股票，那么到了年末，你已经损失过半。现在你应该理解投资者被某家公司股票永远套牢之后再也不愿意购买股票的原因了吧。大型公司经常在证券交易所挂牌交易其股票。这样，投资者就可以相互买卖股票。证券交易所实际上就是二手股票的交易市场，不过，为了显示其重要性，通常将该市场称为**二级市场**（secondary markets）。

美国两个最主要的股票市场是纽约证券交易所（NYSE）和纳斯达克（NASDAQ）[②]。另外，还有许多被称为电子通信网络的计算机网络将交易者彼此联系在一起。为了争夺交易者的业务，这些市场的竞争非常激烈，极力鼓吹各自交易平台的优势。这些市场的交易量相当大。例如，纽约证券交易所每天的股票交易量大约为 15 亿股，市场价值超过 600 亿美元。

当然，其他许多国家也有股票交易所。有些股票交易所很小，例如，马尔代夫的股票交易所只交易 8 家公司的股票。而伦敦股票交易所、东京股票交易所、法兰克福股票交易所和泛欧证券交易所交易数千家公司的股票。

假设联邦快递公司的长线投资者琼斯女士不想继续持有该公司的股票，她可以通过股票交易所将股票卖给希望增持该公司股票的布朗先生。这种交易只是将联邦快递的（部分）所有权从一个投资者转让给另一个投资者。联邦快递并没有发行新股，通常不必在乎甚至不必关心该交易已经发生。[③]

琼斯女士和布朗先生并不需要自己去买卖股票。他们每个人都必须雇用一个在股票交易所拥有交易特权的经纪公司为其撮合交易。以前，这样的交易可能还需要面对面谈判。经纪商必须与股票交易商达成一个可接受价格，或将交易带到交易大厅，由联邦快递公司专员协调该交易。如今，即使在一些比较传统的股票交易所，绝大部分交易也已实现自动化和电子化处理。

如果琼斯女士和布朗先生决定买入或卖出联邦快递公司的股票，他们必须给自己的经纪商发出指令，告知拟交易的价格。琼斯女士急于卖出自己的股票，可能给经纪商下一个以最有可能的价格卖出股票的市价单。而布朗先生可能给经纪商一个愿意购买联邦快递公司股票的价格上限。如果布朗先生的订单不能立即成交，该订单将登记在股票交易所的限价指令簿上，直至该订单成交。

图 7-1 显示了来自巴兹交易所（BATS Exchange）的联邦快递公司限价指令簿的部分内容。巴兹交易所是全球最大的电子市场。左边的标价是投资者当时愿意买入股票的价格（和股票数量），右边的要价则表示愿意卖出股票的价格。价格从高到低依次排列，因此，最高标价与最低要价位于列表最顶端。经纪商可能通过电子系统将琼斯女士在巴兹交易所的市价单上的股票卖出 100 股，而此时正好

[①] 我们经常交替使用 "股份" "股票" "普通股" 等术语。

[②] 这原本只是 "National Association of Security Dealers Automated Quotation" 的缩写，但现在指代纳斯达克市场。

[③] 最终，联邦快递公司需要知道应该将股利支票寄给谁，但只在该公司准备发放股利时才需要这些信息。当然，如果某个大股东正大量增持公司股票，联邦快递公司可能会关注股票交易。不过，这是例外情况。

有愿意买入股票的最佳标价（即每股 239.81 美元）自动与要价相匹配。同样，购买股票的市价单也会与最佳要价（即每股 240.06 美元）相匹配。因此，当时标价与要价的买卖价差为每股 0.25 美元。

FedEx Corporation (FDX) - NYSE

Top of Order Book, 1:04 PM EST

Bid		Ask	
Price	Size	Price	Size
239.81	100	240.06	100
239.80	400	240.16	100
239.70	100	241.02	100
239.33	100	241.14	100
230.03	100	241.23	500

图 7-1 来自 2018 年 3 月 22 日巴兹交易所的联邦快递公司限价指令簿的部分内容

资料来源：BATS, accessed from markets.cboe.com/us/equities/overview.

如何阅读股票市场行情

如果你想购买联邦快递公司的股票，自然希望知道其当时的价格。到目前为止，你很可能还是从《华尔街日报》或当地报纸财经版获取这种信息。但这类媒体提供的股票信息越来越少，现在许多投资者开始转向从互联网获取股票信息。例如，登录 finance.yahoo.com，输入联邦快递公司的股票代码 FDX，点击"Quote Lookup"（报价查询），就可以找到如图 7-2 所示的交易数据。[①]

FedEx Corporation (FDX)   ☆ Add to watchlist

NYSE - Nasdaq Real Time Price. Currency in USD

239.98 -9.04 (-3.63%)

As of 1:02PM EDT. Market open.

Summary	Chart	Conversations	Statistics	Profile	Final

Prev Close:	249.02	Market Cap:	64.318B
Open:	246.00	Beta:	1.57
Bid:	239.98 × 100	PE Ratio (TTM):	22.11
Ask:	240.10 × 100	EPS (TTM):	10.86
Day's Range:	236.00-246.00	Earnings Date:	Mar 19, 2018-Mar 23, 2018
52wk Range:	182.89-274.66	Forward Dividend & Yield:	2.00 (0.80%)
Volume:	2 359 358	Ex-Dividend Date:	N/A
Avg. Volume:	1 866 076	1y Target Est:	284.69

图 7-2 联邦快递公司股票交易信息

资料来源：Yahoo! Finance, March 22, 2018.

2018 年 3 月 22 日，股票交易的最后价格是每股 239.98 美元，比前一天的收盘价 249.02 美元低 9.04 美元。你还可以在左边的分栏里找到当天和之前 52 周股票交易的价格区间。由雅虎的相关页面可知，最近 3 个月平均交易量为 1 866 076 股。不过，当天的交易量很大，截至当天下午 1:02，交易量为 2 359 358 股。联邦快递公司的市场价值为其全部流通股的价值总额，即 643.2 亿美元。你可能

---

① 其他好的交易数据资源包括：moneycentral.msn.com/investor/home.asp 或《华尔街日报》电子版（www.wsj.com）。

经常听到交易者提及高市值公司与低市值公司，这是描述公司规模的一种便捷方式。

联邦快递公司上一年的每股收益为 10.86 美元。（括号里的缩写词"TTM"表示后续 12 个月）每股价格与每股收益的比率称为市价盈余倍数，即**市盈率**（P/E ratio），为 22.11（239.98/10.86）（有四舍五入的误差）。市盈率是股票市场分析师的一个关键指标。我们稍后会详细讨论市盈率。

股利收益率告诉你每投资于股票 100 美元将获得多少股利收益。联邦快递公司每股每年发放股利 2.00 美元，因此，（以前一天收盘价 249.02 美元为基础）其股利收益率为 0.80% 或 0.008 0（2.00/249.02）。每投资 100 美元，你将获得 0.60 美元的股利。当然，这不是你的全部投资报酬率，因为你还可以期待股票价格上涨。股利收益率有点类似于债券本期收益率，也忽略了预期的资本利得。

联邦快递公司的股票价格每时每刻都在变化。因为投资者可能改变其对联邦快递公司的未来预期。图 7-3 显示了联邦快递公司 2018 年几个月内的股票价格走势。仅仅 2 月份的一周内，联邦快递公司的股票价格就下跌了 10%。为什么投资者会接受每股价格的这种突然变化呢？为什么投资者 2 月份愿意以每股 240 美元买入联邦快递公司股票，而只愿意以每股 90 美元买入微软公司股票呢？为了回答这些问题，我们需要讨论决定股票价值的因素。

图 7-3　联邦快递公司股票价格历史走势

资料来源：Yahoo!Finance, downloaded March 22, 2018.

7.2　市场价值、账面价值与清算价值

确定联邦快递公司股票的价值似乎是一个简单的问题。公司每个季度都公布资产负债表，列示公司的资产和负债价值。根据表 7-1 这一简化的资产负债表，2018 年 5 月联邦快递公司所有资产（包括厂房与设备、原材料存货和银行存款等）的账面价值为 485.52 亿美元。联邦快递公司的债务和其他负债（包括银行借款、应付税款等）为 324.79 亿美元。资产与负债之间的价值差额为 160.73 亿美元。这是公司权益的**账面价值**（book value）。[①] 账面价值记录了联邦快递公司从股东那里筹集的所有资金以及股东用于再投资的所有盈余。

---

① "权益"是有关股票的另一个术语。因此，股东常称为权益投资者。

表 7 - 1　联邦快递公司 2018 年 5 月 30 日的简化资产负债表　　　　　　　　　　单位：百万美元

资产		负债与股东权益	
流动资产	12 628	流动负债	7 918
厂房、设备与其他长期资产	35 924	债务与其他长期负债	24 561
		股东权益	16 073
资产总额	48 552	负债与股东权益总额	48 552

说明：联邦快递公司发行的股票数量为 2.524 亿股。（每股）权益账面价值为 63.68 美元（160.73 亿美元 /2.524 亿股）。

　　账面价值是一个可靠的、明确的数据。然而，股票价格等于账面价值吗？ 2018 年 3 月，联邦快递公司股票的每股价格大约为 240 美元，但如表 7 - 2 所示，其每股账面价值只有 63.68 美元。因此，股票价格大约是账面价值的 3.8 倍。联邦快递公司的例子和表 7 - 2 所示的其他例子都告诉我们，股票市场的投资者不仅仅根据每股账面价值买卖股票。

表 7 - 2　市场价值与账面价值（2018 年 3 月）

公司名称	股票代码	股票价格（美元）	每股账面价值（美元）	市场价值与账面价值比率
联邦快递	FDX	240.00	63.68	3.8
强生	JNJ	138.83	22.41	6.2
金宝汤	CPB	47.76	6.47	7.4
百事	PEP	119.93	7.78	15.4
沃尔玛	WMT	98.75	25.67	3.8
微软	MSFT	85.14	10.17	8.4
亚马逊	AMZN	1 169.47	57.24	20.4
陶氏杜邦	DWDP	67.43	43.29	1.6
美国电力	AEP	72.86	37.29	2.0
美国钢铁	X	40.24	18.91	2.1

资料来源：Yahoo!Finance, finance.yahoo.com.

　　会计师不会尝试估算市场价值。公司资产负债表所列示的资产价值等于资产原始成本（或"历史成本"）减去折旧。这对公司确定其资产现在可以卖多少钱可能没有什么参考价值。

　　也许股票每股价格等于每股**清算价值**（liquidation value），即公司在二手市场出售其所有资产并偿还其所有债务之后可以得到的每股现金数额。但这也错了。成功的公司的价值应该高于清算价值，毕竟，这才是当初将这些资产聚集在一起的目的。

　　公司的实际价值与账面价值或清算价值之间的差额经常解释为持续经营价值。持续经营价值涉及三个因素：

　　1. 超额获利能力。公司的盈利能力可能超过其资产的报酬率，因此，这些资产的价值可能高于其账面价值或二手价值。

　　2. 无形资产。会计师没有把许多资产纳入资产负债表，其中有些资产实际上非常有价值。以强生公司为例，它是一家经营保健产品和药品的公司。根据表 7 - 2，你可以看到其股票价格是账面价值的 6.2 倍。这些额外价值从何而来？ 这些价值大部分来自该公司研发、申请专利并已实现市场化的药品所创造的现金流量。这些药品是该公司每年投入 100 多亿美元的研发项目的成果。但美国的会计师并没有将研发项目确认为投资项目，也没有将其纳入资产负债表。同时，专业技能、经验和知识也是重要的资产，其价值已经充分体现在股票价格中。

3. 未来投资项目的价值。如果投资者认为公司未来有机会投资于非常有利可图的项目，现在自然愿意以更高的价格买入该公司股票。1998 年，网络拍卖公司 eBay 第一次将其股票卖给投资者。当时，股东权益的账面价值大约为 1 亿美元。向投资者发行股票之后的第一天，其股东权益的市场价值就超过了 60 亿美元。从某种意义上说，这种差额体现了一种无形资产（即 eBay 借助互联网搭建大规模商品交易独特平台）的价值。当然，投资者也认为 eBay 是一家成长型公司。换言之，投资者正在打赌，他们认为该公司的专有技术和品牌能够促使其拓展国际业务，让消费者更便捷地完成在线交易和支付。到了 2018 年，eBay 每年的经营收益为超过 20 亿美元，市场价值达到 420 亿美元。

市场价值与账面价值或清算价值不是一回事。与账面价值和清算价值不同，市场价值将公司视为持续经营的主体。

不必大惊小怪！实际上，股票从来就不是以账面价值或清算价值出售的。相反，投资者根据公司现在与未来的盈利能力决定是否买入公司股票。决定公司盈利能力的两个关键因素是：第一，公司的有形资产与无形资产所创造的利润；第二，公司是否有机会投资于能够增加未来利润的有利可图的项目。

例 7.1 亚马逊公司与联合爱迪生公司

亚马逊是一家成长型公司。直到 2014 年，亚马逊实际上是亏损的，其利润为 −2.41 亿美元，然而，2018 年 3 月，投资者却愿意为该公司普通股支付大约 7 600 亿美元。股票价格来源于公司的市场地位、备受推崇的分销系统以及承诺将来推出能够创造未来利润的相关新产品。亚马逊被视为成长型公司，是因为其市场价值主要取决于无形资产和新投资项目的预期盈利能力。

与亚马逊不同，联合爱迪生公司主要为纽约市区提供电力公共服务。联合爱迪生并不是一家成长型公司，其市场容量有限，产能扩张也非常谨慎。更重要的是，它还是一个受到管制的公用事业单位，这使其现在和未来的投资报酬率也受到约束。联合爱迪生公司的价值大部分来自其现有资产所创造的收益。因此，当 2018 年亚马逊公司以其账面价值的 27 倍出售股票时，联合爱迪生公司只能以其账面价值的 1.5 倍出售股票。

投资者将亚马逊公司的股票视为成长型股票，而将联合爱迪生公司的股票视为收益型股票。当然，也有少数股票如阿尔法贝特公司（Alphabet，谷歌的母公司）的股票既是成长型股票，又是收益型股票。阿尔法贝特公司从其现有产品（如谷歌搜索引擎）中获得丰厚的利润，这些利润是其股票备受投资者青睐的原因之一。此外，投资者也愿意为该公司投资于增加未来利润的新投资项目的能力买单。

让我们总结一下。请记住：

● 账面价值记录公司为其资产所支付的成本减去折旧之后的价值。账面价值并没有反映公司的真实价值。

● 清算价值是公司出售资产并偿还债务之后的净值。清算价值也没有反映成功的持续经营企业的价值。

● 市场价值是投资者愿意为公司股票支付的价格。市场价值取决于公司现有资产的盈利能力和未来投资项目的预期盈利能力。

接下来的问题是：什么决定市场价值呢？

7.3 普通股估价

可比估价法

财务分析师如果要评估公司的价值，首先会确定相似公司的样本，然后观察这些公司的投资者对公司每一美元资产或利润愿意支付多少钱。这种方法通常称为可比估价法。例如，我们可以看看表 7-3。表 7-3 列示了某些知名公司的市场价值与账面价值比率。值得注意的是，每家公司的市场价值都高于账面价值。

表 7-3　样本公司及其主要竞争对手 2018 年 3 月的市场价值与账面价值比率和市盈率

	市场价值与账面价值比率		市盈率	
	公司	行业	公司*	行业
联邦快递	3.8	7.3	14.4	22.6
强生	6.2	4.9	14.9	23.9
金宝汤	7.4	2.9	13.4	27.0
百事	15.4	10.0	17.6	27.3
沃尔玛	3.8	4.0	16.9	19.6
微软	8.4	6.6	23.7	60.8
亚马逊	20.4	9.4	97.2	46.6
陶氏杜邦	1.6	3.5	13.7	13.5
美国电力	2.0	1.9	15.9	21.0
美国钢铁	2.1	2.3	8.2	27.8

* 价格除以以后年度的预计盈余。

从表 7-3 可以看到，大型零售公司（沃尔玛的竞争对手）的股票价格通常是其账面价值的 4.0 倍。如果你手头没有沃尔玛公司股票的市场价格，你也可以估计出其股票价格为账面价值的 4.0 倍。就此而言，你对沃尔玛公司股票市场价格的估计可能偏高。

另一种估价方法是观察其他零售公司股票的投资者愿意为每一美元利润支付多少钱。表 7-3 显示，2018 年零售公司股票的市盈率通常为 19.6。如果假设沃尔玛公司也可以按类似的盈余倍数出售其股票，那么，你可以推算出沃尔玛公司股票价格为每股 102 美元，略高于其 2018 年 3 月的实际价格即每股 88.18 美元。

尽管市场价值与账面价值比率和市盈率是最流行的评估普通股价值的经验法则，但财务分析师有时也采用其他倍率指标。例如，处于初创期的公司通常没有什么利润，财务分析师可能关注这些公司的价格与销售比率，而不是市盈率。20 世纪 90 年代后期，互联网公司迅速成长且亏损严重，此时计算倍率指标的基础是用户数量或网站访问量。

如果合理地运用，这些经验法则并非无可取之处。例如，你可以看到，2018 年，对美国电力和沃尔玛公司而言，可比估价法还是相当有用的。不过，表 7-3 所列示的其他公司就不一定适用可比估价法。例如，如果你天真地认为亚马逊公司的股票将以可比的互联网零售公司类似的比率出售的话，那你就大错特错啦！即使是同行业的公司，其股票的市场价值与账面价值比率和市盈率的差异也相当大。为了理解其中的缘由，我们需要更深入地挖掘并观察哪些因素决定股票市场价值。

价格与内在价值

我们在第 6 章已经看到，债券的价值就是其息票现值与最后一期面值现值之和。你可以用同样的方式思考股票的价值。股票投资者看重的不是息票，而是获得的股利；股票投资者看重的不是面值，而是卖出股票时的股票价格。

例如，某个投资者现在买入 Blue Skies 公司的股票，计划在一年之后卖出。假设一年之后预期的股票价格为 P_1，预期每股股利为 DIV_1，股票预期现金流量的折现率为 r。[①] 折现率反映股票的风险。风险较高的公司，其折现率也较高。那么，投资者将从该公司获得的现金流量现值为：

$$V_0 = \frac{DIV_1 + P_1}{1+r} \tag{7.1}$$

我们将 V_0 称为股票的**内在价值**（intrinsic value）。内在价值只是投资者预期股票可以产生的现金流量现值。

为了说明问题，假设投资者预期下一年度的现金股利为 3 美元（$DIV_1 = 3$ 美元），预期股票一年之后的价格为 81 美元（$P_1 = 81$ 美元）。如果折现率为 12%，那么其内在价值为 75 美元：

$$V_0 = \frac{3+81}{1.12} = 75（美元）$$

你可以将内在价值视为股票的"公允"价格。如果投资者以 75 美元买入股票，其预期报酬率刚好等于折现率。换言之，投资者可以预期其股票投资报酬率刚好弥补其投资的机会成本。

为了验证这个结果，我们注意到下一年的预期报酬率是预期股利加上预期价格上涨幅度（$P_1 - P_0$）除以年初股票价格 P_0。如果投资者按内在价值购买股票，那么，$P_0 = 75$ 美元。由此

$$预期报酬率 = \frac{DIV_1 + P_1 - P_0}{P_0} = \frac{3+81-75}{75} = 0.12 \text{ 或 } 12\%$$

值得注意的是，预期报酬率来自两部分：股利和资本利得。

预期报酬率＝预期股利收益率＋预期资本利得

$$= \frac{DIV_1}{P_0} + \frac{P_1 - P_0}{P_0}$$

$$= \frac{3}{75} + \frac{81-75}{75}$$

$$= 0.04 + 0.08$$

$$= 0.12 \text{ 或 } 12\%$$

当然，Blue Skies 公司股票的实际报酬率可能高于或低于投资者的预期报酬率。例如，2018 年，信息技术公司股票是表现最好的股票之一，其平均报酬率超过 35%。这个报酬率肯定超过投资者年初预期的报酬率。另一极端情形是，能源服务公司的股票价格小幅下跌。如果投资者能够预料到损失，年初绝对不会购买这些股票。千万别混淆实际结果与预期结果。

每个投资者都梦想能够低价购买股票，即以低于内在价值的价格购买股票。但基于竞争市场环境，除了内在价值，其他价格都难以持久。为了弄清楚其中的缘由，假设 Blue Skies 公司股票现在的价格高于 75 美元。这样，其股票的预期报酬率低于其他相同风险证券的预期报酬率。（你可以验证一下！）投资者可能抛售 Blue Skies 公司股票，转而购买其他证券。在这个过程中，投资者可能压低

[①]　为了简化起见，我们假设在年末支付股利。

Blue Skies 公司的股票价格。如果 P_0 低于 75 美元，Blue Skies 公司股票的预期报酬率就会高于其他相同风险证券的报酬率。（你可以再验证一下！）人们蜂拥而至，争相购买 Blue Skies 公司股票，将价格推高到 75 美元。如果股票定价合理（即价格等于现值），Blue Skies 公司股票的预期报酬率也就是投资者持有该股票所要求的报酬率。**基于功能健全的市场，所有相同风险证券的定价，最终都提供相同的预期报酬率。基于竞争性市场，这是价格的一个基本特征。这也是常识。**

式（7.1）只是内在价值的一个定义，适用于任何折现率 r。现在，我们可以跳出该定义，将 r 视为基于特定的风险水平所有证券的预期报酬率。如果股票定价合理，其预期报酬率将等于其他相同风险股票的预期报酬率，那么股票价格也将等于其内在价值：

$$P_0 = \frac{DIV_1 + P_1}{1+r}$$

因此，现在的股票价格等于股利现值加上未来价格现值。不过，我们需要进一步思考：如何估计股票的未来价格 P_1？

当然，许多公司现在可能并不支付现金股利。初创的成长型公司的投资者可能要等 10 年或更长时间，在公司成熟之后才能获得现金股利。如果我们假设当期的股利（DIV_1）为零，那么计算 P_0 的公式依然适用于这些初创的成长型公司。这时，其股票价值取决于后续的股利。不过，我们先讨论现在开始支付现金股利的成熟型公司，之后再详细讨论成长型公司。

股利折现模型

计算股票价格的公式取决于 $DIV_1 + P_1$，即下一期的股利和下一期的价格。假设你已经预测出股利，你如何预测 P_1 呢？我们可以将计算股票价格的公式往前移一期并用于第一期。这样，该公式说明 P_1 取决于第二期的股利（DIV_2）和第二期的价格（P_2），第二期的价格（P_2）又取决于第三期的股利（DIV_3）和第三期的价格（P_3），以此类推。

实际上，我们可以不涉及未来股票价格，而将股票的内在价值（乃至其价格）视为公司支付给股东的全部可预期未来股利的现值。这就是**股利折现模型**（dividend discounted model）：

$$P_0 = (DIV_1, DIV_2, DIV_3, \cdots, DIV_t, \cdots) \text{ 的现值}$$

$$= \frac{DIV_1}{1+r} + \frac{DIV_2}{(1+r)^2} + \frac{DIV_3}{(1+r)^3} + \cdots + \frac{DIV_t}{(1+r)^t}$$

我们可以看到多远的未来呢？从理论上讲，40 年、60 年或 100 年，甚至更长远！这样的公司具备基业长青的潜力。然而，远期股利的现值微乎其微。例如，以 10% 的折现率折现 30 年之后获得的 1 美元，其现值仅为 0.057 美元。许多成熟公司的价值体现在它所支付的股利上。

如何将单期计算公式 $P_0 = (DIV_1 + P_1)/(1+r)$ 转换成股利折现模型呢？我们关注较长的投资期限。

考虑具有不同投资期限的投资者。每个投资者都根据预期所能获得的股利现值加上最终卖出股票的价格现值为股票估价。与债券不同，股票没有具体的到期日，即股票不会"到期"。而且，股利和最终的卖出价格也只能是估计值。尽管如此，股票与债券的通用估价方法却一样。就单期投资者而言，股票估价的计算公式为：

$$P_0 = \frac{DIV_1 + P_1}{1+r}$$

就 2 年期投资者而言，其股票估价的计算公式为：

$$P_0 = \frac{DIV_1}{1+r} + \frac{DIV_2 + P_2}{(1+r)^2}$$

就 3 年期投资者而言，其股票估价的计算公式为：

$$P_0 = \frac{DIV_1}{1+r} + \frac{DIV_2}{(1+r)^2} + \frac{DIV_3 + P_3}{(1+r)^3}$$

实际上，我们可以将未来投资期限随意延展。假设我们将投资期限定义为 H 年，那么股票估价的计算公式为：

$$P_0 = \frac{DIV_1}{1+r} + \frac{DIV_2}{(1+r)^2} + \cdots + \frac{DIV_H + P_H}{(1+r)^H} \tag{7.2}$$

总之，股票的价值就是投资者在投资期限内得到的股利现值与投资期限末预期股票价格现值之和。

这是否意味着不同投资期限的投资者对股票价值将得出不同的结论呢？当然不会！无论投资期限如何，股票的价值都一样。这是因为投资期末的股票价格取决于该时点之后的预期股利。因此，只要投资者认可公司的未来发展前景，也就认可其现值。下面我们通过例子说明这个问题。

例 7.2　Blue Skies 公司的股票估价

Blue Skies 公司正稳步增长，投资者预期股票价格与股利都将每年增长 8%。现在假设有厄斯特、兹维特和德瑞特三个投资者，分别打算持有 Blue Skies 公司的股票 1 年、2 年和 3 年。比较他们的投资情况：

	第一年	第二年	第三年
厄斯特	DIV_1=3 美元 P_1=81 美元		
兹维特	DIV_1=3 美元	DIV_2=3.24 美元 P_2=87.48 美元	
德瑞特	DIV_1=3 美元	DIV_2=3.24 美元	DIV_3=3.50 美元 P_3=94.48 美元

请记住，我们假设 Blue Skies 公司的股利和股票价格都预期稳步增长 8%。因而有：DIV_2=3×1.08=3.24 美元，DIV_3=3.24×1.08=3.50 美元，以此类推。

每个投资者要求的预期报酬率都是 12%，这样就可以计算厄斯特持有股票 1 年的现值为：

$$现值 = \frac{DIV_1 + P_1}{1+r} = \frac{3+81}{1.12} = 75（美元）$$

兹维特持有股票 2 年的现值为：

$$现值 = \frac{DIV_1}{1+r} + \frac{DIV_2 + P_2}{(1+r)^2}$$

$$= \frac{3}{1.12} + \frac{3.24 + 87.48}{1.12^2}$$

$$= 2.68 + 72.32$$

$$= 75（美元）$$

德瑞特持有股票 3 年的现值为：

$$现值 = \frac{DIV_1}{1+r} + \frac{DIV_2}{(1+r)^2} + \frac{DIV_3+P_3}{(1+r)^3}$$

$$= \frac{3}{1.12} + \frac{3.24}{1.12^2} + \frac{3.50+94.48}{1.12^3}$$

$$= 2.68+2.58+69.74$$

$$= 75（美元）$$

每个投资者都认可股票价格为每股 75 美元。这体现了我们的基本原则：普通股的价值等于投资期限内得到的股利现值与投资期限末预期股票价格现值之和。而且，即使你调整投资期限，股票的现值也应该不变。这个原则适用于 1 年、3 年、10 年、20 年和 50 年，甚至更长的投资期限。

再看一下表 7-4。该表基于不同投资期限，沿用了 Blue Skies 公司的例子，依然假设股利预期以 8% 的复合增长率稳步增长，股票价格也将增长 8%。该表的每一行表示基于不同投资期限的现值计算过程。值得注意的是，现值总额并不取决于投资期限。图 7-4 以图的形式列示了相同的数据。每一栏表示投资期限内的股利现值与投资期限内的股票价格现值。随着投资期限的延长，股利现值所占的比例不断提高，但股利现值加上最终股票价格现值的总额总是等于 75 美元。

表 7-4　Blue Skies 公司股票价值　　　　　　　　　　　　　　　　　单位：美元

投资期限（年）	股利现值	+	最终股票价格现值	=	每股价值
1	2.68		72.32		75
2	5.26		69.74		75
3	7.75		67.25		75
10	22.87		52.13		75
20	38.76		36.24		75
30	49.81		25.19		75
50	62.83		12.17		75
100	73.02		1.98		75

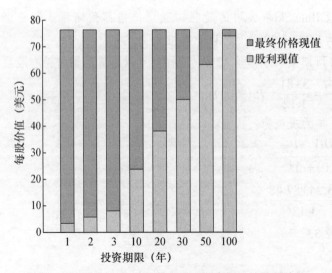

图 7-4　Blue Skies 公司基于不同投资期限的股票价值

如果投资期限无限长，那么我们可以忽略投资期末的股票价格：其现值几乎为零。这样，股票价格的计算公式就可以简化为：

股票价格 = 未来所有每股股利的现值之和

这就是股利折现模型。

7.4 股利折现模型的简化

股利折现模型要求估计未来每年的股利。对没有确定期限的股票而言，这可是一个大问题。为了使股利折现模型更为实用，我们需要简化其假设。我们将讨论三个案例，先讨论最基本的案例，最后再讨论最通用的案例。

案例 1：零增长股利折现模型

假设公司将其所有利润都分配给普通股股东。这样的公司因为没有再投资而难以增长。[①] 股东可能立即享有丰厚的股利，但并不期待未来能拥有更高的股利。该公司的股票将提供一种等额的永续现金流量系列：$DIV_1 = DIV_2 = \cdots = DIV_t = \cdots$。

股利折现模型认为，这些零增长股票的价格应该就是固定的、永续性股利系列的现值。我们在第 5 章讨论永续年金估价时就已经学会如何计算，只需要将每年的现金流量除以折现率。折现率是投资者对其他相同风险股票所要求得到的报酬率：

$$P_0 = \frac{DIV_1}{r}$$

由于公司将其所有利润都作为股利发放出去，所以股利与利润相等。因此，我们可以将计算股票价值的公式表达为：

零增长股票的价值 $= P_0 = \dfrac{EPS_1}{r}$

式中，EPS_1 表示下一年度的每股收益。因此，有些人会随意地说"股票价格就是未来利润的现值"，并运用该公式计算股票价格。不过要注意，这只是一种特例。

案例 2：固定增长股利折现模型

还有一种更实用的简化方法。假设未来预测的股利以一个固定比率无限期增长。那么，我们就不再需要预测未来无限期的股利，而只需要预测下一期的股利和股利增长率。

假设某只股票预期将支付股利 DIV_1，下一年度及以后年度的预期股利，每年将以一个固定比率 G 持续增长。这样，第二年的预期股利为 $DIV_1 \times (1+g)$，第三年的预期股利为 $DIV_1 \times (1+g)^2$，以此类推。因此，该股票的现值为：

$$P_0 = \frac{DIV_1}{1+r} + \frac{DIV_1(1+g)}{(1+r)^2} + \frac{DIV_1(1+g)^2}{(1+r)^3} + \frac{DIV_1(1+g)^3}{(1+r)^4} + \cdots$$

尽管上述计算公式的期数是无限的，但只要股利增长率 g 小于折现率 r，则每期的股利现值都按比例小于前一期的股利现值。因为远期的股利现值将趋近零，所以，尽管股利的支付期是无限的，但这些股利现值之和趋近一个有限数值，即

---

① 我们假设该公司没有通过发行新股筹集资金。

$$P_0 = \frac{DIV_1}{r-g} \tag{7.3}$$

这个计算公式称为**固定增长股利折现模型**（constant-growth dividend discount model）或以梅隆·戈登（Myron Gordon）的名字命名的戈登增长模型。梅隆·戈登为推动该模型的广泛运用做了许多工作。[1]

零增长永续年金（我们的第一个案例）的现值公式只是固定增长公式的一个特例。假设预期股利增长率为零（$g=0$），那么，股利系列就是一个简单的永续年金，其估价公式就是 $P_0 = DIV_1/(r-g)$。

我们在本节的任务是如何运用固定增长模型估算 P_0 即普通股的价值。当然，经理人有时发现可以将固定增长模型的公式重新表述为：

$$r = \frac{DIV_1}{P_0+g} \tag{7.4}$$
$$= 股利收益率+增长率$$

这样，如果已知股票的股利收益率和预期增长率，就可以推算出预取其报酬率。我们将在第13章讨论经理人如何估算权益资本成本时，再回过头来讨论这个问题。

例 7.3 用固定增长模型为 **Aqua America** 公司股票估价

Aqua America 公司（股票代码 WTR）是一家自来水公司，其服务范围包括从缅因州到得克萨斯州的 14 个州。2018 年初，该公司的股票价格为每股 38.65 美元，流通在外的股票数量为 1.78 亿股。这样，投资者的股票价值总额为 69 亿美元（1.78 亿股×38.65 美元／股）。我们如何解释这个估值呢？

2018 年，Aqua America 公司保持一个引人注目的持续增长记录。过去 20 年间，该公司每年的股利支付额稳步增长（如图 7-5 所示）。尽管该公司的利润略有下降，但还是保持稳步增长。因此，固定增长模型仍适用于 Aqua America 公司的股票估价。

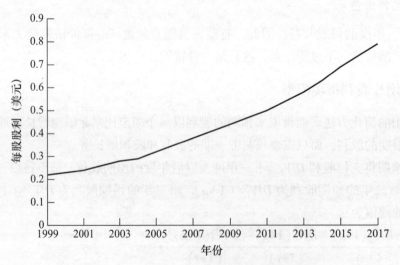

图 7-5 Aqua America 公司的股利稳步增长

---

[1] 值得注意的是，假设第一期股利在第一期期末支付但按整期折现。如果该股票刚刚支付股利（DIV_0），那么，下一年的股利应该是（$1+g$）乘以刚刚支付的股利（DIV_0）。这样，该估价计算公式的另一种表达方式为：

$$P_0 \frac{DIV_1}{r-g} = \frac{DIV_0(1+g)}{r-g}$$

2018 年，投资者预测 Aqua America 公司下一年度的股利支付额为 0.86 美元（$DIV_1 = 0.86$ 美元）。在可以预见的将来，预期每年股利增长率大约为 4.75%（我们稍后马上解释这个数字是怎么来的）。如果投资者对 Aqua America 公司股票要求的报酬率为 7.0%，那么，根据固定增长模型，可以预测该公司股票的现行价格为每股 38.22 美元，与其市场价格几乎相同：

$$P_0 = \frac{DIV_1}{r-g} = \frac{0.86}{0.070 - 0.047\ 5} = 38.22（美元）$$

估算 Aqua America 公司的增长率　固定增长模型将永续年金计算公式一般化，使之适用于股利固定增长的情况。然而，我们如何估算增长率呢？成熟的公司主要靠利润再投资而增长，其增长速度取决于公司利润再投资的比例和公司新增投资所能获得的利润。公司的**可持续增长率**（sustainable growth rate）是公司的长期债务比率保持不变时，通过利润再投资可能获得的增长率。

2018 年初，Aqua America 公司的每股账面价值为 11.10 美元。假设该公司的权益报酬率为 12.5%。[①] 这样，2018 年，该公司的每股收益为：

每股收益 = 每股账面价值 × 权益报酬率

= 11.10 × 0.125 = 1.387 5（美元）

未来几年，该公司的**股利支付率**（payout ratio）（即作为股利发放的利润的比率）预期将保持在 62% 的水平上。这样，下一年度的每股股利将为 0.86 美元（0.62 × 1.387 5）。因此，**留存比率**（plowback ratio）即利润再投资于公司的比率将为 38%（1-62%）。Aqua America 公司在第一年每股将有 0.527 美元（0.38 × 1.387 5）再投资于新的厂房和设备，每股账面价值将从 0.527 美元增加到 11.627 美元（11.10 + 0.527）。利润再投资所产生的权益增长率为：

$$权益账面价值增长率 = \frac{利润留存额}{原始权益总额} = \frac{0.527}{11.10} = 0.047\ 5\ 或\ 4.75\%$$

为了说明增长率如何取决于留存比率和权益报酬率，我们可以将上述计算公式改写为：

$$权益账面价值增长率 = \frac{利润留存额}{原始权益总额} = \frac{利润留存额}{利润总额} \times \frac{利润总额}{原始权益总额}$$

= 留存比率 × 权益报酬率

= 0.38 × 0.125 = 0.047 5 或 4.75%

这就是权益账面价值的增长率。那么，股利和利润的增长率又是多少呢？如果权益报酬率保持不变，每股收益将与权益账面价值同比例增长（记住：每股收益 = 权益报酬率 × 每股账面价值）。这样，利润也将增长 4.75%。如果股利支付率保持不变，股利将是利润的一个固定比率，也将以该比例增长。因此，如果权益报酬率和留存比率保持不变，权益账面价值、利润和股利都将以可持续增长率增加。可持续增长率就是固定增长股利折现模型的变量 g 的自然选择。这也是我们在例 7.3 中运用于 Aqua America 公司的数值。

如果公司可以获得固定的权益报酬率并保持固定的留存收益率，那么其可持续增长率 g 为：

$$g = 可持续增长率 = 权益报酬率 × 留存比率 \tag{7.5}$$

可持续增长率假设公司的长期债务比率不变，因此，债务和资本总额也以可持续增长率增加。尽管 Aqua America 公司可以通过更多地举债使其资产以更高的速率增加，但这种做法可能导致债务比

---

① 我们运用 2018 年 1 月 12 日的"价值线投资调查"（Value Line Investment Survey）的数据估计未来的利润和股利。

率日益提高，终究是不可持续的。

一个值得注意的问题　根据我们的计算，Aqua America 公司的可持续增长率是适度的增长率，而且该公司未来能够以接近 5% 的趋势增长率持续增长。这看起来似乎很有道理。但有时你会发现根据可持续增长率的计算公式"权益报酬率 × 留存比率"可能得到荒谬的结果，如可持续增长率为 20% 甚至更高。没有公司可以永远保持如此高的增长率。整个经济的（实际）增长率也只有大约 2.5%。如果某个公司或行业可以持续增长 20%，那么其增长率最终将超过整个经济的增长率，接着就该主宰整个经济啦！

如果其他条件保持不变，固定增长模型的公式意味着，如果股利增长率（g）较高，则股票价格也较高。但只有该增长率可持续且低于折现率，其公式才成立。如果你预测持续股利增长率高于投资者的必要报酬率（r），就可能出现两种结果：

1. 计算公式不再有意义，将得到荒谬的结果。（例如，如果你假设增长率为 10%，例 7.3 中 Aqua America 公司的"价值"将会是多少？）

2. 你会发现你的预测一定是错误的，因为远期股利的现值也高得令人难以置信。如果预期股利增长率超过折现率，后续股利的现值将无限增长。（你可以运用 Aqua America 公司的资料再次试试具体的数字。计算一下 100 年之后支付的股利现值。假设 $DIV_1=0.86$ 美元，$r=0.07$，但 $g=0.10$。）

显然，固定增长率模型不适合暂时快速增长的情况。我们马上就要讨论如何处理这种情况。

例 7.4　Aqua America 公司的意外之财

假设由于用水量的变化，Aqua America 公司可以在不牺牲当期股利的基础上将预期未来增长率提升到每年 5%。此时，Aqua America 公司的预期报酬率（r）可以提高吗？

就 Aqua America 公司的股东而言，这是一个利好的消息。因此，股票价格将飙升到：

$$P_0 = \frac{DIV_1}{r-g} = \frac{0.86}{0.07-0.05} = 43.00（美元）$$

尽管 Aqua America 公司的利好消息反映在现在较高的股票价格上，但这个利好消息并不意味着未来就有一个较高的预期报酬率。就这个价格而言，由于 Aqua America 公司的风险保持不变，其预期报酬率也保持不变，依然是 7.0%。

Aqua America 公司的价值来源　我们经常听到投资者提及成长型股票与收益型股票。投资者购买成长型股票主要是为了获得资本利得，他们感兴趣的是公司未来利润的增长而不是下一年的股利。投资者购买收益型股票则主要是为了获得现金股利。让我们看看这些区别的意义何在，并理解 Aqua America 公司的价值来源。

2018 年，Aqua America 公司的每股预期股利为 0.86 美元（$DIV_1=0.86$ 美元），且每年将稳定增长 4.75%（$g=4.75\%$）。如果投资者要求的报酬率为 7.0%（$r=7.0\%$），那么 Aqua America 公司的股票价格应该为：

$$P_0 = \frac{DIV_1}{r-g} = \frac{0.84}{0.070-0.0475} = 38.22（美元）$$

然而，如果 Aqua America 公司不将其利润再投资于新厂房和设备会如何呢？该公司可能将其利润即每股 1.387 5 美元全部用于发放股利，从而导致其利润和股利的零增长：

$g =$ 可持续增长率 = 权益报酬率 × 留存比率 = 0.125 × 0 = 0

如果 Aqua America 公司将其预期利润全部用于发放股利，增长率为零，那么我们可以重新计算其价值：

$$P_0 = \frac{DIV_1}{r-g} = \frac{EPS_1}{r} = \frac{1.387\,5}{0.070} = 19.82(美元)$$

如果 Aqua America 公司的利润不做任何再投资，其股票价格可能只有 19.82 美元，而不是 38.22 美元。19.82 美元代表现有资产所获得利润的价值。股票价格的剩余部分（38.22 – 19.82 = 18.40 美元）代表 Aqua America 公司未来投资项目的净现值。

如果 Aqua America 公司保持将 38% 的利润再投资这一政策不变，而新投资项目的预期报酬率只有 7.0%（刚好等于投资者要求的报酬率），又将如何？此时，可持续增长率也会较低：

$g =$ 可持续增长率 = 权益报酬率 × 留存比率 = 0.07 × 0.38 = 0.026 6 或 2.66%

如果我们将这些新数据代入估价计算公式，也可以得到 Aqua America 公司的股票价格为 19.82 美元（这与该公司选择增长率为零而计算出来的股票价格一样）：

$$P_0 = \frac{DIV_1}{r-g} = \frac{0.86}{0.070 - 0.026\,6} = 19.82(美元)$$

将利润再投资于新的投资项目可能使每股收益和每股股利增长，但如果新的投资项目预期只能获得投资者要求的报酬率，那么利润再投资并不能提高现行股票价格。如果投资者认为利润再投资可能获得更高的报酬率，那么利润再投资能提高股票价格。

再重复一遍，如果 Aqua America 公司的利润不做任何再投资，其股票价值只来源于现有资产所创造的利润，其股票价格将为 19.82 美元。如果该公司每年都将利润再投资，但只获得投资者要求的报酬率，那么这些新的投资项目也不会增加股票价值，因此，该公司股票的价格仍然为 19.82 美元。这时，尽管预期股利和利润将增长，但这种增长并没有增加公司价值。千万不能将公司绩效等同于每股收益的增长。

幸运的是，投资者认为 Aqua America 公司新的投资项目有可能获得 12.5% 的报酬率，略高于投资者要求的必要报酬率（7.0%）。这体现在投资者愿意为该股票支付 38.22 美元。此时，Aqua America 公司股票价值总额等于现有资产价值与其**成长机会现值**（present value of its growth opportunity，PVGO）之和：

现有资产价值	19.82 美元
+ 成长机会现值	18.40 美元
= Aqua America 公司股票价值总额	38.22 美元

真正"成长型股票"的价格主要由其未来投资的净现值所决定。

Aqua America 公司股票的市盈率反映了该公司的投资前景。如果股票价格为 38.22 美元，预期每股收益为 1.387 5 美元，那么市盈率为 27.5（38.22/1.387 5）。如果公司没有增长机会，其股票价格就只有 19.82 美元，其市盈率为 14.3（19.82/1.387 5）。因此，市盈率是反映 Aqua America 公司前景和增长机会的盈利能力的一个指标。

那么，这是否意味着如果公司以较高的市盈率出售其股票，财务经理就应该好好庆祝一番呢？当然值得庆祝！高市盈率表明投资者认为公司具有很好的成长机会。不过，公司的市盈率很高，有时并非因为其股票价格很高，而是因为其每股收益暂时低迷。如果公司在某个特定时期毫无盈利，其市盈率将无穷大。

案例 3：非固定增长股利折现模型

自来水公司和其他公用事业单位都具有稳定的增长率，自然适合运用固定增长模型。但许多公司在达到稳定状态之前可能高速或无规律地增长数年。

显然，我们不能运用固定增长模型估计这类公司的价值。然而，还有一种替代方法。该替代方法包括三个步骤：

第一步：将你预期公司增长率会稳定到某个稳定增长率的那个年份之前的期间作为投资期限（H 年），计算从现在到第 H 年的股利现值。

第二步：预测第 H 年的股票价格，同样将其折现为现值。可以运用固定增长模型的公式估算股票价格，评估第 H 年之后支付的股利价值，因为第 H 年之后的股利将以可持续增长率增长。

第三步：将股利现值与期末股票价格现值相加，便得到其现值总额。

其计算公式为：

$$P_0 = \underbrace{\frac{DIV_1}{1+r} + \frac{DIV_2}{(1+r)^2} + \cdots + \frac{DIV_H}{(1+r)^H}}_{\text{从第一年至第}H\text{年的股利现值}} + \underbrace{\frac{P_H}{(1+r)^H}}_{\text{第}H\text{年股票价格现值}}$$

例 7.5　估计沃尔玛公司股票的价值

2018 年初，沃尔玛公司的股票价格略低于每股 100 美元（参见表 7-1）。沃尔玛公司预期下一年度的每股收益大约为 5.14 美元，股利支付率大约为 43%。让我们看看如何运用股利折现模型估计沃尔玛公司股票的内在价值。

2018 年，投资者对沃尔玛公司的发展前景持乐观态度，预期其利润将在未来 5 年内每年以略低于 6.5% 的增长率增长。[①] 该增长率很可能高于投资者对公司股票所要求的报酬率（r），也不可能无限持续下去。因此，我们不能运用简单的固定增长模型估计沃尔玛公司股票的价值。我们将这个问题分三个步骤来解决：

第一步：计算未来 5 年内沃尔玛公司的股利现值。如果股利增长率与利润增长率保持同步，那么，预期利润和股利如下表所示（单位：美元）：

	第一年	第二年	第三年	第四年	第五年
每股收益	5.14	5.48	5.83	6.21	6.61
每股股利（每股收益的 43%）	2.21	2.36	2.51	2.67	2.85

2018 年，投资者对沃尔玛公司股票要求的必要报酬率大约为 5.6%。[②] 因此，从第一年至第五年预期股利的现值为：

$$\text{从第一年至第五年股利的现值} = \frac{2.21}{1.056} + \frac{2.36}{1.056^2} + \frac{2.51}{1.056^3} + \frac{2.67}{1.056^4} + \frac{2.85}{1.056^5}$$

$$= 10.66（美元）$$

第二步：艰巨的任务是估计在投资期限末（第五年年末）沃尔玛公司的股票价格。最有可能出现的情

[①]　萨克即时调查公司（Zark's, First Call）和机构经纪估计系统公司（IBES）收集了民意分析师的预测结果。你可以从 moneycentrial. com 和 finance.yahoo.com 等网站上查询这些预测结果。

[②]　现在，你可以将这个数值纯粹看作一个假设条件。我们将在第 12 章告诉你如何估计投资者要求的必要报酬率。沃尔玛公司的 5.6% 这个数值取自表 12-2。

形是在经历了 5 年的高速增长之后，增长率逐渐放缓，慢慢趋近于一个可持续的比率。但为了简化起见，我们假设在第六年增长率迅速降至 3%。因此，第六年预期的股利为：

$$DIV_6 = 1.03 \times DIV_5 = 1.03 \times 2.85 = 2.94 (美元)$$

而第五年年末的预期股票价格为：

$$P_5 = \frac{DIV_6}{r-g} = \frac{2.94}{0.056-0.03} = 113.08 (美元)$$

第三步：请记住，沃尔玛公司股票的现值等于截至投资期限末的股利现值与投资期限当天股票价格的现值之和。

$$P_0 = 第一年至第五年的股利现值 + 第五年的股票价格现值$$

$$= 10.66 + \frac{113.08}{1.056^5}$$

$$= 96.77 (美元)$$

现实检验 我们对沃尔玛公司股票价值的估计看起来合乎情理，几乎与实际市场价格相匹配。但看到投资期限末的股票价格现值占股票价值总额很大的比例，你是否感到忐忑不安呢？你会忐忑不安。只要略微改变 5 年之后的增长率假设，就可能改变投资期限末的预期股票价格的 10%，20% 或 30%。换言之，采用折现现金流量模型评估企业价值很容易出现理论完美而实践错误。

通过沃尔玛公司的例子，我们已经知道市场价格究竟是怎么回事，不过，假设你正准备运用股利折现模型评估一家准备上市的公司或你正在犹豫是否购买 Blue Skies 公司的相关分部。此时，你无法便捷地从《华尔街日报》获得相应的市场价格。30% 的估计误差可能导致严重的资金损失。因此，聪明的经理通过类似的公司股票的市场价格检验其估计的股票价格是否基本靠谱。例如，假设你可以找到一些成熟的上市公司，其现在的规模、风险和成长前景与沃尔玛公司投资期限末的这些预测项目基本匹配。回过头看看表 7-3，你可能发现与沃尔玛在同一行业的公司的股票价格通常是其近期利润的 19.6 倍。这样，你就可以合理地估计沃尔玛公司 5 年之后的价值大约是其当年预期利润的 19.6 倍，即 129.56 美元（19.6×6.61），略高于我们运用股利折现模型的第二步所计算出的 113.08 美元。

总而言之，沃尔玛公司今后 5 年内预期每股收益为 29.27 美元（参见例 7.5 第一步的利润和股利的相关假设）。如果沃尔玛公司的留存比率持续保持在 57% 的水平上，到第 5 年年末，其每股账面价值将从 25.67 美元增加到 42.35 美元（25.67+0.57×29.27）。如果沃尔玛公司第 5 年年末的市场价值与账面价值比率还是 3.8 倍，那么：

$$预期投资期价值 = 3.8 \times 42.35 = 160.93 (美元)$$

这个结果远高于我们的其他估算结果。

其实，我们上述两个计算过程存在瑕疵。例如，账面价值通常不能有效地衡量公司资产的真实价值。一旦出现严重的通货膨胀，资产的账面价值可能远远低于其实际价值。通货膨胀和众多主观的会计政策选择也可能影响利润。最后，你可能从来就不知道何时找到可以作为可比公司的真正相似的公司。但请记住，折现现金流量模型的目的在于估计市场价值，即估计投资者愿意花多少钱购买一只股票或一家公司。如果你可以看到投资者实际花多少钱购买类似公司，那就是有价值的证据。不妨设法找出一种解决方法。一种可用方法就是以市盈率或市场价值与账面价值比率为基础，采用可比估价法。如果运用得当，估价的经验法则有时远比复杂的折现现金流量模型更管用。

股票估价总是实践难于理论。预测现金流量并确定合适的折现率需要专业技能和职业判断，在遇到像脸书或推特这样的公司时难度最大，因为其价值主要来源于成长机会而不是现有资产。这些公司通常没有发放现金股利，而且从长远的角度看，其现有的增长率也难以持续。当然，股利折现模型依然有效。当公司成熟并开始发放现金股利时，我们可以预计公司在某个较远的日期不再发放现金股利。不过，预测远期股利"说易做难"。这时，将股票价值视为现有资产的价值与成长机会的现值之和，也许更有帮助。

7.5 以折现现金流量评估企业价值

投资者买卖普通股，而公司则经常买卖整个企业。例如，2012 年，麦格劳－希尔公司以 25 亿美元将其教育分部卖给私营权益公司阿波罗全球管理公司（Apollo Global Management）。由于该教育分部不是上市公司，因此，无法看到其股票价格。在出售之前，该教育分部没有什么风险，阿波罗全球管理公司正用心地运用折现现金流量模型评估其价值。你同样可以确信阿波罗全球管理公司正努力寻找最适合该教育分部的可比公司，而且正在估算如果该教育分部以类似的市盈率和市场价值与账面价值比率出售给其他公司，将值多少钱。

更多的案例应该有助于你理解如何有效运用折现现金流量模型。你如何预测每股股利或企业的自由现金流量总额并不重要。现值总是等于以资本的机会成本折现的未来现金流量。

评估连接器业务的价值

Blue Skies 公司正琢磨着如何卖掉其相关的连接器制造分部。Blue Skies 公司面临的问题是如何估算该分部值多少钱。表 7-5 列示了该分部的预期自由现金流量（free cash flow，FCF）。所谓自由现金流量，就是公司满足其未来增长所必需的所有投资项目的现金需求之后，还能支付给投资者的现金数额。我们将看到，快速成长公司的自由现金流量可能为零或负数。Blue Skies 公司的该分部刚开始处于快速增长阶段，每年的增长率为 12%，随后处于适度增长阶段，其长期增长率为 6%。增长率决定公司需要追加的投资净额，而权益报酬率决定该分部舍去的利润。

表 7-5 Blue Skies 公司相关连接器制造分部的预期自由现金流量　　　　金额单位：百万美元

	年份									
	1	2	3	4	5	6	7	8	9	10
资产价值	10.00	11.20	12.54	14.05	15.31	16.69	18.19	19.29	20.44	21.67
利润	1.20	1.34	1.51	1.69	1.84	2.00	2.18	2.31	2.45	2.60
投资净额	1.20	1.34	1.51	1.26	1.38	1.50	1.09	1.16	1.23	1.30
自由现金流量	0.00	0.00	0.00	0.42	0.46	0.50	1.09	1.16	1.23	1.30
权益报酬率	0.12	0.12	0.12	0.12	0.12	0.12	0.12	0.12	0.12	0.12
资产增长率	0.12	0.12	0.12	0.09	0.09	0.09	0.06	0.06	0.06	0.06
利润增长率		0.12	0.12	0.12	0.09	0.09	0.09	0.06	0.06	0.06

说明：1. 第 1 年至第 3 年的自由现金流量为零。因为投资消耗了全部净收益。第 3 年之后，增长放缓，自由现金流量开始转为正数。

2. 期初的资产价值为 1 000 万美元。资产增长率起初为 12%，接着，资产增长率为 9%。最后，资产增长率为 6%，并永续增长。假设盈利能力（权益报酬率）保持不变，都是 12%。

3. 自由现金流量等于利润减去投资净额。投资净额等于资本支出总额减去折旧额。我们假设重置现有资产的投资额包括折旧额，而新投资额则因增长而发生。利润是扣除折旧额之后的净额。

表中的自由现金流量等于公司的利润减去新投资项目支出。即便该期间内，母公司的利润超过300 万美元，第 1 年至第 3 年的自由现金流量仍为零。

早期的自由现金流量为零是一个不好的象征吗？当然不是：自由现金流量为零，并非该分部没有盈利能力，而是因为该分部快速成长。快速成长是好消息，而不是坏消息。该分部的报酬率为 12%，比 10% 的资本成本高出 2 个百分点。

某个分部的价值通常是投资期（第 H 年）内自由现金流量的折现值，加上投资期末预期价值的折现值。即

$$PV = \underbrace{\frac{FCF_1}{1+r} + \frac{FCF_2}{(1+r)^2} + \cdots + \frac{FCF_H}{(1+r)^H}}_{（自由现金流量）现值} + \underbrace{\frac{PV_H}{(1+r)^H}}_{（投资期末）现值}$$

当然，投资期之后，该分部将持续经营，但年复一年，无限期地预测自由现金流量并没有什么实际意义。PV_H 代表第 $H+1$ 期、第 $H+2$ 期等的预期自由现金流量现值的总额。

如何选择估价的投资期往往具有主观性。有时，主事者可能选择 10 年作为投资期，只是因为 10 年是一个整数。我们选择 6 年作为投资期。因为第 7 年之后，该分部将趋向长远的平稳趋势。

其实，估算投资期价值的常见模型或经验法则有好几种。我们将采用固定增长折现现金流量模型。固定增长折现现金流量模型涉及第 7 年的自由现金流量（我们可以从表 7-5 获得该数据）、长期增长率（预期为 6%）和折现率（有些高薪聘请的咨询顾问已经告诉我们，折现率为 10%）。

$$投资期价值（即截至第 6 年的现值） = PV_H = \frac{1.09}{0.10-0.06} = 27.25（百万美元）$$

$$投资期价值的现值（折现到现在，0 时点） = \frac{27.25}{1.10^6} \approx 15.40（百万美元）$$

根据表 7-5 的预期数据，临近期限的自由现金流量现值为 90 万美元。这样，该连接器分部的现值为：

$$现值（企业） = 现值（自由现金流量） + 现值（投资期价值）$$
$$= 90 + 1\,540 = 1\,630（万美元）$$

股票回购与股利折现模型

我们假设连接器业务只是 Blue Skies 公司的一个分部，而不是一个独立的公司。如果假设该企业是一家流通在外股票数量为 100 万股的独立经营公司，那么，我们如何估算其每股价格呢？很简单：计算该企业的现值，除以 100 万股。如果我们确定该企业的价值为 1 630 万美元，每股价格就是16.30 美元。

如果该企业是一家上市公司，没有其他资产和经营业务，可以将自由现金流量全部作为股利。每股股利就是表 7-5 所列示的自由现金流量除以 100 万股：第 1 年至第 3 年，每股股利为零、第 4 年每股股利为 0.42 美元、第 5 年每股股利为 0.46 美元等。

股利并非公司将现金返还给权益投资者的唯一方式。公司也可以（而且通常也是这么做的）通过股票回购的方式将现金返还给权益投资者。在股票回购交易中，公司从其股东手上购买一小部分流通在外的股票。在某些年份，许多公司股票回购的规模超过支付的股利数额。如果公司希望将现金返还给股东但又不想让股东觉得以后都应该定期得到这种现金分配，那么，股票回购对这些公司就很有吸引力。相反，投资者（合理地）将股利视为公司在多数情况下希望维持甚至提高的经常性现金分配。

我们将在第 17 章更详细地讨论股票回购问题。

我们运用股利折现模型时，应该意识到回购股票与发放现金股利非常相似。例如，如果公司从各股东手上回购其所有股票的 1%，非常类似于按股票市场价格的 1% 发放一笔现金股利。

股票回购不会导致股利折现模型失效。任何股票的价值依然是股东可以得到的股利的现值。只不过，股票回购使得股利折现模型的运用更为复杂。因为随着股票数量的变化，也就难以基于"每股"预测其股利。这可能导致难以记账和可持续增长率的计算复杂化。有鉴于此，我们建议：如果股票回购很重要，那么，计算公司的全部自由现金流量价值通常比只计算每股股利的价值简单。我们对 Blue Skies 公司相关分部的价值评估就这么处理。根据现金流量的定义，我们所说的现金是指公司支付其发展所必需的所有投资项目的现金需求之后，还可以分配给股东的现金。

从某种意义上说，你可以想象你拥有公司的全部股票。自由现金流量就是你作为公司的单一股东可以得到的现金数额。更为重要的是，自由现金流量并不受股利与股票回购之分的影响。作为唯一的股东，你并不在乎是通过收取股利还是将你手上的部分股票卖给公司而获得自由现金流量。如果你将股利折现模型用于计算自由现金流量来评估整个公司的价值，你就可以将公司的价值除以目前流通之外的股票数量，计算出股票价格。

7.6 华尔街没有免费午餐

公司依靠可比估价法和股利折现模型评估企业整体价值。股票市场的投资者经常运用可比估价法，寻找价值被低估的股票。例如，尽管卡帕制药公司（Kappa Pharmaceuticals）的新卡铂药品可能创造利润，但其股票的市盈率低于奥米克龙公司（Omicron）和厄普西隆公司（Upsilon）股票的市盈率。由此，某个投资者可能认为卡帕制药公司的股票价值被低估。一些主要的投资管理公司也运用股利折现模型估算普通股的价值，并将估计结果与股票市场价格相比较。无论采用哪种方法，投资者都在打赌，一旦其他投资者意识到某只股票的价值被低估，其价格将暴涨，由此，可能获得丰厚的利润。

我们马上讨论投资者寻找价值被低估股票所面临的挑战。不过，在此之前，我们需要解释关注发行或购买证券的公司财务经理为何关注投资者是否"击败市场"。因为如果连专业的投资者都难以持续地发现价值被低估的股票，那么，财务经理通常就可以认为市场价格就是股票内在价值的最好估计值。类似的信息有助于财务经理制定公司的汇率政策或决定是否发行证券。如果公司无法确定某种货币或证券何时被错误估值，那么，财务经理就应该相信市场价格，而不是冒险试图"击败市场"。

我们先快速浏览一下业余投资者的表现。布拉德·巴伯和泰伦斯·奥丹（Brad Barber and Terrance Odean）研究了 1991—1996 年间 66 000 多户家庭的普通股投资状况。[1] 在控制风险差异之后，他们发现扣除交易成本前，平均每个家庭的每年投资报酬率比市场报酬率低大约 1.8%，而扣除 3.7% 的交易成本之后，平均每个家庭的每年投资报酬率比市场报酬率低 3.7%。

不必大惊小怪，业余投资者无法"击败市场"。那么，专业投资者又如何呢？也许，扣除交易成本之前业余投资者亏啦，而专业投资者必赢。图 7-6 提供了某些证据。该图描绘了过去 30 多年里权益共同基金的平均绩效。你可以看到在某些年份，这些共同基金确实击败了市场，但多数年份情况正相反（自 1970 年以来的 47 年里，有 28 年市场击败了共同基金）。平均而言，这些基金每年的投资报

① B.M.Barber and T. Odean，"Trading Is Hazardous to Your Wealth：The Stock Market Investment Performance of Individual Investors," *Journal of Finance* 55 (2000)，pp.773–806.

酬率比市场报酬率大约低 1%。以业余投资者的利益为代价，专业投资者所赚的钱似乎远远超过交易费用所"吃掉"的钱。当然，不必大惊小怪！有些经理并不比其他人聪明，自然难以获得超额报酬率。遗憾的是，你似乎也很难挑出那些聪明过人的经理。例如，某个年份名列前茅的基金在以后年份再度位列前茅的机会不会超过平均水平。况且，某个期间绩效拔尖的经理到下一个期间可能会绩效下降。

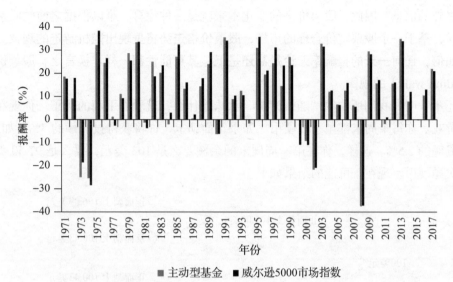

■ 主动型基金　■ 威尔逊5000市场指数

图 7 - 6　威尔逊 5000 市场指数与权益共同基金 1971—2017 年的年度报酬率

说明：在 47 年里，有 28 年市场指数的报酬率高于共同基金的平均报酬率。

随着这种令人失望的情况越来越多，许多投资者放弃寻求超额投资报酬率的希望，仅购买并持有追踪整个股票市场的指数基金或交易型开放式指数基金组合。我们已在第 2 章讨论过指数基金和交易型开放式指数基金，这些基金高度多元化，而且管理费用很低。为什么要向那些试图击败市场却难以如愿的经理支付高额费用呢？现在，公司养老基金已经投资指数基金所包含的 1/4 以上的美国公司股票。

随机游走与有效市场

为何难以赚得超额报酬率？假设你管理着一个普通股的投资组合。你试图通过研究财经和贸易出版物、公司的财务报告、董事会主席的年度声明以及其他类型的信息评估公司的发展前景。你出席公司业务报告会，与专注于某个特定行业的财务分析师交流。你的目的就是发现价值被低估的股票，希望该股票能够提供一个超额的预期报酬率。如果许多才华出众且勤勉的分析师也在努力寻找价值被低估的股票，情况又如何呢？如果你发现某只股票被贱卖了，有理由推断其他投资者也会发现该股票，并且马上就有一批人购买该股票，从而推高股票价格。这种购买行为将消除原先的低价购买股票的机会。

假如股票市场出现某些新的信息，比如卡帕制药公司宣告其新药已经通过食品药品监督管理局的审批。机不可失，时不再来，你得赶紧购买卡帕制药公司的股票。股票价格通常瞬间就反映了这些新的信息。例如，以"早间和正午访谈"著称的消费者新闻与商业频道（CNBC）每天都播报各种有线电视新闻。消费者新闻与商业频道总结了证券分析师的观点并提供各种股票的信息。一项针对消费者新闻与商业频道 2000 年访谈讨论的 322 只股票的研究发现，在第一次提及某只股票之后的最初几秒，正面报道对该股票的价格产生显著影响，而且这种影响将持续大约 1 分钟。如果投资者能够在正面报道出现之后的大约 15 秒之内买入该股票，可能可以赚一笔小钱（扣除交易费用）。[①]

相互交锋产生的股票价格可能反映了所有市场参与者的信息和观点。因此，仅比任何一个竞争对手拥有更好的信息远远不够，为了赚取超额报酬率，你必须比所有竞争对手拥有更好的信息。当然，这不是一件容易的事情。

如果某只股票定价合理，股票价格将反映所有现存信息并只对新的信息做出反应。但新的信息未必就是意料之外的信息。因此，股票价格的变化本来就是一种惊喜，难以根据之前的股票价格变化做出预测。这样，基于一个股票定价合理的市场，**股票价格走势将呈现出随机游走的现象。不管前一天的股票价格如何，任何一天的报酬率无论是高还是低，其可能性都一样**。换言之，股票价格将遵循随机游走（**random walk**）的规律。

如果你还不太明白我们所说的"随机游走"意味着什么，就看看下面的例子。你现在有 100 美元可以玩一种游戏。你每个周末都抛一枚硬币。如果正面朝上，你将获得投资额的 3%；如果反面朝上，你将损失投资额的 2.5%。这样，你在第一周周末的余额要么是 103 美元，要么是 97.50 美元。你在第二个周末再次抛硬币。现在，可能的结果如下：

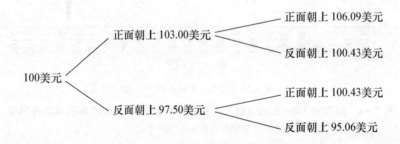

这个过程就是随机游走，因为你所下赌注的价值的相继变化相互独立且取决于硬币的抛掷结果。也就是说，不管你每周最初有多少钱或前几周硬币是正面朝上还是反面朝上，你每周赚钱的概率都一样。如果股票价格遵循随机游走的规律，那么，任何一天、一个月或一年内股票价格的涨跌都与之前的股票价格走势没有任何关系。这时，投资者有时看到的股票市场价格走势只不过是一种"海市蜃楼"，而且正如抛硬币出现正面朝上或反面朝上的长期记录无法对预测下一次抛硬币的结果提供任何有用信息一样，股票价格过去的走势无法对预测未来股票价格提供任何有用信息。

连绵不断的股票价格走势有时接近随机游走规律的观点已经得到无数案例的验证。以图 7-7（a）为例，横轴表示一周（5 个工作日）纽约综合指数的报酬率，纵轴表示下一周的报酬率。该图的每一个点代表最近 40 年里每周的数据。如果前一周股票市场价格上涨，随后一周继续上涨，那么该图中的散点应该形成一条向上倾斜的曲线。但你从该图看不出这种趋势，那些点随机散落于图中。统计学家有时用相关系数衡量这些股票市场价格变化之间的关系。就这里的例子而言，相继各周股票市场价格变化之间的相关系数为 -0.022，接近零。图 7-7（b）显示了各月（20 个工作日）股票价格变化的类似散点图。你同样可以看到，某个月的指数变化并不能提供下一个月指数变化的任何线索。相继月份股票市场价格变化之间的相关系数为 -0.004。这与我们预期股票价格快速反映新信息的看法几乎不谋而合。

股票价格遵循随机游走规律是否让你感到惊讶呢？如果你感到惊讶，就想象一下现实并非如此，股票价格变化可能还会持续几个月。图 7-8 描绘了一个基于可预测周期的假设性案例。由此，你可

---

① 也许是因为卖空交易成本较高，股票价格对负面报道的反应较为迟缓，持续 15 分钟。参见 J.A. Busse and T.C. Green, "Market Efficiency in Real Time," *Journal of Financial Economics* 65 (2002), pp.415-437。

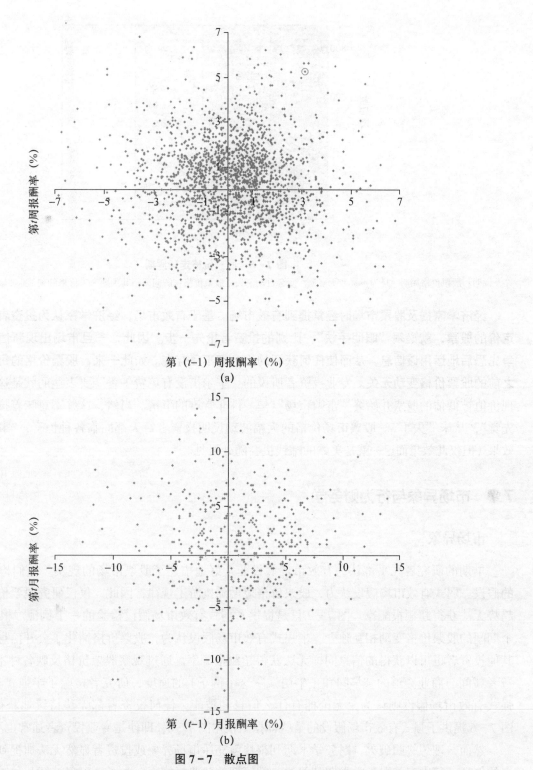

图 7-7 散点图

说明：(a) 中每一个数据点表示 40 年间纽约综合指数相继两周的报酬率。被圈住的点表示第一周报酬率为 +3.1%，而下一周的报酬率是 +5.2%。(a) 显示相继各周报酬率之间不存在显著的相关性。(b) 显示相继月份市场报酬率之间不存在显著的相关性。

以看到指数为 1 600 点，股票市场价格开始上扬，预期下个月将达到 1 800 点。如果投资者察觉到这种赚钱的机会，会出现什么情况呢？该股票仍以当前价格交易，投资者将蜂拥而至购买该股票。如此一来，将进一步推高该股票的市场价格，直至该股票得到公允定价，投资者才会停止购买该股票。**因此，投资者一旦察觉到股票价格走势周期，就会立即通过交易消除这种股票价格走势周期。**

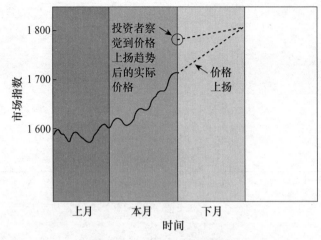

图 7-8 股票价格走势周期

说明：股票价格周期一旦为投资者所察觉，便会自动消失，股票价格将瞬间回归其预期未来价格的现值水平。

经济学家提及股票市场时经常提到有效市场。基于有效市场，经济学家认为投资者要想找出错误定价的股票，就必须"眼明手快"，比别的投资者抢先一步。因此，一旦市场出现新信息，投资者就争先恐后地运用该信息，从而使任何获利的机会都不复存在。如此一来，股票价格的每一次变动都与之前的股票价格变动无关。专业投资者所说的"华尔街没有免费午餐"要表达的就是这个意思。要发现价值被低估的股票并始终"击败市场"是一件非常难的事情。当然，这并不意味着投资者都"先知先觉"，从未"失手"。股票市场价格的大幅波动说明投资者每天都面临各种惊喜，"事后诸葛亮"的效果（但仅此效果而已）就是美妙的赚钱机会随处可见。

7.7 市场异象与行为财务学

市场异象

早期的研究者几乎都认为有效市场假设非常好地描述了股票市场的现实。他们检验了三种不同的假设。弱式有效市场假设认为，股票价格遵循随机游走规律，因此，仅仅研究股票价格的过去变化趋势无法获得超额报酬率。图 7-7 只是提供了弱式有效市场假设检验的一个例证。根据图 7-7，各个期间的股票价格变动相互独立。半强式有效市场假设认为，股票价格消化了公开信息，因此，研究其他投资者也可以获得的信息同样无法获得超额报酬率。通过观察股票价格反映各种不同消息（如消费者新闻与商业频道的"早间和正午访谈"这个例子）的速度，研究者检验了半强式有效市场假设。强式有效市场假设则认为，无论拥有什么信息和技能，任何投资者都无法持续地获得超额报酬率。图 7-6 提供了强式有效市场假设的某些证据。根据图 7-6，即使是专业投资者通常也不能跑赢市场。

然而，理想终归破灭，财务学术期刊很快就充斥市场异象或投资者显然无法捕捉到的貌似获利机会的例证。其中有些财务学术期刊关注非常短期的股票报酬率。为了从仅仅持续几秒钟的异象捕捉到赚钱的机会，你必须是一个高频交易者，一只眼睛盯着计算机屏幕，另一只眼睛盯着年度奖金。如果你是公司财务经理，这些套路可能是有趣的难题，但可能不会改变应该投资哪些项目和应该如何融资等主要财务决策。公司经理应该更专注上个月或上年可能出现的股票错误定价问题。

经济学家已经发现大量长期市场异象。下面是两个例证。

动量因素 如前所述，股票价格基本遵循随机游走规律。确实如此，但确实也存在某些例外。例如，观察长期股票市场报酬率的研究者已经发现股票价格持续上涨 6 ～ 9 个月之后开始出现反转的趋势。[①] 投资者将这种报酬率的持续性称为动量。

账面价值与市场价值因素　现在看看图 7-9。该图描绘了价值型股票与成长型股票之间的累计报酬率差异。根据定义，价值型股票的账面价值与市场价值比率较高，而成长型股票的账面价值与市场价值比率较低。[②] 值得注意的是，价值型股票的报酬率高于成长型股票的报酬率。1926—2017 年间，价值型股票与成长型股票的平均年报酬率差异为 4.9%。

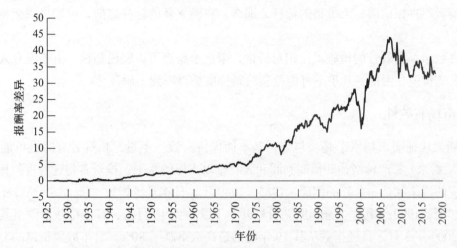

图 7-9　价值型股票与成长型股票的 1 美元投资累计价值差异

说明：1926 年的累计价值差异为零。

这是有效市场假设理论的另一个例外（即投资者仅仅通过投资账面价值与市场价值比率较低的股票，就可以在数十年间获得异常的报酬率）吗？也许是吧！不过，这也可能是因为价值型股票具有我们尚未识别或不知道如何衡量的额外风险。果真如此，投资者因承担额外风险，可能要求得到更高的报酬率。

市场异象如动量因素说明个别股票价格可能失控。但如果公司基本面不再支撑整个股票市场价格的时候，情况也是如此吗？我们马上讨论这个问题。不过，在讨论这个问题之前，我们首先必须注意要评估普通股价值并确定其价格是否合理并不容易。

例如，假设 2017 年 12 月，你希望验证标准普尔综合指数包含的股票是否合理定价。你也许首先想尝试运用固定增长模型。2018 年，标准普尔综合指数包含的公司的年股利支付额大约为 4 600 亿美元。假设投资者预期股利以 4.0% 的固定比率增长，投资者要求的报酬率为 6.0%。根据固定增长模型，普通股的价值为：

$$PV = \frac{DIV_1}{r-g} = \frac{4\ 600}{0.06-0.04} = 230\ 000\ (亿美元)$$

这个结果略低于其 2017 年 12 月的实际价值 240 000 亿美元。然而，你对这些结果自信满满吗？也许每年的股利增长率可能只有 3.5%。这时，普通股价值的估计值减少到：

$$PV = \frac{DIV_1}{r-g} = \frac{4\ 600}{0.06-0.035} = 184\ 000\ (亿美元)$$

①　例如，可以参见 N. Jegadeesh, "Evidence of Predictable Behavior of Stock Returns," *Journal of Finance* 45,(1990), pp.881–989 和 T.J. Moskowitz, Y.H. Ooi, and L.H. Pedersen, "Time Series Momentum," *Journal of Financial Economics* 104, no.2 (2012).pp.228–250。

②　这种股票之所以称为成长型股票，是因为较高的预期成长率将彰显其相对账面价值的较高价格。

换言之，预期股利增长率降低 0.5 个百分点，普通股的价值将减少 20%。股票价格对假设条件微小变动的高度敏感性告诉我们：从头开始评估普通股的价值总是非常不准确。这个结论有两个重要的推论。

第一，投资者发现要确定与前一天的价格或可比证券当日的价格相关联的价格并不难。换言之，投资者通常认为前一天的价格合理，根据当日的信息向上或向下调整，就可以得到相应的价格。如果投资者能够顺利地获得信息，随着时间的推移，投资者越来越相信当日的价格水平也相当合理。不过，如果投资者不再相信前一天价格的标杆，那么，在确立新的标杆之前，可能出现交易混乱和价格变动。

第二，多数市场有效性的检验关注相对价格，聚焦于是否可以轻松赚钱。由于没有人能够精确地评估股票的真实价值，因此，几乎不可能检验股票价值是否得到正确评估。

泡沫与市场有效性

我们可能无法证明市场水平是否与公司基本面保持一致。不过，投资者有时也可能赶上投机狂潮，（至少事后看来）资产价格达到预期利润和股利难以支撑的水平。投资者将这种现象称为泡沫。

日本出现的泡沫就是一个好的例证。1985—1989 年，日本日经指数（Japanese Nikkei index）大致翻了两番。然而，1990 年利率上涨，股票价格开始下跌。到 10 月份，日经指数暴跌至其最高点的一半左右。到 2009 年 3 月，日经指数从其 19 年前的最高点下跌了 80%。日本股票价格的上涨与其土地价格的暴涨密切相关。例如，根据茨姆巴和施瓦兹（Ziemba and Schwartz）的描述，东京天皇宅邸几百英亩的土地按照邻近的土地价格评估，其价值相当于加拿大或美国加利福尼亚州所有土地的价值。[1]不过，当时的房地产泡沫也破裂了。到 2005 年，日本的六个主要城市的土地价格已经下跌到其最高点的 13%。

美国互联网公司的泡沫更为引人注目。以科技股为主的纳斯达克股票指数从 1995 年初到 2000 年 3 月的最高点，暴涨了 580%。然而，来也匆匆，去也匆匆，股票价格迅速下跌。到 2002 年 10 月，纳斯达克股票指数从其最高点下跌了 78%。

回顾这些事件，我们似乎难以相信公司预期未来现金流量真的足以支撑股票价格的暴涨。如果公司预期现金流量确实足以支撑股票价格的暴涨，那么有效市场理论就有两个重要的例外。

当然，别匆忙下结论，认为股票价格总是变化莫测和反复无常。首先，多数泡沫只有在破裂之后才变得显而易见。一旦股票市场出现泡沫，人们对股票价格暴涨似乎都有一个貌似合理的解释。例如，互联网公司火爆时，许多观察家根据更有利可图的新经济发展前景和技术进步的驱动作用做出判断，对股票价格上涨做了合理化的解释。

行为财务学

为什么股票价格可能偏离股票的基础价值呢？有学者认为，该问题的答案可以由行为心理学来解释。人不能每时每刻都保持完全理性的状态。这主要体现在三个广泛的领域：人们对待风险的态度、人们评估各种概率的方式以及人们对经济的情绪。

1. 对待风险的态度。心理学家观察到，如果需要做出风险决策，即使可能遭受的损失较小，人们也极不愿意承担该损失。失败者往往对自己的所作所为后悔不已，并责怪自己当时为何如此愚蠢。为

---

[1] 参见 W.T.Ziemba and S.L.Schwartz, *Invest Japan* (Chicago: Probus Publishing, 1992), p.109。

了避免出现这种情形，人们往往倾向于回避可能带来损失的行为。

某次损失带来的痛苦似乎取决于是否重蹈覆辙。一旦投资者遭受了损失，就会更加谨慎，以免再次受到打击。大家都知道，赢了钱的赌徒更愿意继续下一个更大的赌注。同样，已经在股票市场赚大钱的投资者也更愿意继续承担股票市场的风险。投资者之后即使赔了一些钱，至少可以安慰自己：从全年来看还是赚钱的。

你可以看到这种行为是如何导致股票价格泡沫的。例如，在互联网公司形成泡沫期间迅速发展起来的技术公司的早期投资者都是一些大赢家。这些投资者可能不再担心遭受损失的风险，可能已经将小心谨慎抛到了九霄云外，甚至把更多的钱投入这些公司，从而使得这些公司的股票价格远远超过其基础价值。只有在清算日到来时，投资者才清醒过来并意识到股票价格已经远远超过其基础价值。

2. 对各种概率的信心。多数投资者都没有获得概率论的博士学位，在评估不确定结果的概率时经常犯下普通的错误。心理学家已经发现，当评价未来的可能结果时，人们通常会回顾最近一段时期内发生的事情，然后假设最近发生的事情代表着未来可能发生的事情。人们将近期的经历带入未来，忘记了从更遥远的过去吸取教训。例如，一个过于关注近期事件的投资者可能认为飞速增长的公司很有可能继续保持快速增长，而事实上，如此高的增长率难以无限地持续下去。

另一个普遍的偏好是过度自信。多数人都认为自己是高人一筹的驾驶员，多数投资者也认为自己是高人一筹的选股者。我们知道，两个彼此交易的投机者不可能都是赢家。每有一个赢家，必有一个输家。但投资者都会继续交易，因为每个投资者都自信地认为对方才是那个可怜的输家。

你也可以看到这些行为是如何强化互联网公司的股票泡沫的。处于牛市的股票市场，激起了人们对未来的乐观态度，刺激了人们对股票的需求。投资者从股票中获得的利润越多，对自己的观点就越自信，也就更愿意承担下个月可能并不会如此美好的风险。

3. 投资者情绪。提起有效市场就会联想到那些寻找每一个可能获利机会的绝对理性的投资者。然而，现实的投资者也是受情感影响的芸芸众生。投资者情绪（sentiment）可以解释为投资者对经济乐观或悲观的总体水平。如果大批投资者的情绪变化交互影响，就可能对证券定价产生重大影响。

投资者情绪为股票市场泡沫成因提供了另一个解释。改善投资者情绪可能提升股票价格。由于投资者以近期绩效推演未来绩效，并以此断定现在是购买股票的好时机，于是进一步推高股票价格。因此，股票价格提升本身具有叠加效应。

如果你的哈里叔叔或郝蒂阿姨已经陷入非理性繁荣的疯狂旋涡[①]，你对此不难理解。然而，为什么精明的专业投资者也不愿意抛售价值已经高估的股票，从而促使股票价格回归到公允价值呢？也许他们认为预测股票市场繁华落尽的时间太难，而且，如果其他投资者还在其中赚大钱，他们却过于激进地套现，那么他们将面临失业的风险。此时，这些专业投资者的卖空并不足以扭转那种横扫市场的过度自信浪潮。

现在就认为行为财务学者能帮助指点迷津并解释诸如互联网公司泡沫之类的事件，恐怕为时过早。不过，有一点却很清楚：统计学家可以相对容易地在事后指出某些市场异象，心理学家也更容易解释这些市场异象。而处于前沿的投资经理要及时发现错误定价的证券就没有那么容易了。这也是有效市场理论所传递的基本信息。就公司财务经理而言，有一个明显的教训：除非你胜算在握，否则，你应该相信市场价格。

---

① 美国联邦储备委员会前主席阿兰·格林斯潘（Alan Greenspan）在描述互联网公司泡沫时创造了"非理性繁荣"（irrational exuberance）这个术语。"非理性繁荣"也是罗伯特·希勒（Robert Shiller）的一部研究泡沫的论著的名称，参见 R. Shiller, Irrational Exuberance（New York City: Broadway Book, 2001）。

📖 本章小结

股票交易报告包含哪些信息？如何运用其他公司的股票价格信息评估某个公司的股票价值？（学习目标1）

大型公司通常会安排其股票在证券交易所上市交易。股票交易行情表显示了股票价格、股票价格变动、交易量、股利收益率和市盈率。

为了评估某只股票的价值，财务分析师首先找出类似的公司，然后，观察这些公司的投资者准备花多少钱购买每一美元的利润或账面价值。

已知未来股利和未来股票价格，如何计算股票的现值？公司的股票价格和市盈率如何反映公司的成长机会？（学习目标2）

股东通常期望得到现金股利和资本利得或损失。股东期望在下一年获得的报酬率等于预期每股股利（DIV_1）与预期股票价格上涨幅度（P_1-P_0）之和，除以年初股票价格（P_0）。

与公司承诺支付给债券持有者固定的利息不同，支付给股东的股利取决于公司的财务状况。这就是股票的风险高于债券的原因。投资者对某只股票预期的报酬率也是其对相同风险的所有其他股票预期的报酬率。

股票的现值等于以投资者要求的必要报酬率为折现率的某个持有期限内预期每股股利的现值与预期股票价格的现值之和。如果持有期限很长，现值的计算公式可以简化为股票价格等于所有未来每股股利的现值。这就是股利折现模型。

如果预期股利以一个固定比率（g）增长，那么，股票的价值为$P_0=DIV_1/(r-g)$。这就是固定增长股利折现模型。有时，可以先折现未来几年期的预期股利，再将预期价格折现到该期末。可以运用固定增长模型估算预期股票价格。

你可以认为股票价值由两部分构成：现有资产价值和未来成长机会现值（即公司投资于报酬率较高的投资项目的机会）。市盈率反映了市场对公司成长机会的评价。

如何运用股票估价公式估算整个企业的价值？（学习目标3）

可以运用类似的估价方法估算整个企业的价值。这时，你需要预测并折现整个企业提供的自由现金流量。这些现金流量没有再投资于企业，但可以用于支付股利或回购股票。

投资者之间的竞争如何推动有效市场的形成？（学习目标4）

投资者之间的竞争可能导致有效市场的形成基于这样的市场：股票价格能够迅速对新信息做出反应，投资者难以持续获得超额报酬率。当然，我们都希望击败市场，但如果市场有效，我们可以理性期待的报酬率一般只能补偿货币时间价值和我们所承担的风险。

大量的证据支持有效市场理论，而且毋庸置疑，即使是技术高超的专业投资者也难以持续击败市场。不过，仍然有一些令人困惑不解的迷局使得股票市场看上去并不有效。有些经济学家将这些显而易见的市场异象归因于投资者的行为弱点。

📖 微型案例

Prairie家居公司的首席执行官特伦斯·布理泽维（Terence Breezeway）很想体验退休后的生活。从公司创始人、他的叔叔雅各布·布理泽维（Jacob Breezeway）让他接管这家公司到现在，已经过去了 20 年。现在是他在大牧场享受骑马、垂钓的时候了。

在特伦斯的带领下，公司缓慢而又稳定地增长，盈利能力较为稳定。(表 7-6 列示了公司最近 5 年的利润、股利和资产账面价值。) 该公司拥有的多家超市已实现现代化管理，其品牌家喻户晓。

表 7-6 2019—2023 年财务数据 单位：百万美元

	2019 年	2020 年	2021 年	2022 年	2023 年
年初账面价值	62.7	66.1	69.0	73.9	76.5
利润	9.7	9.5	11.8	11.0	11.2
股利	6.3	6.6	6.9	7.4	7.7
留存收益	3.4	2.9	4.9	2.6	3.5
年末账面价值	66.1	69.0	73.9	76.5	80.0

说明：1. 公司有普通股 40 万股。

2. 公司的股利政策是按年初账面价值的 10% 发放现金股利。

特伦斯希望公司能够发展得更快。他为现在的成绩感到自豪，尽管他错过了在邻国设立新店的很多机会。Prairie 家居公司仍是一个家族企业，公司的普通股由雅各布·布理泽维的 15 个孙辈和侄辈持有，而他们中的许多人逐渐依赖公司定期发放的丰厚股利。该公司承诺支付较高的股利[①]，导致可供再投资的利润减少，从而限制了公司的成长。

特伦斯认为公司已经到该上市的时候了。一旦公司的股票在公开市场交易，布理泽维家族的晚辈如果需要（或只是想要）更多的现金，就只能出售其持有的部分股票。如果他们对公司业务更感兴趣，可以继续持有其股票并从较高的未来利润和股票价格中获利。

但是，如果公司真的上市，其股票应该以什么价格出售呢？特伦斯担心家族成员或公司自身贱卖股票。有一位亲戚居然打算以 200 美元出售公司股票。要知道，这一价格只是公司现在的每股账面价值。幸好特伦斯介入此事并说服这位亲戚再等一等。

公司的价值不仅取决于其现在的账面价值或利润，还取决于其未来的发展前景——公司的前景美好。有一个财务项目（如表 7-7 的上半部分所示）可以使公司的利润在 2030 年之前增长 100% 以上，但该项目要求公司必须将 2024—2027 年的所有利润用于再投资。之后，公司才能恢复正常的股利支付水平和增长率。特伦斯认为这个计划可行。

表 7-7 Prairie 家居公司 2024—2029 年的财务项目 单位：百万美元

	2024 年	2025 年	2026 年	2027 年	2028 年	2029 年
基于快速增长的情形						
年初账面价值	80	92	105.8	121.7	139.9	146.9
利润	12	13.8	15.9	18.3	21.0	22.0
股利	0	0	0	0	14	14.7
留存收益	12	13.8	15.9	18.3	7.0	7.4
年末账面价值	92	105.8	121.7	139.9	146.9	154.3

---

① 该公司通常按照期初账面价值的 10% 发放现金股利，参见表 7-6。

续表

	2024 年	2025 年	2026 年	2027 年	2028 年	2029 年
基于固定增长的情形						
年初账面价值	80	84	88.2	92.6	97.2	102.1
利润	12	12.6	13.2	13.9	14.6	15.3
股利	8	8.4	8.8	9.3	9.7	10.2
留存收益	4	4.2	4.4	4.6	4.9	5.1
年末账面价值	84	88.2	92.6	97.2	102.1	107.2

说明：1. 两个方案都假设利润为年初账面价值的 15%。该盈利比率保持不变。

2. 上半部分列示的方案假设将 2024—2029 年的所有利润都用于再投资，在 2023 年及以后年份，将利润的 2/3 用于发放股利，利润的 1/3 用于再投资。

3. 下半部分列示的方案假设将所有年份利润的 2/3 用于发放股利。

4. 由于四舍五入，各列相关数据相加的结果可能存在误差。

特伦斯已经决定让位，但在退休之前，他必须决定公司是否上市。而在做出这个决策之前，他必须知道公司到底值多少钱。

第二天早晨，他满怀心事地骑马上班。他将马留在南边的马栏，缓步走入满是灰尘的街道，前往麦克·戈登（Mike Gordon）的沙龙。公司首席财务官法朗辛·法拉沃特（Francine Firewater）正在那里享用她的牛排豆饼早餐。他让法拉沃特女士准备一份正式报告给公司股东，评估如果公司股票上市交易，公司将值多少钱。

法拉沃特女士马上提出了两个问题：

第一，她应该如何预测投资和增长率？特伦斯建议采用两种估价方案：一种假设更快速地扩张（如表 7-7 的上半部分所示），另一种假设维持原来的增长率（如表 7-7 的下半部分所示）。

第二，她应该使用哪个报酬率？特伦斯认为应该是 15%，这是家居公司正常的权益报酬率。但他同时向她推荐了《财务学期刊》（*Journal of Finance*）的一篇文章。该文章指出，与 Prairie 家居公司具有类似风险的乡村连锁超市的投资者预期平均报酬率为 11%。

第 **8** 章

净现值与其他投资决策指标

学习目标

1. 计算投资项目的净现值。

2. 计算投资项目的内含报酬率，并知道运用内含报酬率法需要注意的问题。

3. 计算盈利能力指数，并基于资本限额运用该指标选择投资项目。

4. 理解回收期，并解释为什么使用投资回收期法有时不能做出正确的选择。

5. 涉及竞争性投资项目时，运用净现值法分析三个基本问题：(a) 何时推迟投资支出；(b) 如何在不同寿命期的投资项目之间做出选择；(c) 何时更新设备。

投资决策也称资本预算，对于公司的成功至关重要。我们已经知道，资本投资有时需要投入大量的资金，而且具有长期的效益。你现在购买的资产可能决定许多年之后的经营活动。

对于某些投资项目，用"大量"一词可能会低估所需投入的资金数额。看看下面的案例：

- 威瑞森公司（Verizon）已经在其光纤网络的光纤服务（FIOS）项目上投入 230 亿美元。

- 据估计，将一种新处方药推向市场的成本高达 26 亿美元。

- 西澳大利亚州的哥贡（Gorgon）天然气项目的最终成本预计将达到 540 亿美元。

- 通用汽车公司耗费在雪佛兰伏特车型上的研发成本已经达到 12 亿美元。

- 据估计，电影《星球大战》的制作成本超过 2.50 亿美元。

- 波音公司的 787 "梦之翼"飞机的开发成本已经超过 300 亿美元。

由此可见，许多大型的资本性投资项目需要在无形资产上投入巨额资金。例如，所有新药的开发成本几乎都是研发与测试费用。开发电动汽车的成本也是如此。不管资金投向有形资产还是无形资产，任何为了将来获得更多资金的支出都称为资本性投资项目。

公司的股东希望财富得到增值，因此，股东希望公司投资的所有项目的价值都超过成本。投资项目的价值与成本之间的差额称为净现值。公司可以通过投资于净现值为正值的投资项目最大限度地帮助股东创造财富。

我们在本章首先讨论如何计算一个简单投资项目的净现值，之后讨论公司评估投资项目的其他三个指标。公司经常比较该投资项目的预期报酬率与股东投资于资本市场上风险类似的投资项目所能获得的报酬率。公司只接受那些报酬率高于股东自己可能获得的报酬率的投资项目。尽管这种方法与净现值法通常可以得到相同的结论，但我们会看到，这种方法也存在某些缺陷。尤其是从各种可供选择的投资项目中挑选出某个投资项目时，这种方法的缺陷更为明显。我们将讨论这种报酬率法的主要缺陷并在附录中讨论如何修补这些缺陷。

评价投资项目的另一种方法是盈利能力指数法，盈利能力指数计量投入的每一美元可以获得的净现值。如果公司没有足够的资金去投资每个净现值为正值的投资项目，那么，盈利能力指数就是一个便捷的评价指标。

投资回收期法也是评价投资项目的一种方法。投资回收期法是一种简单的经验法则。公司可能运用投资回收期法将复杂问题简单化。不过，我们将看到，在评估投资项目的可行性方面，投资回收期法并不是一种可靠的方法。如果公司希望从竞争性投资项目中挑选出某个投资项目，投资回收期法就更不可靠了。因此，我们将简单地讨论投资回收期法。

我们在本章首先讨论一些简单的"接受或拒绝"决策。然而，在实践中很少单独考虑一个投资项目。通常，有几个备选投资项目，但是只能从中挑选出一个。例如，假设你正在考虑是否建一个新工厂。该新工厂应该建 100 000 平方英尺还是 150 000 平方英尺？该新工厂的使用年限设计为 20 年还是 30 年？该新工厂应该现在建还是一年之后再建？我们将在本章后面部分讨论如何做出这些决策。

8.1 净现值

我们在第 6 章和第 7 章讨论了如何通过加总债券和股票预期提供给投资者的现金流量现值评估债券和股票的价值。现在，我们将用同样的思路评估投资项目的价值。

假设你从事房地产业务，正在考虑开发一栋写字楼。该写字楼占用土地的成本为 5 万美元，建造费用为 30 万美元。目前写字楼供应短缺，你预计一年之后能够以 40 万美元出售这栋写字楼。这样，你现在投入 35 万美元，希望一年之后能够获得 40 万美元。因此，该投资项目的预期现金流量可以用一个简单的时间轴表示如下：

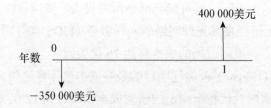

如果 40 万美元的现值大于 35 万美元的初始投资，你就应该建造该写字楼。

假设你获得 40 万美元是板上钉钉的事情。不过，如果你想一年之后获得确定的 40 万美元，盖写字楼可不是唯一的途径，你也可以投资于一年期美国国库券。假设一年期美国国库券的利率为 7%，那么，你应该投入多少钱才能在一年之后获得 40 万美元呢？这不过是小事一桩！你应该投入：

$$400\,000 \times \frac{1}{1.07} = 400\,000 \times 0.934\,6 = 373\,832(\text{美元})$$

假设你刚刚购买了该土地并投入建造资金，就决定将该投资项目变现。此时，你能卖多少钱呢？因为该投资项目一年之后值 40 万美元，所以投资者现在最多只愿意出价 373 832 美元。投资者购买的一年之后能够获得 40 万美元的国库券现在也就值这个价钱。当然，你也可以低价甩卖该投资项目，但你为何以低于市场可接受的价格甩卖?

因此，如果利率为 7%，来自该写字楼的 40 万美元的现值为 373 832 美元。这 373 832 美元的现值是唯一能够使买卖双方都满意的价格。通常，现值是唯一可行的价格。资产的现值也就是其市场价格或市场价值。

为了计算现值，我们需要以可比投资项目的报酬率折现预期未来现金流量。这种折现率（本例为 7%）通常称为**资本机会成本**（opportunity cost of capital）。之所以称为机会成本，是因为如果你决定投资该项目，就必须放弃其他类似的投资机会（如购买国库券）。

尽管该写字楼值 373 832 美元，但这并不意味着你就得到了 373 832 美元。你承诺支出 35 万美元，因此，你的**净现值**（net present value，NPV）为 23 832 美元。将投资项目预期现金流量现值减去投资项目初始投资额现值，就可以计算出净现值：①

$$净现值 = 现值 - 初始投资额$$
$$= 373\ 832 - 350\ 000 = 23\ 832（美元）\tag{8.1}$$

换言之，你开发的写字楼的价值超过了成本。该投资项目对净现值做出了贡献。**净现值法表明，经理可以通过接受所有价值超过成本的投资项目增加股东财富。因此，经理应该接受所有净现值为正值的投资项目。**

对风险与现值的评述

在讨论写字楼开发问题时，我们假设已知该投资项目完成之后的价值。实际上，你永远难以确定该写字楼的未来价值。40 万美元只代表最乐观的预测值，并不是确定的。

如此说来，我们之前计算投资者愿为该写字楼支付的价款金额可能过于草率。既然投资者将 373 832 美元用于购买美国国库券就可以无风险地获得 40 万美元，那么他们不会以此价款购买具有风险的写字楼。为了吸引投资者的兴趣，你只能降价。

由此，我们援引一个基本的财务原则：**有风险的钱比无风险的钱更不值钱。**

在不牺牲报酬率的前提下，多数投资者都会尽量规避风险。然而，现值和资本机会成本的概念依然适用于风险性投资项目。以可比投资项目的报酬率折现未来现金流量的方法也同样适用。不过，我们还必须考虑其他投资项目的预期现金流量和报酬率。当然，我们必须确保其他投资项目的风险具有可比性。

并非所有投资项目都具有相同的风险。开发写字楼的风险高于购买国库券，但与投资于某家刚刚创立的生物技术公司相比，其风险还是比较低的。假设你认为开发写字楼的风险与投资股票市场的风险相当，并预计股票市场投资的报酬率为 12%。那么，合适的资本机会成本可能就是 12%。这是你没有投资于具有类似风险的证券所放弃的报酬率。你现在可以重新计算其净现值：

$$现值 = 400\ 000 \times \frac{1}{1.12} = 400\ 000 \times 0.892\ 9 = 357\ 143（美元）$$

$$净现值 = 现值 - 350\ 000 = 7\ 143（美元）$$

如果其他投资者认同该写字楼未来值 40 万美元和资本机会成本为 12% 的估计，那么，该写字

---

① 你可能经常听到财务小白谈论净现值。实际上，他们谈论的净现值指的是现值。请记住：现值衡量投资项目值多少钱，而净现值扣除了投资项目的成本。

楼如果顺利完工就应该值 357 143 美元。如果你想以更高的价格出售该写字楼，可能就没有人会接手了。因为该写字楼所能提供的预期报酬率低于股票市场可以获得的报酬率（12%）。即使折现率为 12%，该写字楼依然对净现值做出了贡献，但其贡献比我们之前的计算结果小得多。

长期投资项目的评估

净现值法适用于评估任何期限的投资项目。例如，假设一位潜在的租户准备以每年 25 000 美元的固定租金租用你的写字楼 3 年。你需要扩大接待处的面积并增加某些特定的功能。这样，你的初始投资额将增加到 375 000 美元。你预计收完第三年租金之后，该写字楼能够以 450 000 美元的价格出售。该投资项目每年预期现金流量（用 C 代表现金流量）如下（最后一笔现金流量是租金收入与出售该写字楼的收入之和）：

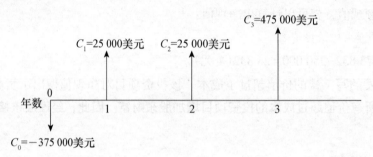

值得注意的是，初始投资额表现为一个负值的现金流量。这第一笔现金流量（C_0）为 −375 000 美元。为简化起见，我们再次假设这些现金流量都是确定的，其资本机会成本为 $r = 7\%$。

图 8-1 列示了这些现金流量的时间轴及其现值。为了计算该投资项目的净现值，我们以 7% 的资本机会成本将这些现金流量折现：

$$现值 = \frac{C_1}{1+r} + \frac{C_2}{(1+r)^2} + \frac{C_3}{(1+r)^3}$$

$$= \frac{25\,000}{1.07} + \frac{25\,000}{1.07^2} + \frac{475\,000}{1.07^3} = 432\,942（美元）$$

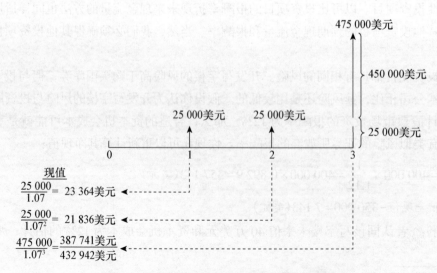

图 8-1　写字楼投资项目的现金流量及其现值

说明：最后一笔现金流量 475 000 美元是第三年租金与该写字楼预期出售价格之和。

此时，该投资项目的净现值为 57 942 美元（432 942 - 375 000）。建造一栋写字楼并出租 3 年对你的财富贡献大于在第一年年末就出售该写字楼。

当然，我们也可以不用投资项目现值减去初始投资额，而采用以下计算公式直接计算净现值。式中，C_0 表示建造写字楼所需的初始现金流量：

$$净现值 = C_0 + \frac{C_1}{1+r} + \frac{C_2}{(1+r)^2} + \frac{C_3}{(1+r)^3}$$

$$= -375\,000 + \frac{25\,000}{1.07} + \frac{25\,000}{1.07^2} + \frac{475\,000}{1.07^3}$$

$$= 57\,942（美元）$$

我们可以检验一下该投资项目是否确实增加了所有者的价值。假设你自己拿出 375 000 美元，承诺用于建造写字楼，并签订一份租期 3 年、每年租金为 25 000 美元的租赁合同。现在你可以将该写字楼出售给其他投资者以套现。

假设你将该投资项目划分为 1 000 股股份并对外发行。每股代表对未来现金流量的 1/1 000 的索取权。因为现金流量是确定的，其他无风险投资项目所能提供的报酬率为 7%，所以投资者对股票的估价为：

$$每股价格 = \frac{25}{1.07} + \frac{25}{1.07^2} + \frac{475}{1.07^3} = 432.942（美元）$$

因此，你可以将投资项目以 432 942 美元（1 000 × 432.942）的价格出售给外部投资者。如果取近似值，这正好是我们之前计算的该投资项目的现值。此时，你的净利得是：

$$净利得 = 432\,942 - 375\,000 = 57\,942（美元）$$

这就是投资项目的净现值。对此，你不应该感到惊讶，因为计算现值就是计算资本市场投资者的未来现金流量价值。

值得注意的是，从理论上讲，每期现金流量应该对应不同的资本机会成本。就本例而言，我们用折现率 r_1 折现第一年现金流量 C_1，以折现率 r_2 折现第二年现金流量 C_2，以此类推。不过，在这里，我们不考虑现金流量发生的时点，假设资本成本都相同。做出此假设的原因只有一个，那就是简化计算过程。不过，我们也举棋不定：除非极其罕见的例外，公司都会确定一个合适的折现率，然后运用该折现率折现投资项目的所有现金流量。

例 8.1　评估一个新的计算机系统

Obsolete Technologies 公司正在考虑购买一套新的计算机系统以帮助管理其仓库的存货。该系统的成本为 50 000 美元，预期可以使用 4 年，而且每年可以节省存货管理成本 22 000 美元。资本机会成本为 10%。公司是否应该购买新的计算机系统呢？

千万别因为该计算机系统没有产生任何销售收入而犹豫不决。如果公司果真能够节省存货管理成本，就可能因此每年增加现金流量 22 000 美元。我们也可以说，该计算机系统将在未来 4 年内每年增加现金流量 22 000 美元。为了计算净现值，我们可以按 10% 来折现这些现金流量。然而明眼人一看就知道，这些现金流量属于等额现金流量。因此，你可以采用年金计算公式计算净现值：

$$现值 = 现金流量 \times 年金现值系数 = 22\,000 \times \left(\frac{1}{0.10} - \frac{1}{0.10 \times 1.10^4} \right)$$

$$= 22\,000 \times 3.169\,9 = 69\,738（美元）$$

净现值为：

净现值 = -50 000 + 69 738 = 19 738 (美元)

该投资项目的净现值为 19 738 美元。如果公司接受了该投资项目，公司的价值将增加 19 738 美元。

计算净现值的前两个步骤（即预测现金流量和估计资本机会成本）都是艰巨的工作。我们将在以后各章更详细地讨论这些问题。一旦你收集到这些数据，如何计算现值和净现值就只是程序问题。

电子数据表是承担上述枯燥乏味计算过程的理想工具。

在备选投资项目中做出选择

到目前为止，我们所讨论的简单投资项目都属于"接受或拒绝"决策。但现实中的决策很少是这种直截了当的"做还是不做"的选择。相反。你几乎总是需要在各个备选投资项目中做出选择。这时，你需要对各个备选投资项目进行排序，并从中挑选出最有吸引力的那一个。从理论上说，决策准则很简单：

如果你需要在各个互斥投资项目中挑选出一个投资项目，那就挑选净现值最大的投资项目。

实际上，我们难以完整地比较各个投资项目。我们将在 8.5 节讨论这些棘手的问题，下面以一个简单的案例说明其基本原理。

例 8.2 在两个投资项目中做出选择

你的办公室的办公网络软件已多年没有升级，现在有两套相互竞争的系统可供选择。两套系统的预期有效寿命期都为 3 年，3 年之后还需要再次升级。其中一套系统比较昂贵，但更先进，成本为 80 万美元，通过提高工作效率每年可以增加公司的现金流量 35 万美元。另一套系统比较便宜，但速度较慢，成本为70 万美元，但每年只能增加现金流量 30 万美元。如果资本成本为 7%，哪套系统更好呢？

两套系统的现金流量和净现值如下（单位：千美元）：

系统	现金流量				7% 折现率下的净现值
	C_0	C_1	C_2	C_3	
较昂贵的系统	-800	+350	+350	+350	118.5
较便宜的系统	-700	+300	+300	+300	87.3

两套软件系统的价值都超过其成本，但较昂贵的系统对公司价值的贡献更大，因此，你应该优先选择较昂贵的系统。

8.2 内含报酬率法

除了计算投资项目的净现值，经理还经常追问该投资项目的报酬率是高于还是低于资本机会成本。回顾前述建造写字楼的例子。你计划投资 350 000 美元，一年之后可以获得 $C_1 = 400 000$ 美元。因此，你预测该投资项目的利润为 50 000 美元（400 000 - 350 000）。此类单期投资项目很容易计算出报酬率，只需要计算投入该投资项目的每一美元所能获得的年末利润即可。

$$报酬率 = \frac{利润}{投资额} = \frac{C_1 - 投资额}{投资额} = \frac{400\ 000 - 350\ 000}{350\ 000} = 0.142\ 9\ 或\ 14.3\%$$

如果投资于美国国库券，报酬率只有 7%。因此，建造写字楼的报酬率高于资本机会成本。[①]

这说明决定是否接受投资项目有两种方法：

1. 净现值法。如果投资项目的现金流量按资本机会成本折现，则可投资于任何净现值大于零的投资项目。

2. 报酬率法。投资于任何报酬率高于资本机会成本的投资项目。

两种方法都设置了相同的"门槛"。如果投资项目的净现值接近零，那么其报酬率也刚好接近资本机会成本。

假设国库券的利率不是 7% 而是 14.3%，你的写字楼投资项目的报酬率也是 14.3%。那么，根据报酬率法，无论投资于国库券还是写字楼，并没有差别。

净现值法也告诉你，如果利率为 14.3%，那么写字楼投资项目的净现值为零：

$$净现值 = C_0 + \frac{C_1}{1+r} = -350\ 000 + \frac{400\ 000}{1.143} = 0$$

该投资项目既不盈利也不亏损，其价值刚好等于成本。因此，就是否接受该投资项目而言，净现值法和报酬率法得出的结论相同。

对报酬率法的进一步探讨

我们已经知道，如果写字楼投资项目的现金流量按 7% 的利率折现，其净现值为 23 832 美元。如果该投资项目的现金流量按 14.3% 的利率折现，其净现值为零。图 8-2 描绘了基于不同折现率的投资项目净现值，这通常称为投资项目净现值曲线。注意图 8-2 揭示的两个重要问题：

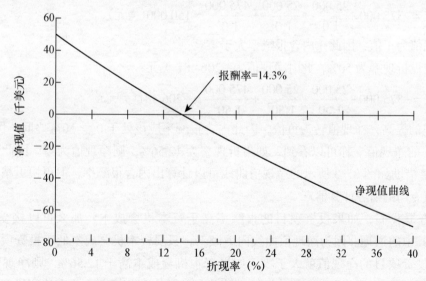

图 8-2 基于不同折现率的投资项目净现值

说明：随着折现率的提高，写字楼投资项目的价值有所下降。如果折现率低于 14.3%，写字楼投资项目的净现值就大于零。

1. 投资项目的报酬率（本例为 14.3%）也就是使投资项目净现值为零的折现率。这为我们提供了

[①] 我们之前假设写字楼投资项目的利润没有风险，因此，资本机会成本就是其他无风险投资项目的报酬率。

一个有用的定义：**报酬率就是使净现值为零的折现率。**

2. 如果资本机会成本低于投资项目的报酬率，那么投资项目的净现值大于零；如果资本机会成本高于投资项目的报酬率，那么投资项目的净现值小于零。因此，就"接受或拒绝"决策而言，报酬率法与净现值法的评估结果一致。

长期项目报酬率的计算

如果投资项目一年之后只产生单期现金流量，计算其报酬率就很简单。然而，如果投资项目在若干期间内产生现金流量，我们如何计算其报酬率呢？回想一下前文提及的定义：投资项目的报酬率也就是使投资项目净现值为零的折现率。我们可以运用该定义计算具有多期现金流量的投资项目的报酬率。**使投资项目净现值为零的折现率称为投资项目的内含报酬率（internal rate of return，IRR），也称折现现金流量报酬率。**

接下来，我们计算修正后的写字楼投资项目的内含报酬率。如果你将该写字楼出租 3 年，现金流量如下（单位：美元）：

年次	0	1	2	3
现金流量	−375 000	+25 000	+25 000	+475 000

内含报酬率是使这些现金流量的净现值为零的折现率，因此

$$净现值 = -375\,000 + \frac{25\,000}{1+IRR} + \frac{25\,000}{(1+IRR)^2} + \frac{475\,000}{(1+IRR)^3} = 0$$

没有简单通用的方法可以求解这个方程，只能借助试错法。我们随意假设折现率为零，此时净现值为 150 000 美元：

$$净现值 = -375\,000 + \frac{25\,000}{1.0} + \frac{25\,000}{1.0^2} + \frac{475\,000}{1.0^3} = 150\,000（美元）$$

此时，净现值为正值，因此，内含报酬率大于零。

接下来，假设折现率为 50%，此时净现值为 −206 481 美元：

$$净现值 = -375\,000 + \frac{25\,000}{1.50} + \frac{25\,000}{1.50^2} + \frac{475\,000}{1.50^3} = -206\,481（美元）$$

随着折现率的提高，净现值转为负值，因此内含报酬率应该处于 0 ～ 50% 之间。图 8-3 描绘了基于不同折现率的净现值。你可以看到，如果折现率为 12.56%，则净现值为零。因此，内含报酬率为 12.56%。尽管借助如图 8-3 所示的净现值曲线可以计算出内含报酬率，但更快更精确的方法是运用电子数据表或专门的财务计算器。

报酬率法告诉我们，如果投资项目的报酬率高于资本机会成本，那么可以接受该投资项目。图 8-3 揭示了其中的道理。因为净现值曲线向下倾斜，只要资本机会成本低于投资项目的内含报酬率（12.56%），投资项目的净现值就大于零。如果资本机会成本高于 12.56%，则净现值小于零。因此，如果将投资项目的内含报酬率与资本机会成本进行比较，我们实际上是在追问投资项目的净现值是否为正值。对单期写字楼投资项目而言确实如此。当然，对三期写字楼投资项目而言也是如此。因此，**只要投资项目的净现值随着折现率的提高而平稳下降，报酬率法的结论就与净现值法相同。**[①]

---

① 我们在第 6 章讨论了如何计算债券到期收益率。债券到期收益率只不过是其内含报酬率的另一个名称而已。

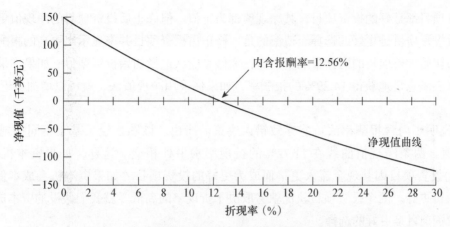

图 8-3　内含报酬率（即令投资项目净现值为零的折现率）

净现值法的结论通常与内含报酬率法的结论相同并不奇怪，因为两者都采用折现现金流量法选择可接受的投资项目。两者都专注于识别那些能够增加股东财富的投资项目，都认为公司总有一种选择：公司要么投资于某个项目，要么在投资项目缺乏足够吸引力的情况下，将钱返还给股东，让股东自己在资本市场上投资。

温馨提示

有些人混淆了投资项目的内含报酬率与资本机会成本。请记住，投资项目的内含报酬率计量投资项目的盈利能力。顾名思义，内含报酬率只取决于投资项目自身的现金流量。资本机会成本是决定是否接受某个投资项目的标准，相当于资本市场相同风险的投资项目所能提供的报酬率。

内含报酬率法的一些缺陷

许多公司用内含报酬率法替代净现值法，我们对此表示遗憾。如果运用得当，两种方法可以得出相同的结论。但内含报酬率法存在某些可能令人误入歧途的缺陷。内含报酬率尤其不适合在两个（或更多）竞争性投资项目中择优的决策。内含报酬率存在三个缺陷：

缺陷 1：互斥投资项目　我们已经看到，公司很少面临"接受或拒绝"投资项目的情况，通常需要从几个互斥投资项目中做出选择。面对众多竞争性投资项目，你应该选择使股东财富增加最多的投资项目，也就是净现值最大的投资项目。

那么报酬率法呢？选择内含报酬率最高的投资项目是否正确呢？很遗憾，结果并不是这样。对内含报酬率法的运用者而言，互斥投资项目存在一个致命的缺陷。

再次回顾 8.1 节关于写字楼的两个投资项目。你最初打算投资 35 万美元建造写字楼，然后在年末以 40 万美元出售。而基于修正后投资项目，你打算投资 37.5 万美元并将该写字楼出租 3 年，每年收取租金 2.5 万美元，然后以 45 万美元出售。两个投资项目的现金流量（单位：美元）、内含报酬率和净现值（单位：美元）如下：

	年次				内含报酬率	7% 折现率下的净现值
	0	1	2	3		
初始投资项目	−350 000	+400 000			14.29%	+23 832
修正后投资项目	−375 000	+25 000	+25 000	+475 000	12.56%	+57 942

　　两个投资项目都是好的投资项目，其净现值都为正值。但修正后投资项目的净现值更大，相比较而言，修正后投资项目是更好的选择。遗憾的是，修正后投资项目并未显示出更高的报酬率。根据报酬率法，因为初始投资项目的内含报酬率更高，你似乎应该选择初始投资项目。如果你采用内含报酬率法，就可以心满意足地获得14.29%的报酬率；如果你采用净现值法，就可以增加将近58 000美元的财富。

　　图8-4说明了内含报酬率法可能导致错误决策的缘由。该图描绘了基于不同折现率各个投资项目的净现值。两条净现值曲线在11.72%的折现率水平处相交。这样，如果资本机会成本高于11.72%，初始投资项目因其现金流入更早而成为更好的投资项目。如果资本机会成本低于11.72%，修正后投资项目更好。两个投资项目孰优孰劣取决于折现率的高低。就我们假设的资本成本为7%而言，修正后投资项目是更好的选择。

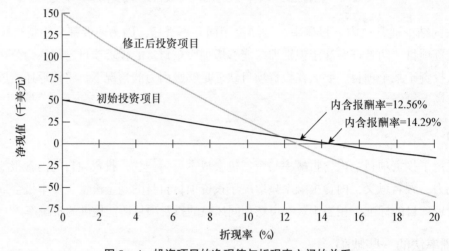

图8-4　投资项目的净现值与折现率之间的关系

说明：尽管初始投资项目的内含报酬率高于修正后投资项目的内含报酬率，但如果折现率低于11.72%，其净现值小于修正后投资项目的净现值。

　　现在，看看各投资项目的内含报酬率。内含报酬率只是使投资项目的净现值为零的折现率，也就是图8-4中净现值曲线与横轴交点的折现率。如图8-4所示，初始投资项目的内含报酬率为14.29%，修正后投资项目的内含报酬率为12.56%。然而，正如你从图8-4中看到的，初始投资项目的内含报酬率较高并不意味着其净现值也较高。

　　就上述例子而言，两个投资项目的投资额相等，但修正后投资项目的期限更长。内含报酬率法错误地选择了报酬率较高而净现值较小、能够快速收回投资的投资项目。**请记住，内含报酬率高并不是最终目标，你需要的是能够增加公司价值的投资项目。能够长期获得较高报酬率的投资项目，其净现值通常大于只能短期内获得较高报酬率的投资项目的净现值。**

　　缺陷1a：初始投资额不同的互斥投资项目　如果比较寿命期相同但初始投资额不同的投资项目，运用内含报酬率法也可能犯类似的错误。此时，内含报酬率法可能错误地选择报酬率较高但净现值较小的小规模投资项目。如果你面对的是可直接做出选择的投资项目，简单的解决办法就是比较其净现值。当然，如果你决定采用内含报酬率法，也有办法解决这个问题。对此，我们将在本章末的附录讨论。

　　缺陷2：借出款项还是借入款项　请记住，运用内含报酬率法的前提是：投资项目的净现值必须随着折现率的提高而降低。现在考虑下面的投资项目：

投资项目	现金流量（美元）		内含报酬率（%）	10% 折现率下的净现值（美元）
	C_0	C_1		
A	-100	+150	+50	+36.4
B	+100	-150	+50	-36.4

　　两个投资项目的内含报酬率都是 50%。换言之，如果你以 50% 来折现现金流量，两个投资项目的净现值都为零。

　　这是否意味着两个投资项目具有同样的吸引力呢？显然不是。以 A 投资项目为例。我们现在支付 100 美元，到年底就可以得到 150 美元。这比任何银行储蓄都合算。而 B 投资项目呢？我们现在获得 100 美元，但到了年底需要支付 150 美元。这相当于按 50% 的利率借入款项。

　　如果有人问你 50% 是不是一个比较好的利率，除非你知道这个人打算以该利率借出款项还是借入款项，否则，你无法回答这个问题。以 50% 的利率借出款项当然好（只要借款人不携款潜逃），但以 50% 的利率借入款项通常就不是一桩好交易（当然，除非你准备逃之夭夭）。如果你借出款项，会希望报酬率较高；如果你借入款项，会希望利率较低。

　　如果你为 B 投资项目绘制像图 8 - 2 那样的图，就会发现净现值随着折现率的提高而增加。（不妨试试看！）显然，此时不适合运用报酬率法。

　　尽管 B 投资项目是一个非常明显的陷阱，但如果你希望确保不掉入该陷阱，就应计算该投资项目的净现值。例如，假设资本成本为 10%，则 A 投资项目的净现值为 +36.4 美元，B 投资项目的净现值为 -36.4 美元。净现值法有效地警告我们：远离类似于以 50% 的利率借入款项这样的投资项目。

　　如果净现值随着利率的提高而增加，那么，报酬率法可以修正为：只有当投资项目的内含报酬率低于资本机会成本时，才能接受该投资项目。

　　缺陷 3：存在多个报酬率　有一个棘手的问题亟待解决。King Coal 公司正在考虑一个露天开采煤矿的投资项目。该项目需要投资 2.1 亿美元，预期第一年和第二年可以创造的现金流入量均为 1.25 亿美元，第三年和第四年的现金流量均可达到 1.75 亿美元。不过，公司必须在第五年花费 4 亿美元回收这块土地。如果资本机会成本为 10%，该投资项目的净现值为 0.059 亿美元。

　　为了计算 King Coal 公司投资项目的内含报酬率，我们计算出基于不同折现率的净现值并将结果绘制成图 8 - 5。你可以看到使净现值为零的折现率的两个公式都成立（单位：百万美元）：

$$净现值 = -210 + \frac{125}{1.03} + \frac{125}{1.03^2} + \frac{175}{1.03^3} + \frac{175}{1.03^4} - \frac{400}{1.03^5} = 0$$

或

$$现值 = -210 + \frac{125}{1.25} + \frac{125}{1.25^2} + \frac{175}{1.25^3} + \frac{175}{1.25^4} - \frac{400}{1.25^5} = 0$$

　　也就是说，该投资项目有两个内含报酬率，即 3% 和 25%。这是因为现金流量的符号改变了两次。如果现金流量系列的符号发生变化，就可能存在多个不同的内含报酬率。[①]

---

　　① 内含报酬率的个数可能少于符号改变的次数。你甚至可能遇到不存在内含报酬率的投资项目。例如，如果投资项目第 0 年的现金流量为 +1 000 美元，第一年的现金流量为 -3 000 美元，第二年的现金流量为 +2 500 美元，那么，该投资项目就不存在内含报酬率。如果你不相信，可以自己试着以不同的折现率描绘净现值曲线。这样的投资项目的净现值可能为负值吗？

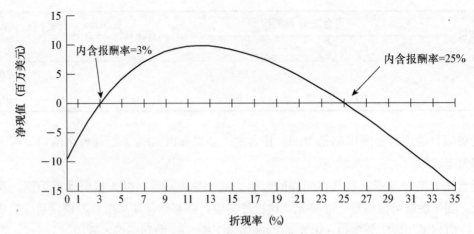

图 8 - 5　King Coal 公司投资项目的两个内含报酬率

说明：如果折现率为 3% 或 25%，则净现值为零。

那么，这个煤矿值得开发吗？简单的内含报酬率法——如果投资项目的内含报酬率高于资本成本就接受该投资项目——无助于解决这个问题。例如，你从图 8 - 5 可以看到，如果资本成本较低（低于 3%），投资项目的净现值为负值。只有当资本成本处于 3% ~ 25% 之间时，投资项目的净现值才为正值。

使 King Coal 公司最后的现金流量为负值的报废与清理成本有时可能非常大。例如，据估计，移除英国北海的石油钻井平台的最终成本预计为 750 亿美元，而清理一个核电厂需要花费 5 亿美元。这些都是现金流量从正值转为负值的例证。当然，你自己也可以列出许多导致公司将来可能发生支出的类似例子，如船舶需要定期开进码头休整，旅馆需要大范围装修，机器的零部件需要更新，等等。

只要现金流量序列改变符号的次数超过一次，投资项目的内含报酬率通常就超过一个，内含报酬率法也就不再适用。当然，我们也可以计算修正后内含报酬率（modified internal rate of return，MIRR）来解决内含报酬率法存在多个报酬率的问题。我们将在本章末的附录讨论这个问题。不过，对于这种情况，更简单的办法是干脆放弃内含报酬率法，直接计算投资项目的净现值。

8.3　盈利能力指数法

盈利能力指数（profitability index）计量投资项目的每一美元投资额的净现值：

$$盈利能力指数 = \frac{净现值}{初始投资额} \tag{8.2}$$

例如，前面提及的建造写字楼初始投资项目需要投资 350 000 美元，其净现值为 23 832 美元。这样，其盈利能力指数[①]为：

$$\frac{23\ 832}{350\ 000} = 0.068$$

盈利能力指数也称效益 - 成本比率。投资项目的"效益"就是其净现值，"成本"则是其必要的

---

① 有时，盈利能力指数定义为现值总额（而不是净现值）与初始投资额的比值。根据这个定义，下面计算出的盈利能力指数都要增加 1。例如，该写字楼的盈利能力指数为：现值 / 初始投资额 =373 832/350 000=1.068。值得注意的是，基于这两种定义，投资项目的排序是相同的。

投资额。这样，盈利能力指数就计量了每一美元成本可以实现的效益。

　　投资项目的盈利能力指数为正值，其净现值也必然为正值。如此一来，似乎两种方法都可以得出相同的决策结果。既然如此，我们为何还要计算盈利能力指数呢？我们的回答是：只要公司存在资本限额问题，就必须努力使每一美元的投资额都能够发挥最大的效用。换言之，如果公司存在资金短缺问题，就必须从众多投资项目中挑选出盈利能力指数最高的投资项目。

　　下面举例说明这个问题。假设你拥有以下投资机会：

投资项目	现金流量（百万美元）			10% 折现率下的净现值（百万美元）	盈利能力指数
	C_0	C_1	C_2		
C	−10	+30	+5	21	21/10=2.1
D	−5	+5	+20	16	16/5=3.2
E	−5	+5	+15	12	12/5=2.4

　　这三个投资项目都有吸引力，但假设公司可用资金只有 1 000 万美元。这时，你不可能同时投资三个项目，你只能投资 C 项目或投资 D 项目和 E 项目。解决问题的办法是先挑选盈利能力指数最高的投资项目，再依照盈利能力指数的高低依次挑选其他投资项目，直至用完全部资金。就我们的案例而言，D 项目所投入的每一美元能够获得的净现值最高，接下来就是 E 项目。D 项目和 E 项目刚好用完 1 000 万美元的预算。如果公司投资了 D 项目和 E 项目，就可能使公司股东财富增加 2 800 万美元。当然，如果公司投资了 C 项目，就只能使公司股东财富增加 2 100 万美元。

资本限额

　　经济学家运用**资本限额**（capital rationing）说明可用于投资项目的资金缺口。基于简单的资本限额，盈利能力指数可以判断哪个投资项目可以接受 [①]，但是由此产生一个问题。多数大型公司能够以合理的条件快捷地获得巨额资金，然而，为什么高级经理有时告诉其下属，公司的资本有限，资本支出不得超过某个具体的数额呢？这有两个原因。

　　软约束　许多公司的资本限额都是软约束。这就意味着不是投资者确定资本限额，而是高级管理层确定资本限额。例如，假设你是一个雄心勃勃的希望往上发展的基层经理，正致力于拓展业务，因此，你可能倾向于夸大投资机会。高层经理与其试图决定你的许多有创意的想法中哪一个值得投资，还不如寻找一种更简单的方法：对你和其他基层经理设置一个支出限额。这个限额就迫使你自己确定投资项目的优先次序。

　　即使资本没有限额，其他资源也可能存在限额。例如，飞速增长可能给管理层和组织带来相当大的压力。对这个问题的一种比较草率的解决方法就是限制公司的资本支出。

　　硬约束　软约束应该不会给公司增加任何成本。如果投资约束过紧，可能会导致某些确实很好的投资项目被放弃，因此，管理层应该筹集更多资金，放松其资本支出的限制。但如果存在硬约束，情况又会如何呢？硬约束意味着公司确实无法筹集到所需的资金数额。就大型上市公司而言，这种情况可能不是一个普遍存在的问题，但在许多国家，政府拥有某些规模最大的企业。假如你是某个国有企

---

　　① 遗憾的是，如果公司存在多期资本限额，或者除了资本之外，人员、产能和其他资源也存在资本限额，那么，通过盈利能力指数对投资项目排序的方法有可能无法选出净现值最大化的投资项目组合。这就需要反复地试错或运用线性规划法解决此类问题。

业的经理，你不能自由地筹资新的资本。在这种情况下，你只能放弃净现值为正值的投资项目。你可能依然关注净现值，不过，你现在需要从公司资源允许的范围内选择净现值最大的投资项目组合。这正是盈利能力指数发挥作用的时候。

盈利能力指数的缺陷

即使资本不存在软约束或硬约束，盈利能力指数也可能用于投资项目。此时，粗心的投资者可能选择小规模投资项目而放弃净现值更大的大规模投资项目。盈利能力指数被用来选出每一美元能够创造出最大净现值的投资项目。如果公司存在资本限额，使用盈利能力指数就是正确的。如果公司不存在资本限额，尽管大规模投资项目会耗费更多资本，但总是比小规模投资项目更好。有鉴于此，如果我们放弃净现值法，运用盈利能力指数比较投资项目的优劣可能会出差错。

8.4 投资回收期法

净现值为正值的投资项目，其价值超过成本。只要公司投资于这种项目，就可以增加股东财富。

现在，几乎所有大型公司都计算拟投资项目的净现值，但管理层在做出投资决策时也可能考虑其他的投资决策指标。如果运用得当，运用内含报酬率和盈利能力指数将做出与运用净现值相同的决策。不过，投资回收期只是一个非常粗略的评估投资价值的指标。

你或许经常听到这样的谈话："一台洗衣机的成本大约为 800 美元，但我们目前每周在洗衣房花费 6 美元或一年花费 300 美元。因此，洗衣机的成本应该在不到 3 年的时间内收回。"此时，你已经接触到投资回收期法。

投资项目的**回收期**（payback period）就是收回初始投资额所需的时间。就洗衣机而言，其投资回收期短于 3 年。**根据投资回收期法，如果投资项目的回收期小于基准时间，就应该接受该投资项目**。例如，如果基准时间为 4 年，该洗衣机就值得投资；如果基准时间为 2 年，该洗衣机就不值得投资。

作为一种经验法则，投资回收期法可能就够用了。但很显然，投资回收期法可能导致不合理的决策。如果公司运用投资回收期法比较不同的投资项目，这个问题可能更严重。例如，假设公司有 F 项目和 G 项目。F 项目的回收期为 2 年，净现值为正值；G 项目的回收期也为 2 年，但净现值为负值。显然，F 项目更好，但根据投资回收期法，两个投资项目没有差异。这是因为投资回收期法没有考虑回收期之后的现金流量。如果公司采用投资回收期法且基准时间为 2 年或 2 年以上，那么，尽管只有 F 项目才能增加股东价值，但公司可能接受两个投资项目。

投资回收期法的另一个缺陷是：尽管远期现金流量的价值较低，但投资回收期对基准时间之前的所有现金流量都赋予同样的权重。例如，H 项目的投资回收期也是 2 年，但其净现值比 G 项目更低。为什么？因为其现金流量在回收期内发生的时点较晚。

投资项目	现金流量（美元）				回收期（年）	10% 折现率下的净现值（美元）
	C_0	C_1	C_2	C_3		
F	−2 000	+1 000	+1 000	+10 000	2	7 249
G	−2 000	+1 000	+1 000	0	2	−264
H	−2 000	0	+2 000	0	2	−347

为了运用投资回收期法，公司必须确定一个合适的基准时间。如果不考虑投资项目的寿命期而采用相同的基准时间，就可能接受太多短期投资项目，而拒绝过多长期投资项目。投资回收期法使得公司倾向于拒绝长期投资项目，因为投资回收期法忽略了回收期之后的现金流量。

投资回收期法最有吸引力之处就是简单。但请记住，评估投资项目的难点在于预测现金流量，而不是做算术题。现在的电子数据表使折现成为一项简单的运算。因此，投资回收期法只不过为你简化了分析过程中最容易的工作。

我们几乎说不出投资回收期法有什么值得称道的亮点，但为什么许多公司仍运用投资回收期法呢？高级经理不会真的认为回收期之后的所有现金流量都是不相关的。投资回收期法之所以能够得到广泛运用，很可能是因为有一些可以弥补缺陷的优势。经理可能认为投资回收期法是沟通投资项目诉求的最简单方式。如果投资决策需要公司所有部门人员参与讨论和协商，那么采用一个大家都能理解的指标就显得很重要。也许经理偏好那些净现值较低但回收期较短的投资项目，因为他们认为快速获得利润意味着快速得到晋升。由此回到第 1 章，我们曾讨论管理者的目标与股东的目标必须协调一致。

在实践中，如果资本性投资规模较小或者投资项目的优势非常明显，没有必要进行更多的正式分析，那么投资回收期法会得到普遍的运用。例如，如果某个投资项目预期 10 年内可能产生固定的现金流量，而且投资回收期只有 2 年，那么该投资项目的净现值肯定为正值。

折现投资回收期

经理有时可能计算折现投资回收期。折现投资回收期是投资项目预期现金流量的现值等于或超过初始投资额所需的时间。折现投资回收期指标追问的问题是：为了使净现值为正值，投资项目必须持续多久？如果折现投资回收期短于或等于基准时间，就可以接受该投资项目；反之，就拒绝该投资项目。折现投资回收期法的优势在于，永远不会接受净现值为负值的投资项目。但折现投资回收期法依然没有考虑基准时间之后的现金流量，因此，如果公司运用该方法，就有可能拒绝好的长期投资项目，也很容易对竞争性投资项目做出错误的排序。

许多经理并不会主动拒绝那些具有较长折现投资回收期的投资项目，只是将该指标作为一个预警信号而已。这些经理不会轻率地拒绝具有较长折现投资回收期的投资项目，而会反复核实投资项目的提议者是否对该投资项目未来创造现金流量的能力过于乐观。只有当投资项目的寿命期确实很长或竞争对手不会进入市场蚕食该投资项目的现金流量时，他们才会对该投资项目感到满意。

8.5 更多互斥投资项目的案例

我们已经看到，在实践中，几乎所有的决策都需要从竞争性投资项目中挑选出一个投资项目。房地产开发商可以在一块现成的土地上建公寓或写字楼，可以用油供热，也可以用天然气供热，可以现在就动工，也可以一年之后再动工。所有这些选择都可以称为互斥性决策。如果我们要面对众多互斥投资项目做出决策，就必须计算出每个投资项目的净现值，并选择净现值最大的投资项目。

有时，只要比较两个或两个以上的投资项目的净现值就可以做出决策。而有时，你现在做出的决策可能影响未来的投资机会。这时，要面对竞争性投资项目做出决策就非常不容易。下面列举三种重要的但通常具有挑战性的问题：

- 投资时机问题。你应该现在就购买一台计算机还是等到明年再买呢？（现在的投资与未来可能的投资之间的竞争。）

● 短期设备与长期设备之间的选择。公司应该为了现在节约资金而购买便宜的但寿命期短的设备吗？（现在的决策可能加速设备的更新换代。）

● 设备更新问题。何时应该更新现有设备呢？（现有设备继续使用一年可能会延迟对更先进设备的投资。）

我们将依次讨论这些问题。

第一个问题：投资时机决策

例 8.1 的 Obsolete Technologies 公司正在考虑购买一套新的计算机系统。该投资项目的净现值将近 20 000 美元，似乎节约的成本足以抵销花费。然而，这并没有说服财务经理。财务经理认为计算机的价格持续下跌，因此建议推迟购买该计算机系统。如果公司 1 年之后再购买该计算机系统，其净现值可能更大。遗憾的是，财务经理已经连续 10 年坚持同样的观点，公司已经不断地将业务拱手让给那些拥有更高效计算机系统的竞争对手。那么，财务经理的观点是否有问题呢？

这就是一个投资时机问题。何时是实施净现值为正值的投资项目的最佳时机呢？所有投资时机问题都涉及互斥投资项目之间的抉择问题。你可以选择现在实施该投资项目或之后再实施，但你不能二者全选。

表 8 - 1 列示了 Obsolete Technologies 公司的基本数据。你可以看到，计算机的成本可能从现在的 50 000 美元降到明年的 45 000 美元。新的计算机系统投入使用后预期可以使用 4 年。该计算机系统投入使用时成本节约额的现值预期为 70 000 美元。因此，如果公司现在就投资该计算机系统，其净现值为 20 000 美元（70 000 - 50 000）。如果公司明年再投资该计算机系统，其净现值为 25 000 美元（70 000 - 45 000）。

表 8 - 1　Obsolete Technologies 公司投资项目的数据　　　　　　　　　　　　单位：千美元

购置计算机系统的年次	计算机成本	成本节约现值	购置计算机系统当年的净现值（折现率为 10%）	现在的净现值	
0	50	70	20	20.0	
1	45	70	25	22.7	
2	40	70	30	24.8	
3	36	70	34	25.5	←最佳购置时点
4	33	70	37	25.3	
5	31	70	39	24.2	

说明：购置计算机系统的收益不断增加，但如果在第 3 年购置该计算机系统，现在的净现值最大。

能够赚到 25 000 美元岂不是比只赚到 20 000 美元更合算？未必如此！你可能更愿意现在就获得 20 000 美元，而不是明年获得 25 000 美元。你的决策应该取决于资本成本。表 8 - 1 列示了基于资本成本为 10% 的净现值在现在时点（第 0 年）的价值。例如，你可以看到，25 000 美元收益的折现价值为 22 700 美元（25 000/1.10）。财务经理的观点有道理，应该推迟购置该计算机系统（如果再等一年，现在的净现值更高），不过不能无限期推迟下去。如果你在第 3 年购置计算机系统，现在的净现值最大。

值得注意的是，你必须权衡利弊。你越快获得 70 000 美元的成本节约额，当然越好。但如果推迟投资，可以以更少的投资额实现这一目标，不妨推迟投资。如果你推迟一年购买该计算机系统，你的收益将从 20 000 美元增至 25 000 美元，增加 25%。因为资本成本只有 10%，即使推迟到第 1 年购置该计算机系统也值得。如果你的购置时点从第 3 年推迟到第 4 年，你的收益将从 34 000 美元增至 37 000 美元，只增加 9%，比资本成本还要低。因此，购置时点从第 3 年推迟到第 4 年并不值得。投资时机的决策准则是选择使现在的净现值最大的投资时点。

第二个问题：长期设备与短期设备

假设某公司必须从 I 和 J 两台机器设备中做出选择。尽管这两台机器设备的设计不同，但生产能力相同，而且能完成相同的工作。I 机器设备的成本为 15 000 美元，可以使用 3 年，每年的营运成本为 4 000 美元。J 机器设备是"经济型"设备，其成本只有 10 000 美元，但只能使用 2 年，每年的营运成本为 6 000 美元。

因为两台机器设备生产相同的产品，做出选择的唯一方法以成本为基础。假设我们计算其成本的净现值如下表所示。

| | 成本（千美元） | | | | 折现率为 6% 的现值 |
	第 0 年	第 1 年	第 2 年	第 3 年	（千美元）
I 机器设备	15	4	4	4	25.69
J 机器设备	10	6	6	—	21.00

我们是否应该选择成本的现值较低的 J 机器设备呢？未必！我们看到，可使用 2 年的 J 机器设备的成本总额低于可使用 3 年的 I 机器设备的成本总额。但 J 机器设备的年均成本也低于 I 机器设备吗？

假设公司总部的财务经理同意购买 I 机器设备，并从其预算中拨付该机器设备的运营费用。然后，财务经理向车间主任每年收取设备使用费。这是从第 1 年开始的 3 年期每年等额现金流量系列。显然，该财务经理必须保证这些现金流量的现值等于 I 机器设备成本的现值（即 25 690 美元）。如果折现率为 6%，该现金流量系列每年的现值将为 9 610 美元。换言之，购置并营运 I 机器设备的成本等于 3 年期每年 9 610 美元的费用。这个数字就称为营运 I 机器设备的**等值年金**（equivalent annual annuity）。

| | 成本（千美元） | | | | 6% 折现率下的现值 |
	第 0 年	第 1 年	第 2 年	第 3 年	（千美元）
I 机器设备	15	4	4	4	25.69
等值年金		9.61	9.61	9.61	25.69

我们如何知道每年 9 610 美元的费用现值是 25 690 美元呢？这是一笔 3 年期的年金。因此，我们计算这笔年金的现值，并使之等于 25 690 美元：

等值年金×3 年期年金现值系数＝I 机器设备成本现值＝25 690（美元）

如果资本成本为 6%，3 年期年金现值系数为 2.673 0，则

$$等值年金 = \frac{成本现值}{3 \text{ 年期年金现值系数}}$$

$$= \frac{25\ 690}{2.673\ 0} = 9\ 610（美元）$$

（8.3）

如果我们对 J 机器设备也做类似的计算，可以得到：

	成本（千美元）			6% 折现率下的现值（千美元）
	第 0 年	第 1 年	第 2 年	
J 机器设备	10	6	6	21.00
2 年期等值年金		11.45	11.45	21.00

现在我们看到，I 机器设备更合适，因为其等值年成本更少（I 机器设备为 9 610 美元，J 机器设备为 11 450 美元）。换言之，如果使用 I 机器设备，该财务经理可以负担较低的年使用费用。**因此，我们可以总结出比较不同寿命期资产的一个准则：选择等值年金最低的机器设备。**

我们可以将等值年金视为足以弥补投资支出与营运费用现值的等额年均费用。[1] 年均费用贯穿机器设备的整个使用寿命期。现值除以年金现值系数就可得到等值年金。

例 8.3　等值年金的例子

你需要一辆车，至少使用 7 年。你可以花 15 000 美元直接购买一辆车，并在第 7 年以 500 美元将该车出售。汽车交易商也提供 7 年的租赁。如果折现率为 10%，你愿意接受的最高租金额是多少？

购买成本的现值为：

$$现值 = 15\,000 - \frac{500}{1.10^7} = 14\,743（美元）$$

因此，购买汽车的等值年金就是该现值的年金：

$$等值年金 \times 利率为 10\% 的 7 年期年金现值系数 = 购买成本的现值$$
$$= 14\,743（美元）$$

$$等值年金 = \frac{14\,743}{7 年期年金现值系数} = \frac{14\,743}{4.868\,4} = 3\,028（美元）$$

因此，购买汽车并在 7 年后出售该汽车的现值等于 7 年间每年支付 3 028 美元的现值。你每年愿意支付的租金最多为 3 028 美元。

例 8.4　等值年金的另一个例子

节能灯泡的成本通常为 3.5 美元，寿命期为 9 年，每年的电费为 3.19 美元。传统灯泡比较便宜，成本只有 0.50 美元，但寿命期只有 1 年，每年的电费为 11.25 美元。如果折现率为 5%，哪种产品的使用成本较低？

为了回答这个问题，我们首先必须将两种灯泡的购买成本转化为每年等值成本，然后加上每年的电费。[2] 计算过程列示如下：

---

① 我们已经假设通货膨胀率为零，否则最好以实际变量计算 I 机器设备和 J 机器设备的等值年金，运用实际利率计算年金现值系数。

② 计算过程忽略了所有环境成本。

	节能灯泡	传统灯泡
（1）初始成本（美元）	3.50	0.50
（2）预计使用寿命期（年）	9	1
（3）折现率为 5% 的年金现值系数	7.107 8	0.952 4
（4）等值年金（美元）=（1）/（3）	0.49	0.52
（5）每年电费（美元）	3.19	11.25
（6）每年成本总额（美元）=（4）+（5）	3.68	11.77

假设：电费发生于每年年末。

看来节能灯泡比传统灯泡每年节约 8.09 美元（11.77－3.68）。

第三个问题：旧设备的更新时间

我们前面在比较 I 机器设备和 J 机器设备时，假定其寿命期固定不变。实际上，更新旧设备的时点考虑的是经济损耗，而不是物理性能损耗。我们通常需要决定何时更新旧设备。例如，我们通常并不是等到汽车完全不能开了才购买新汽车。实际上，只要继续使用旧汽车的成本超过更换新车的成本，而且使用旧汽车会有许多麻烦事，我们就会更换新汽车。

这就产生了一个设备更新问题：你现在正在使用的一台旧设备还可以使用 2 年，该旧设备每年的营运成本为 12 000 美元。你现在可以选择用一台新机器更新旧设备。新设备的成本为 25 000 美元，但效率更高（每年的营运成本只有 8 000 美元），可以使用 5 年。你应该现在还是过一段时间再更新旧设备呢？资本机会成本为 6%。

我们计算新设备的净现值及其等值年金如下所示：

	成本（千美元）						6% 折现率下的现值（千美元）
	第 0 年	第 1 年	第 2 年	第 3 年	第 4 年	第 5 年	
新设备	25	8	8	8	8	8	58.70
等值年金		13.93	13.93	13.93	13.93	13.93	58.70

新设备的现金流量相当于每年的年金，为 13 930 美元。那么，你是否用每年耗费 13 930 美元的新设备更新每年营运成本为 12 000 美元的旧设备？如果以这种方式表述这个问题，答案显而易见。既然你的旧设备每年只需要花费 12 000 美元，为什么要将其更新为每年需要多花 1 930 美元的新设备呢？

8.6　各种投资决策方法总结

我们已经讨论了几种投资决策方法，它们各有千秋。如果你觉得一时难以全面理解，不妨看一下表 8-2。该表总结回顾了一些投资决策指标。

表 8-2　各种投资决策方法的比较

投资决策指标	定义	投资决策法则	评价
净现值（NPV）	现金流入量现值减去原始投资额	如果投资项目的净现值为正值，接受该投资项目。就互斥投资项目而言，选择净现值（正值）最大的投资项目。	净现值是投资决策的最好指标。只有该指标始终与公司价值最大化目标保持一致。为互斥投资项目提供合适的选择方法。只有当公司不能同时接受所有净现值为正值的投资项目，涉及资本限额时，该指标才存在缺陷。
内含报酬率（IRR）	使投资项目的净现值为零的折现率	如果投资项目的内含报酬率高于资本机会成本，接受该投资项目。	如果投资项目之间互不影响，使用内含报酬率与使用净现值可以得出相同的接受或拒绝的结论。不过，注意以下缺陷：使用内含报酬率无法对互斥投资项目进行排序，使用内含报酬率较高的投资项目，其净现值可能较低。如果投资项目存在多个内含报酬率或净现值曲线向上倾斜，内含报酬率法不适用。
盈利能力指数	净现值与初始投资额的比率	如果盈利能力指数大于零，接受该投资项目。如果公司存在资本限额，接受盈利能力指数最大的投资项目。	如果投资项目之间不互相影响，使用盈利能力指数与使用净现值可以得出相同的接受或拒绝的结论。如果公司存在资本限额，使用盈利能力指数有助于投资项目的排序。然而，如果投资项目之间互相影响，或比较不同投资规模的投资项目，使用盈利能力指数可能产生误导。盈利能力指数无法对互斥投资项目进行排序。
投资回收期	投资项目现金流量总额等于初始投资额所需的时间	如果投资项目的回收期短于基准时间，接受该投资项目。	这是具有某些重要缺陷的应急性经验法则。没有考虑到可接受的投资回收期之外发生的现金流量；忽略了折现过程；倾向于不恰当地拒绝长期投资项目。

　　显然，净现值是最好的指标。净现值可以告诉你投资项目是否增加公司价值以及增加多少价值，是唯一可以总是用于互斥投资项目排序和择优的指标。在运用净现值法时，你需要关注的是公司何时面临资本限额。此时，公司可能没有足够的资金实施所有净现值为正值的投资项目，只能根据盈利能力指数（即每投入一美元能够带来的净现值）对投资项目进行排序。

　　就从事实际工作的经理而言，折现现金流量分析是投资项目评估的最主要的工具。表 8-3 列示了针对首席财务官的一次大规模调查结果的样本。值得注意的是，75% 的公司总是或几乎总是运用净现值或内含报酬率评估投资项目。在一些更大规模、更为复杂的公司，这些指标的运用更加普遍。尽管折现现金流量法具有明显的优势，但公司仍会运用其他投资决策方法评估投资项目。例如，有超过一半的公司总是或几乎总是计算投资项目的回收期，还有 12% 的公司一直计算盈利能力指数。

表 8-3　资本预算方法的实际使用情况

投资决策方法	总是或几乎总是运用该方法的公司百分比	在 0～4 范围内的平均分值（0 表示从未运用该方法，4 表示总是运用该方法）		
		所有公司	小规模公司	大规模公司
内含报酬率法	76	3.1	2.9	3.4
净现值法	75	3.1	2.8	3.4
投资回收期法	57	2.5	2.7	2.3
盈利能力指数法	12	0.8	0.9	0.8

资料来源：J.R.Graham and C.R.Harvey,"The Theory and Practice of Corporate Finance: Evidence from the Field,"from *Journal of Financial Economics*, Vol.60, Issue 2–3, May 2001, pp.187–243.copyright@ 2001Elsevier Science.

如何解释可能存在缺陷的投资决策方法居然得到广泛运用？从某种程度上说，这些投资决策方法呈现了投资项目的基本事实。正如我们在 8.4 节指出的，即使这些投资决策方法存在明显的缺陷，经理可能需要用某些简单的方法描述投资项目的盈利能力。例如，正如投资者经常提及高市盈率股票一样，经理也会经常随意地提及能够快速收回资金的投资项目。经理经常提及回收期并不意味着投资回收期法就会主导其投资决策。像投资回收期这种便捷的方法可能适合非常简单的"接受或拒绝"决策，却不适用于比较各投资项目的优劣。

📖 本章小结

何谓投资项目的净现值？如何计算投资项目的净现值？（学习目标 1）

投资项目的净现值是其价值与成本之间的差额。因此，净现值就是投资项目增加股东财富的数额。公司通过接受所有净现值为正值的投资项目来使股东财富最大化。

如何计算投资项目的内含报酬率？运用内含报酬率法应该注意什么？（学习目标 2）

与其追问投资项目的净现值是否为正值，许多公司更倾向于追问投资项目的报酬率是否高于股东投资于资本市场所能获得的预期报酬率。该报酬率通常定义为使投资项目的净现值为零的折现率。这就是内含报酬率。如果投资项目的内含报酬率高于资本机会成本，该投资项目就具有吸引力。

运用内含报酬率法可能存在某些缺陷。在以下情形下运用内含报酬率法要格外谨慎：（1）你需要从互斥投资项目中择优；（2）现金流量的符号改变次数超过一次；（3）早期的现金流量为正值。

如何计算盈利能力指数？如果公司存在资本限额，如何运用盈利能力指数选择投资项目？（学习目标 3）

如果公司的资金短缺，就需要选择每一美元投资的净现值最大的投资项目。这个指标称为盈利能力指数。

为什么投资回收期法有时不能做出正确的选择？（学习目标 4）

净现值法与内含报酬率法都能够合理地反映货币时间价值，但公司经常运用经验法则评估投资项目。其中一种方法就是投资回收期法，即如果你能够在基准时间内收回投资，就应该接受该投资项目。投资回收期法不考虑回收期之后的任何现金流量，也没有在回收期内对现金流量折现。

如何运用净现值法分析竞争性投资项目抉择面临的三个普遍问题：何时推迟投资支出？如何在寿命期不同的投资项目之间择优？何时更新设备？（学习目标 5）

有时，如果现在就实施某个投资项目，其净现值为正值，但如果推迟实施该投资项目，其净现值更大。因此，必须通过比较二者现在的净现值来做出选择。

如果你必须从寿命期不同的投资项目中择优，就应该统一比较的基础，比较两个投资项目的等值年金。如果你正在考虑是否应该以新设备替换旧机器，就应该比较旧设备的年营运成本与新设备的等值年金。

📖 微型案例

Flowton Product 公司的不锈钢渗入剂产品有稳定的市场需求，可在许多化学生产工艺中使用。渗入剂分部每年的收入为 5 000 万美元，产品成本为 4 750 万美元。然而，该公司有 10 台高精度的生产用明斯特（Munster）冲压机马上就要报废了。一种可能方案是简单地用新的冲压机更换现有的冲压机。新的冲压机成本为 80 万美元，没有其他额外的营运成本。另一种可能方案是购买 10 台中央控制的斯基尔波洛（Skilboro）冲压机。斯基尔波洛冲压机的成本为 125 万美元，但与明斯特冲压机相比，斯基尔波洛冲压机每年可以节省操作人工成本和材料成本 50 万美元。更重要的是，斯基尔波洛冲压机构造精密，可以使用 10 年，而明斯特冲压机只能使用 7 年。

渗入剂分部的分析师编制了相应的总结表，预测了各种冲压机使用寿命期内来自渗入剂业务的全部现金流量。公司评估资本性投资项目需要计算净现值、内含报酬率和投资回收期。这些指标也列示于该表。

与往常一样，艾米丽·鲍尔萨姆（Emily Balsam）很早就来到公司的办公室。她从不后悔加入这家公司。从明亮的窗户到中庭的喷泉，这里的每一处都呈现出高雅格调。鲍尔萨姆女士高兴地哼着歌，打开公文夹的一个信封。这是渗入剂分部冲压机更换决策的一份分析报告。附件是现金流量概要表和首席财务官的一份备忘录。该备忘录写道：“艾米丽，我已经看了这 20 页的详细数据，但仍然不知道我们应该购买哪一种冲压机。净现值的计算结果似乎表明，我们应该购买斯基尔波洛冲压机，但内含报酬率和投资回收期的结果相反。你看一下资料，告诉我应该如何选择及其理由。你也可以核对这些指标的计算是否正确。”

你可以帮鲍尔萨姆女士回复首席执行官吗？你需要论证你的结论，并解释为什么总结表的某些或所有指标可能不合适。

现金流量					单位：百万美元
	年次				
	第 0 年	第 1～7 年	第 8 年	第 9 年	第 10 年
明斯特冲压机					
投资额	-8.0				
收入		50.0	0	0	0
成本		47.5	0	0	0
现金流量净额	-8.0	2.5	0	0	0
折现率为 15% 的净现值	2.40				
内含报酬率	24.5%				
回收期	3.2 年				
斯基尔波洛冲压机					
投资额	-12.5				
收入		50.0	50.0	50.0	50.0
成本		47.0	47.0	47.0	47.0
现金流量净额	-12.5	3.0	3.0	3.0	3.0
折现率为 15% 的净现值	2.56				
内含报酬率	20.2%				
回收期	4.2 年				

附录：内含报酬率的进一步讨论

我们在 8.2 节描述了内含报酬率法的几个潜在缺陷。不过，我们有办法弥补这些缺陷。接下来讨论在需要从竞争性投资项目中择优或投资项目存在多个内含报酬率时如何运用内含报酬率。

运用内含报酬率从互斥投资项目中择优

如果你需要从互斥投资项目中择优，简单比较内含报酬率很容易出现糟糕的决策。我们以两个建造写字楼的项目为例说明这个问题。初始投资项目是建造写字楼，然后出售。修正后投资项目则是建造更高档次的写字楼，然后出租，到了第 3 年年末再将写字楼出售。两个投资项目的现金流量如下（单位：美元）：

	C_0	C_1	C_2	C_3	内含报酬率	7% 折现率下的净现值
初始投资项目	−350 000	+400 000			14.29%	+23 832
修正后投资项目	−375 000	+25 000	+25 000	+475 000	12.56%	+57 942

尽管初始投资项目的内含报酬率较高，但其净现值较小。如果你误选了初始投资项目（而不是选择修正后投资项目），你可能会损失 30 000 美元。

我们可以这样修补内含报酬率法的缺陷：计算增量现金流量（即两个投资项目的现金流量差额）的内含报酬率。以原始投资额较小的投资项目为起点，你计划投资 350 000 美元建造写字楼，然后，1 年之后出售。其内含报酬率为 14.29%，远远超过资本成本（7%）。因此，你认为该投资项目可以接受。你现在需要解决的问题是再追加投资 25 000 美元且出租 3 年是否值得。基于这样的思路，增量现金流量、内含报酬率和净现值如下（单位：美元）：

	现金流量				内含报酬率	7% 折现率下的净现值
	C_0	C_1	C_2	C_3		
增量现金流量	−25 000	−375 000	+25 000	+475 000	11.72%	+34 110

增量现金流量的内含报酬率为 11.72%，大于资本机会成本，因此，你应该接受修正后投资项目。

运用修正后内含报酬率解决多个内含报酬率问题

只要现金流量的符号改变次数超过一次，通常就有多个内含报酬率。这时，简单的内含报酬率法失灵。有时，公司计算修正后内含报酬率规避这个问题。修正后内含报酬率可以与资本成本相比较。

我们仍以 King Coal 公司为例。其现金流量如下：

	C_0	C_1	C_2	C_3	C_4	C_5
现金流量（百万美元）	−210	+125	+125	+175	+175	−400

第 5 年的现金流量为负数，内含报酬率法的问题由此产生。我们可以用一笔具有相同现值的第 4 年现金流量替换最后两年（第 4 年和第 5 年）的现金流量。如果资本成本为 20%，我们可以用一笔第

4 年的现金流量替换第 4 年和第 5 年的现金流量。第 4 年的现金流量为：

$$+175-\frac{400}{1.20}=-158（百万美元）$$

这个数字也是负数，内含报酬率法依然有问题。因此，我们还需要再退回 1 年，将最后 3 年的现金流量合并为一笔具有相同现值的第 3 年现金流量：

$$+175+\frac{175}{1.20}-\frac{400}{1.20^2}=+43（百万美元）$$

这个数字是正数。这样，如果我们用该数字替换后 3 年的现金流量，投资项目现金流量的符号就只改变一次。现在，我们就可以用这种修正后现金流量系列计算投资项目的内含报酬率：

	年次					
	第 0 年	第 1 年	第 2 年	第 3 年	第 4 年	第 5 年
现金流量（百万美元）	−210	+125	+125	+43	—	—

修正后内含报酬率（MIRR）就是使这些现金流量的净现值为零的折现率：

$$-210+\frac{125}{1+MIRR}+\frac{125}{(1+MIRR)^2}+\frac{43}{(1+MIRR)^3}=0$$

我们求解这个方程得到修正后内含报酬率为 0.22 或 22%，高于资本机会成本即 20%。如果修正后内含报酬率高于资本成本，那么，投资项目的净现值必然为正值。

第**9**章

运用折现现金流量分析做投资决策

学习目标

1. 识别新投资项目的现金流量。

2. 根据标准财务报表计算投资项目的现金流量。

3. 理解折旧如何影响公司税负和投资项目的价值。

4. 理解营运资本的变化如何影响投资项目的现金流量。

想一下丰田公司的经理在考虑是否引进一款新车型时可能面临的问题。新厂房与设备的投资需要多少资金？新车型上市并推广的成本是多少？新车型需要多久才能投产？新车型的预期成本是多少？原材料库存和完工的整车的投入是多少？每年可以销售多少辆汽车，以何种价格销售？应该给经销商提供什么信用安排？新车型可以生产多久？停止生产之后，厂房与设备还有其他用途吗？所有这些问题都影响投资项目现金流量的数额及其时间分布。我们将在本章继续分析资本预算决策，但重点将转向财务经理应该如何为净现值分析提供必要的现金流量预期值。

你在第 8 章运用净现值法做出简单的资本预算决策，通过四个步骤解决问题：

第一步：预测投资项目的现金流量。

第二步：估计资本机会成本即股东将钱投入资本市场预期获得的报酬率。

第三步：运用资本机会成本折现未来现金流量。投资项目的现值等于未来现金流量折现值之和。

第四步：用净现值计量投资项目的价值是否超过其成本。为了计算净现值，你必须将未来收益的现值减去投资项目的必要投资额：

> 净现值＝现值－必要投资额

如果净现值为正值，你应该实施该投资项目。

我们现在需要考虑如何运用净现值法解决实际的投资决策问题。首先要确定折现的对象。从理论上讲，我们知道折现的对象就是现金流量。这也是资本预算经常称为折现现金流量（DCF）分析的原因。不过，很难直接获得现金流量的预测数据。财务经理经常需要处理产品设计、生产、营销等部门专家所提供的原始数据。此外，多数财务预测以会计原则为基础，而现金流量发生时，会计原则未必需要确认现金流量。因此，必须相应地调整这些预测数据。

接下来，我们先讨论哪些现金流量必须折现，然后通过一个案例分析如何通过标准的会计信息获取现金流量，并解释为什么现金流量与会计收益通常不同。这个案例还会引导我们进一步讨论更多的问题，如折旧与所得税之间的联系以及营运资本投资的重要性。

9.1 现金流量的识别

折现的对象：现金流量而非利润

到目前为止，我们主要讨论折现的内在机理与各种投资项目评估方法，并没有讨论折现的对象。但首要且最重要的一点是：为了计算净现值，你必须将现金流量折现，而不是将利润折现。

我们在第 3 章强调了现金流量与利润的差异，在这里再次强调。利润表只反映公司的经营状况，并不追踪现金流量。

如果公司在大型资本投资项目上投入巨额资金，尽管大量现金不断地从公司流出，但你不会因此断言公司当年的经营状况很糟糕。因此，在计算公司当年利润时，会计师并不会扣除资本支出，而是在以后年度计提折旧。

就计算各个年度利润而言，这样处理没有问题，但如果你要计算净现值就会遇上麻烦。例如，假设你正在分析某个投资项目。该投资项目的成本为 2 000 美元，预期第一年的现金流量为 1 500 美元，第二年的现金流量为 500 美元。你认为资本机会成本为 10%，那么这些现金流量的现值为：

$$现值 = \frac{1\ 500}{1.10} + \frac{500}{1.10^2} = 1\ 776.86（美元）$$

投资项目的价值低于成本，因此，其净现值为负值：

$$净现值 = 1\ 776.86 - 2\ 000 = -223.14（美元）$$

投资项目现在的成本为 2 000 美元，但会计师不会将其确认为当期费用，而是在两年内对其计提折旧，从每年的现金流量中扣除当年折旧额就可以得到会计利润（单位：美元）[①]：

	第一年	第二年
现金流入量	+1 500	+500
减：折旧额	-1 000	-1 000
会计利润	+500	-500

这样，该会计师预测第一年的利润为 500 美元，第二年则亏损 500 美元。

假设你得到这些预测的损益数据，然后天真地将其折现，计算出的净现值似乎为正值：

$$净现值 = \frac{500}{1.10} + \frac{-500}{1.10^2} = 41.32（美元）$$

当然，你知道这个结果毫无意义。该投资项目显然无利可图。我们现在投入 2 000 美元（现金流

[①] 基于报告目的，正如我们在这里所做出的假设，公司通常在投资项目的寿命期内平均摊销折旧。由此得到的折旧额与基于纳税目的允许计提的折旧额不同。我们将在本章后面部分更详细地讨论这个问题。

出量为 2 000 美元），之后只能收回投资额（第一年为 1 500 美元，第二年为 500 美元），报酬率为零。但如果我们将这笔钱投入资本市场，就可以获得 10% 的报酬率。

上述例子告诉我们：**在计算净现值时，投资支出一旦发生就应该确认，而不是将其作为以后年度的折旧。从财务角度看，投资项目之所以有吸引力，是因为投资项目能创造可分配给股东或再投资于公司的现金流量。因此，资本预算的重点必须是现金流量，而不是利润。**

我们在第 3 章讨论现金流量与利润之间的差别时举了另一个例子。会计师在收入实现时确认利润，而不是在公司和顾客收付款项时确认利润。例如，尽管销售款项要等数月之后才能收到，但利润表在销售实现时就确认收入。这种会计处理方法也可能导致会计利润与现金流量的差异。销售可以立即产生利润，却只能稍后产生现金流量。

例 9.1　现金流量比销售来得晚

你所在公司的一名优秀的计算机销售人员在当年 12 月 15 日完成了一笔 50 万美元的业务，正好可以将其计入年度绩效。该销售人员应如何安排该销售合约呢？该销售人员给予顾客 180 天的付款期。尽管公司要等到次年 6 月才能收取该笔款项，但利润表将在 12 月确认该销售收入。

会计师注意到这一时间差，将这 50 万美元记入应收账款账户，增加了应收账款账户余额，到次年 6 月收到这笔钱时再冲减应收账款账户余额。（应收账款总额刚好等于顾客所欠的所有现金之和。）

你可以将应收账款增加额视为一种投资，即对顾客提供一笔 180 天的贷款。这样，应收账款增加额也可视为一笔现金流出量。如果顾客支付了该款项，公司就收回了该投资。因此，财务分析师发现可以便捷地计算现金流量（单位：美元）如下：

当年 12 月		次年 6 月	
销售收入	500 000	销售收入	0
减：应收账款投资	−500 000	加：收回应收账款	+500 000
现金流量	0	现金流量	500 000

值得注意的是，上述过程正确地计算出公司次年 6 月的现金流量为 50 万美元。

当然，要将会计数据转换为实际的现金流量并不容易。如果你不清楚何谓现金流量，那就简单地将收到的所有现金减去支付的所有现金。

将增量现金流量折现

投资项目的现值取决于其创造的增量现金流量。因此，你首先要预测公司实施该投资项目的现金流量，然后预测公司不实施该投资项目的现金流量。两种现金流量之间的差额，就是该投资项目创造的增量现金流量：

增量现金流量＝实施投资项目的现金流量−不实施投资项目的现金流量

例 9.2　推出一款新产品

考虑一下苹果公司开发 iPhone11 的决策。如果苹果公司获得了成功，iPhone11 可能创造数十亿美元的利润。

但这些利润都是增量现金流量吗？肯定不是。"实施与不实施"原则提醒我们，还要考虑苹果公司不开发该款手机时的现金流量。如果苹果公司推出 iPhone11，其原有的 iPhone10 的需求就会下降。这样，增量现金流量为：

$$\underset{\text{（包括 iPhone10 因此而减少的现金流量）}}{\text{推出 iPhone11 的现金流量}} - \underset{\text{（包括 iPhone10 因此而增加的现金流量）}}{\text{不推出 iPhone11 的现金流量}}$$

资本预算的难点就是追踪投资项目的所有增量现金流量。下面是值得注意的几个要点：

包括所有间接影响 苹果公司开发新智能手机的决策说明了一种普遍存在的间接影响，新产品经常会侵蚀现有产品的销售市场。当然，公司通常还是会推出新产品，因为公司认为现有产品线面临激烈的竞争，即使苹果公司不推出新产品，三星公司和其他竞争对手肯定会继续改善其安卓手机，也不能保证现有产品线能够以现有的水平持续下去。现有产品线的销售额迟早会下滑。

有时，新投资项目有助于公司开展现有业务。假设你是一家航空公司的财务经理，正在考虑开通一条从伊利诺伊州的皮奥里亚到芝加哥的奥海尔国际机场的短途航线。如果你单独考虑该新航线，其净现值可能为负值。但一旦考虑该新航线的开通可能给奥海尔国际机场之外的其他交通领域带来新的业务，就可能认为这是一项非常价值的投资项目。**为了预测增量现金流量，你必须追踪可接受投资项目的所有间接影响。**

一旦确认所有间接影响，有些资本投资项目的寿命期就会非常长。例如，你考虑引进一种新的喷气式发动机。该发动机的制造商为了尽快销售产品，经常提供具有吸引力的价格。因为一旦安装该发动机，未来 15 年的零部件销售就几乎锁定了。况且，航空公司也不希望其飞机安装的发动机种类过多。这样，现在销售喷气式发动机可能促进以后的销售，而以后的销售又可能进一步增加零部件需求。因此，最初的新型发动机销售所带来的增量影响可能持续 20 年甚至更久。

忘记沉没成本 沉没成本就像泼出去的牛奶：沉没成本是过去发生的非相关的现金流出量。**无论你是否接受某个投资项目，沉没成本都保持不变。因此，沉没成本不影响投资项目的净现值。**

以詹姆斯·韦伯太空望远镜（James Webb Space Telescope）项目为例。该太空望远镜项目原本计划在 2011 年推出，耗资 16 亿美元，但由于耗资巨大，只好延期。根据最近的估计，该太空望远镜项目预计需要耗资 88 亿美元，计划在 2019 年推出。在美国国会就是否取消该太空望远镜项目展开辩论时，支持者认为放弃已经耗费巨资的太空望远镜项目可能是愚蠢的行为。反对者则认为继续实施还需要耗费巨资的太空望远镜项目可能是更为愚蠢的行为。辩论双方都落入沉没成本的陷阱。美国国家航空航天管理局（NASA）花的钱已经无法收回，因此，这些钱与是否终止太空望远镜项目的决策无关。

考虑机会成本 即使不必付出现金，也几乎从来就没有免费的资源。例如，假设某个新工厂占用的土地可以以 10 万美元出售。这块土地资源代价高昂。如果你自己使用这块土地，就错过了出售该土地的机会。尽管不存在付现成本，但存在**机会成本**（opportunity cost），即放弃土地其他用途的价值。

这个例子提醒你，评估投资项目需要关注"投资项目接受与否"的现金流量，而不是"投资项目接受前后"的现金流量。如果经理比较投资项目接受前后的现金流量，可能认为这块土地没有任何价值，因为公司在接受投资项目之前与之后都拥有该土地。

接受投资项目之前	接受投资项目	接受投资项目之后	接受投资项目前后的现金流量
公司拥有土地	⟶	公司依然拥有土地	0

投资项目接受与否的现金流量比较如下：

接受投资项目之前	接受投资项目	接受投资项目之后	接受投资项目的现金流量
公司拥有土地	⟶	公司依然拥有土地	0

接受投资项目之前	不接受投资项目	不接受投资项目之后	不接受投资项目的现金流量
公司拥有土地	⟶	公司以 10 万美元出售土地	100 000 美元

如果你比较接受与不接受投资项目的现金流量，可以发现，接受该投资项目就意味着放弃 10 万美元。购买该土地的初始成本是非相关成本即沉没成本。**机会成本相当于现在出售土地可以得到的现金数额；如果你实施该投资项目，你就无法得到这笔现金。**

如果资源可以自由交易，那么机会成本就是其市场价格。[①] 不过，机会成本有时也很难估计。假设你正在实施一个开发新型计算机的投资项目，并将正负责一种新操作系统的软件开发团队抽调过来，但这种新操作系统的现有顾客不会耐心等待。激怒这些顾客的成本可能难以精确计算，但这会促使你认真思考将软件开发团队抽调到新型计算机投资项目的机会成本。

确认营运资本投资　营运资本净额（net working capital），通常简称为营运资本，是公司的短期资产与短期负债之间的差额。你需要考虑的主要短期资产包括应收账款（顾客尚未支付的账单）、原材料和产成品存货，而主要的短期负债包括应付账款（公司尚未支付的账单）和应计项目（如本期已经发生但尚未支付的工资或税款等负债项目）。

多数投资项目势必产生营运资本投资。例如，在开始生产之前，你必须投资于原材料存货。在你发货之后，顾客可能延期付款，应收账款随之增加。（回顾例 9.1 所描述的计算机销售情况，该业务产生了一笔 50 万美元、为期 6 个月的应收账款投资）。下一年，随着业务继续开展，你可能需要更多的原材料存货，也会产生更多的应收账款。**营运资本投资同厂房与设备投资一样，都会产生现金流出量。**

营运资本是预测投资项目现金流量最令人困惑的概念之一。[②] 下面是一些最常见的错误：

1. 完全忽略营运资本。我们希望你永远不会犯这种错误。

2. 忽略了在投资项目寿命期内营运资本可能发生变化。想象一下，你每年销售 100 000 美元的商品，顾客平均延迟 6 个月付款。这样，你每年就有 50 000 美元的应收账款。现在你将价格提高 10%，销售收入也就增加到 110 000 美元。如果顾客依然延迟 6 个月付款，应收账款就增加到 55 000 美元。如此一来，你需要追加营运资本投资 5 000 美元。

3. 忽略了在投资项目结束时，公司可以收回营运资本。如果投资项目结束了，存货已经全部用完，应收账款全部收回（你希望如此），你便收回了营运资本投资。由此便产生一笔现金流入量。

关注投资项目终止的现金流量　投资项目结束时几乎总会发生额外的现金流量。例如，你可能出售该投资项目附属的厂房、设备和各种房地产。此外，正如我们刚刚提及的，你可以通过出售产成品存货并收回应收账款等方式收回营运资本投资。

---

①　如果对于公司而言，土地的价值低于其市场价格，公司可能出售该土地。但是，某个特定投资项目使用该土地的机会成本不能超过购买一块可替代的类似土地的成本。

②　如果你不清楚为何营运资本会影响现金流量，请回顾第 3 章的内容。我们在第 3 章简要介绍了营运资本并举了一些例子。

有时，终止某个投资项目也会发生各种成本。例如，核电设施的清除成本可能高达数亿美元。如果矿山枯竭，也可能需要修复周边环境。麦克莫兰金铜矿业公司（FCX）已经拨出超过4亿美元的专款用于将来关闭和改造其新墨西哥州矿山。千万别忘记考虑这些终值的现金流量。

注意分摊间接成本　我们已经提到，会计师收集数据的目标并不总是与投资项目分析师的目标一致。诸如租金、供暖或电费等间接成本的分摊就是一个例证。尽管这些间接成本可能与某个投资项目并不直接相关，但无论如何，公司必须支付这些成本。因此，会计师在将这些成本分配到投资项目时，通常也会分配间接成本。但增量现金流量原则告诉我们，在评估投资项目时，应该只包括该投资项目的额外费用。

投资项目可能产生额外的间接成本，也可能不产生额外的间接成本。我们应注意到，会计师的间接成本分配并不意味着接受该投资项目可能产生的增量现金流量。

以名义资本成本将名义现金流量折现

利率通常以名义利率报价。如果你以6%的利率将100美元存入银行，该银行承诺到年末支付给你106美元。但银行没有承诺这106美元可以购买多少物品。银行存款的实际利率取决于通货膨胀率。如果通货膨胀率为2%，那么，年末的106美元能够购买的物品只比年初的100美元能够购买的物品多4%。名义利率为6%，但实际利率大约为4%。[①]

如果折现率是名义利率，那么为了保持一致性，现金流量也必须是名义现金流量，同时要考虑销售价格、人工和材料成本等因素的变化趋势。这要求我们不能简单地以单一设定的通货膨胀率调整现金流量的各个组成部分。有些成本或价格的增长比通货膨胀率的增长更快，有些成本或价格的增长则比通货膨胀率的增长更慢。例如，你可能已经与供应商签订了一份5年期的固定价格合约，无论本期通货膨胀率如何变化，以名义变量衡量，你的这部分成本保持固定不变。

当然，以实际利率将实际现金流量折现也没有什么错，但这种做法并不常见。我们在第5章已经看到，以实际利率将实际现金流量折现的结果与以名义利率将名义现金流量折现的结果完全一致。

尽管保持一致性是显而易见的事情，但分析师在预测未来现金流量时，有时也会忘记考虑通货膨胀率的影响，以名义利率将实际现金流量折现。这将严重低估投资项目的价值。

不能混淆和错配实际变量与名义变量。实际现金流量必须以实际利率折现，名义现金流量必须以名义利率折现。如果以名义利率将实际现金流量折现，那就是一个天大的错误。

例9.3　现金流量与通货膨胀

City Consulting Services公司正在考虑搬进一栋新写字楼。该写字楼一年的租金为8 000美元，必须立即支付。以后每年的租金将以3%的年通货膨胀率上涨。公司打算租用该写字楼4年。如果折现率为10%，其租金成本的现值是多少？

以10%的折现率将名义现金流量折现，便可得到其现值（单位：美元）：

[①]　回顾第5章：

实际利率≈名义利率−通货膨胀率

更精确的计算公式为：

$$1+实际利率 = \frac{1+名义利率}{1+通货膨胀率} = \frac{1.06}{1.02} = 1.039\ 2$$

因此，实际利率为0.039 2或3.92%。

年次	现金流量	10% 折现率下的现值
0	8 000	8 000
1	$8\,000 \times 1.03 = 8\,240$	$8\,240/1.10 = 7\,491$
2	$8\,000 \times 1.03^2 = 8\,487$	$8\,487/1.10^2 = 7\,014$
3	$8\,000 \times 1.03^3 = 8\,742$	$8\,742/1.10^3 = \underline{6\,568}$
		29 073

此外，可以计算出实际利率：$1.10/1.03 - 1 = 0.679\,6$ 或 6.796%。[①] 这样，以实际利率将实际现金流量折现，也可以计算现金流量的现值如下（单位：美元）：

年次	现金流量	6.796% 折现率下的现值
0	8 000	8 000
1	8 000	$8\,000/1.067\,96 = 7\,491$
2	8 000	$8\,000/1.067\,96^2 = 7\,014$
3	8 000	$8\,000/1.067\,96^3 = \underline{6\,568}$
		29 073

值得注意的是，即使租金随着通货膨胀率上升而增加，实际现金流量也是一个固定的数额。不论使用哪种方法将现金流量折现，每一笔现金流量的现值都相等。当然，各笔现金流量的现值之和也相等。

投资决策与筹资决策相分离

假设你通过借款筹集投资项目所需的部分资金。那么，如何处理通过债务筹集的资金，偿还其利息和本金呢？答案可能是：你既不应该从所需投资额中扣除通过债务筹集的资金，也不应该将支付的债务利息和本金视为现金流出量。不论实际的筹资方式如何，你都应该将投资项目的资金来源全部视为权益筹资，投资项目所需的现金流出量都来源于股东，投资项目的现金流入量也都归属于股东。[②]

这种处理方法聚焦于投资项目的现金流量，而不是与各种筹集方式相关的现金流量。这样，你就可以将投资决策分析与筹资决策分析区分开来。你首先假设投资项目的资金全部来源于权益筹资，追问投资项目的净现值是否为正值。只有投资项目的净现值为正值，你才有必要就可能影响筹资战略的各种因素展开独立的分析。本书稍后将讨论筹资决策问题。

9.2　公司所得税

在评估投资项目时，你需要折现税后现金流量。不过，你可能偶遇有些公司的做法：预测税前现金流量并以较高的"税前"折现率折现这些税前现金流量。其实，这种做法并不合理。没有调整折现

---

① 我们计算实际利率时保留到小数点后 4 位，以避免因四舍五入而可能引起的混淆。但在实际工作中，完全没有必要如此精确。

② 值得注意的是，这意味着在计算与投资项目相关的营运资本时，应该假设短期债务或现金余额为零。

率，可能计算出错误的净现值。

各国的所得税税率存在显著差异。所得税税率也经常变化，而且有时变化非常大。根据2017年公布的《减税与就业法案》（Tax Cut and Jobs Act），从2018年起，美国公司所得税税率从35%下降到21%。由此，美国公司所得税税率发生了显著变化。

美国《减税与就业法案》也显著改变了折旧规则。这些规则之所以重要，是因为折旧是一种费用，减少了应税收益，进而减少了应该交给政府的税款。如果公司所得税税率为21%，1美元的折旧就相应减少1美元的应税收益，进而减少税负0.21美元。这种税负减少额就称为**折旧税盾**（depreciation tax shield）。

2018年之前，美国公司在计算应税收益时，允许采用可以立即扣除一半资产成本的所谓红利折旧法（bonus depreciation）。红利折旧法尚未回收的投资额可以在以后年度继续采用**修正的加速成本回收制度**（modified accelerated cost recovery system，MACRS）计提折旧。修正的加速成本回收制度是一种加速折旧的方法。"加速"意味着提前计提折旧：资产寿命期的早期计提较多的折旧额，但资产寿命期的后期计提较少的折旧额。相反，根据**直线折旧法**（straight-line depreciation），每年计提相等的折旧额。不过，新税法允许公司充分采用红利折旧法立即注销投资额。这是一种极端的加速折旧法。基于100%的红利折旧法，公司可以将厂房和设备投资作为当期费用处理。[①]

不过，红利折旧法只是一种权宜之计。从2023年开始，逐步停止实施红利折旧法，到2027年，停止实施红利折旧法。我们只能静观其变，看看100%的红利折旧法尚未回收的投资额如何计提折旧。也许，将回到原来的备用方案，继续实施修正的加速成本回收制度。我们将在本章后面部分继续讨论修正的加速成本回收制度和其他加速折旧方法。

2017年之前，公司可以将绝大部分研究与开发支出作为当期费用处理。从2020年开始，绝大部分研究与开发支出必须在5年内摊销。许多人对这种变化感到不解。如果厂房和设备投资现在可以作为当期费用处理（至少2022年之前，可以这么处理），为什么曾经作为费用处理的研究与开发投资现在必须列入资产负债表并计提折旧呢？

美国2017年税制改革还引发公司所得税的其他重要变化，我们将在后续各章再讨论这些问题。

9.3 Blooper Industries 公司案例

假设 Blooper Industries 公司刚刚任命你为财务经理，你准备分析一个开采与销售优质镁矿石的小型投资项目。[②] 表9-1（电子数据表）列示了计算过程。我们将逐行解释电子数据表的各个部分。第一部分列示了预测现金流量和计算净现值所需要的基本信息。

表9-1　Blooper Industries 公司镁矿石投资项目的财务预测　　　　　单位：千美元

	A	B	C	D	E	F	G	H
1	A. 各种假设							
2	初始投资额	10 000						

---

① 不动产投资不适用红利或加速折旧法。不动产投资采用直线折旧法在15年或15年以上的期间内计提折旧。

② 读者可能会询问这种镁矿石是否真实存在。事实是，早期的电视节目创造了"镁矿石"。许多电视节目结束时，播音员都会播出这样的话："这些节目由 Blooper Industries 公司提供，该公司是铝矿石、镁矿石及其附属品的提供商。"我们已经忘记了该公司，但这种令人捧腹大笑的事情确实发生过。

续表

	A	B	C	D	E	F	G	H
3	残值	2 000						
4	初始收入	15 000						
5	初始费用	10 000						
6	通货膨胀率	5.0%						
7	折现率	12.0%						
8	应收账款占销售额的百分比	16.7%						
9	存货占下一年度成本的百分比	15.0%						
10	税率	21.0%						
11								
12	年次	0	1	2	3	4	5	6
13	B. 固定资产							
14	固定资产投资	15 000						
15	出售固定资产							1 580
16	现金流量（固定资产投资）	−15 000	0	0	0	0	0	1 580
17								
18	C. 经营现金流量							
19	收入		15 000	15 750	16 538	17 364	18 233	
20	费用		10 000	10 500	11 025	11 576	12 155	
21	折旧额		3 000	3 000	3 000	3 000	3 000	
22	税前利润		2 000	2 250	2 513	2 788	3 078	
23	税金		420	473	528	586	646	
24	税后利润		1 580	1 778	1 985	2 203	2 431	
25	经营现金流量		4 580	4 778	4 985	5 203	5 431	
26								
27	D. 营运资本							
28	营运资本	1 500	4 075	4 279	4 493	4 717	3 039	0
29	营运资本变动	1 500	2 575	204	214	225	−1 679	−3 039
30	现金流量（营运资本投资）	−1 500	−2 575	−204	−214	−225	1 679	3 039
31								
32	E. 投资项目评估							
33	投资项目现金流量总额	−16 500	2 005	4 574	4 771	4 978	7 110	4 619
34	折现系数	1.000	0.893	0.797	0.712	0.636	0.567	0.507
35	现金流量现值	−16 500	1 790	3.646	3 396	3 164	4 034	2 340
36	净现值	1 870						

预测 Blooper Industries 公司的现金流量

你的首要工作是预计矿藏能带来的现金流量。现金流量由三部分组成：

$$现金流量总额 = \frac{资本投资产生的}{现金流量} + \frac{经营现金}{流量} + \frac{营运资本变动}{产生的现金流量} \tag{9.1}$$

第一部分：资本投资 要成功启动一个投资项目，公司通常需要先期在厂房、设备、研发与启动成本等方面投入资金。这种支出是一笔负值的现金流量。现金流量为负值意味着现金从公司流出。

投资项目结束时，公司可以出售厂房和设备或将厂房和设备重新分配给公司的其他业务部门。如果公司出售这些厂房和设备，那么，残值（扣除出售厂房和设备应缴纳税款之后的净值）就是一笔正值的现金流量。然而，请记住我们前面的提醒，如果终止投资项目的成本较大，最终现金流量也可能是负值。

表 9-1 的 B 部分详细地描绘了 Blooper Industries 公司的初始资本投资额和终止投资项目的数据。该投资项目的初始投资额为 1 500 万美元（单元格 B14）。5 年之后，该矿藏资源枯竭，开采设备以 200 万美元的价格出售（单元格 B3）。该预测值已经考虑通货膨胀对出售价格的可能影响。

在你出售设备时，美国国税局将检查是否存在由销售引起的税金。设备出售价格（200 万美元）和设备账面价值之间的差额需要纳税。如果 Blooper Industries 公司已经计提完设备的折旧，则该设备在第六年出售时账面价值为零，Blooper Industries 公司必须就 200 万美元的出售设备收入全额纳税。因此，Blooper Industries 公司在第六年出售该设备时必须纳税 42 万美元（0.21×200）。这样，第六年因出售设备而产生的现金流量净额为：

$$残值 - 税金 = 2\ 000 - 420 = 1\ 580(千美元)$$

该数值列示在单元格 H15。在该投资项目结束时，Blooper Industries 公司可能不会再发生任何恢复成本。否则，残值必须扣除这些恢复成本。

第 16 行总结了因固定资产投资与出售固定资产而产生的现金流量。每个单元格的数值等于出售资产的税后收入（第 15 行）减去固定资产投资额（第 14 行）。

第二部分：经营现金流量 经营现金流量是销售新产品的收入减去产品成本和税金：

$$经营现金流量 = 收入 - 费用 - 税金 \tag{9.2}$$

许多投资项目并不产生额外的收入，只是减少了公司现有的经营成本。例如，某个新的计算机系统可能减少人工成本或新的供暖设备可能更节能。根据式（9.2），减少费用就增加了公式的经营现金流量。税后成本降低额就是一笔额外的正值现金流量。

式（9.2）是计算经营现金流量的最直接方式。该公式只采用体现实际现金流量的利润表项目，因此，也可以视为一种现金流入量减去现金流出量法。当然，其他两种方法也很常用。这里，我们以税后会计利润为起点，加回所有非现金"会计费用"，尤其是已经扣除的折旧额，即

$$经营现金流量 = 税后利润 + 折旧额 \tag{9.3}$$

最后，第三种方法关注折旧税盾，因折旧引起的税负减少。税负减少额等于税率与折旧额的乘积：

$$折旧税盾 = 税率 \times 折旧额$$

这意味着我们可以从净利润开始计算经营现金流量。我们首先假设不存在折旧额，然后加回根据实际计提的折旧额计算出来的折旧税盾：

$$经营现金流量 = (收入 - 现金费用) \times (1 - 税率) + (税率 \times 折旧额) \tag{9.4}$$

我们接着计算 Blooper Industries 公司的经营现金流量。表 9-1 的 C 部分列示了**镁矿石的现金流量**。Blooper Industries 公司预期第一年能够以每磅 20 美元的价格销售镁矿石 750 000 磅。这样，其初始收入为 15 000 000 美元（750 000×20）。不过，请注意每年的通货膨胀率为 5%。如果镁矿石的价格与通货膨胀率保持同步，那么，你应该预期第二年的收入将增加 5%，第三年的收入再增加 5%，以此类推。表 9-1 的第 19 行列示了收入随着通货膨胀率而同步增长。

表 9-1 的收入预测值只有 5 年，因为此时该矿藏已经枯竭。但如果 Blooper Industries 公司第六年还在销售，那么你的预测就应该包括这部分销售收入。我们有时可能遇到这样一些财务经理，他们即使坚信投资项目能够提供 10 年或 10 年以上的收入，也仍然将投资项目的寿命期设定为 5 年。如果你问财务经理为什么这样做，他们的理由是难以预测 5 年之后的数据。我们可以理解财务经理的苦衷，但他们必须尽力而为，不能武断地缩短投资项目的寿命期。

第一年的开采和提炼费用为 1 000 万美元（单元格 C20）。这些开采和提炼费用（第 20 行）随着通货膨胀率每年同步增长 5%。

我们现在假设该公司在 5 年内采用**直线折旧法**（straight-line depreciation）计提开采设备的折旧。这就意味着每年从利润中扣除初始投资额（1 500 万美元）的 1/5。第 21 行列示了每年扣除的折旧费用为 300 万美元。

列示于第 22 行的税前利润等于收入减去费用和折旧额。税金（第 23 行）是税前利润的 21%。例如，在第一年：

$$税金 = 0.21 \times 2\ 000 = 420（千美元）$$

税后利润（第 24 行）等于税前利润减去税金。

C 部分的最后一行列示了经营现金流量。表 9-1 将税后利润与折旧额相加便得到现金流量。因此，第一年的经营现金流量为 458 万美元（158+300）。当然，我们也可以采用其他两种方法计算经营现金流量。

例如，运用现金流入量减去现金流出量法可以得出相同的经营现金流量：

$$收入-费用-税金 = 15\ 000-10\ 000-420 = 4\ 580（千美元）$$

折旧税盾法也可以得到相同的答案：

$$（收入-现金费用）\times（1-税率）+（税率 \times 折旧额）$$
$$=（15\ 000-10\ 000）\times（1-0.21）+0.21 \times 3\ 000 = 4\ 580（千美元）$$

值得注意的是，在计算经营现金流量时，我们忽略了债务为投资项目提供部分资金的可能性。根据前述规则，我们没有扣除原始投资额的债务资金额，也没有扣除这些现金流量需要支付的利息。预测现金流量的惯例假设权益资本提供投资项目所需要的全部资金。筹资决策产生的任何价值增值都单独考虑。

第三部分：营运资本投资　我们在本章前面部分已经指出，如果公司储备原材料或产成品存货，公司的现金就会减少。现金的减少反映了公司对存货的投资。同样，如果顾客延期付款，现金也会减少。此时，公司投资于应收账款。营运资本投资同厂房和设备投资一样，意味着现金流量为负值。不过，在投资项目的后期，公司出售存货并收回应收账款。随着这些资产转化为现金，公司的营运资本投资额也会减少。

总而言之，**营运资本增加额是一项投资额，意味着该现金流量为负值；营运资本减少额则意味着该现金流量为正值。要用营运资本变动额而不是营运资本总额计量现金流量。**

表 9-1 的 D 部分列示了 Blooper Industries 公司镁矿石投资项目需要的营运资本投资。第 28 行列

示了营运资本数额。随着投资项目早期不断推进,营运资本不断增加,但到了投资项目后期,开始收回营运资本投资,营运资本数额逐步减少。

第29行列示了各年度的营运资本变动情况。值得注意的是,从第一年到第四年,营运资本变动额为正值,因为投资项目在这些年度内需要增加营运资本的投资。从第五年开始,营运资本变动额为负值,公司开始收回部分营运资本。与营运资本投资相关的现金流量(第30行)就是营运资本变动额,但这是一个负值。同厂房和设备投资一样,营运资本投资产生的现金流量为负值,收回投资产生的现金流量为正值。

Blooper Industries 公司投资项目净现值的计算

式(9.1)告诉我们,投资项目各期现金流量总额为下列三个部分现金流量之和:

投资现金流量总额=资本投资产生的现金流量+经营现金流量+营运资本投资产生的现金流量

表9-1的第33行列示了 Blooper Industries 公司镁矿石投资项目的预期现金流量总额。

假设投资者预期资本市场上与镁矿石投资项目风险相同的投资项目能够获得的报酬率为12%。这就是 Blooper Industries 公司股东将钱投入镁矿石投资项目的资本机会成本。这样,为了计算投资项目的净现值,现金流量的折现率应为12%。

第34行与第35行列示了计算过程。请记住,为了计算第 t 年现金流量的现值,你可以将第 t 年的现金流量除以 $(1+r)^t$,或乘以折现系数 $1/(1+r)^t$。第34行列示了每年的折现系数,第35行为将现金流量(第33行)乘以折现系数计算出的该现金流量的现值。如果所有现金流量都折现并加总,那么镁矿石投资项目的现值为187万美元(单元格 B36)。

不过,有一个环节容易出错:为了计算第一年的现金流量现值,我们将现金流量除以 $(1+r)$。严格地说,只有当所有收入和所有成本都发生在距离现在刚好365天0小时0分时,计算过程才正确。当然,一年的收入也不可能全部发生在12月31日午夜。然而,公司的资本预算决策通常愿意假设所有现金流量都每隔一年发生一次。做出这种假设的目的只有一个,那就是简化。销售预测有时带有智力猜测的成分,因此,没必要苦苦追问销售额在年度内到底如何分布。[①]

进一步讨论 Blooper Industries 公司投资项目引起的问题

在我们结束 Blooper Industries 公司镁矿石投资项目的分析之前,还需要讨论某些问题。

预测营运资本 表9-1列示了 Blooper Industries 公司期望其镁矿石投资项目在第一年和第二年的收入分别为1 500万美元和1 575万美元。但是,Blooper Industries 公司在第一年和第二年没有真正收到这些款项,因为有些顾客并没有马上付款。Blooper Industries 公司的分析师预测,平均而言,顾客可能延迟2个月支付款项,这样,每年销售收入的2/12将在下一个年度收到款项。这些尚未收取的款项就是应收账款。例如,在第一年,Blooper Industries 公司的应收账款为250万美元(2/12×1 500)。[②]

现在考虑该投资项目的费用。第一年和第二年的费用预计分别为1 000万美元和1 050万美元。但有些现金可能要早点支付,因为 Blooper Industries 公司必须首先生产出镁矿石,然后才能销

---

① 财务经理有时假设现金流量发生于年度中间即6月底。这种年度中间的惯例大致相当于假设现金流量均衡地分布于年度内。就某些行业而言,这是一个糟糕的假设。例如,零售行业的大部分现金流量都发生于年底假期来临之际。

② 为了方便起见,我们假设尽管 Blooper Industries 公司的顾客可能延迟付款,但公司按期支付其所有账单。如果公司不能及时支付账单,这些尚未支付的款项作为应付账款处理。营运资本将扣除应付账款的数额。

售。每年公司都开采镁矿石，但有些镁矿石要等到下年度才销售出去。这些镁矿石转入存货，只有当它们从库存转出并销售之后，会计师才扣除其生产成本。Blooper Industries 公司预计每年的费用中有 15% 是以前年度的存货投资额。这样，投资当年和第一年的存货投资额预测值分别为 150 万美元（0.15×1 000）和 157.5 万美元（0.15×1 050）。[①]

现在，我们可以看到 Blooper Industries 公司如何预测其营运资本（表 9-1 的第 28 行）以及与营运资本的投资和收回相关的现金流量（单位：千美元）：

	0	1	2	3	4	5	6
1. 应收账款（2/12×收入）	0	2 500	2 625	2 756	2 894	3 039	0
2. 存货（0.15×下年度费用）	1 500	1 575	1 654	1 736	1 823	0	0
3. 营运资本（1+2）	1 500	4 075	4 279	4 493	4 717	3 039	0
4. 与营运资本相关的现金流量	−1 500	−2 575	−204	−214	−225	+1 679	+3 039

说明：各列之和存在因四舍五入所致的误差。

值得注意的是，从第一年到第四年营运资本随着镁矿石销售的增加而增加。第五年是销售的最后一年，Blooper Industries 公司的存货将减少为零。公司预期第六年可以收回第五年的应收账款，因此，第六年的应收账款也为零。减少营运资本意味着现金流量增加。例如，第六年的现金流量因收回应收账款 303.9 万美元而相应增加（参见表 9-1 的第 30 行）。

一旦构建了电子数据表，就可以轻易地确定基于不同假设的营运资本数额。例如，你可以通过改变单元格 B8 和 B9 的数值，调整应收账款和存货的数额。

加速折旧与第一年费用化　我们已经看到，折旧是一种非现金费用。由于折旧减少了应税收益，因此，折旧是一个重要项目。就 Blooper Industries 公司而言：

$$每年税盾 = 折旧额 × 税率 = 3 000 × 0.21 = 630（千美元）$$

在表 9-1，我们假设 Blooper Industries 公司采用直线折旧法，因此，每年注销初始投资额的一个固定数额。这是世界范围内最普遍采用的折旧方法，但某些国家（包括美国）允许公司更快地对投资额计提折旧。

加速折旧存在各种不同的方法。例如，公司可以采用**双倍余额递减法**（double-declining-balance）。根据双倍余额递减法，Blooper Industries 公司每年可以按设备的剩余账面价值的 2/5（2×1/5）或 40%（而不仅仅 1/5）计提折旧。这样，在第一年，Blooper Industries 公司将计提折旧 600 万美元（0.4×1 500），该设备的剩余账面价值为 900 万美元（1 500−600）。在第二年，Blooper Industries 公司将计提折旧 360 万美元（0.4×900），该设备的剩余账面价值为 540 万美元（900−360）。在第三年，Blooper Industries 公司将计提折旧 216 万美元（0.4×540），该设备的剩余账面价值为 324 万美元。到了第四年，根据税法规定，该设备计提折旧的年限只剩下两年，Blooper Industries 公司的折旧方法转换为直线折旧法，在剩余的两年内，每年折旧额计为该设备剩余账面价值的一半。这时，折旧率高于双倍余额递减法的折旧率。因此，如果 Blooper Industries 公司在最后两年转换为直线折旧法，并在这两年内注销该设备剩余账面价值 324 万美元，其折旧率比较高。由此，Blooper Industries 公司每年的折旧如下表所示（单位：百万美元）。

---

① 按道理应该假设存货数额是产品直接成本（如销货成本）而不是费用总额的 15%，因为费用总额还包括固定成本。当然，为了避免电子数据表过于复杂，我们忽略了这个差异。

	年次				
	1	2	3	4	5
年初账面价值	15	9	5.4	3.24	1.62
折旧额	0.4×15=6	0.4×9=3.6	0.4×5.4=2.16	3.24/2=1.62	1.62
年末账面价值	15-6=9	9-3.6=5.4	5.4-2.16=3.24	3.24-1.62=1.62	0

值得注意的是，尽管加速折旧并不影响投资项目寿命期内的折旧总额，但 Blooper Industries 公司可以更早地得到折旧的扣除数额。由此，Blooper Industries 公司的折旧税盾现值增加到 246 万美元，比直线折旧法可能得到的税盾多了 18.9 万美元。如果 Blooper Industries 公司采用双倍余额递减法，投资项目的净现值将相应地增加 18.9 万美元。

1986—2017 年，美国公司略微改变了双倍余额递减法，采用修正的加速成本回收制度。[①] 但 2017 年的《减税与就业法案》允许公司充分运用红利折旧法，在投资支出发生的当年将投资支出全部注销。表 9 - 2 假设 1 500 万美元投资额可以立即全额计提折旧，并重新计算 Blooper Industries 公司镁矿石投资项目的净现值。表 9 - 1 和表 9 - 2 的唯一差异在于 C 部分和 E 部分。第 21 行（折旧额）有所变化，由此影响了税前利润、税金、税后利润和经营现金流量。这些新的现金流量数据又转入第 33 行并加以折现，得到投资项目的净现值。

表 9 - 2　Blooper Industries 公司镁矿石投资项目的财务预测（采用红利折旧法）　　　　单位：千美元

	A	B	C	D	E	F	G	H
1	A. 各种假设							
2	初始投资额	15 000						
3	残值	2 000						
4	初始收入	15 000						
5	初始费用	10 000						
6	通货膨胀率	5.0%						
7	折现率	12.0%						
8	应收账款占销售额的百分比	16.7%						
9	存货占下一年度成本的百分比	15.0%						
10	税率	21.0%						
11								
12	年次	0	1	2	3	4	5	6
13	B. 固定资产							
14	固定资产投资	15 000						
15	出售固定资产							1 580
16	现金流量（固定资产投资）	-15 000	0	0	0	0	0	1 580
17								

---

① 两种折旧方法的唯一差异是修正的加速成本回收制度假设当年只投资一半，因此，在第一年，公司只承担原始折旧额的一半。

续表

	A	B	C	D	E	F	G	H
18	C. 经营现金流量							
19	收入		15 000	15 750	16 538	17 364	18 233	
20	费用		10 000	10 500	11 025	11 576	12 155	
21	折旧额	15 000	0	0	0	0	0	
22	税前利润	−15 000	5 000	5 250	5 513	5 788	6 078	
23	税金	−3 150	1 050	1 103	1 158	1 216	1 276	
24	税后利润	−11 850	3 950	4 148	4 355	4 573	4 801	
25	经营现金流量	3 150	3 950	4 148	4 355	4 573	4 801	
26								
27	D. 营运资本							
28	营运资本	1 500	4 075	4 279	4 493	4 717	3 039	0
29	营运资本变动	1 500	2 575	204	214	225	−1 679	−3 039
30	现金流量（营运资本投资）	−1 500	−2 575	−204	−214	−225	1 679	3 039
31								
32	E. 投资项目评估							
33	投资项目现金流量总额	−13 350	1 375	3 944	4 141	4 348	6 480	4 619
34	折现系数	1.000	0.893	0.797	0.712	0.636	0.567	0.507
35	现金流量现值	−13 350	1 228	3 144	2 947	2 763	3 677	2 340
36	净现值	2 749						

我们原本假设 Blooper Industries 公司镁矿石投资项目采用直线折旧法在 5 年内计提折旧，其净现值为 187 万美元（见表 9 - 1）。接着，我们假设 Blooper Industries 公司采用双倍余额递减法计提折旧，其净现值增加 18.9 万美元，达到 205.9 万美元。最后，根据美国 2017 年的税制改革，投资额可以全部作为费用处理，Blooper Industries 公司镁矿石投资项目的净现值增加到 274.9 万美元。表 9 - 2 列示了这个结果。

美国所有大型公司都分设两套账簿，一套提供给股东，一套提供给美国国税局。通常，公司提供给股东的账簿使用直线折旧法，提供给美国国税局的账簿则使用加速折旧方法。只有提供给美国国税局的账簿才与资本预算相关。因为提供给美国国税局的账簿决定应纳税额，直接影响现金流量。

亏损结转　回过头再看看表 9 - 2。在第零年，由于 Blooper Industries 公司对投资额全部计提了折旧，会计亏损 1 500 万美元，由此，当年的利润比采用原先折旧方法计算出来的利润少了 1 500 万美元，税金也因此而减少 315 万美元。表 9 - 2 以一个负值列示了该税负减少额，即第 0 年支付的税金为 −315 万美元。只要 Blooper Industries 公司其他业务能够创造充裕的利润弥补其镁矿石投资项目的亏损，投资项目为公司带来一笔负值的纳税负债倒也没有什么问题。不过，如果镁矿石投资项目是一个独立项目或该投资项目将使镁矿石投资项目当年出现会计亏损，情况又如何呢？美国国税局不会按 21% 的税率对公司的亏损征税，因此，会计亏损不会增加公司当年的税负。相反，公司可以将亏损无限期地结转到以后年度，以亏损抵销以后年度收益，抵销的比例可以达到以后年度收益的 80%。

例如，假设 Blooper Industries 公司镁矿石投资项目是一项独立的业务。在第零年，Blooper Industries 公司不必纳税，但可以将第零年的亏损 1 500 万美元结转到以后年度，减少以后年度的税金。这样，在第一年，Blooper Industries 公司可以用该亏损抵销其年度收益的 80%，不必就 500 万美元的收益纳税，只需要就 100 万美元（（1-0.80）×500）的收益纳税。Blooper Industries 公司用完 1 500 万美元的税收损失结转额度的 400 万美元，剩下的税收损失结转额度 1 100 万美元减少了以后年度的税负。

投资项目分析　最后回顾本章讨论的问题。在本章前面部分，你分析了 Blooper Industries 公司镁矿石投资项目。你从该投资项目的一份简化的资产和收益报表开始，并据此预测一系列现金流量，然后，计算该投资项目的净现值。

这是否意味着你现在已经大功告成？投资项目的净现值为正值，只是表明你应该继续努力，你肯定还想分析其他备选方案。例如，你可能想知道各种开采方法或矿石开采后处理岩石的各种方式，你可能还想了解矿石的各种运输和提炼方式。

你也可能还有一些"假设分析"问题。如果技术问题延迟了投资项目的开工，怎么办？如果你已经低估了劳工成本，又怎么办？为了更好地理解这些令人不爽的事件如何影响净现值，经理人采用各种各样的方法。如果经理人知道投资项目可能在哪方面出错，就能够收集更多可以降低不确定性的信息。我们将在第 10 章讨论各种"假设分析"方法。

如果投资项目发生意外事件，你必须具备灵活反应的能力。例如，如果镁矿石的价格跌到最低点，你可能希望停止经营或关闭该矿山。为了更好地适应未来环境的变化，应该事先花点时间研究公司所处的地位。

通过第 10 章的讨论，你将看到计算 Blooper Industries 公司镁矿石投资项目的净现值只是投资决策的第一步。

📖 本章小结

应该如何计算新投资项目的现金流量？（学习目标 1）

下面是预测投资项目现金流量应该注意的要点：

- 折现对象是现金流量，而不是利润。
- 估计投资项目的增量现金流量即接受该投资项目的现金流量与拒绝该投资项目的现金流量之间的差额。
- 考虑投资项目的所有间接影响，如投资项目对公司其他产品销售的影响。
- 忘记沉没成本。
- 考虑机会成本，如你原本可以出售的土地的价值。
- 注意诸如供暖、照明等间接费用的分配。这些成本可能并不反映投资项目的增量效应。
- 千万别忘记营运资本投资。随着销售的增加，公司可能需要增加营运资本投资，而投资项目结束时，公司又可以收回营运资本投资。
- 采用一致的方法处理通货膨胀。如果以名义变量（包括未来通货膨胀的影响）预测现金流量，就运用名义折现率。以实际折现率折现实际现金流量。

● 不包含债务利息或偿还债务的成本。在计算净现值时，假设投资项目所需的资金全部向股东筹资，所有现金流量也都归属于股东。这可以将投资决策与筹资决策相分离。

如何根据标准财务报表计算投资项目现金流量？（学习目标2）

投资项目的现金流量不等于利润。你必须考虑非现金费用（如折旧）和营运资本变动。

折旧如何影响公司税负以及投资项目的价值？（学习目标3）

折旧不是一种现金流量，但是，折旧降低了应税收益，从而减少了税金。这种税负减少效应称为折旧税盾。许多国家要求公司每年扣除相同数额的折旧。有些国家也允许公司在投资项目寿命期的早期计提更多的折旧。从2018年开始，美国采用极端的加速折旧方法，允许公司立即注销全部投资额。

营运资本变动如何影响投资项目现金流量？（学习目标4）

营运资本净额增加（如应收账款或存货增加）是一种投资，因此耗用了现金，即营运资本净额增加减少了投资项目当期产生的现金流量净额。如果营运资本减少，就可以释放出现金，从而使现金流量增加。

📚 微型案例

Sheetbend & Halyard, Inc. 的首席财务官杰克·塔（Jack Tar）拆开公司内部的一封机密信件，里面有一份争取向美国海军提供粗帆布的合同的竞标草案。公司的首席执行官在备忘录里要求塔先生在提交竞标书之前再审阅一遍。

公司的销售人员准备了这份竞标书及其相关资料。其中的条款提出，公司在5年内每年供应100 000码粗帆布，建议销售价格固定为每码30美元。

塔先生通常不会介入销售业务，但这份竞标书至少有两个方面不同寻常。首先，如果美国海军接受了这份竞标书，就可能与公司签订一份固定价格的长期合约。其次，生产粗帆布需要投资150万美元购置机器设备，并修整翻新公司在缅因州的生产车间。

塔先生着手工作，周末了解到以下情况并做出某些假设：

● 位于缅因州的生产车间建造于20世纪初，现在已经闲置。除了土地购买成本为10 000美元，该生产车间在该公司账簿上已经计提完折旧。

● 由于这块土地位于海边，比较值钱。预计这块土地和生产车间可以立即或在不远的将来以60万美元的价格出售。

● 修整翻新该生产车间将花费50万美元。基于纳税目的，该投资项目将在10年内运用直线折旧法计提折旧。

● 新机器的购置成本为100万美元。该投资项目将在5年内运用直线折旧法计提折旧。

● 该生产车间和新机器可用数年。然而，粗帆布的剩余市场规模较小，与海军的合约到期之后，是否还可以获得其他订单并不确定。该机器属于定制设备，只能用于生产粗帆布。该机器在第五年年末的转手价格很可能为零。

● 表9-3列示了销售人员预测的来源于这份海军合同的收益数据。塔先生审阅了这些预测数据，并认为其预测的假设前提都较为合理。

● 预计利润表没有提及营运资本。塔先生认为营运资本通常为销售收入的10%。

年次	表 9-3　美国海军粗帆布投资项目的预计利润表　　　　　　　　金额单位：千美元				
	1	2	3	4	5
1. 销售量（千码）	100.00	100.00	100.00	100.00	100.00
2. 单位销售价格（美元/码）	30.00	30.00	30.00	30.00	30.00
3. 收入（1×2）	3 000.00	3 000.00	3 000.00	3 000.00	3 000.00
4. 销货成本	2 100.00	2 184.00	2 271.36	2 362.21	2 456.70
5. 经营现金流量（3-4）	900.00	816.00	728.64	637.79	543.30
6. 折旧	250.00	250.00	250.00	250.00	250.00
7. 利润（5-6）	650.00	566.00	478.64	387.79	293.30
8. 税金（税率为30%）	195.00	169.80	143.59	116.34	87.99
9. 净利润（7-8）	455.00	369.20	335.05	271.45	205.31

说明：1. 根据合约，销售量和单位销售价格固定不变。

2. 销货成本包括每年固定成本 30 万美元和单位变动成本 18 美元。预计成本与每年 4% 的通货膨胀率同步增加。

3. 折旧：机器设备投资额 100 万美元将在 5 年内运用直线折旧法计提折旧（每年 20 万美元）。翻新缅因州的生产车间成本 50 万美元将在 10 年内运用直线折旧法计提折旧（每年 5 万美元）。

　　根据这些信息，塔先生假设海军可能接受公司的竞标，构造了一个电子数据表，计算粗帆布投资项目的净现值。

　　就在塔先生刚刚完成电子数据表的调试工作时，他收到了来自公司首席执行官的另一封机密信件。该信件提到缅因州的一家房地产公司希望以 150 万美元的现金购买 Sheetbend & Halyard, Inc. 在缅因州的那块土地和生产车间。

　　如果该投资项目的折现率为 12%，那么，塔先生是否应该建议向美国海军提交这份约定售价为每码 30 美元的竞标书呢？

第 **10** 章

投资项目分析

学习目标

1. 理解公司如何将其实力融入投资过程。

2. 理解投资项目评价的无偏数据问题。

3. 运用敏感性分析、情境分析和盈亏临界点分析判断预测误差如何影响投资项目的盈利能力。

4. 理解为何经营杠杆较高的投资项目高估销售的后果更严重。

5. 理解在资本预算过程中管理柔性的重要性。

我们在第 9 章讨论了一个既简单又现实的案例。该案例描述了财务经理如何估算 Blooper Industries 公司镁矿石投资项目的净现值。但我们不应该给你留下一种好像投资项目评价只是经理预测一系列现金流量并计算净现值这样一个机械的过程的印象。面对一个（似乎）有吸引力的投资项目，明智的财务经理可能提出一系列问题：

1. **投资项目融合公司的竞争力吗？** 如果公司具备某些优势，净现值为正值的投资项目才可信。这样，公司才能比竞争对手更快、更便宜地扩大产能。或者，投资项目具有竞争对手难以匹敌的某些专有技术或品牌。你必须确定投资项目融合了这些优势。

2. **预测现金流量时，有利结果与不利结果是否一视同仁？** 用于计算净现值的预测数据应该无偏。这意味着这些数据总体而言应该正确无误。不过，投资项目的提议者可能存在许多过度美化投资项目前景的理由。公司需要制定一套程序，确保诚实和一致地做出各种预测。

3. **哪些因素可能导致投资项目出错？** 经理需要透过现金流量预测力图理解究竟哪些因素影响投资项目的成败得失。经理力图识别其分析的关键假设，提出一系列"假设分析"问题。假如你的市场份额最终比你的预测值更高或更低，情况将如何？如果能源价格比你的预期增长得更快，情况又将如何？假设……如何？有许多方法可以帮助回答诸如此类的问题。这些方法包括敏感性分析、情境分析和盈亏临界点分析。如果经理能够识别未来风险点，就可以通过事先更为周密的分析或完善投资项目来避免重大失误。

4. 投资项目是否考虑公司应对意外事件的柔性？ 有关资本预算的论著有时给人这样的印象：一旦经理做出了投资决策，就只能无所事事地坐观现金流量的发生。但是，现金流量几乎难以如愿以偿地发生，公司需要不断修正其经营方略。如果现金流量状况比预期更好，就可以扩展该投资项目；如果现金流量状况比预期更糟，可能就要缩减规模甚至放弃该投资项目。投资项目需要具备这种柔性。

5. 是否考虑投资项目的各种可能变化？ 例如，规模较大的投资项目较好，还是规模较小的投资项目较好？如果工厂建在南达科他州北部而不是原定的北达科塔州南部，投资项目的净现值是否会更高呢？投资更耐用但也更贵的设备是否合理？未来年份的经营活动应该继续使用现有设备吗？

我们在第 8 章讨论公司如何比较互斥性投资项目时，简要讨论过后两个问题。现在，我们将讨论公司如何处理其他问题。

10.1 公司如何管理投资过程

资本预算

潜在的投资项目与精确的现金流量预测不会从天而降。公司必须识别具有前景的投资机会并确保该投资机会与公司的战略目标相匹配。因此，每一年度，公司总部通常要求其各个分部上报投资计划清单。这些投资计划汇总在一起就成为公司的**资本预算**（capital budget）。在资本预算中，规模较小的投资项目不按项目单独列示。例如，规模较小的投资项目可能按照"机器设备更新"这样的大类列示。公司应该更为关注规模较大的投资项目。因为规模较大的投资项目可能显著影响公司的未来发展。然后，高级管理层同计划及财务分析专业人员审阅与削减该资本预算。公司的高级管理层与分部管理层通常会协商这些资本预算议案，也可能对主要投资开支或进入一个新领域等问题进行专门的分析。

这些资本预算一旦获得通过，就将成为以后年度投资计划的基础。然而，纳入资本预算的投资项目并不意味着都可以付诸实施。在投资项目最终获准实施之前，还需要更为周全的分析，描述投资项目的细节、现金流量预测和净现值计算过程。

纳入资本预算的许多投资议案都来源于公司基层，不过，创意也可能来源于公司高层。例如，我们不能指望 A 工厂与 B 工厂的经理看到，关闭这两座工厂而建造一座新的 C 工厂以整合生产流程可能带来的潜在效益。我们希望分部经理提议建造 C 工厂。同样，第一分部和第二分部都不希望将其数据处理经营业务移交给某个大型计算机中心。这样的议案只能来源于高级管理层。

编制资本预算可以为公司高级管理层提供一个好的机会，确保公司的投资项目与公司战略相匹配。公司战略的目的是发现和挖掘公司的竞争优势资源，关注公司现有的竞争优势（而不是期待拥有的竞争优势），并识别公司竞争优势可以增加最大价值的各种市场。

竞争优势可能来源于各个方面。竞争优势可能来源于公司历年来与顾客建立的各种关系，也可能来源于员工的技能和经验、商标和声誉、创新能力，甚至可能来源于公司因特别幸运而拥有的一栋特别有价值的建筑物或一块特别值钱的土地。充分理解公司竞争优势的经理将真正具有正值净现值的重要投资项目与其他投资项目区分开来。

分析竞争优势可能有助于识别出那些净现值真正为正值的投资项目。如果你在一个成长性市场上以最低成本生产有利可图的产品，就应该基于该市场的发展进行投资以扩大产能。如果你的计算结果显示这种产能扩张投资项目的净现值为负值，那么你的计算结果可能有误。

投资战略也涉及如何理解公司竞争对手的可能反应。如果你的公司正在赚取丰厚的利润，其他公司就会进入你的经营领域。因此，你应该对预计未来持续具有超额利润的投资项目表示怀疑。

问题与解决途径

你很难凭借一己之力完成资本投资机会评估的全部工作。多数公司的资本预算是由团队合作完成的。这就会带来一些挑战。

确保预测的一致性　投资项目议案经常存在不一致的假设。例如，假设家具分部经理对住房开工率看涨（持乐观态度），电器分部经理却看跌（持悲观态度）。这种不一致假设导致家具分部提出的议案看上去比电器分部提出的议案更有吸引力。

为了确保一致性，许多公司在资本预算的初期首先确立经济指标（如通货膨胀与国民收入增长率）的预测前提，以及某些对公司业务具有重要影响的具体指标（如住房开工率或原材料价格）。这些预测前提可以作为所有投资项目分析的基础。

消除利益冲突　我们在第 1 章指出，经理希望做好本职工作，但也关注自身的未来。如果经理的利益与股东的利益发生冲突，可能导致糟糕的投资决策。

我们在第 1 章也讨论过，就高级经理而言，激励管理层投资较高报酬率的投资项目的薪酬计划只能缓解部分冲突，监管管理层行为的良好公司治理制度也只能缓解部分冲突。不过，高级经理也需要确保更多的基层员工不仅仅关注自身的利益。例如，新工厂的经理希望立即展现出好的绩效，可能提议回收期较短但净现值并不理想的投资项目。遗憾的是，许多公司对经理的绩效评价与奖励方式鼓励了这种短期行为。如果公司总是追求"立竿见影"的结果，工厂经理就不可能只关注净现值。

10.2　减少预测偏差

预计现金流量应该是对各种可能结果都一视同仁的无偏预测值。现金流量有时可能高于预期水平，有时也可能低于预期水平。许多投资项目之间的误差应该相互抵销。假设你预计 Z 投资项目只能产生一笔现金流量 100 万美元，但你发现公司的工程师不能如期开发出投资项目所需要的技术。他们自信满满地认为可以如期完成任务，不过，也承认有较小的可能性无法如期完成任务。尽管你依然认为结果极有可能是 100 万美元，但你也觉得 Z 投资项目下年度的现金流量可能为零。如果你预测投资项目（如 Z 投资项目）的现金流量为 100 万美元，你可能高估了现金流量的平均水平。说不定，你还预计投资项目的现金流量为零。你预计的现金流量应该包括这些预计现金流量为零的情况。例如，技术的不确定性导致投资项目现金流量为零的可能性为 10%，那么，现金流量的无偏预测值下降为 900 000 美元：

$$预期现金流量 = 无偏预测值 = 0.10 \times 0 + 0.90 \times 1\,000\,000 = 900\,000（美元）$$

热切期待公司接受其投资项目提议的人很可能过于乐观地预测投资项目的现金流量。由此，导致获得无偏预测值的问题复杂化。当然，这种过度乐观是财务预测的一个普遍特征。例如，想象一下大规模公共支出议案。你经常听说某新导弹、大坝或高速公路的实际成本低于其原先的预测值吗？

过度乐观也并不总是坏事。心理学家认为，乐观和自信可能增强团队合作、认同感和毅力。问题在于高级经理难以判断每个投资项目真实的发展前景。

高级管理层有时确实倾向于鼓励投资项目发起人夸大事实，美化前景。例如，如果中层经理认为其成功取决于拥有规模最大的分部而不是盈利最多的分部，那么，这些经理就可能提议自己都认为不会实现净现值最大化但有助于扩大规模的投资项目。或者如果分部之间必须为了争取有限资源而展开竞争，经理就会极力多报自己所需的资源。这些问题的症结应该归因于高级管理层：如果公司不以对公司价值的贡献为基础奖励基层经理，基层经理将其精力放在其他方面也就不足为奇。

其他问题也会导致投资项目发起人热切地期待公司批准其提议的投资项目。随着投资项目自下而上在组织内部层层传递，就逐渐形成了与该投资项目相关的联盟。一旦某个分部通过了自己下属工厂的议案，该分部的这些工厂就会联合起来与外部人竞争。如此一来，公司总部每年可能收到数以千计的投资项目议案。各个联盟精心设计并提供能够说服公司总部的所有必要的支持性文件，其预测值也经过反复修饰，以确保投资项目呈现出正的净现值。高级经理应对这种信息偏差的方法之一就是：严格地限制各个工厂或分部的资本性支出数额，促使各个工厂或分部谨慎地提出投资项目议案。公司采用资本限额并不是因为难以筹集到资金，而是因为采用了分权化的决策模式。[1]

高级经理有时通过提高资本性支出的最低报酬率来消除这种预测偏差。假设实际的资本成本为10%，首席执行官对大部分最终获利不到10%的投资项目感到失望。于是，首席执行官要求投资项目发起人把折现率提高到15%。换言之，首席执行官为了消除预测偏差，直接增加了5%的经验系数。然而，首席执行官的这种做法也没用，而且从来就没有用。本书的作者布雷利、迈尔斯和马库斯的第二法则解释了其中的缘由。该法则认为：以公司最低报酬率作为折现率，净现值为正值的投资项目的比例高低并不取决于这个最低报酬率。[2]

10.3 一些"假设分析"问题

"假设分析"问题探讨投资项目基于各种不同情境将发生什么变化。例如，如果经济步入衰退期，投资项目将发生什么变化？如果竞争对手进入市场，投资项目将发生什么变化？如果实际成本高于预期成本，投资项目将发生什么变化？

你可能想知道我们为什么要关注这类问题。例如，假设你的预测已经同时考虑了各种正面和负面的意外情况，基于这种近乎最佳的预测，你的投资项目似乎具有正的净现值。无论未来可能发生何种意外，你都要实施该投资项目吗？如果以后的情境并非如你所愿，那就太糟糕了。然而，你并不拥有一个未卜先知的水晶球。

事实上，就资本预算而言，这种假设分析至关重要。首先回顾一下，现金流量的估计只是一种估计。如果你愿意投入更多资源，就经常有机会改善这些估计值。例如，如果你希望改善产品需求估计的精确性，可以进一步开展市场调研。如果你关注成本的不确定性，可以进一步开展工程分析，评估新型生产流程的可行性。然而，你如何知道何时保持预测的敏感度或何处是你的着力点呢？在投资项目实施之前，假设分析可能有助于识别最值得改善的地方，也是最有潜力改变投资项目净现值的方式。

此外，经理并不只是启动一个投资项目，然后走开任由现金流量流入。公司实施投资项目期间，总会出现各种意外，需要加以调整和改善。通过假设分析可以明确最可能需要调整的地方以及何处需要紧急处理。因此，我们将在本节讨论经理在考虑假设分析问题的各种重要类型时可以运用的一些标准化工具。

---

[1] 我们在第 8 章讨论过资本限额问题。
[2] 没有第一法则，我们认为第二法则更合适。

敏感性分析

不确定性意味着某些事情可能发生，而不是将要发生。因此，经理不论何时得到一份现金流量预测数据，都要力图确定还可能发生什么情况及其可能带来什么影响。这就是**敏感性分析**（sensitivity analysis）。

假设你是 Blooper Industries 公司的财务经理。我们在第 9 章评估了 Blooper Industries 公司开发镁矿石的投资议案。该投资议案详尽地描述了镁矿石的现金流量预测值及其净现值的计算过程。我们首先假设 Blooper Industries 公司采用直线折旧法确定应税收益。这里，我们依然保持该假设。不过，请记住：2018—2020 年，美国公司通常可以将资本支出立即全额计提折旧。除了将费用分为变动成本（费用）和固定成本（费用）之外，表 10 - 1 复制了表 9 - 1 的分析。如果产出量高于或低于预期水平，成本总额保持不变，这种成本就是固定成本。[①] 例如，Blooper Industries 公司的机器租赁成本、环保费用和管理成本可能就是固定成本。相反，Blooper Industries 公司的劳工、炸药、钻头和燃料支出可能随着开采矿的数量的增加而增加。我们假设变动成本为收入的 40%（参见单元格 B5）。

表 10 - 1　Blooper Industries 公司镁矿石投资项目的财务预测　　　　单位：千美元

	A	B	C	D	E	F	G	H
1	A. 各种假设							
2	初始投资额	10 000						
3	残值	2 000						
4	初始收入	15 000						
5	变动成本占收入的百分比	40.0%						
6	初始固定成本	4 000						
7	通货膨胀率	5.0%						
8	折现率	12.0%						
9	应收账款占销售额的百分比	16.7%						
10	存货占下一年度成本的百分比	15.0%						
11	税率	21.0%						
12								
13	年次	0	1	2	3	4	5	6
14	B. 固定资产							
15	固定资产投资	15 000						
16	出售固定资产							1 580
17	现金流量（固定资产投资）	-15 000	0	0	0	0	0	1 580
18								
19	C. 经营现金流量							
20	收入		15 000	15 750	16 538	17 364	18 233	
21	变动费用		6 000	6 300	6 615	6 946	7 293	
22	固定费用		4 000	4 200	4 410	4 631	4 862	
23	折旧额		3 000	3 000	3 000	3 000	3 000	

---

① 这并不意味着每年的固定成本水平都一样。事实上，我们假设每年的固定成本将随着通货膨胀而上升。

续表

	A	B	C	D	E	F	G	H
24	税前利润		2 000	2 250	2 513	2 788	3 078	
25	税金		420	473	528	586	646	
26	税后利润		1 580	1 778	1 985	2 203	2 431	
27	经营现金流量		4 580	4 778	4 985	5 203	5 431	
28								
29	D. 营运资本							
30	营运资本	1 500	4 075	4 279	4 493	4 717	3 039	0
31	营运资本变动	1 500	2 575	204	214	225	-1 679	-3 039
32	现金流量（营运资本投资）	-1 500	-2 575	-204	-214	-225	1 679	3 039
33								
34	E. 投资项目评估							
35	投资项目现金流量总额	-16 500	2 005	4 574	4 771	4 978	7 110	4 619
36	折现系数	1.000	0.893	0.797	0.712	0.636	0.567	0.507
37	现金流量现值	-16 500	1 790	3.646	3 396	3 164	4 034	2 340
38	净现值	1 870						

说明：除了将费用分为变动费用和固定费用之外，本表复制了表9-1的分析。

尽管 Blooper Industries 公司镁矿石项目的净现值为正值，但预测过程难免存在不确定性。实际现金流量可能高于或低于预期现金流量。你在同意实施该投资项目之前，还希望深入分析这些预测数据背后隐含的信息，以便识别那些决定投资项目成败的关键变量。

表10-1似乎已经考虑了那些决定投资项目成败的关键变量，但也要留意那些你可能遗忘的事项。也许你获得投资项目许可的时间会延迟，也许你还必须承担高昂的景观美化成本。最大的风险往往隐藏于科学家所说的这些"未知的未知"之中。

如果你还没有确定"未知的未知"（毫无疑问，你随后将发现这些"未知的未知"），就应该关注如果销售额、成本等变量预测有误，会如何影响净现值。为此，你首先要获得这些基本变量的乐观与悲观估计值。表10-2的左半部分列示了这些估计值。例如，你可以看到，在最糟糕的情况下，每年的收入可能低于预期，减少了33%，即减少到1 005万美元（1 500×（1-0.33））。好消息是，收入也可能超预期，增加了33%。

表10-2　Blooper Industries 公司镁矿石投资项目的财务预测金额　　　　　单位：千美元

变量	可能值		净现值		
	悲观估计值	乐观估计值	悲观估计值	预期值	乐观估计值
投资额	20 250	11 400	-2 585	+1 870	+4 925
第一年收入	10 050	19 950	-6 886	+1 870	+10 626
变动成本占收入的百分比	55%	25%	-5 293	+1 870	+9 033
第一年固定成本	5 600	3 000	-3 224	+1 870	+5 054
营运资本与预期值的差异	+100	-50	+106	+1 870	+2 752

现在，你可以看到，基于每个变量的乐观或悲观预测值，净现值将如何变化。表 10 - 2 的右半部分列示了投资项目基于每个变量的乐观与悲观估计值的净现值。例如，如果表 10 - 1 所列示的每年收入比预期收入少了 33%，而其他预测值保持不变，那么，投资项目的净现值将为 -688.6 万美元。^① 显然，你的投资项目并非一件确定的事情。投资项目的不确定性主要来自收入和变动成本。相比之下，即使营运资本需求量增加，也不会对投资项目的净现值产生重大影响。

有时，新潮管理咨询顾问采用如图 10 - 1 所示的托那多图（tornado diagram）呈现敏感性分析的结果。浅色棒条表示各个变量设定为悲观估计值，净现值低于预期值的程度，而深色棒条则表示各个变量设定为乐观估计值，净现值超过预期值的程度。

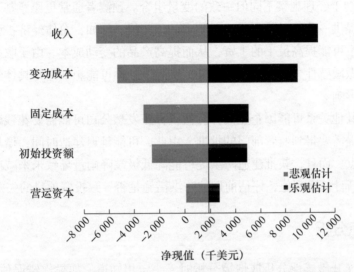

图 10 - 1　Blooper Industries 公司镁矿石投资项目的托那多图

说明：该图描绘了预测值的变动对净现值的影响。

信息的价值　现在你知道，投资项目可能因为糟糕的收入预测而被"砍掉"，你可能想知道能否消除这种不确定性。你肯定想知道收入不确定性的原因。例如，如果收入的不确定性源于储藏量的疑虑，那可能就有必要进一步探测矿洞。如果收入的不确定性来自**镁矿石价格的不确定性，那就需要更充分的经济分析或调查购买者是否愿意签订购买镁矿石的固定价格合约。**

当然，收集更多的营运资本需求量信息没有什么价值。因为即使基于营运资本需求量的悲观估计值，该投资项目仍然可以获得微利，错误地估计营运资本需求量这个变量，也不至于导致决策失误。

敏感性分析的局限　敏感性分析以各种未知变量表述现金流量，然后计算误估这些变量可能产生的后果。敏感性分析促使经理识别基本变量，指明何种额外信息最有价值，也有助于暴露那些不恰当的预测数据。

当然，并没有既定的法则要求敏感性分析应该考虑哪些变量。例如，单独分析 Blooper Industries 公司的采矿量和销售价格，可能更有意义。或者，如果你担心公司所得税税率发生变化，可能希望分析所得税税率的变化如何影响投资项目的净现值。

敏感性分析的一个缺陷是只能提供模糊的结果。例如，"乐观"或"悲观"到底意味着什么？对此，不同的人可能有不同的解释。10 年之后，源于数以百计的投资项目的"后见之明"可能显示，某个部门超出"悲观估计值"界限的次数是其他部门的两倍。但这种"后见之明"无助于你现在的投资决策。

---

① 值得注意的是，在我们改变收入时，我们按收入的 40% 重新计算变动成本。

敏感性分析的另一个问题是各个基本变量之间可能相互影响。例如，地质问题可能导致延迟开矿，初始成本可能高于预期成本，初始收入可能低于预测值。

基于这些相互联系，你不能孤立地运用"每次变动一个变量"的敏感性分析。根据表10-1提供的信息，你无法获得投资项目整体现金流量的乐观与悲观估计值。不过，敏感性分析依然可以告诉我们应该密切关注哪些变量。

情境分析

当各个变量相互影响时，经理发现观察投资项目基于不同情境是如何运行的很有帮助。**情境分析**（scenario analysis）有助于经理观察不同但一致的变量组合。预测者通常更愿意基于某个特定情境预测收入或成本，而不是提供一些绝对乐观或绝对悲观的预测值。例如，总体经济扩张可能提高镁矿石的价格，但与此同时，也可能提高员工的工资，从而提高产品的变动成本。由于收入与变动成本相互联系，分别就各个变量做敏感性分析没有什么意义。实际上，你可能想知道与具体经济预测保持一致的两个变量同时变化的影响。

各种变量之间的其他关系可能因企业而异。假设你正发愁公司可能需要花钱建造防洪堤，以防矿井被淹没。建造防洪堤需要得到监管部门的批准，由此，可能延迟建造时间，增加建造成本。矿产量并不是以后年度的起点。而且，获批建造防洪堤可能降低极端降雨量导致未来减产损失的可能性。有鉴于此，可能需要重新计算净现值，评估前期的防洪措施是否导致投资项目的失败。

10.4 盈亏临界点分析

当你就投资项目展开敏感性分析或情境分析时，一定想知道，如果你错误估计了销售额或成本，后果有多严重。经理有时倾向于换种方式表述这个问题，即这些估计值偏离多远后投资项目开始亏钱。这就是**盈亏临界点分析**（break-even analysis）。

就许多投资项目而言，盈亏与否的关键变量是销售量。因此，经理最关注收入的盈亏临界点。当然，你也可以关注投资项目的其他变量。例如，成本达到多高时，投资项目不至于亏钱。计算出成本的盈亏临界点之后，经理可能说"我们确实对成本没有把握，但我们确信成本低于盈亏临界水平。由此看来，我们可以实施该投资项目。"

其实，"亏钱"有多种定义。通常以会计利润定义盈亏临界点状况，不过以净现值定义"亏钱"更合理。我们先说明会计盈亏临界点可能使你误入歧途，然后说明如何将净现值盈亏临界点作为一种替代方法。

会计盈亏临界点分析

会计盈亏临界点是利润为零或收入总额等于成本总额的销售量。正如我们已经看到的，无论产出水平如何，有些成本总是固定不变，其他成本则随产出水平的变动而变动。

如果你开始分析Blooper Industries公司镁矿石投资项目，可以得到如下估计数据（单位：百万美元）：

收入	15
变动成本	6
固定成本	4
折旧额	3

收入达到多少才能避免亏损呢？如果收入为零，利润表将列示固定成本和折旧额，合计为 700 万美元。如此一来，税前会计亏损额 700 万美元。现在，值得注意的是，变动成本为收入的 40%。每增加 1 美元的收入，成本只增加 0.40 美元，亏损额减少 0.60 美元。因此，为了弥补固定成本和折旧额，每年的收入必须达到 1 166.7 万美元（700/0.60）。表 10 - 3 表明，基于该收入水平，公司刚好达到盈亏平衡。盈亏临界点收入的一般计算公式为：

$$盈亏临界点收入 = \frac{固定成本（包括折旧额）}{每增加一美元销售额增加的利润} \qquad (10.1)$$

表 10 - 3 列示了销售额为 1 166.7 万美元的利润表各项目数据。

表 10 - 3　基于盈亏临界点销售额的利润表　　　　　　　　　　　　　　　　单位：千美元

项目	金额
收入	11 667
变动成本（收入的 40%）	4 667
固定成本	4 000
折旧额	3 000
税前利润	0
税金	0
税后利润	0

图 10 - 2 描绘了如何确定盈亏临界点。呈 45° 倾斜的浅色线代表该投资项目的收入。深色线代表成本线，描绘了成本如何随着收入的变动而变动。如果收入为 1 166.7 万美元，两条线相交，意味着此时成本总额等于收入总额。如果收入低于 1 166.7 万美元，收入总额低于成本总额，投资项目出现亏损。如果收入高于 1 166.7 万美元，收入总额超过成本总额，投资项目出现盈利。

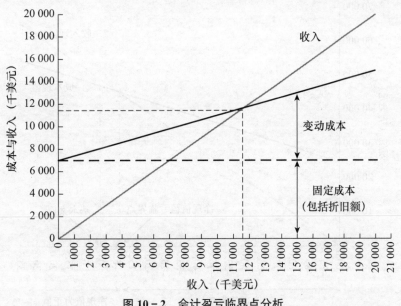

图 10 - 2　会计盈亏临界点分析

不过，需要考虑一个问题：一个仅仅实现会计盈亏平衡的投资项目是可接受的投资项目吗？如果你对这个问题的答案不确定的话，可回答一个更简单的问题：如果你投资于一种股票，5 年之后其全部报酬率为零，你会满意吗？我们当然不希望出现这种情况。你的股票投资可能盈亏平衡，但报酬率为零显然无法补偿你的货币时间价值或你已经承担的风险。

　　仅仅实现会计盈亏平衡的投资项目能够使你收回投入的资本，但无法弥补该投资项目所占用资本的机会成本。仅仅实现会计盈亏平衡的投资项目，其净现值肯定为负值。

净现值盈亏临界点分析

　　计算会计盈亏临界点的经理可能下意识地认为，只要投资项目的销售收入超过会计盈亏临界点，就可以为股东创造价值。仅仅实现会计盈亏平衡的投资项目实际上是亏损的投资项目。这些投资项目无法弥补投入资本的机会成本，[①] 经理接受这些投资项目无法增加股东财富。因此，我们与其关注基于何种销售额水平才能创造会计利润，还不如关注其净现值何时从负值转为正值。这就是**净现值盈亏临界点**（break-even point，NPV）。

　　收入并非固定不变。相反，随着时间的推移，收入可能增加。因此，我们需要问一个问题：每年收入下降多少百分点，投资项目的净现值将转变为负值。为了计算净现值盈亏临界点，我们先回顾表 10-1。根据表 10-1，初始收入为 1 500 万美元，净现值为 187 万美元。现在，我们可以计算每年初始收入下降 1% 对净现值的影响。回到 Blooper Industries 公司的电子数据表，将收入减少 1%，降到 1 485 万美元，计算投资项目净现值的变动额。（改变了初始收入，也就改变了未来的收入。因为我们假设收入以初始收入为基础，按通货膨胀率增长。）你应该看到，净现值减少了 26.6 万美元。总之，基本案例的净现值为 187 万美元。初始收入每下降一个百分点，净现值减少 26.6 万美元。因此，收入下降的百分点超过 7%（187/26.6），净现值将从基本案例的净现值下降为零。

　　图 10-3 展现了 Blooper Industries 公司镁矿石随着初始收入变动而变动的收入和成本现值。收入现值与初始收入直接成比例增加，而成本现值则以较为缓慢的速度增加。因为有部分成本是固定成本。每年收入大约低于预测值的 7%，两条线相交。两条线的相交点就是净现值盈亏临界点。值得注意的是，净现值盈亏临界点远远高于投资项目利润为零的会计盈亏临界点。

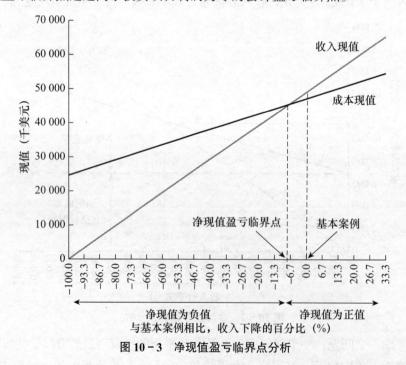

图 10-3　净现值盈亏临界点分析

---

　　① 回想一下我们在第 4 章讨论过的经济附加值（EVA）。实现净现值盈亏平衡的投资项目，其会计利润为正值，但其经济增加值为零。换言之，该投资项目可以弥补包括资本成本在内的所有成本。

例 10.1　盈亏平衡分析

我们已经指出，实现会计盈亏平衡的投资项目事实上是亏损的投资项目。这种投资项目失去了投资额的机会成本。这里有一个极端的例子。Lophead 航空公司正在考虑投资一种代号为 Trinova 的新型客机。公司财务人员已经收集到下列预测数据：

1. Trinova 客机的开发成本预计为 90 000 万美元，该投资项目将在 6 年内按直接法计提折旧。

2. 该飞机的制造进度预期将在未来的 6 年内稳步推进。

3. Trinova 客机的平均价格预计为 1 550 万美元。

4. 每年的固定成本预计为 17 500 万美元。

5. 每架飞机的变动成本预计为 850 万美元。

6. 税率为 50%。

7. 资本成本为 10%。

公司的财务经理运用这些信息预测 Trinova 投资项目的盈利能力。表 10 - 4 的第 1 到第 7 行（先忽略第 8 行）列示了其预测结果。

表 10 - 4　生产 Trinova 飞机的盈利能力预测　　　　　　　　　　　　　　　　单位：百万美元

	第 0 年	第 1～6 年
初始投资额	900	
1. 销售额		15.5 × 飞机销售量
2. 变动成本		8.5 × 飞机销售量
3. 固定成本		175
4. 折旧额		900/6=150
5. 税前利润（1-2-3-4）		（7 × 飞机销售量）-325
6. 税金（税率为 50%）		（3.5 × 飞机销售量）-162.5
7. 净利润（5-6）		（3.5 × 飞机销售量）-162.5
8. 现金流量净额（4+7）	-900	（3.5 × 飞机销售量）-12.5

公司需要卖出多少架飞机才能达到盈亏平衡呢？答案取决于如何定义盈亏平衡。从会计利润的角度看，如果净利润为零，该投资项目就实现了会计盈亏平衡。此时

　　　　（3.5 × 飞机销售量）-162.5＝0

　　　　飞机销售量＝162.5/3.5＝46.4（架）

公司每年必须销售大约 46 架飞机或 6 年总共销售 280 架飞机才有利可图。如果每架飞机的价格为 1 550 万美元，从会计利润的角度看，公司每年的销售额必须达到 71 900 万美元（46.4×1 550）才能实现会计盈亏平衡。

如果我们运用计算公式计算盈亏临界点的销售额，也可以得到相同的答案。值得注意的是，每架飞机的变动成本为 850 万美元，这是销售价格（1 550 万美元）的 54.8%。这样，每 1 美元的销售额将增加 0.452 美元（1-0.548）的税前利润。

我们运用公式计算会计盈亏临界点收入：

$$盈亏临界点收入 = \frac{固定成本（包括折旧额）}{每增加一美元销售额增加的利润}$$

$$= 325/0.452 = 719（百万美元）$$

如果公司每年销售大约 46 架飞机，就可以收回其初始投资额，但该投资项目所占用的资本却得不到任何报酬率。股东对公司的资本报酬率为零肯定不满意。只有公司的投资项目至少能够补偿投入资本的成本，股东才会满意。只有投资项目的净现值为零，投资项目才能真正实现盈亏平衡。

公司必须出售多少架飞机才能实现净现值盈亏平衡呢？Trinova 飞机的开发成本为 90 000 万美元。如果资本成本为 10%，6 年期年金系数为 4.355 3。由表 10-4 的最后一行可知，第 1～6 年的现金流量净额为 3.5×飞机销售量 −12.5。我们现在可以计算出为了实现净现值盈亏平衡每年必须销售的飞机数量：

$4.355\ 3 \times (3.5 \times$ 飞机销售量 $-12.5) = 900$

$15.243\ 6 \times$ 飞机销售量 $-54.44 = 900$

飞机销售量 $= 954.44 / 15.243\ 6 = 62.6$（架）

Lophead 航空公司每年必须销售 46.4 架飞机（总共 280 架），才能实现会计盈亏平衡，而为了弥补投资项目投入资本的机会成本并实现净现值盈亏平衡，公司每年必须销售 62.6 架飞机（总共 375 架）。

上述案例看上去好像是虚构的，但有一定的现实基础。1971 年，洛克希德公司正在实施一个开发 L-1011 型三星飞机的大型投资项目。该投资项目把洛克希德公司推向了破产边缘，而且连带将罗尔斯－罗伊斯公司（三星飞机发动机的供应商）也推向了破产边缘。在向国会提交证据时，洛克希德公司辩称，三星飞机投资项目具有商业吸引力，只要销售 200 架飞机，销售额就能超过盈亏临界点。但洛克希德公司在计算盈亏临界点销售量时，忽略了该投资项目巨额投资的机会成本。为了使该投资项目的净现值为零，洛克希德公司可能需要销售大约 500 架飞机。[1]

经营杠杆

投资项目的盈亏临界点不仅取决于不随销售额变动而变动的固定成本，而且取决于每一美元销售额所带来的利润。经理经常需要权衡这些变量。例如，Blooper Industries 公司可以增加聘用兼职员工。这时，Blooper Industries 公司的固定成本就转换成了与产出量相联系的变动成本。如果产出量减少，公司的大部分费用随之减少，其盈亏临界点也就相应降低。

当然，固定成本的比例过高不一定都是坏事。如果市场需求疲软，固定成本比例较高的公司的境况就很糟糕。但如果需求旺盛，固定成本比例较高的公司可能大赚一笔。下面举例说明。

假设 Blooper Industries 公司增加聘用兼职员工，固定成本将从 400 万美元下降到 200 万美元，但变动成本占收入的比例将从 40% 上升到 53%。由表 10-5 可知，基于预测的收入水平，两种政策的境况相同。不过，如果产出量低于预测值，Blooper Industries 公司聘用临时工的政策更好，因为其成本随着收入降低而减少。如果产出量较高，境况刚好相反，固定成本比例较高的 Blooper Industries 公司更有优势。

表 10-5 两种政策的比较   单位：千美元

	固定成本比例较高			变动成本比例较高		
	衰退期	正常期	繁荣期	衰退期	正常期	繁荣期
收入	11 250	15 000	20 000	11 250	15 000	20 000
− 变动成本	4 500	6 000	8 000	6 000	8 000	10 667
− 固定成本	4 000	4 000	4 000	2 000	2 000	2 000

---

[1] 关于如何计算三星飞机投资项目的实际盈亏临界点，可参见 U.E.Reinhardt, "Break-Even Analysis for Lockheed's TriStar: An Application of Financial Theory," *Journal of Finance* 28 (September 1973), pp.821–838.

续表

	固定成本比例较高			变动成本比例较高		
	衰退期	正常期	繁荣期	衰退期	正常期	繁荣期
− 折旧额	3 000	3 000	3 000	3 000	3 000	3 000
= 税前利润	−250	2 000	5 000	250	2 000	4 333

说明：经营杠杆高的 Blooper Industries 公司，在经济衰退期绩效相对较差，而在经济繁荣期绩效相对较好。

固定成本比例较高的公司具有较高的**经营杠杆**（operating leverage）。因为销售收入的较小变动将导致利润的更大变动。我们可以通过收入每变动 1% 可能引起利润变动的百分比来计量公司的经营杠杆。计量经营杠杆的指标就称为**经营杠杆系数**（degree of operating leverage，DOL）：

$$经营杠杆系数 = \frac{利润变动百分比}{销售额变动百分比} \tag{10.2}$$

例如，如表 10-5 所示，随着矿产量达到较高水平，收入从 1 500 万美元增加到 2 000 万美元，增长了 33%。基于固定成本比例较高的政策，利润从 200 万美元增加到 500 万美元，增加了 150%。因此

$$经营杠杆系数 = \frac{150}{33} = 4.5$$

从销售额变动对利润的影响来看，销售额变动百分比对利润的影响放大了四倍以上。

现在我们来看看，如果该镁矿石项目采用固定成本比例较低而变动成本比例较高的政策，其经营杠杆如何。随着该镁矿石项目从正常期转向高产出期，其利润从 200 万美元增加到 433.3 万美元，增长了 117%。因此

$$经营杠杆系数 = \frac{117}{33} = 3.5$$

由于某些成本仍属于固定成本，销售额的变动导致利润的更大变动，但经营杠杆系数有所下降。

实际上换一个角度看，经营杠杆系数取决于固定成本（包含折旧额）[1]：

$$经营杠杆系数 = 1 + \frac{固定成本}{利润额} \tag{10.3}$$

例 10.2　经营杠杆

假设 Blooper Industries 公司采用高固定成本政策。固定成本（包括折旧额）为 700 万美元（400+300）。基于正常销售水平，该镁矿石项目的利润为 200 万美元，经营杠杆系数为：

$$经营杠杆系数 = 1 + \frac{固定成本}{利润额} = 1 + \frac{7}{2} = 4.5$$

这个计算结果与我们直接对比利润和销售额的变动百分比所得到的结果一样。运用上述公式可以得出，基于低固定成本战略，其经营杠杆系数只有 3.5。这也与我们上面的计算结果一样。

---

[1]　经营杠杆系数的计算公式可以推导如下。如果销售额增加 1%，变动成本也应该增加 1%，那么，利润将增加：0.01×（销售额 − 变动成本）=0.01×（利润 + 固定成本）。现在回顾经营杠杆系数的定义：

$$经营杠杆系数 = \frac{利润变动百分比}{销售额变动百分比} = \frac{利润变动额/利润额}{0.01} = 100 × \frac{利润变动额}{利润额}$$

$$= 100 × \frac{0.01 × （利润 + 变动成本）}{利润额} = 1 + \frac{固定成本}{利润额}$$

矿业公司通常拥有较高的固定成本，钢铁制造商和造纸公司的固定成本也比较高。相比之下，许多服务业如餐馆的固定成本比较低。如果商业不景气，服务业可以削减原材料和薪酬支出。

值得注意的是，经营杠杆可能影响投资项目的风险水平。经营杠杆系数越大，利润对销售额变动就越敏感。**风险随着经营杠杆的变动而变动。如果大部分成本属于固定成本，销售额的微小变动将对利润产生一个放大效应。**

我们将在接下来的三章详细讨论风险问题。

10.5 实物期权与柔性价值

如果你运用折现现金流量评估投资项目，实际上是假设这些公司将被动地持有这些资产。但公司聘用的经理并非消极应对之人。经理在投资新项目之后，不会坐观未来的发展。如果投资项目进展顺利，经理可能会追加投资；如果投资项目进展不顺，经理可能会削减投资甚至完全放弃该投资项目。多数投资项目分析方法忽视了这些机会。与那些缺乏柔性的投资项目相比，能够以某种方式轻松地修正的投资项目更有价值。外部环境的不确定性程度越高，这种柔性就越有价值。

这似乎不言而喻，但需要注意敏感性分析并没有考虑修正投资项目的机会。例如，如果镁矿石的价格暴跌，Blooper Industries 公司可能放弃或暂时关闭其镁矿石投资项目。果真如此，最糟糕的结果也不至于像我们的敏感性分析所得出的结论那么严重。

修正投资项目的选择权称为**实物期权**（real option）。经理可能不会总是用实物期权这个术语描述这些修正投资项目的机会。例如，经理可能提及投资项目可以修正的"无形优势"。不过，经理审核重要投资项目议案时，这些无形的期权经常成为其决策的关键考虑因素。

第一类实物期权：扩展期权

MacCaugh 公司的科学家开发出一种低热量威士忌。公司准备对这种产品进行试产和试销。初始阶段需要花一年时间，将耗费 20 万美元。公司管理层认为试产和试销成功的机会只有 50%。一旦成功，公司将建一个造价为 200 万美元的生产车间。该生产车间预期可以永久性地每年创造 48 万美元的税后现金流量。假设资本机会成本为 12%，该投资项目的净现值为 200 万美元（−200+48/0.12）。如果该产品试销失败，公司将中止该投资项目，而该产品试产的成本将白白浪费掉。

值得注意的是，公司的试产支出相当于购买了一份很有价值的管理期权。公司没有必要实施全部生产过程，可以根据试产结果做决定。如果该投资项目的前景不明朗，了解试运营费用有助于公司避免出现重大错误。因此，在决定是否批准试产支出时，公司管理层只是遵循了游泳者的基本规则：如果你知道水温（和水深），就直接跳下去；否则，先伸出你的脚试一试。

如果你面临这种涉及未来决策的投资项目，描绘一幅像图 10-4 那样的**决策树**（decision tree）大有裨益。你可以将问题想象成 MacCaugh 公司与命运之间的一场游戏，每个正方形代表公司的一个行动或决策，每个圆圈代表由命运揭示的结果。公司从最左边的正方形开始这个游戏，如果公司决定试产，命运将开始掷色子决定试产的结果。一旦知道了结果，公司就面临第二个决定：应该中止该投资项目，还是再投入 200 万美元进行大规模生产呢？

第二阶段的决策过程显而易见：如果试产结果表明净现值为正值，就应该继续实施该投资项目；如果试产结果表明净现值为负值，就应该中止该投资项目。MacCaugh 公司现在可以回头考虑是否应该投入资金试产。第一阶段的决策也就转化为一个简单的问题：公司现在是否应该投入 20 万美元，以期一年之后有 50% 的机会获得 200 万美元净现值呢？基于任何合理的折现率，试产得到的净现值为正值。

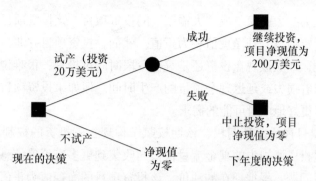

图 10 - 4 低热量威士忌投资项目的决策树

你现在也许想到了很多类似的投资项目。这些投资项目因提供未来可扩展的机会而增加价值。例如：

- 设计一座工厂也就为第二条生产线预留了土地或空间，从而降低未来的建造成本。
- 建造一条四车道的高速公路，可以先建造六车道的路桥，这样，如果车流量超过预期，就可以将高速路扩建成六车道的。
- 航空公司可能需要一份购买新飞机的期权。

所有这些案例都表明，你现在付款取得一份期权，赋予你在未来某个时点投资于实物资产的权利。尽管公司资产负债表的资产项目不会列示这些期权，但投资者非常关注这些期权，而且对拥有重要实物期权的公司估值较高。我们将在第 23 章讨论期权估价问题。

第二类实物期权：放弃期权

如果扩展期权有价值，那么放弃期权呢？投资项目不会一直持续下去，直至资产报废。中止投资项目的决策通常由经理做出，而不是投资项目自然产生的。一旦投资项目不再盈利，公司就可能中止亏损，行使其放弃投资项目的选择权。

有些资产比其他资产更容易处理。有形资产通常比无形资产更容易出售。有形资产拥有活跃的二手市场，但只涉及一些标准化的项目。房地产、飞机、卡车、特定的机器工具等方面的项目都相对比较容易售出。相反，软件公司研发项目所积累的知识是一种专业化的无形资产，可能没有放弃期权的价值。（诸如旧床垫等资产的放弃期权的价值甚至为负值，你还得花钱处理这些资产。拆除核电设备或回收完全开采过的土地，成本也很高。）

例 10.3　放弃期权

假设为了生产一种新产品即转子发动机，Widgeon 公司必须在两种技术之间做出选择。

1. A 技术使用顾客定制的机器，以较低的成本生产转子发动机所需的各种复杂模型。但如果转子发动机无法销售出去，这种设备一文不值。

2. B 技术使用标准化机器工具，人工成本比较高，但如果转子发动机无法销售出去，这些工具很容易出售。

根据新产品的净现值分析结果，A 技术看上去更好，因为基于预期产量，采用 A 技术的成本可能最低。但如果你不能确定产品的市场前景，可能需要考虑 B 技术的柔性优势。

第三类实物期权：择机期权

假设你有一个可能成为"大赢家"或"大输家"的投资项目。该投资项目成功的可能性更大，而且如果你现在就实施该投资项目，其净现值将为正值。然而，投资项目并非只涉及"是现在投资还是永不投资"的问题。因此，你应该现在投资还是等待一段时间再投资，很难说清楚。如果投资项目最终获得成功，等待就意味着损失或延迟现金流量的产生时间。但如果投资项目最终失败，等待也许更有意义。这样，你就可以更好地应对可能的需求。

你可以将任何投资项目视为一种期权，该期权赋予你现在就投资的权利。你不需要马上行使该期权，但你应该权衡推迟投资所损失的现金流量价值与收集到更多有价值信息的可能性。例如，假设你正在考虑新油田的开发问题。根据现在的油价，该投资项目的净现值为正值，但数额微不足道。不过，油价波动得非常厉害，几年之内可能减半也可能翻番。如果油价小幅下调，可能导致投资项目亏损，那么最好在投资之前再等一等。

上述例子解释了为何公司有时会拒绝明显盈利的投资项目。例如，假设你向老板提议一个投资项目，其投资额为 100 万美元，净现值为 1 000 美元。你向老板解释你如何详细地分析了投资项目，但似乎没有说服他下决心投资该项目。老板拒绝了净现值为正值的投资项目，这能说明老板不理性吗？

面对这种微利的投资项目，等待通常更有意义。一年之后，你可能掌握了有关该投资项目前景的更多信息。此时，该投资项目成败的可能性变得更清晰。如果投资项目成功的可能性很大，你可以充满信心地实施该投资项目；如果投资项目失败的可能性很大，那么等待可能有助于你避免犯错。[①]

第四类实物期权：柔性生产设备

一只羊不是一套柔性生产设备，羊所能提供的羊毛和羊肉的数量基本固定。如果羊肉的价格突然上涨，羊毛的价格突然下跌，拥有一群羊的农场主对此将无能为力。但许多制造商的经营活动并非如此，因为这些制造商具有随需求变化而调整产出组合的柔性。既然我们提到羊，下面就以纺织品行业为例，说明生产过程中柔性的重要性。时尚的变化导致纺织品行业的需求模式难以预测，该行业的公司不断增加由计算机控制的纺织机器，从而提供了可以随着需求变化而改变产品组合的选择权。

公司也开始尽量避免只依赖于单一原材料来源的情形。例如，高科技公司已经意识到自己几乎完全依赖中国的稀土金属（一种运用于激光、太阳能板和智能手机的关键原料），于是开始开发新的回收方法并寻求新的供应商。这些策略赋予高科技公司各种期权，使其可以转向成本更低的供货渠道，以应对变化的市场环境。

📊 本章小结

公司如何确保投资项目融合了公司的竞争优势？（学习目标 1）

投资项目评估从来就不应该是一个财务经理预测各种现金流量并计算净现值的机械过程。经理必须确保投资项目与公司战略目标相匹配。据此，我们认为公司的战略性投资项目应该利用公司的竞

---

① 这种结论与我们之前提及的公司应该接受所有净现值为正值的投资项目这一论断（参见第 8 章）是否相矛盾呢？不矛盾。值得注意的是，投资时机问题涉及互斥投资项目的选择。你可以现在投资，也可以明年再投资，但不能同时选择这两个时间投资。由此，我们已经看到合理的选择就是选择净现值最大的投资项目。即使现在投资的投资项目净现值为正值，其净现值也可能少于延迟到以后再投资的投资项目的净现值。

争优势。因此，多数公司可能会编制包括各种计划投资项目的年度资本预算。编制资本预算的过程有助于确保投资项目与公司战略相匹配并形成一个和谐的体系。

公司如何获得良好投资决策所需要的无偏预测数据？（学习目标 2）

如果各种预测以无偏为基础，净现值才是可信的。换言之，各种预测需要考虑现金流量高于或低于最可能结果的可能性。要不带任何感情色彩地看待某个具体投资议案并不容易。当然，管理层需要意识到，由于投资议案的提议者另有所图或过分热衷于自己的投资议案，各种预测很可能存在偏差。

如何运用敏感性分析、情境分析和盈亏临界点分析判断预测误差对投资项目的盈利能力的影响？（学习目标 3）

优秀的经理知道，净现值计算过程背后的预测并不完美。因此，这些经理可能会探究预测不精确所造成的后果，并考察是否值得付出更多努力。经理主要运用下列工具回答"假设分析"问题：

- 敏感性分析，每次改变一个变量的方法。
- 情境分析，经理分析基于不同情境的投资项目的方法。
- 盈亏临界点分析，关注销售额下降多少后，投资项目才开始亏钱。通常以会计亏损定义"亏钱"，不过，以"无法弥补资本机会成本"（即净现值为负值）定义"亏钱"更有意义。

为何经营杠杆较高的投资项目高估销售的后果更为严重？（学习目标 4）

经营杠杆计量固定成本所占的比例。销售额下降引起成本下降的幅度将影响投资项目的盈亏临界点。如果投资项目的成本大部分是固定成本，该投资项目就具有较高的经营杠杆。较高的经营杠杆意味着利润对销售额变动更为敏感。

为什么资本预算过程中的管理柔性很重要？（学习目标 5）

有些投资项目可能因为包含某种期权而增加价值。这种期权赋予公司在投资项目进展不顺时退出或在投资项目进展顺利时扩展投资的选择权。这些选择权称为实物期权。其他实物期权包括推迟投资项目或选择柔性生产设备的可能性。我们讨论了如何运用决策树展示所有可能的选择。

📖 微型案例

Peru Resources 公司首席执行官玛克辛·珀鲁（Maxine Peru）走进经理餐厅，还没顾得上品尝餐桌上的各种美食和 1994 年产的哥尔顿·查理曼葡萄酒，就被刚刚提交上来的工程报告吸引住了。

该工程报告描述了位于锆石山北坡的一处新矿藏。珀鲁女士的公司在所拥有的这块土地上发现了一条锆矿石的矿脉。初步勘探表明，该矿脉拥有极大的存储量，在未来的 7 年里每年可以开采 340 吨锆矿石。

该矿脉还可能蕴藏水合锆石。由于这些锆石出现在"矿坑"中，其质量和数量难以预测。该新矿脉可能有一两个甚至十几个"矿坑"。采矿工程师推测每年可能开采 150 磅。目前高质量的水合锆石的价格为每磅 3 300 美元。

Peru Resources 公司是一个家族企业，拥有资产总额 4 500 万美元，包括现金储备 400 万美元。该新矿需要投入巨资。好在公司一贯执行稳健的财务政策，而且珀鲁女士认为公司能够以大约 8% 的利率借入 900 万美元。

该新矿每年的运营成本预计为 90 万美元，其中，固定成本为 40 万美元，变动成本为 50 万美元。珀鲁女士认为这些预测都较合理。问题的关键在于如何确定该新矿的初始成本和水合锆石的销售价格。

假设开采新矿并配备必要的机器与加工矿石的设备预计需要 1 000 万美元，但根据采矿行业惯例，实际成本通常都超出预算 10% 或 15%。此外，如果出台新的环境管理条例，该新矿的成本可能增加 150 万美元。

还有一套成本较低的开采方案，可以使成本减少 170 万美元，而且可以在相当大程度上消除成本超标的不确定性。不过，采用这种设计方案的固定运营成本相当高，基于预定的生产水平，固定成本每年会增加 85 万美元。

尽管锆矿石的当前价格为每吨 1 万美元，但行业内对于其未来价格却没有达成一致。[①] 有些专家预计价格将快速上涨至每吨 1.4 万美元，也有人悲观地认为价格可能跌至每吨 7 500 美元。珀鲁女士对这两种观点没有明确的态度，她只是猜测价格将随着通货膨胀每年大约同步上涨 3.5%（该新矿的运营成本也与通货膨胀保持同步增加）。

珀鲁女士拥有丰富的采矿行业工作经验，也知道类似投资项目的投资者通常要求获得的预期名义报酬率至少为 14%。

假设公司要求你协助珀鲁女士评估该投资项目。你可能需要进行基于基础情境的净现值分析，必要时可能还要进行敏感性分析、情境分析和盈亏临界点分析。假设 Peru Resources 公司的税率为 35%。为简化起见，假设出于纳税目的，该新矿的投资额在 7 年内采用直线法计提折旧。

珀鲁女士最担心何种预测结果？额外信息对哪些方面最有帮助？是否应延迟开采该新矿？

---

① 该公司没有签订相关的锆矿石远期交易合约或期货合约，参见第 24 章。

第**3**篇

风 险

第 11 章

风险、报酬率与资本机会成本概论

学习目标

1. 估计"平均风险"投资项目的资本机会成本。
2. 计算个别普通股或股票投资组合的报酬率和报酬率标准差。
3. 理解为什么多元化可以降低风险。
4. 区分可以分散的个别风险与不可分散的市场风险。

我们在前面各章还没有正式讨论投资项目的风险问题,现在该是深入讨论这个问题的时候了。我们不再满足于诸如"资本机会成本取决于投资项目的风险"这样含糊其辞的表述。我们想知道如何计量风险,也需要理解风险如何影响资本成本。这是接下来两章的主题。

思考一下,投资项目的资本成本意味着什么。资本成本是股东投资于相同风险的证券预期可以获得的报酬率。这样,估算资本成本的方法之一就是寻找与投资项目风险相同的证券,然后估计其预期报酬率。

我们的分析以观察不同投资项目过去获得的报酬率为起点,聚焦投资者投资于风险性证券(而不是安全性证券)所获得的超额报酬率,接着讨论如何计量投资组合的风险,之后再次回顾历史,探寻股票市场投资的风险。

最后,我们讨论多元化的概念。多数投资者并没有将鸡蛋放在同一个篮子里,而是将鸡蛋放在不同的篮子里。投资者并不关注各种独立证券的风险,而是关注各种独立证券对多元化投资组合风险的影响程度。因此,我们需要区分可以通过多元化消除的风险与不可通过多元化消除的风险之间的差异。

11.1 报酬率:简要回顾

如果投资者购买股票或债券,其报酬来自两个途径:(1)得到的股利或利息;(2)资本利得或损失。例如，波音公司是 2017 年的明星公司之一。假设你在 2017 年初以每股 150.71 美元的价格购买了波音公司的股票，到了 2017 年末，该笔投资已经升值到 293.46 美元，你可以得到的资本利得为 142.75 美元（293.46－150.71）。此外，波音公司 2017 年每股还支付股利 5.68 美元。

这样，该笔投资的报酬率为：

$$报酬率 = \frac{资本利得 + 股利}{期初股票价格} = \frac{142.75 + 5.68}{150.71} = 0.985 \text{ 或 } 98.5\%$$ （11.1）

报酬率也可以表示为股利收益率和资本利得率之和。股利收益率就是股利与期初股票价格的百分比：

$$股利收益率 = \frac{股利}{期初股票价格} = \frac{5.68}{150.71} = 0.038 \text{ 或 } 3.8\%$$

类似地，资本利得率为：

$$资本利得率 = \frac{资本利得}{期初股票价格} = \frac{142.75}{150.71} = 0.947 \text{ 或 } 94.7\%$$

这样，整体报酬率就是两者之和，即 3.8%＋94.7%＝98.5%。与前面的计算结果（98.5%）一样。

请记住：我们在第 5 章区分了名义报酬率与实际报酬率。名义报酬率计量的是你现在的投资到了年末将多得多少钱。因此，我们刚才计算的波音公司股票的报酬率就是一种名义报酬率。实际报酬率则告诉你，到年末你的钱可以多买多少物品。为了将名义报酬率转换为实际报酬率，我们采用下列关系式：

$$1 + 实际报酬率 = \frac{1 + 名义报酬率}{1 + 通货膨胀率}$$

2017 年的通货膨胀率为 2.1%，我们计算出波音公司股票的实际报酬率如下：

$$1 + 实际报酬率 = \frac{1.985}{1.021} = 1.944$$

因此，实际报酬率为 0.944 或 94.4%。2017 年的通货膨胀是适度的，因此，实际报酬率只略低于名义报酬率。

11.2 资本市场百年史

如果你投资于一只股票，你并不知道将赚取多少报酬率。不过，通过回顾证券过去的报酬率，你将发现投资者可以根据不同类型证券及其所面临的不同风险合理预测投资报酬率。因此，让我们看看投资者过去所经历的风险与报酬率。

市场指数

投资者可以从众多不同的证券中选择投资对象。例如，目前大约有 2 800 家美国公司和外国公司的股票在纽约证券交易所挂牌上市，同时还有超过 3 300 只股票在纳斯达克股票市场交易。

财务分析师不可能追踪每一只股票，只能依靠**市场指数**（market index）汇总不同证券的报酬率。美国最著名的市场指数是**道琼斯工业平均指数**（Dow Jones Industrial Average），通常简称道琼斯指数。道琼斯指数追踪同时持有 30 家大型公司各一股股票的投资组合的绩效。例如，假设某日道琼斯指数以 24 000 点开盘，然后上涨了 240 点至 24 240 点，那么，持有道琼斯指数股票 24 000 美元的投资者将获得的资本利得为 0.01（240/24 000）或 1%。[①]

道琼斯工业平均指数出现于 1896 年。多数人都习惯使用这种指数，并期待在每天的新闻中听到该指数的信息。然而，道琼斯指数远非计量股票市场绩效的最佳指标，这是因为：第一，仅考虑 30 股大型公司股票，股票绩效并不具有普遍代表性；第二，投资者通常不会对每家公司都持有相同的股数。例如，2018 年股票市场上流通的股票中有 59 亿股辉瑞公司的股票、5.9 亿股波音公司的股票，投资者无法对两家公司的股票持有相同的数量。投资者持有的辉瑞公司股票数量是波音公司股票数量的 10 倍。因此，用这样一个指数去计量持有两家公司等量股票投资组合的市场绩效没有太大的意义。

标准普尔综合指数（Standard & Poor's Composite Index），以 S&P 500 著称，包括 500 家重要公司的股票，是一个比道琼斯工业平均指数更具综合性的指数。同时，标准普尔综合指数所计量的投资组合市场绩效是根据每家公司发行在外股票数量的比例计算得到的。例如，标准普尔投资组合持有的辉瑞公司股票数量是波音公司股票数量的 10 倍。这样，标准普尔综合指数显示了持有 500 家公司股票的投资者的平均绩效。

尽管标准普尔综合指数只包含一小部分上市公司，但这些公司都是全美规模最大的公司，其市场价值大约为所有交易的股票市场价值的 80%。因此，成功的职业投资者通常会"跑赢标准普尔综合指数"。

有些股票市场指数如威尔希尔 5000 指数（Wilshire 5000）包含更多的股票，其他指数则只关注特殊股票，如小规模公司的股票。其他国家也拥有股票市场指数，如东京的日经指数（Nikkei Index）、伦敦的金融时报指数（Financial Times Index）。摩根士丹利国际资本公司（Morgan Stanley Capital International，MSCI）甚至计算出了一个世界股票市场指数。金融时报公司（Financial Times Company）和标准普尔公司已经联合开发出世界股票市场指数。

历史记录

股票或债券市场指数的历史报酬率有助于我们理解不同投资的平均绩效。例如，埃尔罗伊·迪姆森（Elroy Dimson）、保罗·马什（Paul Marsh）和麦克·斯丹顿（Mike Staunton）曾经测算出以下三种不同证券投资组合自 1990 年以来的投资绩效：

1. 美国政府每周发行的 3 个月期的贷款投资组合。这些贷款通常称为国库券。
2. 美国政府发行的 10 年期长期政府债券投资组合。
3. 多元化的普通股投资组合。

这些投资组合的风险各不相同。国库券是一种安全性投资，因为国库券是由美国政府发行的，你可以确信能够收回投资。国库券的期限短意味着价格相对稳定。事实上，那些愿意借出 3 个月资金的投资者可以通过购买 3 个月的国库券获得确定的报酬率。当然，投资者也不能确定这些钱能够购买什么物品，因为通货膨胀仍会带来不确定性。

长期政府债券到期肯定能够偿还，但其价格可能随利率的变动而剧烈波动。如果利率下降，长期政府债券的价值将随之上升；如果利率上升，长期政府债券的价值将随之下降。

就这三种证券而言，普通股的风险最大。如果你投资于普通股，没有人承诺你可以收回你的钱。作为公司的合伙人，你得到的是清偿债券和其他债务之后的剩余权益。

[①]　多数股票市场指数记录了投资组合的市场价值。为了计算投资组合的整体报酬率，我们还需要考虑支付的股利。

图 11 - 1 描绘了假设所有股利或利息收益都再投资于证券投资组合的三种证券的市场绩效。由此可以看到，这些投资组合的市场绩效与我们直观的风险评级相匹配。普通股的投资风险最大，但其利得最高。1900 年初将 1 美元投入普通股组合，到 2018 年初将增值为 47 661 美元。在另一种极端情况下，国库券投资只增值到 74 美元。

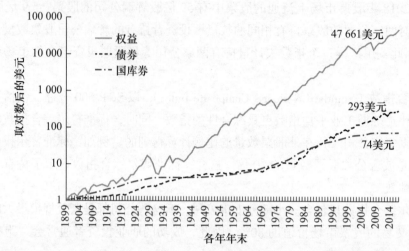

图 11 - 1 1900 年初的 1 美元到 2018 年初的增值情况（取对数的指数化价值）

资料来源：E.Dimson, P.R.Marsh, and M.Staunton, *Triumph of the Optimists*: *101 Years of Global Investment Returns* (Princeton, NJ: Princeton University Press, 2002), with updates kindly provided by *Triumph's* authors.

表 11 - 1 列示了上述不同投资组合的年平均报酬率。这些报酬率与我们计算出的波音公司的报酬率相吻合。这些报酬包含：（1）股利或利息；（2）资本利得或损失。

表 11 - 1 1900—2017 年国库券、政府债券和普通股的平均报酬率（%）

投资组合	年平均报酬率	平均溢价（与国库券相比的超额报酬率）
国库券	3.8	
政府债券	5.3	1.5
普通股	11.5	7.7

资料来源：E.Dimson, P.R.Marsh, and M.Staunton, *Triumph of the Optimists*: *101 Years of Global investment Returns* (Princeton, NJ: Princeton University Press, 2002), with updates kindly provided by *Triumph's* authors.

国库券是最安全的投资，但其报酬率最低，年平均报酬率为 3.8%。长期政府债券的报酬率略高于国库券。这种报酬率差异称为**到期风险溢酬**（maturity premium）。普通股本身就属于另一种类型。那些愿意承担普通股风险的投资者每年平均可以比投资国库券多获得 7.7 个百分点的超额报酬率。投资者承担普通股风险所得到的这种补偿称为**市场风险溢酬**（risk premium）：

普通股报酬率＝国库券利率＋市场风险溢酬

历史记录表明，持有风险性资产的投资者可以获得风险溢酬，高风险资产的平均报酬率曾经高于低风险资产的平均报酬率。

你可能会质疑为什么我们需要回顾那么长的期间以计量平均报酬率。这是因为普通股的年平均报酬率波动较大，采用短期平均值可能非常不可靠。在某些年份，普通股投资者可能遇到意外的打击，只能获得显著低于其预期的报酬率。在其他年份，普通股投资者可能惊喜地获得高于其预期的报酬率。通过均衡激烈波动年份与平稳年份的报酬率，我们将获得一个相对公平的投资者预期报酬率。

虽然普通股的平均报酬率最高，但其投资风险也较高。图 11-2 显示了 1900 年以来普通股在过去 118 年里的报酬率，波动相当大。有两年（1933 年和 1954 年）投资者获得的报酬率超过 50%。不过，图 11-2 也告诉我们，股票市场投资也可能亏钱，而且亏得还不少。最富有戏剧性的案例就是 1929—1932 年的股票市场危机。在总裁库利奇（Coolidge）欣喜地发现股票的"现行价格非常便宜"之后，股票迅速变得更加便宜。到 1932 年 6 月，道琼斯工业平均指数已经历了多次惨痛的下跌，下跌幅度达 89%。

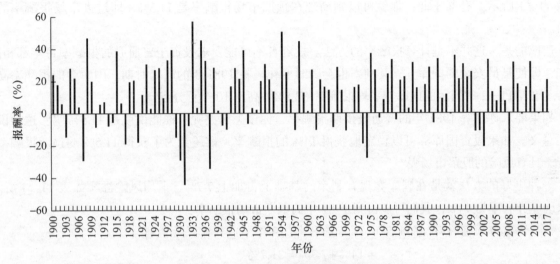

图 11-2　1900—2017 年普通股报酬率

资料来源：E.Dimson, P.R.Marsh, and M.Staunton, *Triumph of the Optimists*: *101 Years of Global Investment Returns* (Princeton, NJ: Princeton University Press, 2002), with updates kindly provided by *Triumph's* authors.

你不必追溯太遥远的历史就可以发现股票市场是风险之地。在 2000 年 3 月股票市场处于高位时购买股票的投资者可能发现，在接下来的两年半时间内股票价格不断下跌。到 2002 年 10 月，标准普尔综合指数已经下跌了 49%，高科技公司占主导地位的纳斯达克市场的股票价格也下跌了 78%。然而，这并非"过山车"的尽头。股票市场大幅复苏之后，随着金融危机的来临，2007 年 10 月至 2009 年 3 月股票价格再度下挫 57%。

尽管债券价格也会波动，但其波动幅度远不及股票价格。就政府债券投资组合的投资者而言，最糟糕的年份是 2009 年，其报酬率为 -14.9%。

运用历史证据估算现在的资本成本

现在回顾一下第 8 章，我们曾经以资本机会成本将预期现金流量折现，计算新投资项目的现值。资本机会成本就是公司股东投资于该投资项目而没有投资于风险相当的其他投资项目所放弃的报酬率。

如果投资项目是板上钉钉的事情，那么计量资本成本就很容易。因为股东投资于美国国库券可以获得稳定的报酬率，所以，只要该投资项目至少能够获得与该贷款利率相匹配的报酬率，公司就应该投资于该无风险投资项目。如果投资项目有风险（大部分投资项目都有风险），那么，公司至少应该获得投资者投资于其他类似风险证券所能获得的报酬率。尽管我们难以精确地计量股东所能获得的报酬率，但可以通过观测历史数据了解投资者投资于具有风险的股票预期所能获得的平均报酬率。

假设你知道（不必问如何知道）某个投资项目的风险与美国普通股多元化投资组合的风险相同，那么，我们认为投资项目与市场组合具有同等风险。

与其投资于项目，股东不如直接投资于市场组合。这样，该投资项目的资本机会成本就是股东投资于市场组合可以获得的预期报酬率。这就是股东把钱投入你的投资项目所放弃的报酬率。

如此一来，估算投资项目的资本机会成本就变成了估算市场组合目前的预期报酬率。估算预期市场报酬率的一种方法是假设未来与过去保持一致，而且现在的投资者预期可以得到的平均报酬率如表 11 - 1 所示。有鉴于此，你就可以判断现在预期市场报酬率是 11.5%，即过去市场报酬率的平均值。

遗憾的是，这并不是计算报酬率的方法。投资者不可能要求投资于普通股的报酬率每年都相同。例如，即使是最安全的国库券，其利率也会随时变化。在 1981 年的高峰时期，国库券的报酬率高达 14%，比表 11 - 1 中列示的国库券平均报酬率（3.8%）高出 10 个百分点。

如果要求你估算 1981 年的普通股预期报酬率，你该怎么办呢？你能说就是 11.5% 吗？这种说法毫无意义。如果投资国库券可以稳定地获得 14% 的报酬率，谁还会为了获得 11.5% 的预期报酬率而投资于具有风险的股票市场呢？

一种更好的方法就是在国库券现有利率的基础上再加上 7.7%。平均风险溢酬如表 11 - 1 所示。如果国库券利率为 14%，我们可以得到 1981 年的预期市场报酬率：

$$预期市场报酬率（1981 年）= 国库券利率（1981 年）+ 正常风险溢酬$$
$$= 14\% + 7.7\% = 21.7\%$$

上述计算公式右边的第一项是 1981 年的货币时间价值，右边的第二项则计量了风险的补偿。**某项投资的预期报酬率同时为投资者的等待（货币时间价值）和担忧（特定资产风险）提供了补偿。**

那么，之后的情形又如何呢？ 2018 年初，国库券的报酬率大约为 1.7%。这意味着普通股投资者正在寻求的预期报酬率为 9.4%[①]：

$$预期市场报酬率（2018 年）= 国库券利率（2018 年）+ 正常风险溢酬$$
$$= 1.7\% + 7.7\% = 9.4\%$$

上述计算过程假设市场投资组合存在一个正常、稳定的风险溢酬，因此，过去平均风险溢酬可以计量未来预期风险溢酬。然而，即使运用长达 100 多年的数据，我们还是难以准确地估算出市场风险溢酬，也不能确定现在的投资者要求得到的风险补偿与 20 世纪初的投资者相同。所有这些问题都为我们讨论究竟何谓风险溢酬留下了很大的空间。

许多财务经理和经济学家都认为长期历史报酬率就是最好的现成指标，但也有人凭直觉认为，不需要这么高的风险溢酬就可以说服投资者持有普通股。例如，针对财务经济学家和首席财务官的调查表明，风险溢酬比历史平均水平低 1% ～ 2%。[②]

我们可以通过观察其他国家的经验数据来加深认识。如图 11 - 3 所示，美国的风险溢酬大致处于

---

① 实际上，事情可能更加复杂。2018 年的短期利率相对较低，可能不适合作为估算长期投资项目的必要报酬率的依据。我们将在第 12 章讨论这个问题。

② 例如，2017 年 12 月一项针对美国首席财务官的调查表明，3 个月期国库券利率的平均风险溢酬预计为 5.7%。2017 年另一项针对学者、分析师和经理的调查也发现，美国的平均市场风险溢酬预计为 5.4%。这个数值（5.4%）似乎也是长期债券利率的风险溢酬。分别参见：Duke/CFO Magazine，"Global Business Outlook Survey," Fourth Quarter 2017, http://www.cfosurvey.org/；P. Fernandez, V. pershin, and I. Fernandez Acin，" Market Risk Premium and Risk-Free Rate Used for 59 Countries in 2018: A Survey," April 4, 2018, Available at SSRN: https://ssrn.com/abstract=3155709.

平均水平，瑞士的普通股风险溢酬处于最低水平，瑞士的平均风险溢酬只有 5.5%，葡萄牙的风险溢酬处于最高水平，高达 10.0%。不同国家的风险溢酬差异体现了不同的风险。但请记住，我们难以准确地估算投资者预期的报酬率。如果你就此得出各国风险溢酬相同的结论，那么，你可能离事实真相已经不远啦。

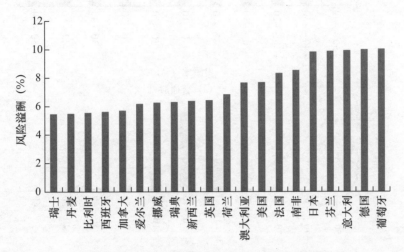

图 11 - 3 20 个国家 1990—2017 年的风险溢酬

说明：就这 20 个国家而言，普通股的平均报酬率为 7.4%，高于国库券利率。德国的数据剔除了出现恶性通货膨胀的年份（1922 年和 1923 年）的数据。

资料来源：Authors' calculations using data from E.Dimson, P.R.Marsh, and M.Staunton, *Triumph of the Optimists*: *101 Years of Global Investment Returns* (Princeton, NJ: Princeton University Press, 2002), with updates kindly provided by *Triumph's* authors.

11.3 风险的计量

你现在已经有了一些标杆。你知道安全性投资项目的资本机会成本就是安全性国库券的报酬率，也知道"平均风险"投资项目的资本机会成本就是市场组合的预期报酬率。尽管如此，你并不知道如何估算这两种简单情况以外的投资项目资本机会成本。不过在此之前，你需要更深入地理解投资项目风险。

士兵投掷手榴弹的平均引爆时间为 5 秒钟，但这个时间也蕴含了大量潜在的相关信息。如果你是手榴弹的投手，需要计量平均引爆时间的方差指标。[①] 同样，如果你是证券投资者，需要计量报酬率偏离平均报酬率的指标。

呈现投资报酬率可能出现的差异的一种方法就是如图 11 - 4 所示的柱状图。柱状图的每一条柱代表在 1900—2017 年投资报酬率处于特定范围内的年数。首先看看普通股的绩效。普通股的风险表现为各年度报酬率的变动范围较大。例如，你可以看到有一年股票的报酬率处于 +50% ～ +60% 之间，但也有一年投资者的损失处于 40% ～ 50% 之间。

与此相对应，政府债券和国库券的柱状图较少出现极端高或异常低的报酬率。与普通股股东相比，政府债券和国库券的投资者可能对报酬率更有信心。

---

① 我们可以再次向你保证，标准引爆时间的方差非常小。

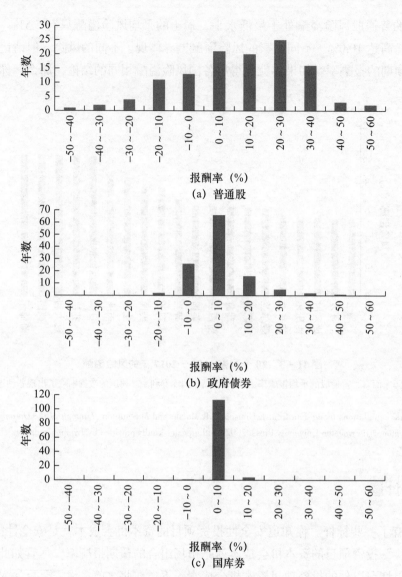

图 11 - 4　1900—2017 年主要资产类型的历史报酬率

资料来源：Authors' calculations using data from E.Dimson, P.R.Marsh, and M.Staunton, *Triumph of the Optimists*: *101 Years of Global Investment Returns* (Princeton, NJ: Princeton University Press, 2002), with updates kindly provided by *Triumph's* authors.

方差与标准差

投资风险取决于可能得到的结果的离差或差异程度。例如，图 11 - 4 所示的历史证据表明，普通股报酬率的不确定性远远高于政府债券和国库券报酬率的不确定性。有时，像图 11 - 4 这样的图示就可以告诉你所有需要知道的（过去的）离差，但总体而言，只有图示还不够，财务经理需要一种可以量化风险的定量离差指标。标准的指标就是**方差**（variance）和**标准差**（standard deviation）。

我们通过一个非常简单的例子说明如何计算方差和标准差。假设你有机会参加以下游戏：首先投资 100 美元，然后抛两枚硬币，如果正面朝上，初始投资额将增加 20%；如果反面朝上，初始投资额将减少 10%。显然，出现以下四种可能结果的机会均等：

- 正面 + 正面：你将获得的报酬率为 40%（20% + 20%）
- 正面 + 反面：你将获得的报酬率为 10%（20% - 10%）

- 反面 + 正面：你将获得的报酬率为 10%（−10%＋20%）
- 反面 + 反面：你将获得的报酬率为 −20%（−10%−10%）

也就是说，你有 1/4 或 0.25 的机会获得 40% 的报酬率，有 2/4 或 0.5 的机会获得 10% 的报酬率，有 1/4 或 0.25 的机会将损失 20%。因此，这个游戏的预期报酬率为所有可能结果的概率加权平均值：

$$预期报酬率 = 各种可能结果的概率加权平均值$$

$$= 0.25 \times 40\% + 0.5 \times 10\% + 0.25 \times (-20\%) = +10\%$$

如果你反复玩这个游戏，你的平均报酬率应该是 10%。

表 11−2 列示了如何计算该游戏的报酬率方差与标准差。第（1）列列示了四种机会均等的结果，第（2）列计算了各种可能结果与预期结果之间的差额。你可以看到最高的报酬率比预期报酬率高出 30 个百分点，最低的报酬率比预期报酬率低 30 个百分点。

表 11−2　抛硬币游戏的方差与标准差的计算过程

（1）报酬率（%）	（2）预期报酬率离差（%）	（3）平方离差
+40	+30	900
+10	0	0
+10	0	0
−20	−30	900

说明：1. 方差 = 平方离差的平均值 = 1 800/4 = 450。

2. 标准差 = 方差的平方根 = $\sqrt{450}$ = 21.2，即大约为 21%。

第（2）列的这些离差说明了各种可能报酬率的偏离程度。但如果我们要计算该差值，仅仅计算第（2）列的平均偏离值可能是徒劳的。该平均值总是为零，因为正负离差可能相互抵消。为了解决这个问题，我们对其平均之前先计算第（2）列的离差的平方。第（3）列列示了平方之后的离差。方差就是这些平方离差的平均值，也是计量离差的一种自然方法。

$$方差 = 平方离差的平均值 = \frac{1\,800}{4} = 450 \tag{11.2}$$

如果我们对预期报酬率的方差开方，就将计量单位从百分比转化为百分比的平方。最后一个步骤是对方差开平方，从而还原为百分比。这就是标准差：

$$标准差 = 方差的平方根 = \sqrt{450} = 21 \tag{11.3}$$

由于标准差只是方差的平方根，因此，标准差也是计量风险的一种自然方法。如果游戏的结果确定无疑，那么标准差为零，因为所有可能结果都不会偏离预期报酬率。由于我们并不知道将发生什么事情，因此，实际的标准差为正值。

现在我们来看第二个游戏。除了正面朝上意味着盈利 35%、反面朝上意味着亏损 25% 以外，其他条件与第一个游戏相同。同样，出现以下四种可能结果的机会均等：

- 正面 + 正面：你盈利 70%
- 正面 + 反面：你盈利 10%
- 反面 + 正面：你盈利 10%
- 反面 + 反面：你亏损 50%

这个游戏的预期报酬率为 10%，与第一个游戏的预期报酬率一样，但第二个游戏的风险更大。例如，第一个游戏的最差可能结果是亏损 20%，比预期报酬率低 30 个百分点。而第二个游戏的最差可能结果是亏损 50%，比预期报酬率低 60 个百分点。如果我们以标准差表示这种扩大的离散程度，那么，第二个游戏的标准差是第一个游戏的标准差的两倍（42% 与 21%）。根据该指标，第二个游戏的风险是第一个游戏的风险的两倍。

对方差计算的进一步讨论

在计算表 11 - 2 中的方差时，我们分别记录了四种可能的结果。还有一种方法也可以得出相同的结果。换言之，如果你反复玩这个游戏，就可以发现，预期报酬率的离差为零的概率为 50%，预期报酬率的离差为 +30% 的概率为 25%，而预期报酬率的离差为 -30% 的概率为 25%。这样，我们就可以用一种简单的方法计算方差：以概率为权重计算其平方离差的平均值：

$$方差 = 以概率为权重加权平均之后的平方离差之和$$
$$= 0.25 \times 30^2 + 0.5 \times 0 + 0.25 \times (-30)^2 = 450$$

股票报酬率方差的计量

多数财务分析师在估算股票市场投资的可能结果的离散程度时，首先假设过去报酬率的离散程度可以合理地预示未来。由此，财务分析师计算过去报酬率的标准差。为便于说明，我们假设你拥有如表 11 - 3 所示的股票市场报酬率数据。2012—2017 年这 6 年的平均报酬率为 15.2%，恰好等于过去 6 年里的报酬率总和除以 6（91.3%/6 = 15.2%）。

表 11 - 3　2012—2017 年股票市场的平均报酬率与标准差

年份	报酬率（%）	平均报酬率离差（%）	平方离差
2012	16.0	0.8	0.64
2013	31.7	16.5	272.25
2014	10.9	-4.3	18.49
2015	-1.6	-16.8	282.24
2016	13.0	-2.2	4.84
2017	21.3	6.1	37.21
合计	91.3		615.67

平均报酬率 = 91.3%/6 = 15.2%

方差 = 平方离差的平均值 = 615.67/6 = 102.61

标准差 = 方差的平方根 = 10.13%

资料来源：Authors' calculations using data from E.Dimson, P.R.Marsh, and M.Staunton, *Triumph of the Optimists*: *101 Years of Global Investment Returns* (Princeton, NJ: Princeton University Press, 2002), with updates kindly provided by *Triumph's* authors.

表 11 - 3 的第二列列示了各年报酬率与平均报酬率之间的差额。例如，2013 年普通股的报酬率为 31.7%，比 6 年平均报酬率高 16.5 个百分点。我们在第四列对这些离差求平方。这样，方差就是这些平方离差的平均值[1]：

$$方差 = 平方离差的平均值 = \frac{615.67}{6} = 102.61$$

---

[1]　技术性提示：如果依据样本的可观测报酬率估计方差，通常采用平方离差除以（N-1），而不是 N。这里的 N 为观测数量。这个过程调整了自由度损失。我们忽略此情况，强调运用平方离差的平均值解释方差。在任何情况下，如果运用许多观测值，可以忽略自由度损失的修正问题。例如，采用 100 年的数据，除以 99 还是除以 100，其差异对方差估计值的影响只有 1%（即 1.01 小数点后面的数字）。

因为标准差是方差的平方根，那么

标准差 = 方差的平方根 = $\sqrt{102.61}$ = 10.13

仅仅基于过去 6 年的结果难以计量证券的风险。因此，表 11-4 列示了 1900—2017 年三种证券投资组合的年度标准差。不出所料，国库券是变动幅度最小的证券，普通股则是变动幅度最大的证券，长期政府债券的变动幅度居中。

表 11-4　1900—2017 年的报酬率标准差

证券投资组合	标准差（%）
国库券	2.9
长期政府债券	9.0
普通股	19.7

资料来源：Authors' calculations using data from E.Dimson, P.R.Marsh, and M.Stauntion, *Triumph of the Optimists*: *101 Years of Global Investment Returns* (Princeton, NJ: Princeton University Press, 2002), with updates kindly provided by *Triumph's* authors.

当然，没有理由认为市场波动幅度应该多年保持不变。事实上，许多人认为由于某些不负责任的投机行为，近年来股票市场的波动幅度很大。图 11-5 描绘了 1900—2017 年美国证券市场的波动幅度。[①] 值得注意的是，1929 年经济危机期间证券市场向上飙升，变动幅度较大。从 2002 年互联网公司泡沫的形成到 2009 年金融危机达到顶峰，过去 10 年间证券市场也经历了异常大的波动。不过，尽管证券市场的波动有涨也有跌，但似乎没有呈现一种向上趋势的迹象。

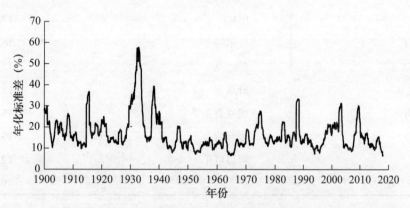

图 11-5　1900—2017 年道琼斯工业平均指数每周变动百分比的年化标准差

资料来源：www.djaverages.com.

11.4　风险与多元化

多元化

我们可以采用相同的方法计算单个证券和证券投资组合的波动幅度。当然，某个具体公司 100 年间的波动水平，远不如市场投资组合的波动水平那么有趣，因为极少有公司现在面临与一个世纪之前相同的风险。

---

①　我们将每周的方差乘以 52，换算为每年的方差。换言之，每年报酬率方差是每周报酬率方差的 52 倍。你持有证券的期限越长，你必须承担的风险越大。

表 11 - 5 列示了一些知名股票近 5 年的标准差估计值。[①]这些年市场指数（标准普尔 500 指数）的标准差为 9.4%，低于长期平均值，但各股票的报酬率标准差高于 9.4%。

表 11 - 5 2013 年 1 月至 2017 年 12 月代表性普通股的标准差

股票代码	公司名称	标准差
X	美国钢铁	72.4
MRO	马拉松石油	43.7
NEM	纽蒙特矿业	41.9
AMZN	亚马逊	26.3
BA	波音	21.6
INTC	英特尔	20.5
CPB	金宝汤	19.5
PCG	太平洋煤气电力	19.4
GOOG	阿尔法贝特	19.3
F	福特	18.7
GE	通用电气	18.6
DIS	迪士尼	18.2
UNP	联合太平洋	18.1
IBM	IBM	17.4
WMT	沃尔玛	16.4
SBUX	星巴克	15.8
PFE	辉瑞	15.2
XOM	埃克森美孚	13.9
MCD	麦当劳	13.0
KO	可口可乐	12.5
S&P 500		9.4

这就引出了一个重要问题：市场投资组合由众多单只股票组成，为什么市场投资组合的波动幅度不等于单只股票波动幅度的平均值呢？答案就是，**多元化**（diversification）降低了波动幅度。

销售雨伞是一种有风险的生意。下雨天，你可能大赚一笔，但雨过天晴，你很可能亏得一塌糊涂。销售冰激凌也不安全，雨过天晴，你可能生意很好，但下雨天，你可能生意惨淡。然而，假设你同时投资雨伞店和冰激凌店。通过多元化投资于这两种不同的生意，不管是下雨天还是大晴天，你都可以获得一个平均水平的利润。

多元化投资组合之所以可以降低风险，是因为不同股票的价格并非刚好同方向变动。统计学家也得出相同结论：股票的价格变动并非完全相关。正如前文提及的经营雨伞与经营冰激凌的例子，一种生意经营得很好而另一种生意经营得很糟糕，其报酬率之间呈负相关关系，那么，多元化投资组合可

---

① 我们前面已经指出，5 个年度的观测值不足以取得可靠的方差估计值，因此，这些估计值来源于 60 个月的报酬率，然后将每个月的方差乘以 12。

以最有效地降低风险。遗憾的是，在现实生活中，呈负相关关系的股票就像夏天的暴风雪一样，相当罕见。

资产风险与投资组合风险

不同类型资产的历史报酬率提供了需要对风险与报酬率加以权衡的有力证据。这也意味着各类资产的报酬率波动幅度是计量风险的有用指标。但是，就作为投资组合的一部分所持有的个别资产而言，报酬率的波动幅度也可能是计量风险的误导性指标。为了探究其中的缘由，考虑下面的案例。

假设整个经济环境存在三种机会均等的可能结果或情境：经济衰退、经济正常增长和经济繁荣。投资某汽车公司的股票，如果经济衰退，其报酬率为 -8%；如果经济正常增长，其报酬率为 5%；如果经济繁荣，其报酬率为 18%。汽车公司具有周期性：如果整体经济环境很好，汽车公司的经营状况也很好。与此相反，黄金采掘公司经常具有反周期性，这意味着如果其他公司经营状况很糟糕，黄金采掘公司的经营状况反而很好。假设投资于某黄金采掘公司的股票，如果经济衰退，其报酬率为 20%；如果经济正常增长，其报酬率为 3%；如果经济繁荣，其报酬率为 -20%。表 11-6 总结了这些假设。

表 11-6　两只股票的报酬率假设

情境	概率	报酬率（%）	
		汽车公司股票	黄金采掘公司股票
经济衰退	1/3	-8	+20
经济正常增长	1/3	+5	+3
经济繁荣	1/3	+18	-20

由此看来，黄金投资的波动幅度更大。经济繁荣与经济衰退这两种情境下的报酬率相差 40 个百分点（经济繁荣时的报酬率为 -20%，经济衰退时的报酬率为 +20%），与此相比，汽车公司股票在两种情境下的报酬率只相差 26 个百分点。事实上，我们可以通过计算这两类资产报酬率的方差与标准差验证哪类资产的波动幅度更大。表 11-7 列示了其计算过程。

表 11-7　两只股票的预期报酬率与波动幅度

经济情境	汽车公司股票			黄金采掘公司股票		
	报酬率（%）	预期报酬率离差（%）	平方离差	报酬率（%）	预期报酬率离差（%）	平方离差
经济衰退	-8	-13	169	+20	+19	361
经济正常增长	+5	0	0	+3	+2	4
经济繁荣	+18	+13	169	-20	-21	441
预期报酬率	$1/3 \times (-8+5+18) = 5$			$1/3 \times (+20+3-20) = 1$		
方差*	$1/3 \times (169+0+169) = 112.7$			$1/3 \times (361+4+441) = 268.7$		
标准差（=$\sqrt{方差}$）	$\sqrt{112.7} = 10.6$			$\sqrt{268.7} = 16.4$		

*方差 = 预期报酬率平方离差的平均值

因为三种经济情境发生的概率相同，那么，每只股票的预期报酬率就是三种可能结果的平均值。[①] 汽车公司股票的预期报酬率为 5%，黄金采掘公司股票的预期报酬率则为 1%。方差是预期报酬率平方离差的平均值，标准差则是方差的平方根。

黄金采掘公司股票的预期报酬率低于汽车公司股票的预期报酬率，而且其波动幅度更大。黄金采掘公司股票的预期报酬率和波动幅度都不如汽车公司股票吗？有人愿意在投资组合里持有黄金采掘公司的股票吗？答案当然是肯定的。

为了探究其中的缘由，假设你确实认为黄金采掘公司股票是一种劣等资产，你的投资组合全部都是汽车公司股票。你的预期报酬率为 5%，标准差为 10.6%。我们将比较该投资组合与另一个由 75% 的汽车公司股票与 25% 的黄金采掘公司股票构成的部分多元化投资组合。例如，如果你拥有 10 000 美元的投资组合，可以用 7 500 美元购买汽车公司股票，用 2 500 美元购买黄金采掘公司股票。

首先，我们需要计算基于不同情境的投资组合预期报酬率。投资组合预期报酬率就是个别资产报酬率的加权平均值。这里的权重就是各种资产占投资组合的比重。就仅由两种资产构成的投资组合而言：

$$投资组合预期报酬率 = （第一项资产占投资组合的比例 × 第一项资产报酬率）$$
$$+ （第二项资产占投资组合的比例 × 第二项资产报酬率）\tag{11.4}$$

例如，汽车公司股票的权重是 0.75，如果经济衰退，其报酬率为 -8%；黄金采掘公司股票的权重是 0.25，如果经济衰退，其报酬率为 20%。如果经济衰退，该投资组合的预期报酬率就是下列加权平均值[②]：

$$经济衰退期的投资组合预期报酬率 = 0.75 × （-8\%） + 0.25 × 20\% = -1\%$$

表 11-8 拓展了表 11-6，包含汽车公司股票与黄金采掘公司股票的投资组合。该表的下方总结了预期报酬率和波动幅度。令人惊讶的是：如果你将一部分投资于汽车公司股票的资金转向波动幅度较大的黄金采掘公司股票，投资组合的波动幅度大大缩小。事实上，汽车公司股票与黄金采掘公司股票投资组合的波动幅度远远小于单只股票的波动幅度。这就是多元化的效应。

表 11-8 两只股票及其投资组合的报酬率

经济情境	概率	报酬率（%）		投资组合报酬率（%）*
		汽车公司股票	黄金采掘公司股票	
经济衰退	1/3	-8	+20	-1.0
经济正常增长	1/3	+5	+3	+4.5
经济繁荣	1/3	+18	-20	+8.5
预期报酬率		5	1	4
方差		112.7	268.7	15.2
标准差		10.6	16.4	3.9

说明：在该投资组合中，75% 投资于汽车公司股票，25% 投资于黄金采掘公司股票。
* 投资组合报酬率 = （0.75 × 汽车公司股票报酬率） + （0.25 × 黄金采掘公司股票报酬率）。

[①] 如果概率各不相同，在计算预期报酬率和方差时，我们需要以概率加权平均每种结果。

[②] 让我们验证这个结论。假设你用 7 500 美元购买汽车公司股票，用 2 500 美元购买黄金采掘公司股票。如果经济衰退，汽车公司股票的报酬率为 -8%，且汽车公司投资价值将下降为 6 900 美元，下降 8%。黄金采掘公司股票的报酬率为 20%，且黄金采掘公司投资价值将增加到 3 000 美元，增加 20%。投资组合的价值总额由原来的 10 000 美元下降为 9 900 美元（6 900+3 000），其报酬率为 -1%。该数值与运用加权平均计算公式所得到的报酬率相同。

关注在经济繁荣和经济衰退这两种极端情境下的资产报酬率，有助于我们更清晰地理解这个问题。在经济繁荣期，如果汽车公司股票的绩效非常好，黄金采掘公司股票较差的报酬率降低了投资组合的整体报酬率。然而，在经济衰退期，如果汽车公司股票的绩效不佳，黄金采掘公司股票的绩效非常好，报酬率显著提高，从而提升了投资组合的整体报酬率。黄金采掘公司股票的绩效变动抵消了汽车公司股票的绩效变动，降低了最佳情境的报酬率，却提升了最差情境的报酬率。两种股票的报酬率呈现相反的关系意味着：如果在全部由汽车公司股票构成的投资组合里增加黄金采掘公司股票，将使投资组合的报酬率更加稳定。

就最初仅持有全部由汽车公司股票组成的投资组合的投资者而言，黄金采掘公司股票确实是一项负风险资产，将其加入投资组合能够降低投资组合报酬率的波动幅度。尽管黄金采掘公司股票报酬率的波动幅度很大，但黄金采掘公司股票的增量风险（即黄金采掘公司股票加入投资组合之后所引起的整体风险变化）为负。

我们在表 11 - 9 中列示了几种其他投资组合。这些投资组合都由各种不同比例的黄金采掘公司股票和汽车公司股票组成。A 投资组合全部投资于汽车公司股票，B 投资组合将投资于 20% 的汽车公司股票的资金转向投资于黄金采掘公司的股票，以此类推，F 投资组合全部投资于黄金采掘公司股票。表 11 - 9 列示了基于不同情境的各种投资组合的报酬率。表 11 - 9 中最后两列列示了基于三种情境的预期报酬率和标准差。值得注意的是，A 投资组合的标准差为 10.6%。当然，这只是汽车公司股票的标准差。如果我们将投资组合的 20% 转到变动幅度更大的黄金采掘公司股票（如 B 投资组合），标准差就下降了。正如我们已经看到的，这就是多元化的效应。

表 11 - 9　不同比例的黄金采掘公司股票和汽车公司股票所组成投资组合的风险与报酬率

	投资组合比例		投资组合报酬率（%）			预期报酬率（%）	标准差（%）
	黄金采掘公司股票	汽车公司股票	经济衰退	经济正常增长	经济繁荣		
A	0.0	1.0	−8.0	5.0	18.0	5.0	10.6
B	0.2	0.8	−2.4	4.6	10.4	4.2	5.2
C	0.4	0.6	3.2	4.2	2.8	3.4	0.6
D	0.6	0.4	8.8	3.8	−4.8	2.6	5.6
E	0.8	0.2	14.4	3.4	−12.4	1.8	11.0
F	1.0	0.0	20.0	3.0	−20.0	1.0	16.4

我们还可以进一步降低风险吗？黄金采掘公司的股票占 40% 的 C 投资组合的标准差更小。不过，这大概是我们所能选的最佳投资组合。如果我们进一步提高黄金采掘公司股票的投资比例，标准差开始提高，D 投资组合的标准差为 5.6%，E 投资组合的标准差为 11%。这些投资组合中黄金采掘公司股票的投资比例已经很高，如果进一步提高该投资比例，就会相应地增大风险。因此，黄金采掘公司股票的增量风险取决于投资组合的起点，A 投资组合和 B 投资组合以汽车公司股票为主，提高黄金采掘公司股票的投资比例，就可以减弱投资组合的波动性。但 D 投资组合和 E 投资组合已经以黄金采掘公司股票为主，提高黄金采掘公司股票的投资比例，就可能增强投资组合的波动性。

图 11 - 6 描绘了上述六种投资组合的预期报酬率与标准差的匹配关系。"极端"的投资组合（A

投资组合和 E 投资组合）全部投资于汽车公司股票或黄金采掘公司股票，处于图 11-6 的两端。如果我们将"这些点"与相应的投资组合连接起来，就可以描绘出预期报酬率与投资组合风险的各种可能组合。这种图就称为**投资组合边界**（investment opportunity frontier）。投资组合边界清晰地描绘了多元化的效应。就我们的例子而言，C 投资组合的风险几乎为零。就此例而言，多元化的强大威力源于黄金采掘公司股票与汽车公司股票之间存在强烈的相反关系。如果这种相反关系没有那么强烈，则投资组合边界应该是一个正常的图形，但不会太接近纵轴。

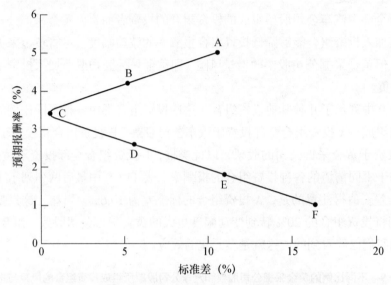

图 11-6 黄金采掘公司股票与汽车公司股票的投资机会边界

说明：图中的每个点代表预期报酬率与波动性的一种可能组合。标示的六个点分别对应表 11-9 中的投资组合。

总而言之，股票的增量风险取决于其报酬率的变动趋势与投资组合其他资产的报酬率变动趋势一致还是相反。当然，增量风险不仅仅取决于股票的波动幅度。如果该股票的报酬率不紧随投资组合其他股票的报酬率变动，那么，该股票通常将缩小投资组合报酬率的波动幅度。

两只股票变动的同步性可以用其报酬率的相关系数计量。如果表 11-7 列示的黄金采掘公司股票与汽车公司股票的变动完全同步，那么其相关系数为 1.0。因为其报酬率变动方向相反，即一种股票的报酬率提高，另一种股票的报酬率则下降，相关系数为负值。最小的相关系数为 -1.0。这意味着报酬率的变动完全同步但变动方向相反。就本例而言，黄金采掘公司股票与汽车公司股票的相关系数为 -0.996，接近该极值（-1.0）。遗憾的是，在现实生活中，负相关很罕见，因为多数股票都与整体经济环境相联系。

表 11-10 列示了几个主要行业之间的相关系数。这些相关系数是根据截至 2017 年 5 年间的每月股票报酬率计算得到的。根据相关行与列的数字，你可以找到各个行业之间的相关系数。当然，每个行业自身完全相关，因此，表 11-10 的对角线上的各个数值都是 1。

一切都在我们的预料之中，表 11-10 的相关系数都是正值，不过，对经营周期非常敏感的行业的相关系数最高。根据表 11-10，相关系数最高的是机械行业与汽车行业之间的相关系数，达到 0.77。这些行业与"周期性"较弱的行业（如黄金采掘行业）之间的相关系数相当低。在现实生活中，黄金采掘行业与汽车行业之间的相关系数很低（0.09），但正如我们的例子所用的数值，其相关系数还不是负值。

表 11 - 10　某些主要行业的相关系数

	食品	制药	建筑	机械	汽车	黄金采掘	石油	公用事业	电信	零售	银行
食品	1.00	0.43	0.40	0.24	0.30	0.12	0.29	0.56	0.60	0.59	0.21
制药		1.00	0.52	0.44	0.61	0.04	0.31	0.25	0.54	0.64	0.55
建筑			1.00	0.74	0.76	-0.13	0.50	0.21	0.48	0.61	0.65
机械				1.00	0.77	0.23	0.74	0.15	0.52	0.48	0.63
汽车					1.00	0.09	0.54	0.10	0.50	0.58	0.71
黄金采掘						1.00	0.31	0.16	0.12	-0.03	-0.23
石油							1.00	0.16	0.55	0.33	0.52
公用事业								1.00	0.32	0.24	-0.12
电信									1.00	0.59	0.45
零售										1.00	0.53
银行											1.00

资料来源：Authors' calculations using monthly value-weighted industry index returns for the 5-years period ending February 2018, downloaded from the Fama-French data library: http://mba.tuck.dartmouth.edu/pages/faculty/ken.french/Data_Library/det_10_ind_port.html.

Excel 内置了各种计算公式，因此，可以很容易地计算出相关系数和标准差。

我们可以总结如下：

1. 投资者关注其资产投资组合的预期报酬率与风险。报酬率的波动幅度（即方差与标准差）可以计量投资组合的总体风险。

2. 单个证券的报酬率标准差可以计量单独持有该证券的风险大小。但持有证券投资组合的投资者只对各种证券如何影响投资组合的总体风险感兴趣。某种证券对投资组合风险的贡献取决于该证券的报酬率如何随着投资者持有的其他证券报酬率的变动而变动。因此，对于某种在单独持有时具有风险的证券而言，如果其报酬率的变动与投资组合其他证券报酬率的变动不同步，那么，该证券可能缩小投资组合的波动幅度。

3. 你可以通过收集投资组合的历史报酬率数据，计算其标准差或方差，推断该投资组合的风险程度。多元化可以降低风险的程度取决于投资组合的各种股票之间的相关系数。如果投资组合的股票都选自同一个行业，由于其报酬率高度相关，多元化降低风险的效应较差。如果我们选取不同行业的股票组成一个多元化的投资组合，由于其报酬率相关系数较低，多元化降低风险的效应就更为理想。

例 11.1　多元化

前面提及的汽车公司和黄金采掘公司的案例完全是虚构的，但我们可以通过两家真实的公司（福特公司和太平洋煤气电力公司）得到相同的结论。图 11 - 7 的（a）部分和（b）部分描绘了截至 2017 年 12 月的 5 年间两只股票每月报酬率差异。尽管这两只股票每月报酬率的差异较大，但其变动并不完全同步。某只股票减少的价值经常为另一只股票的价格上涨所抵消。根据图 11 - 7 的（c）部分，如果你在两只股票之间平分投资组合，你就可以减缓投资组合报酬率的波动幅度。投资组合的标准差比这两只股票各自的标准差少了 1/3。

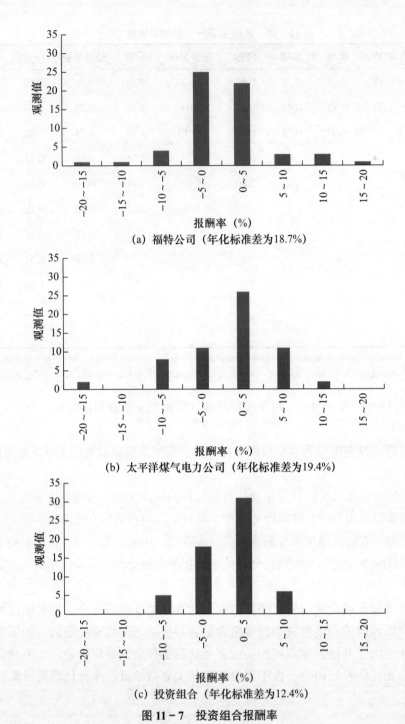

图 11-7　投资组合报酬率

说明：该投资组合由福特公司股票和太平洋煤气电力公司平均组合。该投资组合报酬率的变动幅度小于各自股票的波动幅度。

市场风险与个别风险

　　上述案例说明，使投资略微多元化就可以显著缩小波动幅度。假设你计算并比较以下投资的标准差：单只股票、两只股票的投资组合、五只股票的投资组合，等等。由图 11-8 可以看到，多元化投资可以使报酬率的波动幅度缩小将近一半。但你可以通过相对较少的股票获得多元化投资的好处：如果增加的股票数量超过 20 只或 30 只，多元化投资降低风险的效果就会显得微不足道。

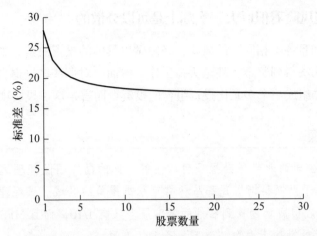

图 11 - 8　由纽约证券交易所的不同股票组成的投资组合风险（标准差）

说明：从纽约证券交易所 2007-2017 年的股票随机选取这些股票。值得注意的是，多元化投资一开始可以迅速降低风险，但随后效果趋缓。

图 11 - 8 也说明，无论你持有多少种证券，都无法消除全部风险。如果整体经济不景气，那么，多数股票乃至多元化的投资组合的价格也可能暴跌。

能够通过多元化投资消除的风险称为**个别风险**（specific risk）。无论你如何进行多元化投资都无法分散的风险称为**市场风险**（market risk）或系统风险。个别风险是因个别公司及其直接竞争对手特有的危险因素而引起的风险。**市场风险源于威胁所有公司的整个经济体系的因素。市场风险解释了为什么股票具有同步变动趋势，由此可知，即便是有效的多元化投资组合也会受市场变动的影响。**

图 11 - 9 将风险分为个别风险与市场风险。如果你仅仅拥有 1 只股票，那么，个别风险就非常重要。但一旦你拥有 30 只以上股票的投资组合，多元化投资就已经消除了大部分风险。**就一个合理有效的多元化投资组合而言，市场风险才是需要关注的风险。**

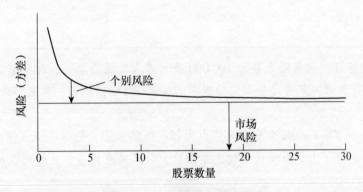

图 11 - 9　个别风险与市场风险

说明：多元化投资消除了个别风险，但仍然存在无法消除的风险，这就是市场风险。
技术性提示：以方差计量风险。投资组合的方差是市场方差和个别方差之和。

11.5　对风险的思考

你如何区分个别风险和无法分散的风险呢？市场风险从何而来？这里有三条信息有助于你更清晰地思考风险问题。

第一条信息：某些风险看似巨大，实际上是可以分散的

经理面临"不断增加且各不相同"的风险，必须做出具体的投资决策。如果投资决策失误，经理将难以获得晋升机会，无法得到奖金，甚至丢掉工作。然而，对那些"进退自如"并可以将该投资项目与许多其他资产或证券组成一个多元化投资组合的投资者而言，这一投资项目似乎没有什么风险。

例 11.2　冒险的油井勘探

你刚刚晋升为 MPS 石油公司西北半球勘探项目的主管。你的勘探团队经理远在科斯塔瓦那，已经额外申请了 2 000 万美元经费用于勘探科斯塔瓦那丛林常年积雪覆盖的区域。该经理认为那里可能隐藏着价值 5 亿美元以上的"大油田"。但成功勘探到石油的概率最多只有 1/10，而且 MPS 石油公司首席执行官昨天刚刚抱怨已经在科斯塔瓦那的勘探上白白"浪费"了 1 亿美元。

这是一个有风险的投资项目吗？对你而言，这也许是一个风险性投资项目。如果成功勘探到油田，你将成为英雄，否则可能成为替罪羊。但 MPS 石油公司在全球拥有数百个钻井，就整个公司而言，关键是平均成功率。地质风险（是否存在油田）应该成为平均风险水平。世界范围内的勘探项目所带来的风险肯定低于单个冒险油井的风险。

退后一步，想想购买 MPS 石油公司股票的投资者。这些投资者可能也同时购买其他石油公司的股票，以及钢铁公司、计算机公司、服装公司、水泥公司和早餐食品公司的股票。投资者自然而然地（现实就是这样）认为，勘探油井成功的概率处于公司就投资组合所做出的数千次其他决策的平均风险水平。

在这种情况下，你在科斯塔瓦那勘探问题上所面临的风险并不影响投资者持有 MPS 石油公司股票所要求的报酬率。购买 MPS 石油公司股票的多元化投资者将因你找到了"大油田"而高兴，但这些投资者可能并不在意你因找不到"大油田"而丢掉工作。无论如何，投资者并不会因为担心科斯塔瓦那的地质风险而要求得到更高的平均报酬率。

例 11.3　火灾保险

你愿意为邻居的房屋签订一份保险金额为 100 000 美元的火灾保险单吗？你的邻居每年愿意支付给你 100 美元作为保费，且经验表明一年内发生火灾的概率远远低于 1‰，但万一你的邻居的房屋因火灾受损，你将支付全部保险额。

即使发生火灾的概率非常小，也很少有人有能力为邻居提供保险。想想一份份保单，你可能认为保险业是一个风险性行业。但签订了上百万份保单的大型保险公司只关注优秀精算师可以预测的平均损失。

第二条信息：市场风险是宏观风险

我们已经看到，多元化投资组合不受单只股票的个别风险的影响，但受到影响整个证券市场和整个经济环境的不确定事件的影响。这些不确定事件是宏观因素，包括利率、工业产值、通货膨胀率、汇率以及能源成本等的变化。这些因素会影响大部分公司的利润和股票价格。如果这些相关的宏观风险转化为普遍乐于接受的利好因素，股票价格就会上涨，投资者将因此而获利。相反，如果这些相关的宏观风险转化为利空因素，投资者将遭受损失。

只要你全面思考这些影响因素与经营周期及其他宏观变量之间的关系，通常就可以评估相对的市

场风险。以下行业具有显著的宏观风险与市场风险：

- 航空公司。由于经济衰退时期商务出行减少，个人推迟度假时间安排和其他出行，航空业受到经营周期波动的影响。当然，如果经济繁荣，个人收入不断增加，航空业的利润也会随之增长。
- 机器设备制造商。这些公司受经营周期的影响尤甚。产能过剩的制造型公司很少购买新的机器设备以扩张规模。如果经济衰退，产能过剩可能更加严重。

也有两种行业的风险低于宏观风险的平均水平：

- 食品公司。销售诸如早餐、面粉以及狗粮等商品的公司发现，无论经济环境如何变化，其商品需求都相对稳定。
- 电力公司。一些公司的电力需求有时会随经营周期的变化而变化，但其需求变化的幅度远远小于航空旅行或机器设备的需求变化幅度。同时，许多电力公司的利润都受到管制，监管机构可能控制潜在的利润上限，但如果需求疲软，监管机构也会给电力公司提高价格的机会。

请记住，持有多元化投资组合的投资者最关注宏观经济风险。这些投资者不关注个别公司或投资项目特定的微观经济风险。微观风险可以通过多元化投资组合加以消除。公司经理可能既关注宏观风险，也关注微观风险，但只有宏观风险影响多元化投资和资本成本。

第三条信息：风险是可以计量的

达美航空公司显然比家乐氏公司（Kellogg）或通用磨坊公司（General Mills）这样的食品公司面临更大的宏观风险。这些是简单的案例。IBM 股票的风险高于埃克森美孚股票的风险吗？这个问题并不好回答。然而，我们可以通过观察 IBM 和埃克森美孚的股票价格波动状况来计量其股票的风险。

我们已经讨论了如何计量股票的风险。请记住，多元化的投资者只关注市场风险。股票市场的走势集中反映了所有相关的宏观经济不确定性的最终影响。如果所有交易的股票的市场组合在某个特定月份呈现上升态势，我们就可以得出宏观经济消息的最终影响是积极影响的结论。请记住，市场绩效几乎不受公司特有事件的影响，市场上的数千只股票抵消了其风险。

如何计量像 IBM 或埃克森美孚这样的公司股票的风险呢？我们不能孤立地看待这些股票，因为如果你观察个别公司的风险，会发现其风险可以分散掉。因此，我们需要计量个别股票对整个股票市场变动的敏感度。我们将在下一章讨论这些内容。

本章小结

如何估计"平均风险"投资项目的资本机会成本？（学习目标 1）

在过去的一个世纪，标准普尔综合指数包含的普通股的报酬率每年平均比安全的国库券的报酬率高出 7.7%。这就是投资者为承担股票投资风险而得到的风险溢酬。长期债券的报酬率高于国库券的报酬率，但低于股票的报酬率。

如果过去的风险溢酬是预测未来的指南，那么，我们可以在当前的国库券利率的基础上再加上 7.7% 的预期风险溢酬，估算出当前的市场预期报酬率。这就是"平均风险"投资项目（即与一般市场指数风险相同的投资项目）的资本机会成本。

如何计算单只股票或股票投资组合的报酬率标准差？（学习目标 2）

各种可能结果的方差和标准差通常计量了不同投资项目的报酬率离散程度。方差是可能结果的平方离差的平均值，标准差则是方差的平方根。普通股市场投资组合的报酬率标准差每年平均为

20%左右。

为什么多元化投资可以降低风险?（学习目标3）

单只股票的报酬率标准差通常高于整个市场投资组合的报酬率标准差。因为每只股票的变动步调并不完全一致，所以大部分风险可以抵消。如果你将投资组合拓展到众多投资项目，就可以降低整体风险。通过多元化投资可以消除的风险称为个别风险。

可以分散的个别风险与不可分散的市场风险有何不同?（学习目标4）

即使你持有一个有效多元化的投资组合，也无法消除所有风险。你依然受到影响多数股票和整个股票市场的宏观经济变量的影响。这些宏观风险综合在一起产生了市场风险，即整个市场都可能暴跌的风险。

并非所有股票都具有相同的风险。那么，"高风险股票"意味着什么呢？我们并非指单独持有一只股票的风险很高，而是指该只股票使多元化投资组合的风险高于平均水平。换言之，投资者不必过于担心那些可以通过多元化投资消除的风险，而应该关注那些无法通过多元化投资消除的风险。这取决于股票对整个宏观经济环境的敏感度。

第 **12** 章

风险、报酬率与资本预算

学习目标

1. 计量并解释证券的市场风险或贝塔系数。
2. 将证券的市场风险与投资者要求的报酬率联系起来。
3. 理解投资项目的风险为何和如何决定资本机会成本。

我们在第 11 章开始涉及风险问题。我们强调个别风险与市场风险的差别。个别风险源于只影响单个公司或其直接竞争对手的各种事件。通过多元化可以消除个别风险，但无论多元化程度如何，你都无法避免宏观经济事件产生的市场风险。这就是为什么投资者不要求更高的报酬率以补偿个别风险，却需要更高的报酬率以补偿其承担的市场风险。

你如何计量证券或投资项目的风险呢？我们将看到，投资项目的报酬率对市场波动的敏感度（即贝塔系数）通常可以计量市场风险，还将看到，投资者要求的风险溢酬应该与贝塔系数成比例。这种风险与报酬率之间的关系是估计投资者对普通股投资的预期报酬率的一种有用方法。

最后，我们将区分公司证券的风险与个别投资项目的风险，还将讨论如果投资项目风险和公司现有经营风险存在差异，经理应该做什么。

12.1 市场风险的计量

利率、政府支出、油价、汇率的变动以及其他宏观经济事件几乎影响所有公司和所有股票的报酬率。于是，我们可以通过追踪由所有证券组成的**市场组合**（market portfolio）的报酬率，评估"宏观"消息的影响。如果某一天市场绩效"蒸蒸日上"，那么，宏观经济变动的最终影响就是积极的影响。我们知道市场绩效只会反映宏观事件，因为当我们观察众多证券的综合绩效时会发现，公司的个别风险已经平均化。

从理论上讲，市场组合应该包括经济世界的所有资产，不仅包括股票，还包括债券、外国证券和不动产等。但从实践来看，财务分析师的工作依赖股票市场指数如标准普尔综合指数。[①]

在此，我们的任务是定义并计量单只普通股的风险。因为风险受宏观经济事件的影响，而且可以通过某只股票的报酬率对市场组合的报酬率变动的敏感度计量风险。这种敏感度称为股票的**贝塔系数**（beta）。贝塔系数通常以希腊字母 β 表示。

贝塔系数的计量

我们在第 11 章讨论了几种证券报酬率的波动幅度，美国钢铁公司的标准差最大，可口可乐公司的标准差最小。你单独持有美国钢铁公司股票的报酬率的波动幅度是单独持有可口可乐公司股票的大约 6 倍。但聪明的投资者不会将所有鸡蛋都放在同一个篮子里：投资者通过多元化降低风险。持有多元化投资组合的投资者更感兴趣的是每只股票对整个投资组合风险的影响程度。

多元化可以消除单只股票的个别风险，但无法消除整个股票市场可能下跌的趋势以及使你的股票也跟着下跌的风险。

有些股票受市场波动的影响比其他股票要小。投资经理经常提及"保守型"股票与"激进型"股票。保守型股票对市场波动的反应非常不敏感，其贝塔系数较低。相反，激进型股票可能放大市场走势，其贝塔系数较高。如果市场处于上行趋势，持有激进型股票比较有利；如果市场处于下行趋势，持有保守型股票更好（当然，把钱存入银行也很好）。

激进型股票的贝塔系数比较高，大于 1.0，其报酬率的波动幅度大于整个市场。保守型股票的贝塔系数则小于 1.0，其报酬率的波动幅度小于整个市场。毋庸置疑，所有股票的平均贝塔系数正好等于 1.0。

现在，我们将讨论如何计量贝塔系数。

例 12.1　计量 Turbot-Charged Seafoods 公司的贝塔系数

假设我们回顾 Turbot-Charged Seafoods 的交易记录并挑选出市场投资组合报酬率为 +1% 或 -1% 的 6 个月。

月次	市场报酬率（%）	报酬率（%）
1	+1	平均值 = 0.8
2	+1	
3	+1	
4	-1	平均值 = -0.8
5	-1	
6	-1	

图 12-1 描绘了所有观测值。我们在市场报酬率上升或下跌 1% 的区间内画一条直线穿过公司的平均报酬率。这条直线的斜率就是公司股票的贝塔系数。你马上可以看到，贝塔系数为 0.8。如果市场报酬率上升或下跌 1%，公司股票的平均利得或损失为 0.8%。值得注意的是，市场报酬率 2 个百分点（从 -1% 到 +1%）的差异导致公司股东报酬率平均 1.6 个百分点（从 -0.8% 到 +0.8%）的差异，其比率 0.8（1.6/2）就

[①]　我们在 11.2 节讨论过最为流行的股票市场指数。

是贝塔系数。

其中有 4 个月，公司股票的报酬率处于图 12 - 1 中直线的上方或下方。与该直线的距离说明了公司股票报酬率对影响公司但不影响整个市场的消息或事件的反应程度。例如，在第二个月，公司股票的投资者不仅受益于利好的宏观经济消息（市场报酬率上涨了 1%），而且受益于公司特有的某些利好消息。市场报酬率上升使得公司股票的报酬率也上升了 0.8%（贝塔系数 0.8 乘以市场报酬率 1%）。由于这个月的总体报酬率为 1.8%，因此，公司特有消息给投资者带来额外 1% 的报酬率。

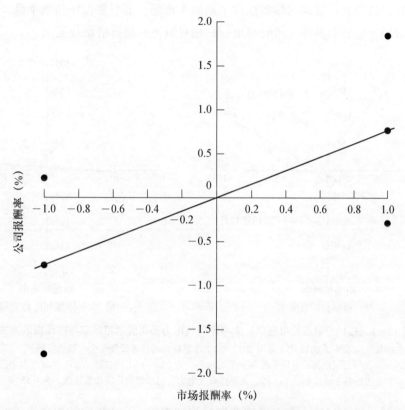

图 12 - 1　公司报酬率与市场报酬率图示

说明：根据例 12.1 的表格数据描绘此图。每一点代表整个市场报酬率上升或下跌 1% 时，Turbot-Charged Seafoods 公司股票的绩效。总体而言，公司股票走势与市场走势方向相同，但波动幅度较小。因此，公司股票的贝塔系数小于 1.0。根据图 12 - 1 各点拟合直线的斜率，我们可以计量其贝塔系数。本案例的贝塔系数为 0.8。

正如上述案例所述，我们可以将普通股报酬率分为两个部分：由市场报酬率和公司股票贝塔系数解释的部分，由公司特有消息解释的部分。第一部分报酬率的波动反映了市场风险，第二部分报酬率的波动反映了个别风险。

当然，多元化可以消除个别风险。正因如此，那些不把所有鸡蛋都放在同一个篮子里的聪明投资者会注意到 Turbot-Charged Seafoods 公司股票的贝塔系数低于平均值并称之为保守型股票。

尽管现实生活不像案例那么简单，难以便捷地取得所需的各种数据，但是，计量真实公司贝塔系数的步骤完全相同：

1. 观测股票和市场的报酬率（通常是月报酬率或周报酬率）。

2. 像图 12 - 1 那样，将观测值描绘在图上。

3. 拟合一条代表基于不同市场报酬率的股票平均报酬率的直线。

贝塔系数就是该拟合直线的斜率。

这看起来工作量挺大，实际上可以由计算机帮你完成这些工作。下面是两个实例。

福特公司与太平洋煤气电力公司的贝塔系数

图 12-2（a）的每个点描述了不同月份的福特公司股票和市场指数的报酬率。例如，上面箭头指向的点表示 2017 年 9 月福特公司股票价格上涨 8.5%，而市场指数上涨了 1.9%。值得注意的是，只要市场指数上升，福特公司股票的绩效往往"跑赢"市场，而只要市场指数下跌，福特公司股票的绩效也往往不如市场。这表明福特公司股票是一只相对激进的高贝塔系数股票。

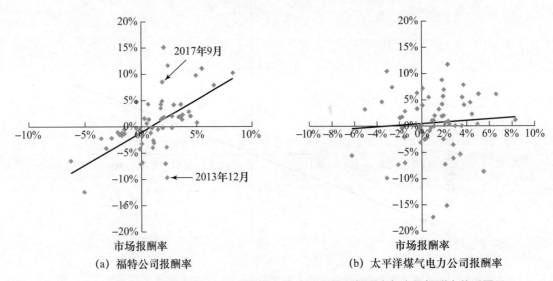

（a）福特公司报酬率　　　　　　（b）太平洋煤气电力公司报酬率

图 12-2　福特公司股票报酬率、太平洋煤气电力公司股票报酬率与市场报酬率关系图示

说明：（a）图中的每个点描述了 2013 年 1 月至 2017 年 12 月福特公司普通股和整个市场的报酬率。福特公司股票的贝塔系数就是各点拟合直线的斜率。福特公司股票的贝塔系数高于平均水平，为 1.26。（b）图描绘了太平洋煤气电力公司股票和整个市场 60 个月的报酬率。各点拟合直线的斜率远远小于（a）图。太平洋煤气电力公司股票的贝塔系数较低，为 0.15。

我们已经画出一条穿过图中各点的拟合度最好的直线。[①] 该直线的斜率为 1.26。如果市场报酬率上涨 1%，福特公司股票的价格将平均上涨 1.26%；如果市场报酬率下降 1%，福特公司股票的价格将下跌 1.26%。因此，福特公司股票的贝塔系数为 1.26。[②]

当然，福特公司股票的报酬率与市场报酬率并非完全相关。例如，图 12-2（a）中标示的点说明，2017 年 9 月，福特公司的绩效比根据市场指数预测的报酬率更好。这是因为福特公司的报酬率位于图 12-2（a）中向上倾斜的直线的上方。该直线描绘了市场报酬率与福特公司的股票报酬率之间的特有关系。从贝塔系数线到 2017 年 9 月福特公司的报酬率之间的垂直距离说明，公司特有事件提升了该月份福特公司的价值。有时（如 2013 年 12 月），福特公司股票的报酬率与市场报酬率的变化方向可谓"南辕北辙"。就在该月份，公司特有事件降低了福特公司股票的报酬率。

因此，图 12-2（a）中的直线斜率计量了贝塔系数和市场风险。公司个别风险显示，在该直线周围的散布点越分散，说明公司个别风险越大。

---

① 拟合度最好的直线称为回归线，运用普通最小二乘法就可以计算该直线的斜率。因变量是股票福特公司股票的报酬率，自变量是市场指数（本案例为标准普尔综合指数）的报酬率。

② 如果采用电子数据表计算福特公司的贝塔系数，其结果可能与该数值不同。我们提醒你：以 6 个月的数据估算贝塔系数非常不可靠。

图 12 - 2（b）描绘了受管制的太平洋煤气电力公司的每月报酬率。与福特公司股票不同，太平洋煤气电力公司股票是一只贝塔系数较低的保守型股票。该股票报酬率对市场报酬率波动的敏感度并不高。如果市场处于上行趋势，该股票的反应有些滞后。如果市场处于下行趋势，该股票表现得较好（或者不太差）。这条拟合度最好的直线的斜率说明，市场指数平均每变动 1%，太平洋煤气电力公司股票价格将变动 0.15%。因此，太平洋煤气电力公司股票的贝塔系数为 0.15。

我们可以便捷地获得贝塔系数估计值。例如，登录 finance.yahoo.com 就可以查到贝塔系数。不过，你可能发现阅读表 12 - 1 很有趣。该表描述了某些知名公司股票的贝塔系数。纽蒙特矿业公司股票的贝塔系数最低：其股票报酬率对整个市场波动的敏感度只有平均风险水平股票的 0.10 倍。美国钢铁公司股票则是另一个极端：其股票报酬率对整个市场波动的敏感度是平均风险水平股票的 3.01 倍。

表 12 - 1 代表性普通股的贝塔系数

（2013 年 1 月至 2017 年 12 月）

股票代码	公司名称	贝塔系数
X	美国钢铁	3.01
MRO	马拉松石油	2.39
AMZN	亚马逊	1.47
DIS	迪士尼	1.39
F	福特	1.26
BA	波音	1.24
INTC	英特尔	1.07
GE	通用电气	1.06
PFE	辉瑞	1.02
IBM	IBM	0.94
GOOG	阿尔法贝特	0.94
UNP	联合太平洋	0.90
XOM	埃克森美孚	0.82
SBUX	星巴克	0.75
KO	可口可乐	0.70
MCD	麦当劳	0.68
CPB	金宝汤	0.40
WMT	沃尔玛	0.37
PCG	太平洋煤气电力	0.15
NEM	纽蒙特矿业	0.10

说明：根据 5 年的月报酬率计算贝塔系数。

整体风险与市场风险

美国钢铁公司股票的贝塔系数位居表 12 - 1 的顶部，也位居描述相同的股票总体波动幅度的表 11 - 5 的顶部。但整体风险并不等于市场风险。有些波动幅度较大的股票，其贝塔系数却低于平均水平，反之亦然。

例如，纽蒙特矿业是世界上最大的黄金生产商。该公司列举了所面临的许多风险，如"金矿和其他矿石价格波动、成本上涨和矿石等级变动或预定采矿计划的回收率变动的风险，以及公司经营业务所在国家的政治与经营风险、政府管制和司法判决"。

这些风险都相当大，并且表现为纽蒙特矿业公司股票报酬率的标准差较大（参见表11-5）。但这些风险并非宏观风险，主要是公司个别风险。如果美国经济繁荣，黄金价格很可能随之暴跌，其他国家的矿石产业也可能受到政治动荡不安的冲击。因此，尽管纽蒙特矿业公司股票的波动幅度大于平均值，但其贝塔系数相对较小。

当然，公司个别风险可以分散掉，而且对于关注完全多元化投资组合的投资者而言，公司个别风险没有意义。纽蒙特矿业公司的首席执行官和财务经理对公司个别风险更感兴趣，却总是希望以后的报酬率可以位于贝塔系数直线的上方。即便多数报酬率风险最终将被分散掉，但是，注重分析纽蒙特矿业公司财务绩效的投资者同样关注整体报酬率。

12.2 从贝塔系数可以学到什么

你可以从贝塔系数学到许多东西。第一，如果你不清楚某只股票是保守型股票还是激进型股票，你可以查其贝塔系数是小于还是大于1.0。第二，你可以预测某个投资组合的贝塔系数。

投资组合的贝塔系数

投资组合的贝塔系数是以各种证券的投资额所占比重为权重的各种证券贝塔系数的加权平均值。例如，一个由两只股票组成的投资组合，其贝塔系数为：

$$投资组合的贝塔系数 = (第一只股票投资所占比重 \times 第一只股票的贝塔系数) \\ + (第二只股票投资所占比重 \times 第二只股票的贝塔系数) \quad (12.1)$$

如果某个投资组合中福特公司股票与太平洋煤气电力公司股票各占50%，其贝塔系数为0.705（$0.5 \times 1.26 + 0.5 \times 0.15$）。

假设你以表12-1列示的20只股票组成一个投资组合，每只股票的投资额相同，你只要将表12-1所列示股票的贝塔系数简单平均，就可以预测该投资组合的贝塔系数。如果投资组合中各只股票的投资额不同，那你就需要计算其贝塔系数的加权平均值。

例 12.2　共同基金的风险有多大

你不必非常富有，就可以拥有一个多元化的投资组合。你可以从美国8 000多只共同基金中挑选一只并购买一定份额。

投资者购买基金份额，而基金用这些钱购买证券投资组合。投资组合的回报将根据基金持有者的股份比例返还给基金投资者。因此，这些基金就像是一种投资联合体，以较低的成本为投资者乃至最小规模的投资者提供多元化和专业化的管理服务。

图12-3描绘了阿尔法贝特公司（谷歌的母公司）股票和万家成长与收益基金（Vanguard's Growth and Income Fund）的贝塔系数的计算过程。正如图12-1所示，图中的每个点代表某个月份标准普尔500指数和某种投资（阿尔法贝特公司股票或共同基金）的报酬率。浅色的点代表阿尔法贝特公司股票，深色的点代表共同基金。在该期间内，阿尔法贝特公司股票和万家成长与收益基金对市场波动的敏感度大致处于平

均水平，其贝塔系数为 0.9，比 1.0 就低那么一点点。因此，如果阿尔法贝特公司股票和万家成长与收益基金没有任何个别风险，其报酬率就几乎随着市场报酬率的变动而变动。然而，阿尔法贝特公司股票和万家成长与收益基金都存在个别风险，因此，其报酬率的变动幅度比市场报酬率的变动幅度更大。

阿尔法贝特公司股票报酬率的点显得更为分散，说明其公司个别风险较大。因此，其总体波动幅度显著大于市场的波动幅度。回顾表 11-5，你可以看到，阿尔法贝特公司股票的年标准差为 19.3%，而标准普尔 500 指数的标准差只有 9.4%。万家成长与收益基金高度多元化，该基金持有 800 多只股票，散布点紧密围绕拟合线。其总体波动幅度为 11.4%，差不多就是市场的波动幅度，但还是远远低于阿尔法贝特公司股票的波动幅度。这就是多元化的效应。

万家成长与收益基金的贝塔系数是如何达到 0.9 的水平的呢？只要购买平均贝塔系数为 0.9 的股票就可以达到这个目标。请记住，投资组合的贝塔系数等于各种证券的加权平均贝塔系数。权重就是各种证券的投资比例。如果万家成长与收益基金不是一种共同基金（我们可以直接观测并将其报酬率描绘为如图 12-3 所示的图像），而是一种私人持有的投资组合（如私人养老基金），那么，我们可以计算其持有股票的加权平均贝塔系数，从而计算其投资组合的贝塔系数。

图 12-3（b）描绘了万家信托 500 投资组合指数共同基金的类似散布图。该共同基金的贝塔系数为 1.0，且只有极低的个别风险。该基金每个月的报酬率与指数的报酬率几乎完全匹配。指数化基金经理并不试图挑选股票，而是以非常低的成本实现充分多元化。这种基金的投资者相当于购买了整个市场，根本用不着担心个别风险。

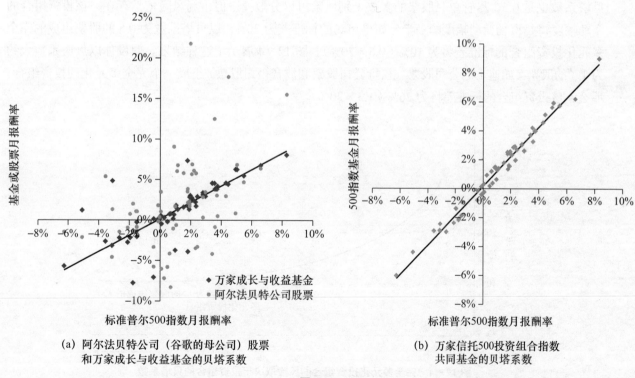

（a）阿尔法贝特公司（谷歌的母公司）股票
和万家成长与收益基金的贝塔系数

（b）万家信托 500 投资组合指数
共同基金的贝塔系数

图 12-3

说明：（a）阿尔法贝特公司股票和万家成长与收益基金的贝塔系数大约为 0.9，但万家成长与收益基金的个别风险非常小，深色散布点更紧密地围绕拟合线。

（b）这是一种完全多元化的指数基金，设计这种基金的目的在于追踪市场绩效。值得注意的是，该指数基金的贝塔系数为 1.0，几乎没有个别风险。该基金的报酬率几乎完全落在拟合直线上，其报酬率与标准普尔 500 指数投资组合的报酬率相匹配。

顺便提一下，如果投资组合经理吹嘘"跑赢市场"，你知道共同基金或养老基金的贝塔系数就可以提出切中要害的问题。例如，假设 2018 年 1 月，你遇到一位共同基金经理。该基金经理在 2017 年实现了 25% 的报酬率，比该年度标准普尔 500 指数的报酬率（22%）还高出 3 个百分点。你应该赞赏该基金经理卓尔不群的选股水平吗？这取决于该基金的贝塔系数。假设该基金擅长投资平均贝塔系数为 1.5 的高贝塔系数股票，那么，该基金经理的选股水平不算高明。光股票市场价格的上涨，就可以为该共同基金贡献 33%（1.5×22%）的报酬率。这样，该基金经理获得 25% 的报酬率着实令人失望。按说购买高贝塔系数基金的共同基金，股东应该可以获得更高的报酬率。

当然，单凭一年的绩效，你还不足以评判一个基金经理的选股水平。我们只想指出，在像 2017 年那样的牛市，就高贝塔系数的投资组合而言，"跑赢标准普尔 500 指数"不过是小孩的游戏。

投资组合的贝塔系数决定多元化投资组合的风险

你也可以运用贝塔系数预测多元化投资组合的总体风险（标准差）。回顾图 11 - 9，该图说明随着更多的股票加入投资组合，投资组合报酬率波动幅度减小，投资组合更加多元化。刚开始，多元化的效应非常明显，但随着个别风险被分散掉，多元化的效应就没有那么明显了。如果投资组合能够完全多元化，那么，投资组合就只有市场风险。

既然如此，投资组合还有多少市场风险呢？这取决于投资组合的贝塔系数。假设你以贝塔系数大约为 0.5 的股票（如麦当劳公司股票和金宝汤公司股票）组成一个多元化的投资组合。该投资组合的贝塔系数也是 0.5。尽管单只股票的多数个别风险可以分散掉，但市场风险依然存在，该投资组合的变动幅度将是市场变动幅度的一半。如果市场的标准差为 20%，以贝塔系数为 0.5 的股票组成的完全多元化投资组合的标准差将为 10%（0.5×20%）。图 12 - 4 展示了这种结果。假设你以贝塔系数大约为 1.3 的股票（如迪士尼公司股票、福特公司股票和波音公司股票）组成一个完全多元化的投资组合，那么，该投资组合的标准差将为 26%（1.3×20%）。[①]

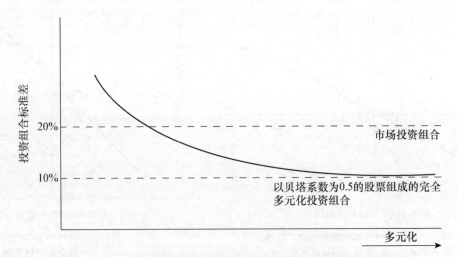

图 12 - 4　完全多元化投资组合的风险取决于投资组合的贝塔系数

说明：本例的投资组合贝塔系数为 0.5，而该投资组合处于"低谷"，其标准差为 10%，是市场标准差（20%）的一半。

当然，所有股票的平均贝塔系数肯定为 1.0。包含所有股票的完全多元化的投资组合与市场完全

[①]　即使以贝塔系数非常高或非常低的股票组成投资组合，也难以达到完全多元化。例如，以贝塔系数非常高的股票（如美国钢铁公司股票）组成的投资组合可能集中于周期性行业，这样，某些无法分散掉的行业风险可能强化市场风险。

匹配，其贝塔系数为 1.0，其标准差也与市场相同。

聪明且多元化的投资者不会根据个别股票的波动性判断其风险，而是根据该股票对投资组合风险的影响程度判断其风险。现在，你可以看到个别股票对投资组合风险的影响程度取决于该股票的贝塔系数。我们将在下一节讨论这个结论如何推演出风险与报酬率之间关系的模型以及如何估算资本机会成本。

12.3 风险与报酬率

我们在第 11 章已经讨论过某些具有代表性的投资项目的历史报酬率。风险最小的投资项目是美国国库券。国库券的报酬率保持固定，不受市场变化的影响，因此国库券的贝塔系数为零。我们认为风险最大的投资项目是普通股的市场投资组合，其风险为平均市场风险：其贝塔系数等于 1.0。

聪明的投资者不会视风险为"儿戏"。投资者都是用真金白银在玩"游戏"，必然希望从市场投资组合中获得比国库券更高的报酬率。市场报酬率与债券利率之间的差额称为**市场风险溢酬**（market risk premium）。20 世纪平均市场风险溢酬每年为 7.7%。当然，20 世纪能否称得上具有代表性的期间尚存较大争议，但我们在此依然假设正常的市场风险溢酬大约为 7%，即股票市场而不是国库券的投资者可以合理地获得额外 7% 的报酬率。

图 12-5（a）描绘了国库券与股票市场组合的风险和预期报酬率。你可以看到，国库券的贝塔系数为零，而且其报酬率为无风险报酬率。我们假设该报酬率为 3%。市场组合的贝塔系数为 1.0，预期市场风险溢酬为 7%，预期报酬率为 10%（3%+7%）。

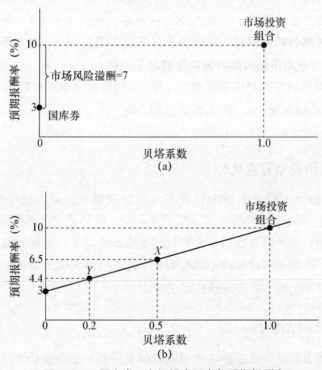

图 12-5 国库券、市场投资组合与预期报酬率

说明：（a）图中，我们首先根据贝塔系数描绘出预期报酬率。第一个标杆是国库券（贝塔系数=0）和市场投资组合（贝塔系数=1.0）。我们假设国库券利率为 3%，市场报酬率为 10%。这样，市场风险溢酬为 7%（10%-3%）。（b）图中，一个平均投资于国库券与市场投资组合的投资组合，其贝塔系数为 0.5，预期报酬率为 6.5%（X 点）。一个市场投资组合占 20% 和国库券占 80% 的投资组合，其贝塔系数为 0.2，预期报酬率为 4.4%（Y 点）。值得注意的是，任何由国库券和市场投资组合构成的投资组合，其预期报酬率都落在一条直线上。风险溢酬与投资组合的贝塔系数成比例关系。

基于这两个标杆，投资者希望从平均投资于国库券与市场投资组合的投资组合中获得的预期报酬率应该是多少呢？当然是两者之和的一半。因此，我们在图 12-5（b）中国库券的报酬率与市场投资组合的报酬率中间画了一条直线。该投资组合（记为 X）的贝塔系数为 0.5，预期报酬率为 6.5%。这包含高于国库券报酬率（3%）的风险溢酬（3.5%）。

你可以根据下列步骤计算该报酬率：先计算预期市场报酬率（r_m）与国库券报酬率（r_f）的差额，得到预期市场风险溢酬：

$$市场风险溢酬 = r_m - r_f = 10\% - 3\% = 7\%$$

由于贝塔系数计量的是相对于整个市场的风险水平，因此，投资组合的预期风险溢酬等于贝塔系数乘以市场风险溢酬：

$$风险溢酬 = \beta(r_m - r_f)$$

例如，如果贝塔系数为 0.5，市场风险溢酬为 7%，那么

$$风险溢酬 = \beta(r_m - r_f) = 0.5 \times 7\% = 3.5\%$$

总体预期报酬率是无风险报酬率与风险溢酬之和：

$$\begin{aligned} 预期报酬率 &= 无风险报酬率 + 风险溢酬 \\ &= 3\% + 3.5\% = 6.5\% \end{aligned} \tag{12.2}$$

你也可以运用上述公式一步到位计算出预期报酬率：

$$r = r_f + \beta(r_m - r_f) = 3\% + 0.5 \times 7\% = 6.5\%$$

这种基本关系不仅适用于国库券与市场投资组合组成的投资组合，而且适用于任何其他资产。这个结论就是著名的**资本资产定价模型**（capital asset pricing model，CAPM）。资本资产定价模型可以简单地解释为：**投资者要求得到的预期报酬率取决于以下两个因素：（1）对货币时间价值（无风险利率 r_f）的补偿；（2）由贝塔系数和市场风险溢酬决定的风险溢酬。**

值得注意的是，如果某项资产的贝塔系数为 1.0，其预期报酬率就刚好为市场报酬率。如果其无风险利率为 3%，市场风险溢酬为 7%，那么预期报酬率为：

$$r = r_f + \beta(r_m - r_f) = 3\% + 1 \times 7\% = 10\%$$

为什么资本资产定价模型有意义

资本资产定价模型假设：股票市场由有效多元化的投资者组成。这些投资者在如图 11-9 和图 12-4 所描绘的投资组合风险曲线的底部从事投资活动（即只关注市场风险）。这些投资者承受的风险大小取决于其投资组合的贝塔系数。在大型机构主宰的市场上，这种假设有其现实意义。因为在大型机构主宰的市场上，即使是规模非常小的投资者也能够以最低成本实现多元化。下面的案例说明了这种有关风险的观点推演出资本资产定价模型的缘由。

例 12.3　你将如何投资 100 万美元

你是否做过白日梦，梦见自己从一位不知名的捐赠者那里得到一张不带任何附加条件的 100 万美元支票？好吧，想象一下你如何投资这 100 万美元。

我们有两个不错的备选方案：可以提供绝对安全的报酬率的国库券和市场投资组合（也许可以借助某种指数基金实现）。市场投资组合可以获得超过平均水平的报酬率，但该报酬率的波动幅度较大。（回顾一下图 11-4。）如此一来，你的投资政策取决于你的风险容忍度。

如果你是一个胆小的人，你可能只将小部分钱投入市场投资组合，而将剩余的钱通过购买国库券借给政府。假设你将 20% 的钱投入市场投资组合，而用另外 80% 的钱购买美国国库券，那么，该投资组合的贝塔系数就是市场投资组合的贝塔系数（$\beta_{市场投资组合}=1.0$）与国库券的贝塔系数（$\beta_{国库券}=0$）的加权平均数：

投资组合的贝塔系数 =（市场投资组合所占比重 × 市场投资组合的贝塔系数）

+（国库券所占比重 × 国库券的贝塔系数）

$$\beta = (0.2 \times \beta_{市场投资组合}) + (0.8 \times \beta_{国库券})$$

$$= (0.2 \times 1.0) + (0.8 \times 0) = 0.20$$

你投资于市场投资组合的资金比重也会影响预期报酬率。如果你将 100 万美元全部投入市场投资组合，那么可以赚取全部的市场风险溢酬。如果你只将 20% 的钱投入市场投资组合，那么只能赚取 20% 的市场风险溢酬。

投资组合的预期风险溢酬 =（市场投资组合所占比重 × 预期市场风险溢酬）

+（国库券所占比重 × 国库券的风险溢酬）

$$= (0.2 \times 预期市场风险溢酬) + (0.8 \times 0)$$

$$= 0.2 \times 预期市场风险溢酬 = 0.2 \times 7 = 1.4\%$$

值得注意的是，投资组合的风险溢酬等于贝塔系数与市场风险溢酬的乘积。

投资组合的预期报酬率等于无风险利率加上预期风险溢酬：

$$r_{市场投资组合} = 3\% + 1.4\% = 4.4\%$$

因此，这种被动的投资组合的预期报酬率为确定任何其他投资项目或具有相同风险（贝塔系数）资产的合理预期报酬率提供了一个标杆。我们在图 12 - 5（b）中用 Y 点对应的值表示该投资组合的贝塔系数和预期报酬率。

证券市场线

例 12.3 阐述了一个一般性的结论：如果你将部分资金投入市场投资组合并将剩余部分[①]借出去，那么，你可以得到如图 12 - 6 所示的斜线上的任何风险和预期报酬率的组合。这条线称为**证券市场线**（security market line）。

证券市场线描述了由无风险证券与市场投资组合组成的投资组合可以获得的预期报酬率和面临的风险。证券市场线也为其他投资组合设定了一个标准。只有其他投资组合能够提供相同的报酬率，投资者才愿意持有该项投资组合。这样，我们可以根据证券市场线确定任何投资组合所要求的风险溢酬：

投资组合的风险溢酬 = 贝塔系数 × 预期市场风险溢酬

回顾图 12 - 5（b）。根据该图，如果国库券的利率为 3%，市场风险溢酬为 7%，那么，贝塔系数为 0.5 的单只普通股的预期报酬率为 6.5%。你现在就可以明白其中的缘由了。如果该股票的报酬率

---

① 值得注意的是，证券市场线延伸到 $\beta = 1.0$ 的市场报酬率之上。你如何创建一个 $\beta = 2.0$ 的投资组合呢？这很容易做到，不过风险较大。假设你借入 100 万美元，将这笔贷款再加上 100 万美元全部投入市场投资组合。这样，你有 200 万美元的投资和 100 万美元的负债。此时，你的投资组合的贝塔系数为 2.0：

投资组合的贝塔系数 =（市场投资组合所占比重 × 市场投资组合的贝塔系数）+（贷款所占比重 × 贷款的贝塔系数）

$$\beta = (2 \times \beta_{市场投资组合}) + (-1 \times \beta_{贷款}) = (2 \times 1.0) + (-1 \times 0) = 2$$

值得注意的是，贷款所占比重是负值，因为你借入资金而不是借出资金。顺便提一下，只要你将价值 200 万美元的股票投资组合作为贷款的担保，从银行或股票经纪人那里借钱并不难或成本并不高。你能够计算出这种借入资金投资战略的风险溢酬和预期报酬率吗？

较低，即使所占的份额很小也没有人愿意购买。投资者平均投资于国库券与市场投资组合就能得到6.5%的报酬率。如果没有人愿意持有该股票，该股票的价格就会下跌。股票价格下跌时恰是投资者购买的好时机，此时报酬率较高。股票价格将持续下跌，直至其预期报酬率上升到6.5%。这就是资本资产定价模型所支持的股票价格和预期报酬率。

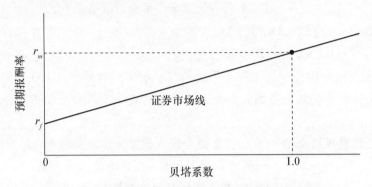

图 12 - 6　证券市场线说明贝塔系数如何影响预期报酬率

说明：根据资本资产定价模型，全部证券和全部证券投资组合的预期报酬率都落在这条直线上。

另外，如果股票报酬率高于6.5%，多元化投资者就会购买更多的该股票。这将推高该股票的价格，使预期报酬率下降到资本资产定价模型预测的水平。

这个推理适用于贝塔系数为任意值的股票。投资者可能要求各种证券提供的报酬率与投资者通过贝塔系数相同的市场指数和国库券的投资组合可以获得的预期报酬率相匹配。这就是资本资产定价模型的意义之所在，也是投资者要求投资项目达到的预期风险溢酬应该与贝塔系数成比例关系的缘由。

运用资本资产定价模型估计预期报酬率

我们可以运用资本资产定价模型计算投资者要求得到的个别股票或其他证券的预期报酬率。为此，我们需要三个数据，即无风险利率、预期市场风险溢酬和贝塔系数。假设国库券利率为3%，市场风险溢酬为7%。我们从表12-1可以获得贝塔系数。表12-2将这些数据联系起来，根据资本资产定价模型就可以得到预期报酬率。以麦当劳公司股票为例：

麦当劳公司股票预期报酬率=无风险利率+（贝塔系数×市场风险溢酬）

$r = r_f + \beta(r_m - r_f) = 3\% + (0.68 \times 7\%) = 7.8\%$

表 12 - 2　代表性公司投资者要求得到的预期报酬率

公司名称	贝塔系数	预期报酬率（%）
美国钢铁	3.01	24.1
马拉松石油	2.39	19.8
亚马逊	1.47	13.3
迪士尼	1.39	12.7
福特	1.26	11.8
波音	1.24	11.7
英特尔	1.07	10.5
通用电气	1.06	10.5
辉瑞	1.02	10.1

续表

公司名称	贝塔系数	预期报酬率（%）
IBM	0.94	9.6
阿尔法贝特	0.94	9.6
联合太平洋	0.90	9.3
埃克森美孚	0.82	8.8
星巴克	0.75	8.2
可口可乐	0.70	7.9
麦当劳	0.68	7.8
金宝汤	0.40	5.8
沃尔玛	0.37	5.6
太平洋煤气电力	0.15	4.1
纽蒙特矿业	0.10	3.7

说明：假设无风险报酬率为3%，市场风险溢酬为7%，计算出预期报酬率。

在我们的公司样本中，美国钢铁公司股票的贝塔系数最大，要求达到的最高报酬率大约为24%。另一个极端的例证则是纽蒙特矿业公司，其贝塔系数非常低。根据资本资产定价模型，其预期报酬率也较低。

尽管我们很容易得到表12－1列示的计算结果，但不能因此认为运用资本资产定价模型计算预期报酬率就是一项纯粹机械性的工作。第一，贝塔系数只是一个估计值，而不是精确的计量。麦当劳公司股票的贝塔系数为0.68只是一个最佳统计估计值，其真实的贝塔系数很可能比0.68高或低。如果你想把麦当劳公司股票的贝塔系数四舍五入为0.70，也没有问题。第二，贝塔系数非常高或非常低，未来都难以重现。例如，作为汽车公司，福特公司在2007—2009年的经济萧条中举步维艰，其贝塔系数超过2，但福特公司已经重新恢复其财务健康和盈利能力。现在，福特公司股票的贝塔系数也已经回落。第三，我们难以确定未来的预期市场风险溢酬。第四，尽管资本资产定价模型在实践中得到广泛应用，但是，正如我们将看到的，资本资产定价模型并非股票市场的风险与报酬率的定论。

资本资产定价模型的有效性如何

资本资产定价模型背后的理念是投资者可以预期将获得的对等待和担忧的补偿。担忧的程度越大，预期报酬率就越高。如果你投资于无风险国库券，那么你得到的报酬率就是利率。这是对等待的补偿。如果你投资于高风险的股票，那么你可以因担忧而要求获得额外的报酬率或风险溢酬。如果股票的风险较大，投资者不愿意为股票支付较高的价格，由此，股票价格将下跌，直至他们期待获得的报酬率能够提供一个"合理"的预期风险溢酬。资本资产定价模型认为，风险溢酬等于股票的贝塔系数乘以市场风险溢酬。

在实践中，资本资产定价模型的有效性如何呢？例如，贝塔系数为0.5的股票的预期报酬率是否介于市场投资组合报酬率与国库券利率之间呢？遗憾的是，相关证据充满矛盾。让我们回顾投资于低贝塔系数和高贝塔系数股票的投资者所能获得的实际报酬率。

想象一下，1931年，10位投资者聚集在华尔街的酒吧并一致同意为其孩子们创建一个投资信托基金，但每一位投资者决定采用不同的投资战略。第一位投资者选择购买10%的纽约证券交易所交易的预期贝塔系数最低的股票；第二位投资者选择购买10%的纽约证券交易所交易的预期贝塔系数次低的股票；以此类推，直到第十位投资者选择购买纽约证券交易所交易的预期贝塔系数最高的股票。这 10 位投资者计划每年年末重新估算纽约证券交易所交易的所有股票的贝塔系数，并重新创建其投资组合。这 10 位投资者以良好的愿望诚挚地合作。

到 2018 年初，这 10 位投资者相继过世，其孩子们相约在同一家酒吧比较各自投资组合的绩效。图 12-7 描绘了各自的进展情况。第一位投资者的投资组合风险低于市场风险，其贝塔系数只有0.48。然而，第一位投资者的报酬率最低，只比无风险利率高出 8.2 个百分点。另一个极端是，第十位投资者的投资组合的贝塔系数为 1.55，大约是第一位投资者的 3 倍。然而，第十位投资者的报酬率最高，平均每年比无风险利率高出 15.2 个百分点。因此，这 87 年间报酬率的确随着贝塔系数的提高而提高。

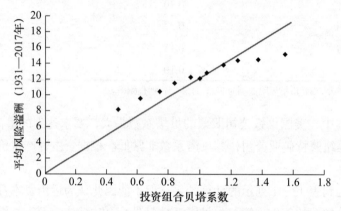

图 12-7　10 位投资者的不同投资组合

说明：资本资产定价模型认为，任何投资项目的预期风险溢酬都应该落在证券市场线上。散布点表示基于不同贝塔系数投资组合的实际平均风险溢酬。高贝塔系数投资组合的报酬率较高，这与资本资产定价模型的预测结果一致。然而，高贝塔系数投资组合位于证券市场线下方，而低贝塔系数投资组合位于证券市场线上方。这 10 个投资组合的报酬率的拟合直线可能比证券市场线更趋向"水平线"。

资料来源：This is an update of calculations that originally appeared in F.Black, " Beta and Return," *Journal of Portfolio Management* 20 (Fall 1993), pp.8–18.We are grateful to Adam Kolasinski for recalculating and extending the plots.

正如你从图 12-7 看到的，过去 87 年间市场投资组合的平均报酬率比无风险利率高出 12.1 个百分点[①]，（当然）其贝塔系数为 1.0。资本资产定价模型预测风险溢酬应该随贝塔系数的增大而成比例增大。这样，每个投资组合的报酬率都应该落在图 12-7 中向右上倾斜的证券市场线上。由于市场风险溢酬为 12.1%，因此，贝塔系数为 0.48 的第一位投资者的风险溢酬为 5.8%，贝塔系数为 1.55 的第十位投资者的风险溢酬应该超过 18.8%。你可以看到，尽管贝塔系数较高股票的绩效比贝塔系数较低股票的绩效更好，但其差距并不像资本资产定价模型预测的那么大。

尽管图 12-7 显示那条描绘报酬率与贝塔系数之间关系的直线更趋向"水平线"，但该图为资本资产定价模型提供了有力支持。然而，近年来的证据却不太支持资本资产定价模型。例如，如果这10 位朋友在 1966 年而不是 1931 年开始将钱投入信托基金，那么，其投资组合的报酬率与贝塔系数之间就几乎没有关系。[②] 这是否意味着过去 51 年间报酬率与风险之间的关系发生了根本性变化，或者这些年间高贝塔系数股票的报酬率恰好不如投资者所预期的报酬率呢？答案很难确定。

---

① 图 12-7 所示市场投资组合中各只股票的数量权重相同。由于小型公司的平均报酬率高于大型公司的平均报酬率，数量权重相同的指数的风险溢酬高于按价值分配权重的指数的风险溢酬。这就是图 12-7 中的市场风险溢酬（12.1%）与表 11-1 所报告的市场风险溢酬（7.7%）存在差异的原因之一。

② 尽管前 7 位投资者的后期报酬率随贝塔系数的提高而提高，但是，贝塔系数最高的投资组合绩效最差。

　　不可否认的是，资本资产定价模型太过简单，以致难以捕捉市场的所有变化。例如，看一看图 12 - 8。深色线描绘了小型公司股票与大型公司股票之间的报酬率累积差异。如果你在市场价值最低时购入股票，而在市场价值最高时卖出该股票，那么，你的财富将发生变化。你可以看到，小盘股并非总是走强，但如果长期持有，其投资者将获得非常高的报酬率。自 1926 年末以来，两组股票之间的报酬率差异平均每年为 3.2%。再看一下图 12 - 8 中的浅色线，该线描绘了绩优股与成长股之间的报酬率累积差异。这里的价值型股票可以定义为账面价值与市场价值比率较高的股票。成长型股票则是账面价值与市场价值比率较低的股票。自 1926 年以来，价值型股票与成长型股票之间的报酬率差异平均每年为 4.9%。

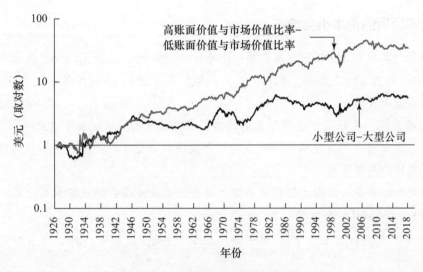

图 12 - 8　报酬率累积差异图示

说明：深色线表示 1926—2017 年小型公司股票与大型公司股票之间的报酬率累积差异。浅色线表示高账面价值与市场价值比率股票同低账面价值与市场价值比率股票之间的报酬率累积差异。

资料来源：mba.tuck.dartmouth.edu/pages/faculty/ken.french/data_library.html.

　　小型公司股票和价值型股票的绩效更出色并不完全符合资本资产定价模型。资本资产定价模型认为，贝塔系数是导致预期报酬率不一致的唯一因素。如果投资者认为报酬率取决于公司规模或账面价值与市场价值比率，那么，简易版的资本资产定价模型将无法解释所有事实。

　　问题出在哪里呢？这很难说。资本资产定价模型的支持者强调模型关注预期报酬率，而我们只能观察实际报酬率。实际报酬率反映了期望值，但同时包含许多"噪声"（即众多意料之外的事情），导致我们无法洞察普通投资者是否获得了其期望的报酬率。即使我们观察到小型公司股票和价值型股票过去拥有骄人的绩效，也仍然无法确定这究竟只是一种巧合，还是投资者因持有这类股票而要求更高的预期报酬率。

　　这样的争论引发了商业出版物上出现标题为"贝塔系数死了吗？"这样的文章。这并不是第一次宣称贝塔系数已死亡，但资本资产定价模型仍然是估计必要报酬率的主要模型。只有那些强大的理论才经得起多次质疑。

　　资本资产定价模型不是评估风险与报酬率的唯一模型，还有许多资本资产定价模型的派生模型。但是，资本资产定价模型以简单的方式捕捉到两个基本理念：第一，几乎所有人都认为投资者因承担风险而要求得到额外的报酬率；第二，投资者主要关注无法通过多元化消除的市场风险。这就是接近

3/4 的财务经理运用资本资产定价模型估算资本成本的原因。[①]

12.4 资本资产定价模型与资本机会成本

评估资本性投资项目的折现率应该是资本机会成本，即公司股东自己投资可能获得的预期报酬率。不过，资本资产定价模型告诉我们（印证了常识），预期报酬率取决于风险即贝塔系数。因此，投资项目的资本机会成本应该取决于投资项目的贝塔系数。这样，**投资项目资本成本**（project cost of capital）就是基于一定风险水平的可接受的最低预期报酬率。

例12.4 估算投资项目的资本机会成本

假设可口可乐公司打算投资 1 000 万美元扩建一个仓库。公司已经预测了该投资项目现金流量并计算出其内含报酬率为 6%。如表 12-2 所示，我们假设无风险利率为 3%，市场风险溢酬为 7%。那么，可口可乐公司应该实施该投资项目吗？

为了回答这个问题，你需要知道该投资项目的资本机会成本（r），即如果可口可乐公司将这 1 000 万美元全部发放给股东，由股东自己投资所能够获得的预期报酬率。资本资产定价模型认为投资者要求的预期报酬率取决于投资项目的贝塔系数。

假设投资项目的现金流量是一件板上钉钉的事情，那么，该投资项目的贝塔系数为零，资本成本为：

$$r = r_f + \beta(r_m - r_f) = 3\% + 0 \times 7\% = 3\%$$

如果该投资项目的资本机会成本为 3%，其预期报酬率为 6%，很显然，可口可乐公司应该实施该投资项目。[②]

根据表 12-2，可口可乐公司的预期报酬率为 7.9%。这是怎么回事呢？如果我们确信该投资项目没有风险，则可以不理会这个预期报酬率（7.9%）。由于可口可乐公司股票的贝塔系数为 0.7，存在风险，因此其股票的报酬率高于无风险报酬率。因为可口可乐公司股东自己投资于无风险投资项目只能获得 3% 的报酬率，所以，所有股东都会赞同可口可乐公司代表其投资于无风险投资项目以获得 6% 的报酬率。

除财务学教材上列举的例子之外，必定成功的投资项目非常罕见。如果该投资项目的风险与市场投资组合的风险相同，我们就得考虑其资本机会成本。此时，其贝塔系数为 1.0，其资本成本就是市场预期报酬率：

$$r = r_f + \beta(r_m - r_f) = 3\% + 1.0 \times 7\% = 10\%$$

既然该投资项目的贝塔系数为 1.0，那么该投资项目就不再值得投资。由于股东自己投资于相同风险水平（贝塔系数相同）的市场投资组合能够获得更高的报酬率（10%），因此，股东将反对公司投资于预期报酬率为 6% 的投资项目。

如果该投资项目的贝塔系数为 1.0，该投资项目就不再有吸引力。因为如图 12-9 所示，其预期报酬率现在位于证券市场线下方。该投资项目的报酬率高于具有相同风险的其他投资项目的预期报酬率。因

[①] J.R.Graham and C.R.Harvey, "The Theory and Practice of Corporate Finance: Evidence from the Field," *Journal of Financial Economics* 61 (2001), pp.187–243. 多数受访的经理运用一种以上的方法估算资本成本。73% 的经理运用资本资产定价模型估算资本成本，其中 39% 的经理运用股票的平均历史报酬率估算资本成本，还有 34% 的经理运用资本资产定价模型并考虑其他风险因素估算资本成本。

[②] 我们在第 8 章介绍了一些特殊案例。基于这些案例，你应该偏好内含报酬率低于资本成本的投资项目。此处我们假设投资项目是"常规的"投资项目，相对于内含报酬率较低的投资项目，你更偏好内含报酬率较高的投资项目。

此，该投资项目的净现值为负值。

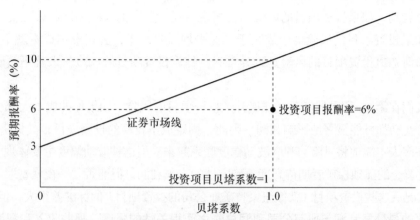

图 12 - 9　投资项目的预期报酬率位于证券市场线下方

说明：该投资项目的预期报酬率低于投资者在具有相同市场风险（贝塔系数）的股票市场投资所能获得的报酬率。因此，投资项目的预期报酬率位于证券市场线下方，公司应该拒绝该投资项目。

　　如果资本资产定价模型成立，则证券市场线界定了资本机会成本。如果投资项目的预期报酬率位于证券市场线的上方，则其预期报酬率就高于投资者自己投资于相同贝塔系数的项目所能获得的报酬率。

公司资本成本

　　资本成本取决于投入资本的用途，因此取决于投资项目本身的风险（贝塔系数），而不是公司投资于投资项目的风险。如果公司投资项目的风险较低，就应该以相应较低的比率将其现金流量折现。如果公司投资项目的风险较高，就应该以相应较高的比率将其现金流量折现。

　　这是一个基本原则。但是，如果大型公司必须为其上千个投资项目逐一确定折现率，那么你可以想象在实践中的混乱局面。有鉴于此，多数公司会估算一个**公司资本成本**（company cost of capital）。公司资本成本取决于投资项目的平均风险。许多公司的所有资本性投资项目都采用公司资本成本。如果公司所有投资项目的风险都非常接近平均风险水平，这种做法当然没有问题。也有些公司将公司资本成本设定为标杆，根据投资项目的风险大小调高或调低其折现率。

　　有些公司为不同类型的投资项目设定了两个或两个以上的折现率。例如，有些电力公司既受管制又要"在商言商"。由于电力公司受到管制，不允许获得的报酬率高于设定报酬率，因此其风险偏低。尽管电力公司利润的上升空间受到限制，但其利润的下降空间也受到限制。这是因为如果电力公司的利润大幅下降，可以将多数成本转嫁给消费者并要求提高价格。（太平洋煤气电力是一家受管制的公司。根据表 12 - 2 可知，其贝塔系数接近最低。）具有商业性质的电力产品并不受管制，必须以变动的市场价格出售电力。具有商业性质的制造商可能赚大钱，也可能亏大钱，取决于不确定的需求和产品成本。既受管制又要"在商言商"的公司通常设定两个资本成本，一个针对受管制的投资项目，另一个针对具有商业性质的投资项目。

　　许多美国公司运用资本资产定价模型计算其公司资本成本。不过，如表 12 - 2 所示，计算出预期报酬率只是第一步。这里的预期报酬率是权益资本成本即普通股的预期报酬率。然而，多数公司既有债务筹资，又有权益筹资。这些公司以债务资本成本与权益资本成本的加权平均值计算公司资本成本。我们将在第 13 章讨论如何计算公司资本成本。

决定投资项目风险的因素

我们已经看到，如果投资项目的风险与公司现有经营业务的风险相同，公司资本成本就是合适的折现率，但如果投资项目的风险低于或高于公司平均风险水平，公司资本成本就不是合适的折现率。那么，我们如何知道投资项目的风险是否异常呢？估算投资项目的风险从来就不精确，但必须记住两件事情。

第一，我们在第 10 章看到经营杠杆提升了投资项目的风险。如果你的成本大部分是固定成本，销售收入的任何变动都可能显著地影响利润。因此，固定成本较高的投资项目，其贝塔系数通常也较高。

第二，许多人本能地将风险与利润波动幅度联系起来。但这种波动幅度主要体现为通过多元化消除的风险。寻找黄金的孤独探矿者期待高度不确定性的未来利润，但能否"一夜暴富"不可能取决于整个经济的运行状况。这些投资项目（就像纽蒙特矿业公司的投资项目）的标准差很大，但贝塔系数很小。

真正重要的是公司利润与所有公司利润总额之间相关性的强度。那些收入和利润完全取决于整个经济运行状况的周期性行业，贝塔系数和资本成本都比较高。相反，生产必需品的行业（如食品、啤酒和纺织行业）受整个经济运行状况的影响较小，贝塔系数和资本成本都比较低。

不要夸大折现率

由于投资项目可能加大投资组合报酬率的离散程度，因此投资者面临的风险会增大。就多元化投资者而言，市场风险是其主要风险。但我们通常将"风险"一词简单地理解为"不好的结果"。人们将投资项目的"风险"视为可能发生错误的事情。例如：

- 寻找石油的地质学家担心打出枯井的风险。
- 药品制造商担心一种治疗秃顶的新药可能无法通过食品药品监督管理局审批的风险。
- 处于世界政局动荡地区的旅馆老板担心旅馆被征用的政治风险。

经理有时会因考虑这些担忧而夸大投资项目的折现率。

这种调整令我们不安。首先，"不好的结果"所反映的可以通过多元化消除的风险并不影响投资者要求的预期报酬率。其次，如果经理在预测现金流量时无法对"不好的结果"赋予适当的权重，通常就需要调整折现率。经理试图通过夸大折现率来弥补这种错误。例如，如果某位经理担心在油田勘探过程中出现诸如打出枯井这种"不好的结果"，就有可能采用较高的折现率降低该投资项目的价值。这种做法并不合理。其实，在计算该油田的预期现金流量时，经理应该考虑出现枯井的可能性。假设出现枯井的概率为 50%，该油田开采出价值 2 000 万美元的石油的概率也为 50%，那么，该油田的预期现金流量就不是 2 000 万美元而是 1 000 万美元（0.5×0+0.5×2 000）。你应该以资本机会成本将这 1 000 万美元的预期现金流量折现。采用夸大的折现率折现 2 000 万美元没有意义。

预测预期现金流量应该反映出所有可能结果（包括好结果与坏结果）的概率。如果合理地预测现金流量，折现率就应该只反映投资项目的市场风险。现金流量预测不应该通过夸大折现率抵消其错误或偏差。

📊 本章小结

你如何计量并解释证券的市场风险或贝塔系数？（学习目标 1）

某种证券对多元化投资组合风险的贡献取决于该证券的市场风险。但并非所有证券都受市场波动的同等程度的影响。股票对市场波动的敏感度称为贝塔系数。贝塔系数大于 1.0 的股票受市场波动的影响较为敏感，贝塔系数小于 1.0 的股票受市场波动的影响则不太敏感。所有股票的平均贝塔系数为 1.0。

证券的市场风险和投资者要求的报酬率之间的关系如何？（学习目标 2）

投资者因承担风险而要求获得的额外报酬率称为风险溢酬。市场风险溢酬即市场投资组合的风险溢酬，在 1900—2017 年间平均为 7.7%。资本资产定价模型认为投资项目的预期风险溢酬应该与该投资项目的贝塔系数和市场风险溢酬成比例。任何投资项目的预期报酬率都等于该投资项目的无风险利率加上风险溢酬。因此，资本资产定价模型也可以表示为：

$$r = r_f + \beta(r_m - r_f)$$

证券市场线是资本资产定价模型公式的图形表达形式。证券市场线描绘了投资者要求的报酬率如何与证券的贝塔系数相联系。

哪些因素决定投资项目的资本机会成本？（学习目标 3）

资本机会成本是投资者投资于某投资项目而放弃投资于同等风险证券所能获得的报酬率。根据资本资产定价模型，资本机会成本取决于投资项目的贝塔系数。公司资本成本是公司投资者要求的预期报酬率。该报酬率取决于公司资产和经营活动的平均风险。

投入资本的用途决定了资本机会成本。这样，必要的报酬率取决于投资项目的风险，而不是公司现有经营业务的风险。投资项目资本成本是投资者基于特定风险水平所能接受的投资项目的最低预期报酬率。

投资项目现金流量的预测应该同时考虑各种愉快与不愉快的意外结果发生的可能性。只有当潜在的"不好的结果"影响了贝塔系数时，才应考虑折现率。

第**13**章

加权平均资本成本与公司价值评估

学习目标

1. 计算加权平均资本成本。

2. 理解加权平均资本成本何时适合或不适合作为新投资项目折现率。

3. 确定公司资本结构。

4. 估算公司证券的预期报酬率。

5. 基于未来现金流量预测，运用加权平均资本成本评估公司价值。

我们在第 12 章讨论了如何运用资本资产定价模型估计公司普通股的预期报酬率。如果公司完全通过普通股融资，那么，股东拥有公司所有资产并拥有所有现金流量。此时，普通股投资者要求的预期报酬率就等于公司资本成本。

然而，多数公司都采用多种证券混合融资，包括普通股、债券、优先股。此时，公司资本成本不再等同于普通股的预期报酬率。公司资本成本取决于该公司发行的所有证券的预期报酬率。

资本成本也取决于公司税金，因为公司所支付的利息是可以税前扣除的费用。因此，通常以税后债务利息成本与"权益资本成本"（即投资者要求得到的公司普通股预期报酬率）的加权平均值计算公司资本成本。权重是公司资本结构的债务与权益所占的比重。经理将这种资本成本称为公司的加权平均资本成本。

经理运用公司的加权平均资本成本评估处于平均风险水平的投资项目。"平均风险水平"意味着投资项目的风险与公司现有资产和经营业务面临的风险相匹配。本章将解释在财务管理实践中如何计算加权平均资本成本。

经理计算加权平均资本成本可能拘泥于计算公式。我们希望你理解如何运用加权平均资本成本，而不仅仅懂得如何计算。这是为什么呢？让我们聆听一位年轻的财务经理对如何合理地确定投资项目的折现率的介绍。

13.1　Geothermal 公司的资本成本

乔·安·考克斯（Jo Ann Cox）最近刚从美国东部一所著名商学院毕业，她喝了第三杯咖啡，努力回忆曾经学过的投资项目"取舍率"的有关知识。她很后悔：为什么没有投入更多精力学习"财务学 101"这门课程？为什么在通过该课程的期末考试之后就将财务学教材卖掉了呢？

考克斯的老板——Geothermal 公司首席执行官科斯塔斯·瑟莫波利斯（Costas Thermopolis）要求考克斯为公司产品扩张投资项目编制一份财务评估报告，并在周一上午 9 点演示。瑟莫波利斯学的专业是地球物理，而不是财务学，他希望考克斯不仅提供一份量化分析，而且能够解释整个分析过程。

瑟莫波利斯于 1996 年创办 Geothermal 公司。该公司利用内华达州地下深层的地热发电，是该领域的先行者，且已经以优惠条件从美国政府那里获得了大片土地的永久开采权。2007—2008 年，石油危机导致全球能源价格上涨，Geothermal 公司成为极少数能够盈利的公司。目前，该公司对外报告的每年账面资产报酬率为 25%。

到 2018 年，能源价格已经没有以前那么高，开采权也不再像过去那么便宜。该扩张投资项目的成本为 3 000 万美元，每年可以持续创造税后现金流量 450 万美元。该投资项目的预期报酬率为 15%（450/3 000），低于公司现有资产的盈利能力。不过，该投资项目一旦建成并投入运营，其风险可能小于公司现有经营业务的风险。

考克斯认为 15% 未必是一个很差的报酬率。当然，如果报酬率能够达到 25% 更好。15% 的报酬率已经超过公司的资本成本，即超过外部投资者将钱投入该投资项目要求获得的预期报酬率。如果资本成本低于 15% 的预期报酬率，那么，该扩张投资项目就是一个理想的投资项目，可以为公司及其股东创造价值。

考克斯想起了如何计算只通过普通股融资的公司的资本成本，简略地描述了其依据。

"我需要了解投资者对公司实体资产（如矿井、抽水泵、发电机等）要求获得的预期报酬率。[①] 该报酬率取决于资产的风险。但这些资产并没有在股票市场交易，因此，我无法观察其风险如何。我只能观察到公司股票的风险。"

"但如果公司只发行股票，没有发行债券，那么拥有公司的股票就意味着拥有公司的资产，投资者对股票要求的预期报酬率也就是资产的资本成本。"她快速写下以下等式：

公司的价值＝股票的价值

公司的风险＝股票的风险

公司的报酬率＝股票的报酬率

投资者对公司要求的报酬率＝投资者对股票要求的报酬率

如果公司没有任何债务，这个报酬率就是公司的扩张投资项目的合适折现率。

遗憾的是，Geothermal 公司已经借入一大笔钱，股东拥有的公司资产所有权中包含债务。该扩张投资项目也需要额外的债务融资。考克斯意识到，还需要考虑公司的**资本结构**（capital structure）即债务与股权融资的组合，并且要同时考虑股东与债权人要求的预期报酬率。

该公司已经发行了 2 265 万股股票，目前每股交易价格为 20 美元。因此，公司的股东权益价值为 45 300 万美元（20 美元/股×2 265 万股）。此外，公司还发行了市场价值为 19 400 万美元

---

① 只要公司证券的报酬率与其他风险相同证券的预期报酬率一样，投资者就会投资于该公司的证券。如果证券的定价合理，那么，投资者从自己的投资项目中能够获得的预期报酬率也就是其要求的报酬率。

的债券。公司债务与权益的市场价值总和为 64 700 万美元（19 400+45 300），债务所占的比重为 30%（19 400/64 700）。

"就投资者而言，Geothermal 公司的价值超过其债务价值或权益价值，"考克斯小声说道，"不过，我应该可以通过汇总债务价值与权益价值计算出公司整体价值。"她绘制了一份粗略的资产负债表（单位：百万美元）：

资产	数额	负债与股东权益	数额
资产市场价值 = Geothermal 公司现有经营业务的价值	647	债务的市场价值	194（30%）
		权益的市场价值	453（70%）
价值总额	647	价值总额	647（100%）

"天哪，我明白了！"考克斯大声喊道，"如果我购买了 Geothermal 公司发行的所有证券，包括债券和股票，我就拥有了整个公司。这就意味着……"考克斯再次快速写下：

公司的价值=公司所有债券与股票组成的投资组合的价值

公司的风险=投资组合的风险

公司的报酬率=投资组合的报酬率

投资者对公司要求的报酬率(公司资本成本)=投资者对投资组合要求的报酬率

"我需要做的就是计算出公司所有证券组成的投资组合的报酬率。这很容易。债券的收益率为 8%，而那个愚蠢的银行家福瑞德认为股东要求的报酬率为 14%。假设福瑞德的判断是正确的，那么，该投资组合包括 30% 的债券和 70% 的股票，因此……"

投资组合的报酬率=(0.3×8%)+(0.7×14%)=12.2%

现在考克斯终于都想起来了。该公司资本成本就是债券与股票报酬率的加权平均值，而权重取决于这两种证券的相对市场价值。

"但还有一件事。利息可以税前扣除。如果 Geothermal 公司支付 1 美元的利息，那么，其应税收益就减少了 1 美元，公司应纳税金就减少了 0.21 美元（假设税率为 21%），成本净额就是 0.79 美元。这样，税后债务成本不是 8% 而是 6.3%（8%×0.79）。

"现在，我终于可以计算出加权平均资本成本：

加权平均资本成本=(0.3×6.3%)+(0.7×14%)=11.7%

"看来，扩张投资是一个理想的选择。15% 比 11.7% 好！但我觉得需要先暂停一下。"

13.2 加权平均资本成本

考克斯的结论非常重要。显而易见，如何确定折现率很重要。如果投资项目涉及巨额资本支出或持续时间较长，那么，如何确定折现率就显得更为重要。

再次回顾一下公司资本成本及其运用。我们将公司资本成本定义为公司现有资产的资本机会成本。我们运用公司资本成本评估与现有资产具有相同风险的新资产。公司资本成本是公司投资于平均风险水平的扩张投资项目的最低可接受报酬率。

我们在第 1 章首次讨论了资本机会成本。"机会成本"是一个简称。如果公司再投资而不是将现金返还给股东，那么，股东就失去了投资于金融市场的机会。如果公司考虑股东利益，就应该将钱投资于报酬率高于投资者自己能够获得的报酬率的投资项目。因此，投资于金融市场的预期报酬率决定了公司投资项目的资本成本。

公司资本成本就是整个公司的资本机会成本。尽管我们在第 12 章曾经讨论公司资本成本，但并没有解释如果公司通过不同类型的债券与股票融资，如何计算公司资本成本，也没有解释如何基于利息可以税前扣除这个因素来调整公司资本成本。加权平均资本成本的计算公式可以解决这些复杂问题。

公司加权平均资本成本的计算

如果公司只发行普通股，尽管计算公司资本成本并不总是那么容易，但也相对简单。例如，财务经理可以运用资本资产定价模型估算贝塔系数，从而计算出股东的预期报酬率。这就是投资者对公司现有资产和经营业务要求获得的预期报酬率，也是投资者对不改变公司市场风险的新投资项目要求获得的预期报酬率。

不过，许多公司同时发行债券和股票。**公司资本成本是债权人和股东要求获得的报酬率的加权平均值。**这个加权平均值也是投资者对公司所有证券的投资组合要求获得的预期报酬率。

让我们回顾考克斯计算 Geothermal 公司加权平均资本成本的过程。为了避免过于复杂，我们将忽略税收因素。该公司的市场价值总额（我们用 V 表示）是流通在外的债券价值（D）和股票价值（E）之和。这样，该公司的市场价值总额为 64 700 万美元（$V = D + E = 19\,400 + 45\,300$），债券价值占价值总额的 30%，股票价值则占价值总额的 70%。如果你持有该公司所有的股票和债券，那么，你在公司的投资额为 64 700 万美元。如此一来，债权人和股东拥有公司所有资产。因此，V 也可以视为所有资产的价值，即 Geothermal 公司现有经营业务的价值。

假设 Geothermal 公司股东要求获得的报酬率为 14%，那么，为了使所有投资者包括债权人与股东都获得一个公平的报酬率，新投资项目的报酬率必须达到多少呢？债权人要求获得的报酬率（$r_{债权人}$）为 8%，因此，该公司每年都要支付利息 1 552 万美元（$r_{债权人} \times D = 0.08 \times 19\,400$）。而投资于风险较高证券的股东对其 45 300 万美元投资额要求获得的预期报酬率（$r_{股东}$）为 14%。为了满足股东的要求，公司需要获得额外利润 6 342 万美元（$r_{股东} \times E = 45\,300 \times 0.14$）。为了同时满足债权人和股东的要求，公司必须获得利润 7 894 万美元（$1\,552 + 6\,342$）。这就相当于获得的报酬率为 12.2%（$r_{资产} = 7\,894 / 64\,700$）。

图 13-1 展现了计算过程的合理性。该图显示了同时满足债权人和股东的要求所必须获得的利润总额。值得注意的是，债权人的投资额占 Geothermal 公司资本结构的 30%，但得到的利润低于利润总额的 30%。当然，债权人承担的风险也小于 30%。因为如果该公司陷入困境，债权人可以优先分配利润，对该公司的资产也享有优先求索权。股东得到的利润高于该公司利润总额的 70%，因为股东应承担更多的风险。

但是，如果你购买了 Geothermal 公司所有的债券和股票，就拥有了所有资产。你可以得到所有利润，也必须承担全部风险。你对该证券投资组合要求获得的预期报酬率就是你完全拥有该公司所有权要求获得的报酬率。如果忽略税收因素，该报酬率（即 12.2%）正是公司资本成本，也是对该扩张投资项目要求获得的预期报酬率。

公司最低报酬率（依然忽略税收因素）为：

公司资本成本 = 债券与股票报酬率的加权平均值

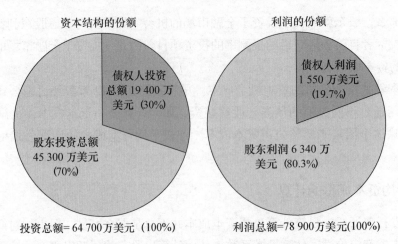

图 13-1　Geothermal 公司的投资与利润

说明：Geothermal 公司债权人的投资额占公司资本结构的 30%，但分享的利润份额较小，因为该公司要保证其 8% 的报酬率。公司的股东承担更多的风险，为了补偿其承担的风险，股东的平均报酬率较高。当然，如果你购入该公司全部债券与股票，就可以得到所有利润。

这个基本代数式很简单。债权人要求获得的预期利润为 $(r_{债权人} \times D)$，股东要求获得的预期利润为 $(r_{股东} \times E)$，因此利润总额为 $(r_{债权人} \times D) + (r_{股东} \times E)$。两者构成公司现有投资额，为 V。为了计算资产要求获得的报酬率，我们只需要将利润总额除以投资额：

$$r_{资产} = \frac{利润总额}{投资价值总额} = \frac{(D \times r_{债权人}) + (E \times r_{股东})}{V} = \left(\frac{D}{V} \times r_{债权人}\right) + \left(\frac{E}{V} \times r_{股东}\right)$$

就公司而言：

$$r_{资产} = (0.3 \times 8\%) + (0.7 \times 14\%) = 12.2\%$$

这就是投资者对公司资产要求获得的预期报酬率。

采用市场价值而不是账面价值作为权重

公司资本成本就是投资者对公司资产和经营业务要求获得的预期报酬率。**资本成本必须基于投资者愿意为购买公司流通在外的证券而实际支付的金额，即基于证券市场价值。**

市场价值通常与会计师在公司账簿上记录的价值不同。Geothermal 公司权益账面价值反映的是过去公司从股东那里筹集的钱，或公司以股东名义再投入公司的资金数额。如果投资者认为公司未来发展前景很好，公司权益的市场价值就可能远远高于其账面价值，而且如果以市场价值而不是账面价值计量，其负债比率较低。

财务经理通常出于各种目的运用账面价值比率，在计算公司资本成本时会不假思索地采用账面价值比率作为权重。这是错误的做法，因为公司资本成本计量的是投资者期望从公司获得的报酬率，故取决于投资者如何评估公司证券的价值。公司证券的价值取决于公司未来利润与现金流量，而不是会计历史数据。尽管出于许多其他目的，账面价值有其用处，但账面价值只能计量公司过去的累计筹资额，通常无法准确地计量市场价值。

税收与加权平均资本成本

到目前为止，本章案例都未考虑税收因素。如果你计算投资项目的净现值，而且该投资项目全部通过权益融资，你需要计算税后现金流量。这正是我们在第 9 章评估 Blooper Industries 公司的镁矿石投资项目时所采用的方法。有时，你也会发现有些公司预测税前现金流量，然后以较高的折现率来减小税收因素的影响。这种做法并不合理，不能只调整你将税前现金流量折现时所用的折现率。

税收因素也很重要，因为多数公司都同时通过股票和债券融资。公司支付的债券利息从税前利润中扣除，可节约税收，因此公司的成本也就相应地减少该税收节约额。

Geothermal 公司的债务利率为 8%，即 $r_{债权人}=8\%$。然而，如果公司所得税税率为 21%，即 $T_c=35\%$，政府就承担了公司所支付利息成本的 21%。政府并没有就此金额给公司开具支票，但公司支付的所得税却减少了 21% 的利息费用。因此，Geothermal 公司的税后债务成本只有税前成本（即 8%）的 79%（100%-21%）：

税后债务成本 = (1-税率)×税前债务成本 = $(1-T_c)\times r_{债权人}$ = (1-0.21)×8% = 6.3%

现在，我们可以调整公司的资本成本，确认与利息支出相关的税收节约额：

公司税后资本成本 = (0.3×6.3%) + (0.7×14%) = 11.7%

现在，我们回到**加权平均资本成本**（weighted-average cost of capital，WACC）问题。其通用计算公式为：

$$加权平均资本成本 = \frac{D}{V}\times(1-T_c)r_{债权人} + \frac{E}{V}\times r_{股东} \tag{13.1}$$

例 13.1　福特公司的加权平均资本成本

我们在第 12 章运用资本资产定价模型估算福特公司普通股的预期报酬率，现在将运用该数据计算福特公司 2018 年的加权平均资本成本。

第一步：以市场价值为比重，计算资本结构。福特公司证券的市场价值总额为 602.55 亿美元（$V=D+E$=126.70 亿美元 + 475.85 亿美元）。债务价值占价值总额的比重为 21%（D/V=126.70/602.55），股票价值占价值总额的比重为 79%（475.85/602.55）。

第二步：确定各种证券的必要报酬率。我们在第 12 章已经估计福特公司股东的必要报酬率为 11.8%，债务平均收益率大约为 4.4%。

第三步：计算公司税后债务报酬率和股票报酬率的加权平均值。[①] 加权平均资本成本为：

$$加权平均资本成本 = \frac{D}{V}\times(1-T_c)r_{债权人} + \frac{E}{V}\times r_{股东}$$

$$= 0.21\times(1-0.21)\times4.4\% + 0.79\times11.8\% = 10.1\%$$

存在三种（或更多）筹资来源时如何计算加权平均资本成本

为了简化资本成本的讨论，我们假设公司只有债券与股票两种证券。即使公司发行了其他类型的证券，计算加权平均资本成本的通用方法仍然不变。我们只需要计算各种类型证券的税后报酬率加权平均值。

例如，假设公司还有流通在外的优先股。优先股同时兼具普通股与固定收益证券的某些特点。与债券一样，优先股承诺支付既定（通常较为稳定）的股利。然而，与债券不同的是，优先股没有

①　严格地说，公司的股票同时包括普通股和优先股，但财务经理经常使用"股票"代表普通股。我们继续使用 $r_{股东}$ 特指普通股的预期报酬率。

到期日。只要公司持续经营，承诺的股利即成为一种永续年金。不仅如此，即使公司没有钱支付优先股股利，也不会导致公司破产。不过，尚未支付的股利可以累积起来，公司在支付累积优先股股利之前，不能向普通股股东支付股利。最后，与支付的利息不同，优先股股利不是税前扣除的费用项目。

那么，如果公司同时发行优先股、普通股和债券，我们如何计算其加权平均资本成本呢？以 P 代表优先股的价值，我们可以归纳出下列加权平均资本成本计算公式：

$$加权平均资本成本 = \frac{D}{V} \times (1-T_c) r_{债权人} + \frac{P}{V} \times r_{优先股股东} + \frac{E}{V} \times r_{普通股股东} \qquad (13.1a)$$

再次讨论 Geothermal 公司

现在，再回到考克斯和 Geothermal 公司的扩张投资项目。我们希望能够确保考克斯还有你都理解如何运用加权平均资本成本。

该扩张投资项目的成本为 3 000 万美元，可以持续地每年创造税后现金流量 450 万美元。下面是一份简易的现金流量工作表（单位：百万美元）[①]：

收入	10.00
− 经营费用	−4.30
= 税前经营现金流量	5.70
− 税金（税率为 21%）	−1.20
税后现金流量	4.50

值得注意的是，这些现金流量没有考虑债务融资所带来的税收节约额。公司的经理和工程师基于该投资项目全部通过股票融资来预测其收入、成本和税金。然而，我们不能忽略投资项目实际债务融资所带来的利息税盾。在计算加权平均资本成本时，应该通过运用税后债务资本成本考虑这些因素。

以公司的加权平均资本成本（11.7%）折现预期现金流量（该现金流量是一种永续年金），计算该投资项目的净现值：

$$净现值 = -3\ 000 + 450/0.117 = +846(万美元)$$

这样，该扩张投资项目将使公司所有者财富净值增加 846 万美元。

验证我们的逻辑

假设该投资项目与 Geothermal 公司其他项目具有相同的风险和融资方式，那么，只要该投资项目的报酬率大于 11.7%，其净现值就为正值。该投资项目的报酬率为 11.7%，刚好处于盈亏临界点上，所产生的现金恰好满足债权人和股东的需求。

让我们来验证一下。假设扩张投资项目的收入只能使净现值为零。这就要求仅有的 874 万美元收入，创造税前经营现金流量 444 万美元和税后现金流量 351 万美元（单位：百万美元）[②]：

---

① 我们在案例中忽略了折旧额。折旧额是一项非现金但可以税前扣除的费用。（如果投资项目果真可以永续存在，为什么还要计提折旧呢？）

② 尽管收入下降，我们还是假设经营成本为 430 万美元。

收入	8.74
－经营费用	−4.30
＝税前经营现金流量	4.44
－税金（税率为 21%）	−0.93
税后现金流量	3.51

投资额为 3 000 万美元，该永续年金的内含报酬率为 11.7%：

$$报酬率 = \frac{351}{3\ 000} = 0.117 \ 或 \ 11.7\%$$

其净现值刚好为零：

$$净现值 = -3\ 000 + \frac{351}{0.117} = 0$$

在计算 Geothermal 公司的加权平均资本成本时，我们确认该公司的负债比率为 30%。如果公司的分析师运用加权平均资本成本评估新投资项目，假设 3 000 万美元的额外投资额有 30%（即 900 万美元）通过债务融资提供资金支持，而剩余资金（即 2 100 万美元）以利润再投资或发行新股的方式由股东提供资金支持。

以下显示了如果该投资项目的净现值为零，债权人与股东如何分享现金流量，我们以税前经营现金流量 444 万美元为起点（单位：百万美元）：

息税前经营现金流量	4.44
－利息支出（0.08×9）	−0.72
＝税前现金流量	3.72
－税金（税率为 21%）	−0.78
税后现金流量	2.94

该投资项目息税前现金流量的预测值为 444 万美元。除此之外，Geothermal 公司还需要以 8% 的利率支付 900 万美元债务的利息（即 72 万美元）。这样，公司的税前现金流量剩下 372 万美元。公司需要就此纳税，其税金为 78 万美元（0.21×372）。留给股东的 294 万美元刚好支付股东 2 100 万美元投资要求获得的 14% 的报酬。（值得注意的是，294/2 100＝0.14 或 14%。）因此，所有结果都得到验证。

如果以加权平均资本成本将投资项目的预期现金流量折现，该投资项目的净现值为零，那么，该投资项目的现金流量刚好足够支付债权人和股东要求获得的报酬率。

13.3　对加权平均资本成本的解释

何时可以／不可以使用加权平均资本成本

Geothermal 公司的加权平均资本成本是公司为了向其所有证券持有者提供一个合理的预期报酬率而期望其平均风险水平的投资项目必须获得的报酬率。严格地说，加权平均资本成本只是适合公司现有经营业务的投资项目折现率。但加权平均资本成本通常会成为整个公司的基准折现率。这个基准折现率可能随投资项目风险水平的提高而调高，随投资项目风险水平的下降而调低。

这里可以用音乐打个比方。多数人缺乏足够的音高，在能够按音调唱歌之前，我们需要一个明确的参考音调（如 C 调）。但任何可以找到曲调的人都可以发出正确的音调。尽管商人对所熟悉行业的相对风险有良好的直觉，但对绝对风险或预期报酬率未必如此。因此，商人将一个公司或行业范围内的资本成本设为标杆。对公司的所有投资项目而言，这也许并不是一个合适的取舍率，但可以根据投资项目的风险高低做出职业判断并加以调整。

一些常见的错误

加权平均资本成本的计算公式存在一种使人犯逻辑错误的风险。回顾乔·安·考克斯估算 Geothermal 公司资本成本的过程：

$$加权平均资本成本 = \frac{D}{V} \times (1-T_c) \times r_{债权人} + \frac{E}{V} \times r_{股东}$$

$$= 0.3 \times (1-0.21) \times 8\% + 0.7 \times 14\% = 11.7\%$$

现在，设想科斯塔斯·瑟莫波利斯看完乔·安·考克斯提交的报告惊叹，"啊哈！我有一个主意。Geothermal 公司的信用评级真高啊！公司的负债比率居然可以轻松地提高到 50%。如果利率为 8%，股票的必要报酬率为 14%，其加权平均资本成本只有：

$$加权平均资本成本 = 0.5 \times (1-0.21) \times 8\% + 0.5 \times 14\% = 10.2\%$$

如果折现率为 10.2%，我们可以尝试许多投资项目。"

这种推断会给公司增添许多麻烦。第一，如果 Geothermal 公司的债务增加，债权人肯定会要求得到更高的利率；第二，随着债务数额的增加，普通股的风险增大，股东也会要求得到更高的报酬率。

实际上，债务融资有两种不同的成本。债务的显性成本是债券持有者要求的利率，但还存在一种债务的隐性成本，因为债务提升了股东的必要报酬率。如果科斯塔斯·瑟莫波利斯得出 Geothermal 公司通过借入更多的债务可以将其加权平均资本成本降低到 10.2% 的结论，那么表明他只意识到债务的显性成本，而没有意识到债务的隐性成本。

资本结构的变化如何影响预期报酬率

我们将借助最简单的案例说明资本结构的变化如何影响预期报酬率。假设该公司的税率（T_c）为零。我们在前面的案例中可以看到，该公司的资本成本为 12.2%。如果不存在公司所得税，资本结构的变化并不影响 Geothermal 公司支付给证券持有者的现金总额，也不影响这些现金流量的风险。因此，如果再融资之前投资者对债务与权益组合要求的报酬率为 12.2%，那么，再融资之后投资者要求的报酬率仍然为 12.2%。因此，资本结构的变化并不影响加权平均资本成本。

有些出乎意料吧？毕竟，债务的必要报酬率低于股票的必要报酬率。因此，你可能希望借入更多的债务，从而降低加权平均资本成本。然而，事实并非如此，因为单个证券的报酬率也会变化。由于该公司的债务增加，债务风险增大，债权人可能要求得到更高的报酬率。债务总额不断增加也加大了股票的风险，提高了股东的必要报酬率。我们将在第 16 章再回到这个主题。

如果公司所得税税率不为零又会发生什么情况

我们已经讨论，如果不存在公司所得税，资本结构的变化不影响加权平均资本成本。遗憾的是，税收因素使问题变得更为复杂。[①] 此时此刻，请记住：

- 加权平均资本成本是平均风险资本性投资项目的合适的折现率。
- 加权平均资本成本是公司为了满足所有证券持有者需求必须获得的税后报酬率。
- 如果公司提高其负债比率，债务与权益的风险都会增大。随着风险的增大，股东与债权人要求获得的报酬率也将提高。

13.4　实践问题：资本结构的确定

我们已经讨论了加权平均资本成本的计算公式，现在接着讨论运用该计算公式可能面临的某些实践问题。我们暂且不提乔·安·考克斯，假设 Big 石油公司要求你估算其加权平均资本成本。你的第一步是确定 Big 石油公司的资本结构。但你从哪里获得数据呢？

财务经理通常从列示债务与权益的账面价值的公司财务报表入手，然而，加权平均资本成本的计算公式需要的是债务与权益的市场价值。这样，就需要通过某些判断与调整工作将账面价值转化为市场价值。

表 13-1 列示了 Big 石油公司现存的债务与权益的账面价值。该公司从银行借入 20 000 万美元，还发行了 20 000 万美元的长期债券。这些债券的利率为 8%，期限为 12 年。最后，公司流通在外的普通股有 10 000 万股，每股面值为 1 美元。财务报表还确认了过去几年间公司的留存收益再投资 30 000 万美元。财务报表列示的权益账面价值总额为 40 000 万美元（10 000＋30 000）。

表 13-1　Big 石油基于账面（会计）价值的资产负债表　　　　金额单位：百万美元

资产	金额	长期负债与权益	金额	比重（%）
营运资本净额（＝流动资产总额－流动负债总额）	120	银行借款	200	25.0
		长期债券（期限为 12 年，利率为 8%）	200	25.0
财产、厂房与设备	620	普通股（10 000 万股，每股面值 1 美元）	100	12.5
其他长期资产	60	留存收益	300	37.5
合计	800	合计	800	100.0

值得注意的是，表 13-1 的右边列示的是长期融资。流动负债总额已经作为一个抵减项目从表 13-1 左边的流动资产总额中扣除。因此，营运资本净额等于流动资产总额减去流动负债总额。我们之所以采用这种方式编制资产负债表，是为了方便计算加权平均资本成本。加权平均资本成本通常定义为长期债务融资与权益融资的综合成本。[②] 这样，资产负债表的右边只列示长期融资的来源。

表 13-1 的数据摘自 Big 石油公司年度财务报表，因此，这些数据都是账面价值。有时，账面价值与市场价值的差异可以忽略不计。例如，看看 Big 石油公司欠银行的 20 000 万美元。银行贷款的利率通常与利率的总体水平挂钩，如果利率上升，为了保持贷款价值不变，Big 石油公司的贷款利率也

---

① 如果利息费用的税前扣除因素不改变债权人和股东的整体风险，我们的计算公式和案例就都没有错。然而，如果将由利息费用的税前扣除因素产生的税款节约额视为安全的现金流量，那么计算公式将变得更为复杂。如果你确实希望深入理解考虑税收调整因素之后的计算公式，观察加权平均资本成本如何随着资本结构的变化而变化，我们建议阅读以下文献：R.A.Brealey, S.C.Myers, and F.Allen, Principles of Corporate Finance, 13th ed.(New York: Irwin/McGraw-Hill Education, 2019), Chapter 19.

② 有时，公司以短期债务为投资项目提供融资，短期债务到期再展期。这时，短期债务的永久性部分就可以列示在资产负债表的右边。加权平均资本成本也就包含短期债务的资本成本。

随之上升。只要 Big 石油公司能够保证偿还贷款，那么，贷款价值就接近 20 000 万美元。财务经理大多愿意将银行借款的账面价值视为其市场价值的近似值。

那么，如何估算 Big 石油公司长期债券的市场价值呢？因为该长期债券是原始发行的债券，长期利率已经上涨到 9%。[①] 我们可以按下面的方法计算该长期债券的现在价值。[②] 该公司需要支付 12 次利息，每次支付的利息数额为 1 600 万美元（0.08×20 000），到了第 12 年还需要偿还其面值。因此，最后一次支付给债券持有人的现金数额为 21 600 万美元。以现有利率即 9% 将该长期债券的所有现金流量折现：

$$现值 = \frac{1\ 600}{1.09} + \frac{1\ 600}{1.09^2} + \frac{1\ 600}{1.09^3} + \cdots + \frac{21\ 600}{1.09^{12}} = 18\ 570（万美元）$$

这样，该长期债券的价值只有 18 570 万美元，即其面值的 93%。

如果你采用 Big 石油公司长期债券的账面价值而不是其市场价值，加权平均资本成本的计算结果可能有偏差，但也许不太严重。

如果你采用权益的账面价值而不是其市场价值，就可能导致真正的大错误。Big 石油公司权益的账面价值为 40 000 万美元，计量的是过去该公司从股东那里筹集或以股东名义将留存收益再投资于公司的全部资金数额。但 Big 石油公司也许已经可以找到价值超过其初始成本的投资项目，或者该公司的资产价值因通货膨胀而增加了。投资者可能看好该公司未来巨大的投资机会。所有这些因素都决定了投资者愿意购买的 Big 石油公司股票的价格。

Big 石油公司的股票价格为每股 12 美元，其股票的市场价值总额为：

$$股票数量 \times 股票价格 = 10\ 000 \times 12 = 120\ 000（万美元）$$

表 13-2 列示了 Big 石油公司基于市场价值的资产负债表。你可以看到债务价值占公司价值总额的 24.3%（$D/V=0.243$），权益价值则占公司价值总额的 75.7%（$E/V=0.757$）。这就是计算加权平均资本成本所使用的权重。值得注意的是，你如果只采用表 13-1 所列示的账面价值，就可能错误地得出结论：债务与权益价值各占公司价值总额的 50%。

表 13-2　Big 石油公司基于市场价值的资产负债表　　　　　　金额单位：百万美元

资产	金额	负债与权益	金额	比重（%）
营运资本净额（＝流动资产总额－流动负债总额）	120.0	银行借款	200.0	12.6
		长期债券（市场价值为账面价值的 93%）	185.7	11.7
财产、厂房与设备以及其他长期资产（包括无形资产）的价值	1 465.7	债务价值总额	385.7	24.3
		普通股（10 000 万股，每股面值 1 美元）	1 200.0	75.7
价值总额	1 585.7	价值总额	1 585.7	100.0

13.5　实践问题：估算预期报酬率

为了计算 Big 石油公司的加权平均资本成本，你也需要掌握投资者对各种证券要求的预期报酬率。

---

① 如果 Big 石油公司的债券可以交易，你就可以直接查阅其市场价格。（你可以登录 www.finra.org/marketdata 查阅债券交易价格。）但许多债券通常无法交易，此时，你需要采用同类债券利率计算债券价值，从而推算债券的市场价格。

② 我们假设该长期债券每年支付一次利息。实际上，美国的多数债券一年支付两次利息。

债券的预期报酬率

我们知道 Big 石油公司债券的到期收益率为 9%。只要该公司不破产，这 9% 就是持有该公司债券的投资者预期可以获得的报酬率。然而，如果该公司存在无法偿还债务的可能性，到期收益率为 9% 就代表最乐观的结果且预期报酬率小于 9%。

就多数大型的健康的公司而言，破产的可能性非常小，财务经理愿意采用公司承诺的债券到期收益率作为债券的预期报酬率。但必须注意，将缺乏诚信的公司的债券到期收益率视为投资者预期可以获得的报酬率未必靠谱。

普通股的预期报酬率

运用资本资产定价模型估算　我们已经在第 12 章讨论了如何运用资本资产定价模型估算普通股的预期报酬率。资本资产定价模型告诉我们：随着公司股票贝塔系数的上升，投资者对股票要求获得的报酬率也相应上升。其计算公式为：

股票的预期报酬率＝无风险利率+（股票的贝塔系数 × 预期市场风险溢酬）

财务经理和经济学家通常采用国库券到期收益率作为无风险利率。为了计量预期市场风险溢酬，财务经理和经济学家通常会回顾资本市场历史，从而发现投资者购买普通股（而不是国库券）每年可以获得的额外报酬率大约为 7%。[①] 但聪明的财务经理通常会慎重使用这些数据，因为谁可以说清楚投资者过去所得到的报酬率究竟高于还是低于其期望值，或者现在的投资者获得的风险补偿究竟高于还是低于其父母所得到的风险补偿呢？

我们假设 Big 石油公司股票的贝塔系数预计为 0.85，无风险利率（r_f）为 6%，预期市场风险溢酬（$r_m - r_f$）为 7%。那么，根据资本资产定价模型，Big 石油公司的权益资本成本为：

$$r_{股东} = r_f + \beta(r_m - r_f) = 6\% + 0.85 \times 7\% = 12\%$$

运用股利折现模型估算　无论何时得到普通股预期报酬率的预测值，你都需要再次检查这个结果是否合理。我们可以通过股利折现模型检验资本资产定价模型计算出的结果。我们在第 7 章讨论过如何运用可持续增长股利折现模型估算投资者对不同普通股要求获得的预期报酬率。记住下面的计算公式：如果股利以一个固定增长率（g）持续增长，那么该股票的价格为：

$$P_0 = \frac{DIV_1}{r_{股东} - g}$$

式中，P_0 是当前股票价格；DIV_1 是年末预期发放的股利；$r_{股东}$ 是股票的预期报酬率。为了计算出 $r_{股东}$ 的估计值，我们可以重新表述该计算公式：

$$r_{股东} = \frac{DIV_1}{P_0} + g \tag{13.2}$$

换言之，股票的预期报酬率等于股利收益率（DIV_1/P_0）再加上股利预期永续增长率（g）。

---

① 国库券的利率是无风险利率的常用指标。然而，如果我们采用短期国库券的利率计算加权平均资本成本中的权益资本成本，就可能存在错配问题。加权平均资本成本用于折现未来几年可能产生的现金流量。以短期利率折现远期未来的现金流量没有意义。如果货币政策迫使短期利率下降至接近零的水平，以短期利率折现远期未来的现金流量就更没有意义。有鉴于此，财务经理在计算加权平均资本成本时，通常采用长期政府债券的利率估算权益资本成本。这时，市场风险溢酬就必须定义为股票市场报酬率与长期政府债券报酬率之间的预期差异。值得注意的是，根据表 11 - 1，政府债券的平均报酬率比国库券的平均报酬率高出 1.5 个百分点。假设财务经理采用长期债券收益率估算权益资本成本。如果该财务经理依赖历史数据，其采用的风险溢酬就可能比国库券的风险溢酬低 1.5 个百分点。

这个固定增长股利折现模型广泛运用于估算公用事业单位的普通股预期报酬率。公用事业单位的股票具有相当稳定的增长模式，因此非常适合采用固定增长模型。

请记住：如果你将固定增长模型运用于当前增长率非常高的公司，可能会遇到麻烦。这种增长率不可能无限持续下去。此时，运用该计算公式可能高估预期报酬率。

警惕错误的精确　不要期望权益资本成本估计值会十分精确。在实践中，你无法知道资本资产定价模型是否充分解释了预期报酬率或股利折现模型的假设是否完全成立。尽管你运用的计算公式正确无误，但代入计算公式的数值可能存在噪声和误差。因此，如果财务分析师可以自信地将权益资本成本锁定在两三个百分点的范围内，其工作就做得非常出色了。基于种种努力，如果能够确定权益资本成本"大约是15%"或"处于14%～16%的范围内"，就相当完美了。[①]

有时，通过估算某个行业或某组可比公司的权益资本成本或加权平均资本成本，就可以提高其准确性。这样，就可以消除困扰单个公司估计值的噪声。例如，假设你可以找三家与 Big 石油公司的投资项目和经营业务相类似的可比公司，那么，这三家公司的加权平均资本成本的平均值就可以作为检验 Big 石油公司加权平均资本成本估计值的一个有价值的指标。

假设 Big 石油公司正在考虑投资炼油行业。就该风险投资项目而言，该公司现有的加权平均资本成本可能并不合适，需要一个能够反映炼油行业风险的折现率。这样，就需要尝试估算一批炼油公司样本的加权平均资本成本。如果现有的"纯粹"的炼油公司太少（多数石油公司在炼油的同时还生产和销售石油），一批大型石油公司样本的行业加权平均资本成本也是一个有用的指标或标杆。

优先股的预期报酬率

可以采用永续年金计算公式评估每年支付固定数额股利的优先股：

$$优先股的价格 = \frac{股利}{r_{优先股股东}}$$

式中，$r_{优先股股东}$ 是适用于优先股的折现率。因此，我们可以重新表述估值公式，推算优先股预期报酬率：

$$r_{优先股股东} = \frac{股利}{优先股的价格} \tag{13.3}$$

例如，如果优先股的每股价格为20美元，每股支付股利2美元，那么，优先股的预期报酬率为10%（$r_{优先股股东}=2/20$）。这就是股利收益率。

整合各种数据计算加权平均资本成本

一旦确定了 Big 石油公司的资本结构并估算出其证券的预期报酬率，你就可以计算出加权平均资本成本。表13-3汇总了各种必要的数据。现在，你需要做的就是将表13-3的数据代入加权平均资本成本的计算公式：

$$加权平均资本成本 = \frac{D}{V} \times (1-T_c) \times r_{债权人} + \frac{E}{V} \times r_{股东}$$

$$= 0.243 \times (1-0.21) \times 9\% + 0.757 \times 12\% = 10.8\%$$

---

① 为了避免四舍五入引起的问题，本章所有计算结果都保留一至两位小数。

表 13 - 3　计算 Big 石油公司加权平均资本成本所需数据　　　金额单位：百万美元

证券类型	资本结构	必要报酬率
债务	$D=385.7$；$D/V=0.243$	$r_{债权人}=0.09$ 或 9%
普通股	$E=1\,200.0$；$E/V=0.757$	$r_{股东}=0.12$ 或 12%
合计	$V=1\,585.7$	

说明：公司所得税率 $T_c=0.21$。我们假设 Big 石油公司的银行借款利率与债券利率相同。

假设 Big 石油公司需要评估一项与公司现有资产具有相同风险的投资项目。如果该投资项目的负债比率也是 24.3%，那么，加权平均资本成本为 10.8% 就是该投资项目现金流量的合适的折现率。

真实公司的加权平均资本成本

Big 石油公司是完全虚构的公司，因此，你可能对表 13 - 4 更感兴趣，该表列示了某些真实公司的加权平均资本成本估计值。正如前文所述，任何公司的资本成本估计值都可能与其真实成本相去甚远。通过一组类似公司的资本成本，你可以尝试检验估计值。

表 13 - 4　计算代表性公司的加权平均资本成本

公司名称	贝塔系数	预期权益报酬率（%）	债务利率（%）	权益比重（E/V）	债务比重（D/V）	加权平均资本成本（%）
美国钢铁	3.01	24.1	5.9	0.68	0.32	17.87
亚马逊	1.47	13.3	3.9	0.96	0.04	12.91
迪士尼	1.39	12.7	3.3	0.89	0.11	11.62
波音	1.24	11.1	3.3	0.96	0.04	11.33
英特尔	1.07	10.5	3.2	0.88	0.12	9.52
阿尔法贝特（谷歌）	0.91	9.3	3.0	1.00	0.00	9.34
辉瑞	1.02	10.1	3.2	0.84	0.16	8.91
联合太平洋	0.90	9.3	3.2	0.86	0.14	8.32
埃克森美孚	0.82	8.8	2.9	0.92	0.08	8.25
IBM	0.94	9.6	3.2	0.77	0.23	7.94
星巴克	0.75	8.2	3.5	0.94	0.06	7.91
可口可乐	0.70	7.9	3.1	0.85	0.15	7.07
通用电气	1.06	10.5	3.5	0.55	0.45	6.99
麦当劳	0.68	7.8	3.9	0.82	0.18	6.94
沃尔玛	0.37	5.6	3.0	0.88	0.12	5.18
纽蒙特矿业	0.10	3.7	4.0	0.83	0.17	3.63

说明：1. 预期权益报酬率取自表 12 - 2。

2. 债务利率取自最近的交易报告系统的数据。

3. D 代表公司债务的账面价值，E 代表权益的市场价值。

4. 加权平均资本成本 $=(D/V)\times(1-0.21)\times r_{债权人}+(E/V)\times r_{股东}$。

13.6　公司价值的评估

买卖整个公司的情况很常见。我们在本章用于评估新投资项目的各种方法是否同样适用于评估整个公司呢？

当然适用！只要公司的负债比率保持不变，你就可以将整个公司视为一个大型投资项目，并以加权平均资本成本作为折现率将该公司的现金流量折现。[①] 其结果就是公司债务与权益组合的价值。如果你只想知道权益价值，就要记得从公司价值总额中扣除债务价值。

假设你有兴趣购买建造行业的连接器制造分部。问题是如何评估其到底值多少钱。表 13-5 列示了未来 6 年的预测数据。该表的第 8 行列示了该分部的预期现金流量，等于预期税后利润加上折旧额。请记住：折旧费用并不是一种现金流出量。因此，在计算经营现金流量时，你还要将折旧额加回去。该表第 9 行列示了固定资产和营运资本净额的预期投资额。

表 13-5　连接器分部的经营现金流量和投资额预测值　　　　　　　　　　　　　单位：千美元

	年次					
	1	2	3	4	5	6
1. 收入	1 400.0	1 680.0	2 016.0	2 318.4	2 666.2	2 932.8
2. 成本	1 190.0	1 428.0	1 713.6	1 970.6	2 266.2	2 492.9
3. 息税折旧摊销前利润（=1-2）	210.0	252.0	302.4	347.8	399.9	439.9
4. 折旧额	100.8	121.0	145.2	166.9	160.0	140.8
5. 税前利润（=3-4）	109.2	131.0	157.2	180.8	240.0	299.1
6. 税金（税率为 21%）	22.9	27.5	33.0	38.0	50.4	62.8
7. 税后利润（=5-6）	86.3	103.5	124.2	142.9	189.6	236.3
8. 经营现金流量（=4+7）	187.1	224.5	269.4	309.8	349.5	377.1
9. 固定资产与营运资本净额投资	180.0	289.0	346.8	348.4	102.0	-19.2
10. 自由现金流量（=8-9）	7.1	-64.5	-77.4	-38.6	247.5	396.3

说明：快速扩张意味着前几年的自由现金流量为负值，因为投资超过经营现金流量。随着增长速度的放缓，自由现金流量转为正值。

经营现金流量减去投资支出得到的现金数额就是该经营业务扣除经营业务增长所需的各种投资额之后可以支付给股东的数额。这就是连接器分部的**自由现金流量**（free cash flow）（参见表 13-5）。值得注意的是，前几年的自由现金流量为负值。公司出现现金短缺的原因并非亏损，而是增长太快，且投资太大。

表 13-5 列示的现金流量预测值不包括债务利息。但我们不能忘记收购连接器分部要进一步举债融资。我们将以加权平均资本成本折现自由现金流量，来说明加权平均资本成本同时反映了公司资本结构和利息费用的税前扣除因素。

假设连接器分部合理的资本结构是 60% 的权益与 40% 的债务。[②] 你估计股东的必要报酬率为 12%，该分部还能够以 5% 的利率借入资金。这样，加权平均资本成本为：

---

① 我们在第 7 章讨论了如何评估一个完全靠权益融资的企业价值。我们在本章拓展了讨论范围，讨论如何评估一个部分靠债务融资的企业价值。

② 我们认为该分部现值的 40% 通过举债融资是合理的。请记住，我们采用市场价值作为权重计算加权平均资本成本。债务的账面价值的比重可能高于或低于 40%。

$$加权平均资本成本 = \frac{D}{V} \times (1 - T_c) \times r_{债权人} + \frac{E}{V} \times r_{股东}$$

$$= 0.4 \times (1 - 0.21) \times 5\% + 0.6 \times 12\% = 8.78\%$$

连接器分部价值的计算

连接器分部的价值等于投资期限结束时的自由现金流量折现值再加上投资期限内该分部预期价值的折现值。也就是：

$$PV = \underbrace{\frac{FCF_1}{1 + WACC} + \frac{FCF_2}{(1 + WACC)^2} + \cdots + \frac{FCF_H}{(1 + WACC)^H}}_{(自由现金流量)现值} + \underbrace{\frac{PV_H}{(1 + WACC)^H}}_{+(终止价值)现值}$$

PV_H 代表在 $H+1$ 年、$H+2$ 年等年份的自由现金流量的现值。我们假设该分部第六年初开始稳定下来，以每年 5% 的增长率稳步增长。因此，我们选择 5 年作为投资期限。

我们在第 7 章讨论过，估算投资期限的通用计算公式或经验法则很多。在这里，我们只采用在第 7 章讨论过的固定增长模型计算公式：

$$投资期限的现值 = \frac{第六年的自由现金流量}{r - g}$$

$$= \frac{396\,300}{0.087\,8 - 0.05} = 10\,484\,000（美元）$$

现在，我们已经拥有计算连接器分部现在的价值所需的所有数据。我们将前 5 年的自由现金流量现值与投资期限结束时价值的现值加总：

$$现值（公司）= 现值（第一年至第五年的自由现金流量）+ 现值（投资期限结束时价值）$$

$$= \frac{7\,100}{1.087\,8} - \frac{64\,500}{1.087\,8^2} - \frac{77\,400}{1.087\,8^3} - \frac{38\,600}{1.087\,8^4} + \frac{247\,500}{1.087\,8^5} + \frac{10\,484\,000}{1.087\,8^5}$$

$$= 6\,910\,000（美元）$$

值得注意的是，我们使用加权平均资本成本评估公司价值，并一直追问"公司债务与权益的组合价值是多少"。如果你需要评估权益价值，必须扣减公司尚未偿还债务的价值。假设连接器分部的债务融资额为 2 764 000 美元，即价值总额大约为 6 910 000 美元的 40%。那么，该连接器分部的权益价值仅为 4 146 000 美元（6 910 000−2 764 000）。

📖 本章小结

公司如何计算加权平均资本成本？（学习目标 1 ）

加权平均资本成本的计算公式为：

$$加权平均资本成本 = \frac{D}{V} \times (1 - T_c) \times r_{债权人} + \frac{E}{V} \times r_{股东}$$

加权平均资本成本是公司发行的债券与股票组成的投资组合的预期报酬率。以各种证券的市场价值占公司市场价值（不是账面价值）总额的比重作为权重，对各种证券的必要报酬率进行加权平均。由于支付的利息减少了公司应税所得额，因此，债务的必要报酬率以税后计量，即 $r_{债权人} \times (1 - T_c)$。

为什么公司要计算加权平均资本成本？（学习目标 2）

就平均风险的投资项目而言，公司需要一个标准的折现率。平均风险的投资项目就是与公司现有经营业务风险和债务比率相同的投资项目。

非平均风险投资项目如何处理？（学习目标 2）

加权平均资本成本依然可以作为一个标杆。这个标杆可能随投资项目风险水平的提高而调高，随投资项目风险水平的下降而调低。

如果资本结构发生变化可能发生什么情况？（学习目标 2）

债务与权益的报酬率可能发生变化。例如，提高负债比率将增加债权人和股东所承担的风险，从而使债权人和股东要求得到更高的报酬率。但这并不意味着整体加权平均资本成本会提高，因为债务资本成本的权重提高了，而债务资本成本低于权益资本成本。事实上，如果我们忽略所得税因素，随着债务与权益的权重的变化，整体资本成本将保持不变。第 16 章将进一步讨论这个问题。

公司如何确定资本结构？（学习目标 3）

资本结构是各种不同资金来源占公司市场价值总额的比重。加权平均资本成本的计算公式通常假设资本结构只包括债券与股票这两种融资方式。如果公司还存在其他融资类型（如优先股），该计算公式就需要扩展，将优先股包括进来。也就是说，我们需要估算优先股股东要求的预期报酬率（$r_{优先股股东}$），确定优先股市场价值占市场价值总额的比重（P/V），再将"$r_{优先股股东} \times P/V$"加入计算公式。当然，加权平均资本成本计算公式的权重总和总是等于 1。此时，$D/V + E/V + P/V = 1$。

如何计算债务与权益资本成本？（学习目标 4）

债务资本成本（$r_{债权人}$）是债券持有者要求获得的市场利率，也就是公司为了投资项目而发行新债券所必须支付的利率。优先股资本成本（$r_{优先股股东}$）可由优先股股利除以优先股市场价格得到。

需要技巧的工作是估算权益资本成本（$r_{股东}$），即公司股票的预期报酬率。财务经理通常运用资本资产定价模型估算预期报酬率。但对成熟、稳定增长的公司而言，可以采用固定增长股利折现模型。请记住：估算单个公司的股票预期报酬率比估算一组可比风险公司的预期报酬率更不可靠。因此，财务经理也会考虑计算行业的加权平均资本成本。

可以用加权平均资本成本评估整个公司的价值吗？（学习目标 5）

我们可以将公司视为一个非常大的投资项目。预测公司经营现金流量（税后利润加上折旧额），再减去未来厂房、设备以及营运资本净额的投资额，得到的结果就是公司自由现金流量，再以加权平均资本成本将自由现金流量折现为现值。当然，公司的现金流量可以在未来不断延伸。因此，财务经理通常只是详细地估算投资期限内的现金流量，然后据此估算公司在投资期限结束时的剩余价值。

📊 微型案例

伯尼斯·芒廷道格（Bernice Mountaindog）很高兴又回到 Sea Shore 盐业公司。该公司向来善待员工。一年前，为取得财务学学位，她请求离职，得到了该公司高级管理层的批准。当她带着学位证书归来之际，马上从行政助理［她曾经担任总裁乔－鲍勃·布林普尔（Joe-Bob Brinepool）的秘书］提升为财务分析师。

芒廷道格认为公司的前景很不错。当然，精制食盐已经是一项成熟的业务，但公司通过压制知名度不高的竞争对手而获得了稳定的增长。尽管一些顾客难以迅速说出公司商标名称，但公司的商标确实是公司重要的竞争优势。

芒廷道格从 2018 年 1 月 2 日开始正式上班。前两个星期的工作还算顺利。之后，布林普尔通过资本成本备忘录（见图 13-2）安排她向其他经理解释公司的加权平均资本成本问题。芒廷道格觉得这份备忘录来得很突然，她必须熬夜准备以应对第二天的提问。

Sea Shore 盐业公司
佛罗里达春季度假海滩
保密备忘录

日期：2018 年 1 月 15 日
　　致：Sea Shore 盐业公司管理层
　　来自：乔-鲍勃·布林普尔总裁
　　主题：资本成本

此备忘录旨在声明和澄清我们公司资本性投资决策取舍率的长期政策。最近，出现的许多问题和某些似是而非的困扰都与该主题有关。

Sea Shore 盐业公司运用现金流量折现法评估重置和扩张性投资项目。折现率或取舍率是公司的税后加权平均资本成本。

加权平均资本成本就是我们公司投资者的预期报酬率。这些投资者包括银行、债券持有者、优先股股东和普通股股东。当然，你们中的很多人已经是或即将成为我们公司的股东。

下表汇总了 Sea Shore 盐业公司的资金来源结构。

资金来源	金额（百万美元）	所占百分比（%）	报酬率（%）
银行贷款	120	20	8
发行债券	80	13.3	7.75
优先股	100	16.7	6
普通股	300	50	16
合计	600	100	

银行贷款和发行债券的报酬率就是我们正在支付的利率。然而，利息费用是一项可以税前扣除的项目，因此，税后利率低于上表列示的报酬率。例如，我们公司的所得税税率是 21%，那么，银行贷款的税后资本成本为 6.3%[8.00% × (1-0.21)]。

优先股的报酬率是 6%。Sea Shore 盐业公司为每 100 美元的优先股支付 6 美元的股利。

多年以来，我们的目标权益报酬率一直是 16%。我知道有些新员工认为这个目标对稳定且成熟的制盐业务而言可能太高了，但我们必须尽可能追求卓越的盈利能力。

掌握了这些背景信息，计算 Sea Shore 盐业公司的加权平均资本成本就显得轻而易举：

加权平均资本成本 =8 × (1-0.21) × 0.20+7.75 × (1-0.21) × 0.133+6 × 0.167+16 × 0.50=11.1%

那么，公司正式认可的取舍率就是 11.1%。

如果你对上述计算过程还有任何疑问，请直接将问题提交给我们的新财务分析师芒廷道格女士。芒廷道格女士为了完成其财务学学位而离开公司，一年之后又重新回归，是一件令人高兴的事。

图 13-2　布林普尔总裁的资本成本备忘录

芒廷道格首先查阅了公司最近的资产负债表（如表 13-6 所示）。

表 13-6　Sea Shore 盐业公司 2017 年度资产负债表		单位：百万美元	
资产	金额	负债与所有者权益	金额
营运资本	200	银行贷款	120
厂房与设备	360	长期债务	80
其他资产	40	优先股	100
	-	普通股，包括留存收益	300
合计	600	合计	600

说明：1. 2017 年末，Sea Shore 盐业公司流通在外的普通股数量为 1 000 万股。

2. 该公司还发行了每股面值为 100 美元的优先股 100 万股，每股每年发放股利 6 美元。

然后，她迅速记下要点：

公司的银行贷款利率为当前市场利率，而且公司刚刚发行长期债券，其账面价值与市场价值之间的差异不大。

公司早在 35 年前就发行了优先股，当时的利率比现在低得多。当时，优先股以每股 100 美元的账面价值发行。目前优先股的交易价格为每股 70 美元。

普通股的交易价格为每股 40 美元，下一年度的每股收益大约为 4 美元，每股股利可能为 2 美元。（流通在外的普通股数量为 1 000 万股。）公司一直将净利润的 50% 作为股利发放给股东，剩余的净利润再投资于公司。

净利润和股利每年将稳定增长 6% ~ 7%，这与公司的可持续增长率一致：

可持续增长率=权益报酬率×留存比率

$$=\frac{4}{30}\times 0.5=0.067 \text{ 或 } 6.7\%$$

公司的贝塔系数平均约为 0.5。芒廷道格认为，就一个持续稳定增长的公司而言，这个贝塔系数较为合理。公司目前的利率大约为 7%，市场风险溢酬为 7%，运用资本资产定价模型可快速计算权益资本成本：

$$r_E=r_f+\beta(r_m-r_f)=7\%+0.5\times 7\%=10.5\%$$

这个权益资本成本明显小于布林普尔的备忘录指定的 16%。芒廷道格焦急地浏览自己的记录。如果布林普尔的权益资本成本数据出错了，那该怎么办？有没有其他计算权益资本成本的方法可以验证资本资产定价模型的计算结果呢？难道布林普尔的计算过程出现了其他的错误？

芒廷道格决心在当天晚上完成分析工作。如果有必要，她将在第二天上午在布林普尔到达办公室之后向他汇报这个情况。她的工作不只是找到正确的数字，还要弄清楚如何向布林普尔解释这些数字。

第4篇

筹 资

公司筹资概论

迄今为止，我们主要集中讨论了公司资本支出决策。现在，我们将重点转向资产负债表的另一边，看看公司如何筹集所需的资金。说得直白一点，你已经学会了如何花钱，现在你必须学会如何筹钱。因此，在接下来的几章，我们假设公司已经决定接受某些投资项目，从而关注为这些投资项目筹资的最佳方式。

你将发现，在某种程度上筹资决策比投资决策更复杂。你需要了解公司可能发行的各种证券。但筹资决策有时比投资决策更简单。例如，筹资决策的锁定程度不如投资决策。福特汽车公司在决定发行债券时知道，如果今后改变主意可以回购这些债券。而福特汽车公司要拆分或出售一家不需要的汽车厂可就没那么容易了。

我们将在后面几章讨论一些典型的筹资问题，如公司应该借多少钱以及公司应该向股东发放何种股利。作为铺垫，我们在本章将简单介绍长期筹资的类型。

我们首先讨论筹资的基本概念。投资决策比筹资决策更容易为股东创造财富。如前所述，投资者之间的竞争使得难以发现（或发行）错误估值的证券。

之后，我们将讨论公司筹资的主要渠道以及公司如何运用这些筹资渠道。我们习惯将这些筹资渠道分为债务和权益。然而，这样做可能遗漏公司现在运用的众多筹资工具。

14.1　运用筹资决策创造价值

聪明的投资决策使股东更加富有，精明的筹资决策也是如此。例如，如果你的公司能够在现行利率为 4% 时以 3% 的利率借入资金，你就为股东创造了一个很好的报酬率。

遗憾的是，说起来容易做起来难。问题是金融市场的竞争比多数产品市场激烈得多。在产品市场，公司通常可以找到使投资项目的净现值为正值的竞争优势。例如，公司在同一区域的同行业中可能只有少数竞争对手，或者能够充分利用专利、技术、顾客认知度和忠诚度获利。所有这些都为获得超额利润并发现净现值为正值的投资项目创造了机会。

但金融市场却鲜有保护壁垒。你不能为一种新证券的设计申请专利。此外，在这些金融市场中，你总是面对瞬息万变的竞争，所有其他公司都在金融市场寻求资金，更不用说州、地方及联邦政府、金融机构、个人投资者和外国公司及政府也到纽约、伦敦或东京金融市场筹资。提供资金的投资者很多，也很精明。这些投资者评估证券价值的水平很可能与你不相上下。

当然，如果你需要借钱，可能希望支付比现行利率更低的利率。但如果一笔贷款有利于你的股东，那么肯定不利于债权人。这样，你的公司有多大的机会能够持续吸引投资者溢价购买公司的证券呢？这种机会非常小。通常，公司应该假设能够以公允的条件筹集资金。换言之，公司所发行的证券以其真实价值交易。

但何谓真实价值？这是一个模棱两可的词。真实价值并不意味着最后的终值。我们并不认为投资者都是预言家。其实，真实价值指的是综合反映投资者可获得的当前所有信息的一个价格。我们曾在第 7 章讨论投资者难以持续取得卓越绩效时提及有效资本市场这个概念。基于有效资本市场，投资者可以获得各种信息，所有证券都得到公允定价。此时，以市场价格出售证券从来就不是一个净现值为正值的交易。

这就意味着，无论是精明的筹资战略还是愚蠢的筹资战略，赚钱或亏钱都更加困难。难以赚钱（即难以找到低成本的筹资渠道）是因为提供资金的投资者要求得到公允的条件，难以亏钱则是因为投资者之间的竞争使得任何投资者的要求都不能超过公允的条件。

你在阅读后续各章时要记住：**华尔街几乎没有免费午餐……对必须做出公司筹资决策的财务经理而言，几乎没有简单的答案。**

14.2　公司筹资模式

公司拥有三大现金来源：公司可以将部分利润再投资于公司，也可以通过发行股票或债券从外部融资。例如，我们可以看看图 14 - 1。图 14 - 1 描绘了联邦快递公司在 1990—2017 年为其投资项目筹集资金的情况。图 14 - 1 中的深色实线表示公司每年内源性融资（internally generated funds）的数额。所谓内源性融资，就是折旧额加上没有作为股利发放给股东的盈余部分。[①] 深色虚线表示公司发行新股筹集的资金，而浅色实线则表示公司举借长期债务筹集的资金。

值得注意的是，联邦快递公司的最大资金来源是利润再投资。1990—2017 年，除了一两个年份有波折，联邦快递公司的利润再投资数额稳步增加。公司内源性融资数额与公司需要的现金数额之间

---

① 请记住，折旧是一种非现金性费用。这意味着即使折旧不是一种现金的运用，也要作为费用处理。因此，为了计算公司创造的现金流量，我们必须将折旧加回利润。

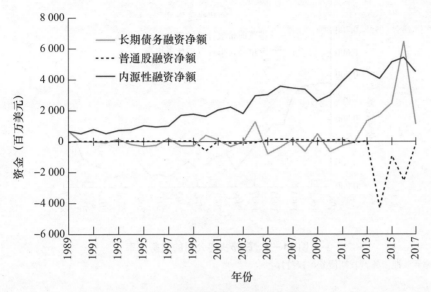

图 14 - 1　联邦快递公司的资金来源

的缺口就称为**财务赤字**（financial deficit）。除了 2004 年和 2016 年（联邦快递公司在这两个年度实施大规模收购活动），联邦快递公司的内源性融资非常充裕，完全可以满足其资金需求。为了弥补财务赤字，公司必须举债或发行新股。不过，联邦快递公司在任何年份都没有通过发行新股筹集巨额资金。联邦快递公司经常用现金回购以前年份发行的股票。图 14 - 1 中，这些回购行为表现为负值的普通股融资净额。可以看到，联邦快递公司在 2014 年和 2017 年的股票回购数额特别大。

联邦快递公司时常举借巨额长期债务。多数时候，联邦快递公司举借长期债务是因为需要为那些无法通过留存收益融资的各种投资项目筹集资金。例如，2016 年，联邦快递公司通过发行一系列无担保优先债券筹集 48 亿美元的资金，以 48 亿美元的现金收购托马斯全国运输快递公司（TNT Express）。如图 14 - 1 所示，这笔债券融资达到一个顶峰。当然，联邦快递公司 2016 年发行债券筹集的资金并没有全部用于收购托马斯全国运输快递公司。2013—2017 年，联邦快递公司发行一系列债券，筹集了大量的资金，但这些钱并没有用于新的投资项目，而是直接用于回购股票。因此，联邦快递公司有时举债为投资项目融资，有时则为股票回购和提升杠杆融资。

图 14 - 2 描绘了这些筹资决策对联邦快递公司债务比率的最终影响。这里的债务比率以权益的账面价值和市场价值等两种方式计量。由于联邦快递公司的股票价值超过股东投入的数额，按市场价值计算的债务比率始终低于按账面价值计算的债务比率。多数年份，联邦快递公司稳步积累的内源性融资使其两种计量方式的债务比率下降，因此，公司很少发行新股。但 2012 年开始，联邦快递公司举借大量债务，再加上股票回购，杠杆陡然提升。许多公司采用举债与回购股票并举的方式改变资本结构，但资本结构出现像联邦快递公司这样的显著变化却相当罕见。

图 14 - 3 描绘了美国公司投资项目筹集资金的总体情况。我们再次看到内源性融资的重要性。在过去的 27 年间，内源性融资解决了公司资金需求量的 98%。这个缺口数额超过了借款数额。[1] 1994 年以来，每年的权益性融资数额都是负值，因为公司用部分新筹集的现金回购股票。

---

① 公司每年运用的债务类型有所不同。例如，2009 年的金融危机导致公司为偿还银行贷款发行了巨额公司债券。图 14 - 3 没有显示这种债务类型的差异。

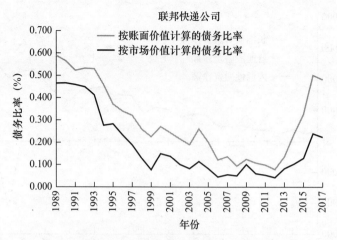

图14-2 联邦快递公司的债务比率

说明：债务比率 = 长期债务 / (长期债务 + 权益)。

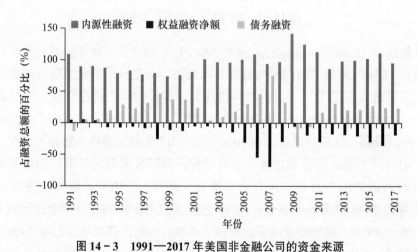

图14-3 1991—2017年美国非金融公司的资金来源

资料来源：Board of Governors of the Federal Reserve System, Division of Research and Statistics, "Financial Accounts of the United States," Table F.103 at www.federalreserve.gov/releases/z1/current/data.htm.

公司举借过多的债务了吗

我们已经看到，公司通常举借债务而不是发行新股，并用筹集的部分资金回购部分股票。那么，该政策提高公司运用债务融资的比例了吗？

图14-4从长远的视角回答了该问题。如果所有美国制造公司合并为某个巨型公司，图14-4描绘的比率就是该巨型公司的债务比率。大约1990年之前，无论按市场价值还是账面价值计算的债务比率都逐步提高，但1990年之后，债务比率通常下降。[1]

我们应该担心现在按账面价值计算的债务比率提高吗？较高的债务比率确实意味着如果经济严重衰退，可能会有更多的公司陷入财务困境。显然，如果通用汽车公司、克莱斯勒公司、美国航空公司以及在金融危机后面临破产的其他许多公司的债务比率没有那么高，就可以拥有健康的财务状况。但较低的风险也未必总是好事。寻找最优债务比率就像寻找最优限速一样：我们可以论证如果其他条件

---

[1] 在该期间的早期，并非股票回购导致债务比率的提高。在20世纪80年代之前，这种情况并不普遍。

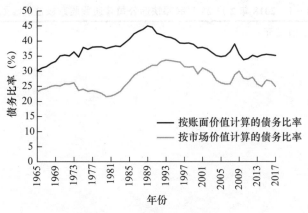

图 14-4 非金融公司的债务比率

资料来源：Board of Governors of the Federal Reserve System, Division of Research and Statistics, " Financial Accounts of the United States," Table B.102 at www.federalreserve.gov/releases/z1/current/data.htm.

说明：债务比率 = 债务 /（债务 + 权益）。

相同，时速 30 英里发生事故的危险性小于时速 60 英里发生事故的危险性，但我们并不能因此就将国内车速限制在每小时 30 英里。速度与风险一样，也有其益处。通过第 16 章的讨论，我们将看到债务也有其益处。

14.3 普通股

现在，我们将继续以联邦快递公司为例，从普通股开始，进一步讨论不同的融资来源。

多数重要的公司的规模太大，以至于单个投资者难以拥有。例如，如果你要拥有整个联邦快递公司，可能需要 670 亿美元的资金。因此，大型公司如联邦快递公司的权益通常由成千上万不同投资者持有，每个投资者都持有大量的普通股。这些投资者称为股东。2017 年末，联邦快递公司流通在外的普通股总共有 2.67 亿股。因此，如果你购买了 1 股联邦快递公司股票，便拥有了公司的 1/267 000 000 或大约 0.000 000 37% 的股份。当然，大型养老基金可能持有数以万计的联邦快递公司股票。

尽管投资者目前持有联邦快递公司 2.67 亿股股票，但联邦快递公司实际上已经发行 3.18 亿股股票。两者之间的差异（0.51 亿股）是联邦快递公司从投资者手上买回来的股票数量。因此，这些由公司回购并持有的股票称为**库藏股**（treasury stock），投资者持有的股票则称为**已发行并流通在外的股票**（issued and outstanding shares）。与此相反，库藏股称为已发行但没有流通在外的股票。

如果联邦快递公司想要筹集更多资金，可以出售更多的股票。但是，如果没有征得现有股东的同意，公司可发行的股票数量存在一个限额。公司可以发行股票的最高数量称为**法定股本**（authorized share capital）。以联邦快递公司为例，其法定股本总额为 8 亿股。联邦快递公司已经发行了 2.67 亿股，如果没有征得现有股东同意，联邦快递公司只能再发行将近 5 亿股。

表 14-1 列示了联邦快递公司的账簿如何记录其普通股股东的投资。每股入账的价格称为股票的**面值**（par value）。以联邦快递公司为例，每股面值为 0.10 美元。这样，已发行股票的面值总额为 3 180 万美元（3.18 亿股×0.10 美元 / 股）。面值没有什么经济意义。[①]

---

① 有些公司发行没有面值的股票，这种股票以一个随意确定的数字列示于公司账簿上。

表 14 - 1　2018 年 2 月 28 日联邦快递公司普通股股东权益的账面价值　　　　单位：百万美元

普通股（每股面值为 0.10 美元）	32
资本公积	3 085
留存收益	23 710
库藏股（按成本计价）	（7 576）
其他	（357）
普通股权益净额	18 894
说明（单位：百万股）：	
法定股本	800
已发行股票	318
其中：流通在外的股票	267
库藏股	51

　　出售给投资者的新股价格几乎总是超过面值，两者之间的差异作为**溢缴实收资本**（additional paid-in capital）或资本公积记入公司账簿。例如，如果联邦快递公司以每股 250 美元的价格再出售 100 万股股票，那么，普通股的面值增加 10 万美元（100 万股 × 0.10 美元 / 股），而溢缴实收资本增加 2.499 亿美元（100 万股 ×（250 美元 / 股 – 0.10 美元 / 股））。你由此可以看到发行股票所筹集的资金如何在面值与溢缴实收资本之间分配。既然一开始如何选择面值并不重要，面值与溢缴实收资本之间的分配也就不重要。

　　除了购买新股，股东还可以通过将原本作为股利分配的利润再投资于公司而间接地为公司注入新资金。由表 14 - 1 可知，**留存收益**（retained earning）即累计利润再投资，数额为 237.10 亿美元。

　　资产负债表也列示了联邦快递公司购买库藏股所花费的钱。这些钱已经返还给股东，因此也已经从股东权益总额中扣除。

　　面值、溢缴实收资本和留存收益之和，再减去回购股票及其他杂项调整，便得到公司的普通股权益净额。普通股权益净额等于公司发行新股时股东直接注入的资金数额和部分利润再投资间接投入的资金数额。联邦快递公司普通股权益净额的账面价值为 188.94 亿美元，除以流通在外的股票 2.67 亿股就等于每股 70.76 美元（188.94 亿美元 /2.67 亿股）。但是，联邦快递公司股票的市场价值每股大约 250 美元，远高于其账面价值。显然，投资者认为联邦快递公司的资产价值远高于其原始成本。

公司所有权

　　公司的所有权归属于普通股股东。有些普通股直接由个人投资者持有，但多数普通股由美国金融机构（如共同基金、养老基金和保险公司）持有。例如，根据图 14 - 5，你可以看到，在美国，美国金融机构几乎持有一半的普通股，共同基金大约持有 30% 的普通股，而养老基金则持有 12% 的普通股。

　　当我们提到股东拥有公司时，究竟想表达什么意思呢？第一，股东有权享有在满足债权人应得权益之后的所有剩余利润。通常，公司将这些利润的一部分作为股利发放给股东，剩余部分利润再投资于公司新的投资项目。股东期望这些新的投资项目能够使公司在未来获取更多利润并发放更多股利。

　　第二，股东对公司如何运营享有最终控制权。这并不意味着股东可以"为所欲为"。例如，向公司提供贷款的银行可以限制公司进一步借款的数额。不过，银行的契约从来就不能限制公司的全部行为。股东对公司的决策拥有剩余控制权。

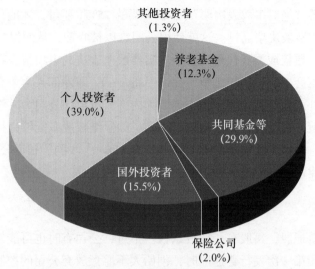

图 14 - 5 2017 年 12 月公司权益证券持有者的分布

资料来源: Board of Governors of the Federal Reserve System, Division of Research and Statistics, "Financial Accounts of the United States," Table L.213 at www.federalreserve.gov/releases/z1/current/data.htm.

有时，公司在采取某些行动之前必须征得股东同意。例如，公司想增加法定资本或与其他公司合并，就必须征得股东同意。对于多数其他事项，股东的控制权表现为选举董事会成员的权利。

董事会有责任代表股东的利益。董事会任命和监督公司管理层，而且必须投票审批重要的财务决策。这些重要的财务决策包括重大资本性投资项目、股利的发放、股票回购计划和新股的发行。

上市公司的董事会成员通常包括首席执行官、一两位高级管理层其他成员和非公司员工的外部董事。纽约证券交易所和纳斯达克证券交易所要求多数董事会的成员必须包括独立外部董事。除了作为公司的董事和拥有公司股票所有权之外，独立董事与公司之间"不存在任何重要的利益关系"。

首席执行官通常也担任董事长。董事长拥有额外的影响力，可以确定董事会的议事日程。有些公司会任命一位非执行董事长，将董事长的角色与首席执行官的角色分开，从而降低首席执行官的影响力。在有些国家如加拿大和英国，董事长的角色与首席执行官的角色几乎都分开。

负责审批经理薪酬的董事会薪酬委员会的成员必须完全由独立董事组成。年度的"薪酬讨论与分析"（compensation discussion and analysis, CD&A）会描述薪酬组合。"薪酬讨论与分析"连同董事提名和公司年报一起提交给股东。股东每三年至少必须有一次可以对"薪酬讨论与分析"的薪酬组合进行投票的非约束性权力。股东偶尔对"薪酬讨论与分析"的薪酬组合投了反对票，这是令人不快，但却对经理和董事敲了警钟。例如，2015 年，汽车零件供应商博格华纳公司（BorgWarner）的股东对公司"薪酬讨论与分析"的薪酬组合投了反对票，公司只能改变其薪酬计划，消减首席执行官的激励薪酬 240 万美元。

表决程序

多数美国公司的所有董事会成员每年都必须重新参加选举。然而，大约有 10% 的大型公司采用董事轮选制（classified board），只有 1/3 的董事每年必须重新参加选举。维权股东抱怨董事轮选制使得持不同意见的股东更难以进入董事会，巩固了管理层的地位。董事轮选制似乎保护了管理层，阻止了代理权之争，削弱了首席执行官的薪酬与公司绩效之间的联系。近年来，迫于股东的强大压力，许多公司已经放弃了董事轮选制。放弃董事轮选制通常带来股票价格的提升。

如果公司的决策需要获得股东同意才能付诸实施，那么，采用获得简单多数表决票通常就足够了，但有些决策需要获得"绝对多数表决票"（如表决票的 75%）通过，才能付诸实施。例如，并购议案有时就需要获得绝对多数表决票通过。这就使得公司难以被收购，从而保护了现有管理层的利益。

股东可以亲自行使投票权或委托代理人投票。需要股东表决的事项很少存在争议，大型上市公司更是如此。不过，偶尔也会出现**代理权之争**（proxy contests），即外部人为争夺公司控制权而与公司现有管理层和董事竞争。外部人获胜的概率很小，因为内部人可以让公司为其游说及赢得选票买单。不过，谋求改变管理层政策的维权股东的数量越来越多。如果维权股东能够赢得足够的股东支持，公司就不会引发代理权之争。例如，维权股东丹·勒布（Dan Loeb）收购了雀巢公司 35 亿美元的权益，雀巢公司开始接受其改革建议。

股票的类别

公司通常只有一种普通股，每股有一票投票权。不过，公司有时也可能发行具有不同投票权的两类股票。例如，谷歌公司第一次发行普通股时，创始人不愿意放弃公司的控制权。因此，公司发行了两类股票。"A 类股"向社会公开发行，一股有一票投资权，而"B 类股"则由创始人持有，每股有十票投票权。无论是"A 类股"还是"B 类股"，都具有相同的现金流量权，但其控制权不同。

有些国家的公司普遍发行两种具有不同投票权的股票。控股股东能够凭借其影响力提升公司盈利能力固然是件好事，但也存在风险。如果不勤勉或不称职的管理层拥有大量投票权，管理层就可能使用投票权维持其控制权。或者如果其他公司拥有了控股权，这些公司可以运用其影响力获取自身的商业利益。

14.4 优先股

投资者提及的权益或股票通常指普通股。但有些公司也发行**优先股**（preferred stock），优先股也是公司权益的一部分。公司普通股权益与优先股权益的总和称为公司的**净值**（net worth）。

就多数公司而言，优先股远没有普通股那么重要。但基于并购和其他特殊情境，优先股可能是一种有用的筹资方式。

与债务一样，优先股向投资者承诺支付一系列固定股利，而且除了极少数例外情形，公司会全额及时地支付优先股股利。然而，优先股是一种法定的权益性证券，这是因为公司是否发放优先股股利由董事会自行决定。公司唯一的责任是在支付优先股股利之前不得发放普通股股利。[①] 如果公司破产，优先股股东的权益排在债权人之后，但排在普通股股东之前。

优先股极少拥有完整的投票权，这有利于需要筹集新资金却不想与新股东分享控制权的公司。但是，如果某些事项影响到优先股股东权益的排序，优先股股东通常可以具有投票权。如果公司尚未发放优先股股利，多数发行公司也会赋予优先股股东一定投票权。

在计算应纳收益时，公司不能扣除优先股股利。与普通股股利一样，优先股股利也是从税后利润中支付的。这严重打击了多数工业公司发行优先股的积极性。但是，受管制的公用事业单位在与监管机构协商向顾客收费的标准时却可以将支付的税款考虑在内。因此，受管制的公用事业单位可以有效地将优先股的税收劣势转嫁给消费者。就银行而言，优先股特别具有吸引力，因为监管机构允许银行在计算是否有充足的权益资本时将优先股权益与普通股权益一并计算。

优先股还有税收优势。如果某公司购买另一家公司的股票，所得到的股利只有 50% 需要纳税。

---

① 当前，这种责任通常可以累积。也就是说，公司必须首先支付过去尚未支付的优先股股利，然后才能支付普通股股利。

这项政策同时适用于普通股和优先股，但对优先股更为重要，因为优先股的报酬主要来自股利而不是资本利得。

假设你的公司有多余的现金可以用于投资。如果公司购买了债券，收到的利息将按 21% 的税率征税。如果公司购买了优先股，尽管公司拥有一项类似于债券的资产（优先股股利可以视为"利息"），但其实际税率只有 21% 的 50%，即 10.5%（0.50×0.21）。这样，公司持有多数优先股也就不足为奇了。

如果你将公司的闲置资金投资于优先股，必须确保出售优先股时其价值不至于降低。就支付固定股利的普通优先股而言，优先股市场价格随利率的波动而上下波动（因为如果利率上升，其现值将下降）就是一个问题。于是，一位天才银行家想出一条妙计：为什么不将优先股股利与利率挂钩，使其股利随利率的上升而上升，随利率的下降而下降呢？这就产生了**浮动股息率优先股**（floating-rate preferred）。如果你持有浮动股息率优先股，就会发现支付的股利发生变动将抵消利率的波动，从而保护你的投资价值。

14.5 公司债券

借钱的公司会承诺定期支付利息和偿还本金（即原始借款额）。**但公司只负有限责任，言下之意是公司并不能始终信守偿还债务的承诺。如果公司深陷严重的财务困境，就有权拖欠借款并将其资产移交给债权人抵债。**显然，公司只有在资不抵债时才会选择破产。

在实践中，如果公司破产，其资产的移交并不简单。例如，雷曼兄弟公司提出破产申请时，破产法院必须面对 65 000 份来自债权人的求偿申请。雷曼兄弟公司的破产保护成本超过 20 亿美元。

债权人并不是公司的所有者，通常也不享有任何投票权。公司支付的利息是一项成本，因此可以从应税所得额中扣除。这样，利息必须从税前利润中支付，而普通股和优先股的股利从税后利润中支付。这就意味着政府为债务的运用提供了一笔税收补贴，而股票得不到这种补贴。我们将在第 16 章讨论债务与税收的问题。

如图 14-6 所示，住户部门只持有公司债券的一小部分。美国保险公司、养老基金和共同基金持有公司债券的比例超过 50%。国外投资者也持有大量的公司债券。

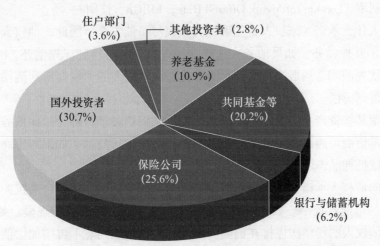

图 14-6　2017 年 12 月美国公司和外国公司持有在美国发行债券的分布

资料来源：Board of Governors of the Federal Reserve System, Division of Research and Statistics, "Financial Accounts of the United States-Z1," Table L.213 at https://www.federalreserve.gov/releases/z1/current/default.htm.

债务的基本特征

财务经理面临各种债务性证券的两难选择。每个公司发行的证券都应该反映财务经理对以下问题的回应：

公司应该借入短期债务还是长期债务？ 长期债务（funded debt）是自发行日起，偿还期超过一年的债务。一年内到期的债务称为短期债务，并作为流动负债列示于资产负债表。短期债务通常称为短期负债，长期债务则称为长期负债。显然，将期限为 364 天的债务称为短期负债而期限为 366 天的债务为长期负债（闰年除外）是一种主观行为。

有些公司债券的到期日几乎只有象征意义。例如，2018 年，英国的惠康信托基金（Wellcome Trust）发行了期限长达 100 年的债券。一些英国银行发行过永续债券，即永远都不会到期的债券。另一个极端是，我们发现一些公司今天借钱，隔夜还钱。

如果你的公司在假日季之前需要临时增加存货，借入短期银行贷款可能就比较合适。如果炼油厂扩张需要钱，而炼油厂的设备差不多可以持续使用 15 年或 20 年，这时，发行长期债券更合适。

债权人可能以定期方式偿还贷款，也可能在贷款到期时一次偿还全部贷款。就公开交易的债券而言，公司经常定期存入资金，建立偿还债务的**偿债基金**（sinking fund）。

有时，债务人有权利提前偿还贷款。这时，这种贷款称为可赎回贷款，具备这种条款的债券称为**可赎回债券**（callable bonds）。债务人通过以特定的赎回价格从投资者手上回购该债券或贷款赎回债券或贷款。

债务应该是固定利率还是浮动利率？ 长期贷款支付利息或票息的时间通常在其发行日就已经确定。如果公司发行面值为 1 000 美元的债券时，长期利率为 10%，那么，无论利率如何变动，公司都必须持续地每年支付 100 美元的利息。多数银行贷款和有些债券采用变动或浮动利率。例如，你的公司可能得到一笔利率"比优惠利率高 1 个百分点"的贷款。**优惠利率**（prime rate）是银行给予具有良好到优秀的信用等级的大客户的基准利率。（不过，最大规模且最值得信赖的公司能够以低于优惠利率的利率借到钱。）优惠利率随利率总体水平的波动而上下调整。如果优惠利率发生变动，浮动利率贷款的利息也随之发生变动。

浮动利率贷款并不总是与优惠利率挂钩。浮动利率贷款的利率经常与国际银行同业贷款利率——伦敦银行间拆放款利率（London Interbank Offered Rate，LIBOR）挂钩。

你应该给债权人什么承诺？ 债权人希望确保其债权尽可能安全。因此，债权人可能要求其债权的清偿次序必须优先于其他债务。如果债务人违约，优先级债务将得到优先偿还。（尽管所有债权人的债权清偿持续排在优先股和普通股之前）只有所有优先级债权人的债权都得到清偿之后，次级或从属债权人的债权才能得到清偿。

公司也可以预留某些资产专门为特定债权人提供保护。这种债务称为担保债务，而预留的资产称为抵押品。因此，零售商可能以存货或应收账款为抵押品向银行贷款。如果零售商违约，无法偿还贷款，银行可以占有该抵押品，用于偿还债务。

公司通常也会向债权人承诺公司不会承担不合理的风险。例如，与债台高筑的公司相比，适度举债的公司陷入困境的可能性较小。如此一来，借款人可能同意限制举债的规模。如果公司陷入困境，债权人也担心其他债权人的偿债次序排在前面。因此，公司可能同意不再增加偿债次序优先于现有债权人的新借款或为其他债权人预留资产。

国家与货币 目前，资本市场几乎没有国界，美国的许多大型公司都在海外借款。例如，一家美国公司可能选择向瑞士银行借入瑞士法郎为其在瑞士的新工厂筹资，也可能通过在荷兰发行债券拓展其在荷兰的经营业务。同样，许多外国公司到美国借入美元，为其全球业务筹资。

　　除了上述美国国内金融市场，还有主要以伦敦为中心的国际资本市场。全世界的银行都在伦敦设立分支机构，其中包括花旗集团公司、瑞士联合银行、德意志银行、中国银行、东京三菱银行、汇丰银行和巴黎国民银行等业内巨头。这些银行驻扎在伦敦的原因之一是为了筹集主要货币存款。例如，假设一个阿拉伯人刚刚收到一大笔出售石油的美元货款。那么，他可能选择一家设在伦敦的银行开立美元账户，而不选择将支票存入美国。在美国境外银行存放的美元称为**欧洲美元**（eurodollars）。同样，在日本境外银行存放的日元称为欧洲日元，以此类推。

　　持有那位阿拉伯人美元存款的银行的伦敦分行可能将这些美元暂时借给其他公司。同样，在美国的一家银行也可能将其美元存款再次借出。这样，一家公司既可以向在美国的银行借入美元，也可以向在伦敦的银行借入美元。①

　　如果某家公司想要发行长期债券，可以选择在美国发行。当然，也可以选择向几个国家的投资者销售债券。由于这些国际证券通常由国际银行的伦敦分行负责销售，这些债券通常称为**欧洲债券**（eurobonds）。欧洲债券可能以美元、日元或其他货币计价。遗憾的是，欧洲建立统一货币（称为欧元）之后，很容易将欧洲债券（一种国际化发行的债券）与以欧元计价的债券混淆。

　　公开发行与私募　公开发行的债券卖给任何有购买意向的人，而且一旦发行就可以在证券市场自由交易。**私募**（private placement）发行的债券则直接卖给少数银行、保险公司或其他投资机构。在美国，私募发行的债券只能再卖给其他有资质的机构投资者，不能再卖给个人。然而，这些投资者之间的交易却越来越活跃。

　　我们将在第 15 章详细讨论公开发行与私募的区别。

　　其他名目的债务　“债务”这个词听起来很直观，但公司可能签订一些看起来像债务，却采用与债务不同的会计处理方法的财务安排。这类债务中有些很容易识别。例如，应付账款是对已交付货物的付款义务，就像一项短期负债。

　　其他财务安排并不容易识别。例如，许多公司不是借钱购买设备而是**长期租赁**（lease）或租借设备。在这种情况下，公司承诺向出租人（设备的所有者）按期支付租金。这就相当于偿还一笔贷款的义务。如果公司不能支付租金将会如何？出借人可以收回设备。这就像公司以设备作为抵押品向出租人借钱一样。

　　退休后的健康津贴和养老金给付义务也可能是公司的巨额负债。例如，2018 年初，福特公司的养老金计划的赤字预计为 60 亿美元。这是公司最终需要支付的一笔债务。

　　这些债务并不是一种秘密行为。这些债务作为一项负债清晰地列示于公司资产负债表。但是，有时公司竭尽全力向投资者隐瞒具体的借款数额。例如，安然公司通过设立特殊目的主体，运用权益与债务混合方式筹资 6.58 亿美元，再用这些债务帮助母公司筹集资金。这些债务都没有出现在安然公司的资产负债表上。

例 14.1　苹果公司债券发行条款

　　2015 年 2 月，苹果公司发行了数额高达 65 亿美元的债券，其中有些债券的期限为 30 年。现在你已经熟悉了一些专业术语，也许想看看表 14-2 中列出的苹果公司发行债券的条款。我们添加了一些说明。

---

　　①　因为美国联邦储备局要求美国银行保持零息准备金，所以在美国的美元存款需要纳税，而在海外美元存款无须纳税。因此，银行可以向借款人收取较低的利率。

表 14-2 苹果公司的债券

说明	债券详情
1. 利率为 3.45%，每年的 2 月 9 日和 8 月 9 日支付利息。每份债券每 6 个月将支付利息 17.25 美元（（0.034 5/2）×1 000）。	苹果公司发行利率为 3.45% 的债券
2. 2045 年，将按面值 1 000 美元偿还债务，投资者将得到 1 000 美元。	2045 年 2 月 9 日到期
3. 穆迪公司评出的债券等级为 Aa，质量等级第二高。	等级——Aa 级
4. 指派一个托管人保护投资者的利益。	托管人：苹果公司与纽约银行梅隆信托公司签订托管合同
5. 该债券为记名债券。注册商保留债券持有者的记录。	记名债券：以账簿形式发行记名债券
6. 债券到期之前，公司没有义务定期偿还任何债务。	偿债基金：没有设立偿债基金
7. 公司有权赎回债券。赎回价格高于 1 000 美元或根据类似政府债券价值确定。	可赎回债券：任何时候都可以赎回全部或部分债券
8. 该债券是一级债券，排序等同于苹果公司其他无担保一级债券。	一级债券
9. 该债券是无担保债券，即如果公司发生违约，没有预留资产保护债券持有者的利益。不过，如果苹果公司预留资产保护其他债券持有者，那么，该债券也将得到这些资产的保护。这是负面抵押条款。	担保权：该债券是无担保债券。不过，"如果苹果公司为其他债券提供担保，该债券也应该得到担保……流通在外的债务性证券地位平等，按比例共同享有担保品"。
10. 该债券的面值总额为 20 亿美元。该债券按其面值的 99.11% 发售。	出售价格：按面值 20 亿美元的 99.11% 的价格发行债券
11. 账簿管理人是债券的主承销商，并负责保存债券发售的账簿记录。	联席账簿管理人：高盛公司和德意志银行证券部

债务市场创新

我们已讨论了国内债券与欧洲债券、固定利率债券与浮动利率债券、担保债券与无担保债券等等。你可能认为这是你能够选择的所有债券种类，但债券发行者总是希望能够设计出新型的债券，以便吸引特定投资者。为了让你目睹财务经理的创造性风采，下面列举两种创新性债券。

资产抵押债券 公司有时并不是直接借钱，而是将一组贷款"打包"，然后出售来自这些贷款的现金流量。这种债券就是资产抵押债券。例如，汽车贷款、助学贷款和信用卡贷款都被"打包"并以资产抵押债券的形式重新进入市场。当然，迄今为止，资产抵押债券在抵押贷款领域的运用最为普遍。

假设抵押贷款公司向房屋或商业房地产的购买者提供大量的贷款。不过，公司可不想等待该贷款到期还本付息。如果公司现在就想得到钱，可以出售由该抵押贷款担保的转手型证券（mortgage pass-through certificates）。这些转手型证券的持有者购买的是抵押贷款基础池的现金流量份额。例如，如果利率下降，房屋业主提前归还抵押贷款，转手型证券的持有者也就提前得到现金流量。此时的利率较低，转手型证券的持有者在不希望收回钱的时候却收回钱，因此，他们通常并不喜欢出现这种情况。

公司有时不发行单一类别的转手型证券，而发行多种不同类别的转手型证券。这种证券称为担保债务凭证（collateralized debt obligations，CDO）。例如，任何抵押贷款都必须首先偿还优先级债券投资者，而后才开始偿还次级债券投资者。

截至 2007 年，超过一半的新发行担保债务凭证面临次贷风险。因为抵押贷款捆绑在一起，担保债务凭证的优先级投资者可以规避任何具体抵押贷款的违约风险。然而，即使是这种优先级投资者也面临房产市场经济下滑的风险。而这种风险可能导致大范围违约。

2007 年夏天，经济危机爆发。投资银行贝尔斯登披露其两只对冲基金重仓持有担保债务凭证。由于抵押贷款的违约率提高，贝尔斯登两只对冲基金重仓持有的担保债务凭证几乎一文不值。尽管美国联邦储备局援救了贝尔斯登，但是信贷危机已经初露端倪，担保债务凭证市场也开始崩塌。2008年，担保债务凭证的新发行量下降了近 90%。

死亡率债券　人寿保险公司的经理费尽心机地琢磨流行病或其他灾害引起死亡率急剧上升的概率，并为此感到极度苦恼。2015 年，法国安盛保险公司（Axa）为了应对死亡率提高，寻求自我保护，发行了 2.85 亿欧元的死亡率债券。尽管法国安盛保险公司不寻常的债券提供相当诱人的收益率，但是，如果美国、法国和日本的死亡率超过预定的比率，法国安盛保险公司就用投资者的钱偿还其人寿保险的债务。因此，投资者实际上是在赌人将按计划死亡。

潜在的证券设计极其多样化。只要你确信证券对投资者具有吸引力，就可以发行可赎回债券、附属债券、以欧元计价的浮动利率债券。除了整合现有证券的特征之外，你可能创造一种全新的证券。我们可以设想某家铜矿公司发行股利随世界铜价波动的优先股。尽管我们没有听说过这种证券，但发行这种证券完全合法。或许这种证券能激发投资者的浓厚兴趣。

多样化本来就是好事。既然人的品位、财富水平、适用税率等方面都不同，为何不提供更多的选择呢？当然，关键在于设计并营销一种新证券的费用。但如果你能够设计出一种吸引投资者的新证券，就有可能以特别优惠的条件发行该证券，从而增加公司价值。

14.6　可转换证券

我们已经看到，公司有时拥有在债券到期日之前将已经发行的债券赎回的权利。有时，投资者也拥有一定的选择权。最引人注目的例证就是**认股权**（warrant）。认股权只是一种期权。公司经常将认股权与债券打包出售。

例 14.2　认股权

Macaw Bill 公司打算发行一种以所包含的某些认股权作为"甜头"的债券。每份认股权允许你在未来 5 年内的任意时间以 50 美元的价格购买一股该公司股票。如果公司股票业绩良好，这种期权可能非常值钱。例如，如果在第五年年末股票价格为 80 美元，那么，你只需要支付给公司 50 美元就得到价值为 80 美元的股票。当然，认股权投资也有风险。如果公司股票价格没有上升 50 美元以上，那么，认股权到期将一文不值。

可转换债券（convertible bond）赋予其持有者将债券转换为预定数量普通股的权利。可转换债券持有者希望公司股票价格直线上涨，以便将债券转换为股票获取巨额利润。但是，如果股票价格急剧下跌，可转换债券持有者可以维持现状，没有义务将其债券转换为股票。毫无疑问，投资者认为这种可以保持债券或转换为股票的权利更有价值，因此，可转换债券的出售价格高于同类不可转换债券。

可转换债券更像债券与认股权的组合。不过，两者存在一个显著差异：如果可转换债券持有者希望行使其购买股票的权利，不必支付现金，只需要将债券转换为一定数量的股票即可。

公司也可以发行可转换优先股。此时，投资者持有固定股利的优先股，但享有将其转换为公司普通股的权利。

我们将在第 23 章进一步讨论这些问题以及财务经理可能遇到的其他期权。

本章小结

为什么公司应该假设其所发行的证券定价公允？（学习目标 1）

经理想要以尽可能低的成本筹集资金，但投资者之间激烈的竞争限制了经理寻找廉价筹资渠道的能力。这种竞争的结果就是基于投资者可获得的信息，证券很可能得到公允定价。这样的市场称为有效市场。

目前公司运用各种筹资资本有哪些趋势？（学习目标 2）

内源性融资是公司资金的首要来源。近年来，权益性融资净额经常出现负值，即公司回购股票的数量超过公司发行股票的数量。与此同时，公司发行了大量债券。然而，尽管存在股票回购，但大规模的内源性融资还是增加了权益性融资的账面价值，因此，长期债务与权益账面价值比率相当稳定。

公司财务报表的股东权益账户包含哪些信息？（学习目标 3）

股东权益账户将公司权益的账面价值分为面值、溢缴实收资本、留存收益和库藏股。基于多数目的，账面价值如何在前三个类别之间分配并不重要。这些账户既显示了公司发行的股票数量，也显示了公司回购的股票数量。

谁担任公司董事会成员？如何选举董事会成员？（学习目标 4）

首席执行官几乎总是董事，少数其他高级经理通常也是董事。但美国上市公司的多数董事必须是独立外部董事。确定管理者薪酬的薪酬委员会成员必须都是独立董事。

有些公司采用董事轮选制。这样，只有 1/3 的董事每年必须重新参加选举。不过，越来越多的公司已经放弃了董事轮选制，因此，所有董事每年都必须参加投票选举。

公司为筹资而发行的证券主要有哪些类型？（学习目标 5）

公司可以发行各种证券，如普通股、优先股和债券。普通股股东拥有公司。这里我们指的是股东有资格享有满足其他投资者应得权益之后剩余的利润，而且对公司如何运营享有最终控制权。由于美国公司的股权通常非常分散，经理可以做出多数决策。如果公司经营得好，经理可能得到丰厚的财务激励，而董事会监督着经理的行为。

优先股提供固定股利，但公司有权不发放股利。然而，如果公司不发放优先股股利，就不能发放普通股股利。顾名思义，尽管优先股并不是一种流行的筹资渠道，但基于特殊情境却十分有用。

如果公司发行债券，就承诺定期支付利息和偿还本金。但是，这种责任只是有限责任。股东有权不履行其义务并将公司资产移交给债权人。与普通股和优先股的股利不同，公司支付的债务利息是一种成本，可以在税前利润中扣除。以下是债务的几种不同形式：

- 固定利率债务与浮动利率债务。
- 长期债务与短期债务。
- 可赎回债务与偿债基金债务。
- 国内债券与欧洲债券。
- 公开发行债券与私募债券。

还有一种筹资渠道，这种筹资渠道包括期权和类似期权的证券。最简单的期权就是认股权。认股权赋予其持有者在设定日期之前按某个设定价格从公司购买股票的权利。认股权通常与其他债券打包出售。可转换债券赋予其持有者将债券转换为股票的权利。因此，可转换债券类似于债券与认股权的组合。

第15章

公司如何筹集风险资本与发行证券

学习目标

1. 理解风险资本如何运作。
2. 理解公司如何实施首次公开发行及其成本。
3. 理解公司如何继续公开发行证券。
4. 描述公司如何发行私募证券。

1976 年，两名辍学的大学生史蒂夫·乔布斯（Steve Jobs）和史蒂夫·沃兹尼亚克（Steve Wozniak）卖掉自己最值钱的家当——一辆货车和几个计算器，然后用得到的现金在车库里开始制造电脑。1980 年，苹果公司上市，其股票以每股 22 美元出售给投资者，随后暴涨到每股 36 美元。当时，苹果公司两位创始人拥有的股票值 4.14 亿美元。

1996 年，两名斯坦福大学计算机科学专业的学生拉里·佩奇（Larry Page）和谢尔盖·布林（Sergey Brin）决定合作开发一款互联网搜索引擎。为了将自己的想法转化为商品，这对好朋友成功地从几位富有的投资者那里筹集到将近 100 万美元的资金。他们还从两家专门资助青年创业的风险资本公司那里筹集了部分资金。2004 年，谷歌公司以每股 85 美元的价格上市，该公司的价值为 230 亿美元。

2004 年，哈佛大学二年级学生马克·扎克伯格（Mark Zuckerberg）创建了脸书网站。该网站原本只向哈佛大学的学生开放，但 2 年之后，该网站向所有人开放。2012 年，脸书上市，其股票市值高达 1 040 亿美元。到了 2018 年初，脸书的市值为 5 000 亿美元。

诸如此类的故事说明，一家新公司最重要的资产可能就是一个好的创意。但这还不是全部。为了将一个创意从构想转化为样品再进入规模化生产，还需要更多的资本。

本章将讨论以下问题：我们首先描述风险资本公司如何提供权益资本和建议，帮助初创公司度过从发展壮大乃至成功到能够通过首次公开发行上市这段尴尬的"青春期"。接着，我们描述公司如何实施首次公开发行。

公司的首次公开发行通常都不是公司的最后一次公开发行股票。我们在第 14 章已经看到，内源性融资通常不足以满足公司的资本性投资项目和其他资金需求，公司通过发行更多的债券或股票弥补该资金缺口。本章的剩余部分将关注公司如何发行债券和股票。我们还将讨论公司发行证券的成本、公开增发的利弊得失、配股和私募融资等问题。

15.1 风险资本

你迈出了一大步。你与几个朋友一起成立了一家公司并开设了一系列快餐店，专门提供经典菜肴的创新组合，如寿司配德国泡菜、咖喱肉酱和炒面配约克夏布丁。进入快餐业需要资金，你拿出全部积蓄并尽量向银行借款，总算筹集了100 000美元，购买了新公司100万股的股份。在此初始投资阶段，公司的资产为100 000美元加上你的新产品创意。

这100 000美元的初始资金足以使业务开始运转，但如果你的创意付诸实施，需要开设新的餐厅，你可能需要更多资金。许多初创公司依靠经理或朋友和家人的直接投资继续发展。有些初创公司则运用银行贷款和利润再投资苗壮成长。但是，你可能需要寻找一个愿意支持初创公司以换取部分利润的投资者。投入初创公司的权益资本称为**风险资本**（venture capital）。专业风险资本公司、财力雄厚的个人投资者和投资机构（如养老基金）提供风险资本。有时，成熟的公司也在寻找新技术或新产品。如果你的初创公司具有高风险和高科技特征，那么，专业风险资本公司可能就是最好的筹资来源。

多数企业家都能够为其公司编出一个引人入胜的故事。但正如出版第一本小说不容易，要说服风险资本家投资你的公司也非常困难。首先你需要准备一份商业计划书，描述你的产品、潜在市场、生产方法和成功所需的资源（如时间、资金、员工、厂房和设备）。如果你能够说明你准备将钱花在刀刃上，那么对你获得投资可能有所帮助。拿出你个人的所有积蓄投入公司也表明你对公司充满信心。

风险资本公司知道初创公司的成功取决于经理投入的精力，因此，风险资本公司会竭尽全力精心安排能促使你有努力工作的强烈意愿的任何一种交易。例如，如果你愿意接受较低的工资（但期待不断增加你所持有的公司股票的价值），风险资本公司便知道你一定会努力工作。但是，如果你坚持要求一份严密的聘用合同和丰厚的工资，就可能发现筹集风险资本并不容易。

你不可能说服一个风险资本家一次性为你提供今后数年所需的所有资金，你只能得到足以达到下一个关键创业点的资金。这样，风险资本家就有机会评估你的创业进展，从而决定你的下一个创业点是否值得投资。

假设你的前两个快餐店已经证明快餐连锁店的第一个关键创业点有利可图。为了到达第一个关键创业点，你还需要再投资500 000美元。那么，你就要说服风险资本公司以每股0.5美元的价格购买100万股新股。这将使风险资本公司拥有初创公司一半的所有权，即风险资本公司持有100万股，你和你的朋友也持有100万股。风险资本家为了取得公司一半的权益花了500 000美元，相当于拥有公司账面价值1 000 000美元。[①] 首轮融资之后，公司的资产负债表如表15-1所示。

表15-1　首轮融资之后以市场价值为基础的资产负债表　　　　　　　　　　单位：百万美元

资产	金额	负债与股东权益	金额
来自新权益资本的现金	0.5	来自风险资本的新权益资本	0.5
其他资产	0.5	你的初始权益资本	0.5
价值总额	1.0	价值总额	1.0

---

① 这里原著似乎没有表述清楚，通常股票面值为1美元，风险资本家持有100万股，则其账面价值为100万美元。——译者

假设两年之后，你的公司发展壮大，需要进一步注入新权益资本。第二轮融资可能以每股 1 美元再发行 100 万股股票。原先的风险资本公司可能购买一部分股票，其他风险资本公司可能购买另一部分股票。第二轮融资之后，公司的资产负债表如表 15-2 所示。

表 15-2　第二轮融资之后以市场价值为基础的资产负债表　　　　　　　　　　　单位：百万美元

资产	金额	负债与股东权益	金额
来自新权益资本的现金	1	来自第二轮融资的新权益资本	1
其他资产	2	来自第一轮融资的权益资本	1
		你的初始权益资本	1
价值总额	3	价值总额	3

值得注意的是，你和你的朋友原先持有的 100 万股股票的价值已经升至 100 万美元。听起来是否像一棵摇钱树？事实正是如此！因为你的公司经营得非常成功，新的投资者愿意以每股 1 美元的价格购买公司的股票。你刚刚起步时，寿司配德国泡菜能否得到顾客的青睐还是一个未知数。如果寿司配德国泡菜不能得到顾客的青睐，风险资本公司可能拒绝投入更多的资金。

尽管你还没有到能够兑现投资的阶段，但你的收益是真实的。第二轮投资者为了取得公司 1/3 的股份已经支付了 100 万美元。（现在，公司流通在外的股票数量为 300 万股。其中，第二轮投资者持有 100 万股。）因此，至少这些公正的观察者（即愿意用巨额投资支持自己观点的人）已经认为公司至少值 300 万美元。这样，你持有的公司 1/3 的股份也值 100 万美元。

风险资本公司

在财力雄厚的个人投资者（称为天使投资者）提供的权益投资的帮助下，一些年轻的公司得到发展。其他公司则从专业风险资本公司处筹集资金。这些风险资本公司从各类投资者那里筹集资金，寻找刚刚起步的公司投资，并在其发展过程中与之合作。此外，有些大型科技公司也扮演了公司创投的角色，为新兴的创新性公司提供资本。例如，在过去 25 年间，英特尔公司在 1 500 多家公司已经投入 122 亿美元。随着近年来的发展，年轻的公司也可以借助网络从小规模投资者那里筹集资金。这种新型筹资方式称为众筹。

多数风险资本基金的组织形式是大约 10 年固定寿命的有限合伙公司，养老基金和其他投资者则是有限责任合伙人。作为普通合伙人的管理团队负责投资和监管投资，并得到固定的管理费和分享部分利润。你可能发现这些风险资本合伙公司经常与那些为困难公司提供资金或买断整个公司而后将其私有化的类似合伙公司联合起来，这类活动通常称为私人权益投资。

风险资本公司并非消极的投资者。他们通常现身各个公司的董事会，帮助公司招聘高级经理，并持续提供经营建议。这些建议对处于起步阶段的公司的发展非常有价值，能够帮助公司更快地将产品推向市场。

每十个首轮风险投资项目，只有两三个投资项目可能取得成功，能够自主经营下去，但只有一个投资项目能够赚大钱。从这些统计数据可以总结出风险资本投资成功的两个法则。第一，不要回避不确定性，接受较低的成功率。除非你能够看到某个公司在一个盈利性市场里有成为大型上市公司的可能性，否则不能投资于该公司。除非你的成功能够赚大钱，否则没有必要冒太大的风险。第二，减少你的损失，及早发现失败的投资项目。如果你不能通过诸如更换管理层等方法解决这个问题，不要继续投资。风险资本投资有一个古老的谚语："风险资本投资的秘诀不是挑选成功的投资项目，而是停止失败的投资项目，不要在失败的投资项目上投入太多钱。"

　　尽管风险资本公司不乏失败的案例，但风险资本公司也为许多蓬勃发展的公司如英特尔公司、苹果公司、微软公司和谷歌公司（现更名为阿尔法贝特公司）提供初始融资。

　　总体而言，风险资本投资有多成功呢？根据基金初始投资的日期，图15-1描述了775家风险资本基金的投资者报酬率。总的来说，这些基金的平均报酬率大约为17%，比股票市场同等风险的投资项目高出15个百分点以上。不过，要注意这些报酬率取决于基金创建的年份。这些创建于1998年之前的基金赚了大钱，而后来创建的多数基金却赔了钱。[1]

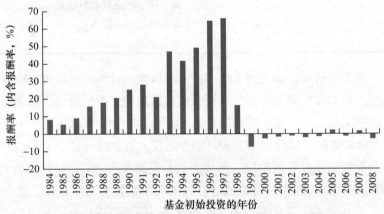

图15-1　775家风险资本基金的投资者报酬率（内含报酬率）

资料来源：R.S. Harris, T. Jenkinson, and S.N. Kaplan, " Private Equity Performance: What Do WE Know?," *Journal of Finance* 69 (2014), pp.1851–1882.

15.2　首次公开发行

　　许多成功的初创公司已经发展到少数个人投资者或风险资本家难以满足其资金需求的阶段。此时，一种解决方法就是将公司卖给某个更大型的公司。但许多企业家难以适应公司的官僚气氛，更愿意自己当老板。此时，公司可能选择通过向公众发行股票的方式筹资。**一家公司第一次以公开的方式向投资者发行股票称为上市。第一次发售股票则称为首次公开发行（initial public offering，IPO）。**

　　如果公司为了筹集额外资金而发行新股，那么首次公开发行称为首次发行。如果公司创始人或风险资本家为了套现而出售股票，则称为二次发行。因此，二次发行只不过是公司早期投资者将其持有的股票转让给新投资者，二次发行募集的现金不会流入公司。当然，首次公开发行可以包括而且通常包括首次发行和二次发行：公司在筹集新资金的同时，将部分早已存在的股票出售给公众。例如，2017年，罗库公司（Roku）的首次公开发行筹集超过2.30亿美元的资金。该公司向社会公众发行900万股新股，大部分由员工和创始人持有的业已存在的股票670万股也一并出售。

　　有些大规模的二次发行涉及政府出售国有企业股票。例如，美国财政部通过出售其持有的通用汽车公司的普通股和优先股筹集到200亿美元的资金。

　　我们已经看到，公司可以通过首次公开发行筹集新的资本或使现有股东套现，不过也有其他好处。例如，公司的股票价格提供了一个现成可用的绩效指标，并使公司可以通过股票期权奖励管理团队。

　　虽然公司股票上市有许多益处，但我们不应认为所有公司都想上市。在许多国家，公司普遍保持私营性质。即使在美国，也有许多公司选择保持私营非上市公司的身份。这其中就包括像科氏工业集

---

　　[1]　参见 R.S. Harris, T. Jenkinson, and S.N. Kaplan, " Private Equity Performance: What Do WE Know?," Journal of Finance 69 (October 2014), pp.1851–1882.

团（Koch Industries）、柏克德公司（Bechtel）、嘉吉公司（Cargill）和玛氏公司（Mar）这样的巨型公司。此外，你也不应将美国股票发行过程看成一条单行道，上市公司也时常逆转回私营公司。作为一个有些极端的例证，我们来看看爱玛客公司（Aramark）。作为一家私营公司，爱玛客创建于 1936 年，于 1960 年上市。1984 年，爱玛客的管理层收购了公司并将其私有化，直到 2001 年公司启动第二次公开发行股票。但好景不长，这种局面并没有持续多久，5 年之后，爱玛客成为另一个公司的收购目标，从而再度私有化。2013 年 12 月，爱玛客第三次上市。

经理经常对经营上市公司的各种繁文缛节和股东希望公司利润不断增长的持续压力感到不满。实施《萨班斯 – 奥克斯利法案》之后，抱怨声更是不绝于耳。该法案力图使类似安然和世通等公司破产的丑闻不再发生，却导致小型上市公司的报告负担增大，使得转回私有化经营的公司日益增多。2016 年，美国国会通过《创业企业扶助法案》（Jumpstart Our Business Startup Act，JOBS Act）回应这些问题。《创业企业扶助法案》放松了《萨班斯 – 奥克斯利法案》对小型企业的某些管制。

上市事宜的安排

一旦公司决定上市，首要任务就是选择承销商。**承销商（underwriter）是充当新股发行金融中介的投资银行公司。承销商通常扮演三种角色：首先为公司提供上市流程和财务方面的建议，其次购买股票，最后将股票转售给公众。**小规模的首次公开发行可能只需要一个承销商，但较大规模的首次公开发行通常需要一个先购买股票再出售股票的承销商集团。

根据典型的承销协议（称为包销协议），承销商向公司购买股票，然后将股票转售给公众。承销商以**价差**（spread）的形式获得利润，即公司允许承销商以略高于股票购买价的价格出售股票。但承销商也承担着不能以约定的发行价格将股票出售的风险。如果遇到这种情况，承销商将持有这些尚未出售的股票，并且尽可能以最好的价格将这些股票出售。如果承销商觉得风险太大，可能不愿意签订包销协议，转而以代销方式承销股票。根据代销协议，承销商只承诺尽可能多地出售股票，并不保证出售全部股票。

公司向公众发售股票之前，必须向美国证券交易委员会登记该股票发行事宜。这包括准备一些详尽但有时显得烦琐的登记声明。该登记声明包括计划融资的相关信息以及公司的历史、现有业务和未来计划。美国证券交易委员会并不评估公司的某个投资项目是否明智，仅审核登记声明的准确性与完整性。公司也必须遵守各州制定的"蓝天法"。之所以如此命名，是因为各州都致力于保护公众免受向投资者虚假承诺"蓝天"的公司的侵害。[1]

登记声明的第一部分以初次**招股书**（prospectus）的形式向公众发布。招股书的一个作用就是提醒投资者投资该公司的风险。有些投资者打趣道，如果他们仔细阅读了招股书，恐怕就不敢购买任何新股了。

公司及其承销商还要确定股票发行价格。为了评估股票究竟值多少钱，公司及其承销商可能运用第 7 章所讨论的折现现金流量模型，并关注公司的主要竞争对手的股票市盈率。

在确定股票发行价格之前，承销商通常会安排一次"路演"，为承销商和公司管理层提供一次与潜在投资者沟通对话的机会。这些投资者可能会表达对此次股票发行的看法，提出自己认为公允的价格，并说明准备购买股票的数量。这有助于承销商确定一个预估订单。尽管投资者未必需要遵守承诺，但他们知道，如果希望与承销商保持良好关系，就必须谨慎，不能食言。

公司经理急于确定股票的最高发行价格，但承销商可能更为谨慎，因为如果承销商高估了投资

---

[1] 有时，各州为了努力保护其居民甚至违反"蓝天法"。苹果公司首次公开发行时，马萨诸塞州政府认为此次发行对其居民而言风险过大，因此禁止苹果公司向该州投资者发行股票。直到股票发行完毕且股票价格上涨之后，该州的态度才有所缓和。马萨诸塞州的投资者显然并不欢迎这种"保护"。

者的需求，卖不出去的股票就会砸在自己手里。因此，承销商通常都尽量压低首次公开发行股票的价格。承销商认为**折价发行**（underpricing）是为了吸引投资者购买股票，降低向投资者推销股票的成本。**因为新投资者能够以更优惠的价格购买公司股票，所以，折价发行对现有投资者而言就是一种成本。**

有时，承销商显然低估了新股的发行价格。例如，在 eBay 公司首次公开发行的招股书发布时，承销商认为公司将以每股 14 ～ 16 美元的价格发行 350 万股。然而，投资者对 eBay 网上拍卖系统的热情使得承销商将发行价格提高到每股 18 美元。第二天早晨，购买 eBay 股票的订单如潮水，交易量超过 450 万股，当天的收盘价为每股 47.375 美元。

当然，eBay 的故事并不具有代表性。不过，以发行日价格为基础，股票价格在后续交易日一路上涨倒是十分常见。例如，一项针对 1960—2017 年间超过 13 000 只新股的研究发现，股票价格在上市首日平均上涨 16.8%。[①] 股价如此迅速上涨，表明投资者原本就准备以更高的价格购买该股票。

例 15.1　首次公开发行的折价发行

假设首次公开发行是二次发行，意味着公司创始人将其所持有的部分股票出售给投资者。显然，如果该股票以低于其真实价值的价格出售，公司创始人将承担机会损失。

但如果首次公开发行是第一次发行，意味着公司为了筹集资金而向社会公众发行新股，情况又如何呢？该公司创始人会在意其股票是否以低于其市场价值的价格出售吗？下面的案例说明，公司创始人应该在意。

假设 Cosmos.com 流通在外的股票数量为 200 万股，现在以每股 50 美元的价格向投资者增发 100 万股。交易首日股票价格猛涨到每股 80 美元。此时，公司以 5 000 万美元出售的股票现在值 0.8 亿美元。公司的市场价值总额为 2.4 亿美元（300 万股 × 80 美元 / 股）。

该公司创始人所持股票价值等于公司价值总额减去已经出售给公众的股票价值，即 1.6 亿美元（2.4-0.8）。该公司创始人可以名正言顺地为其好运而感到高兴。但是，如果该公司以更高的价格发行股票，只需出售更少的股票就可以筹得所需的 0.5 亿美元。这样，该公司创始人便可以保留公司更多的股份。例如，假设外部投资者投入 0.5 亿美元只得到价值 0.5 亿美元的股票，该公司创始人所持股票的价值就是 1.9 亿美元（2.4-0.5）。

以低于真实价值的价格出售股票，导致 0.3 亿美元从该公司创始人手中转移到购买新股的投资者那里。

遗憾的是，折价发行并不意味着任何人都可以通过购买首次公开发行的股票成为富翁。如果公司折价发行股票，每个人都会希望购买该股票，而承销商并没有那么多股票可以出售。这样，你也许只能购买到很少的热门股票。如果公司溢价发行股票，其他投资者不愿意购买该股票，而承销商迫不及待地想把股票卖给你。这种现象就称为**赢者诅咒**（winner's curse）[①]。这意味着，除非你能够识别出哪些股票是折价发行的，否则，你很可能买到少量廉价股和大量高价股。由于赌局不利于信息不灵通的投资者，那么，只有股票普遍折价发行，投资者才会继续参与交易。

例 15.2　折价发行与赢者诅咒

假设投资者可以从首次公开发行的折价发行股票中直接获得 10% 的报酬率，那么，股票定价过高的首次公开发行的损失可能达到 5%。但由于购买需求高涨，如果股票折价发行，你可能只购买到所申购股票的一半。假设你分别投入 1 000 美元申购溢价发行与折价发行的两只股票。如果股票溢价发行，你的股

---

① Jay Ritter 主页（bear.cba.ufl.edu/ritter）提供了这些数据。Site.warrington.ufl.edu/ritter/ipo-data/.

票值 1 000 美元，但如果股票折价发行，你的股票只值 500 美元。你的两项投资的净利润为零（0.1×500-0.05×1 000）。尽管总体而言首次公开发行都是折价发行，但你的净利润还是为零（10% 的折价发行与 5% 的溢价发行）。你已经遭遇了赢者诅咒：你"赢得"了大量定价过高的股票。

发行新股的成本称为**发行成本**（flotation costs）。折价发行的成本并不是唯一的发行成本。事实上，当人们谈论新股发行成本时，往往只想到发行股票的直接成本。例如，编制登记声明和招股说明书涉及管理层、法律顾问和会计师以及承销商及其顾问，会产生成本。当然，还要考虑承销价差（请记住，承销商以高于股票购买价的价格出售股票赚取利润）。就多数 2 000 万～ 8 000 万美元的股票发行而言，承销价差通常为 7%。

看看图 15-2，深色柱（代表首次公开发行）表示公司上市的直接成本。除了最小规模的首次公开发行之外，承销价差和管理费用很可能大约占发行总额的 7%。就规模非常大的首次公开发行而言，这些直接成本可能只占发行总额的 5%。

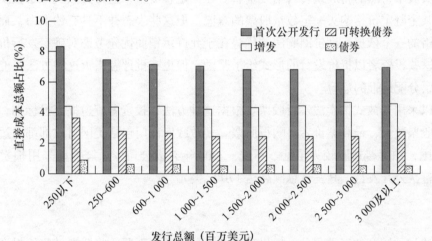

图 15-2 2004—2008 年直接成本总额占发行股票价值总额的百分比

说明：首次公开发行、增发、可转换债券和纯粹债券的直接成本总额包括承销价差与其他直接费用。

资料来源：We are grateful to Nickolay Gantchev for undertaking these calculations, which update tables in l. Lee, S. Lochhead, J. Ritter, and Q.Zhao, "The Costs of Raising Capital," *Journal of Financial Research* 19 (Spring 1996), pp.59–74.Used with permission.

例 15.3 首次公开发行的成本

2008 年，美国规模最大的首次公开发行是信用卡公司维萨（Visa）发行股票筹集了 197 亿美元的资金。45 家承销商组成承销商集团以每股 42.768 美元的价格购买 44 660 万股维萨股票，并以每股 44 美元的发行价格转售给公众。这样，承销商的承销价差为每股 1.232 美元（44-42.768）。维萨还支付了 4 550 万美元的律师费和其他成本。[2] 维萨发行股票的直接成本如下所示。

直接费用	金额
承销价差	44 660 万股 ×1.232 美元 / 股 =55 020 万美元
其他费用	4 550 万美元
直接成本总额	59 570 万美元

---

[1] 在竞拍过程中，最看重拍卖品的投标人出价最高。因此，中标人很可能过于乐观地估计了拍卖品的真实价值。中标意味着你可能过高地购买了拍卖品。这就是赢者诅咒。就首次公开发行而言，你能够"赢得"一部分股票可能意味着该股票定价过高。

[2] 这些数据并没有涵盖所有管理成本。例如，这些数据没有包括花费在股票发行方面的管理时间。

通过发行股票，维萨总共筹集了 1 965 000 万美元（44 660 万股×44 美元/股）。其中，直接费用为发行总额的 3%（59 570 万美元/1 965 000 万美元=0.030）。

除了这些直接成本之外，还涉及折价发行的成本。维萨股票的交易首日收盘价上涨到每股 56.50 美元。这样，投资者评估其股票价值总额为 2 523 300 万美元（44 660 万股×56.50 美元/股）。换言之，维萨的股票出售价格比其市场价值低了 558 300 万美元（2 523 300－1 965 000）。这就是折价发行的成本。

经理通常只关注发行股票的直接成本。然而，如果我们考虑了折价发行的成本，那么，维萨发行股票的成本总额占其股票市场价值总额的 24%（（59 570＋558 300）/2 523 300=0.24 或 24%）。

其他新股发行程序

几乎所有在美国上市的公司都选择询价圈购的方法。换言之，承销商列出一份申购清单，以一个折扣从公司购买股票，然后将股票转售给投资者。在一定程度上，这种方法类似于拍卖。因为申购者表达了准备以某个既定价格购买一定数量股票的意愿。但这些表态并不具有约束力，而且通常只能作为确定发行价格的一个依据。询价圈购法的优势在于允许承销商优先考虑对确定发行价格最有帮助的投资者，并对这些投资者以折价发行的形式给予奖励。但也有批评者指责这种方法可能存在允许由承销商决定将股票分配给谁的危险。

公司也可以采用开放式拍卖法发行股票。根据这种方法，投资者应邀提交投标书，标明竞标价格和愿意购买的股票数量，最高竞价者将购得股票。多数政府部门包括美国财政部都通过拍卖的方式发行债券。在美国，拍卖普通股较为罕见。不过，2004 年谷歌公司令人震惊地采用拍卖方式实施了世界最大规模的首次公开发行，其发行总额高达 170 亿美元。

承销商

我们曾描述过承销商的三种角色：提供建议，从公司购买新股，将股票转售给投资者。承销商可不只是帮助公司实施首次公开发行。只要公司想通过向公众发行证券筹集资金，就需要承销商。

成功的承销商需要丰富的经验和雄厚的财力。如果大量股票无法出售，承销商可能面临数亿美元的损失和十分尴尬的局面。因此，主要投资银行垄断了美国的承销业务。这些投资银行专门承销新股、从事证券交易和安排并购。承销商包括摩根大通公司、摩根士丹利公司、高盛公司、花旗银行和美林公司等行业巨头。大型外国银行（如德意志银行、瑞士信贷银行、瑞士联合银行和巴克莱银行）的主要业务也是承销全球发售的证券。

承销并不总是一帆风顺。2008 年 4 月，英国的苏格兰哈里法克斯银行（HBOS）允许其股东将目前持有的每 5 股股票按 2.75 英镑换取 2 股新股。[①] 该股票的承销商承诺 8 周之后将购买股东不愿意购买的所有新股。这个消息公布之后，苏格兰哈里法克斯银行的股票价格大约为每股 5 英镑，该承销商自信地认为自己可以履行诺言。遗憾的是，该承销商没有预料到当年银行股市场动荡，银行的股东担心其投入的资金大部分用于补贴债权人和储户。8 周之后，苏格兰哈里法克斯银行的股票价格跌破发行价格。该承销商只能买下股东不愿意购买的那些剩余股票。这些股票多达 9.32 亿股，价值只有 36 亿英镑。该承销商可谓丢尽了脸面。

公司只能实施一次首次公开发行，但承销商一直在发展业务。因此，明智的承销商意识到其声

---

① 这种财务安排称为配股。我们马上就讨论配股问题。

誉至关重要，除非确定公允的信息已经传递给投资者，否则，承销商不会承销。一旦新股发行失败且股票价格暴跌，承销商可能发现自己非常不受顾客欢迎。例如，1999 年软件公司 VA Linux 的股票以每股 30 美元的价格上市。次日开盘价为每股 299 美元，但随后股票价格开始下跌，两年之内跌到每股 2 美元以下。对此十分不满的投资者控告承销商过分宣传该公司的股票。感到苦恼的并不只有 VA Linux 公司的投资者。投资银行很快发现自己卷入了一件重大丑闻，因为证据显示，该投资银行故意卖空许多在互联网繁荣期承销的股票。还有更难堪的事情在后头。有些知名的承销商居然涉嫌"倾向性分配股票"，即承销商将热门的新股分配给其重要的公司客户的经理。承销商推荐的新股似乎没有以前那么有价值。

15.3　上市公司公开增发

首次公开发行之后，成功的公司将继续成长，而且经常需要通过发行股票或债券筹集更多资金。股票已经公开交易的上市公司再发行新股就称为**增发**（seasoned offering）。发行任何证券都需要公司董事会的正式批准，如果发行股票需要增加公司的法定资本，还需要征得股东同意。

上市公司可以选择向大量投资者增发股票，也可以通过**配股**（rights issue）面向现有股东增发股票。如果公司选择配股这种方式，就给了股东以"诱人"的价格购买更多股票的机会或权利。例如，如果公司股票的当前价格为每股 100 美元，公司可以赋予投资者每持有一股公司股票就能够以每股 50 美元购买一股新股的权利。

由于只有所有现有股东才可以享有这种"诱人"的购买价格，因此对其财富没有任何影响。假设本次增发股票之前投资者已经持有一股价值 100 美元的股票，并拥有银行存款 50 美元。如果投资者认购一股新股，那么，50 美元的现金将从投资者的银行账户转至公司账户。现在，投资者持有两股股票，即一股对公司原始资产 100 美元的求索权和一股对公司已经筹集的现金 50 美元的求索权。这样，这两股股票总共值 150 美元或每股各值 75 美元。股东的财富没有变化。

例 15.4	配股

前面已经介绍一个配股的案例——英国的苏格兰哈里法克斯银行的配股。这些股票最终落在其承销商的手中。下面我们更深入地讨论另一个配股案例。

2017 年，为了降低债务比率，德意志银行需要以权益的方式筹集 80 亿欧元的资金。德意志银行的现有股东有权以其目前持有的 2 股股票换取 1 股新股。新股的每股价格为 11.65 欧元，比其预告的市场价格 18.00 欧元大约低了 40%。

在此次增发之前，德意志银行流通在外的股票数量为 13.79 亿股，每股价格为 18 欧元。这样，投资者评估该银行的价值总额为 248.2 亿欧元（13.79×18）。此次配股增发股票将使该银行的股票数量增加 6.88 亿股（13.79×1/2），总共筹集资金 80.2 亿欧元（6.88×11.65）。实际上，此次配股增发股票使该银行的股票数量增加到 20.67 亿股（13.79+6.88），其价值总额增加到 328.4 亿欧元（248.2+80.2），并将每股价值减少到 15.88 欧元（328.4/20.67）。

假设你在配股增发之前持有德意志银行股票 2 股，还有 11.65 欧元的现金。此时，你的财富总额为 47.65 欧元。如果决定行使配股权，你还需要动用你的所有现金购买 1 股新股。你最终拥有 3 股股票，其价值为 47.65 欧元（3×15.88）。你的所得正好等于支出。

在某些国家，配股是最普遍甚至唯一的股票发行方式，但在美国，配股比较罕见，多数采用公开增发的形式。

公开增发与暂搁注册

如果上市公司**公开增发**（general cash offer）债券或股票，必须遵循与其第一次上市发行相同的程序。这意味着公司必须首先向美国证券交易委员会登记此次发行并编制招股说明书。[①] 在确定发行价格之前，承销商通常会与潜在投资者沟通并列出一份申购清单。然后，公司将证券出售给承销商，承销商再将这些证券出售给公众。

公司不需要在每次发行新证券时都编制一份独立的登记声明，公司可以提交一份涵盖未来三年融资计划的登记声明。只要公司需要现金或认为能够以一个有吸引力的价格发行证券，就可以不必再增加文案工作而将实际发行的证券出售给公众。这就是**暂搁注册**（shelf registration），即将注册暂时"放在架上"，待需要时取下来，掸去灰尘，就可以应用。

试想如果你是一个财务经理，会如何运用暂搁注册。假设为了应对来年或以后年度的资金需求，你的公司可能需要新增长期债务 2 亿美元。公司可以就该数额提交一份登记声明。现在，美国证券交易委员会批准该公司发行债券 2 亿美元，但不会强制公司发行何种债券，也不会要求公司与任何特定的承销商合作。尽管登记声明可能列明公司可能合作的承销商，但随后也可以更换为其他承销商。

现在，你可以安心地按照你喜欢的方式逐步发行债券。假设摩根大通公司遇到一家准备投资 1 000 万美元购买公司债券的保险公司，要求的收益率为 7.3%。你认为这是一笔好买卖，只需再做一些文案工作就可以实施该交易。接下来，摩根大通公司就期待以高于其购买价的价格将这些债券出售给该保险公司。

还有另外一种可能的交易。假设你认为自己发现了利率"暂时较低"的机会窗口。你为 1 亿美元的债券招标。一些投标者可能来自单独行动的大型投资银行，另一些投标者可能来自特定的财团。但这不是你所要担心的问题。只要价格合适，你所做的交易就是最好的。

这样，暂搁注册具有以下几个优势：

1. 可以分批发行证券，而不增加过多的成本。

2. 可以根据需要随时发行证券。

3. 可以利用"市场行情"及时发行证券（尽管任何能够识别有利市场行情的财务经理都可以停止发行证券，转身成为债券或股票的交易者而赚大钱）。

4. 发行证券的公司可以确保承销商争夺其业务。

并非所有符合暂搁注册要求的公司都采用这种方法完成所有上市发行。有时，公司认为通过传统渠道大规模发行证券可以达成更好的交易，当即将发行的证券具有某些特质或公司认为发行证券需要投资银行的建议或认可时，更是如此。因此，相对而言，发行普通股并不经常运用暂搁注册，发行各种公司债券则经常运用暂搁注册。

公开增发的成本

只要公司公开增发，就可能发生一大笔管理成本。当然，公司也需要以低于其出售给投资者的价格将证券出售给承销商，以补偿承销商。回顾图 15 - 1。该图描绘了美国发行不同类型证券的平均承

---

① 公司面向全球发行债券或股票的程序与此类似，但只要这些证券不在美国公开交易，就不需要向美国证券交易委员会登记。

销价差与管理成本。

你可以看到，股票的发行成本高于债券的发行成本。这体现了发行股票的额外成本。此外，承销商因为购买并再转售公司股票承担较大风险而要求得到额外的补偿。

发行股票的市场反应

通常，发行股票就是将大量新股投入市场。因此，人们普遍认为发行股票必然暂时压低股票价格。如果计划发行股票的规模很大，一般认为其价格压力可能非常大，以致几乎无法筹集到资金。

这种价格压力的观点意味着发行新股可能打压股票价格，以致股票价格暂时低于其真实价值。不过，这种观点与市场有效观点似乎不太匹配。如果股票价格只是因为股票供给量增加而下跌，那么，该股票的报酬率将高于同类可比股票的报酬率。正如野餐吸引蚂蚁，该股票也必将吸引投资者。

研究发行新普通股的经济学家发现，新股发行公告确实将导致股票价格下跌。就美国工业股的发行而言，其股票价格大约下跌 3%。[①] 尽管这一下跌幅度似乎并不大，但其损失可能在筹资额中占较大比例。假设某个股票市场价值为 50 亿美元的公司宣告有意增发价值为 5 亿美元的股票，导致股票价格下跌 3%。该公司损失的价值为 1.5 亿美元（0.03×50），占其筹资额的 30%（1.5/5）。

究竟发生了什么事情呢？难道股票价格下跌只是因为预期股票供给量增加的打压吗？也许是，但还有另外一种解释。

假设经理（比外部投资者拥有更多的公司信息）知道市场低估了公司股票价值。如果公司以这个较低的价格出售新股，那么，公司将以牺牲老股东的利益为代价带给新股东一笔好交易。在这种情况下，经理可能准备放弃新的投资项目，不一定以太低的价格出售股票。

如果经理知道市场高估了公司股票价值，其角色就会反转。如果公司以较高价出售新股，那么，公司将以牺牲新股东的利益为代价使现有股东得利。即使新筹集的资金只能存入银行，经理也可能准备发行股票。

当然，投资者并不傻。投资者可能预测到那些认为市场高估其公司股票的经理会发行股票，因此会相应压低该公司的股票价格。**公司发行股票时，股票价格的下跌趋势可能与股票供给量增加没有关系。公司发行股票可能只是掌握充分信息的经理认为市场高估其公司股票价值的一种信号。**[②]

15.4　私募融资

只要公司公开发行股票，就必须在美国证券交易委员会登记该股票，而私下发售股票就可以规避这个成本高昂的流程。尽管对**私募**（private placement）没有明确的定义，但美国证券交易委员会坚持认为证券发行对象主要局限于资深投资者。

私募的一个劣势是投资者不能轻易转售证券。就人寿保险公司这样的机构而言，这一劣势并不重要，因为人寿保险公司为了长远目标而投入巨额资金购买公司债券。1990 年，美国证券交易委员会放松了对购买非注册证券的对象的限制。《证券交易法》的 144a 条例允许大型金融机构交易非注册证券。

---

① 参见 P.Asquith and D.W.Mullins," Equity Issues and Offering Dilution," *Journal of Financial Economics* 15 (January-February 1986), pp.61–90; R.W.Masulis and A.N.Korwar," Seasoned Equity Offerings: An Empirical Investigation," *Journal of Financial Economics* 15 (January-February 1986), pp.91–118; and W.H.Mikkelson and M.M.Partch," Valuation Effects of Security Offerings and the Issuance Process," *Journal of Financial Economics* 15 (January-February 1986), pp.31–60.

② 下列文献给出了这种解释：S.C.Myers and N.S.Majluf," Corporate Financing and Investment Decisions When Firms Have Information That Investors Do Not Have," *Journal of Financial Economics* 13 (1984), pp.187–222.

正如你所预期的，安排一次私募的成本低于安排一次公开发行的成本。当然，如果公司发行规模非常大，成本差异并不显著，那么这种劣势也就不值一提。然而，如果公司发行规模较小，私募就具有特别的优势。

私募的另一个优势是公司可以针对其特有问题或机会量身定制债务契约。而且，私募只涉及少数投资者，公司以后想要变更债务契约条款会简单得多。

这样，私募在针对中小规模公司贷款的公司债券市场占有一席之地也就不奇怪了。这些中小规模公司公开发行证券的成本最高，需要接受最详细的调查，可能也最需要专门的、灵活的贷款协议。

我们并不是说传统的大型公司就应该摒弃私募。有时，这类公司也通过私募筹集巨额资金。例如，2017 年，糖果制造商玛氏公司就以私募的方式借款大约 25 亿美元。尽管如此，私募的优势（即规避注册成本并与出资者建立直接联系）通常对较小规模的公司更为重要。

当然，这些优势并不是免费的。公司必须就私募的出资者所承担的风险以及调研和协商成本给予补偿。公司还必须就私募的出资者持有一项不能轻易转售的资产给予补偿。所有这些因素都将体现在公司支付的利率上。尽管我们难以说出私募与公开发行之间的利率差异，但典型的利差也就是 0.5 个百分点。

📊 本章小结

风险资本公司如何设计成功的交易？（学习目标 1）

初创公司筹集风险资本，以帮助其发展从而能够实施首次公开发行。风险资本公司竭尽全力精心安排融资计划以规避利益冲突。如果企业家和风险资本投资者都持有公司重要的权益份额，就很可能同心协力迈向同一个目标。企业家投入其自己资金的意愿也传递着管理层对公司未来充满信心的信号。此外，多数风险资本都是分阶段给付的并对公司进行严格监控，迫使公司在每个阶段确保投入额外资金是值得的。

公司如何实施首次公开发行？首次公开发行有何成本？（学习目标 2）

首次公开发行是第一次向投资者公开发售股票。通常由承销商负责从公司购买股票，再将股票出售给公众。承销商还协助公司编制描述公司及其前景的招股说明书。公司只是偶尔筹集资金，而承销商却一直在做承销业务，因此，承销商擅长销售证券。首次公开发行的成本包括如法律和管理费用等直接成本，以及承销价差，即承销商从公司取得股票所支付的价格与公众向承销商购买股票所支付的价格之间的差异。另外一项重要的隐性成本来自股票的折价发行，即以略低于其真实价值的价格向公众出售股票。这种折价反映在新股交易第一天异常高的平均报酬率上。

公司公开增发涉及哪些重要问题？（学习目标 3）

发行证券通常存在规模效应。一次发行 1 亿美元证券的成本低于分两次每次发行 0.5 亿美元证券的成本。因此，公司将证券"捆绑"发行。这可能意味着，除非公司大规模发行证券，否则仍依赖短期融资。这也可能意味着，公司为了避免之后再发行证券而超规模发行证券。

增发可能打压股票价格。尽管股票价格下跌幅度可能不同，但工业公司发行普通股导致现有股票价值下跌的数额可能占发行股票所筹集资金的很大比例。对这种价格压力的可能解释是市场解读了公司发行股票的决策所传递的信息。

暂搁注册对蓝筹公司发行债券很有意义。暂搁注册缩短了安排发行新证券的时间，增强了灵活性，并且可以降低承销成本。这种方法似乎最适合那些乐于转换投资银行的大规模公司发行债券，最不适用于发行异常高风险证券，或需要与投资银行保持密切关系的小规模公司发行证券。

公司如何实施私募融资？（学习目标 4）

基于私募融资方式，公司将新发行的证券配售给少数大型机构投资者。这种融资安排规避了注册费用，可以根据发行者的具体需求量身定制，可以与出资者建立更直接的联系。不过，购买者需要因该证券不易转售而得到相应的补偿。私募融资最适合小规模、高风险或独特的公司。不过，就蓝筹公司的借款而言，这些优势不值一提。

ᴵ 微型案例

2015 年，在乔治娜·索罗贝格（Georgina Sloberg）的帮助下，威斯康星大学的两名毕业生创建了 Mutt.com。索罗贝格在支持初创公司的发展方面有口皆碑。Mutt.com 设计用户友好系统的目的在于为人们不想要的宠物寻找买家。该公司在 3 年内每年的收入为 340 万美元。尽管该公司亏损严重，但投资者依然将该公司视为最热门的新兴电子商务公司之一。因此，该公司准备上市的消息引起了轩然大波。

该公司全部权益资本 150 万股股票由两位创始人和索罗贝格女士持有。首次公开发行的股票包括这三位现有股东出售的 50 万股和公司为业务扩张筹集资金而增发的 75 万股。

该公司估计此次股票发行将发生法律费用、审计费用、印刷费用和其他费用，总共为 130 万美元。这些费用将按比例在出售股票的股东与公司之间分摊。此外，该公司同意每股支付给承销商 1.25 美元的承销价差（该项成本也按比例分摊）。

路演已经证明投资者对此次股票发行的兴趣高涨。根据投资者的反馈信息，全部股票可能以每股 24 美元的价格出售。然而，承销商提醒该公司不要奢望过高的价格，承销商认为投资者的反馈信息与公司的股票认购情况不一致。承销商还认为，一次成功的股票发行比一群满腹牢骚的股东更重要，因此建议将发行价格确定为每股 18 美元。

当天晚上，Mutt.com 的财务经理决定做一些计算。首先，她假设公司股票以每股 18 美元的价格出售，计算公司和现有股东可以实际得到的资金净额。接着，她仔细审查了首次公开发行的各项成本，并尝试将其与类似首次公开发行通常所发生的费用进行对照。这些计算使她想起了折价发行问题。当天上午，当她向承销商提出这个问题时，承销商并未注意到首次公开发行第一个交易日的报酬率应该作为发行成本的一部分。承销团队的一名成员问："承销商很想看到较高的报酬率和较高的股票价格。难道 Mutt.com 更喜欢较低的股票价格吗？难道那样就能降低发行成本吗？" Mutt.com 的财务经理没被说服，她认为应该能够找到一个满意的答案。她想知道折价发行是否只是因现有股东出售其持有的部分股票而产生的一个问题。如果现有股东不准备出售股票，股票发行价格也许就不再是问题了。

就公司而言，首次公开发行第一个交易日的报酬率是一项成本吗？如果股票发行价格确定为每股 18 美元而实际上可以按每股 24 美元出售，那么，公司的成本是多少呢？你如何回应承销商提出的"难道 Mutt.com 更喜欢较低的股票价格吗？难道那样就能降低发行成本吗？"这两个问题？

第 5 篇

债务与分配政策

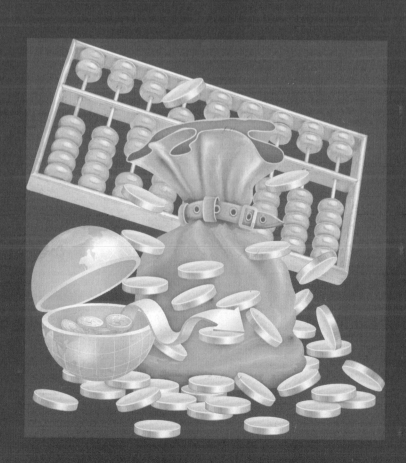

债务政策

公司的基本财务资源是其资产与经营活动创造的现金流量。如果公司完全依靠普通股融资，那么公司的所有现金流量都归属于股东。如果公司同时发行债务与股票，那么公司的现金流量就要一分为二：相对安全的现金流量归属于债权人，风险较高的现金流量则归属于股东。

公司的证券组合称为资本结构。观察表 16-1，你可以看到，某些行业的公司举债程度远远高于其他行业。制药、电子和商务服务公司几乎全部依赖权益融资。另一个极端，电信、航空和公用事业则主要依赖债务融资。

表 16-1　2017 年长期债务比率中位数

行业	债务比率
制药	0.00
芯片与电子产品	0.13
商务服务	0.16
计算机	0.17
服装	0.20
电气设备	0.24
机械	0.28

续表

行业	债务比率
零售	0.30
钢铁	0.31
食品	0.33
石油	0.36
汽车	0.37
建筑	0.38
酒店与餐馆	0.42
化工	0.43
公用事业	0.47
航空	0.53
电信	0.54

说明：债务比率 $=D/(D+E)$。式中，D 和 E 分别表示长期债务的账面价值与权益的账面价值。

资料来源：Compustat.

资本结构并非一成不变。公司可以改变其资本结构，有时甚至在一夜之间就改变了资本结构。股东希望管理层选择能够使公司价值最大化的证券组合。但是否存在一种最优资本结构呢？我们必须考虑没有一种组合比其他组合更有吸引力的可能性。也许，真正重要的决策关注公司的资产，有关资本结构的决策只涉及需要关注但无须担心的细节问题。

我们在本章首先考察资本结构无关论的案例，指出某些你需要辨别的财务谬误。随后，再回过头考虑某些导致差异的因素，如税收、破产成本以及筹资决策可能传递给投资者的信号。我们还为那些需要做出公司资本结构决策的财务经理准备了一份清单。

16.1　基于免税经济环境借款如何影响公司价值

球赛结束后，比萨店服务员准备给尤吉·贝拉（Yogi Berra）送比萨饼。"尤吉，我应该照老样子把比萨饼切成四块吗？"比萨店服务员问。"不，"尤吉答道，"我今晚饿了，切成八块吧。"

如果你理解为什么将比萨饼分成更多块不能满足尤吉的胃口，就很容易理解为什么公司选择的**资本结构**（capital structure）不能增加公司的内在价值。

考虑一份以现行市场价值为基础的简单资产负债表：

资产	负债与股东权益
来自公司实物资产与经营活动的现金流量价值	债务的市场价值 权益的市场价值
公司价值	公司价值

资产负债表左右两边的金额总是相等的。（资产负债表必须平衡！）因此，如果你将公司债务性证券与权益性证券的市场价值相加，就可以得到来自公司实物资产与经营活动的未来现金流量价值。

事实上，上述现金流量价值决定公司价值，从而决定公司所有债务性证券与权益性证券的价值。如果公司改变其资本结构（如增加债务融资而减少权益融资），那么公司价值总额应该保持不变。

将资产负债表左边想象为比萨饼的大小，资产负债表右边决定了如何切分比萨饼。公司可以根据偏好将现金流量分割成许多份额，但这些份额的价值总额总是等于尚未分割的现金流量价值。（当然，我们必须确保现金流量分割过程没有发生流失，否则，我们就不能说"比萨饼的价值与如何切分无关"。）

这里的基本理念（比萨饼的价值并不取决于如何切分比萨饼）可以运用于不同领域。尤吉·贝拉误用该理念得到的是善意的微笑，而弗兰科·莫迪格利安尼和默顿·米勒（Franco Modigliani and Merton Miller，通常称为"MM"）将该理念运用于公司融资却获得了诺贝尔奖。1958 年，莫迪格利安尼和米勒提出，公司的价值并不取决于如何"分割"公司的现金流量。更确切地说，他们论证了以下定理：**如果不存在所得税因素且资本市场有效运行，那么，公司的市场价值并不取决于其资本结构。换言之，财务经理无法通过改变公司融资的证券组合增加公司价值。**

当然，MM 定理建立在某些重要的简化假设之上，例如，资本市场必须"有效运行"。这意味着投资者可以不受任何限制地交易证券，并且以与公司相同的条件借入或借出资金。这也意味着资本市场有效。因此，基于投资者可获得的所有公开信息，证券得到公允定价（我们在第 7 章讨论过市场效率问题）。MM 定理还假设不存在扭曲的所得税因素，也忽略了公司因负债过多而陷入财务危机可能面临的各种成本。

如果上述这些假设不成立或出现其他现实因素，公司资本结构决策就可能很重要。思考资本结构的最佳路径可从理解 MM 定理之争入手。为了尽量简化问题，除非特别说明，我们将忽略所得税因素。

MM 定理之争：一个简例

River Cruises 的董事长西里奥（Cleo）正与财务经理安东尼（Antony）一起复核公司的资本结构。表 16-2 列示了该公司当前的财务状况。公司没有负债，所有经营利润都以股利的方式支付给股东。公司预期每股收益和每股股利都是 1.25 美元，但这个数据无法确定，实际数据可能高于或低于 1.25 美元。例如，如果经济衰退，每股收益可能降至 0.75 美元；如果经济繁荣，每股收益可能上升为 1.75 美元。

表 16-2　River Cruises 的财务状况

数据			
股票数量	100 000 股		
每股价格	10 美元		
股票市场价值	100 万美元		

	经济状况		
	经济衰退	经济正常增长	经济繁荣
经营利润	75 000 美元	125 000 美元	175 000 美元
每股收益	0.75 美元	1.25 美元	1.75 美元
股票报酬率	7.5%	12.5%	17.5%
		期望值	

说明：该公司全部采用权益融资方式，尽管预期利润将永远保持在 125 000 美元的水平上，但实际利润并不确定。本表列示了基于经营利润不同假设的股东报酬率。我们假设不存在所得税问题。

该公司股票的每股价格为 10 美元。公司预期其每股收益和每股股利将永远保持在一定水平上。公司预计没有增长，股东预期报酬率等于股利收益率（即预期每股股利除以每股价格）为 12.5%（1.25/10.00）。

由此，西里奥得出结论：如果该公司的债务与权益比例相等，股东报酬率会更高。于是，她计划以 10% 的利率发行 500 000 美元的债券，并用所得款项回购 50 000 股股票。这就是**重构**（restructuring）。值得注意的是，新借入的 500 000 美元并没有留在该公司。为了回购并注销 50 000 股股票，这些钱已经从公司流向股东。因此，公司的资产和投资政策并没有受到影响，只是筹资组合发生了改变。

MM 定理如何评价新的资本结构呢？假设资本结构已经改变。经营利润保持不变，因此"蛋糕"的价值依然固定在 100 万美元。由于存在尚未偿还的新债务 500 000 美元，因此，剩余的普通股价值必定为 500 000 美元，即 50 000 股，每股 10 美元。债务与权益的价值总额依然是 100 万美元。

由于该公司的价值不变，普通股股东的报酬率也就没有比以前更好或更坏。River Cruises 公司的股票依然以每股 10 美元的价格交易。公司权益价值总额从 100 万美元减少到 50 万美元，但股东获得了 500 000 美元的现金。

对此，安东尼说："西里奥，重构并不能使我们的股东更富有或更贫穷。何必费劲呢？资本结构根本就无关紧要。"

借款如何影响每股收益

安东尼并没有说服西里奥。她制作了表 16-3 和图 16-1，以说明借款 500 000 美元如何使每股收益增加。通过表 16-2 与表 16-3 的对比可以看到，重构之后"正常"的情况是：每股收益增加到 1.50 美元（重构之前，每股收益为 1.25 美元）。表 16-3 还显示了"超涨"（每股收益为 2.50 美元，在重构之前为 1.75 美元）和"超降"（每股收益为 0.50 美元，在重构之前为 0.75 美元）的情况。

表 16-3　River Cruises 公司财务状况的变化

数据			
股票数量	50 000 股		
每股价格	10 美元		
股票市场价值	500 000 美元		
债券市场价值	500 000 美元		

结果			
		经济状况	
	经济衰退	经济正常增长	经济繁荣
经营利润	75 000 美元	125 000 美元	175 000 美元
利息	50 000 美元	50 000 美元	50 000 美元
归属于股东利润	25 000 美元	75 000 美元	125 000 美元
每股收益	0.50 美元	1.50 美元	2.50 美元
股票报酬率	5%	15%	25%
		期望值	

说明：公司正考虑是否发行利率为 10% 的 500 000 美元债券并回购 50 000 股股票。本表列示了基于经营利润不同假设的股东报酬率。与表 16-2 相比，在经济正常增长与经济繁荣的环境下，股东报酬率提高了。但在经济衰退的环境下，股东报酬率降低了。

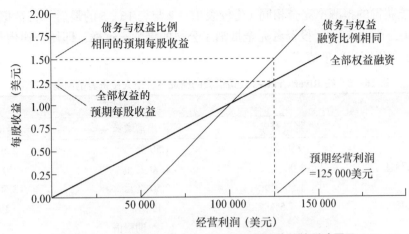

图 16-1　借款对 River Cruises 公司每股收益的影响图示

说明：如果经营利润大于 100 000 美元，借款增加了 River Cruises 公司的每股收益，但如果经营利润小于 100 000 美元，借款降低了公司的每股收益。预期每股收益从 1.25 美元增加到 1.50 美元。

图 16-1 中的粗线描绘了在公司全部采用权益融资的情况下，每股收益如何随经营利润的变化而变化。这只是表 16-2 数据的图像化。细线描绘了如果该公司的债务与权益比例相同，每股收益将如何变动。这只是表 16-3 数据的图像化。

西里奥解释说："显然，债务可能提高或降低股东报酬率。如果经济衰退，运用债务融资降低了股东报酬率，反之，则提高了股东报酬率。我们面临经济衰退的可能性不大。也许，我们可以通过举债帮助股东。"

安东尼回复道："我同意。只要不出现经济衰退，借款能够提高每股收益。但实际上，我们并没有为股东做任何他们自己无法完成的事。"假设 River Cruises 公司不借款。在这种情况下，投资者可能向银行借 10 美元，然后用 20 美元购买 2 股股票。该投资者只用了自己的 10 美元。表 16-4 列示了这 10 美元的投资报酬率如何随公司经营利润的变化而变化。你可以看到，这些报酬率与投资者在该公司重构之后购买 1 股股票所能获得的报酬率完全相同（比较表 16-3 与表 16-4 的最后两行数据）。股东直接借款或公司代表股东借款并没有差别。这样，如果公司借款，并不会让投资者做任何他们现在做不到的事。因此，借款不能增加公司价值。

表 16-4　在 River Cruises 公司不借款的情况下，个人投资者的财务状况

	经济状况		
	经济衰退	经济正常增长	经济繁荣
2 股股票的利润	1.50 美元	2.50 美元	3.50 美元
减：按 10% 计算的利息	1.00 美元	1.00 美元	1.00 美元
投资利润净额	0.50 美元	1.50 美元	2.50 美元
10 美元投资的报酬率	5%	15%	25%
		期望值	

说明：个人投资者可以通过自己借款来复制公司的借款行为。本例中假设公司没有重构。但是，投资者可以用自己的 10 美元投资，另外再借入 10 美元，并以每股 10 元的价格购买 2 股股票。这样就得到了与表 16-3 相同的报酬率。

"我们可以用同样的理由反向论证投资者也不会在重构之后变得更贫穷。想象一位在该公司重构之前持有 2 股股票的投资者。如果公司借款，股票报酬率可能比之前更低。如果这种可能性不对该投资者的胃口，该投资者可以购买 1 股该公司重构之后的股票，同时用 10 美元购买该公司的债券。表 16-5 列示了该投资报酬率如何随公司经营利润的变化而变化。你可以看到，这些报酬率与该投资

者在重构之前所能获得的报酬率完全相同（比较表 16 - 2 与表 16 - 5 的最后一行数据）。通过将一半的资金出借（购买公司的债券），投资者完全抵消了公司的借款。这样，即便公司借款，也不能阻止投资者做任何之前可以完成的事情。"

表 16 - 5 在 River Cruises 公司借款的情况下，个人投资者的财务状况

	经济状况		
	经济衰退	经济正常增长	经济繁荣
1 股股票的利润	0.50 美元	1.50 美元	2.50 美元
加：按 10% 计算的利息	1.00 美元	1.00 美元	1.00 美元
投资利润净额	1.50 美元	2.50 美元	3.50 美元
20 美元投资的报酬率	7.5%	12.5%	17.5%
		期望值	

说明：个人投资者同样可以抵消公司借款的影响。投资者用 10 美元购买 1 股股票，同时再借出 10 美元。可将其报酬率与表 16 - 2 列示的公司初始报酬率进行比较。

这再现了 MM 定理的原始之争。[1] 只要投资者能够以与公司相同的条件借入或借出资金，就不会向代表他们借款的公司支付更多资金。重构之后的公司价值必定与之前相同。**换言之，公司价值必定不会受其资本结构的影响。**

人们普遍将这个结论称为 **MM 定理Ⅰ**（MM's proposition Ⅰ），也称 **MM 债务无关定理**（MM debt-irrelevance proposition）。因为该定理认为基于理想状态，公司的债务政策不应该影响股东。

借款如何影响风险与报酬率

图 16 - 2 总结了 MM 债务无关定理对 River Cruises 公司的意义。图中上半部分的圆圈代表公司价值，下半部分的圆圈代表预期或"正常"的经营利润。由于经营利润的数额与风险并没有改变，因此，重构并不影响圆圈的大小。这样，如果公司通过负债筹集了 500 000 美元，又用这些资金回购并注销股票，剩下的股票必定值 500 000 美元，债务与权益的价值总额必定还是 100 万美元。

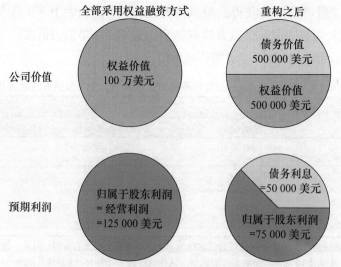

图 16 - 2 为 River Cruises 公司"分蛋糕"

说明：图中左边的圆圈假设公司没有债务。右边的圆圈体现了预期重构。重构将公司价值（上半部分圆圈）一分为二。股东获得了超过 50% 的预期或"正常"的经营利润（下半部分圆圈），但这仅仅是因为股东承担了更多的财务风险。值得注意的是，重构没有影响公司价值总额或经营利润。

---

[1] MM 定理存在许多更通用的和技术性的证据，此处不再赘述。

图 16-2 下半部分的两个圆圈大小一样。但值得注意的是，右边的圆圈显示股东预期可以得到的经营利润超过公司正常经营利润的一半。这意味着股东更合算吗？MM 定理否定了这种观点。为什么呢？因为股东承担了更多的风险。

回顾表 16-2 与表 16-3。无论在何种经济状况下，重构都不影响经营利润。因此，债务筹资并不影响公司的**经营风险**（operating risk）或**业务风险**（business risk）。不过，如果公司发行的股票数量较少，经营利润变动对每股收益的影响更大。假设经营利润从 125 000 美元减少到 75 000 美元。在公司全部采用权益融资的情况下，公司流通在外的股票数量为 100 000 股，每股收益减少了 0.50 美元。在公司债务融资比率为 50% 的情况下，公司流通在外的股票数量只有 50 000 股，每股收益减少 1 美元。

现在，你就可以理解为什么运用债务筹资称为**财务杠杆**（financial leverage），发行了债券的公司称为杠杆公司了。债务增加了股票报酬率的不确定性。如果公司全部采用权益筹资方式，经营利润减少 50 000 美元将使股票报酬率降低 5 个百分点。如果公司发行了债券，那么，经营利润同样减少 50 000 美元将使股票报酬率降低 10 个百分点（比较表 16-2 与表 16-3）。换言之，杠杆效应就是将 River Cruises 公司股票报酬率的升降幅度扩大两倍。如果借款使得 River Cruises 公司股票报酬率的升降幅度扩大两倍，那么，其贝塔系数会发生什么变化呢？其贝塔系数也将翻番。例如，如果公司全部采用权益筹资方式，其贝塔系数为 0.33（1/3），那么，如果公司采用债务融资与权益融资各 50% 的融资方式，其贝塔系数为 0.67（2/3）。

债务筹资不会影响经营风险，但会增加财务风险（financial risk）。由于只有一半的权益承担同样的经营风险，每股的风险必然成倍增长。[①]

现在考虑一下 MM 定理 I 对于 River Cruises 公司股票报酬率的意义。该公司发行债券之前，预期每股收益和每股股利都是 1.25 美元。由于股票投资的风险较高，股东要求报酬率达到 12.5% 或比利率高出 2.5 个百分点。这样，股票价格（这是一个永续年金，股票价格等于预期股利除以必要报酬率）为 10 美元（1.25/0.125）。好消息是发行债券之后，预期每股收益和每股股利提高到 1.50 美元。坏消息则是股票的风险翻了一番。因此，股东不再满足于只得到比利率高出 2.5 个百分点的报酬率，而是要求得到比利率高出 5 个百分点的报酬率，即必要报酬率为 15%（10%+5%）。必要报酬率的提高刚好抵消股利的增长。该公司发行债券之后，其股票价格为 10 美元（1.50/0.15），与该公司发行债券之前的股票价格完全相同。

	现有资本结构： 全部采用权益融资	重构之后资本结构： 债务与权益比例相同
预期每股收益	1.25 美元	1.50 美元
股票价格	10 美元	10 美元
预期股票报酬率	12.5%	15.0%

因此，杠杆提高了股东的预期报酬率，但同时也增加了风险。这两种效应相互抵消，股东价值保

[①]　回顾 10.4 节，我们曾经提到固定成本增大了公司利润的波动幅度。这些固定成本导致了经营杠杆，债务也是如此。债务利息是一项固定成本，因此，债务放大了税前利润的波动幅度。这些固定利息费用导致了财务杠杆。

持不变。

16.2 债务与权益资本成本

River Cruises 公司的资本成本是多少呢？如果该公司全部采用权益融资方式，那么答案很简单：向股东每股支付 10 美元，预期每股收益为 1.25 美元。如果该公司以永续年金的方式发放每股收益，其预期报酬率为 12.5%（1.25/10）。这就是该公司的权益资本成本（$r_{权益}$），也是该公司资产的预期报酬率和资本成本（$r_{资产}$）。

由于重构并没有改变经营利润或公司价值，也就不会改变资本成本。假设公司实施了重构，你幸运地成为一名地产业亿万富翁，买断 River Cruises 公司所有的债务与股票。那么，你预期该投资的报酬率是多少？答案是 12.5%。因为一旦你拥有所有的债务与权益，实际上就拥有了所有的资产并获得了所有的经营利润。

你的确获得了 12.5% 的报酬率。表 16-3 显示预期每股收益为 1.50 美元，而股票价格保持不变，还是每股 10 美元。因此，预期权益报酬率为 15%（1.50/10），即 $r_{权益}=0.15$。债务报酬率为 10%，即 $r_{债务}=0.10$。这样，你的总体报酬率为：

$$(0.5 \times 0.10) + (0.5 \times 0.15) = 0.125 = r_{资产}$$

显然，这里有一个通用原则：将债务报酬率（$r_{债务}$）与权益报酬率（$r_{权益}$）按权重加权平均，就可以得到公司资产的资本机会成本（$r_{资产}$）。其计算公式为：

$$r_{资产} = \left(r_{债务} \times \frac{D}{V}\right) + \left(r_{权益} \times \frac{E}{V}\right)$$

式中，D 和 E 分别代表债务与权益的价值；V 代表公司价值总额，即 D 与 E 之和。请记住，D，E 和 V 都是市场价值而不是账面价值。

上述公式与第 13 章讨论的加权平均资本成本计算公式不一致，因为当时我们忽略了所得税因素。[①] 不过别担心，我们稍后会讨论加权平均资本成本。下面先看看 MM 债务无关定理对资本成本的意义。

MM 定理 I 认为，公司的资本结构选择不会影响公司的经营利润或资产价值。因此，债务与权益组合的预期报酬率（$r_{资产}$）也不受影响。

但是，我们看到杠杆的确增加了权益风险并提高了股东要求得到的报酬率。为了理解预期权益报酬率如何随着杠杆的变化而变化，我们简单调整公司资本成本的计算公式如下：

$$r_{权益} = r_{资产} + \frac{D}{E} \times (r_{资产} - r_{债务}) \tag{16.1}$$

用文字表述就是：

$$预期权益报酬率 = 预期资产报酬率 + 债务权益比率 \times \left(\begin{array}{c}预期资产\\报酬率\end{array} - \begin{array}{c}预期债务\\报酬率\end{array}\right)$$

这就是 **MM 定理 II**（MM's proposition II）。MM 定理 II 认为，杠杆公司的普通股预期报酬率随着以市场价值计量的债务权益比率（D/E）的提高而成比例增长。值得注意的是，如果公司没有债务，那么，预期权益报酬率（$r_{权益}$）= 预期资产报酬率（$r_{资产}$）。

[①] 参见 13.1 节与 13.2 节。

例 16.1   **River Cruises 公司的资本成本**

我们可以用 River Cruises 公司的案例验证 MM 定理 II。在该公司决定借款之前：

$$r_{权益} = r_{资产} = \frac{预期经营利润}{所有证券的市场价值} = \frac{125\ 000}{1\ 000\ 000} = 0.125 = 12.5\%$$

如果公司按计划借款，预期资产报酬率（$r_{资产}$）依然是 12.5%。这样，预期权益报酬率为：

$$r_{权益} = r_{资产} + \frac{D}{E} \times (r_{资产} - r_{债务}) = 12.5\% + \frac{500\ 000}{500\ 000} \times (12.5\% - 10\%) = 0.15\ 或\ 15\%$$

我们曾经在第 13 章指出，你可以将发行债券的成本分为显性成本和隐性成本。显性成本是公司债务承担的利率。**但债务也增加了财务风险，导致股东对其投资要求得到更高的报酬率。一旦你意识到这项隐性成本，就会发现债务其实不比权益便宜，即投资者要求得到的资产报酬率不受公司借款决策的影响。无论何时，只要你听到某些外行人说"债务资本比权益资本便宜"，就务必记起这点。**

图 16-3 说明了 MM 定理 II 的含义。无论公司借款多少，债务与权益组合的预期报酬率（$r_{资产}$）保持不变，但债务与权益各自的预期报酬率改变了。这是怎么回事呢？因为债务与权益的比重发生了变化。更多的债务意味着资本成本的提高，同时也意味着权益数额的减少。

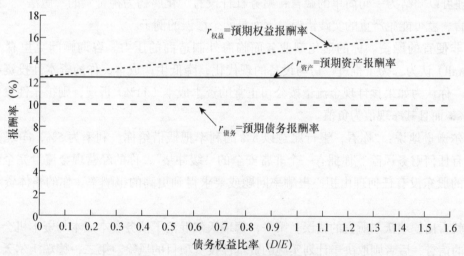

图 16-3   基于债务利息固定情境的 MM 定理 II

说明：River Cruises 公司预期权益报酬率随债务权益比率的提高而提高。债务与权益的加权平均预期报酬率保持不变，等于资产的预期报酬率。

在图 16-3 中，假设无论公司借多少钱，债务利率保持不变。这并不完全符合现实。事实上，在不显著影响利率的情况下，多数大型、稳健型公司或多或少都会举债。但如果公司举债过多，债权人就会担心能否收回款项，从而要求更高的利率。图 16-4 考虑了这个问题，从而修正了图 16-3。你可以看到，随着该公司借款数额的增加，违约风险相应增大，该公司必须支付更高的利率。MM 定理 II 依然预测债务与权益组合的预期报酬率保持不变。但此时，预期权益报酬率（$r_{权益}$）线的斜率却随着债务权益比率（D/E）的提高而逐渐变小。这是为什么呢？从本质上讲，这是因为风险债券持有者开始承担公司的部分经营风险。公司债务越多，就有越多的风险从股东那里转移到债权人身上。

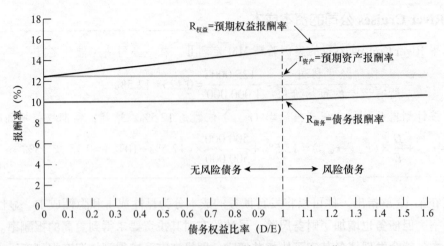

图16-4 基于债务有风险情境的 MM 定理 Ⅱ

说明：随着债务权益比率的提高，债权人为弥补违约风险要求得到更高的预期报酬率。由于债权人承担了部分风险，基于债务有风险的情境，预期权益报酬率提高得更为缓慢。债务与权益组合的预期报酬率（$r_{资产}$）保持不变。

财务杠杆没有"化腐朽为神奇"的"魔法"

MM 定理可以归结为一句简单的箴言：财务杠杆没有"化腐朽为神奇"的"魔法"。如果财务经理无视该箴言，就可能犯严重的实践错误。下面是两个谬误的例子。

债务并非便宜的融资 你的活化剂业务面临海外制造商的压力。咨询顾问克里森·德瑞沃尔（Claxon Drywall）认为，为了推进厂房与设备的现代化，降低生产成本，你的资本性投资项目的投资额应该翻倍。你认为如果预计现金流量按公司正常的资本成本（11%）折现，则扩张性投资项目的报酬率只有9%，而且其净现值为负值。

德瑞沃尔谦逊地说："你看，银行愿意以5%的利率把钱借给你。利率为5%，净现值绝对是正值，而且没有任何财务风险。你拥有一个非常安全的'缓冲垫'，你的经营现金流量完全可以偿还银行债务。你的股东没有任何理由担心报酬率问题或要求得到更高的报酬率。你的整体资本成本也将降低。"

你很快就看出德瑞沃尔所言的错误。第一，德瑞沃尔混淆了债务资本成本与资本机会成本。前者取决于公司的信誉，后者则取决于计划实施的资本性投资项目的风险。第二，德瑞沃尔天真地认为以"便宜"的债务替换"昂贵"的权益将降低整体资本成本。（德瑞沃尔没有考虑债务的税收优势。我们稍后将讨论债务的税收优势。）第三，德瑞沃尔认为财务风险只是公司无力偿还债务的风险。这是错误的。即使违约风险为零，以债务融资替换权益融资也会增大财务风险。

值得注意的是，在上述关 River Cruises 公司的计算过程中从来就没有考虑违约风险。即使经济衰退，该公司的经营利润也可以弥补利息。然而，借钱总是会产生财务风险。因为借钱使得公司的经营风险集中在更少的股东身上。例如，River Cruises 公司借了钱之后，其净利润的变动性翻倍，其贝塔系数从 0.33 提高到 0.67。

谨防隐含债务 某律师事务所处于快速发展阶段，办公场所需要搬迁。该律师事务所业务做得很好，希望以 1 000 万美元购买整栋大楼。该大楼可提供一流的办公场所，方便律师事务所最重要的公司客户，也为律师事务所未来的发展提供空间。

咨询顾问克里森·德瑞沃尔建议该律师事务所，与其购买该大楼不如签订一份长期租赁合约。德瑞沃尔解释说："你如果采用租赁的融资方式，可以节约 1 000 万美元。你也用不着投入任何权益资本。"

资深法律合伙人询问了租赁条件。德瑞沃尔说："我已经查过了，该租赁合约可以提供 100% 的融资。根据该租赁合约，你可以在 20 年内每年支付固定租金 950 000 美元，第一笔租金必须马上支付。"

资深合伙人回应说："在我看来，首笔支付 950 000 美元看起来并不多。"

德瑞沃尔温和地说："你立马就可以节约 9 050 000 美元。你还可以从这些节约下来的钱中获得不错的报酬。例如，我知道你正考虑在伦敦和布鲁塞尔设立分所。这 900 多万美元足够支付开办分所的成本，新分所的现金流量也应该超过大楼的租金。"

你可能马上发现风险。支付第一笔租金之后，你实际上还背负着 9 050 000 美元的债务。（如同需要偿还的债务，租金也是固定的支付义务。）这是谨慎的举债吗？如果该律师事务所的业务萎缩却有许多合伙人，还能支付这些租金吗？

20 年内每年支付固定租金 950 000 美元倒是为该大楼的出租方提供了大约 8% 的报酬率。[1] 这是嵌入租赁合约的实际债务资本成本。[2] 实际上，德瑞沃尔说该律师事务所开设分所的现金流量可以弥补租金支付额，隐含着一个前提：如果该律师事务所新设立的分所能够获得的报酬率超过 8%，才值得设立分所。

德瑞沃尔再次混淆了债务资本成本（本例为 8%）与资本机会成本（取决于投资设立分所的风险）。

如何运用 MM 定理向该资深合伙人解释这些问题呢？他们可能首先会询问如果按资本机会成本折现预计的现金流量，计划设立分所的净现值是否为正值。如果该律师事务所可以有效运用资金，以相当安全的"缓冲垫"（即稳定的现金流量）支付租金，8% 也是实际借款数额的合理市场利率，那么，他们并不反对为了采用租赁方式借入 9 050 000 美元。但是，他们要注意：过多的借款可能不会降低整个公司的资本成本。他们可能会认为 8% 并非来源于新所的现金流量的合理折现率。按 8% 折现这些现金流量隐含着这样的假设：财务杠杆有"化腐朽为神奇"的"魔法"。然而，实际上并非如此。

根据 MM 定理，我们还需要进一步考虑债务与所得税问题。

16.3 债务、所得税与加权平均资本成本

MM 定理认为债务政策无关紧要。但是，财务经理确实为债务政策担忧，而且理由充分。现在，我们来看看为什么会出现这种局面。

如果债务政策完全不相关，各公司、各行业的实际债务比率将随机变动。但几乎所有航空公司、公用事业单位和电信公司都主要依靠债务融资。许多资本密集型行业（如钢铁行业、铝业、化工业和矿业）也主要依靠债务融资。生物技术公司和软件公司则主要依靠权益融资。尽管面临快速扩张且经常有巨额资本需求，但蓬勃发展的公司极少有过多运用债务的情况。

对这些行为模式的解释，部分有赖于我们至今尚未讨论的问题。下面，我们先讨论所得税因素，然后逐步讨论其他相关问题。

River Cruises 公司的债务与所得税

债务融资有一个重要优势：公司支付的利息是一项可以税前扣除的费用，但公司发放的股利必须

---

[1] 按 8% 折现，20 年期的即付年金 950 000 美元的现值为 10 073 000 美元，几乎就是购买该大楼的成本。你也可以说折现率为 8% 的 19 年期普通年金的现值为 912 300 美元。再加上首笔支付的租金 950 000 美元，租金总额的现值还是 10 073 000 美元。无论采用哪种方式计算，出租方的报酬率都略高于 8%。

[2] 值得注意的是，租赁远比我们这里讨论的内容复杂。例如，租赁可能转移该大楼的所有权，律师事务所可能无法得到折旧税盾的好处。

缴纳所得税。

为了理解债务融资的优势，让我们重温 River Cruises 公司的案例。表 16-6 的左边一栏假设公司没有任何债务。我们现在假设预期税前利润为 158 228 美元，按 21% 征税，那么，其预期税后利润为 125 000 美元。表 16-6 的右边一栏列示了该公司以 10% 的利率借入 500 000 美元债务的状况。

表 16-6　River Cruises 公司举债前后的财务状况　　　　　　　　　　　　单位：美元

	零债务	债务为 500 000 美元
预期经营利润	158 228	158 228
按 10% 计算的债务利息	0	50 000
税前利润	158 228	108 228
按 21% 纳税	33 228	22 728
税后利润	125 000	85 500
归属于债权人和股东的利润＝税后利润＋债务利息	125 000	135 500

说明：如果 River Cruises 没有任何债务，预期税后利润为 125 000 美元（现在按 21% 征税）。但是，如果 River Cruises 存在 500 000 美元的债务，债权人和股东可以获得的利润增加到 135 500 美元。由于利息是一项可以在税前扣除的费用，因此，两者相比，增加了 10 500 美元。利息税盾使 River Cruises 应交所得税减少了 10 500 美元。

值得注意的是，如果公司举债，归属于债权人和股东的利润会增加 10 500 美元。这是因为公司支付的利息可以税前扣除。这样，每 1 美元的利息就可以减少所得税 0.21 美元。税款节约额就是"0.21×利息支付额"。就 River Cruises 而言，每年的**利息税盾**（interest tax shield）为 10 500 美元（0.21×50 000）。换言之，与零债务相比，债权人和股东可以分享的税后利润这块"蛋糕"增加了 10 500 美元。由于债权人只能获得现有利率，利息税盾的所有益处都归股东所有。

利息税盾是一项有价值的资产。让我们来看看利息税盾到底值多少钱。假设债务到期之后，River Cruises 计划借新债还旧债，无限期"延展"债务。公司希望以此永续地拥有每年的税款节约额 10 500 美元。

如果该债务是永久性的固定债务，如果 River Cruises 确信其获得的应税所得额足以扣除利息费用，那么，利息税盾就是一笔安全的年金。假设税盾风险与产生税盾的利息支付风险相同。这样，我们以 10% 即债权人要求的利率作为折现率。利息税盾的现值为：

$$利息税盾的现值 = \frac{10\,500}{10\%} = 105\,000（美元）$$

这个简单的计算过程就是一种常见的经验法则。该经验法则将利息税盾视为永久性年金且安全性与债务一样，因此，将利息税盾除以债务资本成本。①

遗憾的是，该经验法则几乎总是高估利息税盾的价值。第一，公司不可能永远借钱。第二，公司未来可能经营亏损，不必缴纳所得税。如此一来，自然就没有利息税盾问题。第三，计算公式假设无论公司经营好坏，债务额都是固定的。更合理的假设是公司不断调整其资本结构，债务比率也不断变化。如果公司繁荣发展，其价值不断增加，可能会借更多的钱。如果公司陷入困境，其价值不断减少，可能逐步偿还债务，使债务比率保持在更合适的水平上。公司不断调整资本结构意味着未来的债务和利息税盾不再是固定的数额，可能随着公司经营绩效的变化而变化，因此，其折现率应该高于债

---

① 值得注意的是，本例的利息税盾现值等于税率乘以债务数额。如果税率为 T_c，那么，每年的利息税盾为 $T_c \times r_{债务} \times D$。税盾是一种年金，因此，税盾的现值为 $T_c \times r_{债务} \times D / r_{债务}$，则利息税盾的现值为 $T_c \times D$。

务资本成本。

假设 River Cruises 未来每年都会重新调整债务数额，始终保持债务比率不变。这样，债务水平和利息税盾随着 River Cruises 的市场价值的变动而变动，其风险也大体如此。由此产生一个更为稳健的经验法则：由于税盾的风险与公司其他业务的风险相同，因此，以投资者用于折现经营利润的折现率（本例为 12.5%）对税盾进行折现。[①]

$$利息税盾的现值 = \frac{10\ 500}{0.125} = 84\ 000(美元)$$

即使以更为稳健的方式计算税盾的现值，也说明利息税盾可以显著增加公司和股东的价值。

利息税盾如何提升股东权益价值

实际上，MM 定理 I 说明了"比萨饼的价值并不取决于如何切分"。比萨饼就是公司的资产，债务与权益的求索权则是比萨饼的块数。如果我们使比萨饼的大小保持不变，那么，债务增加一美元就意味着权益价值减少一美元。

但实际上还有第三块"比萨饼"，即政府的一块。MM 定理依然认为比萨饼的价值（即公司税前价值）并不因其切分方式而改变。但如果公司可以采用方法减少政府的那块比萨饼的份额，那么其他两块比萨饼的份额显然会更大。举债是其中一种方法。这种方法减少了公司应纳税额，增加了支付给投资者的现金。投资者的投资价值增加了税款节约额的现值。

在不存在所得税的情况下，MM 定理 I 认为资本结构不影响公司价值。但在考虑公司所得税之后，MM 定理 I 得到了修正：

杠杆公司的价值 = 全部采用权益筹资方式的公司价值 + 税盾现值

图 16-5 描绘了上述计算公式，说明举债可以增加公司价值和股东财富。

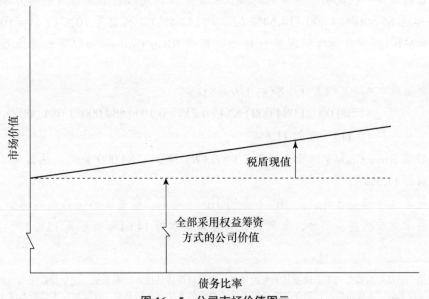

图 16-5 公司市场价值图示

说明：实线描绘了利息税盾如何影响公司市场价值。借款数额增加减少了公司支付的所得税数额，增加了归属于投资者的现金流量，从而增加了公司市场价值。

[①] 根据前面的注释，每年的利息税盾为 $T_c \times r_{债务} \times D$。而这里的税盾现值为 $T_c \times r_{债务} \times D / r_{资产}$，因此，利息税盾现值为 $T_c \times D \times (r_{债务}/r_{资产})$。

公司所得税与加权平均资本成本

我们已经讨论过，如果存在公司所得税因素，债务为公司提供了一个有价值的税盾。几乎没有公司直接计算基于特定债务政策的利息税盾现值。不过，这些公司并没有忽略税盾，因为这些公司将税盾体现在评估资本性投资项目的折现率上。

由于债务利息可以税前扣除，政府实际上承担了 21% 的利息费用。为了使投资者满意，公司必须取得债务的税后利率和股东要求获得的报酬率。正如我们在第 13 章已经讨论过，一旦我们意识到债务的税收效应，加权平均资本成本的计算公式就转化为：

$$加权平均资本成本=(1-T_c)\times r_{债务}\times\left(\frac{D}{D+E}\right)+r_{权益}\times\left(\frac{E}{D+E}\right)$$

值得注意的是，如果我们考虑了债务的税收效应，那么，加权平均资本成本取决于税后利率，即 $(1-T_c)\times r_{债务}$。

例 16.2　加权平均资本成本与债务政策

我们可以运用加权平均资本成本的计算公式来考虑：如果 River Cruises 缴纳公司所得税，杠杆如何影响其资本成本。如果该公司没有债务，其加权平均资本成本与股东必要报酬率相同。在全部采用权益筹资方式的情况下，River Cruises 的加权平均资本成本为 12.5%。如果该公司全部采用权益筹资，其价值为 100 万美元，与本章前面假设公司不必缴税的案例的结果相同。

现在让我们计算公司借入 500 000 美元的债务（$D=500\,000$ 美元）之后的加权平均资本成本。如果我们运用更为稳健的经验法则[①]计算利息税盾现值，那么，公司价值（$V=D+E$）增加了 84 000 美元（$0.21\times500\,000\times(0.10/0.125)$）达到 1 084 000 美元。公司权益价值（$E$）为 584 000 美元（1 084 000-500 000）。表 16-6 的右边一栏说明，扣除利息和税款之后，预期归属于股东的利润为 85 500 美元。这样，股东预期报酬率为 85 500/584 000=14.64%（$r_{权益}$=14.64%）。利率为 10%（$r_{债务}$=10%），公司所得税税率为 21%（T_c=21%）。这就是我们理解杠杆如何影响 River Cruises 加权平均资本成本所需的全部信息：

$$加权平均资本成本=D/V\times(1-T_c)\times r_{债务}+D/E\times r_{权益}$$
$$=(500\,000/1\,084\,000)\times(1-0.21)\times0.10+(584\,000/1\,084\,000)\times0.146\,4 \quad (16.2)$$
$$=0.115\,3\ 或约\ 11.5\%$$

因此，利息税盾使 River Cruises 的价值总额（$V=D+E$）增加了 84 000 美元，从而使其加权平均资本成本从 12.5% 下降到约 11.5%。

除了考虑利息税盾这个因素之外，图 16-6 与图 16-3 相似。随着该公司借款的增加，正如图 16-3 所示，其权益资本成本逐步提高。不过，本例的权益资本成本为 14.64% 而不是 15%。[②]当然，税后债务

---

① 更为稳健的经验法则假设公司不断调整其未来的债务水平，以保持其债务比率不变。这个经验法则与加权平均资本成本的计算原理吻合。以加权平均资本成本作为长期资产的折现率也是假设债务比率保持不变。有关加权平均资本成本和权益资本成本的计算公式隐含的假设的更详细分析，参见 Chapter 19 in R.A.Brealey, S.C.Myers, and F.Allen, Principles of Corporate Finance, 13th ed.(New York: McGraw-Hill Education), 2019.

② 权益报酬率（$r_{权益}$）从公司不必纳税情境下的 15% 下降为 14.64% 的原因是利息税盾增加了公司的价值，使债务权益比率（D/E）从公司不必纳税情境下的 1.0（500 000/500 000）下降为 0.86（500 000/584 000）。此外，只要现在与未来的债务权益比率保持不变，MM 定理Ⅱ就可以有效地解释权益资本成本。就本例而言：
$$r_{权益}=r_{资产}+(D/E)\times(r_{资产}-r_{债务})=0.125+0.86\times(0.125-0.10)=0.146\,4\ 或\ 14.64\%$$

成本只有 7.9%。如果该公司的债务为 500 000 美元，权益价值为 584 000 美元，债务权益比率（D/E）为 0.86（500 000/584 000）。由图 16-6 可知，基于现在的债务水平，其加权平均资本成本为 11.53%，与我们前面的计算结果相同。

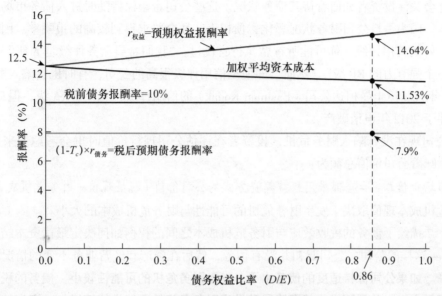

图 16-6　考虑公司所得税因素情况下的财务状况

说明：如果存在公司所得税因素，River Cruises 的资本成本随杠杆程度的提高而变动。假设税后债务成本保持不变，为 7.9%（（1-0.21）×10%）。权益成本随借款的增加而提高，但加权平均资本成本逐渐下降。

公司所得税对资本结构的意义

如果借款为公司提供了利息税盾，那么，最优债务政策显得十分极端：所有公司都应该最大限度地借款。这可以使公司价值最大化，加权平均资本成本最小化。

MM 定理对此并不抱幻想。没有公司期望以极端的债务比率获得利润。例如，如果公司的债务过多，其所有经营利润可能都要用来支付利息，这样，自然就不用支付公司所得税，再增加债务也没有税盾。在这种情况下，公司再借款也就毫无意义了。

由于债权人必须就其收到的利息缴纳个人所得税，因此，借款也有税收劣势。债券利息的最高税率为 37%，但股东得到的股利和资本利得目前的最高税率为 23.8%。[①] 资本利得的另一优势在于，只有在卖出股票后才纳税。（这种延迟减少了支付税款的现值。）

所有这些都表明债务所产生的税款节约额可能在某个点逐渐平稳甚至下降，但并不能解释为什么那些高税负的高盈利公司很少有甚至没有债务，也能够蓬勃发展。显然，除了所得税因素之外，还需要考虑其他因素，如发生财务危机的可能性。

16.4　财务危机的成本

如果公司无法兑现对债权人的承诺或遭遇困难，就可能发生财务危机。有时财务危机可能导致公

---

① 投资收益的税率通常随着投资者的收益总额增加而上升。最高税率名义上为 20%，但高收益投资者（持有不成比例的股份）还需要就其投资利润缴纳额外的 3.8% 的"附加税"。

司破产，有时只是令公司陷入困境。

我们将看到，财务危机的成本非常高。投资者知道，杠杆公司可能陷入财务困境，因此担心产生**财务危机成本**（costs of financial distress）。这种担心反映在杠杆公司证券的现行市场价值上。即使是蓝筹公司也会关注投资者如何看待其债务状况。这些公司希望保持随时进入债务市场的能力，降低债务资本成本。因为一旦公司财务状况恶化，债权人往往会要求得到较高的报酬率。因此，这些公司希望保持一个好的信用评级。你可能听首席执行官说过，"我们希望债务评级是 A 级"或"我们希望债务评级是一个强有力的 BB 级"。然而，即使是信用评级很高的公司，有时也会陷入财务危机。例如，20 世纪 80 年代，伊士曼柯达公司（Eastman Kodak）的信用评级一直是 AAA 级，但却在 21 世纪陷入财务危机并于 2012 年申请破产。

即使公司现在没有陷入财务危机，投资者在评估公司现行价值时也会考虑未来发生危机的可能性。这就意味着公司价值总额为：

市场价值总额 = 全部采用权益筹资方式的公司价值 + 税盾现值 − 财务危机成本现值

财务危机成本现值取决于发生财务危机的可能性与财务危机成本的大小。

图 16-7 描绘了债务的税收效应与财务危机成本之间的权衡如何决定最优资本结构。想象一下像 River Cruises 这样的公司。公司起初并没有债务，然后在资产和经营业务不变的情况下，考虑逐步提高债务水平。**如果公司保持适度的债务水平，发生财务危机的可能性较小，债务的税收效应占主导地位。但到了某个点，公司再借款就可能导致发生财务危机的可能性快速增加，潜在的财务危机成本开始侵蚀公司价值。如果财务危机成本现值的增加刚好抵销再借款的税款节约额现值，公司的资本结构就达到了理论最优资本结构。**

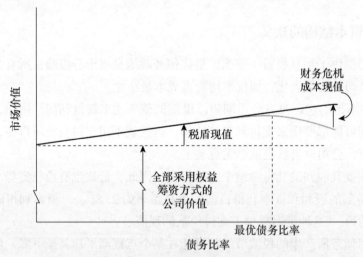

图 16-7 资本结构的权衡理论

说明：弯曲的灰色线显示，公司的市场价值刚开始随借款的增加而增加，但最终随财务危机成本的不断增加而下降。最优资本结构平衡了财务危机成本与债务产生的利息税盾现值。

这就是最优资本结构的**权衡理论**（trade-off theory）。权衡理论认为，经理会尽量提高债务水平，直至达到某个点。基于这个点，财务危机成本刚好抵销利息税盾的价值。

现在，让我们进一步讨论财务危机问题。

破产成本

理论上讲，破产只是公司出现资不抵债时允许债权人（即出借人）接管公司的法律机制。如果公司无法清偿债务，债权人就会接管公司。这时，债权人成为公司新的所有者，而老股东将一无所获。破产不是公司价值下降的原因，而是结果。

当然，在实践中，所有涉及诉讼和律师的事项都不可能没有成本。破产程序所涉及的费用由公司资产的剩余价值支付。债权人只能得到支付律师和其他法律费用之后的剩余价值。如果公司存在破产的可能性，公司的现行市场价值将随这些潜在费用的现值减少而下降。

我们不难理解不断提高的杠杆如何影响财务危机成本。公司借款越多，违约的概率就越大，相关成本的预期价值也就越大。这就降低了公司的现行市场价值。

债权人能够预见到这些成本，并清楚地知道，如果公司违约，破产成本将抵减公司价值。因此，债权人要求以更高的利率预先得到补偿。这就降低了股东报酬率和股票市场价值。股票市场价值降低额为预期未来违约成本现值。

我们在这里只关注美国破产法的第 11 章。它是希望得到帮助以摆脱财务危机的大型公司的"救命稻草"。第 11 章旨在使公司恢复健康并重新开始运营。这就要求董事会通过有关利益分配的重组计划。基于重组计划，每类债权人都需要放弃其求偿权以换取新证券或新证券与现金的组合。关键在于如何设计出一个新资本结构，同时满足债权人要求并解决使公司先前陷入财务困境的经营问题。有时可能会满足这两方面的需求，让公司重回正轨。但是，破产程序经常耗时过长，代价高昂，法律纠纷过多，往往使公司经营状况继续恶化。

破产成本的增长十分迅猛。业已破产的能源巨头安然公司在破产期间支付了近 8 亿美元的法律、会计和其他专业服务费用。清理雷曼兄弟公司 65 000 份资产求偿权的成本超过 20 亿美元。

当然，这些都是特例。因为只有大型公司才能在破产时仍拥有 10 亿美元。尽管这些数字令人望而生畏，但破产成本通常只占公司破产前一年价值的 3%。[①] 小型公司破产成本所占比例通常高于大型公司。破产似乎也存在显著的规模效应。

到目前为止，我们只讨论破产的直接成本（即法律和管理费用）。间接成本反映了进入破产程序的公司在运营上的艰难处境。1989 年，美国东方航空公司（Eastern Airlines）进入破产程序，该公司已经陷入严重的财务困境，但仍拥有一些有价值、盈利的航线以及飞机和航站设施等可以随时出售的资产。这些资产足以清偿其 37 亿美元的债务。但是，破产判决让东方航空公司得以继续运营。遗憾的是，东方航空公司的亏损仍不断累积。该公司在破产法庭的"保护"下度过了近两年时间，法官最终判决清算该公司，变卖所有资产，债权人只得到不足 9 亿美元。这次不成功的营救行为使东方航空公司的债权人付出了 28 亿美元的代价。

我们并不清楚，有多少间接成本最终成为破产成本。如果公司涉及的破产程序特别冗长，我们猜想间接成本是一个庞大的数字。也许最好的证据就是债权人不愿迫使公司破产。从理论上讲，债权人希望尽快结束这种令人烦恼的历程并获取资产。但债权人在希望帮助公司渡过难关时，经常忽略公司违约的可能性。债权人这么做的主要目的就是避免破产成本。有一句古老的财务谚语："借 1 000 美元的钱，你就得到一个银行家；借 10 000 000 美元的钱，你就得到一个搭档。"

破产成本因资产类型而异

假设你的公司唯一的资产是一座已经完全抵押出去的大型市区旅馆。经济衰退来袭，入住率降

[①] L.A.Weiss, "Bankruptcy Resolution: Direct Costs and Violation of Priority of Claims," *Journal of Financial Economics* 27 (October 1990), pp.285–314.

低，公司无法偿还抵押贷款。债权人接管了该旅馆并将其出售给新的所有者和经营者。公司的股票由此一文不值，你甚至拿股权证书做墙纸。

何谓破产成本？就 Heartbreak 旅馆而言，破产成本可能非常小。该旅馆的价值当然比你所期望的价值低得多，这主要是因为缺少客源而不是因为该旅馆已经破产。破产并不损害旅馆本身的价值。直接破产成本仅限于法律和诉讼费、房地产佣金和债权人因公司破产而耗费的时间。

假设我们在 Fledgling 电子公司身上再现 Heartbreak 旅馆的情形。除了标的资产之外，其他情况都相同。Fledgling 电子公司是一家高科技公司，其价值主要体现在投资者认为该公司的研发团队能够想出赚钱的点子。该电子公司是一家以人为本的公司，其最重要的资产就是员工。

如果 Fledgling 电子公司陷入财务危机，股东可能不愿意再向这些赚钱的点子投钱。股东为什么要投钱偿还银行贷款呢？与 Heartbreak 旅馆相比，Fledgling 电子公司无法获得投资可能是更为严重的事情。

如果 Fledgling 电子公司最终违约，无法清偿债务，债权人很难通过出售资产收回投入的现金。事实上，一旦危机来临，许多资产可能就像落日余晖，一去不复返。

一些资产（如好的商业地产）在经历破产与重组后，其价值基本不遭受损失，另一些资产的价值则可能要大打折扣。与公司持续繁荣挂钩的无形资产的损失最大。这也许就是生物技术行业债务比率较低的原因，因为生物技术行业的公司价值取决于持续成功的研发活动。这可能也解释了许多服务型公司债务比率较低的缘由，因为服务型公司的主要资产是熟练员工。这些案例的寓意在于：**千万不要只考虑公司举债是否可能导致财务危机，还要考虑公司陷入财务困境可能导致的价值损失。**

除破产外的财务危机

并非每个陷入财务困境的公司都进入破产程序。只要公司有足够的现金支付债务利息，就有可能延迟破产的时间。最终，公司可能得以恢复，清偿其债务并避免破产。

侥幸逃脱破产噩运并不意味着避免了财务危机成本。一旦公司陷入财务困境，供应商担心公司不能按期付款，潜在顾客害怕公司不能履行保修合约①，员工开始寻找新的工作。公司的债权人和股东都希望公司复苏，但这又可能与其利益相冲突。当公司陷入财务危机时，其证券持有者就像许多政治团体：在原则问题上保持一致，但就特定问题争吵不休。**如果这些矛盾影响到公司运营，那么公司的财务危机成本会非常高。股东试图放弃公司整体市场价值最大化的常规目标，转而追求狭隘的自身利益。股东可能以牺牲债权人利益的方式行事。这种行为增加了财务危机成本。**

设想一家名为 Double-R Nutting 的公司正濒临破产。该公司背负巨额债务和亏损，其资产几乎没有价值。如果其债务今天到期，公司就会违约并破产。债权人或许还能得到微不足道的现金，但股东将一无所获。

假设债务还未到期。宽限期解释了为什么 Double-R Nutting 公司的股票还有价值。也许，天赐良机拯救了该公司并使其还清了债务，并略有剩余。但这样的机会微乎其微。除非公司价值急剧增长，否则，该公司的股票将一文不值。但股东拥有一件秘密武器：股东控制着公司的投资与经营战略。

第一个游戏：赌银行的钱　假设 Double-R Nutting 公司有机会狂赌一把。如果赌输了，对股东也没有不利，反正公司可能会破产。但如果赌赢了，公司就有足够的资产清偿债务，而且股东可以获得剩余资产。由此，你就可以理解为什么经理希望抓住这个机会。在这场赌局中，经理实际上赌的是债

---

① 为了挽救克莱斯勒公司的破产，美国政府力图通过汽车的保修合约消除顾客的顾虑，修复顾客的信心。

权人的钱，但如果 Double-R Nutting 公司中彩赌赢了，大部分的利益将归股东所有。

这正是联邦快递公司 1974 年陷入财务危机时所面临的情境。当时，该公司的活期存款账户余额只有 5 000 美元，但每周需要支付的飞机燃料费用达 24 000 美元。弗里德·史密斯真的赌了一把，他带着公司仅有的 5 000 美元登上了飞往拉斯维加斯的飞机，并赢了 27 000 美元。当人们问起弗里德·史密斯如何克服恐惧并赢钱时，他答道："这有何区别呢？反正没有钱支付燃料费，我们也飞不了。"①

这些**风险转移**（risk-shifting）策略对债权人和整个公司而言都有极高的代价。这些风险转移策略为什么会与财务危机联系在一起呢？因为如果公司违约的概率很大，这种风险转移策略就具有强大的诱惑力。健康的公司从不会投资于 Double-R Nutting，因为健康的公司在赌自己的钱，而不是赌债权人的钱。健康的公司的债权人不会受到第一种游戏的伤害。

第二个游戏：不赌自己的钱　我们刚刚讨论了股东如何以自己狭隘的利益出发行事，接受高风险、无利可图的投资项目。这是委托代理的错误。下面看看利益冲突如何导致疏忽而出现错误。

假设 Double-R Nutting 找到了一个相对安全的净现值为正值的投资项目。遗憾的是，该投资项目需要巨额投资，公司需要向股东筹集这笔额外现金。即使该投资项目的净现值为正值，利润也可能不足以拯救该公司破产的命运。果真如此的话，新投资项目的所有利润将用于清偿公司债务，股东投入的现金无法得到任何回报。尽管从公司的利益出发，应该实施该投资项目，但该投资项目不符合所有者的利益，因此，公司将拒绝该投资项目。关于这个问题的最新案例是，金融危机期间，许多面临破产的银行发现其股东不愿出手相助。股东面临**债务转嫁**（debt overhang）问题：他们投入的资金被用来为现有的债权人和政府"解套"。

我们的案例说明了一个普遍观点：由于投资项目的利润必须与债权人共享，因此对公司的股东而言，任何投资机会的价值都将减少。股东从自身的利益出发可能不愿投入新股本，即便公司放弃净现值为正值的投资项目。

上述两个游戏说明了股东与债权人之间的潜在利益冲突。从理论上讲，这种冲突影响所有杠杆公司。但是，如果公司面临破产，这种冲突会变得更为激烈。**如果公司的违约概率较大，经理和股东可能倾向于接受风险极高的投资项目。与此同时，即便公司有安全且净现值为正值的投资机会，股东也会拒绝投入更多资本。股东宁愿从公司回收资金而不愿再投入新资金。**

公司知道，如果债权人担心这些游戏都以其自身利益为代价，就可能要求得到更高的利率。因此，为使债权人确信公司的行为值得信赖，公司通常会同意签订**贷款协议**（loan covenants）。例如，公司可能承诺限制未来的借款数额且不支付过多股利。当然，任何合约都无法阻止公司耍花招。例如，没有哪份合约能够保证公司会接受净现值为正值的投资项目，并拒绝净现值为负值的投资项目。

我们并不是说，在不受限制的情况下，经理和股东会经不起诱惑。经理和股东通常会自我约束，不仅源于公平竞争意识，也出于现实考虑：牺牲债权人利益发横财的公司或个人在需要再次借款时将备受冷落。只有陷入极端财务困境的公司（有时还包括彻头彻尾的骗子）才会采用这种激进的游戏方式。公司限制借款额度正是因为不想陷入财务危机和受到旁门左道的诱惑。

至此，我们已经讨论了最优资本结构的权衡理论的主要内容。接下来将总结权衡理论并简要讨论与权衡理论相冲突的啄序理论。

---

① Roger Frock, *Changing How the World Does Business*, *FedEx's Incredible Journey to Success: The Inside Story* (San Francisco: Berrett-Koehler Publishers, 2006).

16.5 对各种筹资选择的解释

权衡理论

财务经理通常会考虑公司的债务与权益筹资决策来权衡利息税盾与财务危机成本。当然，关于究竟是利息税盾更有价值还是某种类型的财务危机威胁最大尚存争议，但这些论争只是关于同一个主题的不同意见。实际上，图16-7已经显示了债务与权益之间的权衡。

权衡理论认为，各公司的目标债务比率有所不同。拥有安全的有形资产和巨额可避税的应税利润的公司，其目标债务比率应该较高。而拥有高风险的无形资产的不盈利公司，应该主要依赖权益筹资。

总之，资本结构的权衡理论讲述了一个令人舒心的故事。权衡理论避免了极端的言论，合理地倡导适度的债务比率。但实际情况又如何呢？资本结构的权衡理论能够解释公司的实际行为吗？

答案并不明确，有肯定的，也有否定的。持肯定意见的一方认为，权衡理论成功地解释了如表16-1所示的资本结构的许多行业差异。例如，高科技成长型公司的资产的风险较高且主要是无形资产，通常相对较少运用债务。而公用事业公司或旅馆可以而且也确实借入巨额债务，因为这些行业的公司的资产主要是有形资产且相对较为安全。

持否定意见的一方则认为，有些问题无法用权衡理论解释。权衡理论无法解释为什么某些成功的公司债务较少。微软公司就是一个很好的例证。微软公司也有些债务，但债务只占其普通股价值的极小比例，而且微软公司的现金和短期投资数额超过其债务数额。例如，2018年3月，微软公司的长期债务总额大约为750亿美元，其现金和有价证券余额大约为1 320亿美元，而其普通股的市场价值大约为7 460亿美元。

诚然，微软公司最有价值的资产是无形资产，而无形资产与稳健的资本结构相匹配。不过，微软公司支付巨额的公司所得税。微软公司可以借入充足的资金以节约数百万美元的税款而不必担心财务危机。

微软公司的案例说明了现实资本结构的一个奇怪现象：盈利能力最强的公司通常债务最少。对此，权衡理论无法做出解释，因为权衡理论的预测正好相反。按照权衡理论，高利润应该意味着更强的偿债能力和更多可避税的应税收益，因此，其债务比率应该更高。

啄序理论

还有一个理论可以解释为什么盈利的公司债务较少。该理论基于信息不对称——经理比外部投资者更清楚公司的盈利能力和发展前景。因此，投资者可能无法评估公司新发行的证券的真实价值，因担心市场高估新股的价格而不愿意购买新发行的普通股。

投资者的这种担心可以解释为什么股票发行公告可能导致股票价格下跌。[①] 如果经理知道的信息比外部投资者多，就会倾向于在市场高估公司股票（换言之，经理相对比较悲观）时发行新股。乐观的经理则可能因市场低估了公司股票而决定不发行新股。由此，你就可以理解为什么投资者将股票发行公告解读为一位"悲观的经理"的信号，并相应压低股票价格。你还可以理解为什么乐观的财务经理（多数财务经理都很乐观）将普通股发行视为一种代价相对高昂的筹资来源。

---

① 我们在第15章介绍过这种公告效应。

　　公司通过内部筹资（即运用留存收益和股东再投资方式筹资）可以避免上述问题。但如果公司需要外部筹资，选择债务而非权益更合适。举债对股票价格的影响似乎微不足道。债务错误估价的空间较小，因此，举债是减少投资者担忧的信号。

　　这些观察结果证实了资本结构的**啄序理论**（pecking order theory）。其具体内容如下：

　　1. 公司倾向于内部筹资。留存收益再投资不会传递任何可能降低股票价格的负面信号。

　　2. 如果需要外部筹资，公司首先会举债，只有在万不得已时才会发行股票。之所以产生这样的顺序，是因为与发行股票相比，投资者不太可能将举债解读为不好的预兆。

　　啄序理论并没有给出明确的目标债务与权益组合，因为权益包括内部权益与外部权益。根据啄序理论，内部权益排在首位，外部权益则排在最后。啄序理论解释了为什么盈利能力最强的公司通常债务较少。这并不是因为这些公司的目标债务比率较低，而是因为这些公司不需要外部资金。由于盈利能力较差的公司没有充足的内部资金来满足其资本性投资项目的需求，而且根据啄序理论，债务是外部筹资的首选，因此，这些公司只能选择举债。

　　啄序理论并没有否认所得税因素和财务危机是影响资本结构选择的重要因素。不过，啄序理论认为，与经理偏好内部资金更甚于外部资金和偏好债务筹资更甚于发行新的普通股相比，这些因素就没有那么重要了。

　　就多数美国公司而言，大部分新的投资项目通过内部资金解决，多数外部筹资则源于债务。这些组合的筹资模式与啄序理论一致。但啄序理论似乎最适用于成熟型公司。高速成长的高科技公司经常通过发行一系列普通股为其投资项目筹资。当然，你不能期望啄序理论适用于那些拥有非常有价值的成长机会的公司。这样的公司完全可以发行股票。这些公司是值得信赖的股票发行者。成长型公司发行的股票并没有像成熟型公司发行的股票那样传递出悲观的信号。

财务松弛的两面性

　　根据啄序理论，如果其他条件不变，公司最好选择内部权益而不是外部权益。如此一来，遵循啄序理论并且需要通过外部权益筹资的公司最终可能过度举债，或由于股票无法以经理认为公允的价格出售而错失好的投资项目。

　　如果我们问财务经理，在考虑公司债务政策时，他的脑海里出现的最重要的因素是什么，财务经理普遍提及债务的税收效应和维持公司信用等级的重要性。不过，财务经理更强调为了使公司能够及时地为新的投资项目筹集到足够的资金，公司必须保持财务柔性。[①]换言之，财务经理十分看重**财务松弛**（financial slack）。财务松弛意味着拥有现金、有价证券和现成的债券市场及银行融资渠道。总体而言，现成的融资渠道要求公司稳健筹资，以便潜在出资者将公司债务视为一种安全的投资。

　　从长远来看，公司的价值更多地取决于其资本性投资项目和经营决策，而非筹资决策。因此，你希望确保公司具有足够的财务松弛，以便迅速地为好的投资项目筹资。对拥有众多净现值为正值的发展机会的公司来说，财务松弛最有价值。这就是成长型公司通常追求稳健的资本结构的另一个原因。

　　但是，财务松弛也有负面影响。过度的财务松弛可能使经理过于安逸，使用原本应该支付给股东的现金增加自己的福利待遇或构建公司帝国。迈克尔·詹森（Michael Jensen）曾经强调这种**自由现金**

---

　　① J.R.Graham and C.R.Harvey, "The Theory and Practice of Corporate Finance: Evidence from the Field," *Journal of Financial Economics* 61 (2001), pp.187–243.

流量问题（free-cash-flow problem）：拥有充裕自由现金流量（或不必要的财务松弛）的经理倾向于将过多现金投入成熟业务或缺乏周密论证的并购业务。詹森说："问题是如何激励经理吐出现金，而不是将现金投资在报酬率低于资本成本的投资项目上或在无效率的组织中消耗这些现金。"[①]

如果这是问题的症结，那么举借债务可能是解决方法。按协议支付利息并归还本金是公司的契约性义务。债务迫使公司支付现金。也许，最优的债务水平出现在偿还债务之后，银行账户上的现金刚好满足所有净现值为正值的投资项目的现金需求量，一分钱都不剩。

尽管我们并不提倡这种完美论调，但这种理念不仅有效并且很重要。就某些公司而言，财务危机的威胁对激励经理具有积极影响。毕竟，如果能够使滑冰者全神贯注，如履薄冰也未尝无益。同样，高杠杆公司的经理更有可能努力工作，精简运营，而且在花钱之前更加三思而后行。

存在一个最优资本结构理论吗?

不存在。没有一种理论可以刻画数千家公司选择资本结构的动因。相反，存在多种理论，每种理论或多或少都有助于解释公司选择资本结构的动因。其解释力度取决于特定公司的资产、经营业务和所处的环境。

换言之，要从容淡定：不必浪费时间去寻找最优债务比率的"万能"计算公式。也需要记住：多数价值来源资产负债表的左边，也就是来源于公司的经营业务、资产和成长机会。筹资没有那么重要。当然，如果公司的筹资出了问题，筹资可能减损公司的价值，但愿公司不至于出现这种情况。

在实践中，筹资选择取决于本章所讨论的各种因素的相对重要性。有时，降低税负就是公司的基本目标。因此，成熟的商业地产公司（如拥有市中心办公大楼）的债务比率经常比较高。如果办公场所可以租给信得过的租户，这些办公大楼可能是安全的现金牛资产。破产成本很小，因此，提升债务比率，节约税金就很有意义。

就小规模的成长型公司而言，利息税盾没有财务松弛来得重要。只要公司能够确保及时找到投资项目所需要的资金，盈利的成长机会就有价值。这些公司的财务危机成本比较高，因此，成长型公司希望更多地采用权益融资也就很正常。

成长型公司较少举债还有其他原因。成长型公司的成长机会就是实物期权，即投资实物资产的选择权。以初创的生物技术公司为例。生物技术公司的主要资产是研发项目和某些前景诱人的研究成果。不过，如果生物技术公司取得预期成果，可能就需要更多的钱投入相应药品的开发和推广。事实上，生物技术公司前期只投入部分资金本身就生产了财务杠杆。这样，就生物技术公司而言，通过减少资产负债表列示的债务数额，抵消成长机会实物期权的财务风险就显得尤为重要。

就成熟型公司而言，成长机会实物期权就没有那么重要。成熟型公司可以且通常借更多的钱。成熟型公司最终遵循了啄序理论。成熟型公司更喜欢采用留存收益为投资项目融资。如果成熟型公司的投资额超过留存收益，就举借更多的债务，而留存收益超过投资额，则偿清债务。

随着公司经营业务的发展，成长机会迟早会消失。这时，公司可能举借大量的债务，并回购权益，限制投资，将现金返还给投资者。

这些例证未必面面俱到，但对细心的首席执行官制定筹资战略还是具有启发作用的。

---

① M.C.Jensen, "Agency Costs of Free Cash Flow, Corporate Finance and Takeovers," *American Economic Review* 26 (May 1986), p.323.

📖 本章小结

何谓资本结构决策的目标？财务经理试图做什么？何时资本结构无关紧要？（学习目标 1）

资本结构决策的目标是将公司发行的所有证券的市场价值总额最大化。试想财务经理将公司所有实物资产以证券组合的形式出售给投资者。有些财务经理可能选择最简单的证券组合：全部采用权益筹资方式。有些财务经理则可能发行各种债券与股票。财务经理必须努力寻找使公司市场价值最大化的特定证券组合。如果公司价值增加了，普通股股东将受益。

但资本结构并不一定影响公司价值。著名的债务无关定理认为，改变资本结构不会增加公司价值。因此，债务与权益的比例无关紧要。财务杠杆确实增加了股东的预期报酬率，但其股票风险也成比例增大。MM 定理认为额外报酬率与额外风险相抵消，股东既没有获利也没有损失。

当然，MM 定理之争以简化假设作为前提。例如，MM 定理假设资本市场有效并运行良好，忽略了所得税因素和财务危机成本。不过，即使在实践中这些假设不成立，MM 定理依然非常重要。MM 定理揭示了财务经理有时可能掉入逻辑陷阱，尤其是认为债务是"成本低的筹资方式"——因为债务的显性成本（利率）低于权益资本成本。由于财务风险和权益资本成本随借款数额的增加而提升，因此，债务也有隐性成本。如果考虑了这两种成本，债务筹资方式并不比权益筹资方式成本低。MM 定理认为，在没有公司所得税的情况下，公司的加权平均资本成本不取决于债务筹资的数额。

公司所得税如何修正了 MM 定理的杠杆无关定理？（学习目标 2）

债务利息是一种税前扣除费用，因此，举债创造了利息税盾。未来利息税盾的现值可能非常大，其价值可能占债务总额的很大比例。当然，利息税盾只对盈利且纳税的公司有价值。

如果利息税盾有价值，为什么所有纳税公司不尽可能多地借款？（学习目标 3）

公司借款越多，发生财务危机的可能性就越大。财务危机成本可以分为如下几个部分：

- 直接破产成本，主要是法律与管理费用。
- 间接破产成本，反映了管理进入破产程序的公司的各种困难。
- 因违约和破产威胁而扭曲的财务决策，包括因债权人与股东之间的利益冲突而导致的糟糕的投资决策。利益冲突引发了潜在的风险转移和债务转嫁问题。

综合利息税盾与财务危机成本就产生了最优资本结构的权衡理论。权衡理论认为财务经理应该尽量提高债务水平，直至达到某个点。基于这个点，财务危机成本刚好抵销利息税盾的价值。

权衡理论认为，拥有安全的有形资产和巨额应税收益的公司应该保持较高的债务水平，盈利能力较差或拥有高风险的无形资产的公司则应当减少借款。

何谓啄序理论？（学习目标 4）

啄序理论认为公司偏好内部筹资（即留存收益和再投资）甚于外部筹资。如果需要外部筹资，公司宁愿发行债券而不愿发行新股。啄序理论认为公司举债的数额取决于其外部筹资的需求。啄序理论还建议财务经理尝试保持一定的财务松弛，即现金储备或未动用的借债能力。

过度的财务松弛可能导致经理松懈。较高的债务水平（和财务危机的威胁）可以激励经理更加努力地工作，保留现金并避免接受净现值为负值的投资项目。

是否存在寻找最优资本结构的法则？（学习目标 5）

很遗憾，资本结构决策并没有简单的答案。在一些情况下，债务筹资可能优于权益筹资，在另一些情况下则未必如此。但至少有以下四个方面可供财务经理思考。

- 所得税。利息税盾的价值是多少？债务存续期间内公司可能继续纳税吗？安全且持续盈利的公司最有可能纳税。

● 风险。即使公司成功存活,财务危机成本也十分高昂。如果其他条件不变,经营风险较高的公司更容易发生财务危机。这就是风险较高的公司通常较少举债的原因。

● 资产类型。如果财务危机果真来临,价值取决于无形资产的公司的破产成本通常最高。这些公司的借款数额通常少于拥有安全的有形资产的公司。

● 财务松弛。什么样的财务松弛才是合适的?过度的财务松弛可以轻易地满足未来投资项目的资金需求,但也可能使经理的进取心丧失。更多的债务意味着较小的财务松弛,增大了公司不得不发行股票为未来投资项目筹资的概率。

微型案例

2020 年 3 月,Londonderry Air (LA) 的管理团队召开会议,商讨以 2 500 万美元购置五架短途运输飞机事宜。与会者普遍对该投资项目热情高涨,而且新购置的飞机预期在未来 20 年内每年可以创造现金流量 400 万美元。

会议的焦点集中在如何为该投资项目筹集资金。LA 公司目前拥有 2 000 万美元的现金和有价证券(如下所示),但首席财务官艾德·约翰逊(Ed Johnson)指出,公司至少要保留 1 000 万美元的现金,以应付正常营运的现金流出量和应急储备金。这就意味着此投资项目的资金缺口为 1 500 万美元。公司可以通过发行普通股或增加借款弥补该缺口。在各方意见得到微妙的平衡之后,约翰逊提议发行股票。他指出,航空业的利润波动很大,航空公司应当注意规避过度举债的风险。他以市场价值为基础估计当前公司的长期债务比率大约为 59%,如果公司再举债的话,债务比率将提高到 62%。

LA 公司 2019 年财务报表概要(以账面价值为基础) 　　　　单位:百万美元

资产负债表

银行借款	50	现金	20
其他流动负债	20	其他流动资产	20
债券(利率为 10%,2034 年到期*)	100	固定资产	250
股东权益**	120		
负债总额	290	资产总额	290

利润表

毛利	57.5
折旧费用	20.0
利息费用	7.5
税前利润	30.0
所得税费用	10.5
净利润	19.5
股利	6.5

* 目前 LA 公司债务到期收益率为 6%。

**LA 公司流通在外的股票数量为 1 000 万股,每股市场价格为 10 美元。公司股票的贝塔系数预计为 1.25,市场风险溢酬为 8%,国库券利率为 3%。

　　关于发行股票，约翰逊唯一担心的是投资者可能推断公司增发股票是由于管理层认为市场高估了该公司股票，发行公告可能引起投资者盲目出售股票。因此，他强调公司需要谨慎地解释发行股票的原因。他还建议，如果在增发股票的同时提高股利支付水平，可能增加投资者对新发行股票的需求。这将表明管理层对于公司未来的发展充满信心。

　　这些讨论并未打消 LA 公司首席执行官的疑惑。她说："约翰逊，我知道你在这些方面绝对是专家，但你所说的一切有悖常理。去年公司股票价格下降了近 1/5，为什么我们还要出售更多的权益呢？公司股票当前的股利收益率为 6.5%，这也是我们的资本成本居高不下的重要原因。增加股利无疑将使公司资本成本更高。此外，在向股东支付更多股利的同时，要他们再拿钱出来购买股票，这个道理我想不通。如果提高股利支付水平，我们就需要增加股票发行的数量，这只是用股东口袋里的钱支付更高的股利。你还忽略了所有权稀释问题。目前公司每股账面价值为 12 美元，如果我们现在以每股大约 10 美元的价格发行股票，那么对现有股东不公平。

　　"现在来看另一种筹资方式。我们现在以 6% 的利率借款。由于利息可以节税，因此，税率为 21%，税后借款成本为 4.74%（（1-0.21）×6%），低于权益资本成本。我们预期新购飞机可以创造的报酬率为 15%。如果我们能够以 4.74% 的利率筹集资金并获得 15% 的投资报酬率，这在我看来是一桩好买卖。

　　"你们这些做财务的人张口闭口都是风险，但只要我们没有破产，举债根本就不会产生任何风险。

　　"约翰逊，我并非想将自己的观点强加于这个议题之上，毕竟，你才是专家。我们到下个月才需要向董事会递交公司建议书。在此期间，你何不挑选一位新招收的商学院大学生，来评价我们应该如何选择筹资方式和投资这些飞机应该获得的报酬率是多少？"

　　请运用 2019 年的财务数据评价约翰逊关于发行股票和提高股利的论据，以及公司首席执行官的答复。谁的观点正确呢？新飞机投资项目的必要报酬率是多少？

第 **17** 章

分配政策

学习目标

1. 描述公司如何发放股利以及如何回购股票。
2. 解释为什么对股东而言，增加股利和回购股票是好消息，而减少股利是坏消息。
3. 解释为什么基于完全有效的金融市场，分配政策不影响股东价值。
4. 说明市场缺陷尤其是股利与资本利得的不同税务处理方式如何影响分配政策。
5. 理解分配政策如何随着公司生命周期的变化而变化。

如果股东购买公司新发行的股票或公司以股东名义将利润再投资于公司，股东就对公司进行了投资。股东通常并不要求其投资能够马上收回现金。有些经营多年的公司从未发放过现金股利，但是多数公司迟早都会向股东发放现金。这些公司要么发放股利，要么以现金回购以前发行的股票。[1]

公司在某个年度应该向股东发放多少股利？公司应该以股利还是股票回购的方式发放现金呢？这两个问题的答案就在于公司的分配政策。

我们在本章首先讨论公司如何发放股利以及如何回购股票。我们将解释为什么对投资者而言，增加股利通常传递好消息，减少股利则传递坏消息。接着解释为什么基于完全有效的金融市场的理想状态，公司分配政策不应该影响股东财富。

这引领我们考察现实世界的复杂因素。这些复杂因素可能使公司偏好某一种分配政策。有利于股票回购的所得税因素可能是最重要的因素。

最后，我们将从总体上讨论现金分配政策及其如何随着公司生命周期的变化而变化。年轻的成长型公司很少甚至根本不分配现金股利。这些公司从投资者手上筹集资金而不是将资金返还给投资者。随着时间的推移，成熟型公司的投资机会越来越少，发放的现金股利越来越多。成熟型公司发放的丰厚现金股利深受投资者的青睐。这些投资者担心，如果公司不发放现金股利，管理者可能将自由现金

---

[1] 如果公司被收购，股东也可能得到现金。

流量耗费在构建公司帝国和净现值为负值的投资项目上。

17.1　公司如何向股东支付现金

公司以两种方式向股东支付现金：支付现金股利或回购部分流通在外的股票。图 17－1 描绘了 1985 年以来美国公司每年回购股票与发放现金股利的情况。20 世纪 80 年代中期之前，股票回购十分罕见，但随后越来越普遍。2007—2017 年间，埃克森美孚、苹果、微软和 IBM 等公司都回购了超过 1 000 亿美元的股票。

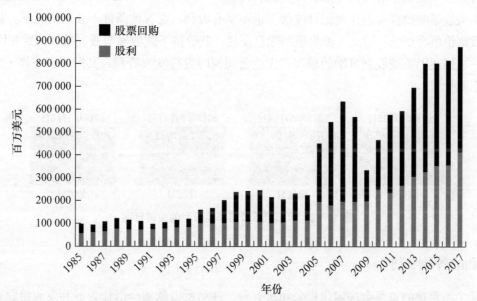

图 17－1　美国公司 1985—2017 年股利和股票回购情况

资料来源：Compustat, www.compustat.com.

多数成熟的盈利公司都发放现金股利。相反，成长型公司通常发放少量股利，甚至不发放股利。不发放股利的公司包括家喻户晓的亚马逊、脸书、eBay 和阿尔法贝特（谷歌的母公司）。有些公司曾经发放过股利，但因处境艰难被迫削减股利以留存现金，发放了数十年的固定股利但在 2006 年将股利削减至零的福特汽车公司便是一个例证。不过，2012 年，福特汽车公司又重新开始发放股利。

美国公司 2011—2017 年发放股利的实际情况如下所示。

		是否发放股利	
		是	否
是否回购股票	是	23%	21%
	否	14%	42%

可以看到，公司未必需要在发放股利与回购股票之间做出选择。这些年来，平均有 23% 的公司既发放股利也回购股票。14% 的公司发放股利但不回购股票。回购股票但不发放股利的公司比例为 21%。不过，有 42% 的公司既不发放股利，也不回购股票。

公司如何支付股利

2018 年 4 月，可口可乐公司召开董事会，决定批准每季度每股定期发放**现金股利**（cash dividend）

0.39 美元。可口可乐公司的有些股东可能偏好现金股利，有些股东可能倾向于将股利再投资于公司。为了满足这些投资者的愿望，可口可乐公司有一个自动股利再投资计划，如果股东加入该计划，其股利将自动用于购买更多的股票。①

谁能得到可口可乐公司的股利呢？这似乎是一个显而易见的问题，但股票不断交易，公司关于谁拥有其股票的记录从来就无法全面及时更新。因此，公司指定某一天来划定有权得到股利的股东名册。可口可乐公司宣告于 7 月 2 日（支付日）向 6 月 15 日（登记日）股东名册上的所有股东寄发股利支票。

可口可乐公司的股票在 6 月 14 日（即登记日的前一个工作日）开始**除息**（ex-dividend）交易。当日或之后购买股票的投资者不在登记日注册，也不享有股利。在其他条件不变的情况下，如果你错过了股利，股票价值会更低。因此，如果股票除息交易，其价格下跌数额与股利数额大致相同。

图 17-2 描述了关键股利日期的顺序。无论公司何时发行发放股利，其顺序都一样（当然，实际日期有所不同）。

图 17-2　可口可乐公司季度股利的关键日期

对股利的各种限制

假设某个不道德的董事会决定出售公司所有资产并将所得款项全部作为股利发放给股东，没有留下分文用于偿还公司的债务。

为了保护公司债权人，美国各州的法律限制公司过度发放股利。例如，如果公司发放股利导致资不抵债，多数州会禁止公司发放股利。如果公司发放股利削减了法定资本，许多州也不允许公司发放股利。法定资本通常定义为流通在外股票的面值。

银行和其他债权人也可能要求限制公司发放股利。如果银行和债权人对债务公司的信誉存有疑虑，就会要求限制股利的发放。我们提到 2006 年福特汽车公司取消了股利发放。由于福特汽车公司损失几十亿美元并被迫大量举债为其复苏计划筹资，其贷款协议限制股利的发放，因此，在 2012 年公司经营状况得到改善之前不能发放股利。

股票股利与股票分割

可口可乐公司以现金形式发放股利，但公司有时宣告发放**股票股利**（stock dividends）。例如，公司可以宣告发放 10% 的股票股利。这时，公司向持有该公司每十股股票的股东发放一股股票。

股票股利与**股票分割**（stock split）十分相似。无论是股票股利还是股票分割，股东每持有一股股票就可以得到某个固定数量的新股。例如，在一分为二的股票分割方式下，每位投资者所持有的每一股股票都可以再得到一股股票。投资者最终拥有两股而不是一股股票。因此，一分为二的股票分割相

---

① 通常，自动股利再投资计划的新股发行价格比市场价格略低 5%。公司之所以给投资者这个甜头，是因为公司节省了常规股票发行的承销成本。基于该计划，有时公司用于再投资的股利占股利总额的 10% 或 10% 以上。

当于发放 100% 的股票股利。无论是股票股利还是股票分割，流通在外的股票数量都会翻番，但都不影响公司的资产、利润或价值总额。[①]

然而，即便投资者清楚股票分割并不影响公司的经营业务，但是，公司宣告股票分割确实经常导致股票的市场价格上升。投资者也许特别青睐低价股或者将股票分割决策视为管理层对未来充满信心的一种信号。[②]

例 17.1　股票股利与股票分割

Amoeba Products 公司最近以每股 15 美元的价格发行了 200 万股股票。因此，投资者评估该公司的市场价值总额为 3 000 万美元。该公司现在宣告发放 50% 的股票股利，这意味着股东每持有两股股票将得到一股新股。因此，公司的股票数量将由 200 万股增加到 300 万股。但公司资产并没有受到这些账面交易的影响，依然是 3 000 万美元。不过，该公司发放股票股利之后，每股股票价值为 10 美元（3 000/300）。

如果该公司将两股股票分成三股股票，其效果也一样。[③]（"分而治之"是该公司的箴言。）这样，每位股东所持有的股票数量增加了 50%，但公司的价值总额不变。如果其他条件保持不变，股票价格必然下跌 1/3。

有时，股票价格非常低的公司会采用反向分割，提高每股价格。例如，2011 年，花旗银行宣告十股换一股的反向分割方案。尽管花旗银行渡过了 2007—2009 年的金融危机，但其股票价格从金融危机前大约每股 50 美元下跌到略高于 4 美元。根据反向分割方案，每个股东可以用原来的十股股票换一股新的股票。突然间，花旗银行的每股价格超过 40 美元。当然，金融危机前购买股票的股东还记得：股票分割时放弃的十股曾经值 500 美元。

股票回购

公司向投资者返还现金的另一种方法是回购部分股票。例如，2018 年 4 月，可口可乐公司在宣告发放第一个季度股利的前一天，宣告当年已经耗资 9.27 亿美元回购股票。公司可以将这些回购的股票以库藏股的形式保留，如果公司日后需要筹集资金，再重新出售这些库藏股。这些库藏股也可以向行使股票期权的经理发行。

以下是实施**股票回购**（stock repurchase）的四种主要途径：

1. 公开市场回购。公司与其他投资者一样，在二级市场宣告计划购买股票。迄今为止，这是最普遍的方法。法律限制公司在某个特定时点回购自身股票的数量，因此，回购可能持续数月甚至数年。

2. 要约收购。公司提出以固定价格回购规定数量的股票。如果有足够多的股东接受要约，交易就完成了。

3. 竞拍。公司宣告准备回购的价格区间。股东就其基于每个价格愿意出售的股票数量提交要约，

---

① 就某些习惯于购买每 100 股股票为"一手"的个人投资者而言，股票价格特别高可能不利于交易。因此，如果某公司股票的每股交易价格为 240 美元，就有可能以一分为六的股票分割方式将股票价格拉低到每股大约 40 美元这样一个更为方便的"交易区间"。个别投资者有时可能青睐低价股。公司通过股票分割满足个别投资者的这种需求变化。

② E.F.Fama, L.Fisher, M.Jensen, and R.Roll," The Adjustment of Stock Prices to New Information," *International Economic Review* 10 (February 1969), pp.1–21. 有关实施股票分割的公司预期可以获得高于平均水平的利润的证据，参见 P.Asquith, P.Healy, and K.Palepu, "Earnings and Stock Splits," *Accounting Review* 64 (July 1989), pp.387–403。

③ 股票股利与股票分割的区别只是一个技术性问题。股票股利只是作为从留存收益转移而来的面值和溢缴实收资本列示于资产负债表，股票分割则列示为每股面值按比例缩减，两者都不影响股东权益的账面价值总额。

公司就可以计算出回购所需数量的股票的最低价格。

4. 直接协商。公司也可能与主要股东协商回购一部分股票。恶意收购者买断目标公司股票的"绿票讹诈"便是臭名昭著的例证。"绿票"意味着以收购者愿意放弃目标公司的高价格回购股票。

17.2 股利与股票回购的信息含量

2004 年，有一项调查询问了高级经理关于其所在公司股利政策的问题。图 17 - 3 总结了高级经理的回应。由此可以看出三个显著特征：

1. 经理不愿意做出可能逆转的股利政策改变，而且如果需要维持现有的股利支付水平，经理可能愿意为此而筹集资金。

2. 经理"平稳"地支付股利，厌恶削减股利。股利随长期可持续利润的增长而增长。利润的暂时性波动极少影响股利支付水平。

3. 经理更关注股利的变化，而不是股利的绝对水平。因此，如果上一年发放 1 美元的股利，那么，支付 2 美元的股利就是一项重要的财务决策。如果上一年发放 2 美元的股利，那么，当年还支付 2 美元的股利就不是重要的事情了。

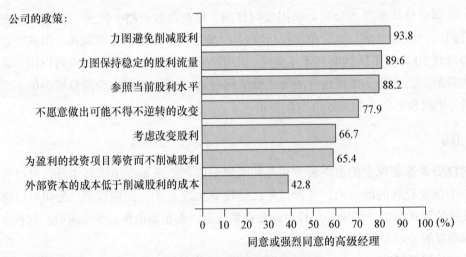

图 17 - 3　一项针对高级经理的调查

说明：调查显示，公司不愿意削减股利，力图保持平稳的股利支付水平。

资料来源：A.Brav, J.R.Graham, C.R.Harvey, and R.Michaely, " Payout Policy in the 21st Century, " *Journal of Financial Economics* 77 (September 2005), pp.483–527.

你从这些回应可以看到，为什么对投资者而言增加股利是好消息。投资者知道经理不愿意削减股利，除非经理确信公司可以维持现有的股利支付水平，否则，经理不会增加股利。因此，增加股利的公告具有**信息含量**（information content），传递出经理对公司的未来充满信心。

因此，如果你发现增加股利的公告提升股票价格，而减少股利的公告降低股票价格，不足为奇。例如，希利和帕利普（Healy and Palepu）发现，公司首次发放股利的公告导致股票价格迅速平均上涨 4%。[1] 阿米胡德和李（Amihud and Li）发现，20 世纪 90 年代（已经定期发放股利的公司）增加股利的

---

[1]　P.Healy and K.Palepu, " Earnings Information Conveyed by Dividend Initiations and Omissions, " *Journal of Financial Economics* 21 (1988), pp.149–175.

公告导致股票价格迅速平均上涨大约 0.5%，而削减股利的公告导致股票价格下跌大约 2%。[①] 值得注意的是，投资者并不为公司达到某一股利水平而感到兴奋，投资者关注的是股利政策的变动。投资者将股利政策的变动视为管理层对公司未来是否有信心的一个指标。

经验丰富的财务经理熟谙股利的信息含量，不会轻易改变股利政策，以防向投资者传递错误的信号。当然，有些股利政策的改变并没有多少信息含量。例如，并非所有削减股利的公告都是坏消息。如果投资者相信公司削减股利的理由充分合理，股票价格可能不受影响。此外，如果公司削减股利的公告已经发出，投资者也清楚公司即将削减股利，那么，削减股利的公告就没有传递坏消息。例 17.2 说明了这个问题。

例 17.2　英国石油公司暂停发放股利

2010 年 6 月 16 日，英国石油公司宣告其计划在年底之前暂停发放股利。该公司暂停发放股利可以释放出大约 78 亿美元的现金。这些现金用于补充该公司在墨西哥湾漏油事件之后建立的基金。然而，削减股利的公告几乎没有影响该公司的股票价格。削减股利是意料之中的事情，因此并不是新的信息。英国石油公司削减股利只不过是应对业已发生并影响其股票价格的事件的举措。英国石油公司削减股利没有被解读为新出现的坏消息的信号。

股票回购也具有信息含量。股票回购可能折射出经理的乐观态度，预示着经理认为投资者低估了公司的股票价格。如果投资者担心公司不发放股利而把现金浪费在无利可图的投资项目上，那么，投资者可能也赞同股票回购。（当然，如果投资者看好的成长型公司突然宣告股票回购计划，投资者可能就没有那么振奋了。因为这意味着经理不知道如何更好地运用这些现金。）不过，股票回购计划的公告并不承诺以后年份还会继续回购股票。因此，与增加股利的公告相比，计划回购股票的消息的积极影响就没有那么显著。

许多大型成熟公司如可口可乐公司定期发放股利，而且每年都回购股票。对这些公司而言，股票回购很平常，也是公司整体分配策略的一个组成部分。定期公告的股票回购计划所传递的信息几乎微不足道。

17.3　股利还是股票回购：公司分配政策之争

显然，公司股利政策的变化可能传递出公司管理层对未来的信心，因此可能影响股票价格。不过，股利信息最终还是会通过其他渠道传播出去，股票价格总归会发生变化。公司分配政策能否改变公司普通股的基本价值，或者公司分配政策只是一种有关价值的信号？

这可能是一个不好回答的难题。因为分配决策时常与其他筹资或投资决策交织在一起。一些公司之所以发放较少的现金股利，是因为管理层对公司未来发展持乐观态度并希望留存利润以扩大生产。这时，分配决策只是公司资本预算决策的副产品。另外一些公司则可能主要通过举债为资本支出筹资，从而留出可用于向股东发放股利的现金。这时，分配决策是举债决策的副产品。

我们希望将分配政策与财务管理的其他问题区分开来。我们应该考虑的问题是：基于特定的公司资本预算与举债决策，改变分配政策可能产生什么影响？

[①]　Y.Amihud and K.Li, " The Declining Information Content of Dividend Announcements and the Effect of Institutional Holdings, " *Journal of Financial and Quantitative Analysis* 41 (2006), pp.637–660. 他们还发现股利公告的信息含量在 20 世纪六七十年代更大。

　　经济领域往往存在两种甚至三种对立的观点。对于分配政策，有些学者认为较高的股利可以增加公司价值，但也有些学者认为较高的股利导致较高的税负，从而减少了公司价值。介于两者之间的中间派则认为分配政策无关紧要。下面首先讨论中间派的观点。

　　莫迪格利安尼和米勒曾经证明基于完善的金融市场，债务政策无关紧要，也证明了基于完善的金融市场，股利政策无关紧要。他们在证明基于完善的金融市场股利决策无关紧要时，发现了中间派。[①]MM 定理承认分配政策在实践中可能很重要，其原因不仅在于股利与股票回购的信息含量，而且在于所得税因素和市场不完善。理解分配政策何时和为何无关紧要有助于我们理解分配政策何时重要。

　　下面，我们以一个简例说明 MM 定理之争。

股利还是股票回购：一个例证

　　假设你是 Hewlard Pocket 公司的首席执行官。Hewlard Pocket 公司是一家盈利的成熟型公司。该公司的增长速度逐步放缓，你计划将自由现金流量分发给股东。你发放股利或回购股票很重要吗？这种选择会影响公司的市场价值吗？

　　表 17-1 的 A 部分列示了 Hewlard Pocket 公司资产与权益的市场价值。该公司的价值总额为 110 万美元，流通在外的股票数量为 100 000 股，每股价格为 11 美元。这正好是除息日之前的股票价格。

表 17-1　Hewlard Pocket 公司以市场价值为基础的资产负债表　　　　　　单位：美元

资产		负债与股东权益	
A. 原先的资产负债表			
现金	150 000	债务	0
其他资产	950 000	权益	1 100 000
公司的价值	1 100 000	公司的价值	1 100 000
流通在外的股票数量 = 100 000 股			
每股价格 = 1 100 000/100 000 = 11 美元/股			
B. 每股发放现金股利 1 美元之后的资产负债表			
现金	50 000	债务	0
其他资产	950 000	权益	1 000 000
公司的价值	1 000 000	公司的价值	1 000 000
流通在外的股票数量 = 100 000 股			
每股价格 = 1 000 000/100 000 = 10 美元/股			
C. 实施 100 000 美元的股票回购计划之后的资产负债表			
现金	50 000	债务	0
其他资产	950 000	权益	1 000 000
公司的价值	1 000 000	公司的价值	1 000 000
流通在外的股票数量 = 90 909 股			
每股价格 = 1 000 000/90 909 = 11 美元/股			

　　说明：本表描述了股利与股票回购的不同影响。

---

① M.H.Miller and F.Modigliani," Dividend Policy, Growth and the Valuation of Shares," *Journal of Business* 34 (October 1961), pp.411–433.

表 17-1 的 B 部分列示了 Hewlard Pocket 公司每股发放股利 1 美元（发放股利总额为 100 000 美元）之后，资产负债表发生的变化。该公司的现金账户减少为 50 000 美元，公司的市场价值从 1 100 000 美元减少为 1 000 000 美元。由于流通在外的股票数量为 100 000 股，每股股票价格从 11 美元下跌到 10 美元。

由于现金股利刚好弥补了股票价格的下跌，因此，发放现金股利的结果是股东价值保持不变。假设在该公司发放股利之前你持有价值为 11 000 美元的 1 000 股公司股票。该公司发放股利之后，你依然拥有 11 000 美元：10 000 美元的股票和 1 000 美元的现金。

表 17-1 的 C 部分列示了 Hewlard Pocket 公司不发放现金股利而是以 100 000 美元回购股票之后，资产负债表发生的变化。该公司以每股 11 美元回购 9 091 股，流通在外的股票数量剩下 90 909 股（100 000-9 091）。（值得注意的是，股票价格还是每股 11 美元。公司的价值为 100 万美元，每股价格 = 1 000 000/90 909 = 11 美元。）

再次假设该公司股票回购之前，你拥有 1 000 股，价值为 11 000 美元。如果你将这些股票出售给 Hewlard Pocket 公司，你可以得到现金 11 000 美元。如果你没有出售这些股票，你拥有的股票还是值 11 000 美元。无论你是否出售这些股票，你的财富都一样。无论选择股票回购还是现金股利，你的财富完全相同。

因此，上述简例说明无论选择现金股利还是股票回购都不会影响股东财富，从而印证了 MM 定理之争。（当然，还需要考虑所得税和其他复杂因素。）

你可能听说过一种观点：股票回购提升股票价格。上述简例说明，这种观点未必正确。如果公司用现金支付股利而不是回购股票，那么，股票回购就可以避免除息日可能发生的股票价格下跌。（比较表 17-1 的 B 部分和 C 部分。值得注意的是，该公司实施股票回购之后，股票的每股价格并没有下跌到除息日的 10 美元，依然是 11 美元。）股票回购也减少了流通在外的股票数量，因此，尽管收益总额没有变化，但却提高了未来每股收益。

股票回购与股利折现模型

这就产生了一个经常令人困惑的问题。我们在第 7 章提到股票价值等于其未来股利的折现值。如果公司以股票回购而不是现金股利的方式向股东返还现金，那么，这个股利折现模型还成立吗？答案是肯定的，但你必须谨慎地预测每股股利。

我们再回到表 17-1 的 B 部分。根据表 17-1 的 B 部分，Hewlard Pocket 公司刚刚每股发放 1 美元的现金股利，其 100 000 股现在的市场价格为每股 10 美元。我们增加两个假设。第一，假设公司预期每年可以创造利润 100 000 美元，并将所有利润都分配给股东。如果留存比率为零，预期增长率（g）也为零。表 17-1 的 B 部分列示了除息日的股票价格。这样，下一个期间将发放的股利为 100 000 美元（每股 1 美元）。第二，假设权益资本成本为 10%（$r = 10\%$）。我们可以运用第 7 章的固定增长股利折现模型：

$$P_0 = \frac{DIV_1}{r-g} = \frac{1}{0.10-0} = 10(\text{美元})$$

现在假设 Hewlard Pocket 公司宣告从此以后公司利润的 50% 以现金股利的方式发放给股东，另外 50% 则以股票回购的方式将现金返还给股东。这意味着下一个年度的预期股利只有 0.50 美元（$DIV_1 = 0.50$ 美元）。与此同时，股票回购将减少流通在外的股票数量，从而提高第二年及以后年度的每股收益和每股股利。如此一来，每股收益和每股股利增长 5% 与股利减少 0.50 美元刚好相互抵消。

下面看看其道理何在。Hewlard Pocket 公司将在第一年度用 50 000 美元（利润的 50%）回购股票。除息日的股票价格为每股 10.50 美元（11-0.50），50 000 美元可以回购股票的数量为 4 762 股（50 000/10.05）。这样，流通在外的股票数量从 100 000 股减少到 95 238 股。第二年度预期每股收益从 1 美元增加到 1.05 美元（100 000/95 238），增长率为 5%。第二年度的每股股利也增长 5%，达到 0.525 美元。如果你以此类推到第二年度及以后年度，就会发现以利润的 50% 回购股票将使每年的每股收益和每股股利持续增长 5%。

你可能已经明白其中的道理。股票回购引发的每股收益和每股股利的增长与现金股利的减少刚好相互抵消。我们再次运用股利折现模型说明股票价格保持不变，还是每股 10 美元。不过，其每股股利较低，只有 0.50 美元，而增长率为 5%。

$$P_0 = \frac{DIV_1}{r-g} = \frac{0.50}{0.10-0.05} = 10(美元)$$

这个结果说明一个基本原理：只要你谨慎地预测每股收益和每股股利，那么，股票回购并没有推翻股利折现模型。不过在实践中，由于股票回购计划经常变动，每股收益和每股股利可能不容易预测。如果你正在评估某家公司的价值，而该公司经常实施股票回购计划，那么，你可能需要密切追踪每股股利和股票数量的变化。这时，你应该考虑另一种方法。这种方法包括以下两个步骤：

第一步：预测并折现自由现金流量，计算股票市场价值总额（所有流通在外股票的价值）。自由现金流量就是将以股利或股票回购（股票发行数量的净额）的方式支付给所有现有和未来股东的数额。

第二步：将股票市场价值总额除以目前流通在外的股票数量，计算每股市场价格。采用这种方法，你不必担心支付给股东的现金总额如何在股利与股票回购之间进行分配。

就本例而言，你可能需要预测每年支付的现金总额（即 100 000 美元），本期发放现金股利和回购股票之后，股票市场价值总额为 100 万美元（100 000/0.10）。每股市场价格为 10 美元（1 000 000/100 000）。（我们根据表 17-1 的 C 部分开始讨论，股票的数量为 90 909 股，每股市场价格为 11 美元（1 000 000/90 909），该公司的股票市场价值总额将为 1 000 000 美元。）

股利与股票发行

上述 Hewlard Pocket 公司的案例说明：如果公司少发放现金股利并用省下来的现金回购股票，股东财富不受任何影响。但是，公司也许能通过向股东发放更多的现金股利或以股票回购的方式增加其价值。我们可以检验这个结论。

假设 Hewlard Pocket 公司没有多余的现金。该公司已经拨出 100 000 美元用于购买一台新的混合浆泵。不过，该公司的总裁知道股票的价值等于一系列股利的折现值。因此，他认为公司可以通过额外发放股利 100 000 美元增加股票的价值。该公司总裁的初衷没有问题。遗憾的是，其想法并不正确。我们来看看为什么。为了理解其中的缘由，可以思考基于公司既定的资本预算与举债决策，股利政策的变化有何影响。

如果 Hewlard Pocket 公司购置了其必需的混合浆泵，就必须筹集所耗费的现金。如果举债数额已经确定，现金只能来源于发售 100 000 美元的新股。Hewlard Pocket 公司发放额外的 100 000 美元现金股利并发行新股筹集资金之后，公司的价值没有变化。但新股东投入了 100 000 美元，要求得到价值为 100 000 美元的股票。由于公司的价值保持不变，老股东投入公司的价值就相应地减少了 100 000 美元。虽然老股东现在口袋里增加了 100 000 美元的现金，但将其在公司享有的部分股权让渡给了购买新股的投资者。因此，老股东得到的额外股利与其持有的公司股票价值下跌的损失刚好相互抵消。换言之，Hewlard Pocket 公司只是循环利用了现金：向现有股东发放额外的现金股利，但与此同时又通过发行新股筹集相同数额的现金。如果就此认为投资者的状况会更好，那就好比建议厨师打开冰箱门给厨房降温一样。

那么，老股东得到一笔额外股利并抵消资本损失。对于老股东而言，这与之前有差别吗？如果这是老股东获得现金的唯一途径，可能有差别。但只要资本市场有效，老股东就可以通过出售股票得到现金。因此，Hewlard Pocket 公司的老股东可以通过说服管理层发放更多的股利或出售部分股票"套现"。无论采用哪种方式，从老股东转移到新股东的所有权和价值相同。由于投资者不需要股利，因此可以将其持有的股票转换为现金，投资者也就不会为股利支付率较高的公司股票支付更高的价格。换言之，分配政策对公司价值没有影响。

我们已经看到，无论是增加股利还是减少股利（始终记住：资本性投资和举债保持不变），MM 股利无关定理都成立。上述例子说明，分配政策只是发放现金股利与发行或回购普通股之间的一种权衡。基于完善的资本市场，分配政策不影响公司价值。当然，上述股利无关定理的例子忽略了所得税因素、发行成本和其他各种复杂的现实因素。在讨论这些因素之前，我们要强调以公允价格买卖股票是论证的关键假设。Hewlard Pocket 以 100 000 美元回购的股票必须值 100 000 美元；它为筹集 100 000 美元所出售的股票也必须值 100 000 美元。换言之，股利无关定理假设存在有效资本市场。

17.4 为什么股利可能增加公司价值

MM 定理的结论基于其完善和有效的资本市场假设。但是，没有人认为其模型准确地描述了现实世界。因此，分配政策是否影响公司价值最终引发有关市场缺陷和失灵的争论。

那些认为股利有益的人认为有些投资者天然偏好高股利股票。例如，法律限制某些金融机构持有缺少股利发放记录的股票。由于股利可以视为可支配"利润"，而资本利得只是"本金增加额"，因此，信托基金和养老基金可能更偏好高股利股票。

此外，还有一类自然的投资者群体（包括老年人）指望依靠股票投资组合所产生的稳定现金过日子。从理论上讲，投资者根本用不着依靠这些股票发放的股利，只要不时地出售其所持有股票的一小部分就可以得到这些现金。不过，这种操作方式并不方便，而且可能带来交易成本。

也许，行为心理学有助于解释为什么某些投资者偏好固定股利，而不是出售少量股票。我们都难以抵挡诱惑。一些人可能沉溺于高脂肪食物，一些人可能沉迷于饮酒。我们可以通过意志力控制这些冲动，但难免痛苦挣扎。相反，为我们自己设定简单的规则可能更加容易（"不吃巧克力"或"只在用餐时喝酒"）。同理，我们也需要自律，限制花费股利收益。

即使上述观点都正确，也不意味着你可以通过多发放股利增加公司价值。聪明的经理已经意识到有一个投资者群体愿意为多发放股利的股票支付较高价格。**尽管多发放股利的股票有一个天然的顾客群体，但这并不意味着任何特定公司都可以通过增加股利而受益。高股利顾客群体已经拥有足够多的高股利股票可供选择。**

假设某家软件公司的首席执行官在一个新闻发布会上宣布进入薄荷牙膏市场的一项计划。如果你追问其理由，该首席执行官指出有数百万人购买薄荷牙膏。你可能由此质疑该首席执行官的商业理念。这个世界还需要另一家薄荷牙膏制造商吗？那么，你为什么认为因为存在一个喜欢多发放股利的投资者群体，公司就能够通过多发放股利而增加其价值呢？该顾客群体可能早已得到满足。

也许，支持高股利政策的最有说服力的观点是高股利政策缓解了自由现金流量问题。假设某家公司现金充裕但有利可图的投资机会很少。股东可能担心公司经理没有将资金用于更有利可图的投资项目，而是用于构建一个更大的"公司帝国"。这时，慷慨的股利或股票回购就可以防止经理拥有过多的现金，激励经理更小心谨慎地践行价值导向的投资政策。除非受到胁迫，财务经理不会削减股利。因此，与股票回购相比，股利对经理的约束力更强。

17.5 为什么股利可能减少公司价值

低股利政策的信条很简单。公司可以通过改变分配政策将股利转化为资本利得。如果股利的税负高于资本利得的税负，那么，任何需要纳税的投资者都应该喜欢这种财务操作方式。公司应该尽可能少地发放现金股利，而将多余的现金用来回购股票。

表17-2说明了这种财务操作过程。假设股利的税率为40%，而资本利得的税率只有20%。A公司和B公司的股票风险相同，而且投资者要求得到的税后预期报酬率都是10%。投资者预计次年A公司股票的每股价值为112.50美元。尽管B公司股票的每股价格为102.50美元，预计发放股利10美元，但税前价值一样，都是112.50美元。

表17-2　A公司与B公司股利政策的比较

	A公司	B公司
次年的股票价格（美元）	112.50	102.50
股利（美元）	0	10.00
税前价值总额（美元）	112.50	112.50
现在的股票价格（美元）	100	97.78
资本利得（美元）	12.50	4.72
税前报酬率（%）	12.5/100=0.125=12.5%	14.72/97.78=0.150 5=15.05%
股利按40%征税（美元）	0	0.40×10=4.00
资本利得按20%征税（美元）	0.20×12.50=2.50	0.20×4.72=0.94
税后利润总额（股利＋资本利得－税款）（美元）	（0+12.50）-2.50=10.00	（10+4.72）-（4.00+0.94）=9.78
税后报酬率（%）	10/100=0.10=10%	9.78/97.78=0.10=10%

说明：如果股利的税负高于资本利得的税负，股利政策的影响会发生改变。为了提供相同的税后报酬率，必须以较低价格出售多发放股利的股票（B公司股票）。

两家公司股票的税前价值总额相等。但为了提供相同的税后报酬率，B公司股票的价格低于A公司股票的价格（B公司的股票价格是97.78美元而不是100美元）。其原因显而易见：投资者之所以愿意为A公司股票支付更高价格，是因为其报酬率主要来源于税负较低的资本利得。尽管B公司税前报酬率更高，但两家公司股票的预期税后报酬率都是10%。

假设B公司管理层决定取消10美元的股利并用这笔现金回购股票。我们前面已经讨论过，股票回购相当于现金股利，但我们必须认识到，两者的税务处理不同。将股票出售给公司的股东，只有在出售股票实现资本利得时才纳税。B公司以回购股票替代股利，新的股利政策减少了股东的纳税额，其股票价格应该上涨。

股利与资本利得基于现行税法的税务处理

如果股利的税负高于资本利得的税负,那么,公司为什么还要发放现金股利呢?如果公司要将现金返还给股东,难道股票回购不是最好的途径吗?

1986 年以前,在美国,少发放股利的案例比比皆是。当时,股利的最高税率达到 50%,而已经实现的资本利得按 20% 的税率征税。不过,现在股利和资本利得的最高税率都是 23.8%。[①]

但税法依然倾向于资本利得。股利必须马上纳税,而资本利得却可以等到出售股票并实现资本利得时才纳税。股东可以选择何时出售其股票,并据此选择何时缴纳资本利得税。[②] 股东延迟纳税的时间越长,资本利得税的负债现值就越小。[③] 因此,实际的资本利得税率可能低于法定税率。

就养老基金、慈善基金和其他金融机构而言,股利与资本利得的税务处理差异就显得不太重要了。许多金融机构的经营活动都是免税的,因此也就无所谓倾向于资本利得还是倾向于股利。只有公司才会由于税负的原因偏好股利。公司只为其得到的股利缴纳 50% 的公司所得税。[④] 因此,大型公司得到的股利的实际税率为 21% 的 50%(公司所得税的边际税率)或 10.5%。但公司必须就其全部资本利得缴纳 21% 的税款。

就分配政策而言,这些税法规定的含义十分简单。尽管资本利得有利于许多投资者,但其优势已经远没有三四十年前那么大。因此,如今难以确定某种分配政策一定比其他分配政策更好。

税收与股利发放:一个总结

税收因素可能很重要,但并非公司决定是否发放股利需要考虑的唯一因素。20 世纪六七十年代,美国的股利税率比现在的股利税率高得多。21 世纪,股利和资本利得的税率远低于历史水平,公司从原来发放股利迅速转向股票回购。然而,完全可以说,股票回购的税收优势是股票回购如此快速增长的一个原因。

不过,金融市场显然为多元化的分配政策提供了空间。规模较小的成长型公司将其所有利润都再投资于公司,根本没有向股东支付任何现金。有些公司完全通过股票回购向股东支付现金,而有些公司则偶尔或定期通过股票回购向股东支付现金,有些公司发放股利与股票回购并举,只有非常少的公司只通过现金股利向股东支付现金。

17.6 分配政策与公司生命周期

MM 定理认为分配政策不影响股东的价值。股东的价值来源于投资政策(包括抓住成长机会)。从某种程度上讲,股东的价值也源于债务政策(见第 16 章)。根据 MM 定理的分析,分配政策是一种剩余的分配,也是其他财务决策的副产品。公司应该做出投资决策和筹资决策,而后分配公司剩余的现金。如果分配政策是一种剩余的分配,那么,分配决策就应该与公司的生命周期相联系。

---

① 投资收益的最高税率通常为 20%,但高收益投资者(已婚夫妇的收益超过 250 000 美元)的投资收益净额还要加征 3.8% 的超额税。

② 如果你的继承人继承了股票,资本利得就完全不用纳税。

③ 假设折现率为 6%,处于税率为 15% 税级的某个投资者的资本利得为 100 美元。如果该投资者当日出售股票,资本利得税额为 15 美元。如果该投资者一年之后再出售股票,资本利得 100 美元的应纳税额依然是 15 美元,但由于股票延迟一年出售,该税额的现值下降为 14.15 美元(15/1.06)。该投资者的实际税率下降为 14.15%。延迟出售股票的时间越长,实际税率就越低。

④ 如果公司持有支付股利的公司股票比例超过 20%,股利的税率下降为 35%。如果公司持有支付股利的公司股票比例超过 80%,股利可以不纳税。

　　初创的成长型公司拥有众多有利可图的投资机会，也足以将所有的经营现金流量留存下来并再投资于公司。如果公司必须通过借款或发行更多股票筹集资金，为什么要将现金返还给股东呢？留存现金可以避免发行证券的成本，最大限度减少股东的税负。如果投资机会很好，经理的薪酬与股票价格挂钩，投资者并不担心无效的过度投资。

　　随着公司逐渐成熟，相对现金流量而言，净现值为正值的投资项目越来越少。公司开始积累现金。投资者现在开始担心自由现金流量问题，如过度的投资或福利待遇。投资者开始敦促管理层分配现金。经理迟早会答应投资者的要求，否则，股票价格可能下跌。公司分配现金也可能采用股票回购的方式，但是，公司发放常规性现金股利可以传递更强和更自信的财务约束信号。有关财务约束的承诺的重要性远远超过股利税收成本的重要性。（中间派认为发放现金股利的税收成本并不高，尤其是近年来，美国的股利与资本利得的个人所得税税率已经较低，因此，发放现金股利的税收成本更低。）

　　随着公司不断发展，需要分配越来越多的现金。公司分配现金可能采用发放较多的现金股利的方式，也可能采用回购更多的股票的方式。公司分配现金有时也出于收购的目的。公司新的所有者买断了原有股东的股权，并通过出售资产和重组经营业务创造现金流量。我们将在第 21 章讨论收购问题。

　　公司的生命周期并非总能预测。如果公司已经"成熟"并准备将现金返还给股东，其生命周期也并不总是显而易见。下列三个问题有助于财务经理做出决定：

　　1. 公司投资了所有净现值为正值的投资项目之后，是否还有正的自由现金流量？正的自由现金流量可能持续吗？

　　2. 公司的债务比率稳健吗？

　　3. 公司拥有的现金余额足以应对意料之外的财务困境吗？公司拥有的现金余额足以满足意料之外的机会的资金需求吗？

　　如果公司对上述三个问题的回答都是肯定的，那么，公司拥有多余的自由现金流量，需要将现金返还给股东。

　　2012 年 3 月，苹果公司对上述三个问题都做出了肯定的回答。没错，苹果公司的现金余额每年都增加 300 亿美元，也没有任何债务，更没有预期的投资项目或收购活动可以消耗其充裕的现金流量。

　　值得注意的是，苹果公司不仅仅发放现金股利。苹果公司既发放股利，也回购股票。现在，这种股利与股票回购相结合的支付战略是大型成熟型公司的"标配"。值得注意的是，苹果公司不回购其股票，不仅因为其股票价值被低估，而且还因为其拥有充裕的现金。当然，如果公司的利润较高且拥有充裕的现金，股票回购增加也就不足为奇。

📊 本章小结

公司如何发放股利？公司如何确定发放股利的数额？（学习目标 1）

　　股利存在许多形式。最普遍的股利形式是固定现金股利，但公司有时会发放一笔股票股利。公司不能按其意愿自由发放股利。例如，作为举债的一个条款，公司可能接受股利限制条件。

　　股利并不随着公司利润的每次变动而上下波动。相反，经理力争平滑股利并随着利润的增长而逐步增加股利。

公司如何运用股票回购将现金返还给股东？（学习目标 1）

　　公司也通过回购股票发放现金，但股票回购并不总是能够替代股利。成熟型公司既发放现金股利，也回购股票。另外，也有数千家美国公司从来不发放任何股利。如果这些公司要分配现金，只采用股票回购这种方式。

为什么对投资者而言，增加股利和股票回购是好消息，而减少股利是坏消息呢？（学习目标 2）

除非经理确信公司创造的利润足以支付股利，否则公司不会增加股利。因此，增加股利的公告向投资者传递了经理的信心。减少股利则向投资者传递了经理缺乏自信。除非公司陷入困境，公司通常避免减少股利。这种股利的信息含量是股票价格对股利变化做出反应的主要原因。

对投资者而言，股票回购通常也是好消息。例如，公司宣告股票回购计划表明经理认为以现行价格购买股票是"划算的购买行为"。

通过股利和股票回购分配现金也可以让那些担心管理层将现金耗费在构建"公司帝国"和净现值为负值的投资项目上的投资者安心。

为什么基于理想状态，分配政策不影响公司价值？（学习目标 3）

如果公司的投资政策与资本结构保持不变，分配政策就是发放现金股利与发行或回购普通股之间的一种权衡。基于理想状态，这种选择不会影响公司市场价值。增加现金股利就需要发行更多的股票或少回购股票。股东口袋里的现金增加与股票价格降低刚好抵消。这就是 MM 股利无关定理。

股利与资本利得的税务处理方式的差异如何影响分配政策？（学习目标 4）

在美国，个人投资者需要就其股利所得缴纳的最高税率为 23.8%，资本利得的最高税率也是 23.8%，但投资者实际出售其股票之前不需要缴纳资本利得税。延迟出售股票的时间越长，该税款的现值就越小。因此，对投资者而言，资本利得具有税收优势。在股利的最高税率为 50% 而资本利得的最高税率只有 20% 的 20 世纪七八十年代，资本利得的这种税收优势更为明显。

如果股利所得的税负高于资本利得的税负，投资者就应该不购买多发放股利的股票。公司应该转向股票回购而不是多发放股利。

分配政策通常如何与公司的生命周期相联系？（学习目标 5）

初创、快速成长的公司通常从投资者手中筹集资金，而不是向投资者分配现金。尽管这些公司可能经常回购股票，但很少发放现金股利。成熟型公司的自由现金流量为正值，经常以股票回购或现金股利的方式定期分配现金。公司坚持定期发放现金股利可以使那些担心自由现金流量问题（即过度投资和经营效率低下）的投资者安心。

📊 微型案例

Penn Schumann 公司的首席执行官乔治·刘（George Liu）的工作很有规律。每个月，他都要与公司首席财务官詹妮弗·罗德里格兹（Jennifer Rodriguez）在皮埃尔法式餐厅共进午餐并非正式商谈。直到刘先生享用完最爱的鹅肝酱炸肉片之后，两个人的会谈才真正开始。这是 3 月的最后一次会面，刘先生若有所思地把玩着手中的酒杯，突然问道："你觉得我们应该如何完善公司股利政策？"

Penn Schumann 是一家成功的大型制药公司，拥有一系列令人羡慕的盈利药品，其中许多药品的专利保护期都在 5 年或 5 年以上。最近 4 年来，公司的利润增长很快，但难以预见这么高的增长率能否持续下去。公司一贯将利润的 40% 作为股利发放给股东，但 2019 年的股利支付率只有 35%。尽管公司每年都投入超过 40 亿美元用于研发活动，但强劲的经营活动现金流量和稳健的股利政策还是使得公司积累了不少的现金流量。表 17-3 至表 17-5 列示了公司最近年度的资产负债表、利润表和现金流量表。

表 17－3 资产负债表		单位：百万美元
	2019 年	2018 年
现金与短期投资	7 061	5 551
应收账款	2 590	2 214
存货	1 942	2 435
流动资产总额	11 593	10 200
财产、厂房与设备	21 088	19 025
减：累计折旧	5 780	4 852
固定资产净值	15 308	14 173
资产总额	26 901	24 373
应付账款	6 827	6 215
短期债务	1 557	2 620
流动负债总额	8 384	8 835
长期债务	3 349	3 484
股东权益	15 168	12 054
负债与权益总额	26 901	24 373
说明：		
流通在外的股票数量（百万股）	538	516
每股市场价格（美元）	105	88

表 17－4 利润表		单位：百万美元
	2019 年	2018 年
收入	16 378	13 378
成本	8 402	7 800
折旧	928	850
息税前利润	7 048	4 728
利息	323	353
所得税	1 933	1 160
净利润	4 792	3 215
股利	1 678	1 350
每股收益（美元）	8.91	6.23
每股股利（美元）	3.12	2.62

表 17-5　现金流量表	单位：百万美元
	2019 年
净利润	4 792
折旧	928
应收账款减少（增加）额	（376）
存货减少（增加）额	493
应付账款增加（减少）额	612
经营活动现金流量总额	6 449
资本性支出	（2 063）
短期债务增加（减少）额	（1 063）
长期债务增加（减少）额	（135）
发放股利	（1 678）
筹资活动现金流量	（2 876）
现金增加净额	1 510

正如刘先生所指出的，相对于其他主要竞争对手而言，Penn Schumann 公司的股利政策更加稳健。"股票价格取决于股利，"他说道，"如果公司能够增加股利，就可以提高股票价格。这才是问题的关键。"罗德里格兹认为，最主要的问题在于公司准备持有多少现金。当前公司保有的现金已经超过需求量。与此同时，研究人员正在检测一些新化合物。这些新化合物在治疗肝脏疾病方面前景不错。如果此项研究成果能够转化为有销路的产品，那么公司还需要一笔巨额投资。此外，公司还可能需要现金用于生物科技领域的并购活动。罗德里格兹说："最让我担心的是投资者可能不买我们的账，认为我们将资金浪费在净现值为负值的投资项目或舒适的生活上。我不认为我们应当承诺支付较高的股利，但如果可能的话，我们可以使用一部分现金回购股票。"

"我不知道这些人怎么会认为我们把钱浪费在舒适的生活上，"在呷了一口红酒之后，刘先生回答道，"但我更喜欢回购我们自己股票的想法。我们可以告诉股东我们对未来充满信心，回购公司股票是我们最好的投资。"他在餐巾纸上粗略地算了一下，"假设我们以 105 美元的价格回购 5 000 万股股票，将流通在外的股票数量减少到 48 800 万股。去年的净利润接近 48 亿美元，因此，每股收益将增加到 9.84 美元。如果市盈率保持不变，依然是 11.8，股票价格将上涨到每股 116 美元，涨幅超过 10%。"刘先生脸上露出会心的一笑，说道："太棒了！我点的龙虾上来了。我们在吃甜点时再讨论这个想法吧。"

请评价詹妮弗·罗德里格兹和乔治·刘的观点。你认为该公司拥有过多的现金吗？如果你认为该公司拥有过多的现金，那么该公司如何以最好的方式分配这些现金？

第6篇

财务分析与财务计划

第 **18** 章

长期财务计划

学习目标

1. 描述财务计划的内容及其运用。
2. 构建简单的财务计划模型。
3. 估计增长对外部筹资需求量的影响。

一位设计师说，骆驼就是由委员会设计出来的马。如果公司就事论事地做出孤立的财务决策，最终将得到一只财务骆驼。这就是明智的财务经理需要考虑未来投资与筹资决策的整体影响的原因。

回顾第 1 章，我们讨论了财务经理的职责。财务经理必须考虑公司应该实施哪些投资项目以及如何为这些投资项目筹集资金。迄今为止，你已经较为全面地了解了如何做出增加股东价值的决策以及公司可以发行的各种证券。但是，由于公司新的投资项目需要资金，因此，公司不能单独做出投资决策或筹资决策。这些决策必须综合起来，成为一个合理的整体。这就是公司需要财务计划的原因。财务计划有助于经理思考各种可供选择的财务战略的含义，剔除与公司目标不一致的因素。

财务计划也有助于经理避免某些意外情况，思考如何应对那些难以避免的意外情况。我们在第 10 章已经强调，优秀的财务经理应该能够识别投资项目成败的关键因素。如果财务经理将投资决策与筹资决策作为一个整体来考虑，也需要这么做。

最后，财务计划有助于设定激励经理的目标，为绩效评价提供标准。

我们在本章的开始部分总结财务计划涉及的因素，描述典型的财务计划所包含的内容。然后，讨论在财务计划流程中如何运用财务模型。最后，探讨公司的增长与新的筹资需求之间的关系。

18.1 何谓财务计划

公司必须有自己的短期计划与长期计划。短期计划考虑的时间跨度通常不超过 12 个月。短期计划主要确保公司拥有足够的现金，以便偿付账单并以最有利的条件安排短期借贷。我们将在第 19 章讨论短期计划。

在这里，我们关注长期计划。通常，长期计划的**计划期**（planning horizon）为 5 年，但也有些公司的计划期长达 10 年甚至更长。例如，在电力行业主要厂房从设计、审批到建造和测试至少要花 10 年的时间。

财务计划关注全局。例如，财务计划关注各个业务领域的未来投资计划，避免纠缠于细节。当然，有些投资项目可能规模较大，具有重要的影响。当电信业巨头威瑞森公司决定耗资数十亿美元开展一个为居民用户提供光纤宽带技术服务的项目时，你可以确信这个投资项目作为威瑞森公司的长期财务计划一定经过了详细的分析论证。但是，财务计划制定者通常不会以单个项目为基础制定财务计划。相反，财务计划制定者喜欢根据经验法则，将固定资产和短期资产的平均水平与年度销售额相联系。

长期财务计划考虑实现公司目标的投资及其需要的筹资额。但你不能只考虑这些因素而忽视其他重要问题。例如，你需要考虑公司可能实施的股利政策。你不能像随意开关水龙头那样随意决定是否发放股利，但公司向股东发放的股利越多，需要的外部筹资额就越多。你还需要考虑适合公司的债务比率。稳健的资本结构可能更依赖于发行新股。财务计划有助于你做出选择。最后，通过建立一系列一致性的目标，财务计划使得评价公司是否实现目标更为便捷。

为什么要制定财务计划

公司耗费相当多的精力、时间和资源制定周密的财务计划。公司可以从这些投入中得到什么呢？

应急计划　计划不仅仅是预测。预测只关注最有可能发生的结果，而除了这些可能发生的事件之外，财务计划制定者还需要关注那些小概率事件。如果你能做到居安思危，就不会忽略那些危险的信号，并能够迅速做出反应。

无论对于单个投资项目还是整个公司，公司已经形成了应对诸如"假设分析"问题的措施。例如，我们在第 10 章讨论过，经理经常关注基于不同情境的决策后果。一种情境可能是高利率导致世界经济增速放缓、商品价格下跌，另一种情境可能是国内经济复苏、高通货膨胀和本币疲软。

应急计划就是要针对难以避免的突发事件提出应对措施。例如，如果第一年的实际销售额比预测值低 10%，你将如何应对呢？一个好的财务计划应该有助于你应对这种局面。

考虑各种机会　财务计划制定者需要考虑公司是否存在运用现有优势进入一个全新领域的机会。公司经常基于战略考虑进入某一市场。这并不是因为现有投资项目的净现值为正值，而是因为该投资项目可以使公司立足于某个新市场并为可能有价值的后续投资创造机会。

例如，从目前最普遍的用途来看，威瑞森公司的巨额光纤投资根本无法盈利。但是，这项新技术为威瑞森公司带来一些未来提供高价值服务的机会，如高速传递一系列家庭娱乐信息。这项巨额投资的合理性就是基于这些潜在的增长机会。

强制一致性　财务计划描绘了公司的增长计划与筹资需求之间的关系。例如，如果预测增长率为 25%，公司可能需要发行证券，为必要的资本性支出筹资；而如果预测增长率仅为 5%，公司可能只需运用再投资的利润为资本性支出筹资。

财务计划应该有助于确保公司各个目标相互一致。例如，公司的首席执行官的目标可能是利润率为 10%，销售增长率为 20%，但财务计划制定者需要考虑，要得到较高的销售增长率是否需要降低销售价格，而降低销售价格可能导致利润率降低。

此外，除非将财务比率转换成具有经营决策意义的语言，否则，以财务比率形式表达的目标并非经营目标。例如，较高的销售价格、较低的成本或转向一种新的利润率较高的产品都可能获得较高的利润率。那么，经理为什么要以这种方式制定目标呢？从某种意义上讲，这样的目标可能是沟通真实意图的一种媒介。例如，目标利润率可能意味着为了追求销售增长率，公司默许成本失控。

财务计划的风险在于，每个人都可能忘记公司真正的目标，而将会计目标视为公司目标。如果基层经理只关注激励自己的那些目标，没有人会感到惊讶。例如，如果大众汽车公司管理层设定的利润率目标为 6.5%，其下属分部就会积极应对，开发与推广昂贵的、毛利率较高的汽车，对那些利润率较低但销量较大的便宜车型的营销则不会太上心。一旦这种苗头逐渐显现，大众汽车公司就会宣布公司将淡化利润率目标，转而关注投资报酬率。大众汽车公司希望此举能够激励经理从每一美元投入资本中获得最多的利润。

18.2 财务计划模型

财务计划制定者经常使用财务计划模型研究不同财务战略的后果。这些模型既有本章后面将讨论的简单模型，也包括有数百个等式的复杂模型。

财务计划模型支持财务计划流程，使预计财务报表的编制工作更简单、编制成本更低。财务计划模型可以自动生成原来的财务计划中那些耗时又费力的重要部分。

财务计划模型的组成部分

就大型公司而言，一份完整的财务计划就是一份重要的文件。就中型公司而言，财务计划的基本要素相同但没有那么详尽。就小型公司而言，财务计划可能完全在财务经理的头脑里。尽管如此，无论公司规模如何，财务计划的基本要素都是相似的。

财务计划包括三个组成部分：输入、计划模型和输出。图 18 - 1 展现了这三个组成部分的关系。

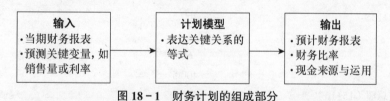

图 18 - 1 财务计划的组成部分

输入 财务计划的输入包括公司当期财务报表及其未来期间的财务预测。通常，主要预测销售量的可能增长率，因为许多其他变量（如劳动力需求和存货水平）都与销售挂钩。这些预测工作只是财务经理的部分职责。显然，市场营销部门才是预测销售量的关键部门。此外，由于销售水平与整个经济状况息息相关，大型公司可能向那些专门从事宏观经济与行业预测的公司寻求帮助。

计划模型 财务计划模型计算了经理对利润、新投资项目和筹资的预测。计划模型包括与预测的输出变量相关的等式。例如，计划模型的等式可以描述销售的变动如何影响成本、营运资本、固定资产和筹资需求量。这种财务模型能够详细说明销售收入总额每增加 1 美元，商品生产成本总额可能增加 0.80 美元，也能够说明应收账款可能是销售收入总额的某个固定比例，以及公司的销售收入总额每增加 10%，可能需要增加 8% 的固定资产。

输出 财务模型的输出就是财务报表，如利润表、资产负债表和描述现金来源与运用的现金流量表。这些财务报表称为**预计报表**（pro formas），这意味着这些财务报表只反映了基于输入和财务计划模型内在假设的预测值。通常，财务计划模型的输出也包括我们在第 4 章讨论过的许多财务比率。这些财务比率可以诊断公司财务计划期末的财务状况是否良好和健康。

18.3　Dynamic Mattress 公司的长期财务计划模型

为了说明如何构建财务计划模型，我们引入 Dynamic Mattress 公司的案例，看看其财务经理如何运用一个简单的电子数据表程序制定公司的长期财务计划。以 Dynamic Mattress 公司最近的财务报表为起点，表 18-1 列示了该公司 2018 年度利润表和年末资产负债表。（注意：我们已经将各项流动资产和流动负债归并为营运资本净额。）

表 18-1　Dynamic Mattress 公司财务报表　　　　　　　　　　　　单位：百万美元

利润表	2018 年度	
1. 销售收入	2 200.0	
2. 销货成本	2 024.0	
3. 折旧额	23.5	
4. 息税前利润（1-2-3）	152.5	
5. 利息费用	6.0	
6. 税前利润	146.5	
7. 所得税（税前利润 ×50%）	73.3	
8. 净收益（6-7）	73.3	
9. 股利	46.8	
10. 再投资的利润（8-9）	26.5	
11. 经营活动现金流量	96.8	
资产负债表（年末）	2017 年度	2018 年度
资产		
12. 营运资本净额	192.0	242.0
13. 固定资产	268.5	275.0
14. 净资产总额（12+13）	460.5	517.0
负债与股东权益		
15. 长期债务	60.0	90.0
16. 股东权益	400.5	427.0
17. 负债与股东权益总额（15+16）	460.5	517.0

说明：表中数据可能因四舍五入而产生误差。

既然我们已经知道公司过去的情况，就可以开始关注其未来前景。假设 Dynamic Mattress 公司通过分析，认为未来几年内公司的销售收入每年预计增长 20%。随着公司销售收入的增长，需要追加营运资本和固定资产的投资。公司可以通过再投资的利润为其增长提供资金吗？或公司必须通过举债或发行股票筹集额外的资本吗？电子数据表程序就是为解决此类问题而量身定制的。接下来，我们看看电子数据表程序如何操作。

Dynamic Mattress 公司的财务经理以预测销售收入增长率为起点。接着，她考虑其他关键变量（如资产或销货成本）将如何随着销售收入的增加而增加。她预期这些变量将直接与销售收入成比例。像这种假设销售收入与其他关键变量之间存在一个稳定关系的预测模型就称为**销售百分比模型**（percentage of sales models）。

这种来源与运用的基本关系说明 Dynamic Mattress 公司的资金来源必须满足其资金运用。如果公司的经营活动产生的资金不能满足其资金运用，公司就必须从外部来源（如举债或发行股票）筹集额外的资本。Dynamic Mattress 公司的外部资本需求量等于公司投资和发放股利所需要的资金数额与公司经营活动产生的资金数额之间的差额：

外部资本需求量＝营运资本净额的投资额＋固定资产的投资额＋股利－经营活动现金流量

因此，计算 Dynamic Mattress 公司需要筹集多少额外的资本数额和运用债务比率涉及三个步骤。

第一步骤 预测公司经营活动产生的现金流量。这些预测以销售收入预计增长 20% 为基础。表 18-2 的利润表的第一栏列示了 Dynamic Mattress 公司最近一年（2018 年）的数据。这些数据取自表 18-1。第二栏则列示 2019 年的预测值。右边的栏目说明了这些数值的来源。你可以看到，事实上，多数数值只是公司预计销售收入的一个固定比例。表 18-2 总结了这些变量之间的预测关系。这些关系适合预测 2019 年度及以后年度的各个变量（但未必适合预测 2018 年度或之前年度的各个变量）。

表 18-2 Dynamic Mattress 公司预计财务报表 单位：百万美元

利润表	2018 年度	2019 年度	说明
1. 销售收入	2 200.0	2 640.0	预计增长率为 20%
2. 销货成本	2 024.0	2 428.8	收入的 92%
3. 折旧额	23.5	24.8	上年年末固定资产净值的 9%
4. 息税前利润	152.5	186.5	1-2-3
5. 利息费用	6.0	9.0	上年年末债务的 10%
6. 税前利润	146.5	177.5	4-5
7. 所得税（税率为 50%）	73.3	88.7	税前利润的 50%
8. 净收益	73.3	88.7	6-7
9. 股利	46.8	53.2	净收益的 60%
10. 再投资的利润	26.5	35.5	净收益的 40%
资产负债表（年末）	**2018 年度**	**2019 年度**	
资产			
11. 营运资本净额	242.0	290.4	收入的 11%
12. 固定资产净值	275.0	330.0	收入的 12.5%
13. 净资产总额（12+13）	517.0	620.4	11+12
负债与权益			
14. 长期债务 a	90.0	157.9	根据 2019 年度外部筹资额增加
15. 股东权益 b	427.0	462.5	根据 2019 年度再投资的利润增加
16. 负债与股东权益总额	517.0	620.4	14+15
资金来源与资金运用			
17. 经营活动现金流量	96.8	113.5	3+8
18. 营运资本增加额	50.0	48.4	营运资本净额的变动额
19. 固定资产的投资额	30.0	79.8	3+ 固定资产净值变动额
20. 股利	46.8	53.2	9
21. 现金运用总额	126.8	181.4	18+19+20
22. 外部资本需求量	30.1	67.9	21-17
财务比率			
23. 债务比率	0.17	0.25	14/16
24. 利息保障倍数	25.4	20.7	4/5

注：a. 长期债务、平衡项目，随着外部资本需求量的增加而增加。

b. 股东权益等于以前年度的股东权益加上再投资的利润。

说明：1. 假设外部资本是债务。表中数据可能因四舍五入而产生误差。

2. 表中的参数值：销售收入增长率为 20%，公司所得税税率为 50%，年初（上年年末）债务利率为 10%，营运资本净额与销售收入的比率为 0.11，固定资产与销售收入的比率为 0.125，销货成本与销售收入的比率为 0.92，股利支付率为 60%，折旧额与年初（上年年末）固定资产净值的比率为 0.09。

我们看到，如果销售收入增长 20%，公司预期可以赚取净收益 8 870 万美元。其经营活动现金流量是该净收益与折旧额 2 480 万美元之和。该折旧额作为一项费用列示于利润表，但却不是一项现金流出量。（回忆一下，我们在第 9 章第一次讨论过这种关系即公式（9.3）。我们在第 9 章发现计算经营活动现金流量的一种方法是税后净收益加上折旧额。）Dynamic Mattress 公司 2019 年度的预计经营活动现金流量（第 17 行）为 11 350 万美元（8 870+2 480）。

第二步骤　预测公司为了满足营运资本净额和固定资产的投资额以及支付股利所需要筹集的资金。这些支出的总额就是资本的运用总额。如果资本的运用总额超过经营活动产生的现金流量，Dynamic Mattress 公司就需要筹集额外的长期资本。

根据表 18-2 的第二栏，Dynamic Mattress 公司 2019 年度需要增加营运资本 4 840 万美元才能满足提高销售收入所需要的资金。Dynamic Mattress 公司还需要增加固定资产净值（固定资产原值扣除累计折旧之后的净值）5 500 万美元。不过，由于 Dynamic Mattress 公司 2019 年度计提的折旧降低了固定资产账面价值 24 800 万美元，固定资产净值增加额 5 500 万美元实际上只需要投资 7 980 万美元（5 500+2 480）。总之，投资总额＝固定资产原值增加额＋固定资产净值增加额＋折旧额。最后，如果股利支付率为 60%，Dynamic Mattress 公司 2019 年度预期将支付股利 5 320 万美元。

$$现金的运用总额＝固定资产的投资额＋营运资本净额的投资额＋股利$$
$$＝（固定资产净值增加额＋折旧额）＋营运资本净额增加额＋股利$$
$$＝（5 500+2 480）+4 840+5 320＝18 140（万美元）$$

这样，根据资金运用与资金来源的差额，我们就可以预测 Dynamic Mattress 公司 2019 年度需要的外部资本：18 140-11 350＝6 790 万美元。表 18-2 的"资金来源与资金运用"部分汇总了这些计算过程。

第三步骤　最后，编制综合体现资产增加额、债务与权益新水平的预计资产负债表。这个步骤要求公司必须明确如何筹集资金 6 790 万美元。Dynamic Mattress 公司将举债还是发行股票筹集这笔资金？或者两者兼而有之？这就要求首席财务官必须清楚，如果 Dynamic Mattress 公司举债筹集所有外部资本，其债务比率有何变化。因此，表 18-2 的债务就是平衡项目（balancing item）。平衡项目是使资金来源（包括外部筹资）与资金运用的金额相等的调整变量。值得注意的是，从 2018 年末到 2019 年末，长期债务增加额 6 790 万美元刚好就是外部资本需求量。相比之下，股东权益只增加了 3 550 万美元。这是 Dynamic Mattress 公司 2018 年度再投资的利润数额。因此，债务与净资产总额的比率从 0.17 提高到 0.25。

这是最佳政策吗？财务计划模型无法回答这个问题。财务计划模型只能确保有关增长率、筹资和财务状况的各种假设相互一致，无法告诉您财务计划最佳。Dynamic Mattress 公司的财务经理可能感到不爽。因为 Dynamic Mattress 公司实际上提高了财务杠杆，而且依赖长期债务为销售收入的增长提供资金。她肯定希望与首席财务官讨论这个问题。

表 18-3 将上述预测拓展到一个更长的时间框架。假设 Dynamic Mattress 公司继续以债务作为平衡项目且可以维持 20% 的增长率。随着公司销售收入的增长，公司需要更大规模的资金用于固定资产和营运资本的投资。如果公司继续依赖债务融资，其财务杠杆将迅速提升。到 2022 年，公司的债务比率将从 17% 提升到 43%，而利息保障倍数将从 25.4 下降到 9.5。公司的利润还可以涵盖利息费用，多数财务经理也只能忍受该债务额。不过，公司难以继续以原来的利率借入长期债务，而且债务比率可能已经接近向公司提供资金的银行和债权人所设定的极限。

表 18-3　Dynamic Mattress 公司的长期计划模型

	A	B	C	D	E	F	G	H	I	J	K
1											
2	2019 年度及以后年度的模型输入变量			利润表	2017 年	2018 年	2019 年	2020 年	2021 年	2022 年	G 栏的计算公式
3	增长率	20%		销售收入		2 200.0	2 640.0	3 168.0	3 801.6	4 561.9	F3*（1+$B$3）
4	税率	50%		销货成本		2 024.0	2 428.8	2 914.6	3 497.5	4 197.0	G3*$B$8
5	债务利率	10%		折旧额		23.5	24.8	29.7	35.6	42.8	F17*$B$10
6	营运资本净额/销售收入	0.110		息税前利润		152.5	186.5	223.7	268.5	322.2	G3-G4-G5
7	固定资产/销售收入	0.125		利息费用		6.0	9.0	15.8	24.0	34.0	$B$5*F21
8	销货成本/销售收入	0.920		税前利润		146.5	177.5	207.9	244.4	288.1	G6-G7
9	股利支付率	0.600		所得税（50%）		73.3	88.7	104.0	122.2	144.1	$B$4*G8
10	折旧额/固定资产	0.090		净收益		73.3	88.7	104.0	122.2	144.1	G8-G9
11				股利		46.8	53.2	62.4	73.3	86.4	G10*$B$9
12				再投资的利润		26.5	35.5	41.6	48.9	57.6	G10-G11
13											
14				资产负债表（年末）	2017 年	2018 年	2019 年	2020 年	2021 年	2022 年	G 栏的计算公式
15				资产							
16				营运资本净额	192.0	242.0	290.4	348.5	418.2	501.8	$B$6*G3
17				固定资产净值	268.5	275.0	330.0	396.0	475.2	570.2	$B$7*G3
18				资产总额	460.5	517.0	620.4	744.5	893.4	1 072.1	G16+G17
19											
20				负债与股东权益							
21				长期债务 [a]	60.0	90.0	157.9	240.4	340.4	461.5	F21+G32
22				股东权益 [b]	400.5	427.0	462.5	504.1	553.0	610.6	F22+G12
23				负债与股东权益总额	460.5	517.0	620.4	744.5	893.4	1 072.1	G21+G22
24											
25				资金来源与资金运用							
26				经营活动现金流量（净收益+折旧额）		96.8	113.5	133.7	157.9	186.8	G5+G10
27				营运资本增加额		50.0	48.4	58.1	69.7	83.6	G16+F16
28				固定资产的投资额		30.0	79.8	95.7	114.8	137.8	G17-F17+G5
29				股利		46.8	53.2	62.4	73.3	86.4	G11

续表

	A	B	C	D	E	F	G	H	I	J	K
30				现金运用总额		126.8	181.4	216.2	257.9	307.9	SUM（G27:G29）
31											
32				外部筹资需求量		30.1	67.9	82.5	100.0	121.0	G30−G26
33											
34				财务比率							
35				债务比率		0.17	0.25	0.32	0.38	0.43	G21/G23
36				利息保障倍数		25.4	20.7	14.2	11.2	9.5	G6/G7

注：a. 长期债务、平衡项目，随着外部资本需求量的增加而增加。

b. 股东权益等于以前年度的股东权益加上再投资的利润。

就 Dynamic Mattress 公司而言，另一种显而易见的备选方案是既举债又发行股票。但财务经理可能还想探索其他可能方案。一种可能选择是公司快速增长期间暂停发放股利，另一种选择是考虑公司能否削减营运资本净额。例如，公司可以减少存货的数额或加快应收账款的收款速度。财务计划模型可以轻松地测试这些备选方案。

基于公司增长计划和不想发行股票的假设，我们的财务计划模型求解了公司需要举借债务的数额。因此，举债是平衡项目。当然，公司可能还想考虑其他备选平衡项目。例如，公司也可能选择保持一个固定的债务与权益比率。这时，平衡项目可能就是外部资本（债务加上权益）需求量。这个外部资本需求量将分为债务和权益两部分。

例 18.1　改变增长率可能发生什么变化

我们可以用表 18−3 研究销售收入增长率如何影响公司外部资本需求量。我们可以改变电子数据表的预计增长率，观察其对外部筹资需求量的影响。例如，由表 18−2 可以看到，如果增长率为 20%，2019 年度的外部资本需求量为 6 790 万美元。根据模型，净资产是销售收入的一定比例。这样，如果我们假设销售收入增长率进一步提高，则资产也会以更高的比率增长。为满足获得额外资产的资本需求量，需要更多的外部筹资。

表 18−4 列示了外部筹资需求量如何随销售收入增长率的变化而变化。值得注意的是，如果增长率为 5.9%，则外部筹资需求量为零。如果增长率超过 5.9%，公司就需要外部筹资。如果增长率低于 5.9%，再投资的利润就会超过增加资产所需的资金，出现内部资金溢余，表现为负值的外部筹资需求量。我们将在本章的后面部分更为系统地讨论内部增长率的极限。

表 18−4　Dynamic Mattress 公司 2019 年度的外部筹资需求量

增长率（%）	外部筹资需求量（百万美元）
0	−28.5
5.9	0
10	19.7
20	67.9
30	116.1

说明：增长率越高，外部筹资需求量就越大。

财务计划模型设计的陷阱

就实际运用而言，我们为 Dynamic Mattress 公司构建的模型过于简单。你可能已经想到一些改进该模型的途径。例如，持续追踪流通在外的股票，报告每股收益和每股股利。或者你可能想区分隐藏在营运资本净额里的短期借款和借款机会。

销售百分比模型假设该公司几乎所有的预测值都是销售收入预测值的一定比例。然而，在实践中，许多变量与销售收入并不保持一定的比例关系。例如，营运资本的重要组成部分如存货和现金余额的增长速度低于销售收入的增长速度。此外，固定资产如厂房与设备通常并不随着销售收入的增加而增加。Dynamic Mattress 公司可能还没有满负荷运转，因此，起初并不需要扩大产能，就可以增加产量。不过，如果销售收入持续增长，公司可能就需要增加厂房与设备的投资。

例 18.2 外部资金需求与产能过剩

假设 Carter Tools 公司的固定资产投资为 5 000 万美元，实现销售收入 6 000 万美元。该公司现在使用了 80% 的产能。假设根据预测，销售收入的增长率为 50%。那么，该公司需要的固定资产投资额是多少？

在该公司满负荷运转之前，不增加固定资产投资就可以增加销售收入。这样，基于既定的固定资产水平，在该公司满负荷运转之前，其销售收入可以增加到 7 500 万美元（6 000 × 100/80）。如果该公司满负荷运转，其资产与销售收入的比率为 2/3（5 000/7 500）。

如果预测的销售收入增长率为 50%，意味着销售收入达到 9 000 万美元（6 000 × 1.5）。为了支持该销售收入水平，该公司至少需要固定资产 6 000 万美元（9 000 × 2/3）。这就需要增加固定资产投资 1 000 万美元。

你可能希望修改财务计划模型，考虑新厂房的大额投资，但谨防加入太多复杂因素：总是存在构建一个更完整、更详细的模型的诱惑，令你最终得到的是一个过于烦琐而难以日常运用的非常详尽的模型。如果你过分纠缠于细枝末节，就可能分散你对诸如发行股票和支付政策等重要决策的注意力。

选择一种计划

我们已经指出财务计划模型有助于经理构建重要财务变量逻辑一致的预测。例如，如果你想评估 Dynamic Mattress 公司的价值，就需要未来现金流量的预测值。这些数据可以轻易地取自我们的财务计划模型。[①] 不过，财务计划模型不能告诉你财务计划是否最理想。财务计划模型甚至不能告诉你哪个备选方案值得尝试。例如，我们知道 Dynamic Mattress 公司正谋划一个销售收入和每股收益快速增长的方案。但对股东而言，这是好消息吗？未必。这取决于 Dynamic Mattress 公司需要投入资本的机会成本。如果新投资项目的报酬率超过资本成本，该投资项目的净现值将为正值且增加了股东财富；如果该投资项目的报酬率低于资本成本，即使公司预期利润稳步增长，该投资项目也会减损股东财富。

---

① 回顾表 13-5，我们在该表列示了连接器分部的自由现金流量。财务计划模型是取得这些数据的必备工具。

Dynamic Mattress 公司需要筹集资本数额取决于公司将利润的 60% 作为股利支付给股东的决策。但财务计划模型不能告诉我们这种股利支付政策是否合理或公司应该采用何种权益与债务组合方式筹集资金。当然，公司管理层最终必须做出决定。我们希望能够告诉你如何做出选择，但我们做不到。没有任何财务计划模型可以完全囊括财务计划与决策所面临的各种错综复杂的情境。

如前所述，财务计划不仅仅考虑如何处理各种最可能结果。财务计划也需要确保公司对不可能或意料之外的结果有心理准备。例如，Dynamic Mattress 公司的经理肯定希望考虑，如果利润率下降，公司经营活动产生的现金减少，公司的资本需求量将发生什么变化。财务计划模型能够比较容易地探寻这类事件的后果。

18.4　外部筹资与增长率

就像我们为 Dynamic Mattress 公司构建的财务计划模型那样，财务计划模型有助于经理追踪基于增长计划的财务后果。但问题在于，过于详尽的财务计划模型的复杂性可能掩盖基本问题。因此，经理也运用某些简单的经验法则描述公司的增长目标与其外部筹资需求量之间的关系。

回顾 2018 年，Dynamic Mattress 公司的销售收入为 22 亿美元，年末净资产总额（固定资产净额加上营运资本净额）为 5.17 亿美元。换句话说，每 1 美元的销售收入需要 0.235 美元的净资产。该公司预计 2019 年的销售收入将增加 4.40 亿美元。因此，如果净资产与销售收入的比率保持不变，2019 年的净资产需要增加的数额为：

$$净资产增加额 = \frac{净资产数额}{销售收入} \times 销售收入增加额$$

$$= 0.235 \times 4.40 = 1.034（亿美元）$$

新增资产所需的部分资金可以通过再投资的利润解决。根据预测，2019 年该部分资金的数额为 0.355 亿美元（参见表 18-2）。如此一来，需要外部筹资的数额为[①]：

$$外部资本需求量 = 净资产增加额 - 再投资的利润$$

$$= \frac{净资产}{销售收入} \times 销售收入增加额 - 再投资的利润$$

$$= 0.235 \times 4.40 - 0.355 = 0.679（亿美元）$$

有时，以增长率的形式表述上式的计算过程更有用。如果净资产与销售收入保持一定的比例关系，那么随着销售收入的增加，净资产也必须增长 20%。因此

$$净资产增加额 = 增长率 \times 初始净资产数额$$

$$= 0.20 \times 5.17 = 1.034（亿美元）$$

---

① 这个计算外部资本需求量的公式与我们前面采用的方法不同。但两者完全一致。我们前面指出，外部筹资需求量是固定资产和营运资本的投资总额与经营活动现金流量之间的差额。

外部资本需求量 = 营运资本净额的增加额 + 固定资产的投资额 + 股利 - 经营活动现金流量

= 营运资本净额的增加额 + (固定资产净值增加额 + 折旧额) + 股利 - (净收益 + 折旧额)

值得注意的是，上述公式中，两项"折旧额"相互抵消，而营运资本净额的变动额加上固定资产净值的变动额等于净资产变动额。因此，

外部资本需求量 = 净资产增加额 + 股利 - 净收益

= 净资产增加额 - 再投资的利润

因此

外部筹资需求量=增长率×初始净资产数额−再投资的利润

$$=0.20 \times 5.17-0.355=0.679(亿美元) \tag{18.1}$$

这个简单的等式强调了外部筹资需求量取决于公司预计增长率。如果 Dynamic Mattress 公司的净资产与销售收入比率保持不变，那么，该公司需要筹集 0.679 亿美元以满足销售收入增长 20% 的资金需求。公司增长得越快，需要的投资就越多，需要筹集的新资本也就越多。

图 18−2 中的斜线描绘了公司外部资本需求量如何随公司增长率的提高而增加。如果增长率较低，公司创造的资金超过其扩张所需的资金，则外部筹资需求量为负值，公司可以用多余现金偿还部分债务或回购其股票。实际上，图 18−2 的纵截距（即增长率为零）代表留存收益增加额为负值。如果增长率为零，公司的扩张并不需要额外的资金。这样，所有的留存收益增加额都是多余的现金。

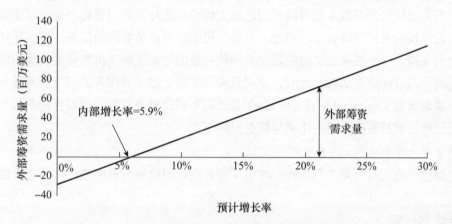

图 18−2　Dynamic Mattress 公司的外部筹资需求量与增长率

根据表 18−4，如果预计增长率非常低，再投资的利润完全能够满足公司必要投资所需的资金。因此，外部筹资需求量为负值。但随着增长率的提高，必要的固定资产和营运资本投资就需要更多的资金。公司无须外部资金就可达到的最大增长率就是内含增长率（internal growth rate）。这种增长率是"内含的"，因为维持该增长率无须借助外部资本来源。

值得注意的是，如果我们把外部筹资需求量设定为零，可以计算出式（18.1）的内含增长率：

$$内含增长率= \frac{再投资的利润}{净资产数额}$$

公司不需要借助额外的外部资本来源的增长率就等于再投资的利润与净资产的比率。再投资的利润与净资产数额的比率较高的公司不需要筹集更多资本就可以实现较高的增长率。

我们可以将内含增长率计算公式的分子和分母同时乘以净收益和权益，以进一步理解决定内含增长率的因素：

$$内含增长率= \frac{再投资的利润}{净收益} \times \frac{净收益}{权益} \times \frac{权益}{净资产数额} \tag{18.2}$$

$$=留存比率×权益报酬率× \frac{权益}{净资产数额}$$

公司不需要再筹集外部资本就可以实现较高的增长率，必须满足以下三个条件：（1）公司将较高比例的利润留存下来；（2）公司权益报酬率较高；（3）公司债务资产比率较低。

例 18.3　　Dynamic Mattress 公司的内含增长率

Dynamic Mattress 公司选择的留存比率为 40%。2019 年初（2018 年末），该公司流通在外股票的价值为 4.27 亿美元，净资产总额为 5.17 亿美元。Dynamic Mattress 公司的权益报酬率[①]为 17.9%，权益与净资产比率为 0.826（4.27/5.17）。如果该公司不愿意筹集新资本，那么其最大增长率为：

$$内含增长率 = 留存比率 \times 权益报酬率 \times \frac{权益}{净资产数额}$$

$$= 0.4 \times 0.179 \times 0.826 = 0.059 \ 或 \ 5.9\%$$

回顾表 18-4，你将发现，基于该增长率，外部筹资需求量为零，该增长率远远低于 Dynamic Mattress 公司预计的增长率（20%）。这就解释了该公司需要外部筹资的原因。

除了关注不需要任何外部资本就可以实现的最大增长率之外，公司更感兴趣的可能是不需要发行额外股票就可以实现的可持续增长率。当然，如果公司能够举借足够多的债务，要实现任何增长率都可以得到资金的支持。一个更有意义的假设是，即使权益的增加依赖于再投资的利润的增加，公司也可以维持其所确定的最优资本结构。此时，公司只需要举借足够多的债务就可以使其债务权益比率保持不变。**可持续增长率**（sustainable growth rate）是公司不提高财务杠杆而能够保持的最高增长率。事实证明，可持续增长率只取决于留存比率与权益报酬率[②]：

$$可持续增长率 = 留存比率 \times 权益报酬率 \tag{18.3}$$

你可能记得这个公式来自第 7 章。我们在第 7 章首次运用股利折现模型评估公司价值。

例 18.4　可持续增长率

Dynamic Pillows 公司目前的权益资产比率为 0.8，权益报酬率为 18%。该公司目前将利润的 1/3 再投资于公司。此外，如果该公司计划将财务杠杆保持不变，那么，每 0.80 美元的再投资的利润需要举借 0.20 美元的新债。基于这种政策，该公司的最大增长率为：

---

① 实际上，通过计算权益报酬率求解内含增长率有一点投机取巧。Dynamic Mattress 公司预测其增长率为 20%，权益报酬率为 20.8%（0.887/4.27），但如果公司增长缓慢，销售收入、净收益和权益报酬率都会比较低。换句话说，权益报酬率可能取决于增长率。这意味着你需要同时求解增长率和权益报酬率。就 Dynamic Mattress 公司而言，内含增长率为 5.9%，基于该内含增长率的权益报酬率为 17.9%。为了验证该结果，在 Dynamic Mattress 公司电子数据表的增长率栏输入 5.9%，就会发现 2019 年该公司的净收益为 0.763 亿美元，而 2019 年初（即 2018 年末）该公司流通在外股票的价值为 4.27 亿美元。这意味着权益报酬率为 0.179（0.763/4.27）。值得注意的是，尽管通常将净收益除以年末或年平均股东权益计算出权益报酬率，但在实践中这些方法都不适用。为了计算内含增长率，我们认为权益报酬率类似于股票报酬率，即年初每一美元的股东权益当年所赚的钱。

② 证明如下：

$$权益筹资需求量 = 增长率 \times 净资产数额 - 再投资的利润 - 举借的新债$$

为了计算可持续增长率，我们假设新的权益筹资需求量为零，那么

$$可持续增长率 = \frac{再投资的利润 + 举借的新债}{净资产数额} = \frac{再投资的利润 + 举借的新债}{债务 + 权益}$$

不过，由于债务与权益的增长率相同，举借的新债必须等于再投资的利润乘以债务权益比率（D/E）。因此，我们可以把可持续增长率的计算公式写成：

$$可持续增长率 = \frac{再投资的利润 \times (1 + 债务权益比率)}{债务 + 权益} = \frac{再投资的利润 \times (1 + 债务权益比率)}{权益 \times (1 + 债务权益比率)}$$

$$= \frac{再投资的利润}{权益} = \frac{再投资的利润}{净收益} \times \frac{净收益}{权益} = 留存比率 \times 权益报酬率$$

$$可持续增长率 = 留存比率 \times 权益报酬率 = \frac{1}{3} \times 0.18 = 0.06 \text{ 或 } 6\%$$

如果该公司愿意提高留存比率，就可以使杠杆程度保持不变而举借更多的债务。再投资的利润越多，举借的新债越多，该公司增长得越快。

📖 本章小结

财务计划的内容及其运用是怎样的?（学习目标 1）

多数公司都非常重视财务计划并投入大量资源。财务计划流程的有形产品就是一份描述公司财务战略并通过预计报表（如资产负债表、利润表和资金来源与资金运用表）预测其未来后果的财务计划。财务计划确定了公司的财务目标，成为评估后续绩效的一个标杆。通常，财务计划还阐述了公司选择战略的原因以及如何实现财务目标。

财务计划如果能够正确地得到执行，将促使财务经理考虑公司经营过程中可能遇到的意外事件，并制定有效的应急战略加以应对。财务计划不仅仅是预测，因为预测只考虑最可能发生的结果。财务计划制定者必须考虑那些发生概率较小的事件。

长期或战略性计划的计划期通常是 5 年甚至更长。这类计划主要考虑整体决策。例如，财务计划制定者主要考虑分部是否需要巨额资本性投资以及能否快速增长，而不是考虑这个分部应该选择 A 机器还是 B 机器。事实上，财务计划制定者必须时刻防止过分纠缠于细枝末节，因为那样可能忽略重要的问题，如投资战略、债务政策和目标股利支付率的选择。

形成财务计划是最终结果。制定计划的流程本身也很有价值。财务计划促使财务经理考虑公司所有投资决策与筹资决策的整体效应。这样的考虑很重要，因为这些决策相互影响，不应该单独做出各决策。

如何构建财务计划模型?（学习目标 2）

到目前为止，还没有哪一种理论或模型能够直接得出最优财务战略。因此，财务计划需要反复试验。在最终制定出战略之前，需要基于未来的不同假设反复测试各种战略。在反复测试的过程中，大量的单独预测可能产生巨大的计算工作量和文案工作。公司的应对方法是构建公司财务计划模型，预测基于未来特定战略和假设的各种财务后果。一个非常简单的模型就是销售百分比模型。该模型直接假设许多关键变量都与销售收入存在比例关系。尽管财务计划模型非常有效，也得到了广泛运用，但还是要记住，财务计划模型并没有涉及过多的筹资问题。财务计划模型的主要目的是生成预计报表。财务计划模型并不寻求最优财务战略，只能追踪模型运用者所制定的具体战略的各种后果。

增长率如何影响外部筹资需求量?（学习目标 3）

增长率越高，固定资产和营运资本的投资需求量就越大。内含增长率是公司完全依靠再投资的利润为其增长筹资所能实现的最高增长率，即没有外部筹资需求的最高增长率。可持续增长率是公司无须改变杠杆比率或发行新股就能实现的增长率。

📖 微型案例

作为 Tech Tune-Ups 公司的创始人兼首席执行官，加内特·杰克逊（Garnett Jackson）在享用完其一贯青睐的花生酱和果冻三明治之后，凝视着窗外，思考着公司当前遇到的困境。Tech Tune-Ups 是一家初创公司，主要为顾客提供一系列计算机服务，包括在线技术支持、通过网络对顾客计算机的远程维护和备份以及计算机病毒的防治。公司成立两年来获得了极大的成功，公平的价格和优良的服务使公司声名鹊起。杰克逊也认为此时公司在快速扩大顾客群方面处于非常有利的地位，但他并不确定公司是否拥有足够的资金支持快速增长。

Tech Tune-Ups 公司主要的资本性投资项目是其功能强大的计算机，主要的经营费用是计算机顾问的薪酬。为了合理估计这两个指标，假定这两个因素与公司服务的顾客数量成比例增长。

目前，该公司是一家私营公司。杰克逊及其合伙人（他大学时代的两个同班同学）从父母和其他家庭成员那里筹集了 250 000 美元，已经作为权益资本投入公司。公司可以从银行以 8% 的利率获得 400 000 美元的信用额度，目前已经用了 200 000 美元的信用额度。一旦公司贷款达到其额度上限，就必须筹集权益资本，还可能向风险资本公司寻求资助。公司的快速增长需要不断地投资于新增计算机，杰克逊担心公司逼近借款限额的时间比预期来得更快。

杰克逊通过翻阅以前年度的财务报表，估计公司每台计算机的成本为 10 000 美元，每年可以带来销售收入 80 000 美元，但公司支付给使用每台计算机的每位顾问的工资和福利为 70 000 美元。2018 年的销售收入为 120 万美元，且预期在未来的几年里，每年销售收入的增长率为 20%。公司的所得税税率为 21%。顾客平均付款期为 3 个月，因此，任何时候的应收账款账户余额通常都接近公司年销售收入的 25%。

杰克逊及其他股东只从公司支取微薄的薪酬，其个人的主要收入是以股利的方式从公司获得 70% 的利润。剩余的利润再投资于公司。如果再投资的利润不能满足购置新计算机的资金需求，公司就必须用银行提供的信用额度借入必要的资金。

杰克逊认为公司在 2020 年之前难以筹集到风险资金。于是，他决定编制一份财务计划，确定 2020 年之前公司能否运用银行信用额度和再投资的利润支撑公司的增长计划。如果这两部分资金不能支撑其增长计划，杰克逊及其合伙人就必须考虑减缓公司预期的增长率，或与银行商谈增加信用额度，或在其他筹资安排没有着落之前，考虑减少以股利方式从公司分走的利润份额。

杰克逊将掉在键盘上的果冻擦干净，然后静静地开始工作。

你可以帮杰克逊编制一份财务计划吗？你认为杰克逊的增长计划可行吗？

第 **19** 章

短期财务计划

学习目标

1. 说明长期筹资政策如何影响短期融资需求量。

2. 追踪公司的现金来源与现金运用，评估其短期借款需求量。

3. 编制满足公司现金需求量的短期融资计划。

本书花了大量篇幅讨论诸如投资决策或资本结构选择这样的长期财务决策问题。这些决策之所以称为长期决策主要基于两个原因：首先，这些决策通常涉及长期资产或负债；其次，这些决策难以轻易改变，可能限定公司许多年内的行为方向。

短期财务计划通常涉及短期资产和短期负债，而且通常容易改变。例如，与 5 000 万美元的 20 年债券相比，5 000 万美元的 60 天银行借款显然属于短期决策。公司两个月之后偿还了这笔银行借款，就回到了初始状态。当然，公司可以在 1 月份发行一笔 20 年期的债券，然后在 3 月份偿还该债券，但这样做非常不方便且成本很高。在实践中，发行这种债券是一种长期决策。这不仅仅因为债券的期限是 20 年，而且因为发行债券的决策难以改变。

负责短期财务决策的财务经理不需要考虑太遥远的未来。就期限为 60 天的银行借款做出决定可能只需要未来几个月的现金流量预测值。相反，发行长期债券的决策则通常需要反映公司未来 5 年、10 年甚至更长时间的现金需求量预测值。

短期财务决策并不涉及本书其他部分出现过的许多复杂概念。从某种意义上说，短期财务决策比长期财务决策简单，但其重要程度并不亚于长期财务决策。公司可以识别极其有价值的资本性投资机会，找到精确的最优债务比率，实施完美的股利政策，最终却可能因为没有人操心如何筹集满足当年各项支出所需的资金而倒闭。因此，公司需要短期财务计划。

我们在本章首先解释长期筹资决策如何影响公司的短期财务计划，接着讨论财务经理如何逐月预测现金需求或盈余量以及如何运用这些预测数据制定短期融资战略。

19.1 长期筹资与短期融资之间的关系

所有公司都需要资本，即为经营公司而投入厂房、机器、存货、应收账款和其他所有资产的钱。这些资产的成本总额就是公司的累计资本需求量。如图 19 - 1 的波浪线所示，多数公司的累计资本需求量呈现不规则增长。该波浪线清晰地展现了随着公司业务的增长而向上的趋势。但图 19 - 1 也展现了累计资本需求量围绕向上趋势的季节性波动，每年年末资本需求量达到峰值。此外，累计资本需求量也可能出现无法预料的逐周或逐月的波动，但图 19 - 1 并没有体现这个问题。

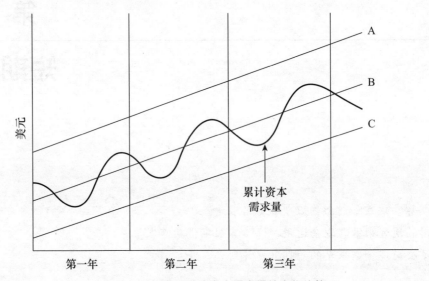

图 19 - 1 公司累计资本需求量的变化趋势

说明：公司的累计资本需求量是公司所需要的所有资产的累计投资额。如图所示，累计资本需求量逐年增长，但每年都存在季节性波动。短期融资需求量是长期筹资额（A 斜线、B 斜线或 C 斜线）与累计资本需求量之间的差额。如果长期筹资额低于 C 斜线，公司始终需要短期融资；如果筹资战略如 B 斜线所示，累计资本需求量就是季节性融资；如果筹资战略如 A 斜线所示，公司从不需要短期融资，而且始终有可供投资的多余现金。

公司的累计资本需求量（粗线）是公司所需要的所有资产的累计投资额。图 19 - 1 展现了一定期间内筹集长期资金实际数额的三种可能筹资战略（A 斜线、B 斜线和 C 斜线）。短期融资需求量是长期筹资额与累计资本需求量之间的差额。如果长期筹资额不能满足累计资本需求量，公司就必须筹集短期资金来弥补缺口。如果长期筹资额超过累计资本需求量，公司就可以出借这些多余的资金。因此，公司筹集的长期资本数额和已定的资本需求量决定了公司是一个短期债务人还是短期债权人。

A 斜线展现了最大的长期筹资额，意味着公司拥有永久性现金溢余。公司从不需要短期融资，而且始终有可供投资的多余现金。相反，如果长期筹资战略如 C 斜线所示，长期资金总是少于累计资本需求量，公司始终需要短期融资。最后，如果长期筹资战略如 B 斜线所示（这可能是最常见的筹资战略），在某些年份，公司是短期债权人，而在某些年份，公司是短期债务人。如果粗线在 B 斜线的上方，公司需要筹集短期资金；如果粗线在 B 斜线的下方，公司有可以投资获得利息的多余现金。

相对于累计资本需求量而言，公司的最佳长期筹资水平是怎样的？这很难说。这个问题还没有令人信服的理论分析。不过，我们可以做一些实际观察：

1. 期限匹配。如果你问财务经理选择短期融资或长期筹资的最重要原因是什么，他们通常会说是试图使公司的资产与负债期限"匹配"。[①] 也就是说，他们主要通过长期借款和权益为诸如厂房和机器设备这样的长期资产筹资，而通过短期债务为诸如存货和应收账款这样的短期资产融资。

2. 永久性营运资本需求量。多数公司都有永久性营运资本净额（流动资产总额减去流动负债总额）投资。营运资本净额投资的资金来源是长期筹资。

3. 维持流动性。流动资产比长期资产更容易转化为现金，因此拥有大量流动资产的公司具有更强的流动性。当然，一些流动资产比另一些流动资产更容易转化为现金。存货在生产、销售并收到货款之后才能转化为现金。相对而言，应收账款具有更强的流动性。只要顾客支付货款，应收账款就转化成现金。如果公司临时需要现金，通常可以出售短期证券。因此，短期证券的流动性也很强。

与其他公司相比，有些公司选择维持更强的流动性。例如，许多高科技公司（如英特尔和思科）持有巨额有价证券，传统制造公司（如化学、造纸或钢铁公司）的流动性储备则非常少。这是为什么呢？原因之一就是，对快速增长的公司而言，其利润创造现金的速度比将现金再投入净现值为正值的新投资项目的速度更快。这就会产生可以投资于短期证券的溢余现金。当然，持有巨额现金的公司最终也可能调整其支付政策。我们在第 17 章已经看到，苹果公司也打算通过发放特别股利和回购股票的方式减少持有的巨额现金。

税收策略

拥有巨额现金和有价证券的公司在美国之外持有现金和有价证券。对此，有一个合理的理由。许多国家都征收地源公司所得税：这些国家只对在其国家赚取的收益征税，而不对其国界之外的收益征税。美国对其公司的全球收益征税。（2018 年，美国开始征收地源所得税。下面将详细讨论这个问题。）下面讨论美国税制如何运作。假设苹果公司的爱尔兰子公司 2017 年的利润为 100 000 美元。该子公司在爱尔兰按 12.5% 的公司所得税税率支付了 12 500 美元的所得税。2017 年，美国是世界上公司所得税税率最高的国家之一，其公司所得税税率为 35%。但苹果公司爱尔兰子公司在爱尔兰缴纳的所得税可以抵免美国所得税。这样，只要苹果公司爱尔兰子公司将利润汇回美国，苹果公司就必须补交所得税 22 500 美元（0.35 × 100 000 − 12 500）。苹果公司为什么还要缴纳额外的所得税呢？苹果公司为什么不把钱留在爱尔兰呢？美国只对汇回美国的外国收益征税。

这正是苹果公司和其他美国公司将利润滞留在国外的原因。（将利润滞留国外数额最多的公司还包括微软、阿尔法贝特、思科、辉瑞、雅培和强生）。这些公司几乎总是以低于 35% 的税率支付其他国家的所得税，但减少汇回母国的利润。据估计，2017 年滞留国外的利润总额超过 2 万亿美元。

从 2018 年开始，美国转向地源税收制度，公司所得税税率下降为 21%。美国不再对美国公司的国外收益征税，美国公司也就没有动力将利润滞留在低税率国家。不过，截至 2017 年，累计滞留国外的利润汇回母国还要一次性征税。公司投资于现金和证券获得的利润，其所得税税率为 15.5%，而投资于诸如厂房与设备这样的流动性较弱资产获得的利润，其所得税税率则为 8%。该税款在 2018—2025 年的八年间分期支付。因此，苹果公司和其他公司必须就其累计国外利润纳税。当然，此时适

---

① 格雷厄姆和哈维（Graham and Harvey）的一项调查发现，经理认为资产与债务的期限匹配是其选择长期债务和短期债务要考虑的一个最重要因素。J.R.Graham and C.R.Harvey,"The Theory and Practice of Corporate Finance: Evidence from the Field,"*Journal of Financial Economics* 61 (2001)pp.187–243.

用的税率低于 2017 年及以前年度将利润汇回母国时适用的税率。尽管没有强制要求，但现在这些公司可以将其利润汇回美国。

持有现金的原因

公司持有现金储备会具有某些优势，尤其是那些短期融资成本相对较高的小规模公司，其优势更为明显。例如，生物技术公司需要巨额资金研发新药。这类公司必须为其研发项目和推广成功研发出来的新药提供资金，因此，这类公司通常拥有巨额现金。

就那些拥有充裕的长期筹资来源和银行存款的公司而言，财务经理不需要操心如何为下个月的支出筹集资金。现金可以帮助公司渡过难关，赋予公司调整经营业务的空间。不过，现金太多，也有问题。就需要纳税的公司而言，持有有价证券充其量就是一个净现值为零的投资项目。

平克维茨和威廉姆森（Pinkowitz and Williamson）关注投资者对公司持有现金的估值并发现：平均而言，股东认为 1 美元现金的价值为 1.20 美元。[①] 投资者特别看重拥有众多成长机会的公司的流动性。平克维茨和威廉姆森也发现另一种极端情形：如果公司可能面临财务困境，公司拥有的 1 美元现金的价值经常不如股东手里的 1 美元值钱。股东可能担心公司将现金支付给债权人。

19.2　追踪现金的变化

我们在第 18 章见识了 Dynamic Mattress 公司首席财务官在编制公司的长期财务计划时承受的压力。现在，我们接着讨论 Dynamic Mattress 公司如何编制公司的短期财务计划。我们以表 19-1 和表 19-2 为起点。表 19-1 和表 19-2 分别展现了公司 2018 年的利润表和两年的资产负债表。[②]

表 19-1　Dynamic Mattress 公司 2018 年度利润表	单位：百万美元
销售收入	2 200.0
销货成本	2 024.0
折旧额	23.5
息税前利润	152.5
利息费用	6.0
税前利润	146.5
所得税（税率为 50%）	73.3
净收益	73.3

说明：1. 股利＝4 680 万美元；再投资的利润＝2 650 万美元。

2. 表中数据可能因四舍五入而产生误差。

---

①　更具体地说，他们发现，平均而言，资产负债表列示的 1 美元超额现金的市场价值超过 1.20 美元。L.Pinkowitz and R.Williamson, "The Market Value of Cash," *Journal of Applied Corporate Finance* 19 (2007), pp.74-81.

②　值得注意的是，Dynamic Mattress 公司在编制其长期财务计划时，将所有流动资产和流动负债归并为营运资本净额一个数字。编制短期财务计划不适宜采用这种粗略的处理方法。有鉴于此，表 19-2 分别列示营运资本净额的具体项目。还值得注意的是，我们在表 19-2 分别列示流动资产和流动负债（而不是只列示营运资本净额），因此，资产总额为 6.52 亿美元（而不是 5.17 亿美元）。这是表 18-1 列示的净资产数额。这两个数值的差异（即 1.35 亿美元）正是 Dynamic Mattress 公司的流动负债数额。

表 19－2　Dynamic Mattress 公司年末资产负债表　　　　　　　　　　　单位：百万美元

资产	2017 年	2018 年	负债与股东权益	2017 年	2018 年
流动资产			流动负债		
现金	20.0	30.4	一年内到期债务（银行贷款）	25.0	0.0
有价证券	0.0	25.0	应付账款	110.0	135.0
存货	124.0	150.0	流动负债总额	135.0	135.0
应收账款	183.0	171.6	长期债务	60.0	90.0
流动资产总额	327.0	277.0	净值（权益与留存收益）	400.5	427.0
固定资产					
原始投资额	345.0	375.0			
减：折旧	76.5	100.0			
固定资产净值	268.5	275.0			
资产总额	595.5	652.0	负债与股东权益总额	595.5	652.0

说明：表中数据可能因四舍五入而产生误差。

根据表 19－2，Dynamic Mattress 公司 2018 年的现金余额从 2 000 万美元增加到 3 040 万美元。现金余额增加的原因何在？多余的现金来源于公司新增的长期借款、再投资的利润还是减少存货所释放出的资金，或者来源于公司的供应商延长了该公司的信用期限。（值得注意的是，该公司的应付账款增加了。）

哪一个才是正确答案呢？上述答案都正确。某种具体资金来源与某种具体资金运用很少一一对应。而正如我们在第 3 章看到的，财务分析师采用如表 19－3 所示的现金流量表跟踪现金来源与现金运用。表 19－3 中的正数代表创造现金的活动，负数则代表耗用现金的活动。这样，我们就可以看到 Dynamic Mattress 公司通过下列方式创造现金 1.632 亿美元：

1. 该公司创造净收益 7 330 万美元（经营活动）。

2. 该公司计提折旧 2 350 万美元。记住：折旧不是一种现金支出，在计算 Dynamic Mattress 公司的现金流量时，必须将折旧额加回去（经营活动）。

3. 该公司减少了存货，释放出 1 140 万美元的现金（经营活动）。

4. 该公司增加了应付账款，相当于向供应商借款 2 500 万美元（经营活动）。

5. 该公司举借 3 000 万美元的长期债务（筹资活动）。

Dynamic Mattress 公司基于以下目的运用现金 1.528 亿美元：

1. 该公司的应收账款增加了 2 600 万美元。实际上，这是该公司借给顾客的钱。

2. 该公司的投资额为 3 000 万美元（投资活动）。这在表 19－2 中体现为固定资产原始投资额的增加额。

3. 该公司发放了 4 680 万美元的股利（筹资活动）。（说明：表 19－2 列示的权益增加了 2 650 万美元，来源于其再投资的利润：净收益 7 330 万美元减去发放的股利 4 680 万美元。）

4. 该公司购买了 2 500 万美元的有价证券（筹资活动）。

5. 该公司偿还了 2 500 万美元的短期银行贷款（筹资活动）。

总之，现金来源总额超过现金运用总额 1 040 万美元。

表 19-3　Dynamic Mattress 公司 2018 年现金流量表	单位：百万美元
经营活动提供的现金：	
净收益	73.3
折旧	23.5
营运资本项目变动额：	
应收账款减少（增加）额	−26.0
存货增加（减少）额	11.4
应付账款增加（减少）额	25.0
营运资本减少（增加）总额	10.4
经营活动提供的现金流量	107.2
来自投资活动的现金：	
固定资产投资额	−30.0
筹资活动提供（耗用）的现金：	
银行贷款增加（减少）额	−25.0
长期债务增加（减少）额	30.0
股利	−46.8
出售（购买）有价证券	−25.0
发行（回购）普通股	0.0
筹资活动提供（耗用）的现金	−66.8
现金增加（减少）额	10.4

说明：表中数据可能因四舍五入而产生误差。

19.3　现金预算

表 19-3 说明了 Dynamic Mattress 公司 2018 年现金余额增加的原因。但财务经理需要预测公司 2019 年的现金数额，并确保公司能够清偿到期债务。为了确定公司需要多少现金，经理必须以预期未来现金来源与现金运用为基础，编制现金预算。

编制现金预算都包括三个步骤：

第一步：预测现金的来源。最大的现金流入量通常来源于公司顾客支付的货款。

第二步：预测现金的运用。

第三步：计算公司面临现金短缺还是现金溢余。

公司运用这些预测数据编制溢余现金的投资或现金短缺的筹资计划。

编制现金预算

第一步：预测现金的来源　我们将继续沿用 Dynamic Mattress 公司的案例说明现金预算的编制问题。

Dynamic Mattress 公司的绝大部分现金流入量都来源于其床垫的销售收入。因此，我们从预测 2019 年的季度销售量开始[①]：

	第一季度	第二季度	第三季度	第四季度
销售收入（百万美元）	560	502	742	836

但是，除非顾客货到付款，否则，在收到现金之前，这些销售收入将以应收账款的形式存在。现金流量来源于应收账款的回收。

多数公司可能跟踪顾客平均付款期，能据此预测本季度有多大比例的销售收入可以转化成为现金，有多大比例的销售收入继续以应收账款的形式递延到下一个季度。

假设 70% 的销售收入在本季度收回，其余 30% 在下一个季度收回。表 19-4 列示了基于该假设的预计应收账款收回情况。例如，你可以看到，在第一季度，Dynamic Mattress 公司可以收回本季度销售收入 56 000 万美元的 70%，即 39 200 万美元。但该公司还收回了上一个季度销售收入的 30%，即 11 900 万美元（0.3×39 670）。这样，本季度总共收回 51 100 万美元（39 200+11 900）。

表 19-4　Dynamic Mattress 公司 2019 年度应收账款预计收回情况　　　　　单位：百万美元

	第一季度	第二季度	第三季度	第四季度
1. 期初应收账款余额	150.0	199.0	181.6	253.6
2. 销售收入	560.0	502.0	742.0	836.0
收款情况：				
当期销售收入的 70%	392.0	351.4	519.4	585.2
上期销售收入的 30%	119.0[a]	168.0	150.6	222.6
3. 收回应收账款总额	511.0	519.4	670.0	807.8
4. 期末应收账款余额（1+2-3）	199.0	181.6	253.6	281.8

注：a. 我们假设上年度最后一个季度的销售收入为 39 670 万美元。

说明：为了预测 Dynamic Mattress 公司 2019 年度的应收账款收回情况，你需要预测销售收入和收款比率。表中数据可能因四舍五入而产生误差。

Dynamic Mattress 公司第一季度初的应收账款余额为 15 000 万美元。其第一季度的销售收入为 56 000 万美元，计入本季度的应收账款，但本季度应收账款还要减去本季度已经收回的应收账款 51 100 万美元。这样，如表 19-4 所示，Dynamic Mattress 公司第一季度末的应收账款余额为 19 900 万美元（15 000+56 000-51 100）。其一般计算公式为：

期末应收账款余额=期初应收账款余额+本期销售收入-本期收回应收账款数额

表 19-5 的第一部分列示了 Dynamic Mattress 公司现金来源的预测值。其中，收回应收账款是其主要的现金来源，但不是唯一来源。公司可能计划变卖某些土地或预计有税收返还或保险赔款。所有这些项目都作为"其他"来源。公司也可能通过借款或发行股票筹集更多资本，但我们不考虑这个方面的问题。目前，我们假设 Dynamic Mattress 公司不再长期筹资。

[①] 为简化起见，我们只讨论季度预测。然而，多数公司按月而不是按季度预测，有时按周甚至天预测。

表 19 - 5　Dynamic Mattress 公司 2019 年现金预算　　　　　　　　　　　　　　　　　　单位：百万美元

	第一季度	第二季度	第三季度	第四季度
现金的运用：				
收回应收账款	511.0	519.4	670.0	807.8
其他	0	0	77.0	0
现金来源总额	511.0	519.4	747.0	807.8
现金的运用：				
支付应付账款	250.0	250.0	267.0	261.0
增加存货	150.0	150.0	170.0	180.0
人工与其他费用	136.0	136.0	136.0	136.0
资本性支出	70.0	10.0	8.0	14.5
税款、利息与股利	46.0	46.0	46.0	46.0
现金运用总额	652.0	592.0	627.0	637.5
现金来源减去现金运用	**−141.0**	**−72.6**	**120.0**	**170.3**
短期借款需求量的计算过程：				
期初现金余额	30.4	−110.6	−183.2	−63.2
现金余额变动额	−141.0	−72.6	120.0	170.3
期末现金余额 [a]	−110.6	−183.2	−63.2	107.1
最低经营现金余额	25.0	25.0	25.0	25.0
累计融资需求量 [b]	135.6	208.2	88.2	−82.1

注：a. 公司持有的现金数额根本不可能为负值。这行列示的是公司为了支付应付账款将必须筹集的现金数额。

　　b. 负号表示公司不需要任何短期融资。相反，公司有现金溢余。

说明：表中数据可能因四舍五入而产生误差。

　　第二步：预测现金的运用　如前所述，Dynamic Mattress 公司收到许多现金。现在要考虑现金支出。现金运用项目似乎总是比现金来源项目多。表 19 - 5 的第二部分列示了 Dynamic Mattress 公司预计的现金运用项目。为简单起见，我们已经将公司现金运用简化为五个大类：

　　1. 支付应付账款。Dynamic Mattress 公司需要支付购买原材料、零部件的费用和电费等款项。尽管该公司可能推迟付款，但现金流量预测中假设该公司及时付款。延期付款有时称为应付账款展期。展期是短期融资的一种途径，但就多数公司而言，这是一种高成本的融资途径。因为延期付款使公司失去因立即付款可以获得的现金折扣。（第 20 章将更详细地讨论这个问题。）

　　2. 增加存货。2019 年预期增加销售收入需要追加各种存货的投资额。

　　3. 人工与其他费用。这类现金运用包括该公司所有日常经营费用。

　　4. 资本性支出。值得注意的是，Dynamic Mattress 公司第一季度计划花巨资购置一项长期资产。

　　5. 税款、利息与股利。这类现金运用项目包括目前尚未偿还的长期债务利息和支付给股东的股利。

　　第三步：计算现金余额　表 19 - 5 以黑体字表示的那一行列示了 Dynamic Mattress 公司的现金流入量净额（现金来源减去现金运用）的预测值。值得注意的是，第一季度现金流入量净额为巨额的负值：预计现金流出量为 14 100 万美元。第二季度预计的现金流出量净额较小，下半年公司开始出现巨额现金流入量。

表 19-5 的最后部分计算了如果现金流量预测正确，Dynamic Mattress 公司需要融资的数额。该公司年初现金余额为 3 040 万美元，第一季度现金流出量为 14 100 万美元，因此，Dynamic Mattress 公司至少必须再筹集资金 11 060 万美元（14 100-30 400）。由此，该公司第二季度初预计的现金余额刚好为零。

多数财务经理认为预计现金余额为零犹如把车开到悬崖边。为了应对意外的现金流入量与现金流出量，财务经理可能确定一个最低经营现金余额。我们假设 Dynamic Mattress 公司的最低经营现金余额为 2 500 万美元。

这意味着该公司第一季度需要筹集 13 560 万美元（11 060+2 500），而且第二季度需要再筹集 7 260 万美元。这样，该公司第二季度累计融资需求量为 20 820 万美元。值得庆幸的是，这是峰值。第三季度的累计融资需求量有所下降，从 12 000 万美元下降到 8 820 万美元。Dynamic Mattress 公司在最后一个季度逐渐摆脱了困境。其现金余额 10 710 万美元远远超出其最低经营现金余额。

我们接下来的工作是制定一份以最经济的方式满足预计现金需求量的短期融资计划。在继续讨论这个主题之前，我们先看两个结论：

1. Dynamic Mattress 公司前两个季度出现巨额现金流出量未必有问题。部分现金流出量是该公司第一季度的资本性投资：该公司花了 7 000 万美元，应该可以获得一项物有所值甚至物超所值的资产。现金流出量也反映出上半年的销售收入较少，下半年的销售收入有所改观。[1] 如果这是一个可预测的季节性模式，那么，该公司应该可以很容易地通过举债度过销售低迷的月份。

2. 表 19-5 只是未来现金流量的一个最佳预测，你最好考虑估计值的不确定性因素。例如，你可以进行敏感性分析，考察销售低迷或延迟收回应收账款如何影响公司的现金需求量。

19.4 Dynamic Mattress 公司的短期财务计划

Dynamic Mattress 公司的现金预算明确了其问题之所在。该公司的财务经理必须寻求短期融资来满足公司预计的现金需求量。短期融资存在多种来源，但为简化起见，我们假设 Dynamic Mattress 公司只有两种选择：

1. 银行贷款。Dynamic Mattress 公司与银行有一份现成的协议，允许公司以 10% 的年利率或 2.5% 的季利率向银行贷款，其最高贷款额度为 1 亿美元。在这一信用额度内，公司可以在任何时候借入或偿还贷款。

2. 应付账款展期。Dynamic Mattress 公司也可以通过延期支付应付账款筹集资金。财务经理认为该公司每个季度可以延迟支付应付账款的额度为 1 亿美元。因此，如果第一季度延期支付账款，那么该季度可以节约 1 亿美元。（值得注意的是，表 19-5 的现金流量预测值假设该公司将在第一季度支付这些款项。）如果第一季度延期支付，则第二季度必须支付这些款项。但第二季度最高额度为 1 亿美元的款项也可以延迟到第三季度支付，以此类推。

即使没有发生任何恶意行为，应付账款展期的成本通常也较高。[2] 其原因是许多供应商可能为立即支付的顾客提供各种折扣。如果 Dynamic Mattress 公司延期支付货款就会失去这种折扣。我们在本

---

[1] 也许下半年夜晚的时间更长，人们可能购买更多床垫。

[2] 事实上，很可能发生恶意行为。供应商可能认为延期付账的公司存在信用风险。因为展期的成本很高，供应商据此认为，顾客只有在无法以合理利率获得其他渠道融资时才会求助于自己。供应商自然不希望成为顾客的最后一个贷款人。

例中假设失去的折扣是延期支付金额的 5%。换句话说，如果 Dynamic Mattress 公司延期支付 100 美元，下个季度就必须支付 105 美元。这就相当于该公司以 5% 的季度利率或超过 20% 的年利率借入款项（更精确地说，$1.05^4 - 1 = 0.216$ 或 21.6%）。

Dynamic Mattress 公司的融资计划

基于银行贷款和应付账款展期这两种选择，短期融资战略显而易见。首先使用银行贷款，如果有必要，可以达到最高额度 1 亿美元。如果现金还存在缺口，就使用应付账款展期。表 19－6 列示了相应的短期融资计划。2019 年第一季度，该计划需要动用该公司的全部信用额度向银行贷款（1 亿美元），并将应付账款 1 060 万美元展期（参见表 19－6 中 B 部分第一行和第二行）。此外，该公司还出售其 2018 年末持有的有价证券 2 500 万美元。因此，该公司第一季度将筹集资金 1.356 亿美元（参见表 19－6 中 B 部分最后一行）。

表 19－6　Dynamic Mattress 公司 2019 年度的融资计划　　　　　　单位：百万美元

	第一季度	第二季度	第三季度	第四季度
A. 现金需求量				
经营活动现金需求量 [a]	135.6	72.6	−120.0	−170.3
银行贷款利息 [b]	0.0	2.5	2.5	1.9
展期的应付账款利息 [c]	0.0	0.5	4.3	0.0
偿还上个季度展期的应付账款	0.0	10.6	86.7	0.0
已出售证券的利息损失 [d]	0.0	0.5	0.5	0.5
现金需求量总额	135.6	86.7	−25.9	−167.9
B. 各季度融到的现金				
银行贷款	100.0	0.0	0.0	0.0
展期的应付账款	10.6	86.7	0.0	0.0
发行的证券	25.0	0.0	0.0	0.0
融到的现金总额	135.6	86.7	0.0	0.0
C. 偿还数额				
银行贷款	0.0	0.0	25.9	74.1
D. 现金余额和持有证券增加额				
	0.0	0.0	0.0	93.9
E. 银行贷款				
季度初	0.0	100.0	100.0	74.1
季度末	100.0	100.0	74.1	0.0

注：a. 每个季度的经营活动现金需求量等于表 19－5 最后一行累计融资需求量。现金需求量为负值意味着经营活动现金流量为正值。

b. 每个季度的银行贷款利率为 2.5%，计算基数为季度初尚未偿还的银行贷款。这样，第二季度的利息为 250 万美元（0.025×100）。

c. 展期的应付账款的"利息"成本是延迟支付额的 5%。以第二季度为例，其利息成本就是展期的 1 050 万美元的 5%，大约为 53 万美元。

d. 每个季度已出售证券的利息损失为 2%。因此，第二季度，Dynamic Mattress 公司需要再筹集资金 50 万美元（0.02×25）。

说明：表中数据可能因四舍五入而产生误差。

第二季度，为了满足经营活动的资金需求，Dynamic Mattress 公司还需要再筹集资金 7 260 万美元。该公司还欠银行贷款利息 250 万美元，也必须偿还第一季度展期的应收账款。来自供应商的隐性贷款的利率为 5%，因此，第二季度需要筹集的资金数额增加 1 110 万美元（1 060+50）。最后，如果公司还想筹集资金弥补第一季度已经出售证券所赚取的利息，那还得再筹集资金 50 万美元。[①] 如此一来，该公司第二季度需要筹集的资金数额就达到 8 670 万美元。

第三季度，该公司经营活动创造了 1.20 亿美元的现金流量溢余。根据展期协议要求，部分现金流量溢余即 8 670 万美元用于偿还第二季度展期的应付账款。还有小部分现金流量溢余用于支付银行贷款利息。该公司用剩余的现金流量溢余即 2 590 万美元（表 19 - 6 中 A 部分最后一行）偿还了银行贷款。第四季度，该公司经营活动创造了现金流量溢余 1.703 亿美元。该公司偿还了银行贷款利息和剩余的本金之后，剩下现金和有价证券 9 390 万美元。

评估融资计划

表 19 - 6 列示的融资计划把 Dynamic Mattress 公司的短期融资问题解决了吗？没有！尽管该融资计划切实可行，但 Dynamic Mattress 公司也许可以做得更好。该融资计划最大的问题在于依赖应付账款展期。这是一种成本非常高的融资工具。请记住：应付账款展期使该公司每季度支付的利率高达 5%，这相当于年化利率为 20%。

第一个融资计划只能促使财务经理寻找成本更低的短期融资来源。财务经理可能还会询问其他一些问题，例如：

1. 为了防止顾客延期支付应付账款（由此导致应收账款收回速度减慢），Dynamic Mattress 公司是否需要持有更多现金储备或有价证券？

2. 该融资计划能否产生令人满意的流动比率与速动比率？[②] 银行可能关注这些比率是否恶化。

3. 应付账款展期是否还有一些无形成本？供应商是否会因此而怀疑 Dynamic Mattress 公司的信誉？

4. 2019 年的融资计划能否为 Dynamic Mattress 公司 2020 年财务状况打下良好基础？（本例的答案是：可以。因为 Dynamic Mattress 公司已经在年末偿还了所有短期借款。）

5. Dynamic Mattress 公司第一季度应该为其主要资本性支出安排长期筹资吗？根据长期资产与长期筹资相匹配的经验法则，这种做法似乎合情合理，可以显著减少公司的短期借款需求量。一种相反的观点认为，公司只是暂时运用短期借款为资本性投资项目提供资金。到了年末，经营活动创造的现金就可以为投资项目提供资金。这样，该公司当初不直接寻求长期筹资的决定可能反映了公司最终以留存收益为投资项目筹资的偏好。

6. 也许公司的经营与投资计划能够做出调整，以使短期融资变得更为简单。是否存在递延该公司第一季度巨额现金流出量的简单方法呢？例如，假设公司第一季度的主要资本性投资项目是上半年购置和安装的新的床垫填充机。该新机器预计 8 月份之后才能够全面投入使用。我们也许可以说服机器制造商在交付该机器时只收取 60% 的货款，待该机器安装完成并良好运行后再收取 40% 的货款。

7. Dynamic Mattress 公司应该通过降低其他流动资产的数额释放现金吗？例如，公司可以通过收

---

①　也许，持有有价证券的利息就是表 19 - 5 中"其他"现金来源之一。如果公司出售有价证券就丧失有价证券的投资收益，表 19 - 5 现金来源总额将相应减少。有些公司（如苹果公司或谷歌公司）持有大量的有价证券，而且投资收益为这些公司的现金流量总额做出重要的贡献。

②　我们在第 4 章讨论了这些比率。

紧延迟付款顾客的付款条件从而减少应收账款（这种做法的代价是这些顾客可能流失），或公司可以减少床垫的存货，进而减少其他流动资产的数额（这种做法的代价是公司可能无法满足订单的需求而导致顾客流失）。

短期融资计划必须经过反复修改才能定稿。你可以先草拟一份初稿，认真思考，然后基于各种融资和投资方案的假设加以完善。你可以不断尝试修改，直至认为没有可以进一步改进之处。

反复修改是编制短期融资计划的重要环节。通过反复修改，你就可以理解公司面临问题的真实面目。我们可以在这里就编制财务计划的流程与第 10 章讨论的项目分析做一个有益的类比。我们在第 10 章讨论了敏感性分析和其他方法。公司可以用这些方法洞察导致投资项目出错的原因及其后果。Dynamic Mattress 公司财务经理面临同样的问题：不仅仅要编制完成一份财务计划，还要理解导致财务计划出错的原因，以及如果环境发生意料之外的变化，公司该怎么办。

短期财务计划模型的进一步讨论

编制一份前后连贯的短期财务计划牵扯到烦琐的计算过程。令人欣喜的是，计算机可以代为处理许多计算问题。许多大型公司已经构建财务计划模型处理这些烦琐的计算问题。小型公司面临的问题没有这么烦琐复杂，因此，小型公司发现只要用电子数据表程序就可以轻松地编制财务计划。无论如何，财务经理都需要具体预测现金需求量或现金溢余、利率、限用额度等变量的数值。表 19-6 列示了财务计划模型生成的一份短期财务计划。

计算机也可以生成资产负债表、利润表以及财务经理需要的各种专门报告。小型公司用不着专门构建财务计划模型，可以租用银行、会计公司、管理咨询公司或专业计算机软件公司的通用财务计划模型。

表 19-7 列示了 Dynamic Mattress 公司的现金预算。表 19-4 和表 19-5 列示的现金流量预测值来源于该电子数据表。不妨看一下该电子数据表的 F 栏。F 栏列示了用数字表示的假设（如第 5 行列示了销售收入假设）和计算过程涉及的其他变量（如第 7 行和第 8 行分别列示了收回本期和前期销售收入的数额）。F 栏列示的计算公式快速地向你展现现金预算各个项目之间的联系。

表 19-7　Dynamic Mattress 公司 2019 年度现金预算　　　　　　　　　　　　单位：百万美元

	A	B	C	D	E	F
	季度	第一季度	第二季度	第三季度	第四季度	C 栏的计算公式
1						
2						
3	**A. 应收账款**					
4	应收账款余额（期初）	150.0	199.0	181.6	253.6	B10
5	销售收入	560.0	502.0	742.0	836.0	502
6	应收账款收回情况					
7	本期销售收入（80%）	392.0	351.4	519.4	585.2	0.7*C5
8	前期销售收入（20%）[a]	119.0	168.0	150.6	222.6	0.3*B5
9	收回应收账款总额	511.0	519.4	670.0	807.8	C7+C8
10	应收账款余额（期末）	199.0	181.6	253.6	281.8	C4+C5-C9
11						

续表

	A	B	C	D	E	F
12	**B. 现金预算**					
13	现金来源					
14	收回应收账款	511.0	519.4	670.0	807.8	C9
15	其他	0.0	0.0	77.0	0.0	0
16	现金来源总额	511.0	519.0	747.0	807.0	C14+C15
17	现金运用					
18	支付应付账款	250.0	250.0	267.0	261.0	250
19	增加存货	150.0	150.0	170.0	180.0	150
20	人工与其他费用	136.0	136.0	136.0	136.0	136
21	资本性费用	70.0	10.0	8.0	14.5	10
22	税款、利息和股利	46.0	46.0	46.0	46.0	46
23	现金运用总额	652.0	592.0	627.0	637.5	SUM（C18:C22）
24						
25	**现金流入量净额 = 现金来源 − 现金运用**	−141.0	−72.6	120.0	170.3	C16−C23
26						
27	**C. 短期融资需求量**					
28	期初现金余额	30.4	−110.6	−183.2	−63.2	B30
29	+ 现金流入量净额	−141.0	−72.6	120.0	170.3	C25
30	= 期末现金余额 [b]	−110.6	−183.2	−63.2	107.1	C28+C29
31	最低经营现金余额	25.0	25.0	25.0	25.0	B31
32	累计融资需求量 [c]	135.6	208.2	88.2	−82.1	C31−C30

注：a. 上一年度第四季度的销售收入为 39 670 万美元。

b. 公司的现金余额不可能为负值。该行表示公司为支付各种款项所必须筹集的现金数额。

c. 负号表示公司不需要短期融资。相反，公司还有现金溢余。

▌▍ 本章小结

长期筹资政策如何影响短期融资需求量？（学习目标 1）

公司能够筹集的长期资本数额决定了公司短期财务计划问题的性质。举借巨额长期债务、发行大量普通股或留存大部分利润的公司可能发现自己拥有永久性溢余现金，其他公司则只能筹集到相对较少的长期资本，最终只能成为永久性的短期借款者。多数公司力图找到一条将权益和长期债务相结合，为所有固定资产和部分流动资产提供资金的中庸之道。一年间，这些公司有时可能将溢余现金用于投资，有时则需要借款。

公司现金来源与现金运用如何与公司短期借款需求量相联系？（学习目标 2）

短期财务计划的起点就是理解公司现金来源与现金运用。公司通过预测应收账款的回收数额加上其他现金流入量，再减去所有预测的现金流出量的方式，预测其现金需求量净额。如果你预测的现金余额不足以满足公司日常经营活动的现金需求量并为突发事件提供应急准备，就需要寻找新的融资来源。

公司如何编制满足其现金需求量的短期融资计划?（学习目标 3）

寻找最佳财务计划难免要反复修改。财务经理必须观察基于现金需求量、利率和特定融资来源限额等不同假设的各种后果。公司通常借助计算机化财务模型编制短期融资计划。

📖 微型案例

Capstan 汽车公司是一家日本汽车制造商的东海岸经销商。该公司所有者西德尼·卡普斯坦（Sidney Capstan）将公司的成功主要归因于不提供不必要服务的竞争性定价与及时付款。公司的业务很简单，在每季度初进口汽车，并在季度末向汽车制造商支付货款。销售这些汽车所得收入可以弥补支付给制造商的货款和公司的经营费用，也可以为卡普斯坦提供不错的权益投资报酬率。

截至 1990 年第四季度，该公司每个季度可以销售 250 辆汽车。由于每辆汽车的平均销售价格大约为 20 000 美元，公司每个季度的销售收入为 5 000 000 美元（250×20 000）。公司进口每辆汽车的平均成本大约为 18 000 美元。公司每季度支付工资、租金以及其他经常性费用的总额为 200 000 美元，还要扣除折旧费用 80 000 美元，公司每季度的息税前利润为 220 000 美元，净利润为 140 000 美元。

就美国汽车进口商而言，1991 年是不景气的一年。经济衰退导致汽车销售量整体下滑，而美元的贬值进一步压缩了许多进口汽车经销商的利润空间。Capstan 公司比其他公司更早预见到这种困难形势，并采取措施积极应对，为顾客提供 6 个月免息信贷额度，稳住了汽车的销售价格。公司将每个季度的工资和其他成本削减 25%，减少到 150 000 美元。公司还当机立断地取消了一切资本性支出。这些政策似乎很快就奏效了。尽管每个季度的销售量下降了 20%，减少到 200 辆，但公司还是取得了令人满意的利润（参见下表）。

汇总利润表						金额单位：千美元
	1990 年	1991 年				1992 年
	第四季度	第一季度	第二季度	第三季度	第四季度	第一季度
1. 汽车销售量	250	200	200	225	250	275
2. 单位价格	20	20	20	20	20	20
3. 单位成本	18	18	18	18	18	18
4. 销售收入（1×2）	5 000	4 000	4 000	4 500	5 000	5 500
5. 销货成本（1×3）	4 500	3 600	3 600	4 050	4 500	4 950
6. 工资与其他成本	200	150	150	150	150	150
7. 折旧	80	80	80	80	80	80
8. 息税前利润（4-5-6-7）	220	170	170	220	270	320
9. 利息净额	4	0	76	153	161	178
10. 税前利润（8-9）	216	170	94	67	109	142
11. 所得税（0.35×10）*	76	60	33	23	38	50
12. 净利润（10-11）	140	110	61	44	71	92

* 该期间，美国公司所得税税率为 35%。

汇总资产负债表		单位：千美元
	1990 年第三季度末	1992 年第一季度末
现金	10	10
应收账款	0	1 050
存货	4 500	5 400
流动资产总额	4 510	1 591
固定资产净值	1 760	1 280
资产总额	6 270	1 719
银行贷款	230	9 731
应付账款	4 500	5 400
流动负债总额	4 730	1 513
股东权益	1 540	2 059
负债总额	6 270	1 719

销售下降的颓势持续了 6 个月，不过，随着消费者信心逐渐恢复，汽车销售形势也开始转好。公司出台的 6 个月免息信用额度政策受到广泛好评，卡普斯坦决定继续执行该政策。1991 年第三季度，公司的销售量已经恢复到 225 辆。到了第四季度，公司的销售量为 250 辆，1992 年第一季度的销售量更是达到 275 辆。直观来看，公司 1992 年第二季度的销售量可望达到 300 辆。公司的息税前利润已经打破此前的纪录，卡普斯坦可以祝贺自己已经平安地渡过了艰难时期。公司在 18 个月间获取的净利润超过 50 万美元，且权益资本已经从大约 150 万美元增加到大约 200 万美元。

卡普斯坦作为顶级销售员，总是将公司的财务问题留给财务经理。不过，财务报表的一个特征令卡普斯坦感到困扰：债务水平节节攀升。到了 1992 年第一季度末，公司的债务已经达到 970 万美元。与此同时，财务经理打电话告知卡普斯坦，银行已经不愿意提高未来的信用额度，而且对公司目前的风险水平提出了质疑。此时，这种困扰已经变成了一种警告。

卡普斯坦认为，在经营如此成功的一年里，公司竟然陷入财务困境，实在令人匪夷所思。其实，公司一直都与银行保持良好的合作关系，银行贷款的年利率为 8%（即季度利率为 2%）也合情合理。卡普斯坦确信，如果银行看到公司 1992 年下半年预期的销售收入增长率，就会清楚公司拥有的丰厚利润足以偿还贷款。

卡普斯坦反复思考着三个问题：公司真的遇到麻烦了吗？银行不增加信用额度的决策是否正确？为什么公司的利润比以前年度多，债务水平却节节攀升？

第**20**章

营运资本管理

学习目标

1. 理解公司为什么需要投资于营运资本净额。
2. 描述公司实施信用管理政策的常用步骤。
3. 计算赊销的隐含利率。
4. 描述公司如何评估顾客付款的可能性。
5. 理解何时向顾客授信的重要性。
6. 列举保留存货的成本与收益。
7. 比较公司收付款的不同方法。
8. 比较闲置资金投资的各种方法，解释货币市场的各种利率。
9. 理解短期贷款的主要来源。

　　本书花了许多篇幅讨论诸如资本预算和资本结构选择这样的长期财务决策问题。我们在第 19 章通过观察公司如何确保拥有充足的现金支付各种账款，开始分析公司的短期财务计划与决策问题。现在，我们将更深入地讨论短期资产与短期负债（统称营运资本）的管理问题。

　　流动资产主要有四种类型。公司需要管理所有流动资产。我们首先讨论应收账款。公司经常赊销商品，因此需要数周甚至数月之后才能收回货款。这些尚未收回的款项作为应收账款列示于资产负债表。我们将解释公司的信用经理如何设定付款条件、决定赊销对象、确保顾客及时付款。

　　第二种主要的流动资产是存货。为了维持正常经营，公司必须储存一定数量的原材料、在产品和产成品。但存货的储存成本较高，而且占用公司资本。存货管理涉及成本与收益的权衡。制造公司的生产经理很可能不需要与财务经理直接沟通就可以自己做出判断。因此，与花在营运资本其他组成部分的时间相比，我们花在存货管理上的时间较少。

　　我们的下一个任务是讨论公司的现金余额。第一个问题是确定公司应该持有多少现金余额以及有多少现金可以投资于带息有价证券。第二个问题是确保有效地收回现金。你肯定希望尽快收回款项并用其赚取利息。我们将描述公司有效转移资金的一些方法。

我们描述公司如何将溢余资金投资于各种短期证券。短期证券是营运资本的第四种主要组成部分。

最后，我们将简要讨论短期借款的各种来源。短期借款是许多公司的一项重要的流动负债。

20.1 营运资本

短期或流动资产与负债统称为营运资本。表 20 - 1 列示了 2017 年第四季度美国制造公司的流动资产与流动负债明细项目的金额。其中占资产总额的百分比说明营运资本并非无关紧要。例如，应收账款和存货占资产总额的百分比都超过 7%，所有流动资产总额占资产总额的百分比为 24%。

表 20 - 1　2017 年第四季度美国制造公司的流动资产与流动负债

流动资产			流动负债		
	金额 （十亿美元）	占资产总额的百分比 （%）		金额 （十亿美元）	占资产总额的百分比 （%）
现金	389	3.6	短期贷款	263	2.4
有价证券	210	1.9	应付账款	644	5.9
应收账款	755	7.0	应计所得税	26	0.2
存货	827	7.6	到期的长期债务	207	1.9
	417	3.8	其他流动负债	948	8.8
流动资产总额	2 598	24.0	流动负债总额	2 088	19.3

资料来源：U.S. Department of Commerce, *Quarterly Financial Report for Manufacturing, Mining , Trade, and Selected Service Industries,* https://www.census.gov/econ/qfr/mmws/current/qfr_pub.pdf.

营运资本的组成部分

流动资产　应收账款是一项重要的流动资产。应收账款包括向其他公司或个人销售商品但尚未收到的款项。

第二项重要的流动资产是存货。存货包括原材料、在产品和产成品。根据表 20 - 1，美国制造公司的存货投资与应收账款投资差不多。

剩下的流动资产主要是现金和有价证券。现金包括美元现钞，但多数现金以银行存款的形式存在。公司将多余的现金投资于各种短期证券（如美国政府发行的国库券）。

图 20 - 1 描绘了流动资产在不同行业的相对重要性。例如，制药公司的流动资产总额占资产总额的 75%，而铁路公司的流动资产总额占资产总额的比例低于 10%。对某些公司而言，流动资产主要就是存货，而对其他公司而言，流动资产就是应收账款或现金与证券。例如，服装店的大部分流动资产都是存货，公用事业单位的流动资产主要是应收账款，计算机公司与制药公司的流动资产则主要是现金和证券。

流动负债　我们已经看到多数公司的主要流动资产是尚未支付的款项。某个人的债权必定是另一个人的债务。毫无疑问，公司的主要流动负债是应付账款，即尚未偿还其他公司的款项。其他流动负债主要是短期借款。

营运资本与现金周转期

流动资产总额与流动负债总额之间的差额称为**营运资本净额**（net working capital），但财务经理经

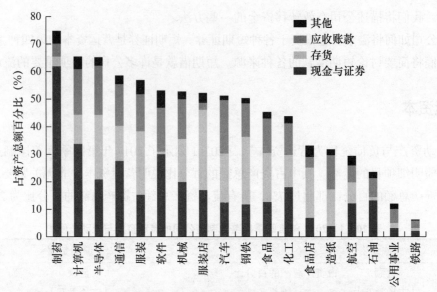

图 20 − 1　2017 年第四季度不同行业流动资产总额占资产总额的百分比

资料来源：U.S. Department of Commerce, *Quarterly Financial Report for Manufacturing, Mining, Trade, and Selected Service Industries*, https://www.census.gov/econ/qfr/mmws/current/qfr_pub.pdf.

常将该差额简单（但不准确）地称为营运资本。通常，流动资产超过流动负债表明公司的营运资本净额为正值。就美国的制造公司而言，流动资产通常比流动负债高出大约 25%。

　　公司需要的营运资本数额取决于公司的业务流程。考虑一家公司，姑且称之为 Digital Souvenirs 公司。该公司主要为礼品店生产新奇小物品。该公司购买原材料，将原材料加工成产成品，然后以赊销的方式出售这些商品。图 20 − 2 展示了整个经营周期。

图 20 − 2　公司经营活动的简单周期

　　如果你在上述流程开始时编制 Digital Souvenirs 公司的资产负债表，可以看到现金（一项流动资产）。如果你晚一点编制资产负债表，可能发现现金少了一些：现金用来购买原材料存货，接着原材料存货转化为产成品存货（还是一项流动资产）。如果该公司出售这些商品，存货就转化为应收账款（另一项流动资产）。最后，如果顾客支付这些货款，公司就获得了利润并补充其现金余额。

　　上述流程的每个阶段，尽管营运资本的具体项目可能不断变化，但 Digital Souvenirs 公司依然维持一定数额的营运资本投资。

　　图 20 − 3 展示了影响公司营运资本投资的生产周期的四个关键日期。存货初始投资日与销售日之间的间隔期是存货周转期（或存货周转天数。通过第 4 章的学习，你应该知道这个指标）。商品销售日与顾客最终付款日之间的间隔期是应收账款周转期（或应收账款平均收款期。这是你应该熟悉的另一个指标）。从购买原材料到顾客最终付款的时间长度就称为经营周期：

　　　　经营周期＝存货周转期＋应收账款周转期

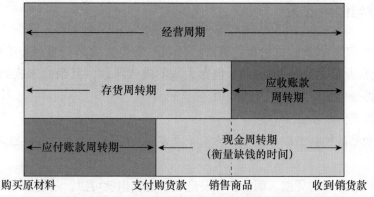

图 20 - 3　Digital Souvenirs 公司的经营周期与现金周转期

在整个经营周期内，Digital Souvenirs 公司都没有支付现金。尽管该公司的起点是购买原材料，但并没有马上支付货款。推迟付款的时间越长，公司缺钱的时间就越短。公司支付原材料款与收回顾客货款之间的间隔期就称为**现金周转期**（cash cycle/cash conversion cycle）：

现金周转期＝经营周期−应付账款周转期

＝(存货周转期＋应收账款周转期)−应付账款周转期

我们可以计算 2017 年美国制造业的现金周转期。以下提供了你需要的信息：

2017 年度利润表数据		2017 年初资产负债表数据	
销售收入	6 552	存货	786
销货成本	5 820	应收账款	700
		应付账款	579

说明：所有数值单位都是 10 亿美元。销货成本包括销售与一般行政管理费用。

资料来源：U.S. Department of Commerce, *Quarterly Financial Report for Manufacturing, Mining , Trade, and Selected Service Industries*, fourth quarter 2017, Tables1.0 and 1.1.

现金周转期的三个指标计算如下：

$$存货周转期＝\frac{存货}{年销货成本/365}＝\frac{786}{5\ 820/365}＝49.3(天)$$

$$应收账款周转期＝\frac{应收账款}{年销货收入/365}＝\frac{700}{6\ 552/365}＝39.0(天)$$

$$应付账款周转期＝\frac{应付账款}{年销货成本/365}＝\frac{579}{5\ 820/365}＝36.3(天)$$

现金周期为：

存货周转期＋应收账款周转期−应付账款周转期＝49.3＋39.0−36.3＝52.0(天)

因此，美国制造公司从支付现金购买存货到收回顾客货款平均超过 7 周的时间。

当然，某些公司的现金周转期比其他公司长。例如，宇航公司通常存货较多，而且为顾客提供较长的付款期。宇航公司的现金周转期接近 6 个月，营运资本净额需要巨额投资。相反，许多零售公司的应收账款投资较少，现金周转期只有几周。零售公司的营运资本净额经常为负值。

我们曾经指出，现金周转期取决于公司的经营业务，但这并不意味着"板上钉钉"。公司可以管理营运资本。因此，我们现在应该更为关注营运资本的主要项目。我们先讨论应收账款，然后讨论存货、现金和有价证券，最后讨论短期债务这项重要的流动负债。

20.2 应收账款与信用政策

我们从公司的应收账款开始讨论流动资产。公司对外销售商品，通常并不期望马上收到货款。尚未收到的账款或**商业信用**（trade credit）包含大量的应收账款，其余尚未收到的账款是**消费信用**（consumer credit），即等待最终顾客支付的款项。

信用管理包括以下五个步骤：

1. 你必须制定商品的销售条款。例如，你给予顾客多长的付款期限？如果顾客立即支付，你会给予折扣吗？

2. 你必须决定顾客赊账的凭据。例如，只要是签字的收据就可以，还是必须出具正式的欠条？

3. 你必须确定哪些顾客可能支付货款。这就是信用分析。

4. 你必须确定公司的信用政策。你给予顾客多长的信用期？如果预期信誉良好，你愿意承担多大的风险？

5. 如果应收账款到期了，你必须开始收账。这就是收账政策。你如何应对那些不愿意付款或赖债不还的顾客呢？

我们将依次讨论这些主题。

销售条款

只要你销售商品，就必须制定**销售条款**（term of sale）。例如，如果你向众多不经常打交道的顾客销售商品，可能要求这些顾客货到付款。如果你按顾客要求定制或生产的商品运输成本较高，要求顾客先付款再发货也合情合理。

通常先交货后付货款，购买方得到信用。每个行业都有其特有的信用安排，这些信用安排都有一个大致的逻辑。例如，如果顾客的财务状况不佳、销售额较小、商品易腐或流转较快，销售方自然要求顾客尽快付款。

如果你赊购商品，供应商会规定一个最后付款日。为了鼓励你在最后付款日之前付款，供应商经常为及时付款提供一个现金折扣。例如，某制造商要求顾客在 30 天内付款，但如果顾客在 10 天内付款，就可以得到 5% 的折扣。这种销售条款可以表达为 "5/10, net 30"：

类似地，如果某家公司以 "2/30, net 60" 的销售条款出售商品，顾客在 30 天内付款可以得到 2% 的折扣，而在 30 ~ 60 天内付款就不能得到折扣，必须全额付款。如果销售条款简单地标明 "net 30"，那么，顾客必须在开票日 30 天内付款，提早付款没有折扣。

定期采购的物品不方便每批次分别付款。普遍采用的方式是假设本月所有销售都发生在月末（end of the month，EOM），这样，商品可能以 "net 10 EOM" 的销售条款出售。这时，顾客必须在本月末 10 日内付款。

赊购的公司实际上是在向供应商借款。尽管该公司现在省了钱，但之后仍需要支付。这是一笔来自供应商的隐性贷款。当然，如果免息，这种贷款总是值得拥有的。然而，如果你丧失现金折扣，那么这种贷款的成本可能非常高。例如，以"3/10, net 30"的条款购物的顾客决定放弃现金折扣而在第30天付款。该顾客将在商品销售之后第 10 天付款推迟到第 30 天付款，从而得到额外的 20 天信用天数，但为此多支付了 3% 的款项。这相当于年利率为 74.3% 的贷款。为了说明其中的缘由，我们设想一笔 100 美元的订单。如果顾客在 10 天内付款，可以得到 3% 的折扣，只需要支付 97 美元。如果该顾客等到第 30 天才付款，就需要支付 100 美元。该顾客得到额外的 20 天信用，但其付款额增加了3.09%（3/97）。因此，延长商业信用的隐含利息为每 20 天 3.09%。一年有 18.25 个（365/20）20 天，这样，该贷款的年实际利率为 74.3%（$1.030\ 9^{18.25}-1$）。

计算没有得到现金折扣的顾客的隐含年利率的通用公式为：

$$年实际利率 = \left(1 + \frac{折扣额}{折扣之后价格}\right)^{\frac{365}{额外信用天数}} - 1 \tag{20.1}$$

折扣额除以折扣之后价格是顾客放弃现金折扣所支付价格的增长率。本例的销售条款为"3/10, net 30"，价格增长率为 3.09%（3/97）。这是每期的隐含利率。贷款期限是你放弃现金折扣所获得的额外信用天数。本例的额外信用天数为 20 天。为了将该利率转化为年利率，我们将该期间的利率以一年的期间数计算其复利。

当然，任何 30 天之后再付款的公司都可以占点便宜，但其信誉将受损。

例 20.1   商业信用利率

如果提前付款的折扣是"5/10, net 60"，那么该商业信用的隐含利率是多少？

本例的现金折扣是 5%，如果顾客选择放弃现金折扣，将获得额外的 50 天（60-10）的信用天数。这样，年实际利率为：

$$年实际利率 = \left(1 + \frac{折扣额}{折扣之后价格}\right)^{\frac{365}{额外信用天数}} - 1 = \left(1 + \frac{5}{95}\right)^{\frac{365}{50}} - 1 = 0.454\ 或\ 45.4\%$$

本例的顾客放弃现金折扣，相当于以 45.4% 的年实际利率借钱。

你可能对为什么商业信用的实际利率通常如此之高感到疑惑。面对如此高的实际利率，多数购买方可能选择尽早付款以获得现金折扣。那些放弃现金折扣的公司很可能现金非常紧缺，向这类公司收取较高的利率也在情理之中。

信用协议

销售条款只确定了赊销的数额而没有确定契约的性质。重复性销售通常借助**赊销协议**（open account）实现，而且只涉及某种隐性契约。赊销协议只是销售方账簿的一个记录和购买方签章的一个凭据。

有时，你可能希望购买方在发货之前做出明确承诺。在这种情况下，通常的做法是签发商业汇票。商业汇票的行业术语就是待支付订单。[1] 其运作原理是：销售方开出要求购买方付款的汇票，并将该汇票寄给顾客的开户银行。如果要求立即付款，此种汇票就称为即期汇票，否则称为远期汇票。顾客是告知银行立即支付，还是在汇票上加注"已接受"并签名确认该债务，取决于该汇票是即期汇票还是远期汇票。一旦接受，远期汇票就像期票一样，称为商业承兑汇票。该商业承兑汇票随之转给销售方。在该汇票到期之前，销售方将一直持有该汇票。

---

[1] 例如，支票就是商业汇票的一个例证。只要签发了支票，就意味着你指示银行见票付款。

如果顾客的信用状况不可靠，你可能要求顾客安排某家银行承兑远期汇票。在这种情况下，银行为顾客的债务提供担保，该汇票就称为银行承兑汇票。银行承兑汇票通常用于海外贸易。在针对短期高品质债务的货币市场上，银行承兑汇票的交易非常活跃。

信用分析

信用分析（credit analysis）试图判断顾客能否清偿债务。最常见的迹象是顾客过去是否及时付款。及时付款通常是一个好的预兆，但也要警惕某些顾客通过支付小额货款建立较好的信用，然后突然消失，给你留下一大笔未付货款。

如果你要与一个新顾客打交道，可以通过信用评级机构查看其信用状况。邓白氏公司（Dun & Bradstreet）是迄今为止规模最大的信用评级机构，为全球众多公司提供信用评级服务。除了信用评级服务之外，邓白氏公司也根据需求提供潜在顾客的全面信用报告。

尽管评级机构通常会报告其他公司与你的顾客的交易情况，但你也可以直接联系这些公司或信用局来获得这些信息。

你的开户银行也可以做信用核查。它可以联系顾客的开户银行，并要求其提供顾客的银行存款的平均余额、银行信用额度和总体声誉等情况。

除了向顾客的开户银行核查信用状况之外，你也可以收集金融圈中的其他人是如何评估该顾客的信用状况的。这样做的成本很高吗？如果你的顾客是一家上市公司，成本并不高。你只要查阅穆迪公司和标准普尔公司对该顾客的债券信用评级就会一目了然。[1] 你也可以将该顾客的债券价格与其他公司的债券价格进行比较。（当然，可比债券应该具有相似的期限和票面利率等条件。）

如果你不喜欢根据别人的看法做出判断，也可以自己做相关的工作。从理论上讲，这可能需要详细分析顾客的经营前景和筹资状况，但其成本通常较高。因此，信用分析专注于顾客的财务报表，通过粗略的经验法则判断该顾客是否有良好的信用。这种经验法则主要基于财务比率。我们在第 4 章已经讨论了如何计算并解释这些财务比率。

数值型的信用评分　分析信用风险就像侦探工作。你可能有很多线索，有些线索很重要，有些线索相互匹配，有些线索则相互矛盾。你必须权衡这些线索并做出总体判断。

如果公司的顾客属于规模小的常客，信用经理可以很容易地以非正式方法处理信用评分流程，并对"信用的五个 C"做出判断：

1. 顾客的特征（character）。
2. 顾客的支付能力（capacity）。
3. 顾客的资本（capital）。
4. 顾客提供的抵押品（collateral）。[2]
5. 顾客的经营状况（condition）。

如果公司直接与顾客或众多交易额较小的顾客打交道，就必须简化工作流程。此时，运用评分系统预审顾客的信用申请也许就显得很重要。

如果你申请信用卡或银行贷款，很可能需要填写一份详细描述你的工作、家庭和财务状况的问卷。然后，银行利用这些信息计算出一个总体信用得分。[3] 如果你的得分没有达到相应的等级，你的信用申请很可能通不过或需要接受更详细的信用分析。同理，银行和工业公司的信用部门也运用自动

---

① 我们在第 6 章的 6.6 节讨论了债券评级问题。

② 例如，顾客可以提供债券作为抵押品。如果顾客无法清偿债务，这些债券就归销售方所有。

③ 运用最普遍的消费者信用评分系统是费柯（FICO）评分方法。该方法运用益百利公司（Experian）、环联公司（Trans Union）和艾可飞公司（Equifax）三家信用机构所提供的数据。

信用评分系统评估其潜在顾客的财务状况。

假设你现在的工作就是开发一个有助于公司决定是否有必要提高顾客信用额度的信用评分系统。你首先比较了过去 40 年里破产公司与持续经营公司的财务报表。图 20-4 显示了相关结果。图 20-4 的（a）部分显示，早在公司破产之前的 4 年里，经营失败公司的资产报酬率（其实，资产报酬率为负值）就远低于持续经营公司的资产报酬率。图 20-4 的（b）部分显示，经营失败公司的负债与资产比率通常较高。图 20-4 的（c）部分则显示，经营失败公司的息税折旧摊销前利润与公司负债总额的比率较低。因此，破产公司的盈利能力通常较差（资产报酬率较低），杠杆程度较高（负债与资产比率较高），从而创造现金流量的能力较弱（息税折旧摊销前利润与负债比率较低）。在上述情况下，随着破产的临近，公司的财务状况指标将逐步恶化。

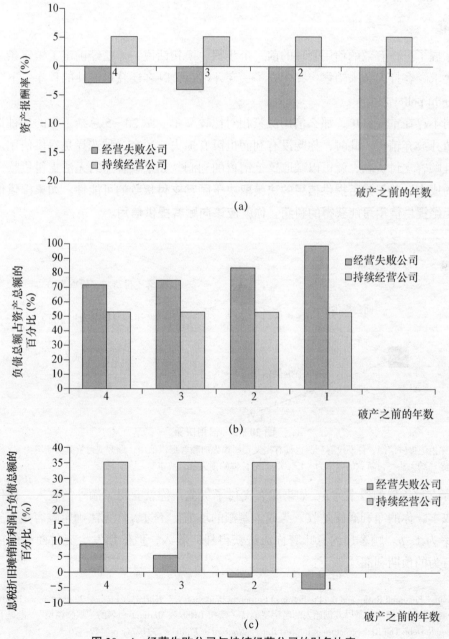

图 20-4 经营失败公司与持续经营公司的财务比率

资料来源：W.H.Beaver, M.F.McNichols, and J.W.Rhie, "Have Financial Statements Become Less Informative? Evidence from the Ability of Financial Ratios to Predict Bankruptcy," *Review of Accounting Studies* 10 (2005), pp.93–122.

与其关注个别财务比率，不如整合这些财务比率构建综合的信用评分模型。银行和咨询公司已经借助各种统计方法构建了综合信用评分模型。例如，一种出现较早且依然广泛应用的方法是爱德华·奥尔特曼（Edward Altman）提出的 Z 评分模型。该模型主要使用多元判别分析方法区分信用条件较好与较差的顾客。[1]

在所有这些信用评分的统计模型中，使用者挑选了许多自以为可以预示财务危机的变量，然后，运用统计方法找出最能预测哪家公司可能违约进而破产的变量组合。还有另一种方法，试图检测公司资产的市场价值将下降到某个违约临界点的可能性。在这个违约临界点上，公司将选择违约，而不是继续偿还债务。如果你知道公司的资产现在值多少钱及其每年变动情况，你就可以估计公司资产价值降到违约临界点的可能性。[2]

信用决策

你已经掌握了进行有效的信用管理的前三个步骤。换句话说，你已经确定了销售条款，决定通过赊销协议或要求顾客打欠条来销售，并建立了一套评估每位顾客还款可能性的程序。下一步就是确定**信用政策**（credit policy）。

如果公司不存在重复订单，那么信用决策相对比较简单。图 20-5 总结了你的各种选择。你可以拒绝信用申请并放弃销售。此时，你既没有利润也没有损失。还有一种选择是提供信用。如果你向顾客提供信用且顾客支付货款，就可以赚取这笔销售的利润。如果顾客违约无法支付货款，你就损失了已发货商品的成本。**关于是否提供信用的决策取决于顾客支付货款的可能性。如果提供信用获得的预期利润高于拒绝提供信用可能获得的利润，你就应该向顾客提供信用。**

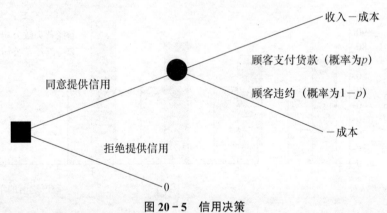

图 20-5　信用决策

说明：如果你拒绝提供信用，你既没有利润也没有损失。如果你向顾客提供信用，顾客支付货款的概率为 p，你将获得利润（收入－成本），但顾客违约无法支付货款的概率为 $(1-p)$，此时，你的损失就是成本。

假设顾客支付货款的概率为 p。如果顾客支付了货款，你就获得了额外的收入，而你交付的商品发生了生产成本，你的净利润就是收入与成本差额的现值。不过，你无法确定顾客是否支付货款，顾客违约的概率为 $1-p$。顾客违约意味着你无法获得任何收入，但依然发生交付商品的额外成本。因此，这两种行为的预期利润[3]如下：

---

① E.I.Altman, "Financial Ratios and the Prediction of Corporate Bankruptcy," *Journal of Finance* 23 (September 1968), pp.589–609.

② 以这种观念构建的模型就是以其创始人的名字罗伯特·默顿（Robert Merton）命名的"默顿模型"。参见 R. C. Merton," On the pricing of Corporate Debt: The Risk Structure of Interest Rates," *Journal of Finance* 29 (1974), pp.449–470。

③ 值得注意的是，我们运用了成本和收入的现值。这是因为发生成本的时间与取得收入的时间存在显著的时间差。尽管我们遵循惯例来定义"预期利润"，但我们必须清楚预期利润的公式实际上计算的是提供信用的净现值。正如我们在第 1 章强调的，经理的职责是增加价值，而不是使会计利润最大化。

行为	预期利润
拒绝提供信用：	0
同意提供信用：	$p \times$ 收入与成本差额的现值 $-(1-p) \times$ 成本的现值

如果提供信用的预期利润为正值，你就应该提供信用。

例 20.2　信用决策

考虑 Cast Iron 公司的案例。该公司的每次现金销售可以获得的收入现值为 1 200 美元，成本的现值为 1 000 美元。因此，如果该公司提供信用，其预期利润为：

$$p \times \text{收入与成本差额的现值} - (1-p) \times \text{成本的现值} = p \times 200 - (1-p) \times 1\,000$$

如果公司收回货款的概率为 5/6，那么，该公司保持盈亏平衡：

$$\text{预期利润} = \frac{5}{6} \times 200 - \left(1 - \frac{5}{6}\right) \times 1\,000 = 0$$

因此，只要收回货款的可能性超过 5/6，该公司就应该提供信用。

根据上述案例，如果收回货款的概率超过 5/6，提供信用的净现值为正值。通常，只要假设提供信用的净现值为零，求解下列公式的概率 p 就可以得到盈亏临界点的概率：

$$p \times \text{收入与成本差额的现值} - (1-p) \times \text{成本的现值} = 0$$

通过计算，我们发现盈亏临界点概率就是成本的现值与收入的现值的比率：

$$p = \frac{\text{成本的现值}}{\text{收入的现值}}$$

而违约的盈亏临界点概率为：

$$(1-p) = 1 - \frac{\text{成本的现值}}{\text{收入的现值}} = \frac{\text{利润的现值}}{\text{收入的现值}}$$

换句话说，违约的盈亏临界点概率就是每笔销售的利润率。如果违约的概率超过利润率，你就不应该提供信用。

思考一下这意味着什么。利润率较低的公司应该谨慎地为高风险顾客提供信用，利润率较高的公司则可以为可疑顾客提供信用。

到目前为止，我们没有考虑重复订单发生的可能性。然而，当前提供信用的原因之一就是你期望获得一个优质的常客。

假设一位新顾客要求 Cast Iron 公司为其提供信用。你可能对该顾客知之甚少，但你认为收回货款的概率不会超过 0.8。如果你为该顾客提供信用，该订单的预期利润为负值：

$$\text{首笔订单的预期利润} = p \times \text{收入与成本差额的现值} - (1-p) \times \text{成本的现值}$$
$$= 0.8 \times 200 - 0.2 \times 1\,000 = -40 (\text{美元})$$

你决定拒绝提供信用。如果没有重复订单，这是一个正确的决定，但现在考虑未来期间。如果顾客确实支付了货款，那么在下一年可能还会下订单。一旦支付了货款，该顾客的风险就显得比较低。有鉴于此，任何重复订单都可能非常有利可图。

回顾第 10 章，你将意识到信用决策与之前讨论的实物期权存在许多相似之处。通过现在为顾客提供信用，公司拥有为后续潜在获利的重复销售提供信用的期权。该期权可能非常值钱，使公司更倾向于做出提供信用的决策。如果公司有机会建立一个能够带来利润的稳定的顾客关系，那么，即使顾客支付货款的可能性值得怀疑，公司也愿意为该顾客提供初始的信用。

例 20.3　重复订单的信用决策

为了更好地加以说明，让我们来看一个极端的例子。假设一位顾客在第一次购货时就付清了货款，你可能确信你拥有一个正常的完全可以信赖的顾客。这时，该顾客的价值就不只是一批订单的利润，而是重复购买而产生的整个利润序列。

例如，假设该顾客每年都向 Cast Iron 公司购货一次。如果折扣率为 10%，每年每份订单的利润为 200 美元，那么，从该优质顾客获得的永续利润序列的现值将不是 200 美元，而是 2 000 美元（200/0.10）。该公司遇到价值为 2 000 美元的优质顾客的概率为 p。顾客违约的概率为（$1-p$），由此导致的损失为 1 000 美元。这样，一旦我们确认了拥有优质的永久顾客的效益，提供信用的预期利润为：

$$预期利润 = p \times 2\,000 - (1-p) \times 1\,000$$

只要收回货款的概率超过 0.33，上述计算结果就为正值。这样，盈亏临界点概率从 5/6 下降到 1/3。**如果一次销售能够带来有利可图的重复销售，公司就更应该为该顾客的首次购买提供信用。**

当然，现实生活中的情形通常比我们的例子要复杂得多。顾客并不都是优质顾客，也并不都是劣质顾客。许多顾客总是延迟支付货款，尽管你收回了你的钱，但你花了许多成本，而且损失了数月的利息。况且，估计某个顾客是否支付货款的概率远不是一门精确的科学。此外，重复销售具有不确定性。尽管可能存在顾客继续与你做生意的机会，但你无法确保顾客再次光临，也无法知道还要等多久顾客才会再次向你购买商品。

与几乎所有的财务决策一样，信用决策涉及众多主观判断。我们的案例并不是烹饪书上的食谱，只是希望提醒你信用决策所涉及的问题。下面是需要记住的基本事项：

1. 利润最大化。作为信用经理，你的工作并不是尽量减少坏账数量，而是使利润最大化。你面临一个权衡问题。最理想的情形是顾客及时支付货款，最糟糕的情形则是顾客违约无法支付货款。前一种情形下，公司收到全部额外销售收入，该收入减去额外成本即为利润；而后一种情形下，公司不仅一无所获，还损失了商品成本。你必须权衡不同后果发生的概率。如果公司的利润率较高，宽松的信用政策或许合理可行，但如果公司的利润率较低，你可能难以承担太多坏账。

2. 重点关注高风险的账项。你不应该花同样的精力分析所有的信用决策。如果某项信用申请的数额较小或较为明确，你应该采用常规惯例决策。如果信用申请的数额较大或可疑，你最好直接对该信用申请实施详细的信用评估。多数信用经理并不以订单为基础做出信用决策，而是为各个顾客设定信用限额。只有顾客的信用数额超过该信用限额，销售代表才需要审批该订单。

3. 目光要长远。如果顾客可能成为一个正常且可靠的买家，公司值得承担相对较高的风险。（这就是尽管大学生很少有信用记录，但信用卡公司仍然愿意给大学生签发信用卡的原因。）与现有业务相比，公司拓展新业务可能产生更多坏账。这是因为公司的新业务尚未与风险较低的顾客形成稳定的关系。这也是建立优质顾客清单的成本。

收账政策

如果所有顾客都在到期日之前支付货款，那就再好不过了。但顾客未必按时支付货款，而且你也

时常会 "延迟" 支付自己的应付款项，你就不要总是责备顾客。

延迟支付货款的顾客强加给公司两类成本。第一，这些顾客迫使公司耗费更多资源去收账。第二，这些顾客还迫使公司投入更多的营运资本。回顾第 4 章提到的应收账款与平均收款期（也称应收账款的回收天数）成比例：

应收账款＝每日销售收入×平均收款期

如果你的顾客延迟支付货款，应收账款的收款期就会较长，应收账款的投资额也会更大。这就是你需要制定**收账政策**（collection policy）的原因。

信用经理保留每位顾客还款情况的记录。此外，信用经理通过编制应收账款账龄分析表监控逾期尚未清偿的应收账款。这张**账龄分析表**（aging schedule）根据应收账款逾期时间长短对应收账款加以分类。账龄分析表大致如表 20 - 2 所示。例如，表 20 - 2 显示 A 顾客的欠款都是当期欠款，没有超过一个月的欠款。而 Z 顾客可能存在问题，因为 Z 顾客有 15 000 美元的欠款已经过期 3 个月了。

表 20 - 2　应收账款的账龄分析表　　　　　　　　　　　　　　　　　单位：美元

顾客名称	不足 1 个月	1～2 个月	2～3 个月	超过 3 个月	合计
A	10 000	0	0	0	10 000
B	8 000	3 000	0	0	11 000
⋮	⋮	⋮	⋮	⋮	⋮
Z	5 000	4 000	6 000	15 000	30 000
合计	200 000	40 000	15 000	43 000	298 000

如果顾客拖欠货款，公司通常的做法是发送一份对账单并且每隔一段时间通过电子邮件、信件或电话进行跟踪。如果这些做法都没有效果，多数公司就会将该债务移交给收账公司或代理机构处理。

大型公司处理应收账款的记录、开具账单等工作可以获得规模效应，但小型公司可能没有能力支持全面的应收账款管理流程。然而，小型公司通过将部分工作交给保理公司，也可以获得某些规模效应。保理公司与小型公司商定每位顾客的信用限额，然后代理中介机构通知每位顾客已由保理公司购买了该债务（例如，商业信用）。之后，保理公司就承担收账的责任（和风险），并按发票价值的 1% 或 2% 扣除费用，将余额支付给代理中介机构。保理公司不仅为小型公司打理烦琐的收债事务，而且通过事先提供资金，也为小型公司提供了一个有益的短期资金来源。

在欧洲，保理业务相当流行，但在美国，保理业务却只占应收账款收账总额的很小比例。保理业务最常见于服装和玩具等行业。这些行业的主要特征是拥有许多相互间缺乏长期关系的小规模生产商和零售商。保理公司可能为许多制造商提供服务，比任何一家公司所经手的交易更多，因此能够更好地评估每位顾客的信用状况。[①]

公司的收账部门与销售部门总是存在潜在的利益冲突。销售代表常常抱怨，自己尚未赢得新顾客，收账部门的威胁性信件就已经将新顾客吓跑了。负责收账的经理则哀叹销售团队只关注如何获得订单，而毫不关心所销售的商品能否收回货款。这种冲突就是我们在第 1 章讨论的代理问题的另一个例证。**良好的收账政策能够平衡有冲突的目标。公司既希望与顾客建立良好的关系，也希望顾客能够及时支付货款。**

销售经理与关心收账的财务经理也有合作。例如，某大型医药公司的特种化学品分部给一个重要顾客发放商业贷款。银行突然切断了该顾客的资金来源。该医药公司认为自己比银行更加了解该顾

---

① 这个观点源于 S.L.Mian and C.W.Smith, Jr., " Accounts Receivable Management Policy: Theory and Evidence," *Journal of Finance* 47 (March 1992), pp.169–200.

客。事实证明，该医药公司做出了正确的判断。该顾客通过向另一家银行融资偿还了该医药公司的贷款，并且成为该医药公司的一个更为忠实的顾客。这是财务管理支持销售的一个很好的例证。

实际上，供应商以上述方式发放商业贷款并不常见，但供应商只要允许顾客延迟支付货款，就是间接地将钱借给顾客。对那些无法获得银行贷款的资金不充裕的顾客而言，商业信用可以成为一种重要的融资途径。但这就产生了一个重要的问题：如果银行不愿意为顾客提供贷款，而供应商继续扩大顾客的商业信用，其合理性何在呢？其合理性可能基于以下两个原因：第一，就像医药公司的例子，你可能比银行掌握更多有关该顾客业务的信息。第二，你需要超越当前的交易，树立长远观念，你应该清楚如果该顾客破产，你的公司可能丧失某些未来有利可图的销售机会。[①]

20.3　存货管理

第二种重要的流动资产就是存货。存货可能包括原材料、在产品以及待销售和装运的产成品。公司没有义务保有这些存货。例如，公司可以根据需求每天采购原材料。不过，小批量的订单需要支付较高价格，而且如果原材料无法及时送达，公司可能面临延迟生产的风险。公司可以通过订购超过现有需求量的存货规避这种风险。同样，公司也可以只生产明天预期销售的产成品而不保留产成品存货。不过，这可能是一种风险很大的战略。如果需求量突然增大，只保有少量产成品存货的生产商很可能面临缺货脱销，从而无法满足订单的需求。此外，保有大量产成品存货可能意味着公司拥有更长、更经济的生产线。

尽管持有存货存在上述效益，但也存在成本。这就是持有成本。例如，存货占用的现金不能获得利息，需要支付储存和保险费用，并存在溢出或变质的风险。因此，生产经理需要尽可能地在持有存货的效益与成本之间找到一个合理的平衡点。

例 20.4　存货管理

这是一个简单的存货问题。Akron Wire Products 每年消耗 255 000 吨盘条。假设该公司在某个时点向上游制造商预订了 Q 吨原材料。在原材料发货之前，该公司的盘条已经耗尽。该公司收到货物之后，其存货为 Q 吨。这样，公司的盘条存货大致如图 20-6 所描绘的锯齿状。

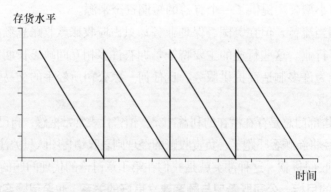

图 20-6　一个简单的存货规则

说明：公司等到原材料存货耗尽再订购固定数量的原材料存货。

---

① 当然，银行也需要考虑以后与该公司继续做生意的可能性。因此，问题在于供应商是否在公司持续经营的情况下拥有更大的利益。要具体了解商业信用的供给与需求的决定性因素，参见 M.A.Petersen and R.G.Rajan," Trade Credit: Theories and Evidence," *Review of Financial Studies* 10 (Fall 1997), pp.661-692。

持有存货的成本主要有两项：第一，诸如储存成本以及存货占用资本的成本等持有成本。假设这类成本每年每吨为 55 美元。第二，订货成本。对于每一批订单，公司需要固定支付给制造商 450 美元的整理与装运费。

由此就出现了存货管理的核心问题：如果 Akron Wire Products 公司增加其每批订单的订货量，其订单数量就会减少，但平均每批次的存货数量就会增加。图 20-7 显示，与订单数量相关的成本呈现下降趋势（尽管下降的速度越来越慢），与存货数量相关的持有成本则有所增加。只要订货成本的减少额超过持有成本的增加额，就值得增加订单采购量。最佳的存货政策就是这两种效应刚好相互抵消。就本例而言，最佳存货政策是该公司每年发出 250 份订单（大概每个工作日发出一份订单），每份订单订购数量（Q）为 2 043 吨。最佳订货数量（本例为 2 043 吨）通常称为经济订货量（EOQ）。[①]

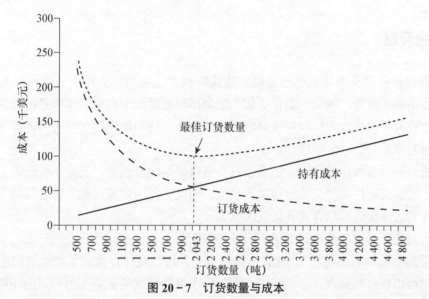

图 20-7　订货数量与成本

说明：如果存货订购数量增加，订货成本下降，则存货的持有成本上升。如果订货成本节约额等于持有成本增加额，与存货相关的成本总额最小。

在计算 Akron Wire Products 公司的经济订货量时，我们做了几个不现实的假设。例如，多数公司并不是以一个固定比率消耗其原材料存货，而且也不会等到耗尽全部存货再补充。不过，这种简单的模型确实捕捉到存货管理的某些本质特征：

- 最佳存货水平需要权衡持有成本与订货成本。
- 持有成本包括储存成本以及存货占用资本的成本。
- 通过在存货数量下降至最低水平时，再订购预定数量的存货加以补充，公司可以实现对存货的管理。
- 如果存货的持有成本较高而订货成本较低，那么，更频繁地订货并保有较低存货水平就是比较合理的做法。如果订购成本较高，你可能更希望每次订购更多的存货，从而减少订货次数。
- 存货水平并不随着销售规模的增长而直接成比例增长。随着销售规模的增长，最佳存货水平也会随之增长，但其增长比率低于销售规模的增长比率。

[①]　正如本例所示，如果该公司以一个固定比率消耗存货，就可以用一个简单的公式计算经济订货量。

$$最佳订货数量 = Q = \sqrt{\frac{2 \times 销售量 \times 每个采购批次的订货成本}{存货持有成本}} = \sqrt{\frac{2 \times 255\,000 \times 450}{55}} = 2\,043 (吨)$$

现在，公司的存货水平比以往低得多。30 年前，美国公司的存货占其资产总额的 12%，而现在这个数字略高于 8%。公司减少存货水平的方法之一就是转向**准时制**（just-in-time approach）。日本的丰田公司首创了准时制。丰田公司只有在需要时才订购原材料，从而使汽车零部件的存货数量降到最低水平。这样，每天零部件送达工厂的时间间隔甚至可以短至一个小时。丰田公司之所以能够以如此低的存货水平成功地经营，是因为该公司拥有一系列应急计划，能够确保罢工、交通阻塞或其他灾害不会使零部件的流动受阻进而导致生产停滞。美国的许多公司学习丰田公司的经验，减少了存货投资。

公司还发现，可以根据订单生产产品，从而减少产成品存货。例如，戴尔电脑公司发现，公司根本不必保有大量产成品存货。顾客可以通过互联网定制其所需的个人电脑配置，然后，公司按订单组装电脑并发送给顾客。①

20.4 现金管理

短期证券投资可以获得利息，现金则不能获得利息。那么，为什么公司和个人还会持有数以十亿计的现金和活期存款呢？例如，为什么你不把全部现金投资于可以获得利息的证券呢？答案是：现金的流动性比证券强得多。你可以用现金购买任何物品。纽约的出租车司机可能连 20 美元都找不开，更不用说要求其"瓜分"一份国库券了。

如果你的财富只有很少的现金，那么，只要略微增加一点现金，其效用就极大。然而，如果你拥有巨额现金，增加流动性的意义就显得微不足道。因此，作为财务经理，你希望持有的现金余额能够使公司流动性的边际价值与放弃的利息收入相等。

在现金与短期证券之间的抉择方面，财务经理面临着与生产经理相似的任务。毕竟，现金只是你经营公司所需的另一种"原材料"，拥有巨额现金"存货"同样存在成本与效益问题。如果将现金投资于证券，就可以获得利息收入。但另一方面，你不可能用这些证券支付公司的账单。如果每次需要支付账单时必须出售证券，你就不得不承担高昂的交易成本。财务经理必须权衡拥有现金存货的成本（失去的利息）与效益（节约的交易成本）。

就大型公司而言，与拥有闲置现金余额的机会成本相比，买卖证券的交易成本就显得微不足道了。假设年利率为 3% 或日利率大约为 0.008 2%（3%/365），那么，100 万美元每天可以获得利息 82 美元（0.000 082×1 000 000）。即使每次交易的成本高达 50 美元，公司也愿意今天买入国库券，明天再卖出，而不愿意让这 100 万美元闲置过夜。

像沃尔玛公司这样年销售收入大约为 5 000 亿美元的公司，每天的现金流量平均达到 13.70 亿美元（5 000/365）。除了偶尔某天拥有很少的现金余额之外，这种规模的公司每天都买卖证券。

银行已经开发了许多帮助这类公司用好其闲置现金的渠道。例如，银行可以提供各种"清理计划"，即银行自动将顾客的溢余资金"清理"到一个利率较高的账户。那么，为什么这些大型公司的不计息账户会保有巨额的现金呢？原因有二：第一，留在银行账户的现金是为了补偿银行所提供的服务。第二，大型公司可能在数十家银行开设数百个账户。通常，在这些账户保留一些闲置资金比每天监控各个账户余额并在各个账户之间来回转账更合算。

公司开设众多银行账户的一个主要原因是分权管理。如果你授予某家子公司管理其业务的经营

---

① 准时制和按订单生产的这些案例来自 T.Murphy，" JIT When ASAP Isn't Good Enough，" *Ward's Auto World*, May 1999, pp.67–73；R.Schreffler，" Alive and Well，" *Ward's Auto World*, May 1999, pp.73–77；" A Long March: Mass Customization，" *The Economist*, July 14, 2001, pp.63–65。

自主权，就必须授予其现金收支的权利。不过，良好的现金管理也需要一定程度的集权。如果公司的所有子公司都拥有自己的私人现金池，你就难以维持你期望达到的现金"存货"水平。而且，你肯定不希望出现这种局面：某子公司以 3% 的利率投资其闲置现金，另一家子公司则以 5% 的利率借入款项。因此，即使是高度分权的公司，通常也集中控制其现金余额和银行关系。

支票管理与浮游量

在美国，通常采用支票支付巨额款项。不过，支票的管理是一件烦琐而费力的工作，兑现支票可能耗时数日。例如，假设你签发了一张 600 美元的支票续保你的汽车保险，并将该支票邮寄给保险公司。一两天之后，保险公司收到你的支票并存入其银行账户，但保险公司并不能立即使用这笔钱。实际上，在保险公司的开户银行将该支票寄给你的开户银行并收到支付款之前，保险公司的开户银行并没有得到这笔钱。由于银行需要等待，因此保险公司也需要等待，通常要等一两个工作日。在保险公司的开户银行出示并支取支票之前，这 600 美元依然留在你的银行存款账户。

那些已经邮寄出去但尚未支取的支票就称为浮游量。就本例而言，在支票送达保险公司，然后到保险公司的开户银行，最后到你的开户银行这个过程中，浮游量使你的银行账户一直保留着额外的 600 美元。如此看来，浮游量是一个奇妙的发明，但遗憾的是，反之亦然。每当别人给你签发一张支票，你将该支票存入银行之后也必须等待几天才能花这笔钱。

近年来，美国联邦法律的修改有助于加速收账。《21 世纪支票结算法案》（Check Clearing for the 21st Century Act），通常称为《21 世纪支票法案》（Check 21），允许银行之间传递支票的扫描件而不需要互相邮寄支票。这样，载着成捆支票穿梭于各个国家各家银行的货机和货车也就不复存在。现在，几乎所有支票的结算都采用数字化手段。一种称为"支票转换器"的技术创新降低了支票的处理成本。基于这种技术创新，你签发一张支票之后，在销售发生的时点，"支票转换器"自动提取你的银行账户的具体情况和支付数额等信息。你签发的支票马上返还给你，而你的开户银行马上入账。

那些拥有大量支票的公司已经想出许多办法确保现金尽快回笼。例如，某零售连锁店可能要求每家分店将款项存入当地银行的收账账户。溢余资金将定期通过电子转账方式转入公司主账户之一的**集中账户**（concentration account）。集中管理银行账户能够使公司更快地使用资金，原因有二：第一，由于商铺离银行较近，缩短了支票的邮寄时间。第二，顾客的支票很可能在当地银行支取，也就缩短了支票兑现的时间。

集中管理银行账户经常与**锁箱制**（lock-box system）相结合。此时，公司要求其顾客将付款支票邮寄到某个地区的邮政信箱。而当地银行负责清空该信箱的日常管理工作并将支票存入公司在当地银行的存款账户。

例 20.5　锁箱制

假设你正在考虑开设一个锁箱。当地的银行为你提供一张邮件分发时间图。根据该图和你对顾客所在位置的了解，你得出以下数据：

平均每天锁箱收取的支票数量	=150 张
支票的平均金额	=1 200 美元
每天利率	=0.02%
节约的邮寄时间	=0.8 天

根据这些数据，锁箱制可以减少浮游量：

$$150 \times 1\,200 \times (1.2+0.8) = 360\,000(美元)$$

将这笔钱以每天 0.02% 的利率用于投资，每天的报酬为：

$$0.000\,2 \times 360\,000 = 72(美元)$$

银行经营锁箱制业务的收费取决于处理支票的数量。假设银行对每张支票收取费用 0.26 美元，那么，每天收费 39 美元（150×0.26）。这样，你每天还是赚了 33 美元（$72-39$）。当然，你还节约了原本由公司自己处理支票的费用。

其他支付系统

支票并不是大额交易或异地支付款项的唯一方式。表 20-3 总结了其中一些比较重要的方式。

表 20-3　支付方式

支票　如果你签发一张支票，就意味着指示你的开户银行支付给支票所写明的特定公司或人一定数额的款项。

信用卡　像维萨卡和万事达卡这样的信用卡会给你一定的信用额度，允许你在限额内透支购物。每个月末，你要么向信用卡公司偿还购物款，要么按尚未偿还余额支付利息。

付款卡（或旅游和娱乐卡）　付款卡可能看起来像信用卡，你可以像信用卡那样花钱。但付款卡的结算日为每个月末，这时你必须支付本月所有购物款。换句话说，你必须每月结清所有欠款。

借记卡　借记卡允许你在商店购物时直接从你的银行账户扣取款项，通常通过即时电子方式扣款。借记卡也经常用于从自动取款机提取现金。

信用转账　如果采用信用转账方式，你可以要求你的开户银行设定一个定期指令，由该银行定期向供应商支付货款。例如，定期指令经常用于支付定期的固定按揭贷款。

直接付款　直接付款（也称为直接借记或直接扣款）是你给开户银行的一种指令。只要你提前接到还款数额和日期的通知，你就可以授权其他公司从你的银行账户直接扣取相应数额的款项。例如，某电力公司可能要求你使用直接付款方式，允许该公司自动从你的银行账户收取你的电费。

说明：尽管多数小额面对面交易通常采用现金支付，但你也可以采用这里列示的其他方式支付你的账单。

图 20-8 比较了世界各国支付系统的运用情况。各个国家的支付方式存在显著差异。例如，看看图 20-8 的柱状底部直接支付部分所代表的数据。瑞典和瑞士几乎没有人使用支票。在瑞典和瑞士，多数款项都采用借记卡或信用转账方式支付。与此相反，法国人和美国人喜欢签发支票。每年，美国公司和个人使用支票支付款项的数额大约为 140 亿美元。不过，即便在美国，支票也逐渐让位于电子支付。

事实上，随着信用卡和借记卡的市场份额不断增加，世界各国运用支票的数量不断减少。此外，移动通信技术和互联网也促进了新型支付系统的发展。

电子转账

我们注意到，在全球范围内，越来越多的交易采用电子支付方式。最常用的两种电子支付方式就是信用卡和借记卡，但除此之外，还有其他三种重要的电子资金转账方式——直接付款、直接存款和电汇。

直接付款系统（也称直接借记系统）通常用于经常性支出，如电费、保险费、支付抵押或按揭贷款。例如，如果你申请了助学贷款，可能已经授权债权人每月直接从你的银行账户扣款。助学贷款机构只需要向银行提供一份有关每个学生贷款数额和日期的详细文件，相应的款项就会通过**自动清算交易所**（Automated Clearing House，ACH）的系统完成电子转账。你可以省去定期签发支票的烦琐事务，而助学贷款机构也可以详细了解现金的到账时间，避免处理成千上万张支票的烦琐工作。

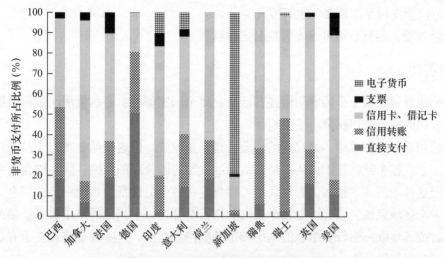

图 20-8　不同国家的支付方式的比较

说明：图中显示了 2016 年非现金交易总额的百分比。

资料来源：Bank for International Settlements, "Statistics on Payment, Clearing and Settlement Systems in the CPMI Countries-Figures for 2016," December 2017, www.bis.org.

　　自动清算交易所的系统也允许现金的反向流动。既然直接支付业务提供了直接扣款的服务，那么，直接存款业务也就带有自动存款的服务。直接存款业务主要用于批量付款，如支付工资或股利。公司同样要给银行提供一份指令文件。而银行将公司账户的资金通过自动清算交易所的系统转账到公司员工或股东的银行账户。近年来，自动清算交易所的交易量显著增加。

　　电子支付的第三种方式是电汇。多数公司之间的大额交易都通过美国联邦结算系统（Fedwire）或清算交易所银行同业支付系统（Clearing House Interbank Payment System，CHIPS）的电子支付方式结算。美国联邦结算系统由美国联邦储备局负责运营，连接了超过 6 000 家金融机构，同时也将这些金融机构连接在一起。清算交易所银行同业支付系统归银行业所有，主要用于跨境支付。电汇使巨额资金能够迅速安全地转移。例如，假如 A 银行通知美国联邦储备局从其账户转 1 000 万美元到 B 银行的账户。A 银行的账户马上就减少 1 000 万美元，与此同时，B 银行的账户马上就增加 1 000 万美元。表 20-4 表明，尽管通过美国联邦结算系统和清算交易所银行同业支付系统转账相对较少，但平均每笔业务的支付额超过 400 万美元，而每年通过这两个系统转账的总额超过 1 100 万亿美元。因此，尽管这两个系统承担的交易数量比支票少得多，但从其金额来看，这两个系统要重要得多。

表 20-4　2016 年美国支付系统的使用情况

	支付笔数（百万笔）	支付总额（万亿美元）
支票	12 263	19
自动清算交易所	20 329	43
美国联邦结算系统	148	767
清算交易所银行同业支付系统	111	364

　　资料来源：Bank for International Settlements, "Statistics on Payment，Clearing and Settlement Systems in the CPMI Countries-Figures for 2016," December 2017, www.bis.org.

　　这些电子支付系统具有以下优势：

● 如果资金以电子方式流动，保留记录和日常交易更容易实现自动化。

● 交易的边际成本非常低。例如，使用美国联邦结算系统转账的成本通常约为每次 1 美元，使用清算交易所银行同业支付系统转账每次只要几美分。

- 减少了浮游量，而且公司可以确保按时支付款项。

国际现金管理

大型跨国公司通常在数十个国家从事经营活动，每个国家都有自己的货币、银行系统和法律。与之相比，国内公司的现金管理就像小孩子的游戏。

尽管许多公司都努力朝着单一集权式的现金管理系统发展，但这依然是难以企及的理想系统。例如，假设你是一家在整个欧洲范围内从事经营活动的大型跨国公司的司库。你可以允许各个分部管理自己的现金，但这样做的成本很高，而且几乎可以肯定，各个分部都会囤积一定的资金。解决问题的方案就是建立一个区域系统。该公司在每个国家的银行都开设一个当地的集中账户，溢余现金每天都转移到位于伦敦或其他欧洲银行业中心的集中多币种账户。之后，这些现金将投资于有价证券或为出现现金短缺的子公司提供融资。

当然，也可以在区域中心之外支付各种款项。例如，该公司只需要给其主要银行发一份支付明细的电子文件，就可以完成各个欧洲国家分部员工的工资支付。接着，银行会以成本最低的方式将该公司集中账户的现金转出来，并在适当的时间将现金转入各个国家分部员工的账户。

多数大型跨国公司在各国都有几个开户银行，然而，开户银行的数量越多，该公司对其现金余额的控制力就越弱。因此，区域现金管理系统的普及有利于那些分支机构遍及全球的银行。这些银行能够承受在不同国家设立处理现金收付的计算机系统的高昂费用。

20.5 闲置资金投资：货币市场

2017年12月，苹果公司坐拥2 850亿美元的现金和固定收益证券，占其资产总额的2/3。其中，95亿美元是现金，其余则投资于下列项目：

固定收益投资	以成本计价的金额（十亿美元）
货币市场和其他共同基金	9.278
美国国库券和机构证券	65.193
非美国政府证券	8.797
存款证和定期存款	6.307
商业票据	5.384
公司证券	156.868
市政证券	0.963
抵押证券和资产证券	22.778
总额	275.568

多数公司并没有这么充裕的现金，但像苹果公司那样，多数公司还是将其不需要立即使用的现金用于短期投资。短期投资市场称为货币市场（money market）。货币市场是无形的市场，只是银行与交易商通过电话或网络联系在一起的松散集合体。不过，大量证券定期在货币市场交易，充满竞争的活力。

大型公司自己管理其货币市场投资，而小型公司有时发现聘请专业投资管理公司打理富余现金事务或直接将富余的现金投入货币市场更为方便。这是一种只投资低风险的短期证券的共同基金。尽管苹果公司拥有巨额的富余现金，但苹果公司只在货币市场投资一小部分现金。

货币市场投资

只有期限不足一年的固定收益证券才被视为货币市场的组成部分。然而，货币市场的多数金融工具的期限其实都相当短。对经理而言，限制其期限具有两个优势。第一，利率波动导致的风险随着期限的延长而增大（回顾第 6 章）。因此，期限极短的证券几乎没有利率风险。第二，可以更容易地评估期限较短的证券的违约风险。人们不必像担心 30 年期债券那样担心期限为 90 天的债券的财务状况恶化问题。这两个因素使得高质量的货币市场证券就像一个安全的"停车位"，在这些证券重新转化为现金之前，能够很好地存放闲置资金。

多数货币市场证券的交易性或流动性很强。这就意味着公司可以轻松地以较低成本出售这些资产，从而获得现金。这就使这些证券作为闲置资金进行短期投资富有吸引力。

货币市场的重要金融工具包括：

- 国库券。国库券由美国政府每周发行，期限分别为 4 周、3 个月、6 个月和 12 个月。国库券是最安全、流动性最强的货币市场金融工具。

- 商业票据。商业票据通常是大型知名公司签发的短期无担保债务。尽管商业票据的期限可以长达 270 天（期限超过 270 天的商业票据需要向美国证券交易委员会注册备案），但多数商业票据的期限都不足两个月。由于商业票据的交易并不活跃，其流动性较差，因此，如果公司不能持有商业票据至到期日，那么，商业票据并不是一种合适的投资选择。穆迪公司、标准普尔公司和惠誉公司（Fitch）根据发行者的违约风险对商业票据评级。我们将在下一节进一步讨论商业票据。

- 存款证。存款证是银行的定期存款，其面值通常超过 100 000 美元。与活期存款（支票账户）不同，定期存款不能随时从银行支取：银行只有在存款到期时才支付利息和本金。然而，短期存款证（期限不足 3 个月）的交易非常活跃，因此，如果公司需要现金，就可以很容易地出售这种证券。

- 回购协议。回购实质上就是抵押贷款。政府债券的交易商将国库券出售给投资者并签订协议，之后以一个更高的价格回购这些国库券。价格增加额就是隐含利息。如此一来，投资者实际上相当于把钱借给交易商，之后连本带利一并收回。这些国库券作为贷款的抵押品：如果交易商经营失败，无法回购这些国库券，投资者可以拥有这些国库券。回购协议的期限通常非常短，只有几天。

计算货币市场投资的收益率

许多货币市场投资工具都是纯折扣证券。这就意味着这些证券不支付利息，其收益是你支付的购买价格与你在到期日得到的数额之间的差额。来自面值的折扣就是你的隐含利息。货币市场投资的利率通常以折扣利率报价。例如，假设 3 个月国库券的面值为 100 美元，年化折扣率为 6%。这是一种较为复杂的说法。简单地说，该国库券的价格为 98.5 美元（100-（3/12）×6）。因此，你现在投资 98.5 美元，你将在第 3 个月末得到 100 美元，3 个月的报酬率为 1.52%（1.5/98.5）。这相当于年化报酬率为 6.23%。值得注意的是，报酬率总是高于报价的折扣率。因为你支付的数额少于你所购买债券的面值。你看到某项投资工具正以 6% 的折扣率出售时，你非常容易陷入误区，以为这个 6% 就是该投资工具的报酬率。

例 20.6　货币市场利率

一份面值为 100 000 美元、期限为 6 个月的国库券以 98 000 美元的价格出售。根据折现利率报价，该国库券的利率为 4%。面值的实际折扣率为每 6 个月 2%。这种半年期投资的实际年利率可以通过以下公式计算：

$$98\,000 \times (1+r)^{1/2} = 100\,000$$

计算可得 $r=0.041\,2$ 或 4.12%。

货币市场投资的收益率

如果我们评估长期债务的价值，违约风险是必须考虑的重要因素。30 年间，什么都有可能发生。即使是今天最受推崇的公司也可能陷入困境。因此，公司债券的收益率高于国库券的收益率。

短期债务并非没有风险。金融危机期间，有七家公司停止支付商业票据，其中包括雷曼兄弟公司。雷曼兄弟公司创造了一个纪录，无法支付的商业票据金额高达 30 亿美元。令人欣慰的是，这只是个案。总体而言，公司发行的货币市场证券的违约风险小于公司债券的违约风险。原因有二：第一，正如我们前面所指出的，短期投资的可能结果范围较小。尽管未来前景并不明朗，但你通常还是可以确信公司至少能够存续到下个月。第二，通常只有信誉卓著的公司才能在货币市场借入资金。如果你只打算将钱借出去几天，就无法花太多时间评估该贷款的可行性。因此，你只会考虑那些"蓝筹"借款者。

尽管货币市场的投资质量比较高，但公司债券的收益率与美国政府证券的收益率通常存在显著差异。这是为什么呢？其中一个原因是违约风险，另一个原因是这些投资的流动性或"货币性"不同。投资者喜欢国库券是因为国库券可以马上转化为现金。那些无法迅速、低成本地转化为现金的低流动性证券就需要提供相对较高的收益率。

在市场动荡的时期，投资者可能更加看重可变现能力。这时，流动性差的债券的收益率可能显著提升。这种情况发生于 2007 年。当时，世界各国的银行在美国的次贷市场损失惨重。出于对某些银行可能面临清算的担忧，投资者不敢购买流动性差的债券，由此引发了一场"质量之战"。商业票据的收益率与国库券的收益率之差增加了 100 多个基点（1.00%），是当年年初水平的四倍。

国际货币市场

除了美国国内货币市场之外，还存在一个以美元投资的国际货币市场。这个市场称为欧洲美元市场。欧洲美元与欧洲货币联盟（European Monetary Union，EMU）的货币欧元没有关系，只是存入欧洲某个银行的美元。例如，假设某家美国汽车制造商从南非矿业巨头英美铂业公司（Anglo Platinum）那里购买了 1 000 盎司钯，并在摩根大通银行开出一张 150 万美元的支票支付货款。英美铂业公司将该支票存入其在伦敦巴克莱银行的账户。如此一来，巴克莱银行在其与摩根大通银行的往来账户上拥有一笔 150 万美元的资产，与此同时，也拥有一项以美元存款形式存在的待抵消债务。由于该美元存款存放于欧洲，因此称为欧洲美元存款。[1]

正如同时存在一个美国国内货币市场和一个欧洲美元市场，也同时存在一个日本国内货币市场和一个位于伦敦的欧洲日元市场。因此，如果某家美国公司希望短期投资于日元，就可以将这笔日元存在东京的银行或在伦敦存入欧洲日元存款。同样，还同时存在一个欧元区的国内货币市场和一个位于伦敦的欧元货币市场。以此类推。

伦敦的主要跨国银行同业之间以美元的伦敦银行间同业拆借利率（LIBOR）相互借贷美元。同样，这些银行也以日元的 LIBOR 相互借贷日元，以欧元的 LIBOR 相互借贷欧元。这些利率成为美国和其

---

[1] 英美铂业公司也可以将该支票存入伦敦的美国银行分行或日本银行分行。不过，该公司依然拥有一笔欧洲美元存款。

他国家许多类型的短期贷款定价的一个基准。例如，某家美国公司可能发行一种利率与美元的 LIBOR 挂钩的浮动利率票据。

20.6　流动负债管理：短期债务

迄今为止，我们在本章的焦点一直是主要流动资产的管理问题。不过，财务经理还需要关注公司的流动负债问题。我们将关注一种重要的流动负债即短期债务。

银行贷款

最简单、最常见的短期融资来源就是银行贷款。有时，公司可能只在需要资金时才向银行申请贷款，但多数情况下，公司可能会与银行商定一个**循环信用额度**（revolving line of credit），明确公司可以向银行贷款的最高限额。只要该循环信用额度还有效，公司就可以随时借款和还款。不过，公司同意支付给银行一笔承诺费，其数额高达未使用信用额度的 0.5%。

许多银行贷款期限只有几个月。例如，为了满足存货季节性增加带来的资金需求，公司可能需要一笔贷款，商品出售之后，该公司就可以偿还该贷款。这种贷款称为自偿性贷款，即出售商品提供偿还贷款的现金。当然，银行也可能发放期限长达数年的定期贷款。

有些银行贷款数额巨大。在这种情形下，借款人可能支付一笔安排费给牵头银行，再由牵头银行在银团内分配贷款或信用额度。例如，2017 年，J.P. 摩根集团、花旗集团、瑞穗银行（Mizuho Bank）和高盛为斯普林特通讯公司（Sprint Communication）安排了一个银团贷款。该银团贷款包括 7 年期贷款 40 亿美元和循环信用额度贷款 20 亿美元。

多数短期银行贷款的利率是固定的，该利率通常以一个折扣率标示。例如，如果一年期银行贷款的利率标示为一个 5% 的折扣率，那么，借款人只能得到 95 美元（100−5），但年末需要偿还 100 美元。该笔贷款的利率不是 5%，而是 5.26%（5/95）。

长期银行贷款的利率通常与一般利率水平挂钩。最常见的基准利率是伦敦银行间同业拆借利率（London Interbank Offered Rate，LIBOR）。伦敦银行间同业拆借利率是主要国际银行之间的美元贷款利率。[①] 这样，如果银行将其贷款利率定在"LIBOR+1%"的水平上，那么，如果第一个"3 个月期"的伦敦银行间同业拆借利率为 4%，借款人可能需要支付 5% 的利率。如果下一个"3 个月期"的伦敦银行间同业拆借利率为 5%，借款人可能需要支付 6% 的利率。以此类推。

抵押贷款　如果银行担心公司的信用风险，就可能要求公司为该贷款提供抵押品或担保品。有时，抵押品包括流动资产和固定资产。然而，如果银行打算发放短期贷款，担保品通常仅限于应收账款、存货或有价证券等流动性资产。例如，公司可能决定以应收账款作为抵押品借入短期贷款。如果顾客支付货款，公司就可以用收回的现金偿还该贷款。

银行通常不会根据抵押资产的全部价值提供相应数额的贷款。如果公司以其价值 100 000 美元的应收账款作为抵押品，银行可能只愿意提供 75 000 美元的贷款。以应收账款作为贷款抵押品的安全边际（也称折扣）可能高于以存货作为贷款抵押品的安全边际。

应收账款融资　如果以应收账款作为贷款的抵押品，公司就将应收账款转让给了银行。如果公司无力偿还银行贷款，银行可以向该公司的顾客收回应收账款，并用这笔现金偿还债务。然而，如果应

---

① 有时，这种利率也与银行的优惠利率或联邦基金利率挂钩。联邦基金利率是美国银行间拆借多余储备金的利率。

收账款最终无法收回，公司依然要负责偿还该贷款。因此，该公司始终要承担应收账款的违约风险。

存货融资 银行可能也愿意接受存货作为抵押品，但对接受抵押的存货十分挑剔。银行希望确保自己在债务人违约的情况下可以出售这些存货。汽车和其他标准化的不易损坏的商品都是贷款的很好抵押品，在产品和熟草莓则不适合做抵押品。

为了确保借款人不会变卖存货并携款潜逃。债权人通常要求实地盘点仓库。这时，银行可能聘请独立的仓储公司监管作为贷款抵押品的存货。如果公司出售其产品并用销售收入偿还银行贷款，银行就让仓储公司将抵押的存货还给该公司。如果该公司无法偿还贷款，银行就会保留并变卖这些存货，收回其贷款。

不过，存货融资的风险在于公司提供虚假的抵押品，而且携款潜逃。我们会想起那个著名的骗局：联合植物油精炼公司（Allied Crude Vegetable Oil Refining Corporation）以其昂贵的色拉油作为抵押品，向 51 家银行和公司借入近 2 亿美元的贷款。遗憾的是，这些银行和公司并没有发现该公司油罐里储存的主要是海水。该骗局被揭穿之后，联合植物油精炼公司总裁锒铛入狱，但这 51 个债权人的 2 亿美元贷款已无法收回。其实，这些贷款也没有得到真正的"担保"：贷款协议规定的抵押品根本不存在。

商业票据

银行在发放贷款时提供了两项服务：银行在债务人与债权人之间架起桥梁，并审查债务人偿还贷款的能力。平均而言，银行向债务人收取的利率高于银行支付给债权人的利率，由此可以弥补银行提供服务的成本。但对定期需要巨额资金的大型知名公司而言，这些服务没有那么重要。这些公司发现绕过银行直接向大型投资者出售称为**商业票据**（commercial paper）的短期债务更加经济。

在美国，商业票据的最长期限为 270 天，超过该期限的商业票据必须到美国证券交易委员会注册。多数商业票据的期限都只有 60 天或更短。商业票据不需要抵押品担保，但公司通常与银行形成一份特殊的信用额度备份文件，以支持签发的票据。这就保证了公司能够筹集到资金清偿商业票据，违约风险相对较低。

近年来，商业票据市场非常不景气。2008 年雷曼兄弟公司破产，无法清偿尚未偿还的商业票据。商业票据市场开始萎缩，许多公司发现难以签发商业票据或需要为商业票据支付非常高的利率。随之而来的公司信用危机是金融危机之后经济萧条的主要原因。不过，即便是金融危机之前，也并非万事如意。2001 年，加利福尼亚的两家大型公用事业公司——太平洋煤气电力公司和南加利福尼亚爱迪生公司（Southern California Edison）发生了近 10 年来第一起非金融商业票据违约事件。

📊 本章小结

公司为什么需要营运资本净额投资？（学习目标 1）

公司最重要的流动资产是现金、有价证券、应收账款和存货。公司最重要的流动负债是银行贷款和应付账款。

营运资本净额产生于公司购买生产所需的原材料到顾客支付货款之间的时间间隔。现金周转期是公司支付购买原材料的款项到顾客支付货款之间的时间长度。

信用管理包括哪些常用步骤？（学习目标 2）

信用管理的第一步是确定正常的销售条款。这意味着你必须决定支付货款的期限和现金折扣的大小。在多数行业，这些条款都相当标准化。

第二步是决定与顾客签订契约的形式。多数国内销售都采取赊销方式。这时，顾客欠你钱的凭证就是你账簿上的记录和顾客签名的收据。有时，你在发货之前可能要求顾客做出更为正式的承诺。例如，供应商可能要求顾客提供商业承兑汇票。

第三步是评估各个顾客的信用状况。如果你已经完成了顾客信用状况评估工作，第四步就是制定合理的信用政策。最后，一旦制定了信用政策，你就需要制定收账政策，以识别那些延期付款的买家并向他们追账。

我们如何计算赊销的隐含利率？（学习目标 3）

赊购商品的顾客没有及时付款而放弃现金折扣的实际利率为：

$$\left(1+\frac{折扣额}{折扣之后价格}\right)^{\frac{365}{额外信用天数}}-1$$

公司如何评估顾客付款的可能性？（学习目标 4）

信用分析就是确定哪些顾客可能付款的流程。其信息来源有很多：你与该顾客打交道的经验、其他债权人的经验、信用机构的评估、顾客开户银行的审查、顾客所发行证券的市场价值和顾客的财务报表分析。那些需要处理大量信用信息的公司通常运用一个正式的系统，将各种信息来源综合起来，得出一个总体的信用评分。

公司如何决定是否向顾客授信？（学习目标 5）

信用政策就是有关是否提高顾客信用额度的决策。信用经理的工作不是尽量减少坏账的金额，而是使利润最大化。这就意味着你需要评估顾客付款给你带来利润的概率和顾客违约可能导致损失的概率。不过，请记住：在估计预期利润时不能太短视。如果申请者可能成为正常且可信赖的顾客，那么可以考虑接受勉强合格的申请者。

授予顾客信用之后，下一个问题就是制定收账政策。这需要技巧和判断。你希望对那些真正拖欠货款的顾客更严厉，但又不希望仅仅因为支票在邮寄过程有所延误而发催账单冒犯了优质顾客。如果你能够做好应收账款的账龄分析，就可以轻松地发现存在问题的账户。

拥有存货或现金的成本与收益有哪些？（学习目标 6）

存货水平较高的好处是可以降低再订货成本并减少原材料短缺的概率。这些成本就是持有成本，包括仓储成本、保险成本、损坏成本和存货占用资本的机会成本。尽管现金提供了流动性，但不能够赚取利息。证券能够赚取利息，但你不能用证券购物。作为财务经理，你希望持有的现金余额能够使流动性的增量或边际收益与持有现金的成本（即你可以从证券获得的利息收入）相等。

公司收付款的方式有哪些？（学习目标 7）

如果你邮寄出一张支票，那么，出示并支取该支票可能是几天之后的事。在此期间，钱还继续留在你的银行账户。那些已经邮寄出但尚未支取的支票称为浮游量。遗憾的是，如果你收到支票也会产生浮游量。如果有人向你签发支票，钱同样需要延迟一段时间才会转入你的银行账户。那些拥有大量支票的公司采用诸如锁箱制和集中账户等方法加快支票的存入与支取流程。

支票的使用正日益减少，越来越多的资金采用电子转账方式。例如，你的按揭还款额可能每月自动从你的银行账户中扣除，你的工资则可能直接存入你的银行账户。公司之间的巨额资金交易都通过美国联邦结算系统和清算交易所银行同业支付系统实现电子转账。尽管通过这两个系统的交易数量较少，但其数额非常大。

公司在需要支付账单之前可以将富余资金投资到哪里？（学习目标8）

公司可以将其闲置资金投资于货币市场。货币市场是短期金融资产的交易市场。这些资产基本都具有期限短、风险低和流动性强的特征。正是这些特征使得这些资产成为短期闲置资金的理想投资工具。最重要的货币市场金融工具是国库券、商业票据、存款证和回购协议。

短期借款的主要来源包括哪些？（学习目标9）

短期融资的一个主要来源是银行贷款。公司经常支付一笔常规费用取得可以从银行借到协商的最高贷款限额的信用额度。银行贷款可能以公司的应收账款或存货作为担保。大型知名公司也可以向投资者借入短期债务，即商业票据。

微型案例

Micro-Encapsulators Corp.（MEC）的信用分析师乔治·斯坦普尔（George Stamper）需要回复一封来自东南区域销售部的紧急邮件。当地销售经理称自己有机会以每台10 000美元的价格拿到Miami Spice（MS）公司购买50台微胶囊造粒仪的订单。此外，MS公司每年的微胶囊造粒仪需求量可能为50台，有望成为一个很有价值的客户，因此，销售经理急切地想拿下这个订单。然而，新客户如此大规模的订单通常需要经总部审批同意。这样，斯坦普尔就要负责快速评估MS公司的信用状况并做出是否接受该交易的决定。

乔治知道MS公司是一家中等规模的公司，其盈利状况并不乐观。经历数年的高速增长之后，MS公司在其主要市场遇到了强大的竞争对手，利润开始急剧下滑。乔治不敢确定这在多大程度上是一个坏的预兆。为了削减成本，该公司引入了新管理层。同时，也有其他证据显示该公司最不景气的时代已经结束。投资者似乎也同意这种看法。因为该公司的股票价格从上一年的4.25美元上涨到5.80美元。乔治手头有一份MS公司最新的汇总财务报表（如表20-5所示）。他快速计算了一些关键财务比率。

表20-5　MS公司：汇总财务报表　　　　　　　　　　　　　　　　　　　　　单位：百万美元

	2019年	2018年
资产负债表		
资产		
流动资产		
现金与有价证券	5.0	12.2
应收账款	16.2	15.7
存货	27.5	32.5
流动资产总额	48.7	60.4
固定资产		
财产、厂房与设备	228.5	228.1
减：累计折旧	129.5	127.6
固定资产净值	99.0	100.5
资产总额	147.7	160.9
负债与股东权益		
流动负债		

续表

	2019 年	2018 年
到期债务	22.8	28.0
应付账款	19.0	16.2
流动负债总额	41.8	44.2
长期负债	40.8	42.3
股东权益		
普通股 *	10.0	10.0
留存收益	55.1	64.4
股东权益总额	65.1	74.4
负债与股东权益总额	147.7	160.9
利润表		
销售收入	149.8	134.4
销货成本	131.0	124.2
其他费用	1.7	8.7
折旧	8.1	8.6
息税前利润	9.0	−7.1
利息费用	5.1	5.6
所得税费用	1.4	−4.4
净收益	2.5	−8.3
净收益的分配		
留存收益增加额	1.5	−9.3
股利	1.0	1.0

*1 000 万股，每股面值为 1 美元。

同时，乔治针对 MS 公司做了大量其他方面的核查工作。该公司还发行了少量的债券。穆迪公司将这些债券评为 B 级。通过询问 MS 公司的开户银行发现，MS 公司尚未使用的信用额度为 500 万美元。不过，MS 公司已经与其开户银行协商续借将于年末到期的银行贷款 1 500 万美元。通过调查 MS 公司的供应商发现，该公司最近一直延期 30 天支付货款。

乔治还要考虑自己的公司可以从 MS 公司的订单中获得的利润。微胶囊造粒仪的标准销售条款为 "2/30, net 60"。如果 MS 公司能够及时付款，MEC 公司就可以增加销售收入 490 000 美元（50×9 800）。然而，鉴于 MS 公司的现金状况，它更可能放弃现金折扣，拖到 60 天之后才支付货款。由于利率大约为 8%，MS 公司延迟支付货款可能减少 MEC 公司销售收入的现值。乔治还知道为了满足 MS 公司的订单需要发生的各种生产与运输成本。这些成本总额为 475 000 美元，即单位成本为 9 500 美元。公司适用的所得税税率为 21%。

你如何评估 MS 公司的信用状况？违约的盈亏临界点概率是多少？MS 公司延迟付款如何影响违约的盈亏临界点概率？重复订单的概率对乔治·斯坦普尔的决策有何影响？

第 **7** 篇

专　题

第21章

兼并、收购与公司控制权

学习目标

1. 解释公司何时去兼并其他公司。
2. 估算主并公司的兼并收益与成本。
3. 描述公司改变其所有权或管理层的各种方式。
4. 描述公司如何抵御收购。
5. 解释杠杆收购与管理层收购的各种动机。
6. 总结兼并是否提升效率以及被并公司与主并公司的股东如何分配兼并收益的证据。

兼并活动的规模和速度经常令人称奇。表 21-1 仅仅列出了一部分兼并案。值得注意的是，许多大规模的兼并涉及不同国家的公司。同时，看看图 21-1。该图描绘了 1995—2017 年每年全球兼并的数额。2017 年是一个兼并创纪录的年份，涉及美国公司的 15 115 宗交易，价值为 1.7 万亿美元。在兼并活动相当活跃的时期，财务经理花费相当多时间搜寻目标公司或担心是否有其他公司将接管其所在公司。

表 21-1 2017 年和 2018 年的一些重要的兼并公告

行业	主并公司	被并公司	交易额（十亿美元）
电信	美国电话电报公司（美国）	时代华纳公司（美国）	85
化工	陶氏化学公司（美国）	杜邦公司（美国）	79
媒体	迪士尼公司（美国）	21 世纪福克斯公司（美国）	71
药房/健康保险	西维斯健康公司（美国）	安泰保险公司（美国）	69
农药	拜耳公司（德国）	孟山都公司（美国）	66
眼镜	依视路公司（法国）	陆逊梯卡公司（意大利）	54
烟草	英美烟草公司（英国）	雷诺兹烟草公司（美国）	49

续表

行业	主并公司	被并公司	交易额（十亿美元）
农药	中国化工集团公司（中国）	先正达公司（瑞士）	43
半导体	高通公司（美国）	恩智浦半导体公司（荷兰）	38
电信	康卡斯特公司（美国）	天空公司（英国）	31
制药	强生公司（美国）	艾克泰隆公司（瑞士）	30
航空航天	联合科技公司（美国）	罗克韦尔柯林斯公司（美国）	30
铁路运输设备	西门子移动分公司（美国）	阿尔斯通公司（法国）	16
零售	亚马逊公司（美国）	全食超市公司（美国）	14

说明：有些兼并案还处于未决状态，等待监管机构的审批。

资料来源：Institute for Mergers, Acquisitions, and Alliances, https://imaa-institute.org.

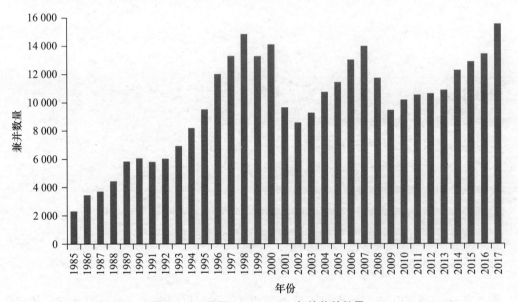

图 21 - 1　美国 1985—2017 年的兼并数量

资料来源：Institute for Mergers, Acquisitions, and Alliances, https://imaa-institute.org.

如果某家公司购买另一家公司，就是在实施一个投资项目，而且适用资本性投资项目决策的基本原理。如果该投资项目确实能够增加股东财富，你就应该实施该购买行为。但兼并通常是难以评估的交易，你必须仔细界定其相应的收益与成本。

尽管许多公司间的兼并都较为友善，但有时某一方可能被迫成为牺牲品。我们将讨论这些敌意收购以及敌意收购与反收购的主要方法。

如果主并公司接管了被并公司，通常会更换其管理层。这就是我们将接管视为广义公司控制权市场的组成部分的缘由。公司控制权市场上的行为远远超越普通的收购行为。如果出现代理权之争、杠杆收购或剥离，所有权或管理层也可能发生变动。因此，我们将考察这些改变公司控制权的方式。

我们将在本章最后的部分讨论在兼并中谁受益或受损，还将讨论兼并是否总体上有益。

21.1　兼并的合理动机

兼并通常可以分为横向兼并、纵向兼并和混合兼并。横向兼并是发生在同行业的两个公司之间的兼并，被并公司是以前的竞争对手。近期发生的多数兼并案都是横向兼并。表 21-1 列示的英美烟草公司与雷诺兹烟草公司的兼并就是一个很好的例证。

纵向兼并涉及不同产业链公司之间的兼并。主并公司的扩张可能向后兼并原材料来源或向前兼并最终消费者。例如，软饮料制造商可能兼并蔗糖生产商（向后扩张）或将快餐连锁店作为其产品的批发商（向前扩张）。微软公司耗资大约 79 亿美元收购诺基亚手机与服务业务就是纵向兼并的一个例证。微软公司打算将其 Windows 电话操作系统安装到诺基亚手机（不过，微软公司的该计划以失败而告终，几乎所有诺基亚手机项目的投资只能付诸东流。）

混合兼并涉及非相关行业公司之间的兼并。例如，印度的塔塔集团公司（Tata Group）是一家高度多元化的巨型公司。塔塔集团公司的兼并活动涉及不同领域，所兼并的公司包括八点咖啡公司（Eight O'clock Coffee）、科鲁斯钢铁公司（Corus Steel）、捷豹路虎公司（Jaguar Land Rover）、英国盐业公司（British Salt）和波士顿丽思卡尔顿酒店（Ritz Carltan, Boston）。没有哪家美国公司像塔塔集团公司这样多元化经营，但 20 世纪六七十年代，美国非相关行业公司之间的兼并却非常普遍。然而，到了 80 年代，美国的混合兼并的数量开始减少。实际上，80 年代的大部分兼并行为源于一二十年前的混合兼并的解体。

公司整合经营可能带来的收益驱动了许多兼并与收购案。这些兼并创造了协同效应。据此，我们认为两家公司整合经营比各自经营更有价值。

记住了这些基本概念，我们就可以讨论公司整合经营有时比各自经营更有价值的缘由。我们应持谨慎的态度。尽管兼并经常产生实实在在的收益，但是，表面的收益通常诱使粗心大意或过度自信的经理步入兼并困境。美国在线公司就是一个例证。2000 年，美国在线公司破纪录地耗资 1 560 亿美元收购时代华纳公司，以创建一个可以为消费者提供媒体与信息产品的公司。然而，该兼并活动并没有成功。不到 10 年的时间，两家公司就承认兼并失败并再度分开。此时，超过 2 000 亿美元的价值已经"蒸发"。

许多看起来有意义的兼并却以失败而告终，因为经理无法胜任整合两家具有不同生产流程、薪酬结构和会计核算方法的公司的复杂职责。此外，多数公司的价值取决于人力资产，如经理、技术工人、科学家和工程师。如果这些人对自己在兼并后公司的新角色不满意，最优秀的人将离开该公司。不必太在意一般的人。

现在考虑一下戴姆勒-奔驰汽车公司与克莱斯勒汽车公司之间高达 380 亿美元的兼并案。尽管该兼并案堪称汽车行业兼并的典范，但前些年，兼并后的公司深受两种迥然不同的文化冲突的困扰：

> 德国管理层理事会的成员都配有行政助理，负责就许多问题详细地提供有关各方立场的文件。美国方面没有指派行政助理，直接与工程师或其他专家交谈就做出自己的决策。通过官僚体制做出的德国式决策，经由高层审批，最终付诸实施。美国方面允许中层员工自主决策，有时甚至不需要等待高层审批。

> ……事实证明，文化融合也是一种"润滑剂"。巨大的工资差异引爆了暗含的紧张气氛。美国人赚取的工资是同职位德国人的两三倍，有时甚至达到四倍。但与德国员工相比，美国员工的费用却受到严格控制。戴姆勒-奔驰汽车公司的员工为了半天的会议飞到巴黎或纽约，然后在高档酒店享受丰盛的晚餐和美好的夜晚。对此，他们已经习以为常。美国人则限制这种奢侈消费。[1]

---

[1]　Bill Vlasic and Bradley A.Stertz, Taken for a Ride: How Daimler-Benz Drove Off with Chrysler, pp.302, 319, 2000 Harper Collins Publishers.

收购克莱斯勒汽车公司 9 年之后，戴姆勒 - 奔驰汽车公司宣布将克莱斯勒汽车公司 80% 的股份出售给杠杆收购公司——博龙资产管理有限公司（Cerberus Capital Management）。实际上，戴姆勒 - 奔驰汽车公司为了出手其克莱斯勒汽车公司股份，支付给博龙资产管理有限公司 6.77 亿美元。相应地，博龙资产管理有限公司承担了 180 亿美元的养老金与员工医疗保险债务，并同意向克莱斯勒汽车公司及其财务子公司投入 60 亿美元。

这些现象说明，公司要实现兼并效益并非易事。有时，兼并确实达到了预期的协同效应，但主并公司却因付出了高昂的成本而遭受损失。主并公司可能高估陈旧存货的价值或低估翻新旧厂房与设备的成本，也可能忽视缺陷产品的保修成本。例如，2007 年，美国银行（Bank of America）兼并了美国国家金融服务公司（Countrywide Financial）。然而，美国国家金融服务公司抵押贷款的相关损失及其贷款业务隐藏的法定债务被掩盖。根据估计，美国银行的兼并损失超过 500 亿美元。

记住这些警示，我们接着讨论产生协同效应的某些原因。

规模经济效应

多数人坚信：只要我们再富裕一点，就会更愉快。经理似乎也总是坚信：只要公司规模再大一点，就更有竞争力。经理期待产生规模经济效应，有以更多的产出分摊固定成本的机会。例如，2015 年，亨氏食品公司（Heinz）和卡夫食品公司（Kraft Foods）宣告计划兼并，预计到 2017 年底每年可以节约成本 15 亿美元。成本节约额主要得益于北美市场的规模经济效应，有机会关闭效率低的生产设施并减少劳工成本。另外，合并之后，公司的销售规模较大，增强了公司与零售商和餐馆的谈判能力。[①] 不过，千万不要对预测的成本节约额过于乐观。

尽管这些规模经济效应是横向兼并的自然目标，但混合兼并也具有规模经济效应。这些兼并的策划者已经预计到这些来自共享集中服务（如会计核算、财务控制和高级管理层）的规模经济效应。

纵向整合的经济效应

大型公司普遍喜欢往后端的原材料来源和前端的最终消费者方向扩张，从而尽量控制与协调生产流程。实现该目标的方式之一就是兼并供应商或客户。

纵向兼并有利于协调和管理。我们以一个极端的案例加以说明：不妨想想一家没有任何飞机的航空公司。假设该航空公司出售从波士顿到旧金山的机票，然后从其他航空公司租用飞机。如果客流量不大，这样做也许是可行的，但是，如果客流量很大，每天需要协调数百份租赁合约，那就是一场管理噩梦。因此，所有重要的航空公司都向后整合，购置并使用自己的飞机，而不依赖于飞机租赁公司。

这个案例说明，如果两家公司的经营业务密不可分，纵向兼并通常是合乎情理的。例如，为了降低矿石的运输成本，冶炼厂的地点必须靠近矿山。这时，该冶炼厂可能需要基于长期合约以一个独立公司的形式开展经营业务。该合约不可能考虑到所有可能的变化。如果两个经营分部联系紧密，相互依赖，就有必要在同一家公司内部整合这两个经营分部。这样，公司就可以控制其资产的运用。

近年来，纵向兼并已经过时。许多公司发现将一些业务外包给其他公司更有效率。例如，早在 20 世纪五六十年代，通用汽车公司的成本优势已经超过其竞争对手，因为它在公司内部生产更多的零部件。到了 90 年代，福特汽车公司和克莱斯勒汽车公司拥有成本优势，它们可以从外部供应商处

[①] 参见 "Analysis of the Kraft-Heinz Merger," Forbes, March 30, 2015.

低价购买零部件。这主要是因为外部供应商倾向于聘用非工会劳动力，不过也可能是因为相对于公司内部的其他分部，制造商与独立供应商做生意具有更强的议价能力。1998 年，通用汽车公司决定将其汽车零部件分部即德尔菲分部分拆出去，成立一个独立公司。分拆之后，通用汽车公司继续大批量采购德尔菲公司生产的零部件，但双方交易价格的谈判相对独立。

整合互补性资源

大型公司收购了许多小型公司，因为大型公司可以为小型公司提供其经营成功所缺乏的必要因素。小型公司可能拥有独特的产品，却缺乏大规模生产和营销该产品所需的工程设施和销售组织。公司可以从头开始组建技术与销售人才队伍，但与已经拥有充足人才队伍的公司兼并可以更快、更节约成本地组建技术与销售人才队伍。这两家公司拥有互补性资源，即每家公司都拥有对方所需的资源，在这种情况下，这两家公司之间的兼并就非常有意义。这种兼并还可以赢得两家公司原来都无法得到的机会。

近年来，许多医药公司因保护其盈利能力较强产品的专利而耗费巨资，然而还没有一种更有效的途经可以弥补这种损失。由此，催生了越来越多的医药公司兼并生物技术公司的案例。例如，2017 年，百时美施贵宝公司兼并了一家拥有两项临床前免疫治疗项目的初创公司 IFM 治疗公司。百时美施贵宝公司认为公司自己的免疫治疗法可以很好地与 IFM 治疗公司的药品相匹配。同时，IFM 治疗公司则得到将其产品推向市场的必要资源。

为了运用溢余资金而兼并

假设你的公司处于一个成熟行业，可以产生大量现金，但有利可图的投资机会却很少。从理论上讲，这样的公司应该通过多发放股利或回购其股票把溢余现金分配给股东。遗憾的是，精力旺盛的经理经常不愿意以这种方式缩小公司规模。

如果公司不愿意回购其股票，也可以购买其他公司股票。这样，拥有溢余现金而缺少有利可图投资机会的公司便经常将兼并作为配置其资本的一种方式。

拥有多余现金但没有将其作为股利支付给股东或没有通过兼并重新配置其资本的公司经常发现，自己成了其他公司的兼并对象。其他公司也打算重新配置其现金。20 世纪 80 年代早期油价暴跌，许多现金充裕的石油公司发现自己受到接管的威胁。这不是因为这些公司的现金是一种独特资产，而是因为主并公司希望掌控这些公司的现金流量，以确保这些现金没有浪费在净现值为负值的石油勘探项目上。我们将在本章后面部分讨论兼并中控制自由现金流量的动机。

提高效率

现金并非管理不善时可以浪费的唯一资产。有些公司总是拥有未充分运用的降低成本、增加销售收入和利润的机会。这样的公司自然是具有卓越管理能力的其他公司兼并的备选对象。有时，"卓越管理"可能只是意味着推动削减或重组公司经营业务的决断。值得注意的是，这种兼并动机与两家公司的合并收益没有任何关系。兼并只是新的管理团队替换原来的管理团队的一种机制。

尽管兼并可能不是改善管理的唯一方式，但是，有时可能别无选择。经理自然不愿意被解聘或贬谪，而大型上市公司的股东通常也不能直接影响公司如何经营或由谁经营。

如果这种兼并动机很重要，我们可能期待看到，兼并中经常出现目标公司的管理层发生变化的情况。事实也是如此。例如，马丁和麦康奈尔（Martin and McConnell）发现，高管在公司兼并一年后被替换的可能性是以前的 4 倍。^① 马丁和麦康奈尔研究的公司通常都是管理不善的公司。显然，许多这类公司陷入困境后只能通过兼并解困。

行业整合

改善经营效率的最大机会似乎来源于拥有众多公司和产能的行业。这些条件经常引发并购浪潮，迫使公司去产能和裁员，为其他再投资项目提供资金。例如，冷战结束之后，美国的国防预算下降，国防行业紧接着就出现一轮整合兼并浪潮。

银行业则是另一个例证。20 世纪 80 年代，美国进入了银行过多的时代。这主要是美国限制州际银行业务发展的结果。随着美国放松限制和技术进步，数百家小规模银行被卷入区域性或"超区域性"银行的整合之中。欧洲许多银行提升财务实力以应对整个欧洲银行业的市场竞争，也经历了兼并浪潮。这些兼并案例包括瑞士联合银行（UBS）与瑞士银行集团（Swiss Bank Corp）之间的兼并（1997年）、法国巴黎银行（BNP）与巴黎巴银行（Banque Paribas）之间的兼并（1998 年）、西班牙国际银行（Banco Santander）与西班牙中央银行（Banco Central Hispanico）之间的兼并（1999 年），以及德国商业银行（Commerzbank）与德累斯顿银行（Dresdner Bank）之间的兼并（2009 年）。

税收与跨国兼并

2016 年，爱尔兰制药公司夏尔公司（Shire）兼并了美国百深公司（Baxalta）。该兼并就是税收倒置（tax inversion）的一个例证。2018 年之前，美国对公司的利润征税，即便该利润来源于美国境外，其他国家只对来源于国内的利润征税。美国公司因兼并其他外国公司而走出国门，依然必须就其来源于美国的利润支付美国所得税，但其来源于美国境外的利润却不再支付美国所得税。由于美国的公司所得税税率远高于其他发达国家的所得税税率，许多公司经常通过兼并外国公司，非常积极地把公司的法定居所迁到外国。爱尔兰的公司所得税税率为 12.5%，远低于美国的公司所得税税率（35%）。因此，爱尔兰是税收倒置的具体受惠国。2018 年，美国将公司所得税税率下调为 21%，转向地源税制，不再对来源于美国境外的利润征收公司所得税。这样，兼并鼓励税收倒置的功能也就随之消失。

21.2 兼并的可疑动机

到现在为止，我们所描述的兼并收益都具有经济意义。当然，也有些兼并动机并不"靠谱"。下面两种动机就不那么"靠谱"。

多元化

我们已经指出，现金充裕的公司的经理可能更想将现金用于兼并。这就是为什么我们会经常看到不景气行业的现金充裕公司以兼并方式进入森林和牧场等新领域的新闻。但以多元化为目标的兼并的结果如何呢？显然，多元化降低了风险。这难道不是兼并的收益吗？

这种观点的问题在于股东自己比公司更容易实现多元化，成本也更低。如果 A 公司的股东只要

---

① K.J.Martin and J.J.McConnell, "Corporate Performance, Corporate Takeover, and Management Turnover," *Journal of Finance* 46 (June 1991), pp.671–687.

购买 B 公司股票就能够使其投资组合多元化，那么，为什么 A 公司要购买 B 公司以实现多元化呢？个人投资者实现多元化远比公司兼并其他公司实现多元化容易，成本也更低。没有证据表明，投资者会对多元化的公司支付溢酬。相反，多元化公司的股票更普遍出现"贱卖"的现象。

自益游戏

20 世纪 60 年代，有些集团公司的兼并行为并没有带来明显的经济效益。然而，这些集团公司的激进战略却连续数年提升了其每股收益。为了说明其中的缘由，我们来看看世界知名的全球集团公司（World Enterprises）兼并莫克 - 斯努利公司（Muck and Slurry）的案例。

例 21.1 自益游戏

表 21 - 2 的前两列显示了两家公司兼并之前各自的财务状况。值得注意的是，由于莫克 - 斯努利公司的发展前景相对较差，其股票市盈率低于全球集团公司的市盈率（第 3 行）。我们假设该兼并行为并没有创造任何经济效益。因此，兼并之后全球集团公司的价值应该等于两家独立公司的价值之和（第 6 行）。

表 21 - 2 兼并如何影响全球集团公司的市场价值与每股收益金额金额 单位：美元

	全球集团公司（兼并之前）	莫克 - 斯努利公司	全球集团公司（兼并莫克 - 斯努利公司之后）
1. 每股收益	2	2	2.67
2. 每股价格	40	20	40
3. 市盈率	20	10	15
4. 股票数量	100 000	100 000	150 000
5. 利润总额	200 000	200 000	400 000
6. 市场价值总额	4 000 000	2 000 000	6 000 000
7. 每投资于股票 1 美元可以获得的当期利润（第 1 行除以第 2 行）	0.05	0.10	0.067

说明：由于全球集团公司兼并莫克 - 斯努利公司并没有产生任何利得，因此，兼并应该不影响其利润总额和市场价值总额。然而，每股收益却提升了。全球集团公司只发行股票 50 000 股（股票价格为每股 40 美元）就获得了莫克 - 斯努利公司股票 100 000 股（股票价格为每股 20 美元）。

由于全球集团公司的股票价格是莫克 - 斯努利公司股票价格的两倍（第 2 行），全球集团公司以 50 000 股公司股票就可以获得莫克 - 斯努利公司股票 100 000 股。因此，兼并之后全球集团公司流通在外的股票数量为 150 000 股。

兼并的结果是，全球集团公司的利润总额翻了一番（第 5 行），但其股票数量却只增长了 50%，其每股收益从原来的 2.00 美元增加到 2.67 美元。我们将这种效应称为自益效应。因为兼并没有真正创造任何利润，两家公司的合并价值也没有增加。由于兼并莫克 - 斯努利公司并不影响全球集团公司的股票价格，兼并之后全球集团公司的市盈率有所下降（第 3 行）。

兼并之前，每投入全球集团公司 1 美元，可以获得当期利润 5 美分，而且未来的增长速度较快。而每投入莫克 - 斯努利公司 1 美元，可以获得当期利润 10 美分，但未来的增长速度较慢。如果兼并行为并不改变市场价值总额，那么，每投入兼并后公司 1 美元，全球集团公司股东将获得当期利润 6.7 美分，但其增长速度不如兼并之前的增长速度。莫克 - 斯努利公司股东获得的当期利润较低，但其增长速度较快。如果每个人都理解该兼并交易，兼并双方将无法获利或遭受损失。

然而，财务操纵者有时却试图使市场无法理解这一兼并交易。假设投资者为全球集团公司总裁的激情所蒙蔽，错误地将兼并之后每股收益 33% 的增长率视为可持续增长率。那么，全球集团公司的股票价格会上涨，而两家公司的股东都可以"不劳而获"。

现在，你应该清楚如何玩自益游戏了吧！假设你管理着一家高市盈率的公司。市盈率之所以高，是因为投资者预期未来利润将快速增长。你确实达到了这一增长目标，但你不是通过资本性投资项目、改善产品或提高经营效率，而是通过兼并市盈率较低的增长较慢的公司实现的。从长期来看，这种游戏的结果是增长缓慢，市盈率在低位徘徊。但从短期来看，每股收益可以显著提高。如果这种游戏蒙蔽了投资者，你就能够不受市盈率下降的影响而获得较高的每股收益。但你为了能够继续蒙蔽投资者，必须以同样的复合增长率继续兼并扩张。显然，你不可能永远这样蒙蔽投资者，总有一天扩张速度会放缓甚至停滞。这时，利润将停止增长，你的"如意美梦"终将破灭。**兼并市盈率较低的公司可以提升每股收益，但每股收益的提升不应该导致股票价格的上涨。未来利润增长放缓必然抵消短期利润的增长。**

21.3 兼并机制

兼并一家公司比购买一台机器复杂得多。这里，我们不打算讨论税务或会计的复杂问题，将讨论兼并的各种不同形式以及反托拉斯法可能限制的兼并方式。

兼并的形式

一家公司兼并另一家公司有三种方式。第一种方式是两家公司合并成一家公司。这时，主并公司获得另一家公司的所有资产并承担其所有负债。被并公司不复存在，其以前的股东从兼并后的公司那里获得现金和 / 或证券。**兼并**（merger）必须征得两家公司至少 50% 的股东同意。[①]

第二种方式是主并公司以其现金、股票或其他有价证券购买目标公司的股票。被并公司可能以一个独立主体继续存在，但为主并公司所有。尽管主并公司通常会征得目标公司管理者的同意与配合，但即使目标公司管理者反对兼并，主并公司也会大量购买目标公司流通在外的股票。主并公司通过直接向股东购买股票，就可以完全绕开目标公司管理层。购买公司股票的收购称为**要约收购**（tender offer）。如果要约收购取得成功，主并公司就获得了控制权，而且可以选择更换现有管理层。

第三种方式是购买目标公司的资产。这时，需要转移资产的所有权，相应的款项支付给被并公司，而不是直接支付给被并公司的股东。

兼并与收购这两个术语可能弄混。广义上讲，这些术语可以泛指任何公司合并或接管。不过，严格地说，兼并指两家公司所有资产与负债的合并，**收购**（acquisition）则指购买另一家公司的股票或资产。

兼并、反托拉斯法与反收购

如果联邦政府认为兼并议案有违竞争原则或过分强化了市场控制力，可能会阻止该兼并议案。即使是政府的反对意见也可能足以动摇公司的兼并计划。例如，当美国司法部提起诉讼阻止哈里伯顿公司

---

① 有时，公司章程和州立法可能规定更高的比例。

（Halliburton）和贝克休斯公司（Baker Hughes）原定的兼并计划时，这两家公司只好放弃了兼并计划。

在美国以外做生意的公司也担忧外国的反托拉斯法。例如，德意志交易所与纽约股票交易所宣告了兼并议案，欧洲委员会裁定此举可能导致兼并之后的交易所对欧洲衍生品市场的控制力太大。

即使兼并案没有带来反托拉斯问题，政治压力和民怨也可能阻止该兼并案。近年来，欧洲各国政府已经介入几乎所有著名的跨国兼并案，并可能主动干预任何敌意兼并。例如，2015 年，百事可乐公司可能兼并达能公司（Danone）的消息引起法国的强烈敌对情绪。法国总统加持了兼并的反对者，宣布法国政府正在拟定一份应该得到外国所有权保护的战略性产业名单。酸奶生产是不是这些战略性产业之一，不得而知。

经济民族主义不限于欧洲。例如，2018 年，美国阻止总部在新加坡的博通公司（Broadcom）兼并美国芯片制造商高通公司。美国政府引用了有关赋予外国主体进入美国技术领域的"国家安全问题"作为辩词。

21.4　评估兼并

如果你负责评估一项兼并议案，必须认真考虑下面两个问题：

1. 该兼并能否带来综合经济收益？换言之，该兼并能否增加价值？两家公司兼并后的价值是否超过两家公司各自价值之和？

2. 该兼并的条款是否有利于公司和股东？如果成本太高或所有经济收益都流向其他公司，那么该兼并就毫无意义。

回答这些带有迷惑性的简单问题相当不容易。有些经济收益几乎不可能量化，而且复杂的兼并融资方式可能模糊该兼并交易的真实条款。但评估兼并的基本原则并不是太难。

现金兼并

我们将重点讨论一个简单的例子。你的公司 Cislunar Foods 正在考虑收购一家规模较小的食品公司 Targetco。Cislunar Foods 公司打算以每股 19 美元的价格购买 Targetco 公司全部流通在外的股票。两家公司的一些财务信息列示于表 21-3。

表 21-3　Cislunar Foods 公司考虑兼并 Targetco 公司

	Cislunar Foods 公司	Targetco 公司	合并后公司
收入	150	20	172（+2）
经营成本	118	16	132（-2）
利润	32	4	40（+4）
现金	55	2.5	
其他资产账面价值	185	17.0	
资产总额	240	19.5	
每股价格	48	16	
股票数量	10.0	2.5	
市场价值	480	40	

说明：除每股价格单位为美元之外，金额单位为百万美元，股票数量单位为百万股。

第一个问题 为什么 Cislunar Foods 公司与 Targetco 公司兼并之后的价值大于兼并之前两家公司各自价值之和？假设两家公司的市场营销、分销渠道和管理层整合之后，可以减少经营成本，增加 Targetco 公司所在区域的收入。表 21－3 最右边一列显示了整合两家公司之后的预计收入、预计成本和预期利润。兼并之后，每年的经营成本比两家公司各自的成本之和少了 200 万美元，相应的收入则增加了 200 万美元。因此，预计利润增加了 400 万美元。[①] 我们假设增加的利润是由兼并产生的唯一协同效用。

兼并的经济效益是所增加利润的现值。如果利润永续增加（永续年金）且资本成本为 20%，那么

$$经济效益 = 所增加利润的现值 = 400/0.20 = 2\,000（万美元）$$

这个增加值就是兼并的基本动机。

第二个问题 兼并的条款是什么？Cislunar Foods 公司及其股东的成本是多少？

除非 Targetco 公司管理层和股东至少得到兼并之前所拥有股票的价值，否则，公司管理层和股东不会接受该兼并议案。Targetco 公司管理层和股东可能得到现金或 Cislunar Foods 公司发行的新股。就本例而言，我们假设 Cislunar Foods 公司以每股 19 美元的价格用现金收购 Targetco 公司的股票。该价格比 Targetco 公司之前的每股股票价格高出 3 美元。

Targetco 公司流通在外的股票数量为 250 万股，这样，Cislunar Foods 公司必须支付 4 750 万美元。该数额比 Targetco 公司之前的市场价值总额多了 750 万美元。根据这些条款，Targetco 公司股东将分得 2 000 万美元兼并效益中的 750 万美元，Cislunar Foods 公司股东应该分得剩下的 1 250 万美元。

表 21－4 中"现金购买"这一列显示了该数额。兼并之后的公司市场价值总额即 49 250 万美元，是两家公司兼并之前的价值总额加上兼并的经济效益，再减去 Cislunar Foods 公司支付给 Targetco 公司股东的现金数额。这些现金流出了兼并之后的公司。Cislunar Foods 公司流通在外的股票数量还是 1 000 万股，因此，每股价格从 1.25 美元提高到 49.25 美元。这样，Cislunar Foods 公司的股东得到的效益为 1 250 万美元（1.25 美元/股×1 000 万股）。

表 21－4　Cislunar Foods 公司兼并 Targetco 公司之后的财务预测

	现金购买	换股
A. 公司价值		
Cislunar Foods 公司原先的价值总额	480	480
+Targetco 公司原先的价值总额	40	40
+ 兼并的经济收益	20	20
−Cislunar Foods 公司支付给 Targetco 公司股东的现金数额	47.5	0
= 兼并之后 Cislunar Foods 公司的价值总额	492.5	540
兼并之后 Cislunar Foods 公司流通在外股票数量	10	10.833
兼并之后 Cislunar Foods 公司股票每股价格	49.25	49.85
B. 兼并的经济收益		
兼并之后 Cislunar Foods 公司原来股东的价值总额	492.5	498.5（=10×49.85）
− 兼并之前 Cislunar Foods 公司股票价值总额	480	480
=Cislunar Foods 公司兼并的经济收益	12.5	18.5

① 为简化起见，本例不考虑所得税因素，并假设两家公司都全部通过权益融资。我们也不考虑用于兼并的现金投资可能获得的利息收入。

续表

	现金购买	换股
Targetco 公司股东得到的价值总额	47.5 （现金支付）	41.5（=0.833×49.85） （被并公司股票价值）
−兼并之前 Targetco 公司股票价值总额	40	40
=Targetco 公司兼并的经济收益	7.5	1.5
Cislunar Foods 公司与 Targetco 公司的经济收益之和	12.5+7.5=20	18.5+1.5=20

　　说明：本表的中间列假设以每股 19 美元的价格现金兼并 Targetco 公司，右列假设 Targetco 公司股东以每 3 股 Targetco 公司股票换取 1 股 Cislunar Foods 公司新股。

　　除每股价格单位为美元之外，金额单位为百万美元，股票数量单位为百万股。

　　现在，我们总结一下。基于两个原因，该兼并有利于 Cislunar Foods 公司。第一，该兼并增加的价值总额为 2 000 万美元。第二，根据该兼并条款，Targetco 公司股东只分得 2 000 万美元兼并收益中的 750 万美元，而 Cislunar Foods 公司分得剩下的 1 250 万美元。你可以认为 Cislunar Foods 公司兼并 Targetco 公司的成本为 750 万美元，即 Cislunar Foods 公司支付的现金数额与兼并之前 Targetco 公司作为一个独立公司的价值之间的差额：

$$成本 = 支付的现金数额 - Targetco 公司的价值$$
$$= 4\,750 - 4\,000 = 750（万美元）$$

　　当然，Targetco 公司的股东也赚了 750 万美元。Targetco 公司的收益就是 Cislunar Foods 公司的成本。正如我们看到的，Cislunar Foods 公司的股东获得 1 250 万美元的兼并收益。就 Cislunar Foods 公司而言，兼并的净现值为：

$$净现值 = 经济收益 - 成本 = 2\,000 - 750 = 1\,250（万美元）$$

　　以这种方式表述兼并的收益与成本就区分了兼并动机（经济收益或价值增加额）与兼并的条款（兼并收益如何在两家公司之间分配）。

股票兼并

　　如果 Cislunar Foods 公司想保留现金用于其他投资项目，决定以发行新股的方式兼并 Targetco 公司，情形又如何呢？这就要求 Targetco 公司股东以每 3 股 Targetco 公司股票换取 1 股 Cislunar Foods 公司股票。

　　这只不过是同一兼并行为中不同的融资方式而已。表 21-4 中右边那一列描述了其结果。在本例中，兼并之后，Cislunar Foods 公司的价值为 54 000 万美元。因为 Cislunar Foods 公司没有支付现金给 Targetco 公司原来的股东。相反，Targetco 公司原来的股东得到兼并之后的公司股票。Targetco 公司原来流通在外的 250 万股股票，每 3 股换取 1 股 Cislunar Foods 公司的股票，总共换取了 833 000 股 Cislunar Foods 公司的股票。这意味着兼并之后的公司股票流通在外的数量为 1 083.3 万股，因此，每股价格为 49.85 美元（54 000 万美元/1 083.3 万股）。

　　Targetco 公司原来的股东得到的股票价值总额大约为 4 150 万美元（833 000 股×49.85 美元/股），比其原来的股票价值总额大约增加了 150 万美元。兼并之后，Cislunar Foods 公司原来的股东持有股票的市场价值总额为 49 850 万美元（1 000 万股×49.85 美元/股），比其原来的股票价值总额增加了 1 850 万美元。

　　无论是现金购买还是换股，Cislunar Foods 公司原来的股东和 Targetco 公司原来的股东获得的经济收益总额都是 2 000 万美元。这就是兼并的经济收益。不过，在换股的案例中，Targetco 公司的股东得到的经济收益较少。Targetco 公司股东以每股 49.85 美元的价格获得 833 000 股，总共得到 4 150 万美元。这个数额只比 Targetco 公司之前的市场价值总额多 150 万美元：

成本 = Cislunar Foods 公司新发行股票的价值 - Targetco 公司之前的市场价值

= 4 150 - 4 000 = 150(万美元)

就 Cislunar Foods 公司的原始股东而言，兼并的净现值为：

净现值 = 经济收益 - 成本 = 2 000 - 150 = 1 850(万美元)

值得注意的是，Cislunar Foods 公司的每股价格上涨了 1.85 美元，但其原来的股东依然持有 1 000 万股，增加的价值总额为 1 850 万美元。

评估股票兼并的条款可能并不容易。Targetco 公司股东依然持有兼并之后的公司股份，这样，你就必须计算出宣布兼并之后该公司的股票价值和投资者期望得到的收益。值得注意的是，我们从 Cislunar Foods 公司兼并 Targetco 公司之后的市场价值总额开始，考虑兼并的条款（发行 833 000 股新股），然后回过头来计算兼并之后的股票价格。唯有如此，我们才能清楚两家公司之间是如何分配兼并的经济收益的。

现金兼并与股票兼并存在一个关键差异。如果是现金兼并，其兼并成本不受兼并经济收益大小的影响。而如果是股票兼并，其兼并成本取决于兼并经济收益大小。因为兼并之后的股票价格体现了该兼并经济收益，而支付给被并公司的正是这些股票。

股票兼并也可以减小高估或低估任何一家公司可能产生的影响。例如，假设 A 公司高估了 B 公司作为一个独立主体的价值，这或许是因为 A 公司忽视了 B 公司的某些隐性负债。A 公司可能因此出价过高。如果其他条件不变，与现金兼并相比，股票兼并更有利于 A 公司的股东。基于股票兼并，有关 B 公司股票价值的难以避免的坏消息可能对 B 公司原先的股东产生某种程度的影响。

一个警示

兼并的成本就是主并公司支付给目标公司超过其作为独立公司价值的溢酬。如果目标公司是上市公司，你只要将其股票价格乘以流通在外的股票数量，就可以计量其作为独立公司的价值。但值得注意的是，如果投资者期望目标公司被收购，其股票价格可能虚高，超过其作为独立公司的价值。在投资者预期主并公司可能支付兼并溢酬时，目标公司的股票价格可能已经上涨。

另一个警示

有些公司将预测目标公司未来的现金流量作为其兼并分析的起点。其预测包括任何因兼并而引起的收入增加额或成本减少额，然后将现金流量折现并与购买价格对比：

预计经济收益净额 = 包括兼并经济收益在内的目标公司现金流量折现值 - 兼并所需的现金额

这是一种非常危险的评估流程。即使是最聪明、最训练有素的分析师，在评估公司价值时也可能犯很大的错误。预计经济收益净额为正值可能并不是因为该兼并行为本身有价值，而只是因为分析师的现金流量预测过于乐观。另外，如果分析师没有意识到目标公司作为独立经营主体的潜在价值，好的兼并议案未必能够付诸实施。

一个更好的评估流程以目标公司的现行市场价值和作为独立主体的市场价值为起点，而不是关注兼并引起的现金流量变化。要不断追问为什么两家公司兼并之后的价值大于兼并之前两家公司价值之和。**请记住，你只要能够创造额外的经济收益（即你拥有其他公司难以企及且目标公司自己难以取得**

的竞争优势），就会增加价值。

关注投资者对兼并经济收益的估价非常重要。如果宣布兼并议案时，A 公司的股票价格下跌，那么投资者正在释放一个信号：兼并的经济收益可疑或 A 公司为取得兼并经济收益支付的价款过高。

21.5 公司控制权市场

股东是公司的所有者，但多数股东因诸多理由而没有"当家做主"的感觉。你要是不信，可以尝试购买一股 IBM 股票，然后走进该公司的会议室与你聘用的员工——首席执行官聊聊天。[①]

大型公司的所有权与经营权几乎总是相分离的。股东并不直接任命或监督公司的经理。股东选举董事会，董事会作为股东的代理人再选择和监督公司的经理。股东几乎不直接参与管理公司的具体事务。董事会全面监控经理，经理拥有公司的控制权。

这种治理制度导致潜在的代理成本。如果经理或董事的行为有悖于股东利益，就会产生代理成本。

尽管经常存在诱惑导致经理或董事的行为有悖于股东利益，但也有许多压力和约束可以使经理与股东的利益保持一致。我们在第 1 章指出，大型公司经理的薪酬几乎总是与公司的盈利能力以及公司股票绩效挂钩。董事会必须严格履行自己的职责，否则可能面临法律诉讼。因此，董事会不愿不经审查就批准明显糟糕的财务决策。

那么，如何确保董事会聘用最有才能的经理呢？如果经理不能胜任工作，将会怎样？如果董事会疏于监督经理的行为表现，该怎么办呢？如果公司的经理很优秀，但通过兼并其他公司可以使公司的资源得到更有效的运用，又该怎么办呢？我们可以指望经理做出可能使其失业的决策吗？

以上就是有关公司控制权市场的所有问题。这是一种机制。通过这种机制，公司能够找到可以最充分地运用公司资源的经理与所有者。你不应该理所当然地认为现有的所有者与经理都很合适。如果更换管理层或引入新所有者重组公司能够提升公司价值，就可能激励某些人实施这种变革。

更换公司管理层的方式有四种：（1）成功的代理权之争。基于这场代理权之争，一群股东推举出一个新的董事会，然后由该董事会挑选出新的管理团队。（2）通过兼并或收购，某家公司接管了另一家公司。（3）私人投资者的杠杆收购。（4）资产剥离。某家公司将其部分经营业务出售给其他公司或将经营业务分拆，成立另一家独立公司。

我们将简要讨论每一种方法。

21.6 第一种方法：代理权之争

股东选举董事会监督管理层，并更换不能令人满意的经理。如果董事会不能勤勉尽职，股东可以选举另一个董事会。理论上讲，这可以确保公司以股东利益最大化为目标从事经营活动。

然而，在实践中，事情并非如此简单明了。大型公司的所有权高度分散。即使是公司第一大股东，通常也只持有很小部分的股票。多数股东几乎不在意谁是董事会成员或董事会成员代表谁。另外，管理层直接与董事会打交道，并与董事会成员保持某种个人关系。许多公司的管理层在董事会提名委员会占有席位。如此一来，某些董事会似乎并不积极地敦促经理精益、高效地经营公司业务并从

[①] 尝试购买 100 万股股票，你可能得到热烈欢迎。

股东利益出发行事。这种情形司空见惯，不足为奇。

如果投资者群体认为应该更换董事会及其管理团队，就可以发动一场**代理权之争**（proxy contest）。代理权是代表其他股东投票的权利。基于代理权之争，持有异议的股东力图争取足够多的代理权来帮助他推举的候选人进入董事会。一旦这些投资者掌控了新董事会，就可能更换管理层，改变公司的政策。因此，代理权之争实际上就是公司控制权之争。

代理权之争可能耗资数百万美元。持有异议的股东参与代理权之争必须花费自己的钱，而管理层能够借助公司的资金以及与股东沟通的便利条件保护自己。

机构投资者（如大型对冲基金）越来越积极地敦促管理层履行其管理职责，并通过代理权之争威胁管理层，迫使其让步。例如，2017 年，对冲基金经理尼尔森·佩尔茨（Nelson Peltz）想说服宝洁公司改变公司结构和品牌政策。尼尔森·佩尔茨无法说服宝洁公司管理层赢得一个董事席位，于是，发起了一场代理权之战。该代理权之争使双方耗资 6 000 万美元。最终，尼尔森·佩尔茨以微弱的 0.002% 优势胜出。尼尔森·佩尔茨认为作为董事会成员，他可能处于更有利的地位，可以推动公司改革。

21.7 第二种方法：接管

如果某家公司管理层认为另一家公司管理层没有以股东利益最大化为目标行事，就可以绕过目标公司管理层，直接向其股东提出要约收购。目标公司管理层可能建议其股东接受该要约并出售其股票或反对该要约，希望主并公司提高收购价格或放弃其要约收购。如果要约收购成功，新的所有者可以任命自己的管理团队。这样，公司接管就成了争夺公司控制权的舞台。

在美国，要约收购的规则主要由 1968 年的《威廉姆斯法》（Williams Act）和州法律确定。作为裁判员，法院主要裁定代理权之争是否公平。确定这些规则的问题在于难以弄清楚究竟谁需要得到保护。为了抵御讨厌的掠夺者，目标公司的管理层应该得到更多的保护吗？目标公司的管理层应该袖手旁观吗？目标公司的管理层应该采用竞拍的方式为其股东谋取最高的股票价格吗？如何保护主并公司呢？主并公司应该尽早披露其兼并意图吗？允许其他公司自主竞价吗？你在阅读例 21.2 时可考虑这些问题。

例 21.2　艾尔建公司击退讨厌的掠夺者

艾尔建公司（Allergan）是一家生产特色药的公司，以肉毒素制造商闻名于世。2014 年，其独立性面临加拿大公司威朗公司（Valeant）的威胁。威朗公司以不同寻常的方式联合潘兴广场（Pershing Square）对冲基金收购艾尔建公司。2014 年 2 月至 4 月，潘兴广场对冲基金经理比尔·阿克曼（Bill Ackman）共持有 9.7% 的艾尔建公司股票。2014 年 4 月 21 日，威朗公司以股票和现金的组合方式出价 470 亿美元向艾尔建公司提出要约收购。相比艾尔建公司前天的市场价值，该报价大约溢价 17%。

艾尔建公司的管理层以低估公司价值为由拒绝了该报价。艾尔建公司指控威朗公司采用吞噬收购战略，导致其资金短缺。威朗公司反过来指控艾尔建公司管理层在研究与开发、销售和市场营销方面花钱太多，毫无节制。威朗公司承诺将削减兼并后公司研究与开发费用的 69%。

艾尔建公司开始警觉威朗公司提出的要约收购，董事会为了寻求保护，制订了一个**毒丸计划**（poison pill）。如果任何一个股东取得艾尔建公司股权比例超过 10%，毒丸计划将允许艾尔建公司以大幅折价的方式额外向该公司的其他股东发行股票。由此，任何收购企图将对潜在收购方（如威朗公司和潘兴广场对冲基金）缺乏吸引力。艾尔建公司的毒丸计划马上阻止潘兴广场对冲基金增持公司股票的行为。

2014年5月，威朗公司开始转向兼并的反托拉斯法案，出售与艾尔建公司产生竞争的某些护肤品权利。随后，威朗公司将要约收购报价提高到494亿美元。三天之后，威朗公司再度将要约收购报价提高到530亿美元。到了2014年10月，威朗公司写信给艾尔建公司宣称，尽管心存疑虑，但威朗公司还是准备将要约收购报价提高到590亿美元以上。

由于艾尔建公司董事会继续拒绝威朗公司的要约收购，潘兴广场对冲基金提议召开一次艾尔建公司的股东特别会议，希望以更乐意接受威朗公司要约收购动议的新成员替换原先的董事会成员。要召开股东特别会议需要得到25%的艾尔建公司股东的支持。由于毒丸计划有效地将联合行动的股东聚合在一起，因此，潘兴广场对冲基金必须确保股东特别会议不会触发毒丸计划。由于潘兴广场对冲基金扬言要启动诉讼，艾尔建公司只能让步，同意在2014年12月召开股东特别会议。这样，潘兴广场对冲基金有机会实施改组艾尔建公司董事会的意图。

但潘兴广场对冲基金和威朗公司也并非一帆风顺。2014年11月，联邦地区法院做出裁决，潘兴广场对冲基金与威朗公司的合作存在严重问题：可能涉嫌内幕交易和禁止潘兴广场对冲基金在艾尔建公司股东特别会议投票。潘兴广场对冲基金有必要披露是否存在内幕交易的基本事实。

尽管毒丸计划不能阻止召开股东特别会议罢免艾尔建公司的董事，但确实给艾尔建公司一个喘息的机会。因此，当潘兴广场对冲基金与威朗公司在联邦地区法院抗辩时，艾尔建公司开始到处寻找更志同道合的搭档。期初，艾尔建公司认为已经找到萨利克斯制药公司（Salix Pharmaceuticals）这个搭档。如果艾尔建公司与萨利克斯制药公司联合起来组建新公司，其规模太大，威朗公司根本无法收购。面对有关艾尔建公司与萨利克斯制药公司磋商的相关报道，潘兴广场对冲基金提出警告，如果艾尔建公司继续推进收购萨利克斯制药公司议案，潘兴广场对冲基金将马上起诉艾尔建公司的董事会违反信托责任。到了这个地步，艾尔建公司已经对兼并萨利克斯制药公司的议案不再抱有幻想。不久之后，艾尔建公司又找到阿特维斯公司（Actavis）这个更有吸引力的搭档。2014年11月，艾尔建公司接受阿特维斯公司提出的报价660亿美元。由此，艾尔建公司经历的这场长期激烈的控制权之争总算落下帷幕。

附言：两家公司依然持续占领新闻头条的位置。兼并之后，阿特维斯公司将其公司名称改为艾尔建公司并出售其仿制药业务。2015年，艾尔建公司发现公司再度卷入一个由制药巨头辉瑞公司发起的兼并谈判，但随后退出兼并谈判，以1 600亿美元友好地收购了该公司。各种新闻媒体还是经常报道威朗公司的新闻，但不是其股东想听到的新闻。在威朗制药公司出现各种会计问题之后，其股票价格暴跌了约90%，300亿美元的债务可能违约。据报道，威朗公司正接受美国证券监督管理委员会的调查。

上述案例有何经验教训呢？该案例首先展现了兼并战的某些策略。担心被接管的公司如艾尔建公司通常都预先准备了抵御接管的措施。就像艾尔建公司那样，公司可能制订毒丸计划，降低公司的吸引力，从而抵御潜在的要约收购者。例如，只要要约收购者获得10%以上的公司股票，毒丸计划就赋予现有股东以半价购买公司股票的权利，要约收购者则没有资格享受该折扣。这样，要约收购者就会有"塔坦罗斯的苦恼"[①]：一旦要约收购者获得目标公司10%的股票，就眼睁睁地失去了控制权。

通常，容易受到威胁的公司可能会说服股东同意修改公司章程，增加**驱鲨条款**（shark repellent）。例如，可能修改公司章程，要求任何兼并都必须征得80%的绝对多数股东同意（而不是通常的50%的股东同意）。

---

① 喻指能够看到目标却永远达不到目标的痛苦。——译者

这些抵御接管的措施不能保证公司万无一失。在威朗公司的案例中，尽管其攻击性措施取得预期进展，但代价很大而且进展非常缓慢。这就使艾尔建公司有机会找到阿特维斯公司这个白衣骑士前来救驾。

21.8　第三种方法：杠杆收购

杠杆收购（leveraged buyout，LBO）与普通收购存在两个方面的差异。第一，收购价款大部分通过债务融资。有时，全部债务可能都是垃圾债券，即低于投资级的债券。第二，杠杆收购的股票不再在公开市场交易。少数投资者团队（通常为机构投资者）私人持有杠杆收购的剩余权益。这些剩余权益称为私募股权。因为这些股票不公开交易。如果该投资者团队由公司管理层领衔，那么，这种收购就称为**管理层收购**（management buyout，MBO）。事实上，许多杠杆收购都是管理层收购。

20 世纪七八十年代，许多大型多元化经营的公司引入管理层收购方式，收购该公司不需要的分部。该公司主营业务之外规模较小的分部通常得不到高级管理层的青睐与支持，而且分部管理层备受公司官僚机制的煎熬。许多这样的分部借助管理层收购分离出来，经营得更好。在创造现金流量偿还债务的压力和自己在公司的巨大利益的驱动下，这些分部的经理都想方设法削减成本，更有效地提高竞争力。

80 年代，私募股权的活动转向收购整个公司，包括大型、成熟的上市公司。最大规模、最富戏剧性且记录最完整的杠杆收购案例当属 1988 年科尔伯格·克拉维斯·罗伯茨公司（Kohlberg Kravis Roberts，KKR）以 250 亿美元收购雷诺兹－纳贝斯克公司（RJR Nabisco）。该案例充分展现了杠杆收购的玩家、手法以及由此引发的各种争议。

例 21.3　雷诺兹－纳贝斯克公司 [①]

1988 年 10 月 28 日，雷诺兹－纳贝斯克公司董事会披露，该公司的首席执行官罗斯·约翰逊（Ross Johnson）已经组织一个投资者团队，准备以每股 75 美元的价格现金购买该公司的所有股票，并使该公司私有化。约翰逊的投资者团队背后的财团和智囊团是美国运通公司（American Express）的投资银行分部——希尔森·雷曼·哈顿公司（Shearson Lehman Hutton）。

雷诺兹－纳贝斯克公司的股票价格马上由前一交易日的每股 56 美元飙升到大约每股 75 美元，持有股票的股东的报酬率达 36%。与此同时，雷诺兹－纳贝斯克公司的债券价格下跌了。显然，现有的债券持有者很快就要面对更多有意收购雷诺兹－纳贝斯克的公司。

约翰逊的要约收购将雷诺兹－纳贝斯克公司推上了拍卖台。一旦该公司登台亮相，其董事会就不得不考虑随之而来的其他要约收购。4 天之后，由杠杆收购专业机构科尔伯格·克拉维斯·罗伯茨（KKR）领衔的投资者团队提出的要约收购价格为每股 90 美元（即现金 79 美元和价值为 11 美元的优先股）。

竞价的最后截止日为 11 月 30 日，即第一次竞价 32 天之后。最后，约翰逊的投资者团队对阵 KKR 公司。KKR 公司在最后一小时将要约收购价格每股增加了 1 美元（总共大概增加了 2.3 亿美元），其要约收购价格为每股 109 美元，其中包括现金 81 美元、价值约为 10 美元的可转换次级信用债券和价值约为 18 美元的优先股。约翰逊的投资者团队的要约收购价格为每股 112 美元，包括现金和债券。

---

① 伯勒和希利亚尔（B.Burrough and J.Helyar）在 "*Barbarians at the Gate: The Fall of RJR Nabisco*"（New York: Harper & Row, 1990）一书中重新整理了雷诺兹－纳贝斯克公司的杠杆收购故事。该故事是一部同名电影的主题。

但雷诺兹－纳贝斯克公司董事会选择了 KKR 公司。约翰逊的投资者团队的每股要约收购价格确实比 KKR 公司高 3 美元，但雷诺兹－纳贝斯克公司董事会认为其债券估价"不够稳健"，或许高估其价值。而且，尽管 KKR 公司的资产出售计划没有那么彻底，但其管理公司业务的计划可能令人更有信心。此外，约翰逊的投资者团队的方案中包括一项看起来极其慷慨的一揽子管理层薪酬计划，招致蜂拥而至的负面新闻。

但该兼并的经济效益来自何处？ 33 天前，该公司的股票价格为每股 56 美元，现在的要约收购价格为每股 109 美元（总额约 250 亿美元），其合理性何在？

其实，KKR 公司与其他要约收购者都在赌两件事情。第一，他们都期望通过利息税盾、削减资本性支出和出售并非雷诺兹－纳贝斯克公司核心业务所必需的资产等举措创造数十亿美元的额外现金。仅仅出售资产就有望创造 50 亿美元的现金。第二，他们都期望主要通过削减费用和消除官僚体制的限制提升核心业务的盈利能力。显然，雷诺兹－纳贝斯克公司可以精简的空间很大，包括公司的"空军"——一度拥有 10 架喷气式飞机。

然而，正当 KKR 公司新的管理团队不断削减成本并出售资产时，垃圾债券市场的价格急剧下跌。这意味着雷诺兹－纳贝斯克公司未来要承担更多的利息费用和面临更严格的再融资条款。1990 年中期，KKR 公司做了一次权益投资。之后，该公司宣布以现金和发行新股的方式换取价值为 7.53 亿美元的垃圾债券。到 1993 年，该公司的债务负担已经从 260 亿美元减少到 140 亿美元。作为全球规模最大的杠杆收购案，就雷诺兹－纳贝斯克公司而言，高额债务似乎只是一个暂时的优势，而不是永久的优势。

门口的野蛮人？

雷诺兹－纳贝斯克公司的收购案说明了有关杠杆收购、垃圾债券市场和接管业务的各种观点。该案例提供的许多素材表明，20 世纪 80 年代很多财务决策都有误，尤其是"掠夺者"为了快速致富而不惜瓜分知名公司并留下巨额债务负担的财务决策。

杠杆收购业务中存在许多令人疑惑、愚蠢和贪婪的行为。并非所有牵扯其中的人都具有良好的品行。另外，杠杆收购显著增加了公司的市场价值，目标公司的股东而不是"掠夺者"获得了大部分好处。例如，就雷诺兹－纳贝斯克公司杠杆收购案而言，最大的赢家是雷诺兹－纳贝斯克公司的股东。

雷诺兹－纳贝斯克公司杠杆收购案所增加价值的最重要来源是通过兼并使公司更精简、更高效。公司新的管理层必须支付巨额现金，偿还杠杆收购的债务。新的管理层也持有公司的股票，因此具有强烈的动机去卖掉不必要的资产、降低成本和提高经营利润。

尽管杠杆收购通常是"节衣缩食的交易"，但是也可能有其他动机。下面是其中的某些动机。

垃圾债券市场　垃圾债券市场上人为的廉价融资可能驱动杠杆收购和基于债务融资的接管。事后看来，垃圾债券的投资者似乎低估了垃圾债券的违约风险。1989—1991 年，垃圾债券的违约率急剧攀升，垃圾债券的投资收益率突然提高，新的垃圾债券停止发行。基于垃圾债券融资的杠杆收购暂时消失。

杠杆效应与税收　我们在第 16 章已经讨论，借钱可以节税。但税收并不是杠杆收购背后的主要驱动力。利息税盾的价值还不足以解释已观察到的市场价值增加额。

当然，如果利息税盾是杠杆收购产生巨额债务的主要动因，那么，实施杠杆收购的经理就不会如此关注偿还债务问题。我们已经看到，这是雷诺兹－纳贝斯克公司新的管理层所面临的首要问题。

其他利益相关者　目标公司的股东所得可能正是其他人所失，整体而言，杠杆收购没有创造任何价值。因此，我们应该关注涉足杠杆收购的所有投资者的全部所得，而不能仅仅关注目标公司股东的所得。

显然，债券持有者就是输家。如果通过债务筹资的杠杆收购显著提高了财务杠杆，债券持有者原本认为非常安全的债券就可能沦为垃圾债券。我们注意到，当罗斯·约翰逊首次宣布其杠杆收购的要约价格时，雷诺兹－纳贝斯克公司债券的市场价格急剧下挫。但杠杆收购导致债券持有者遭受损失也难以充分解释目标公司股东的所得。

杠杆效应与激励　杠杆收购使经理和员工更加努力地工作，而且通常变得更精明。为了偿还额外的债务，他们必须创造更多的现金。况且，经理个人的财富取决于杠杆收购的成功。他们变成公司的所有者而不是唯唯诺诺的员工。

尽管我们难以计量更好的激励可能产生的收益，但还是有证据表明杠杆收购改善了经营效率。卡普兰（Kaplan）研究了 1980—1986 年 48 起管理层收购案，发现这些公司在接下来的三年里经营利润平均增长了 24%。经营利润与资产或销售收入比率、现金流量净额与资产或销售收入比率都显著提高了。卡普兰还观察到，尽管这些公司削减了资本性支出，但并没有裁员。卡普兰认为这些经营变化"源于得到改善的激励，而非裁员或管理层通过内部信息掠夺股东的利益"[1]。

自由现金流量　关于接管的自由现金流量理论的基本观点是，拥有多余现金的成熟公司往往会浪费现金。这与标准财务理论形成了鲜明的对比。标准财务理论认为，如果公司拥有现金而缺少净现值为正值的投资机会，就应该通过多发放股利或回购股票把现金返还给投资者。但我们看到，像雷诺兹－纳贝斯克这样的公司却将现金耗费在了公司的奢侈品和值得质疑的资本性投资项目上。杠杆收购的一个好处就是让这些公司"节衣缩食"，迫使它们将现金用于偿还债务。

根据自由现金流量理论，成熟的"现金牛"公司最有可能成为杠杆收购的目标公司。我们可以发现许多符合该理论的例证，包括有关雷诺兹－纳贝斯克公司的案例。自由现金流量理论认为，杠杆收购所创造的市场价值增加额只不过是在没有实施杠杆收购时可能挥霍的未来现金流量的现值。[2]

我们已经讨论了杠杆收购的许多动机，可知不是所有的杠杆收购都是有益的，相反，存在许多错误的杠杆收购行为，甚至有些理由充分的杠杆收购也可能是危险的行为。众多高杠杆公司的破产就是例证。然而，我们也不赞成有些人将杠杆收购仅仅描绘成破坏美国公司传统优势的"华尔街的野蛮人"。

21.9　第四种方法：资产剥离

在公司控制权市场上，尽管融合（即兼并与收购）已经家喻户晓，但分离（即资产或整个公司的剥离）也同样重要。公司经常将其部分业务出售给其他公司。例如，我们在 21.7 节看到，生产仿制药的阿特维斯公司如何与生产特色药的艾尔建公司兼并。兼并之后，阿特维斯公司将其公司名称改为艾尔建公司并出售其仿制药业务。

除了卖掉部分业务，有时也从母公司分离出部分业务，成立一家新的独立公司并将该独立公司的股票派发给母公司股东。例如，2018 年，通用电气公司开始集中力量强化其关键业务线。通用电气公司宣告该公司计划出售和剥离偏离战略核心的业务经营单位。2018 年 6 月，通用电气公司宣告该

---

①　S.Kaplan, " The Effects of Management Buyouts on Operating Performance and Value, " *Journal of Financial Economics* 24 (October 1989), pp.217–254.

②　自由现金流量理论的主要倡导者是迈克尔·詹森（Michael Jensen），参见 M.C.Jensen, " The Eclipse of the Public Corporation, " *Harvard Business Review* 67 (September-October 1989), pp.61–74; " The Agency Costs of Free Cash Flow, Corporate Finance and Takeovers, " *American Economic Review* 76 (May 1986), pp.323–329。

公司打算出售其拥有的石油服务公司贝克休斯公司所有权，并剥离其医疗保健分部，使之成为一个独立的公司。在新闻发布会上，通用电气公司声称："今天的行动解放了一家纯粹的医疗保健公司和一家业务单一的石油燃气服务与设备公司。我们坚信将通用电气公司的医疗健康公司和贝克休斯公司从通用电气公司现有结构独立出去，不仅有利于通用电气公司及其股东，也有利于这些业务的发展，必将强化其市场引领地位，增强未来的投资能力，进一步弘扬通用电气公司的精神。"未来"通用电气公司将聚焦于高新技术产业公司。投资者更容易以显著改善的资产负债表跟踪和评价这些高新技术产业公司，支持剩余业务的发展"。

通用电气公司并非唯一选择分立的公司。表 21－5 列示了近年来的其他著名分立案。

表 21－5 某些著名的分立案

母公司	分立的业务	分立的公司	年份
意昂集团公司	化石燃料发电	尤尼佩尔公司	2016
eBay 公司	在线支付服务	贝宝公司	2015
惠普公司	服务器、网络和咨询	惠普企业公司	2015
菲亚特克莱斯勒公司	名牌汽车	法拉利公司	2015
雅培公司	制药	艾伯维公司	2013
卡夫食品公司	小吃食品业务	亿滋食品公司	2012
康菲石油公司	炼油与市场营销	菲利普斯 66 号加油站	2012
摩托罗拉公司	智能电话制造	摩托罗拉移动公司	2011
奥驰亚公司	烟草	菲利普莫里斯国际公司	2008
奥驰亚公司	食品	卡夫食品公司	2007

除了新公司的股票不派发给现有股东而是重新首次公开发行之外，分拆上市类似于分立。许多公司有时会分拆出公司的一小部分股票进入二级市场，随后再分拆剩余的股票。

分立最常见的动机是改善经营效率。公司有时认为某项业务与公司"不匹配"，如果将该"不匹配"的业务分离出去，母公司管理层就可以集中精力做好公司的主业。如果每项业务都必须独立经营，那么，为了支持某个无利可图的投资项目而将资金从一个部门抽调到另一个部门也就没有什么风险。而且，如果两个部门的业务都独立经营，就很容易看到各自创造的价值，从而便于奖励其经理。

21.10 兼并的收益与成本

兼并浪潮

回到图 21－1。该图描绘了 1985 年以来美国每年的兼并数量。值得注意的是，兼并活动如火如荼。20 世纪 90 年代后期，兼并活动出现了一个高潮，另一个兼并高潮始于 2003 年，随着金融危机的来临而逐步消退，不过，2014—2017 年再次掀起兼并浪潮。

我们不能真正理解为什么兼并活动会如此反复无常，也无法理解为什么兼并活动似乎与股票价格水平相联系。在本章讨论的所有兼并动机中，没有一个动机与股票价格的一般水平相联系。股票价格的涨跌也与兼并活动的大起大落无关。

有些兼并活动可能源于对资本市场的错误估价。换言之，主并公司可能认为投资者低估了目标公司的价值或希望他们高估兼并之后的公司价值。但是，我们（事后）看到无论是熊市还是牛市都可能出现错误。为什么我们没有看到许多公司在股票市场低迷时寻找有利的兼并机会呢？也许，"傻瓜随处可见"，但为什么它们似乎更容易在牛市获利呢？

毫无疑问，兼并有成功也有失败。但经济学家发现，在兼并是否有益这个问题上难以达成共识。总体而言，目标公司的股东获益较多。例如，1975—2016 年要约收购的公告导致目标公司的股票价格平均上涨了 17%。另外，主并公司的投资者得失大致相当。当然，这只是平均数。例如，目标公司的股东有时会获得更高的报酬率。惠普公司赢得接管之战，为了收购数据存储公司 3Par，为该公司的股票支付了 230% 的溢价，总额大约为 15 亿美元。

既然主并公司大致得失相当而目标公司获益颇多，那么，兼并的整体经济效益似乎应该为正值。但并非每个人都认同这种观点。有些人认为，投资者对兼并的分析过分注重短期利润，而没有注意到获得这些短期利润牺牲了长远的发展。

毫无疑问，收购有好坏之分。然而，如果平均而言，兼并只能使得主并公司得失相当，那么，为什么我们还能看到那么多的兼并活动呢？有些人认为行为特征可以解释这个问题。主并公司的经理可能狂妄自大或过度自信，自以为自己比目标公司的现有管理层更有能力经营好目标公司。因此，主并公司支付过高的溢价。

对此，沃伦·巴菲特（Warren Buffet）总结如下：

> 许多管理层显然过度沉浸于童年时代听到的故事：美丽的公主深情地吻了蟾蜍的身体，解救了变成蟾蜍并被囚禁的英俊王子。因此，管理层以为其管理之吻将使目标公司的盈利能力产生奇迹般的提升。……我们已经看到许多"管理之吻"，但却罕见奇迹的发生。不过，即便公司已经深陷困境，管理层的许多"公主"依然对其"管理之吻"深信不疑。[1]

如果你关注兼并的相关公开政策，就不会只考察兼并对相关公司股东的影响。例如，我们已经看到，雷诺兹－纳贝斯克公司兼并案的股东所获得的利益有一部分以牺牲债券持有者和美国国税局（通过放大利息税盾的方式）的利益为代价。主并公司股东也可能因牺牲目标公司员工的利益而获益。因为在主并公司接管目标公司之后，有时目标公司员工可能遭到解聘或被迫减薪。

也许那些未被接管公司的经理可以感受到兼并的最重要的影响。例如，杠杆收购的影响之一就是，即使是最大型公司的经理也会面对挑战而感到惶惶不安。也许正是这种接管威胁鞭策了所有美国公司更加努力地经营。遗憾的是，我们并不知道这种威胁总体而言究竟是增添了更多朝气蓬勃的白天还是增添了更多不眠之夜。

接管威胁对低效率的管理层可能是一种鞭策，但其成本相当高。公司需要向投资银行家、律师和会计师支付服务费。此外，兼并还会消耗经理大量的时间和精力。如果公司正在筹划一项兼并议案，就难以像往常那样关注公司现有业务。

即使兼并所得超过其成本，也会有人好奇：难道就没有其他方式能够以更低成本获得同样的经济效益吗？例如，为了使经理更加努力地工作，就非得实施杠杆收购吗？问题的根源也许在于许多公司奖惩经理的方式。或许，将管理层薪酬与绩效更紧密地挂钩，就可以从兼并中获得许多经济效益。

---

① Warren Buffet, Berkshire Hathaway Report, 1981.

📖 本章小结

为什么公司要去兼并其他公司？（学习目标 1）

兼并可能是为了更换缺乏效率的管理层。但有时，两家公司兼并之后的价值可能超过两家独立公司的价值之和。兼并的经济收益可能源于规模经济效应、纵向整合的经济效应、整合互补性资源或重新配置溢余资金。我们不知道通过兼并获得这些经济收益的频率如何，但兼并确实具有经济意义。有时，兼并是为了分散风险或人为提高每股收益。当然，这些兼并动机毫无意义。

如何计量主并公司的兼并收益与成本？（学习目标 2）

如果两家公司兼并之后的价值超过两家独立公司的价值之和，那么兼并就创造了经济收益。该经济收益是兼并后公司价值与两家公司独立经营公司价值之和的差额。兼并成本是主并公司支付给被并公司超出其作为单独主体的价值的溢价。如果主并公司以股票形式支付兼并价款，那么，其支付额取决于兼并完成之后这些股票的价值。如果兼并所得超过其成本，你就应该实施兼并活动。

公司以何种方式改变其所有权或管理层？（学习目标 3）

如果董事会无法更换缺乏效率的管理层，那么可以采取以下四种方式：（1）股东可以发起代理权之争，更换董事会；（2）另一家公司接管该公司；（3）私人投资者团体以杠杆收购方式收购该公司；（4）公司将部分经营业务出售给其他公司。

抵御收购有哪些措施？（学习目标 4）

兼并通常通过两家公司的管理层和董事会之间的友好协商来解决，但如果目标公司不愿意被兼并，主并公司可能决定要约收购目标公司股票。我们勾画了接管之战所运用的某些进攻和抵御策略。这些抵御措施包括驱鲨条款（修改公司章程以增加接管的难度）和毒丸计划（使公司的接管成本更高的措施）。

公司杠杆收购与管理层收购有哪些动机？（学习目标 5）

杠杆收购通常涉及拥有大量现金流量和适度增长机会的成熟公司。众多动机共同驱动了杠杆收购和其他基于债务融资的接管行为。这些动机包括：（1）利息税盾的价值。（2）来自债券持有者的转移价值。债券持有者可能发现随着公司债务的不断增加，其持有的债券价值不断下降。（3）经理与员工个人拥有公司的股票增加，就有机会建立更好的经理与员工激励机制。此外，许多杠杆收购议案设计了迫使公司将溢余现金分配给股东而不是再投资的条款。否则，投资者会担心公司将自由现金流量投入净现值为负值的投资项目。

兼并是否提高效率以及被并公司与主并公司的股东如何分配兼并收益？（学习目标 6）

我们观察到如果主并公司兼并了目标公司，目标公司的股东通常是赢家：目标公司的股东获得很高的超常报酬率。主并公司的股东大致得失相当。这就说明兼并通常可以创造正值的经济收益净额，但主并公司之间的竞争与目标公司管理层的积极抵御，使被并公司股东获得了兼并的大部分经济收益。

📖 微型案例

McPhee Food Halls 在苏格兰西部经营着多家连锁超市，经营绩效一直欠佳。自 2009 年底公司创始人去世之后，该公司成为要约收购的主要目标。尽管伦敦股票市场指数总体上并没有发生很大的变化，但基于要约收购的预期，该公司股票价格从 2014 年 3 月的每股 4.9 英镑上涨到 6 月 10 日的每股 5.8 英镑。这是 12 个月以来的最高点。

几乎没有人料想到 Fenton 公司竟然会要约收购 McPhee Food Halls 公司。Fenton 公司是一家多元化经营的零售商，拥有多家服装和百货商店。尽管这些商店也经营食品业务，但经验相对不足。Fenton 公司管理层筹划兼并 McPhee Food Halls 公司由来已久。Fenton 公司的经理不仅认为可以在自己的百货商店充分利用 McPhee Food Halls 公司的食品零售经验，而且坚信，只要加强对 McPhee Food Halls 公司的业务管理和存货控制，就可以节约 1 000 万英镑的成本。

在 6 月 10 日股票市场收盘之后，Fenton 公司宣布了以 8 股 Fenton 公司股票换取 10 股 McPhee Food Halls 公司股票的要约收购方案。由于 McPhee Food Halls 公司流通在外的股票数量为 500 万股，因此，为了满足要约收购的需要，Fenton 公司在已经流通在外的 1 000 万股的基础上，还要增发 400 万股（500×8/10）股票。尽管 Fenton 公司管理层认为 McPhee Food Halls 公司难以发起一场成功的抵御接管之战，但 Fenton 公司还是与其投资银行私下达成协议，同意在必要时提高要约收购价格。

投资者并不认为一家超市与一家百货公司兼并能够给自己带来多少好处，因此，6 月 11 日，Fenton 公司的股票价格低开，最后的收盘价格为 7.9 英镑，每股下跌了 0.1 英镑。然而，McPhee Food Halls 公司的股票价格却上涨到每股 6.32 英镑。

Fenton 公司的财务经理按计划应该与投资银行专家一起参加当天晚上的一个会议，但参会之前，财务经理决定重新计算这些数据。财务经理首先重新评估兼并的收益与成本，接着分析了当天 Fenton 公司股票价格的下跌情况，以期判断投资者是否相信可以从兼并中获益。最后，财务经理决定重新考虑 Fenton 公司是否可以在后续阶段提高要约收购价格。如果该兼并只会引起 Fenton 公司股票价格的进一步下跌，那就可能是"搬起石头砸自己的脚"。

市场认为兼并将会创造经济收益吗？就 Fenton 公司的股东而言，该兼并议案的成本与收益分别是多少？Fenton 公司提出要约收购是明智之举吗？

第 **22** 章

国际财务管理

学习目标

1. 理解即期汇率与远期汇率的差异。
2. 理解即期汇率、远期汇率、利率与通货膨胀率之间的基本关系。
3. 描述公司规避汇率风险的简单策略。
4. 开展现金流量为外币的投资项目净现值分析。

迄今为止，我们主要讨论公司的国内经营活动，但许多公司有巨大的海外利益。当然，国际财务管理的目标依然没有变。你希望购置价值超过成本的资产，也希望通过债务融资支付货款，而且如果可能的话，希望债务的价值低于融资额。不过，如果你试图将这些准则运用到国际经营业务中，可能会面临一些新问题。

例如，你必须懂得如何处理一种以上的货币业务。因此，我们在本章的开篇讨论外汇市场。

财务经理还必须了解各国的不同利率。例如，2018 年 4 月，德国的 10 年期利率大约为 0.6%，巴西的 10 年期利率为 9.7%，美国的 10 年期利率为 3.0%，而日本的 10 年期利率只有 0.06%。我们将讨论各国利率差异的成因及其对海外经营业务融资的影响。

汇率波动可能影响公司的正常经营活动，甚至导致公司由盈利转向亏损。因此，我们将讨论公司如何才能规避汇率风险。

我们还将讨论国际化经营公司如何做出资本性投资决策、如何选择折现率。你将发现其资本预算的基本原理与国内投资项目的基本原理相同，但有一些需要注意的事项。

22.1 外汇市场

为了支付采购款，一家从法国进口货物的美国公司可能需要将美元兑换为欧元。向法国出口货物的另一家美国公司则需要卖出其将收到的欧元以换取美元。两家公司都必须借助进行货币交易的外汇市场。

外汇市场不存在中心集市，所有交易都通过计算机终端和电话完成。主要交易商是大型商业银行。所有需要买卖货币的公司通常都通过商业银行完成货币交易。

外汇市场的交易金额非常庞大。仅在伦敦，每天转手的货币就接近 2.5 万亿美元，一年的交易额近 800 万亿美元。纽约每天的交易额比伦敦多 1.2 万亿美元。而纽约证券交易所正常每天的股票交易额大约为 500 亿美元。

即期汇率

假如你向某人咨询面包的价格，他可能会告诉你，1 美元可以买两片面包，或者一片面包的价格为 0.50 美元。然而，如果你向外汇交易商询问鲁里坦尼亚王国（Ruritanian）鲁尔（rurs）的报价，他可能会告诉你，1 美元可以兑换 100 鲁尔，或 1 鲁尔值 0.01 美元。第一种报价（你用 1 美元可以购买的鲁尔数额）称为**汇率**（exchange rate）的间接标价。第二种报价（购买 1 鲁尔需要花费的美元数额）称为直接标价。当然，两种报价包含相同的信息。如果你可以用 1 美元兑换 100 鲁尔，你可以轻松地算出 1 鲁尔值 0.01 美元（1/100）。

（鲁里坦尼亚王国是一个虚构的国家。为了计算方便，假设该国有一种货币鲁尔，1 美元刚好可以兑换 100 鲁尔。我们将在几个案例中提及鲁里坦尼亚王国及其货币。）[1]

表 22 - 1 列示了 2018 年 4 月 25 日几个国家和地区的汇率。该表的第二列列示了货币的名称及其缩写。例如，墨西哥的比索通常缩写为 MXN，美元则缩写为 USD。根据惯例，多数货币的汇率采用间接标价。这样，根据表 22 - 1 第三列的汇率，你可以用 1 美元兑换 18.846 墨西哥比索。这个汇率有时可以表述为 MXN18.846=USD1（1 美元兑换 18.846 墨西哥比索）。

表 22 - 1　2018 年 4 月的汇率

国家（或地区）	货币	汇率
欧洲		
欧元区国家	欧元（EUR 或 €）	1.217*
瑞典	克朗（SEK）	8.561
瑞士	法郎（CHF）	0.983
英国	英镑（GBP 或 £）	1.393*
美洲		
巴西	雷亚尔（BRL）	3.484
加拿大	加元（CAD）	1.284
墨西哥	比索（MXN）	18.846
亚洲 / 非洲 / 大洋洲		
澳大利亚	澳元（AUD）	1.322
中国	人民币元（CNY）	6.324

---

[1]　鲁里坦尼亚王国是安东尼·霍普（Anthony Hope）作为其 1984 年的小说《曾达的囚犯》（*The Prisoner of Zenda*）的背景而构造出来的理想国。路德维希·冯·迈泽斯（Ludwig von Mises）在其 1992 年的一本书《货币与信用理论》（*The Theory of Money and Credit*）首次提出鲁里坦尼亚鲁尔（Ruritanian rurs）这个词语。

续表

国家（或地区）	货币	汇率
印度	卢比（INR）	66.910
日本	日元（JPY 或 ¥）	109.430
南非	兰特（ZAR）	12.433
韩国	韩元（KRW）	1 081.200 *

* 直接标价（单位外币的美元数额）。其他标价为间接标价（单位美元的外币数额）。

资料来源：*The New York Times*, April 26, 2018.

更为复杂的问题是，有两种货币的汇率通常采用直接标价，即欧元和英镑。例如，你可以看到，购买 1 欧元需要花费 1.217 美元。因此，我们将欧元的汇率表述为 USD11.217=EUR1（1 欧元兑换1.217 美元）。

例 22.1　日元交易

一位日本进口商为了购买一位美国加利福尼亚州农民价值为 10 000 美元的橙子，需要花费多少日元呢？这位农民为了购买一台价格为 450 万日元的日本产拖拉机，又需要花费多少美元呢？

日元的汇率为 JPY109.43=USD1（1 美元兑换 109.43 日元）。价值为 10 000 美元的橙子需要日本进口商支付 1 094 300 日元（10 000×109.43）。而美国进口商购买拖拉机需要支付 41 122 美元（4 500 000/109.43）。

表 22-1 最后一列列示的汇率是货币即时交付的价格，这种汇率称为**即期汇率**（spot rate of exchange）。例如，巴西雷亚尔的即期汇率是 BRL3.484=USD1（1 美元兑换 2.396 雷亚尔），换句话说，即时购买 1 美元需要花费 3.484 雷亚尔。

汇率通常以美元标价。例如，表 22-1 显示 1 美元可以兑换 109.43 日元或者 1 081.20 韩元。这意味着 109.43 日元相当于 1 081.20 韩元。因此，1 日元相当于 9.88 韩元（1 081.20/109.43）。两种非美元货币之间的汇率称为交叉汇率。就本例而言，日元与韩元之间的交叉汇率是 KRW9.88=JPY1（1 日元兑换 9.88 韩元）。

通过各种货币与美元的汇率就锁定了任意两种货币的交叉汇率。否则，投资者就可以轻松地获得一笔无风险套利利润。例如，假设某家（愚蠢的）银行的报价为 KRW8=JPY1（1 日元兑换 8 韩元）。你可以这样操作：用 1 美元兑换 1 081.20 韩元，然后用来兑换 135.15 日元（1 081.20/8），再用这 135.15 日元购买 1 235 美元。你已经利用价格失调获得了一笔 23.5% 的万无一失的利润。[①] 当然，在现实生活中，你和其他投资者一次交易的数额可能是数百万美元，而不是每次只交易 1 美元。如果是这样，银行马上就会修改其报价。

多数国家允许其汇率浮动，因此，汇率每天甚至每分钟都在波动。如果货币的价值增加，就意味着你只需要用较少的外币就可以购买 1 美元，此时称货币升值。如果你需要用较多的外币才能购买 1 美元，此时称货币贬值。

有些国家试图避免其货币价值的波动，力图保持一个固定汇率，但固定汇率难以持久。如果每个

---

① 在实践中，外汇交易商可能报出其准备买卖外币价格之间的差价，而该差价可能降低你的利润。大规模交易的差价非常小，但这是个人小额交易的一项主要成本。

人都试图卖出该货币，最终该国将被迫允许货币贬值。一旦货币贬值，其汇率可能发生显著变动。例如，作为一个重要的石油生产国，阿塞拜疆（Azerbaijan）已经制定了将其货币马纳特（manat）与美元挂钩的政策。但是，由于石油价格下降，这种政策不可持续。2015 年 12 月，阿塞拜疆中央银行宣布允许其货币汇率浮动。一夜之间，马纳特贬值了 32%。

远期汇率

汇率的波动可能使公司陷入困境。例如，假设你决定从鲁里坦尼亚王国购买一批机器设备。这批机器设备的价格为 1 亿鲁里坦尼亚鲁尔（RUR），将于 12 个月之后交货。现在，1 美元可以兑换 100 鲁尔（RUR100=USD1）。这样，如果汇率没有变化，这批机器设备的成本就是 100 万美元。然而，如果鲁尔升值呢？例如，假设你在年末要购买鲁尔，而 1 美元只能兑换 80 鲁尔（RUR80=USD1）。这批机器设备的美元成本就上升到 125 万美元（1 亿鲁尔 /（80 鲁尔 / 美元））。

你可以通过"购买远期"的方式规避汇率风险并锁定美元成本。也就是说，现在安排在未来某个时点以某个约定价格购买鲁尔。这种安排就称为外汇远期合约。假设你与某家银行签订了一份 12 个月之后以 RUR90=USD1（1 美元兑换 90 鲁尔）的汇率购买 1 亿鲁尔的远期合约。你现在不需要支付任何款项，就锁定了未来兑换鲁尔的价格。12 个月之后，银行给你 1 亿鲁尔，你给银行 111 万美元。①

即期汇率是你现在得到外币需要支付的汇率。表 22－1 所列示的汇率都是即期汇率。未来某个时点交割货币的价格就是**远期汇率**（forward exchange rate）。远期汇率通常与即期汇率不同。就本例而言，1 美元在即期外汇市场可以兑换 100 鲁里坦尼亚鲁尔，但在远期外汇市场可以兑换 105 鲁里坦尼亚鲁尔。这时，相对于美元，鲁尔以一个远期贴水的价格交易。之所以贴水，是因为如果进行远期交易而不是即期交易，鲁尔更便宜，1 美元可以兑换更多的比索。如果 1 美元在远期外汇市场兑换更少的鲁尔，相对于美元，鲁尔以一个远期升水的价格交易。

远期合约的买卖是你与银行之间的一种定制交易，适用于任意货币、任意数额和任意交割日。只要你找到愿意交易的银行，就可以购买一定数额的某种货币的 1 年或 1 天的远期合约。例如，你可以购买 99 999 越南盾的 1 年或 1 天的远期合约。货币远期交易也存在一个有组织的市场，该市场称为货币期货市场。期货合约是远期合约的高度标准化版本：只面向主要货币、特定金额以及交割日期的选择有限。不过，期货交易很便捷，你不必与银行协商如何签订一份一次性合约。我们将要讨论的远期合约定价原理几乎都适用于期货合约。我们在第 24 章会更详细地介绍期货市场。

22.2 一些基本关系

国际化经营公司的财务经理必须应对汇率的波动，而且必须清楚即期汇率与远期汇率的区别，还要理解两个国家可能具有不同的利率。为了制定一个统一的国际财务政策，财务经理必须理解如何确定汇率以及为什么某个国家的利率低于另一个国家的利率。

为简化起见，我们将继续沿用在鲁里坦尼亚王国经营业务的那家虚构公司。该公司的经理必须考虑如下四个问题：

---

① 如果远期汇率为 RUR90=USD1（1 美元兑换 90 鲁尔），1 鲁尔相当于 0.011 1 美元（1/90），1 亿鲁尔就相当于 111 万美元（1 亿鲁尔 × 0.011 1 美元 / 鲁尔）。

1. 为什么鲁里坦尼亚王国的利率与美国的利率不同？

2. 今天鲁尔的即期汇率与未来某个日期的预期汇率之间存在什么关系？

3. 鲁里坦尼亚王国与美国的通货膨胀率差异如何影响各自国家的利率和汇率？

4. 如何解释鲁尔的远期汇率与即期汇率之间的差别？

这些问题都较为复杂，但我们首先建议你考虑如图 22 - 1 所示的即期汇率、远期汇率、利率与通货膨胀率之间的联系。

汇率与通货膨胀

首先考虑汇率变化与通货膨胀率变化之间的关系（图 22 - 1 右边的两个方框）。其原理非常简单：如果某个国家的通货膨胀率高于另一个国家的通货膨胀率，那么，该国家的货币将贬值。

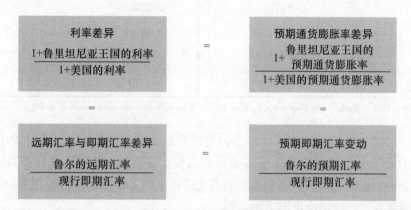

图 22 - 1 即期汇率、远期汇率、利率与通货膨胀率之间关系的一些简单理论

让我们仔细思考一下：为什么通货膨胀率的变化与即期汇率的变化相联系呢？假设你留意到在纽约可以用 1 200 美元的价格购买一盎司黄金，而在鲁里坦尼亚王国可以按每盎司 130 000 鲁尔的价格出售该黄金。如果运输黄金没有限制，你就可以做一笔生意了。你以每盎司 1 200 美元的价格购买黄金，然后在第一时间将黄金空运到鲁里坦尼亚王国并以每盎司 130 000 鲁尔的价格出售。鲁里坦尼亚鲁尔的现行即期汇率为 RUR100＝USD1（1 美元兑换 100 鲁尔）。这样，你就可以将 130 000 鲁尔兑换成 1 300 美元（130 000/100）。你已经从每盎司黄金中获得 100 美元的毛利。当然，你还要为此支付运费和保险费，但扣除这些费用之后，你应该仍有可观的利润。

你带着稳赚不赔的利润回去了。但稳赚不赔的好事很罕见，即使有这种好事，也难以长期存在。如果其他人也留意到鲁里坦尼亚王国的黄金价格与纽约的黄金价格之间存在差异，那么，市场的力量将使鲁里坦尼亚王国的黄金价格下跌（或纽约的黄金价格上涨），直至赚钱的机会消失。这就确保了两个国家以美元标价的黄金价格基本相同。

由此我们得出结论：无论采用哪种货币计价，黄金的价格都相同。这个结论就是**一价定律**（law of one price）的一个例证。正如沃尔玛的产品价格必须与塔吉特（Target）的产品价格基本相同，如果换算成美元，鲁里坦尼亚王国的商品价格也必须与美国的商品价格基本相同：

$$以美元标价的美国商品价格 = \frac{以鲁尔标价的鲁里坦尼亚王国商品价格}{单位美元兑换的鲁尔数额}$$

黄金是一种容易运输的标准化商品，但是，在同样的力量的作用下也可以使其他商品的国内外价格趋于一致。那些在国外可以更便宜地购买的商品就得以进口，由此导致国内产品价格下跌。那些在本国可以更便宜地生产的商品就得以出口，由此也导致国外产品价格下跌。

那些比较过国内外商品价格的人，都不认为一价定律完全成立。先看看表 22-2。该表显示了换算成美元之后不同国家的巨无霸汉堡包的当地价格。你可以看到，不同国家的巨无霸的价格差异相当明显。例如，瑞士的巨无霸比美的巨无霸贵了 28%，但俄罗斯的巨无霸比美国的巨无霸便宜了57%。[①]

表 22-2 不同国家 / 地区的巨无霸汉堡包价格

国家 / 地区	以美元标价的当地价格	国家 / 地区	以美元标价的当地价格
澳大利亚	4.71	挪威	6.24
巴西	5.11	俄罗斯	2.29
中国	3.17	南非	2.45
欧盟地区	4.84	瑞士	6.76
日本	3.43	英国	4.41
印度尼西亚	2.68	美国	5.28

资料来源："The Mac Strikes Back," *The Economist*, January 20, 2018, http://www.economist.com/content/big.mac-index.

这就意味着一种赚快钱的可能方式。那么，为什么你不在俄罗斯以 2.29 美元的价格购买一个外卖的汉堡包，然后将汉堡包带到瑞士以 6.76 美元卖出呢？答案是：毛利无法弥补其成本。一价定律非常适用于像黄金这类运输成本较低的商品，但不太适用于巨无霸汉堡包，像理发和阑尾切除手术这种根本无法运输的服务，一价定律更不适用。

我们需要一价定律的另一种较弱的表述，即表达主要思想但允许存在例外的妥协性法则。一价定律的这种较弱的表述就是**购买力平价**（purchasing power parity，PPP）。购买力平价理论认为，尽管某些商品（如巨无霸汉堡包和理发）在不同国家的价格不同，但基本生活成本应该差不多。购买力平价意味着两个国家的不同通货膨胀率不会影响两个国家的相对生活成本。相反，两种货币之间的汇率变动将抵消以本币计量的通货膨胀率差异。

如果购买力平价成立，那么，你对通货膨胀率差异的预测也就是你对即期汇率变动的最佳预测。例如，假设你想预测鲁里坦尼亚王国鲁尔的汇率。根据购买力平价，你应该关注鲁里坦尼亚王国与美国之间的通货膨胀率差异。

鲁尔的现行汇率为 RUR100=USD1（1 美元兑换 100 鲁尔）。如果鲁里坦尼亚王国与美国的生活成本相同，那么，100 鲁尔与 1 美元可以购买到相同的商品和服务。假设根据经济学家的预测，鲁里坦尼亚王国的通货膨胀率为 6%，而美国的通货膨胀率为 1%。那么，到了年末，106 鲁尔与 1.01 美元可以购买到相同数量的商品。1 美元与 105 鲁尔（100 鲁尔 × (1.06/1.01)）具有相同的购买力。根据购买力平价，年末的预期汇率为 RUR105=USD1（1 美元兑换 105 鲁尔）。鲁里坦尼亚王国预期通货膨胀率较高，根据预测，鲁尔将贬值。

回顾图 22-1 右边的两个方框。我们现在可以将鲁里坦尼亚王国的鲁尔填入其中[②]：

---

① 当然，也有可能在瑞士购买巨无霸可以得到更好的微笑服务。如果汉堡包的质量或服务存在差异，我们就不能做这样的比较。

② 值得注意的是，图 22-1 所描述的基本关系都采用汇率的间接标价法，即单位美元的外币数额。请记住：根据惯例，英镑和欧元的汇率采用直接标价。为了运用这个公式计算欧元和英镑的汇率，你必须先将汇率的标价方式转换为间接标价。

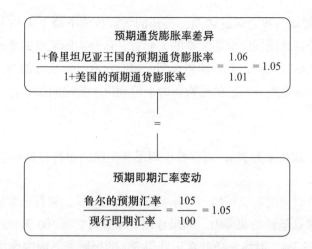

现在，我们可以对在鲁里坦尼亚王国经营业务的美国公司提供某些有益的建议。财务经理可以运用鲁里坦尼亚王国与美国的预期通货膨胀率差异预测鲁里坦尼亚王国鲁尔的未来即期汇率。

实际汇率与名义汇率

财务经理将名义汇率与实际汇率区分开来。名义汇率告诉你手中的美元可以兑换多少欧元、日元或英镑。实际汇率则用来计量你手中的美元在欧洲、日本或英国可以购买多少商品。例如，如果鲁里坦尼亚王国的鲁尔贬值，你手中的美元就可以兑换更多的鲁尔，但如果鲁里坦尼亚王国的通货膨胀率较高，那么，你的这些鲁尔只能买到相同数量的商品。这时，名义汇率已经下跌，但实际汇率保持不变。根据购买力平价，两个国家商品的相对价格变动将抵消名义汇率的任何变动，实际汇率保持不变。

图 22-2 描绘了汇率变动与截至 2017 年 6 年间 45 个样本国家的货币购买力变动之间的相对关系。由此可见，正如购买力平价所预测，高通货膨胀率（导致货币购买力相对下降）与汇率下降具有很强的关联性。

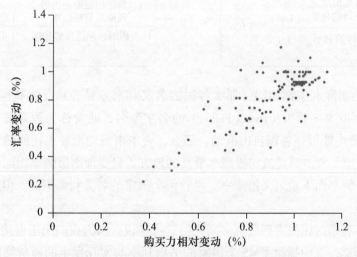

图 22-2　汇率变动与购买力变动的相对关系

说明：汇率的下降与货币购买力的相对下降紧密关联。纵轴是 2012 年 12 月至 2017 年 12 月 6 年间各个国家货币与美元汇率相对各国平均汇率的变动情况。横轴是相同期间样本国家货币相对美元的购买力变动。图中的每个点反映一个国家的状况。

资料来源：IMF, International Financial Statistics.

当然，购买力平价理论并非完全适用，就短期而言，实际汇率确实发生了变动，有时甚至变动很大。例如，2016 年英国脱欧公投之后的数周，英镑的实际价值下降了大约 15%。在美国，英国的商品比以前便宜得多。对任何试图预测短期汇率的人而言，这种实际汇率的变动可能是最令人头疼的问题。不过，如果你是一名财务经理，需要预测长期汇率，没有其他更好的办法，只能假设该货币的名义价值变动将抵消通货膨胀率差异。这就是购买力平价理论所传递的信息。

通货膨胀与利率

假设在美国的银行存款利率为 3%，而在鲁里坦尼亚王国的银行存款利率却高达 8.1%，如何解释这种差异呢？

我们首先回顾第 5 章讨论的名义利率与实际利率之间的差异。银行通常承诺给你的存款一个固定的名义利率，但并不承诺这笔钱的购买力。如果你以 3% 的利率将 100 美元投资一年，那么你到年末拥有的美元将比开始时多 3%。但你未必就真正获得 3% 的报酬率，因为你所得的报酬率有一部分要用来弥补通货膨胀造成的损失。

就本例而言，鲁里坦尼亚王国的名义利率比美国的名义利率高，但如果其通货膨胀率也较高，那么其实际利率可能非常接近名义利率。例如，假设美国的预期通货膨胀率为 1%，而鲁里坦尼亚王国的预期通货膨胀率为 6%，则

$$美国的实际利率 = \frac{1+名义利率}{1+通货膨胀率} - 1 = \frac{1.03}{1.01} - 1 = 0.019\,8\ 或\ 1.98\%$$

$$鲁里坦尼亚王国的实际利率 = \frac{1+名义利率}{1+通货膨胀率} - 1 = \frac{1.081}{1.06} - 1 = 0.019\,8\ 或\ 1.98\%$$

两个国家的名义利率显著不同，实际利率却相同。

现在，你可以看到我们为什么在图 22-1 上方画了两个方框：

$$
\boxed{
\begin{array}{c}
\textbf{利率差异} \\[4pt]
\dfrac{1+\begin{array}{c}鲁里坦尼亚\\王国的利率\end{array}}{1+美国的利率} = \dfrac{1.081}{1.03} = 1.05
\end{array}
}
\quad = \quad
\boxed{
\begin{array}{c}
\textbf{预期通货膨胀率差异} \\[4pt]
\dfrac{1+\begin{array}{c}鲁里坦尼亚王国的\\预期通货膨胀率\end{array}}{1+美国的预期通货膨胀率} = \dfrac{1.06}{1.01} = 1.05
\end{array}
}
$$

如果各国预期的实际利率都相同，那么各国的名义利率差异必然反映其预期通货膨胀率差异。这个结论以经济学家欧文·费雪（Irving Fisher）的名字命名，通常称为**国际费雪效应**（international Fisher effect）。只要资本能够在各国自由流动，那么，资本市场均衡要求任何两个国家的实际利率都相同。水总是往低处流，资本总是流向报酬率最高的地方。只要预期报酬率相同，资本就停止流动。[①] 但投资者关心实际报酬率而不是名义报酬率。尽管两个国家的名义利率不同，但其预期的实际利率却相同。

世界各国的实际利率的相似度到底有多高呢？这可难说。因为我们无法直接观测到预期的通货膨胀。不过，我们在图 22-3 中描绘了 45 个国家的平均利率与实际发生的通货膨胀之间的关系。由此可以发现，利率最高的国家通常通货膨胀率也最高。

---

① 我们在这里假设外币贷款没有违约风险。就多数重要货币而言，这个假设没有问题。就政局不稳的国家而言，这个假设就有问题。我们已经假设鲁里坦尼亚王国鲁尔贷款没有违约风险。但如果投资者担心鲁里坦尼亚王国政府违约或征用，就可能要求鲁尔贷款提供更高的实际利率。

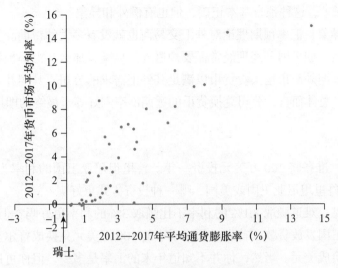

瑞士

图 22-3　45 个国家的利率与通货膨胀率

说明：利率最高的国家通常通货膨胀率也最高。该图的 45 个点分别代表不同国家的状况。

远期汇率与预期即期汇率

如果你购买鲁里坦尼亚王国鲁尔的远期外汇合约，你手中的美元可以兑换的鲁尔多于你以即期汇率兑换的鲁尔。这样，鲁尔就出现了远期贴水。现在我们应该思考远期贴水如何与预期即期汇率变动相联系。

鲁尔的即期汇率是 RUR100＝USD1（1 美元兑换 100 鲁尔），年末鲁尔的预期远期汇率为 RUR105＝USD1（1 美元兑换 105 鲁尔）。如果鲁尔的远期汇率只有 RUR102＝USD1（1 美元兑换 102 鲁尔），你还会购买鲁尔远期外汇合约吗？可能不会。你会一直等到年末，你期望你的每一美元可以兑换更多的鲁尔。如果其他交易商也这么想，那么，谁也不愿意购买鲁尔远期外汇合约。同理，如果你（和其他人）认为汇率将为 RUR108＝USD1（1 美元兑换 108 鲁尔），那么，谁也不愿意出售鲁尔远期外汇合约。[①] 只有远期汇率调整到等于预期未来即期汇率的水平，交易才处于稳定的状态。

这就是**汇率预期理论**（expectation theory of exchange rates）隐含的道理。汇率预期理论认为，远期汇率等于预期未来即期汇率。换言之，我们也可以说远期汇率与当前即期汇率差异的百分比等于预期即期汇率变动的百分比。

这就是图 22-1 所描绘的下半部分图形。

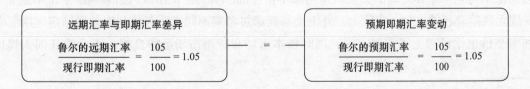

远期汇率与即期汇率差异		预期即期汇率变动	
鲁尔的远期汇率 $\dfrac{105}{100} = 1.05$ 现行即期汇率	＝	鲁尔的预期汇率 $\dfrac{105}{100} = 1.05$ 现行即期汇率	

远期汇率预期理论并不意味着经理就是出色的预言家。未来的实际即期汇率有时可能高于或低于之前的远期汇率。但如果该理论正确，我们就应该发现，总体而言，远期汇率等于未来即期汇率。如

---

① 这种推断忽略了风险。如果购买远期外汇合约可以充分降低你的风险，即使你预期需要支付更多的成本，也可能会购买该远期外汇合约。同样，如果卖出远期外汇合约可以降低风险，即使你预期获益不多，也可能会卖出该远期外汇合约。

果我们的观察期足够长[①]，这种预言基本正确，但也有例外和异象。[②]

由于存在例外和异象，汇率预期理论对外汇交易商也就没有多大的帮助。另外，财务经理也不经常参与外汇交易。当然，如果财务经理经常需要规避外汇风险，那么，汇率预期理论可以提供某些安慰。那些总是通过在远期外汇市场买卖货币以满足其外汇需求的公司，其实并不需要支付额外的费用就可以规避汇率风险：总体而言，公司兑换货币的远期汇率刚好等于最终的即期汇率。

利率与汇率

你是一个投资者，准备将 100 万美元投资一年。鲁里坦尼亚王国的利率为 8.1%，美国的利率为 3%。把你的钱投资于鲁里坦尼亚王国或美国，哪一种投资方式更好呢？

答案似乎显而易见：难道赚取 8.1% 的利率不比赚取 3% 的利率更好吗？但表象可能具有欺骗性。如果你在鲁里坦尼亚王国发放贷款，首先必须将手中的 100 万美元兑换成鲁尔。到年末，你收回贷款之后，还要把鲁尔兑换成美元。当然，你并不知道年末的汇率是多少，但你可以通过出售远期外汇合约锁定鲁尔的未来价值。如果远期汇率非常低，你不妨把钱留在美国。

下面，我们来验证一下哪种贷款更好：

● 美元贷款。美元贷款的利率为 3%，因此，到年末你将得到 103 万美元（100×1.03）。

● 鲁里坦尼亚王国鲁尔贷款。当前（即期）汇率为 RUR100＝USD1（1 美元兑换 100 鲁尔）。因此，你可以将手上的 100 万美元兑换成 1 亿鲁尔。鲁尔贷款的利率为 8.1%，到年末，你可以得到 1.081 亿鲁尔（1×1.081）。尽管你并不知道年末的汇率是多少，但没有关系，你可以提前锁定将鲁尔兑换回美元的汇率。一年期远期汇率为 RUR105＝USD1（1 美元兑换 105 鲁尔）。因此，通过出售鲁尔的远期外汇合约，你就可以确保得到 103 万美元（1.081 亿鲁尔/105）。

由此可见，这两种贷款方式的报酬率几乎完全相同，而且都没有风险。如果本国利率与"抛补"外国利率不同，你可就找到"摇钱树"了。你可以在利率较低的市场借款，然后到利率较高的市场贷款。

我们现在就可以得到图 22－1 所描绘的如下图形：

利率差异	远期汇率与即期汇率差异
$\dfrac{1+\text{鲁里坦尼亚王国的利率}}{1+\text{美国的利率}} = \dfrac{1.081}{1.03} = 1.05$	$\dfrac{\text{鲁尔的远期汇率}}{\text{现行即期汇率}} = \dfrac{105}{100} = 1.05$

远期汇率与利率差异之间的关系就是**利率平价**（interest rate parity）。如果利率平价不成立，就很容易发现无风险套利的机会。实际上，外汇交易商通过考察不同货币存款利率差异确定远期汇率。[③]

利率平价也给经理上了重要一课。国际资本市场和货币市场运作良好，不会给任何人提供免费

[①] 这似乎给人这样的感觉：为了买入或卖出远期货币，公司必须随时准备放弃利润。远期汇率高估或低估未来即期汇率的概率几乎都是 50%。从长远的观点看，高估或低估基本"打个平手"。

[②] 研究汇率的学者发现，远期汇率通常放大了即期汇率可能发生的变动。如果远期汇率预测到即期汇率将大幅上涨，远期汇率往往高估了即期汇率的涨幅。如果远期汇率预测到货币将贬值，远期汇率往往高估了即期汇率的贬值幅度。甚至有证据表明：如果远期汇率预期会上升，即期汇率下降的可能性高于其上升的可能性。有关这个令人困惑的发现的讨论可参见 K.A.Froot and R.H.Thaler, "Anomalies: Foreign Exchange," *Journal of Political Economy* 4 (1990), pp.179–192.

[③] 尽管汇率和利率通常都严密地验证了利率平价，但总有例外。2019 年，套利成本增加导致利率平价的背离。参见 W. Du, A. Tepper, and A. Verdelhan," Deviations from Covered Interest Rate Parity," *Journal of Finance*, 73 (February 2018), pp.915–957.

午餐。你不要以为借入一种名义利率较低的货币就占了便宜。如果你对汇率风险做了套期保值或"抛补",那么,利率平价意味着任何货币的借款成本都相同。[①] 如果你对汇率风险没有做"抛补",那么,汇率的变化可以轻易地抵消低利率的明显优势。

利率平价意味着所有主要货币的"抛补"利率都相同。如果财务经理希望借入低利率货币的贷款并获利,那就只能赌未来汇率的变动情况。

22.3 货币风险的套期保值

交易风险

国际化公司面临货币风险,其收入或费用的美元价值随着汇率的波动而波动。因此,有必要区分两种汇率风险:交易风险与经济风险。

如果公司同意支付或收取一笔数额已知的外币,其交易风险便随之产生。例如,前述案例的机器设备进口商承诺 12 个月之后支付 1 亿鲁尔货款。如果在此期间内,鲁尔迅速升值,这批机器设备以美元标价的成本就会高于进口商的预期成本。

交易风险很容易识别并通过套期保值来规避。例如,机器设备进口商承诺支付 1 鲁尔,就可以购买 1 鲁尔的远期合约。如果该机器设备进口商购买了 1 亿鲁尔的远期合约,就可以锁定该机器设备以美元标价的所有成本,并规避鲁尔升值的风险。

当然,鲁尔也可能在一年之后大幅贬值。[②] 若果真如此,该机器设备进口商可能会后悔当初没有等到鲁尔贬值之后再从即期市场购买鲁尔。遗憾的是,鱼与熊掌不可兼得。一旦锁定机器设备以美元标价的成本,进口商也就随之失去了惊喜。

该进口商还有其他办法规避汇率损失吗?再次想想如何运用抛补利率平价。财务经理可以借入美元并以当前汇率兑换成鲁尔,然后将所得款项存入鲁里坦尼亚王国的银行,到年末再从银行提取 1 亿鲁尔支付货款。利率平价告诉我们,购买鲁尔远期外汇合约的成本恰好等于借入美元后在即期外汇市场购买鲁尔并将其存入银行的成本。

规避汇率风险的成本如何呢?你有时会听到经理说,规避汇率风险的成本等于远期汇率与当前即期汇率之间的差额。这种说法是错误的。如果该进口商不进行套期保值,年末货款到期时,就需要以即期汇率兑换鲁尔支付货款。因此,套期保值的成本应该是远期汇率与货款到期时预期即期汇率之间的差额。

公司应该进行套期保值还是静观其变地承担汇率风险呢?我们通常赞成进行套期保值。第一,套期保值使公司的日常经营活动更简单,从而可以专注于公司本身的业务。第二,套期保值的成本不高。(实际上,如前面讨论的简单理论所言,远期汇率等于预期即期汇率,套期保值成本为零。)第三,外汇市场相当高效,至少主要货币外汇市场非常高效。除非财务经理比外汇市场的专业"造市"者更精通外汇市场(这种情况不太可能出现),否则,投机应该是一场零和博弈。

---

① "抛补"外国利率是指你借入或借出外币且通过签订远期货币合约对冲汇率风险。就本例而言,你可以借出 1 亿鲁尔,如果利率为 8.1%,一年之后便增加到 1.081 亿鲁尔。因此,你可以出售 1.081 亿鲁尔的远期外汇合约锁定你一年后所得款项的美元价值。

② 我们这里指的是,鲁尔贬值的幅度大于远期汇率预期的贬值幅度。

经济风险

即便公司既没有外币债权也没有外币债务，仍可能受到币值波动的影响。例如，2011 年，瑞士国家银行宣布不允许瑞士法郎相对欧元的价值升值超过 1.2 瑞士法郎。2015 年 1 月之前，瑞士法郎的汇率非常稳定。2015 年 1 月，瑞士国家银行突然宣布取消这种盯住汇率制度。第二天，瑞士法郎相对欧元的价值暴涨了 20% 以上。许多瑞士出口商面临艰难的抉择：维持其产品以欧元标价的销售价格，降低以本币标价的销售价格，还是提高以欧元标价的销售价格，削弱应对其他欧洲制造商的竞争力。瑞士出口商面临汇率的经济风险。因为汇率波动影响其竞争地位。

公司的解决途径就是尽量做到产销平衡，实现经营性套期保值。例如，雀巢公司在欧元区的销售量占其全部销售量的 30%，而欧元区的生产成本也占全部生产成本的 30%。由于不同货币标价的成本与收入平衡，因此，该公司基本可以免受货币风险的影响。

瑞士奢侈品制造商基本上不采用经营性套期保值的方式。斯沃琪公司（Swatch）和历峰公司（Richemont）的巨额成本发生在瑞士，其产品也大部分出口。[①] 就这些公司而言，瑞士法郎升值就是潜在的风险。因此，这些公司运用财务套期保值降低货币风险。例如，历峰公司的大部分借款都是美元（而不是瑞士法郎）。这样，如果瑞士法郎相对美元升值，历峰公司就可以减少其偿还美元借款所需的瑞士法郎数额，从而缓解其利润压力。此外，历峰公司采用货币远期合约锁定其买卖外汇的价格。

22.4 国际资本预算

国外投资项目的净现值分析

软饮料制造商埃奇可乐公司（Ecsy-Kola）的出口量不断增长，该公司打算在鲁里坦尼亚王国新建一家小型制造公司，从事海外销售业务。埃奇可乐公司的海外投资决策与其美国本土投资决策的基本原理应该相同。该公司需要预测投资项目的增量现金流量，以资本机会成本将该现金流量折现，并接受净现值为正值的投资项目。

假设埃奇可乐公司在鲁里坦尼亚王国的投资项目预期可以创造的以鲁尔标价的现金流量如下表所示。

	年次					
	0	1	2	3	4	5
现金流量（百万鲁尔）	−380	100	125	150	175	200

美国的利率为 3%，埃奇可乐公司的财务经理估计，公司为弥补该投资项目的风险要求得到的额外预期报酬率为 10%，因此，该投资项目的资本机会成本为 13%（3%＋10%）。

值得注意的是，我们根据以美元计量的投资报酬率确定埃奇可乐公司的资本机会成本，但该投资项目的现金流量以鲁尔计量。如果鲁尔预期贬值，以鲁尔计量的预期报酬率为 13% 的投资项目达不到以美元计量的预期报酬率为 13% 的要求。相反，如果鲁尔预期升值，那么，即使是以鲁尔计量的

---

① 斯沃琪公司制造高质量手表。历峰公司是世界上第二大奢侈品制造商，拥有众多品牌如卡地亚（Cartier）、登喜路（Dunhill）和伯爵（Piaget）。

预期报酬率低于 13% 的投资项目也可能值得一试。

你不能将以某种货币计量的投资项目报酬率与你期望投资项目获得的以另一种货币计量的报酬率相比。如果你根据以美元计量的报酬率确定资本机会成本，那么，预期现金流量也必须以美元计量。

为了弄清楚这些以鲁尔计量的现金流量值多少美元，埃奇可乐公司需要一个远期汇率。这个汇率从何而来呢？尽管金融媒体通常不会提供超过 1 年的远期汇率，但我们可以运用利率平价估计超过 1 年的远期汇率。例如，假设财务经理看报纸时发现当前的即期汇率为 RUR100＝USD1（1 美元兑换 100 鲁尔），而美国的利率为 3%，鲁里坦尼亚王国的利率为 8.1%。这样，经理就能够以 1 年期 5% 的远期贴水卖出鲁尔。例如，1 年期远期汇率为：

$$1\ 年期远期汇率 = 第\ 0\ 年即期汇率 \times \frac{1+鲁尔的利率}{1+美元的利率}$$

$$= RUR100/USD1 \times \frac{1.081}{1.03} = RUR104.95/USD1$$

该投资项目每年隐含的远期汇率都可以用类似的方法计算，如下表所示 [①]。

年次	远期汇率（单位美元可以兑换的鲁尔数额）
1	$100 \times (1.081/1.03) = RUR104.95/USD1$
2	$100 \times (1.081/1.03)^2 = RUR\ 110.15/USD1$
3	$100 \times (1.081/1.03)^3 = RUR\ 115.60/USD1$
4	$100 \times (1.081/1.03)^4 = RUR\ 121.33/USD1$
5	$100 \times (1.081/1.03)^5 = RUR\ 127.33/USD1$

财务经理可以用这些远期汇率将以鲁尔计量的现金流量转换成以美元计量的现金流量：

	年次					
	0	1	2	3	4	5
现金流量（百万鲁尔）	−380	100	125	150	175	200
远期汇率（美元兑换鲁尔）	100	104.95	110.15	115.60	121.33	127.33
现金流量（百万美元）	−3.8	0.952 8	1.134 8	1.297 6	1.442 4	1.570 7

现在，经理用以美元计量的资本成本 13% 将这些以美元计量的现金流量折现：

$$净现值 = -3.8 + \frac{0.952\ 8}{1.13} + \frac{1.134\ 8}{1.13^2} + \frac{1.297\ 6}{1.13^3} + \frac{1.442\ 4}{1.13^4} + \frac{1.570\ 7}{1.13^5}$$

$$= 0.568(百万美元)$$

值得注意的是，经理以 13% 而不是 3% 的美国无风险利率将现金流量折现。现金流量有风险，因此，采用按风险调整后的利率比较合适。净现值为正值，意味着该投资项目值得投资。该投资项目将使股东财富增加 568 000 美元。

同样值得注意的是，公司并不需要预测鲁尔兑换为美元的未来汇率，运用两国利率差异隐含的远

---

① 我们假设期限更长的利率也分别是 3% 和 8.1%。

期汇率，就可以将投资项目以鲁尔计量的现金流量兑换为以美元计量的现金流量。之所以不需要预测汇率，是因为公司可以通过套期保值规避外汇风险。

例如，假设该公司通过卖出鲁尔的远期外汇合约进行套期保值，就可以运用利率差异隐含的远期汇率将其以鲁尔计量的现金流量转换为美元。换言之，如果该公司愿意，可以锁定我们已经计算出来的以美元计量的现金流量。因此，接受还是拒绝该投资项目的决策与公司如何看待未来汇率要分开来看。

如果管理层实际上预期鲁尔升值而不是贬值，情况又如何呢？管理层应该运用未来汇率的预测值替代利率平价隐含的远期汇率吗？不应该！一个有吸引力的投资项目必须具有独立性，必须基于套期保值之后的现金流量。如果公司仅仅因为预期汇率升高而接受一个很差的投资项目，就太愚蠢了。如果管理层对其未来汇率的预测值充满信心，应直接投资该货币，而没有必要通过一个净现值为负值的投资项目来承担汇率风险。（当然，管理层在做这件事之前，应该非常认真地思考为什么认为自己的汇率预测值比市场实际汇率更准。毕竟，埃奇可乐公司的比较优势在于其汽水而非汇率投机。）

政治风险

至此，我们已经讨论了汇率风险管理，但经理还会担心政治风险。经理也担心公司投资之后，政府可能改变游戏规则，违背承诺或共识，从而给公司带来某种威胁。当然，政治风险并不仅限于海外投资。每个国家的经营业务都可能面临政府采取意料之外的行为所带来的风险。如果政治风险提高，股票价格的波动性就大。外国公司的风险就在于可能成为政府行为的具体目标。

有些经理不理会政治风险，将政治风险视为不可抗力（就像飓风或地震一样）。但成功的跨国公司会调整其经营业务以降低政治风险。如果在当地经营的业务离开母公司的支持无法运作，外国政府不太可能同意开展该业务。例如，如果不能应用母公司的专有技术，美国计算机制造商或制药公司的国外子公司就毫无价值。与可以独立经营的公司（如矿业公司）相比，政府阻挠这种非独立经营公司的可能性非常小。

我们并不是建议你从经营银矿公司转而经营制药公司，但你可能应该好好规划你的海外制造业务，以提高与外国政府讨价还价的能力。例如，福特汽车公司已经整合了其海外经营业务，零部件的制造、装配和整车业务分布在位于多个国家的工厂。这些工厂自身都没有什么价值。这样，如果某个国家的政治环境恶化，福特汽车公司可以在各工厂之间转移生产业务。

跨国公司也已经通过财务安排来帮助外国政府保持诚信。例如，假设你的公司正在考虑投资 5 亿美元购置现代化的机器、熔炼设备和运输设施重新开采位于科斯塔瓦纳的圣多美银矿。[1] 科斯塔瓦纳政府同意投资道路和其他基础设施，并以税收的名义获得该银矿产量的 20%。该协议的有效期为 25 年。

基于这些假设，该投资项目的净现值非常诱人。但如果 5 年之后新政府上台并对"从科斯塔瓦纳共和国出口的所有稀有金属"征收 50% 的税，情况将如何呢？政府将获得该银矿产量的比例由 20% 提高到 50%，情况又会如何变化呢？科斯塔瓦纳共和国自然资源部决定直接接管该银矿，但会"给予投资者适当的补偿"，情况又会发生什么变化呢？

尽管任何合约都不能绝对限制统治权，但你可以选择投资项目的融资方式，尽量使外国政府难以采取上述行为。例如，你可以为该银矿设立一个子公司，然后以该子公司的名义向主要由国际银行组

---

[1] 约瑟夫·康拉德（Joseph Conrad）在其小说《诺斯特罗莫》（*Nostromo*）中描述了圣多美银矿的早期历史。

成的银团借入投资项目所需的大部分资金。如果你的公司对这笔借款做出担保，务必确保只有在科斯塔瓦纳政府履行其合约时该担保才有效。如果撕毁该合约可能导致该借款违约并使该国在国际银行系统的信用下降，那么政府可能不会轻易撕毁该合约。

外国投资项目的资本成本

我们没有解释埃奇可乐公司在鲁里坦尼亚王国的投资项目如何确定 13% 的折现率。这取决于海外投资的风险和投资者承担该风险应该得到的报酬率。遗憾的是，基于国际框架，目前还没有令人满意的风险与报酬率理论。[①]

请记住，不能孤立地考虑某个投资项目的风险。风险取决于投资者的证券投资组合中所包括的各种证券。例如，假设埃奇可乐公司的股东主要投资在美国境内经营业务的公司。尽管鲁里坦尼亚王国的市场存在波动，但是这些股东可以认为鲁里坦尼亚王国的市场受各种不同力量的影响，其风险是一种可分散风险。如果鲁里坦尼亚王国市场与美国市场的相关系数相对较低，就埃奇可乐公司的股东而言，在鲁里坦尼亚王国投资软饮料业务似乎是一个风险相对较低的投资项目。但就所有股东而言，其结论未必如此，因为其股东与鲁里坦尼亚王国市场的命运已经休戚相关。[②]

避免模糊不清的因素

我们不能假定我们可以绝对准确地确定外国投资项目的资本成本，但也不赞同在考虑外国投资项目时自动提高国内资本成本这种做法。

有些财务经理之所以自动提高外国投资项目要求的报酬率，是因为在外国经营成本较高，而且要担心征用、外汇管制或不利的税法变更等各种风险。换言之，为了弥补这些成本和风险，经理就在折现率的基础上加入了一个模糊不清的因素。

这些经理应该保持折现率的独立性，降低预期现金流量数额。例如，让我们回到埃奇可乐公司预测现金流量的案例。该公司预测第一年的现金流量为 1 亿鲁尔。现在，该公司得知"所有新的外国投资项目投入经营的第一年"要对 1 亿鲁尔现金流量征收"公司注册费"。根据判断，征收"公司注册费"的概率为 5%。

现在，第一年预期现金流量不再是 1 亿鲁尔，而是 9 500 万鲁尔（0.95×1 亿）。埃奇可乐公司应该根据这个预测值重新计算净现值。该公司也需要根据以后年份可能出现的政治风险相应地调整现金流量。

调整现金流量可能促使管理层详细说明有关政治风险的假设，从而有利于审核与敏感性分析。在考虑折现率时加入一个模糊不清的因素，也许可以得到正确的净现值，但是在调整现金流量并计算出净现值之前，财务经理也没有什么办法弄清楚这个模糊不清的因素究竟是什么。一旦着手调整净现值，也就不需要加入这个模糊不清的因素。

---

① 为什么目前还没有令人满意的理论呢？一个最基本的原因是经济学家从来就没有对导致国家之间差异的原因达成共识。只是因为不同国家拥有不同货币，或不同国家的公民的喜好和消费的物品不同，或不同国家的管制和税制不同吗？这些问题的答案影响了不同国家证券的价格之间的关系。

② 人们可以想象，投资者无论身居何处都可以基于一体化的世界在全球范围内实施多元化投资。基于这种理想的情境，美国的投资者和鲁里坦尼亚王国的投资者对埃奇可乐公司投资项目风险的看法相同。然而，基于现实的情境，投资者的投资组合权重明显偏向在其母国投资。这种权重偏好称为"本土偏好"。我们还没有看到一体化的世界资本市场。

📖 本章小结

即期汇率与远期汇率有何差异？（学习目标 1）

汇率是购买一种货币所需的另一种货币的数量。即期汇率是即刻交易的汇率。远期汇率是现在商定的未来某个特定日期交易的汇率。

即期汇率、远期汇率、利率与通货膨胀率之间的基本关系是什么？（学习目标 2）

为了厘清思路，国际化公司的财务经理需要一些描述即期汇率、远期汇率、利率和通货膨胀率之间关系的模型。事实证明，以下四种非常简单的理论很管用：

● 从严格意义上说，购买力平价理论认为任何国家的一美元都必须具有相同的购买力。你只需要到国外度一次假就知道事实并非完全如此。然而，从总体上说，汇率变动往往与通货膨胀率差异相匹配，而且如果你要预测长期汇率，没有更好的方法，只能假设汇率差异将抵消通货膨胀率差异的影响。

● 基于全球开放的资本市场，各国的实际利率都应该相同。这样，预期通货膨胀率差异导致名义利率差异。国际费雪效应认为公司不应该只向利率最低的国家借款。这些国家的通货膨胀率也可能最低，从而使货币最坚挺。

● 汇率预期理论认为远期汇率等于预期即期汇率（尽管这与即期汇率的完美预测相差很大）。

● 利率平价理论认为两个国家之间的利率差异一定等于远期汇率与即期汇率之间的差异。国际市场的套利行为确保了利率平价理论通常成立。

公司规避汇率风险的简单策略是什么？（学习目标 3）

就海外经营业务的套期保值问题而言，远期汇率的简单理论具有两方面的实践意义。第一，预期理论认为汇率风险的套期保值基本没有成本。第二，汇率风险的套期保值有两种方式：一种方式是买入或卖出远期外汇合约，另一种方式是在国外贷款或借款。利率平价理论告诉我们，这两种方式的套期保值成本相同。

我们如何开展现金流量为外币的投资项目净现值分析？（学习目标 4）

海外投资决策的基本原理与国内投资决策的基本原理没什么差异，都需要预测投资项目的现金流量，然后以资本机会成本折现这些现金流量。但你一定要记住，如果资本机会成本以美元计量，现金流量也必须转换为美元。这就需要预测汇率。我们建议你借助简单的平价关系并运用利率差异预测汇率。

📖 微型案例

"真是个笨蛋！无人可及！"乔治·卢格尔（George Luger）抱怨道。他的面前是来自某录像机进口商首席执行官的一封备忘录。该备忘录的日期为 2019 年 12 月 31 日。这是乔治今天上午收到的第三封来自首席执行官的备忘录。具体内容如下：

> 发自：首席执行官办公室
>
> 发至：公司司库
>
> 乔治：
>
> 我一直关注我们的一些外汇交易业务，这些业务似乎没有什么意义。

首先，我们已经购买了日元远期外汇合约，这足以抵补我们的进口成本。你也已经解释过，此举可以确保我们能够抵御未来一年内美元贬值的风险，但这是一份极其昂贵的保险。当前 1 美元兑换 111.715 日元，而我们购买远期合约时，1 美元只能兑换 108.173 日元。如果我们在需要时再购买日元，而不是通过远期外汇合约购买日元，就可以节约一大笔钱。

我还想起另一个可行方案。如果我们担心美元可能贬值，为什么不以 1 美元兑换 111.715 日元这个较低的即期汇率购买日元，并在我们需要支付录像机购货款之前将这些日元存入银行呢？通过这种方式，我们可以确保以较低的汇率购买日元。

我还担心我们错过了一些低成本的融资机会。我们目前以 6% 的利率借入一年期的美元贷款，但本赫在吃午餐时告诉我，我们能够以大约 2% 的利率获得一年期的日元贷款。我感到有点吃惊。若果真如此，我们为什么不偿还美元贷款，转而借入日元呢？

也许，我们可以在下周三的会议上讨论这些想法。我非常感兴趣你对这些问题的看法。

吉尔·爱迪生

乔治应该如何回复吉尔的备忘录呢？他应考虑以下问题：

1. 购买日元的远期外汇合约果真是"一份极其昂贵的保险"吗？

2. 如果现在购买日元并"将这些日元存入银行"，对该公司更有利吗？

3. 该公司应该"偿还［其］美元贷款，转而借入日元"吗？

第 **23** 章

期　权

学习目标

1. 计算看涨期权与看跌期权的买方和卖方收益。

2. 理解决定期权价值的因素。

3. 确认资本性投资项目的期权。

4. 识别金融证券隐含的期权。

芝加哥期权交易所（Chicago Board Options Exchange，CBOE）创建于 1973 年。当时，只有 16 家公司的股票期权在芝加哥期权交易所交易。事实证明，芝加哥期权交易所取得极大的成功。今天，数千种股票、债券、商品和外汇的大量期权在全世界的各期权交易所交易。

这些期权是投资组合风险管理的有效工具。然而，为什么工业公司的财务经理应该继续阅读这部分内容呢？有以下几个理由。

第一，多数资本预算项目都嵌入期权，允许公司在未来某个时点扩张规模或收缩规模。这些期权使公司在顺境时获利而在逆境时免受损失。

第二，公司发行的许多证券都包含期权。例如，公司经常发行可转换债券，可转换债券持有者拥有将该债券转换成普通股的选择权。某些公司债券也包含可赎回条款，这意味着债券发行者拥有从投资者手中回购该债券的选择权。

第三，经理经常运用货币期权、商品期权和利率期权规避公司面临的各种风险。

我们在本章只简要介绍期权的基本知识。我们的首要目标是解释期权如何操作以及如何确定期权价值。接下来，我们将告诉你如何识别资本性投资项目和公司融资隐含的某些期权。

为了简化起见，我们将以亚马逊公司股票的期权交易为例说明期权的性质以及如何评估期权的价值。不过，我们希望这些简要讨论可以使你确信财务经理对期权的兴趣远远超过这些期权交易。

23.1 看涨期权与看跌期权

看涨期权（call option）赋予其持有者在特定到期日或特定到期日之前以一个固定的行权价格（也称履约价格）购买股票的权利。[①] 例如，如果你购买了一份到期日为7月、行权价格为每股1 300美元的亚马逊公司股票的看涨期权，你就拥有在7月之前的任何时间以每股1 300美元的价格购买亚马逊公司股票的权利。

你可以不行使看涨期权。只要股票价格超过行权价格，你就可以选择行使看涨期权。如果股票价格低于行权价格，看涨期权就不值得行权。在这种情况下，看涨期权一文不值。假设该看涨期权到期时，亚马逊公司的股票价格达到每股1 500美元，超过了行权价格。这时，你就会选择行使你的看涨期权，以1 300美元购买每股价值1 500美元的股票。你的毛收益等于你出售该股票的每股市场价格1 500美元与行使该看涨期权时支付的每股行权价格1 300美元之间的差额。概括地说，如果股票价格高于行权价格，看涨期权的毛收益等于股票市场价格与行权价格之间的差额。

总之，到期日的看涨期权价值如下：

到期日的股票价格	到期日的看涨期权价值
高于行权价格	股票市场价格 – 行权价格
低于行权价格	零

当然，毛收益并非利润，你还必须花钱购买看涨期权。看涨期权的价格称为期权费。看涨期权购买者支付期权费以取得今后行权的权利。你的利润等于该看涨期权最终毛收益（可能为零）减去最初支付的期权费。

例 23.1　亚马逊公司的看涨期权

2018年1月，到期日为2018年7月且行权价格为每股1 300美元的亚马逊公司股票的看涨期权的出售价格为每份104美元。如果你购买了该看涨期权，便可获得在到期日（2018年7月）之前的任何时间，以每股1 300美元的价格购买亚马逊公司股票的权利。2018年1月，亚马逊公司股票价格大约为1 300美元。如果2018年7月之前股票价格没有上涨，那么这份看涨期权就不值得行权，你就损失了104美元的投资。如果股票价格上涨，即使相对温和地上涨，该看涨期权也可以给你带来不菲的利润。例如，2018年7月，如果亚马逊公司股票价格为每股1 500美元，行使该看涨期权的毛收益为：

毛收益 = 股票价格 – 行权价格 = 1 500 – 1 300 = 200（美元）

该看涨期权的净利润为：

利润 = 毛收益 – 初始投资 = 200 – 104 = 96（美元）

6个月之后，你可以获得92%（96/104）的报酬率。

与看涨期权赋予你购买股票的权利不同，**看跌期权**（put option）赋予你以行权价格出售股票的权利。如果你拥有一份看跌期权，而股票价格高于行权价格，你就不会行使看跌期权以行权价格出售股

[①] 有些期权只能在某个特定日期行权，根据惯例，这种期权称为欧式期权（European option）；有些期权则可以在某个特定日期或某个特定日期之前行权，这种期权称为美式期权（American option）。

票。该看跌期权不值得行权，也就没有价值。但如果股票价格低于行权价格，你就会以较低的价格从股票市场购买股票，然后行使看跌期权，以行权价格出售股票。该看跌期权的价值就等于行权价格与股票价格之间的差额。

总之，到期日的看跌期权价值如下：

到期日的股票价格	到期日的看跌期权价值
高于行权价格	零
低于行权价格	行权价格 – 股票市场价格

例 23.2　亚马逊公司的看跌期权

2018 年 1 月，你只要花 96 美元就可以购买一份到期日为 2018 年 7 月且行权价格为每股 1 300 美元的亚马逊公司股票看跌期权。假设该看跌期权到期时，亚马逊公司股票价格为每股 1 100 美元。如果你拥有该看跌期权，就可以从股票市场以每股 1 100 美元的价格购买股票，然后行使你的看跌期权，以每股 1 300 美元的行权价格出售该股票。该看跌期权的价值为 200 美元（1 300-1 100）。由于你当初为购买该看跌期权花费了 96 美元，因此你的净利润为 104 美元（200-96）。作为看跌期权的购买者，你担心股票价格高于 1 300 美元的行权价格。若果真如此，你就不会行使该看跌期权，该看跌期权到期会一文不值，而你的损失就是当初购买该看跌期权所花费的 96 美元。

表 23－1 列示了到期日亚马逊公司股票价格及其看涨期权与看跌期权的价值。你可以看到，一旦股票价格超过行权价格，在到期日，看涨期权的价值就随着股票价格的上涨而不断上涨，而一旦股票价格低于行权价格，看跌期权的价值就随着股票价格的下跌而不断上涨。图 23－1 描绘了这两种期权的到期日价值。

表 23－1　到期日亚马逊公司股票期权的价值如何随股票价格变动而变动　　　　　　　　　单位：美元

股票价格	900	1 100	1 300	1 500	1 700
看涨期权的价值	0	0	0	200	400
看跌期权的价值	400	200	0	0	0

说明：行权价格为每股 1 300 美元。

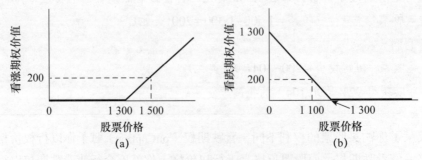

图 23－1　到期日亚马逊公司股票的看涨期权与看跌期权的价值（单位：美元）
说明：行权价格为每股 1 300 美元。

表 23－2 列示了 2018 年 1 月 9 种亚马逊公司股票期权的价格。值得注意的是，对于任何特定的

到期日，行权价格越低，看涨期权的价值越高，而行权价格越高，看跌期权的价值越高。这合乎情理：你当然希望拥有以低价买进而高价卖出的权利。不过，值得注意的是，对任何特定的行权价格，期权的有效期越长，其价值就越高。这也合乎情理。2018 年 7 月到期的期权可以为你提供有效期较短的期权所能提供的一切，甚至更多。为了使你的期权有效期尽可能长，你自然也需要支付更多的期权费。

表 23 - 2 　 2018 年 1 月亚马逊公司股票期权样本　　　　　　　　　　　　　　　　　单位：美元

到期日	行权价格	看涨期权	看跌期权
2018 年 4 月	1 200	132.70	31.10
	1 300	73.20	70.10
	1 400	33.00	134.20
2018 年 7 月	1 200	161.70	53.55
	1 300	104.00	96.00
	1 400	625.55	156.05
2019 年 1 月	1 200	210.00	88.05
	1 300	155.35	133.25
	1 400	112.00	190.00

出售看涨期权与看跌期权

你可以在财务专栏看到许多期权交易的报价。但公司本身并不出售期权，而是其他投资者出售期权。如果某个投资者购买了亚马逊公司的股票期权，那么，其他投资者必然是该期权交易的对方。下面讨论出售期权的投资者的状况。[①]

我们已经看到，到期日为 2018 年 7 月且行权价格为每股 1 300 美元的亚马逊公司股票看涨期权的出售价格为每份 104 美元。如果你出售该到期日为 2018 年 7 月的亚马逊公司股票看涨期权，买方就需要支付给你 104 美元。当然，如果买方决定行使其期权，你必须承诺以每股 1 300 美元的价格出售亚马逊公司股票。期权卖方出售亚马逊公司股票的义务正是期权买方购买亚马逊公司股票的权利。期权的买方为获得行权的权利支付了期权费，期权的卖方则收取期权费，但必须在以后某个日期以低于股票市场价格的行权价格出售股票。2018 年 7 月期权到期时，如果亚马逊公司股票的市场价格低于 1 300 美元的行权价格，那么，看涨期权的买方不会行使其期权，而期权的卖方也就没有任何义务了。然而，如果亚马逊公司股票价格超过 1 300 美元，期权的买方就会行使其期权，你必须以每股 1 300 美元出售苹果公司股票。你的损失就是股票价格与期权的买方支付给你的 1 300 美元之间的差额。

假设亚马逊公司股票价格为每股 1 500 美元。这时，期权的买方将行使其看涨期权，以每股 1 300 美元的价格买入股票，而后再以每股 1 500 美元的价格卖出该股票。这样，期权的买方获得毛收益 200 美元。当然，期权买方的收益恰好就是你作为期权卖方的损失。因为你必须履行义务，以每

---

① 期权的出售方称为卖方。

股只有 1 300 美元的价格出售价值 1 500 美元的亚马逊公司股票。这 200 美元的损失超过了当初你出售期权所得到的 104 美元期权费。

总之，期权卖方的损失也就是期权买方的收益，反之亦然。图 23－2（a）描绘了看涨期权卖方的收益。值得注意的是，这个数值正好就是图 23－1（a）所描绘的看涨期权买方的收益。

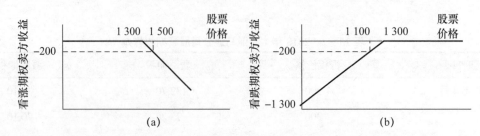

图 23－2　亚马逊公司股票看涨期权与看跌期权卖方的收益（单位：美元）

说明：行权价格为每股 1 300 美元。

图 23－1（b）的上部以同样的方式描绘了出售亚马逊公司看跌期权的投资者的状况。看跌期权的买方有权以每股 1 300 美元的价格出售股票。这样，如果看跌期权的买方要求行使其期权，看跌期权的卖方就必须以每股 1 300 美元的价格购买股票。显然，只要股票价格保持在每股 1 300 美元以上，期权的卖方就没有风险，但如果股票价格跌破每股 1 300 美元，期权的卖方就要遭受损失。就看跌期权的卖方而言，可能发生的最糟糕的事情就是股票变得一文不值。看跌期权的卖方必须以每股 1 300 美元的价格购买已经一文不值的股票，因而损失 1 300 美元。值得注意的是，期权的买方总是拥有权利，期权的卖方则总是拥有义务。因此，期权的买方为了取得期权必须向期权的卖方支付期权费。

表 23－3 总结了看涨期权与看跌期权的买方与卖方的权利与义务。

表 23－3　看涨期权与看跌期权的各方的权利与义务

	买方	卖方
看涨期权	购买资产的权利	出售资产的义务
看跌期权	出售资产的权利	购买资产的义务

收益图并非利润图

图 23－1 和图 23－2 只是描绘了期权到期的可能收益，并没有考虑最初购买期权的成本和最初出售期权的收益。

这是一个容易混淆的常见问题。例如，根据 23－1（a）的收益图，购买看涨期权看起来必赚无疑：即使出现最糟糕的情形，收益无非就是零。而如果到期日（2018 年 7 月）之前亚马逊公司股票价格超过每股 1 300 美元，则可以获得丰厚的利润。但将上述情形与如图 23－3 所示的利润图对比可知，情况可能发生逆转。图 23－3 的到期日收益扣除了 2018 年 1 月购买看涨期权的成本 104 美元。除非 2018 年 7 月的股票价格高于每股 1 404 美元（1 300+104），否则，看涨期权的买方就会亏钱。

再举一个例子：根据图 23－2（b）中的收益图，出售看跌期权看起来必亏无疑：最好的收益也就是零。但考虑看跌期权的卖方收取的期权费为 96 美元，如图 23－4 所示的利润图说明，只要股票价格超过每股 1 204 美元（1 300－96），看跌期权的卖方就可以获利。

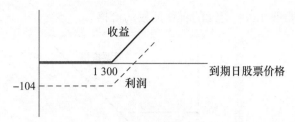

图 23-3　2018 年 7 月亚马逊公司股票看涨期权的买方的收益与利润（单位：美元）

说明：行权价格为 1 300 美元。

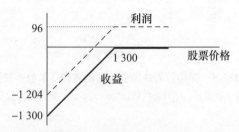

图 23-4　2018 年 7 月亚马逊公司股票看跌期权的买方的收益与利润（单位：美元）

说明：行权价格为 1 300 美元。

如图 23-3 与图 23-4 所示的利润图可能对拥有期权的新手有帮助，期权专家很少绘制这种利润图。现在，你已经从"期权基础班"毕业了，我们也不会再绘制这种利润图。我们必须牢牢掌握收益图。因为你必须关注期权到期的收益，以理解期权并恰当地评估期权的价值。

期权的财务魔力

财务经理可以用期权修改股票的风险特征。例如，假设你通常对亚马逊公司的发展前景持乐观的态度，但你觉得将巨额资金投资于苹果公司的股票风险太大。这种风险使你彻夜难眠。你可能对以下策略感兴趣：购买亚马逊公司股票，并且购买行权价格为 1 300 美元的亚马逊公司股票看跌期权。如果亚马逊公司的股票价格超过每股 1 300 美元，尽管你的看跌期权将一文不值，但你可以通过股票投资获益。如果亚马逊公司的股票价格下跌，你的损失有限，因为看跌期权赋予你以每股 1 300 美元的行权价格出售亚马逊公司股票的权利。因此，你的股票与看跌期权的投资组合的价值不会低于 1 300 美元。

也可以从另一个角度看待你的整个投资组合。你同时持有股票和看跌期权，该投资组合每个要素的最终价值如下表所示。

	股票价格 <1 300 美元	股票价格 ≥ 1 300 美元
股票的价值	股票价格	股票价格
看跌期权的价值	1 300 美元 – 股票价格	0
价值总额	1 300 美元	股票价格

无论股票价格如何下跌，你的投资组合的价值总额都不会低于 1 300 美元的行权价格。

图 23-5 描绘了期权到期时你的投资组合的价值。你的止损点为 1 300 美元，但依然可以受益于股票价格的上涨。这种策略称为保护性看跌期权。因为看跌期权可以保护你免受更大的损失。当然，这样的保护措施并不是免费的。回顾表 23-2，你就会发现这种保护措施的成本。投保 2018 年 1—6 月股票价格为每股 1 300 美元的"股票价格保险"的成本为每股 96 美元。这是 2018 年 1 月到期日为

2018 年 7 月且行权价格为每股 1 300 美元的看跌期权的价格。

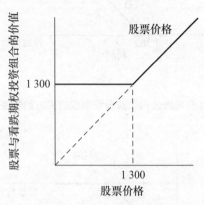

图 23 – 5　保护性看跌期权策略的收益（单位：美元）

说明：如果股票价格最终超过每股 1 300 美元，尽管看跌期权将一文不值，但你拥有股票。如果股票价格最终低于每股 1 300 美元，你能够以行权价格出售该股票。

期权的更多魔力

再回顾图 23 – 5，图中显示了在到期日同时持有一股亚马逊公司股票和一份行权价格为每股 1 300 美元的看跌期权的可能收益。图 23 – 5 看起来是否有些似曾相识呢？确实！回顾图 23 – 1（a），其中显示了持有一份行权价格为每股 1 300 美元的亚马逊公司看涨期权的收益。这两种收益的唯一差异是股票与看跌期权的投资组合的收益总是刚好比看涨期权的收益多 1 300 美元。换言之，不管股票价格最终如何变化，持有股票与看跌期权的投资组合与另一种策略即购买一份看涨期权并将现值为 1 300 美元的资金存入银行的投资组合收益相同。

试想你选择第二种策略可能发生的情形。如果期权到期日股票价格低于每股 1 300 美元，尽管你的看涨期权将一文不值，但你依然拥有 1 300 美元的银行存款。另外，如果期权到期日股票价格超过每股 1 300 美元，你将从银行取出存款，用于行使该看涨期权并拥有股票。下表再次证实，第二种投资组合带给你的收益刚好与你持有股票和一份看跌期权所能获得的收益相同。

	到期收益	
	股票价格 <1 300 美元	股票价格 >1 300 美元
看涨期权	0	股票价格 −1 300 美元
拥有银行存款 1 300 美元	1 300 美元	1 300 美元
价值总额	1 300 美元	股票价格

如果你打算将各种投资组合都持有至到期日，那么这些投资组合现在的市场价格一样。这就为我们提供了看涨期权与看跌期权之间的一种基本关系 ①：

----

① 这种基本关系假设两种期权的行权价格和到期日都相同。亚马逊公司的股票没有发放股利。如果亚马逊公司股票在到期日之前发放了股利，该公式应该扩展为：

股票价格−到期日前股利现值+看跌期权的价格=看涨期权的价格+行权价格的现值

值得注意的是，表 23 – 2 的几个价格与上述公式不符。这存在两个原因：第一，我们对亚马逊公司的股票采用了四舍五入；第二，有些期权那天几乎没有交易，因此，价格记录不全。

　　　　股票价格+看跌期权的价格=看涨期权的价格+行权价格的现值

　　这种股票价格、看涨期权的价格、看跌期权的价格与行权价格之间的基本关系称为"买卖权平价"。

23.2　期权价值的决定因素

　　我们在表 23-2 中列示了亚马逊公司股票期权的各种不同价格，但没有提及如何确定期权的市场价值。现在来讨论这个问题。

期权价值的上下限

　　我们已经知道期权的到期价值是多少。例如，考虑一份以每股 1 300 美元购买亚马逊公司股票的看涨期权。如果到期日股票价格低于每股 1 300 美元，该看涨期权将一文不值。如果到期日股票价格超过每股 1 300 美元，该看涨期权的价值就等于股票的价值减去每股 1 300 美元的行权价格。图 23-6 中的粗线描绘了这种关系。

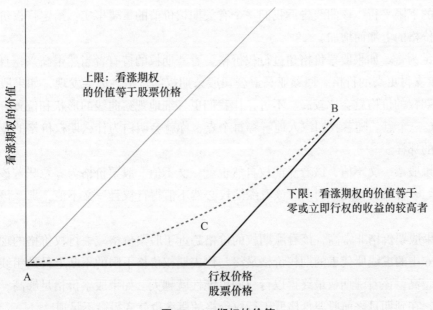

图 23-6　期权的价值

说明：到期日之前看涨期权的价值（虚线）取决于股票价格。尽管该看涨期权的价值总是高于其现在行权的价值（粗线），但从来就没有超过股票价格（细线）。

　　即使在到期日之前，该看涨期权的价值也绝不会位于图 23-6 中的粗线之下。例如，如果该看涨期权的价格为 20 美元，股票价格为每股 1 500 美元，那么，任何投资者都会购买该看涨期权，然后拿出 1 300 美元行使看涨期权购买股票，并以每股 1 500 美元的价格出售该股票。这是一个利润为 180 美元（1 500-（20+1 300））的"造钱机器"。不过，这个"造钱机器"难以持久。运用这种投资策略的投资者对该看涨期权有强烈的需求，将迅速推高该看涨期权的价格，使之接近图 23-6 中的粗线。因此，粗线是该看涨期权的市场价格下限，即

　　　　看涨期权的价值下限=零与（股票价格-行权价格）之间的较高者

　　图 23-6 中细对角线所描绘的股票价格就是该看涨期权的价格上限。为什么呢？因为无论发生

什么情况，股票本身都可以带来更高的最终收益。该看涨期权到期时，如果股票价格超过行权价格，该看涨期权的价值就等于股票价格减去行权价格；而如果股票价格低于行权价格，尽管该看涨期权将一文不值，但股票的所有者仍然拥有一份有价值的证券。这样，持有股票（而不是期权）的额外收益为：

到期日股票价格	股票收益	期权收益	持有股票（而不是期权）的额外收益
超过每股行权价格	股票价格	股票价格 − 行权价格	行权价格
低于或等于行权价格	股票价格	0	股票价格

期权价值的决定因素

期权价格必然介于图 23 - 6 中的上下限之间。事实上，期权的价格趋势呈现出一条向上倾斜的曲线，如图 23 - 6 中的虚线所示。该曲线起始于期权价值上下限的交点（坐标的原点），然后上升，逐渐与期权价值的下限平行。该曲线告诉我们一个有关期权价值的重要事实：给定行权价格，看涨期权的价值随股票价格的上涨而增加。

这应该不足为奇。如果股票价格超过行权价格，看涨期权的持有者当然很高兴，自然愿意为更为"有价"的期权支付更高的价格。回顾亚马逊公司股票期权的价格，你会发现，如果股票价格超过行权价格，看涨期权的价格就会比较高。不过，让我们更仔细地观察曲线的形状和位置。该曲线已经标出了 A，B 和 C 三个点。随着我们深入地解释每个点，你就会明白为什么期权价格的变化轨迹必然像该曲线所描绘的那样。

A 点　如果股票一文不值，该看涨期权自然也就一文不值。股票价格为零意味着该股票不可能有任何未来价值。[①] 若果真如此，到期时该看涨期权必然不值得行权且一文不值，那么该看涨期权现在也一文不值。

B 点　如果股票价格非常高，该看涨期权的价格趋近于股票价格减去行权价格的现值。值得注意的是，图 23 - 6 中的虚线所代表的期权价格最终与代表期权价格下限的不断上升的粗线平行。其原因是：股票价格越高，该看涨期权最终得以行权的可能性就越大。如果股票价格足够高，行权就成为一种必然的事实，在到期日之前股票价格低于行权价格的概率也就变得微不足道。

如果你拥有一项期权，并确定将行权购买股票，那么，你实际上现在就已经拥有该股票。唯一不同的是，在正式行权之前，你不必（以行权价格）为该股票付款。在这种情况下，购买看涨期权相当于现在购买了延期付款和交割的股票。因此，看涨期权的价值等于股票价格减去行权价格的现值。[②]

这为我们提供了有关期权的另一个重要观点。通过看涨期权的方式购买股票的投资者实际上正在以"分期付款信贷"的方式购买股票。投资者现在支付了购买期权的价格，但在实际行使该看涨期权之前并没有支付行权价格。如果利率较高且期权的有效期较长，这种延期付款就显得特别有价值。因此，看涨期权的价值随着利率的提升与看涨期权有效期的延长而增加。

---

① 如果股票具有未来价值，那么投资者现在可能愿意花一点钱（尽管其数额非常小）购买该股票。

② 我们在此假设，该期权到期之前，该股票没有发放任何股利。如果该股票发放了股利，你可能会在意何时拥有该股票，因为该期权的持有者没有资格获得任何股利。

C 点 期权价值总是高于其最小值（除非在到期日或股票价格为零）。我们已经看到，如果股票价格为零（A 点），图 23 - 6 中的虚线与粗线重合，但除此之外，这两条线都相分离。也就是说，期权价格必然超过图 23 - 6 中的粗线所描绘的最小价值。仔细研究 C 点，你就可以理解其中的缘由。

在 C 点，股票价格刚好等于行权价格。因此，如果该看涨期权现在到期，就一文不值。假设该看涨期权 3 个月之后到期。当然，我们并不知道到期日的股票价格是多少。股票价格可能超过行权价格，也可能低于行权价格。因此，该看涨期权的可能收益如下所示：

结果	收益
股票价格上涨	股票价格 – 行权价格（行使了期权）
股票价格下跌	零（期权到期一文不值）

如果收益为正值且收益至少为零，那么该看涨期权的价值一定为正值。这意味着 C 点的期权价格超过其下限（C 点的下限为零）。总之，只要期权还没有到期，期权价格都超过其下限。

决定虚线高度（即期权的实际价值与其下限之间的差额）的最重要因素之一就是股票价格发生显著变动的可能性。如果股票价格变动的幅度不可能超过 1% 或 2%，那么该股票期权的价值也不会太大。如果股票价格可能下降一半或上涨一倍，那么该股票期权的价值就非常大。

例如，假设一份看涨期权的行权价格为每股 1 300 美元。该期权到期时，该股票的价格为每股 1 200 美元或 1 400 美元。该看涨期权的可能收益如下所示（单位：美元）：

到期日股票价格	1 200	1 400
到期日看涨期权价值	0	100

现在，假设该看涨期权到期时股票价格可能为每股 1 100 美元或 1 500 美元。股票平均价格与上述例子相同，但其波动性更大。据此，该看涨期权的可能收益如下所示（单位：美元）：

到期日股票价格	1 100	1 500
到期日看涨期权价值	0	200

上述两个例子的对比凸显了看涨期权价值的不对称性。如果看涨期权到期时，股票价格最终低于行权价格，那么，不管股票价格低于行权价格一美分还是一美元，该看涨期权都一文不值。不过，该看涨期权的持有者却获得了股票价格上涨的所有收益。就本例而言，如果股票价格达到每股 1 400 美元，该看涨期权的价值只有 100 美元，但如果股票价格上涨到每股 1 500 美元，该看涨期权的价值就达到 200 美元。因此，股票价格的大幅波动有利于看涨期权的持有者。

在看涨期权有效期内，股票价格发生大幅波动的概率取决于两个因素：（1）单位时间股票价格的波动性；（2）期权有效期的时间长度。如果其他条件保持不变，你可能喜欢持有股票价格波动性强的股票期权。基于特定的波动性，你可能喜欢持有有效期更长的股票期权。因为有效期较长意味着股票价格发生波动的机会就越多。因此，期权的价值随股票价格波动性的增强和期权有效期的延长而增加。

第一次阅读这些内容就能掌握所有特征的人并不多，因此，我们在表 23 - 4 中总结了这些特征。

表 23 - 4　决定看涨期权价格的因素

如果下列变量提高（或延长或增强）……	看涨期权的价值将……
股票价格	增加
行权价格	减少
利率	增加
有效期	增加
股票价格的波动性	增加

期权估价模型

如果你想评估一份期权的价值，就必须超越表 23 - 4 的定性描述，你需要一个准确的期权估价模型——你代入数字就可以得出期权价值数值的计算公式。

评估复杂期权的价值是一项技术含量很高的工作，远远超出本书的范畴。尽管我们并不能使你马上成为期权方面的高手，但可以借助案例说明期权估价的基本原理。期权估价的诀窍就是找到一个能够准确复制期权的借款与股票投资组合。

如果我们假设期权到期日的股票价格只出现两个数值，就可以简化该模型。尽管这种假设显然不现实，但事实证明，同样的方法却可以推广到大量未来可能出现的股票价格，而不仅限于本例的两个数值。

1973 年，费希尔·布莱克、迈伦·斯科尔斯和罗伯特·默顿（Fischer Black，Myron Scholes，and Robert Merton）共同提出了一个计算公式。该公式说明，即使股票价格不断变化，依然可以通过一系列股票杠杆投资复制一份期权。期权交易商、投资银行家和财务经理经常运用布莱克 - 斯科尔斯计算公式评估各种期权的价值。斯科尔斯和默顿也因提出该计算公式而共同获得了 1997 年的诺贝尔经济学奖。[①]

现在，布莱克 - 斯科尔斯计算公式引入了许多更为复杂的变量，可以更好地捕捉现实市场的某些特征。随着计算机功能的不断增强，这些模型可能越来越复杂，也越来越准确。

投资者不再运用股票价格波动性的估计值计算期权的价值，投资者有时运用期权价格倒推股票价格未来波动性的估计值。

23.3　透视期权

到目前为止，我们的讨论可能给你造成了这样的印象：财务经理只关注买卖股票的期权。不过，一旦你懂得如何识别各种期权的差异，就会发现期权无处不在。遗憾的是，期权很少贴上大标签标榜自己的性质。最大的难题经常是如何识别期权。

我们首先简要地讨论实物资产期权，然后讨论金融资产期权。你应该发现，在前面的章节已经接触了许多期权。

[①]　费希尔·布莱克于 1995 年去世。

实物资产期权

我们在第 10 章已经指出，你现在接受的资本性投资项目可能影响你今后的投资机会。因此，现在的资本预算决策必须识别未来的投资机会。

如果其他条件不变，能够创造新投资机会的资本性投资项目比那些不能创造新投资机会的资本性投资项目更有价值。柔性投资项目（即不会将管理层锁定于某个固定的经营策略的项目）比非柔性投资项目更有价值。如果投资项目具有柔性或能够为公司创造新的投资机会，那么，该投资项目就隐含着**实物期权**（real options）。

如果你留意实物期权，就会发现实物期权几乎无处不在。我们在第 10 章已经看到，公司可以通过多种方式将未来的柔性嵌入投资项目。下面简要回顾一下我们在第 10 章讨论过的两种实物期权。

扩展期权 许多资本性投资项目都包含未来扩展的期权。例如，在加拿大亚伯达的沥青砂地发现了世界最大的石油储备。遗憾的是，在多数情况下，石油开采成本可能超过现行的石油市场价格。尽管如此，许多石油公司已经准备以相当可观的价格购买这些贫瘠的土地。原因何在？沥青砂地的所有权赋予这些石油公司一份期权。如果石油价格依然低于石油开采成本，那么，亚伯达的大部分荒地将得不到开发。但如果石油价格上涨，并超过石油开采成本，那么，石油公司所购买的这片荒地就非常有价值。因此，沥青砂地的所有权赋予石油公司一份实物期权：一份开采石油的看涨期权。

放弃期权 假设三年之后，你需要一座新工厂生产"超导无轴陀螺空天载具"。有两种设计方案可供选择。如果你选择 A 设计方案，建设工程必须马上动工，而如果你选择 B 设计方案，建设工程一年之后再动工，但成本更高。

如果你确信该工厂必不可少，就应该选择 A 设计方案。但假设"超导无轴陀螺空天载具"的需求量可能减少，而且一年后你可能决定不需要该工厂。那么，B 设计方案更理想，因为 B 设计方案赋予你在今后 12 个月内的任何时间以低成本放弃该工厂的一份期权。

你可以将放弃期权视为一份看跌期权。该看跌期权的行权价格就是：如果放弃该投资项目，你可以回收的数额。通过限制不利的风险，放弃期权使 B 设计方案更有吸引力。对新工厂的需要越不确定，放弃期权所提供的抵御不利风险的功效也就越有价值。

金融资产期权

我们前面讨论的亚马逊公司的股票期权都由一部分投资者出售给另一部分投资者，丝毫不影响公司的现金流量。然而，公司也可能为其经理和投资者发行期权。这确实对公司的现金流量具有某种潜在的影响。下面举例说明。

经理股票期权 2017 财年，甲骨文公司的董事长官拉里·埃里森只领取 1 美元的工资。不过，先别急着给拉里·埃里森点赞，他还得到价值为 2 100 万美元的股票和期权。尽管拉里·埃里森的薪酬总额不同寻常，但近年来，除了直接被授予股票，多数美国著名公司的高管薪酬主要是获得股票期权。

这些股票期权也有价值。因此，与薪酬一样，这些股票期权也是一项费用。现在，美国财务会计准则委员会（Financial Accounting Standards Board，FASB）要求公司运用期权估价模型（如布莱克－斯科尔斯模型）估计所授予期权的公允价值，并在计算费用时确认该数值。例如，2017 财年，甲骨文公司授予其董事、经理和员工购买 1 800 万股公司股票的期权。甲骨文公司的财务报表显示，根据布莱克－斯科尔斯模型，这些期权的平均价值为每股 8.18 美元。

认股权　认股权（warrant）是一种长期的公司股票看涨期权。例如，为了回馈美国财政部 2008 年对美国银行的援助，美国银行授予美国财政部 1.50 亿份认股权。每份认股权赋予美国财政部在 2019 年 1 月之前的任何时间以每股 13.30 美元的价格购买美国银行股票的权利。

2010 年 3 月，美国财政部以每份 8.35 美元的价格将认股权出售给投资者。当时，美国银行股票的价格为每股 16.40 美元。这样，如果美国银行的股票价格上升到每股 21.65 美元（13.30+8.35），购买认股权的投资者就可以赚一笔钱。

公司在面临破产时也可能发行认股权。作为解决债务问题的一种方式，破产法庭为该公司的债券持有者提供重组公司的认股权。有时，认股权作为承销商发行证券的一部分薪酬而授予承销商。公司在发行债券时偶尔也会附加某些认股权以吸引投资者。就投资者而言，这些认股权具有价值。因此，与单独的债券相比，投资者自然愿意以更高的价格购买债券与认股权的组合。经理有时过于看重较高的价格，忘记了公司负有以事后证明较低的价格向认股权持有者出售公司股票的义务。

可转换债券　可转换债券（convertible）非常类似于债券与认股权的组合。可转换证券允许其持有者以债券交换一定数量的普通股。因此，可转换债券是一份普通债券与一份看涨期权的组合。该看涨期权的行权价格是"普通债券"（即不可以转换的债券）的价值。如果投资者有权利转换的股票的价值超过普通债券的价值，那么将债券转换为股票就可以获利。

可转换债券的持有者拥有一份债券和一份公司股票的看涨期权，一份债券与一份认股权组合的所有者也拥有相应的权利。然而，两者存在差异，最重要的差异就是：可转换债券的所有者必须放弃债券才能行使其期权；债券与认股权组合的所有者则以现金行使其认股权，但依然保留该债券。

例 23.3　可转换债券

2014 年 9 月，推特公司发行了 2021 年到期的可转换债券 9 亿美元。该可转换债券的票面利率为 1%。在到期之前，每份债券可以转换为 12.879 3 股推特公司的普通股。换句话说，可转换债券的所有者拥有将债券还给推特公司并换取该公司 12.879 3 股普通股的权利。每份债券可以转换的股票数量称为债券的转换比率。推特公司债券的转换比率为 12.879 3。

为了换取 12.879 3 股推特公司股票，你必须放弃面值为 1 000 美元的债券。因此，为了换取 1 股股票，你必须放弃的债券面值为 77.64 美元（1 000/12.879 3）。这个数值称为转换价格。任何最初购买了面值为 1 000 美元债券的投资者，为了换取 12.879 3 股推特公司股票，相当于每股支付了 77.64 美元。

推特公司发行可转换债券时，其股票价格为每股 52.57 美元。如果投资者当天必须转换债券，其投资价值为 677 美元（12.879 3×52.57）。这个数值称为债券的转换价值。当然，投资者不必在 2021 年就转换其持有的可转换债券。投资者希望推特公司的股票价格迅速上涨，从而使转换可以获得利润。令投资者欣慰的是，如果股票价格没有迅速上涨，投资者可以选择不转换，继续持有该债券。如果债券没有转换为股票，那么其价值就称为债券价值。

因为可转换债券的所有者总是拥有不转换的权利，所以债券价值就确定了可转换债券的价格下限。当然，该下限并非完全不变。如果公司经营状况不佳，债券可能没有那么高的价值。在极端情况下，如果公司一文不值，债券自然也就一文不值。

如果公司经营状况良好，转换价值就会超过债券价值。这时，如果投资者必须立即做出选择，他可能会选择转换。如果公司经营状况不佳，债券价值会超过转换价值。这时，如果投资者被迫做出选择，他将继续持有债券。可转换债券的持有者不必立即做出转换或不转换的选择。投资者可以先等待，然后（事后看来有利可图）选择能够为其带来最大收益的那种形式。因此，（除非债券到期）可转换债券的价值总是高于其债券价值和转换价值。

我们前面讨论过，可以将可转换债券视为普通债券与用普通债券换取普通股的期权的组合。这种看涨期权的成本等于可转换债券的市场价格与其债券价值之间的差额。

可赎回债券　与赋予投资者一份期权的认股权和可转换债券不同，**可赎回债券**（callable bond）赋予其发行者一份期权。发行可赎回债券的公司拥有以确定的"赎回"价格回购债券的权利。因此，你可以将可赎回债券视为一份普通债券（不可赎回债券）和发行者持有的一份看涨期权的组合。

📖 本章小结

看涨期权与看跌期权的买方和卖方的收益是什么？（学习目标 1）

期权有两种基本类型。看涨期权是在到期日或到期日之前以特定的行权价格购买一项资产的权利。看跌期权是在到期日或到期日之前以特定的行权价格出售一项资产的权利。如果资产的价值超过行权价格，那么看涨期权的收益是资产价值减去行权价格，否则看涨期权的收益为零。如果行权价格超过资产的价值，那么看跌期权的收益是行权价格减去资产的价值，否则看跌期权的收益为零。期权卖方的收益与期权买方的收益刚好相反。

决定期权价值的因素是什么？（学习目标 2）

看涨期权的价值取决于下列因素：

● 为了行使该看涨期权，必须支付行权价格。如果其他条件保持不变，你需要支付的数额越少越好。因此，如果行权价格相对于股票价格越低，该期权的价值就越高。

● 以看涨期权的方式购买股票的投资者相当于正在以分期付款信贷的方式购买股票。投资者现在只是支付购买该期权的价格，在行使该期权之前，投资者不必支付行权价格。利率越高、有效期越长，这种"免费信贷"就越值钱。

● 无论股票价格的跌幅如何，看涨期权的所有者的损失都不会超过看涨期权的价格。另外，股票价格超过行权价格幅度越大，看涨期权的利润就越大。因此，如果处于逆境，期权持有者不会因股票价格的强烈波动而遭受损失，但如果处于顺境，期权持有者就可以获利。期权的价值随着股票报酬率的波动性的增强而增加。当然，期权的有效期越长，股票价格波动的机会越多。

资本性投资项目可能出现什么期权？（学习目标 3）

将柔性嵌入投资项目的重要意义（我们在第 10 章讨论过）可以用期权来重新表达。例如，如果需求高涨，许多资本性投资项目提供了未来扩大产能的柔性。事实上，这些资本性投资项目为公司提供了一份进一步扩大产能的看涨期权。如果处于逆境，公司还可以考虑其资产的可替代用途。投资项目的放弃期权是一份看跌期权。该看跌期权的行权价格就是该投资项目资产转为其他用途的价值。扩展期权或放弃期权是实物期权的例证。

金融证券可能隐含什么期权？（学习目标 4）

公司发行的许多证券都包含期权。例如，认股权是公司发行的一份长期看涨期权。可转换债券赋予投资者以普通债券的价值换取公司股票的权利。与赋予投资者期权的认股权和可转换债券不同，可赎回债券赋予发行证券的公司一份期权。

第**24**章

风险管理

学习目标

1. 理解为什么公司要通过套期保值降低风险。
2. 运用期权、期货和远期合约设计简单的套期保值战略。
3. 解释公司如何运用互换改变其已经发行的证券的风险。

我们经常认为风险超出了我们的控制。公司的经营活动面临原材料成本、税率、技术和一系列其他因素难以意料的变化，经理对此无能为力。

事实并非完全如此。从某种程度上说，经理可以选择接受哪种风险。例如，我们在第 23 章已经看到，公司可以通过嵌入柔性降低投资项目的风险。使用容易再出售的标准化设备的公司所承受的风险，低于使用别无他用的专用设备的同类公司所承受的风险。这时，转售设备的期权就成为一项保险政策。

有时，公司与其在投资项目中嵌入柔性，不如先接受风险，然后运用金融工具规避风险。这种规避风险的做法就称为套期保值。我们将在本章解释套期保值如何发挥作用，并描述一些有助于风险管理的专门金融工具。这些金融工具包括期权、期货、远期合约和互换。各种金融工具带来的收益取决于某些基础商品或金融资产的价格。由于这些金融工具的收益来源于其他资产的价格，因此它们经常统称为衍生金融工具。①

本章大概是本书篇幅最小的章节，对风险管理这个极大的主题仅作简要介绍。例如，本章不讨论衍生金融工具如何估值或如何创立对冲基金。然而，多数公司广泛运用衍生金融工具调整其面临的风险。因此，你有必要拥有衍生金融工具的基本知识，了解如何运用衍生金融工具（当然，也有必要了解衍生金融工具如何被滥用）。

---

① 衍生金融工具通常使人联想到邪恶的投机者。衍生金融工具会吸引投机者的眼球（其中一些投机者可能十分邪恶），但只是希望降低风险的冷静而谨慎的商人也可以运用衍生金融工具。

24.1 公司为什么要实施套期保值

我们将在本章解释公司如何对其经营风险实施套期保值，在此之前，先解释公司为什么要实施套期保值。

这个问题的答案是显而易见的。难道不是风险低就一定比风险高更好吗？未必如此。即使套期保值没有什么成本，为了降低风险而发生的交易也不可能增加价值。对此，有两个基本的理由：

第一个理由：套期保值是一种零和博弈。公司通过套期保值可以规避风险，但不能消除风险。套期保值只是将风险转移给其他人。例如，假设一家燃油经销商与一家炼油商达成协议，以一个固定的价格买断其下一个冬季的所有燃油。该合约就是一种零和博弈，因为炼油商的损失正是经销商的收益，反之亦然。如果下一个冬季的燃油价格异常高，经销商因为早已锁定一个低于市场价格的价位而获利，而炼油商却被迫以低于市场价格的价位出售其燃油。相反，如果燃油价格异常低，炼油商获利，因为经销商必须以一个较高的固定价格购买燃油。当然，经销商与炼油商在签订合约时都不知道下一个冬季的燃油价格，但考虑了对交易双方都公平的可能价格范围和谈判条款（净现值为零）。

第二个理由：套期保值是投资者自己做出的选择。公司不可能通过投资者自己就可以轻松完成的交易来增加股票的价值。我们在讨论杠杆是否提升公司价值时提及该理念，在讨论股利政策时再次提及该理念。该理念同样适用于套期保值。例如，如果燃油经销商的股东投资于其公司，我们可以推断这些股东已经意识到这种经营风险。如果这些股东不想因能源价格的起落而担惊受怕，可以通过多种方式来保护自己。也许，这些股东同时持有经销商与炼油商的股票，不必在意一个公司牺牲另一个公司的利益而获利。

当然，只有公司完全告知股东所有交易信息，股东才可以调整其面临的风险。例如，1999 年，欧洲中央银行宣布将限制黄金销售，黄金价格迅速飙升，金矿的股东满怀希望地盼望着利润节节高升。但当这些股东发现有些矿业公司已经采取措施保护自己免受价格波动的影响，不会因价格上扬而获利时，这种满怀希望变成了垂头丧气。

这些金矿公司的某些股东想以不断上扬的黄金价格豪赌一把，其他股东则不然。但所有股东都给管理层传递同样的信息。第一拨人说："不要套期保值！我乐意承担黄金价格波动的风险，因为我认为黄金价格可能上涨。"第二拨人说："不要套期保值！我宁愿自己去规避风险。"

我们已经看到，尽管套期保值可以降低风险，但套期保值本身并未增加公司价值。那么，何时套期保值有意义呢？有时，确实值得套期保值，因为套期保值使财务计划更容易编制，而且将降低现金短缺的可能性。短缺可能只是意味着到银行贷款，但也可能使公司不得不放弃有利可图的投资项目，在极端的情况下甚至可能导致公司破产。为什么不通过套期保值降低这些糟糕结果发生的可能性呢？

我们在第 16 章讨论债务政策时看到，财务危机可能给公司带来间接成本或直接成本。财务危机成本源于正常经营活动的中断和财务危机给公司投资决策带来的影响。风险管理政策越好，公司发生这些财务危机成本的可能性就越小。作为一种附带的好处，有效的风险管理可以增强公司的举债能力。

有时，套期保值也使得公司更容易判断某位营运经理的经营绩效，从而决定其是否应该得到奖惩。假设美元相对其他货币意外地升值，公司出口分部的利润减少了 50%。利润的减少有多少是因为汇率变动，又有多少是因为管理不善？如果公司已经采取措施保护其免受汇率变动的影响，那么利润减少的原因很可能就是管理不善。如果公司采取措施自我保护，你必须以后见之明做出一个判断。你可能会问："如果公司已经对汇率变动套期保值，那么利润应该是多少呢？"

最后，对外部事件套期保值有助于运营经理集中注意力。我们知道不应该担心自己无法控制的外部事件，但多数人仍会忧心忡忡。如果出口分部的经理的最终利润和奖金取决于汇率变动，那么，期望该经理不担心汇率变动就太天真了。如果公司自己通过套期保值应对汇率变动，就可以更好地利用原本耗费在担忧汇率变动上的时间。

要制定明智的风险管理策略，需要回答以下问题：

● 公司面临哪些主要风险？其可能的结果是什么？有些风险可能不值一提，但有些风险可能导致公司破产。

● 公司承担这些风险能得到补偿吗？尽管经理用于规避风险的投资未必都能得到补偿，但如果经理可以降低那些无法得到补偿的风险，就可以抓住有利的机会下更大的赌注。

● 公司可以采取任何措施降低产生不良结果的可能性或限制其影响吗？例如，多数公司安装了自动报警和喷淋系统，以防止火灾损失，并购置了备用设施，以防万一。

● 公司可以购买公允定价的保险以弥补可能的损失吗？保险公司具有承担风险的某些优势。尤其是，保险公司有能力将风险分摊到不同保险公司的投资组合上。

● 公司可以用衍生金融工具（如期权或期货）对风险实施套期保值吗？我们将在本章的后面部分解释何时以及如何运用衍生金融工具。

风险管理的证据

管理风险的方式有三种。第一种方式是公司将柔性嵌入其经营过程以降低风险。例如，采用石油或天然气作为原材料的石化厂，降低原材料价格不利变化的可能性；某公司在向全美投放一种新产品之前通过市场测试降低其失败的风险。这两家公司都运用实物期权控制其风险。

第二种降低风险的方式是购买保险，抵御诸如火灾、意外和盗窃等危险。保险公司可以分散风险，因此，购买保险很重要。

第三种方式是公司签订专门的金融合约锁定其成本或价格。这些合约统称为**衍生金融工具**（derivatives），包括期权、期货和互换。衍生金融工具最经常用于防范经济风险。

一项针对世界500强公司的调查发现，几乎所有公司都以某种方式运用衍生金融工具管理其风险。89%的公司运用衍生金融工具管理货币风险，83%的公司运用衍生金融工具控制利率风险，49%的公司运用衍生金融工具管理商品价格的波动风险。[1]

风险政策各不相同。例如，一些自然资源公司努力对其价格波动风险套期保值，另一些公司则对价格波动放任不管。很难解释清楚为什么有些公司运用套期保值而有些公司不运用。一项针对石油和天然气公司的研究发现，债务比率较高、没有任何债务信用评级且股利支付率较低的公司最经常运用套期保值。[2] 就这些公司而言，设计套期保值方案似乎可以降低公司陷入财务危机的可能性，从而改善公司债务融资的能力。

24.2 运用期权降低风险

我们在第23章讨论了看涨期权和看跌期权。经理经常购买货币期权、利率期权和商品期权，以控制其不利风险。尽管许多期权都在期权交易所交易，但期权通常只是公司与银行之间的私下交易。

例如，考虑一下墨西哥政府面临的问题。墨西哥政府的收入有30%来源于一家国有石油公司，即墨西哥石油公司（Pemex）。这样，如果油价下跌，墨西哥政府就有可能被迫减少预算支出。

---

① International Swap Dealers Association (ISDA), "2009 Derivatives Usage Survey," www.isda.org.

② G.D.Haushalter, "Financing Policy, Basis Risk and Corporate Hedging: Evidence from Oil and Gas Producers," *Journal of Finance* 55 (February 2000), pp.107–152.

　　墨西哥政府的解决办法是签订一份应对石油价格可能下跌的年度套期保值合约。尽管这份套期保值合约的细节高度保密，不过，根据 2017 年的报道，墨西哥政府购买了看跌期权，在以后年度有权以每桶 46 美元的行权价格出售 2.50 亿桶石油。如果油价上升至每桶 46 美元以上，墨西哥政府将获得丰厚的利润。但如果油价下跌至每桶 46 美元以下，看跌期权的收益刚好抵消收入的减少。事实上，看跌期权为石油价值设定了一个最低限即每桶石油 46 美元。当然，套期保值并非免费。据说，墨西哥政府花了 12.50 亿美元从国际银团购买了该合约。

　　图 24-1 描绘了墨西哥政府的保险策略的性质。图 24-1（a）展现了出售 2.50 亿桶油的收入。墨西哥政府的收入随着油价的涨跌而增减。图 24-1（b）展现了墨西哥政府以每桶 46 美元出售 2.50 亿桶油的期权的收益。如果油价跌至每桶 46 美元以下，墨西哥政府期权的收益随之增加。其收益刚好抵消石油收入的减少。图 24-1（c）展现了墨西哥政府购买看跌期权之后的收入总额。如果油价低于每桶 46 美元，其收入总额锁定在 115.00 亿美元（2.50 亿桶 × 46 美元 / 桶）。但如果油价上涨至每桶 46 美元以上，那么，油价每增加 1 美元，其收入总额就会增加 2.50 亿美元。你对图 24-1（c）的形状应该很熟悉。这就是我们在 23.1 节讨论过的保护性看跌期权策略。

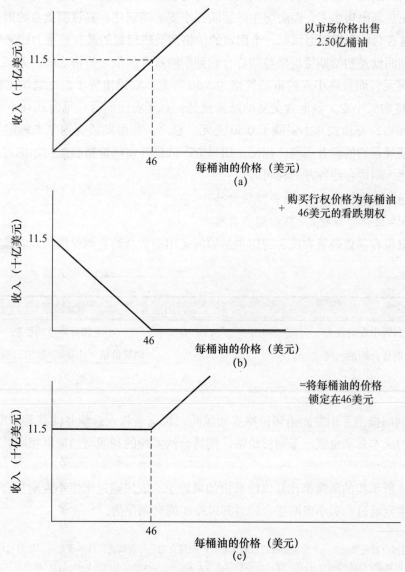

图 24-1　期权如何保护墨西哥政府免受油价大幅下跌的影响

24.3 期货合约

假设你是种植小麦的农民。你对明年的小麦收成很乐观，但你依然失眠了。你担心到出售小麦时，小麦价格可能跌穿底线。治疗失眠的良药就是出售小麦期货。这时，你同意以现在设定的价格在某个时间（比如9月）出售一定数量的小麦。千万别混淆了这种期货合约（future contract）与期权。期权的持有者可以选择是否出售小麦，而你的期货合约是以固定的销售价格出售小麦的一个坚定的承诺。

磨坊主则处于相反的地位，她需要在农民收获之后购买小麦。如果她希望事先锁定小麦的价格，可以通过购买小麦期货实现目标。换言之，她同意将来以现在确定的价格购买小麦。磨坊主同样没有选择权。如果该期货合约到期时她依然持有这份期货合约，就必须购买小麦。

让我们假设农民和磨坊主已经达成交易，并签订了期货合约。具体情况如何呢？第一，签订合约时并没有任何现金转手。① 磨坊主同意在某个设定的未来日期（合约到期日）以期货价格购买小麦。农民同意在同样的日期以同样的价格出售小麦。第二，期货合约是一种具有约束力的义务，而不是一种选择权。如果购买或出售可以获利，期权赋予其持有者购买或出售的权利。在期货合约中，不管谁获利谁受损，农民必须出售小麦，而磨坊主必须购买小麦。**请记住：签订期货合约时并没有任何现金转手。期货合约是在合约到期时必须以一个固定的价格购买或出售的具有约束力的义务。**

期货合约的利润就是初始期货价格与期货合约到期时资产的最终价格之间的差额。例如，如果初始期货价格为5美元，而最终小麦的市场价格为5.50美元，农民出售小麦，磨坊主则以比市场价格低0.50美元的价格购买小麦。该期货交易的结果就是：对于农民而言，每蒲式耳小麦损失了0.50美元；对于磨坊主而言，每蒲式耳小麦赚了0.50美元。总之，如果期货合约原来锁定的价格超过合约到期时的价格，期货合约的卖方获利。相反，如果资产的最终市场价格超过初始期货价格，期货合约的买方获利。因此，期货合约各方的利润为：

卖方利润 = 初始期货价格 − 最终市场价格

买方利润 = 最终市场价格 − 初始期货价格

现在，你可以很容易地理解农民和磨坊主是如何运用期货合约套期保值的。农民的整体现金流量状况如下：

	现金流量
出售小麦的收入	小麦的最终市场价格
期货合约的利润	期货价格 − 小麦的最终市场价格
总额	期货价格

期货合约的利润抵消了小麦的销售价格变动风险，锁定了收入总额并使其等于期货价格。同样，磨坊主购买小麦的成本总额也锁定于期货价格。期货合约实现的利润增加额以相同数额抵消了小麦成本的增加额。

农民和磨坊主所承担的风险都比其以前承担的风险小。农民通过出售小麦期货合约对其风险实施套期保值，磨坊主则通过购买小麦期货合约对其风险实施套期保值。②

---

① 实际上，交易双方都需要设立一个保证金账户以确保履行该期货合约。尽管如此，从本质上说，依然可以将期货合约视为不需要现金的交易。首先，保证金的数额很小。其次，保证金可能投入带息证券，交易双方不需要承担将资产放入保证金账户的机会成本。

② 双方都没有消除所有风险。例如，农民依然面临小麦数量变动风险，他并不确定可以收获多少蒲式耳的小麦。

例 24.1 **运用期货套期保值**

假设农民最初以每蒲式耳 5.51 美元的价格出售了 5 000 蒲式耳 12 月到期的小麦期货合约。到 12 月期货合约到期时,每蒲式耳小麦的价格只有 5 美元。于是,农民在期货合约到期之前以每蒲式耳 5 美元的价格回购该小麦期货合约。通过出售小麦期货合约再回购该小麦期货合约,该农民每蒲式耳小麦获得 0.51美元的利润。同时,他以即时价格每蒲式耳 5 美元出售其小麦。因此,该农民的收入总额为每蒲式耳 5.5美元。具体的计算过程如下(单位:美元):

出售小麦货合约再回购该小麦期货合约的利润	0.51
以 12 月的即时价格出售小麦	5.00
收入总额	5.51

你可以看到,期货合约使该农民将收入总额锁定于每蒲式耳 5.51 美元。

图 24-2 描绘了例 24.1 的农民如何运用期货合约对其风险实施套期保值。图 24-2(a)展现了 5 000 蒲式耳小麦的价值如何随着小麦即时价格的波动而变动。小麦的价格每增加 1 美元,其价值就增加 5 000 美元。图 24-2(b)是以每蒲式耳 5.51 美元的价格出售 5 000 蒲式耳小麦的期货合约的利润。如果小麦的最终价格等于初始期货价格即每蒲式耳 5.51 美元,那么该利润将为零。如果小麦的价格跌至低于每蒲式耳 5.51 美元,那么,小麦价格每下跌 1 美元,以每蒲式耳 5.51 美元的价格出售小麦期货合约的利润将增加 5 000 美元。如图 24-2(a)和图 24-2(b)所示,小麦价格变动的风险显然抵消了。图 24-2(c)展现了小麦的最终价格并不影响 5 000 蒲式耳小麦与期货合约的收入总额,其收入总额为 27 550 美元(0.51 美元/蒲式耳×5 000 蒲式耳)。换言之,该农民将其收入锁定于每蒲式耳小麦 5.51 美元,即初始期货价格。

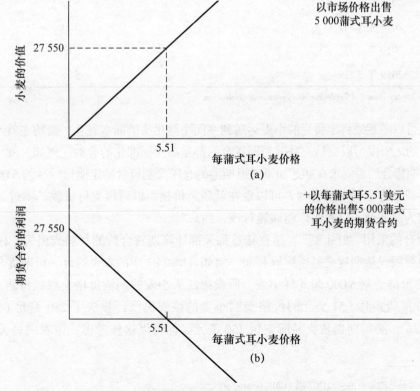

图 24-2 农民运用小麦期货合约对其农作物价值套期保值(单位:美元)

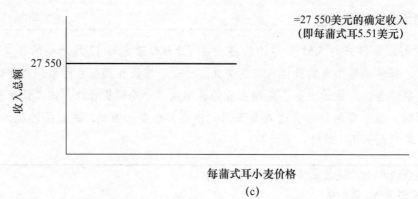

图 24 - 2 农民运用小麦期货合约对其农作物价值套期保值（单位：美元）(续)

说明：具体情境参见例 24.1。

期货交易的机理

在实践中，农民和磨坊主并不需要面对面签订期货合约，而是各自通过有组织的期货交易所（如芝加哥交易所）完成交易。[①]

表 24 - 1 列示了 2018 年 5 月芝加哥交易所的小麦期货价格。当时，小麦即期交易的价格大约为每蒲式耳 5.07 美元。值得注意的是，可以选择交割日期。例如，如果你出售 2018 年 9 月交割小麦的期货合约，那么，与出售 2018 年 12 月的期货合约相比，你得到的价格更低。

表 24 - 1　2018 年 5 月芝加哥交易所的小麦期货价格

交割日期	每蒲式耳小麦的价格（美元）
2018 年 7 月	5.11
2018 年 9 月	5.28
2018 年 12 月	5.51
2019 年 3 月	5.69
2019 年 7 月	5.78

资料来源：The Chicago Board of Trade Website, www.cmegroup.com.

如果该农民可以随意地将半腐烂的小麦运送到乡间小路尽头的漏水谷仓，磨坊主就不会准备购买期货合约。期货合约之所以可以交易，是因为期货合约都是高度标准化的合约。例如，就小麦期货合约案例而言，每一份期货合约都要求在如芝加哥或恩斯港的仓库交割符合特定质量标准的 5 000 蒲式耳小麦。

如果你购买或出售一份期货合约，可以现在就锁定价格，以后再支付货款。不过，你需要存入一些现金或证券作为保证金，以表明你能够履行该合约。

此外，期货合约采用"盯市制"。这意味着每天都计算期货合约的利润或损失。你必须向期货交易所支付损失的数额或从期货交易所提取利润。例如，例 24.1 中的农民签订一份期货合约，将以每蒲式耳 5.51 美元的价格交割 5 000 蒲式耳小麦。假设第二天小麦的期货价格上涨到每蒲式耳 5.56 美元。现在，承诺只按每蒲式耳 5.51 美元的价格交割小麦的该农民已经损失了 250 美元（5 000 蒲式耳 × 0.05 美元 / 蒲式耳），必须向期货交易所支付 250 美元。你可以这样考虑：该农民每天回购其期货合

[①]　芝加哥交易所是芝加哥商品交易所集团（CME Group）的分部。

约，然后出售一份新的期货合约。第一天之后，该农民每蒲式耳小麦已经损失了 0.50 美元，而且现在有义务以每蒲式耳 5.56 美元的价格交割小麦。

当然，磨坊主处于相反的地位。期货价格上涨使她获得了每蒲式耳小麦 0.05 美元的利润。因此，期货交易所应该支付给她这笔利润。实际上，磨坊主出售期货合约获得了一笔利润，然后购买一份新的期货合约，以每蒲式耳 5.56 美元的价格交割小麦。

马上交割的小麦的价格称为**现货价格**（spot price）。如果该农民出售小麦期货合约，他同意接受的小麦价格可能与即期价格存在非常大的差距。但期货最终都会变成现货。随着交割日期的临近，期货合约越来越像现货合约，期货合约的价格也越来越接近现货价格。

该农民可能决定等到期货合约到期再将小麦出售给期货合约的买方。不过，在实践中，这种交割方式相当罕见，因为该农民在期货合约到期之前回购小麦期货合约更为方便。[①]

商品期货与金融期货

我们已经讨论了农民和磨坊主如何运用小麦期货合约对其面临的风险实施套期保值。诸如糖、大豆油、橙汁、原油和铜等许多商品都可以进行期货交易。

商品价格可能像蹦极者那样上下波动。例如，2009 年初，铜的价格大约为每吨 3 000 美元。仅仅 2 年之后，铜的价格超过每吨 10 000 美元。对大量使用铜的公司如通用电缆公司（General Cable）而言，铜的价格波动可以使公司陷入困境。因此，通用电缆公司通过商品期货套期保值降低铜和其他金属的价格波动风险。许多铜生产商也发现，套期保值可以增强其举债能力。例如，2014 年，某银团同意向印度尼西亚一家铜矿公司贷款 1.65 亿美元时，就要求该公司通过套期保值降低铜价的风险。通过限制该公司面临的财务危机风险，期货套期保值增强了该公司的举债能力。

就许多公司而言，利率和汇率的大幅波动已经成为至少与商品价格变动同等重要的风险来源。你可以运用金融期货套期保值规避这些风险。

尽管金融期货类似于商品期货，但与商品期货不同，**金融期货不是签订一份在未来某个日期购买或出售某种商品的合约，而是签订一份在未来某个日期购买或出售某种金融资产的合约。你可以运用金融期货保护自己免受长短期利率、汇率和股票价格变动的影响。**

表 24-2 列举了某些较为流行的金融期货合约。

表 24-2　某些金融期货合约

期货合约	主要交易地点
美国国库券与债券	芝加哥交易所
欧洲美元存款	芝加哥商品交易所、洲际交易所
标准普尔指数	芝加哥商品交易所
欧元	芝加哥商品交易所
日元	芝加哥商品交易所
德国政府债券（国债）	欧洲期货期权交易所、洲际交易所

①　在后面讨论的某些金融期货案例中，你根本就不用交割资产。在到期日，期货合约的买方只收取（或支付）现货价格与其承诺购买资产的价格之间的差额。

24.4 远期合约

每天所购买和出售的期货合约达数十亿美元。我们已经看到，期货合约之所以具有这种流动性，是因为期货合约都是标准化合约。期货合约的到期日仅限于每年的几个日期（参见表 24-1 所示的小麦期货合约），而且合约的规模也是标准化的。例如，一份合约可能要求交割 5 000 蒲式耳小麦、100 盎司黄金或 62 500 英镑。如果期货合约的条款不适合你的特别需求，你可以购买或出售**远期合约**（forward contract）。

远期合约是顾客量身定制的期货合约。[①] 你可以签订一份在任何到期日交割任何数量商品的远期合约。例如，假设你知道你在 3 个月之后需要支付日元。你可以通过与银行签订购买日元的远期合约，现在就锁定你需要支付日元的价格。3 个月之后，你支付约定的数额并交割日元。

例 24.2　远期合约

Computer Parts 公司向其日本供应商订购记忆芯片，7 月 27 日必须支付 5 300 万日元货款。该公司现在可以与银行签订远期合约，约定将于 7 月 27 日以 1 美元兑换 110 日元的远期汇率向银行购买 5 300 万日元。因此，7 月 27 日，Computer Parts 公司支付给银行 481 818 美元（53 000 000 日元 /（110 日元 / 美元））并得到可以用于支付日本供应商货款的 5 300 万日元。通过远期合约以 481 818 美元兑换 5 300 万日元，就锁定了其美元成本。值得注意的是，如果该公司没有运用远期合约实施套期保值，而美元在此期间贬值，那么该公司必须支付更多的美元。例如，如果美元贬值了，1 美元只能兑换 100 日元，该公司要支付日本供应商的货款，就必须以 530 000 美元兑换 5 300 万日元。该公司原本也可以运用期货合约套期保值其外汇风险，但期货合约是标准化的，不允许在 7 月 27 日刚好交割 5 300 万日元。

最活跃的远期合约交易是外汇远期合约。不过，公司也可以签订远期利率协议，使公司可以事先锁定其借款或贷款的利率。

24.5 互换

利率互换

假设例 24.2 中的 Computer Parts 公司决定不向外部供应商购买记忆芯片，而是自己生产记忆芯片。该公司发行了 1 亿美元的浮动利率债券为新工厂的建设工程融资。（回顾第 14 章，浮动利率债券的利息支付额随一般利率水平的变化而增减。该债券的票面利息支付额与某种短期利率挂钩。）不过，财务经理担心利率越来越不稳定，希望锁定公司的利息费用。其中一种方法就是回购浮动利率债券并发行新的固定利率债券取而代之。但是，公开发行新债券的成本太高，此外，回购在市场上流通的债券可能产生相当大的交易成本。

就该公司而言，对其利率风险实施套期保值的一种更好的方法是签订一份利率**互换**（swap）协议。该公司将支付或"互换"另一种与利率水平挂钩的固定支付额。如果利率果真上升了，该公司浮动利率债券的利息费用不断增加，来自互换协议的现金流量也随之增加，从而抵消了其利率变动的风险。

假设该公司以 LIBOR 支付其浮动利率债券的利息。（LIBOR 即伦敦银行间同业拆借利率，这是银

[①] 远期合约与期货合约的一个差异是远期合约没有采用"盯市制"，因此，远期合约只在合约到期时才结算利润或损失。

行在欧洲美元市场上互相借款的利率，也是互换市场上最常用的短期利率。）那么，该公司每年的利息费用等于 LIBOR 乘以 1 亿美元。该公司希望将此债务转变为不随利率变动的债务。

假设互换市场当前的利率为 "以 LIBOR 交换 5% 的固定利率"。这意味着 Computer Parts 公司可以签订一份互换协议，以 5% 的利率向互换交易商支付按 "名义本金" 1 亿美元计算的利息，并得到按 "名义本金" 1 亿美元和 LIBOR 计算的利息。互换交易商与该公司称为互换交易的对方。该公司支付互换交易商 "0.05×1 亿美元" 并得到 "LIBOR×1 亿美元"。这样，该公司支付给互换交易商的现金净额为 "（0.05-LIBOR）×1 亿美元"。如果 LIBOR 超过 5%，该公司可以得到互换交易商支付的现金。如果 LIBOR 低于 5%，该公司向互换交易商支付现金。图 24-3 描绘了 Computer Parts 公司与互换交易商之间的现金流动。

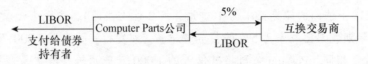

图 24-3 利率互换

说明：Computer Parts 公司目前以 LIBOR 支付其流通在外债券的利息（左边的箭头）。如果该公司签订了互换协议，就可以支付 5% 的固定利率并得到 LIBOR 的浮动利率。这样，该公司就规避了 LIBOR 变动风险，其现金流出量净额就是基于 5% 的固定利率。

表 24-3 列示了 Computer Parts 公司基于三种可能利率的支付净额。不论利率如何变化，债券互换协议的支付总额都是 500 万美元。互换已经将浮动利率的债券转化成实际票面利率为 5% 的固定利率债券。这样，该公司不用真正以固定利率债券替换浮动利率债券就可以对其利率风险实施套期保值。与 "重新编制资产负债表" 相比，互换是一种成本更低的方式。[①]

表 24-3 利率互换将浮动利率债券转化成固定利率债券　　　　单位：美元

	伦敦银行间同业拆借利率（LIBOR）		
	4.5%	5.0%	5.5%
支付浮动利率债券的利息（=LIBOR×1 亿美元）	4 500 000	5 000 000	5 500 000
+ 互换的现金支付额 [（0.50-LIBOR）×1 亿美元的名义本金]	500 000	0	-500 000
支付总额	5 000 000	5 000 000	5 000 000

利率互换还有许多其他的应用领域。例如，假设某投资组合基金经理正持有一份长期债券的投资组合，担心利率上涨导致债券价格下跌。她可以签订一份互换协议，支付固定利率并收取浮动利率，从而将持有的投资组合转化成一个浮动利率投资组合。

货币互换

互换还有许多其他类型。例如，货币互换允许公司以一系列美元支付额（可能与固定利率或浮动利率挂钩）转化为一系列其他货币支付额（也可能与固定利率或浮动利率挂钩）。因此，这些互换可以用于管理汇率波动的风险。

---

① 你可能想知道互换交易商是如何安排该交易的。交易商通过获得买卖价差而获利。在利率互换过程中，交易商支付 LIBOR 换取 5% 的固定利率。这样，该交易商就必须寻找一个愿意收取固定利率而支付 LIBOR 的交易商，支付 4.9% 的固定利率给另一个交易商以换取 LIBOR。因此，该交易商支付固定利率而从一个交易商处收取浮动利率，同时支付浮动利率而从另一个交易商处收取固定利率。这样，该交易商就锁定了其现金流量净额，该净额等于名义本金的 0.1%。

例 24.3 货币互换

假设 Possum 公司希望借入瑞士法郎为其欧洲市场的经营活动融资。因为该公司在美国更出名，财务经理认为美元贷款可以争取到比瑞士法郎贷款更具吸引力的条款。因此，该公司在美国以 5% 的利率借入 5 年期的 1 000 万美元贷款。与此同时，Possum 公司与互换交易商签订了一份互换协议，将未来的美元债务转换为瑞士法郎债务。基于互换协议，该交易商同意支付给 Possum 公司足够的美元以偿还其美元贷款，而 Possum 公司同意每年向该交易商支付瑞士法郎。在美国，5 年期贷款利率为 5%，而在瑞士，5 年期贷款利率为 3%。

表 24-4 列示了 Possum 公司的现金流量。表中第 1 行说明，如果 Possum 公司取得美元贷款，就必须承诺每年支付利息 50 万美元并到期偿还已经借入的 1 000 万美元贷款。表中第 2a 行和第 2b 行说明了互换产生的现金流量（假设瑞士法郎的即期汇率为 1 美元兑换 2 瑞士法郎）。该现金流量与 Possum 公司购买面值为 1 000 万美元、5 年期、票面利率为 5% 的债券并出售（即发行）面值为 2 000 万瑞士法郎、5 年期、票面利率为 6% 的现金流量相同。Possum 公司将其借入的 1 000 万美元转移给交易商并收取 2 000 万瑞士法郎（1 000 万美元×2 瑞士法郎/美元）。在接下来的 4 年里，交易商每年都向 Possum 公司支付 50 万美元。Possum 公司用这 50 万美元支付其贷款的年利息。第 5 年交易商向 Possum 公司支付 1 050 万美元，包括最后一年的利息和贷款本金。作为互换条件，Possum 公司同意在未来 4 年里每年向交易商支付 120 万瑞士法郎，第 5 年向交易商支付 2 120 万瑞士法郎。

表 24-4 Possum 公司美元贷款与货币互换的现金流量数字 　　　　单位：百万

	第 0 年		第 1～4 年		第 5 年	
	美元	瑞士法郎	美元	瑞士法郎	美元	瑞士法郎
1. 取得美元贷款	+10		-0.5		-10.5	
2. 签订货币互换协议						
a. Possum 公司收取美元	-10		+0.5		+10.5	
b. Possum 公司支付瑞士法郎		+20		-1.2		-21.2
3. 现金流量净额	0	+20	0	-1.2	0	-21.2

综合互换所产生的现金流量与 Possum 公司发行以美元计价的债券所产生的现金流量，其综合结果刚好就是 Possum 公司以 6% 的利率借入 2 000 万瑞士法郎。因此，Possum 公司上述两个步骤的综合成效（表 24-4 的第 3 行）是将其利率为 5% 的美元贷款转换成利率为 6% 的瑞士法郎贷款。使这种转换成为可能的方式就是货币互换。

其他互换形式

尽管利率互换和货币互换是最为流行的合约形式，但还有各种各样的其他互换形式或相关合约。

公司可以利用通货膨胀互换防范通货膨胀风险。互换的一方收取一笔固定的款项，而互换的另一方则收取一笔与通货膨胀率挂钩的款项。实际上，通货膨胀互换创造了一种量身定制的与通货膨胀挂钩的债券。这种债券的到期日可以随意确定。

你也可以签订一份报酬率互换合约，一方（A 方）支付一系列事先约定数额的款项，另一方（B 方）则支付某项资产的全部报酬率。该项资产可能是普通股、贷款或市场指数。例如，假设 B 拥有

1 000 万美元的 IBM 公司股票。现在，B 签订一份 2 年期的互换协议，每个季度向 A 支付该股票的全部报酬率。作为交换，A 同意按 LIBOR+1% 的利率向 B 支付利息。尽管 IBM 公司的股票没有换手，该报酬率互换的效果如同 B 向 A 出售该资产并在事先约定的未来日期买回该资产。

24.6　衍生金融工具市场的创新

几乎每天都有一些新的衍生金融工具合约产生。起初，可能只有银行与其顾客之间的少数私人交易，但一旦衍生金融工具合约流行起来，期货交易所就可能尝试拓展该业务。

衍生金融工具交易商试图识别出公司面临的主要风险，然后设计一种有助于公司消除这些风险的合约。例如，许多金融机构面临的主要风险就是某个重要顾客可能因陷入困境而无法清偿其债务。**信用违约互换**（credit default swaps）为债权人提供一种规避违约风险的保险。这种保险的提供者承诺，如果债务人无法清偿其债务，将代为清偿。当然，这种保险的提供者因为承担了风险而必须收取保险费。

铁矿石的价格波动性较大。由于中国对铁矿石的需求不断变化，2009 年初至 2011 年，铁矿石的价格大约涨了 3 倍。随后的五年内，铁矿石的价格暴跌了 75%。期货交易的发展说明，铁矿石的生产者和使用者都喜欢期货合约，都可以运用期货合约对铁矿石的价格变动进行套期保值。因此，2010 年 7 月，纽约商品交易所（芝加哥商品交易所集团的分部）推出了一种以中国铁矿石价格为基础的期货合约。

很难预测哪一种新的衍生金融工具合约可能成功或惨败。当你阅读这部分内容时，每个人都在谈论衍生金融工具的新兴市场。

24.7　"衍生金融工具"是一个贬义词吗

前述农民与磨坊主的例子说明了如何运用衍生金融工具（如期货、期权或互换）降低公司的经营风险。但如果你手上没有小麦而仿效该农民的做法出售小麦期货合约，你就不是在降低风险，而是在投机。

成功的期货市场需要准备承担风险并为农民和磨坊主提供所需的保护的投机者。例如，如果许多农民希望出售小麦期货合约，在大量投机者为了获利而打算购买小麦期货合约之前，期货合约的价格会被迫下调。如果许多磨坊主希望购买小麦期货合约，就会发生刚好相反的情况。在投机者出售小麦期货合约之前，期货合约的价格会被迫上涨。

就繁荣衍生金融工具市场而言，投机可能非常必要，但投机也可能使公司深陷困境。1995 年，拥有 200 年历史的英国蓝筹私人银行巴林银行（Baring Brother）宣告破产。巴林银行破产的原因是其新加坡分行的操盘手尼克·里森（Nick Leeson）从事日本股票市场指数的期货投机交易损失了 14 亿美元。类似巴林银行这样的案例不胜枚举。

这些令人震惊的故事是否意味着公司应该禁止运用这些衍生金融工具呢？当然不是。但这些故事确实说明，公司应该谨慎地运用衍生金融工具。**除非你有充分的理由相信风险对你有利，否则，投机套利是愚蠢的行为。如果你不能比那些在银行和其他机构领高薪的专业人士拥有更多的信息，你就应该运用衍生金融工具实施套期保值而不是投机套利。**

📚 本章小结

为什么公司要通过套期保值降低风险？（学习目标 1）

商品价格、利率或汇率波动可能使公司难以制订计划，也可能使公司陷入困境。因此，财务经理寻找管理这些风险的机会，现有的许多专门工具可以帮助财务经理实现目标。这些专门工具统称为衍生金融工具。衍生金融工具包括期权、期货、远期合约和互换。

如何运用期货和远期合约制定简单的套期保值战略？（学习目标 2）

期货合约是现在签订的在未来购买或出售某项资产的协议。现在就锁定价格，但直到交割日才最后支付货款。期货合约是高度标准化的合约并在有组织的交易所里交易。商品期货使公司可以锁定各种农产品、金属和石油的未来价格。金融期货帮助公司保护自己免受不可预见的利率、汇率和股票价格变动的影响。

远期合约相当于定制的期货合约。例如，公司通常与银行签订远期合约，购买或出售外汇或锁定未来贷款的利率。

公司如何运用互换改变其已发行证券的风险？（学习目标 3）

互换使公司可以将一系列未来支付额转换为其他支付额。例如，公司可能同意以一种货币定期支付一系列款项，而收取另一种货币的一系列款项。

第8篇

总 结

第 25 章

财务学的已知与未知

现在到了总结的时候。我们在本章首先非常简要地回顾财务学六个最重要的理念。现在你应该已经非常熟悉这些理念。

当然，财务学还有许多需要解决的疑难问题。我们将为你列出财务学九个尚未解决的最重要的问题。

尽管我们力图为你详细地讲解财务学的基本原理，但是，如果你通过一本书就学会了所有已知的财务学基本原理，那么财务学可能是一门枯燥无味的学科。因此，我们只提供一张重要的财务学主题的简明路线图。你可能在更深入的财务学课程中遇到这些重要的财务学主题。

25.1 已知：财务学六个最重要的理念

如果问你财务学六个最重要的理念是什么，你将如何回答？下面就是我们列出的清单。

净现值（第 5 章）

如果你想知道一辆旧车的价格，可以关注二手车市场的价格。同样，如果你想知道未来现金流量的价值，可以关注资本市场的报价。资本市场交易的是未来现金流量的索取权（值得注意的是，那些领取高额薪酬的投资银行家也只是现金流量的二手交易商而已）。如果你能够为股东在资本市场上以低于其必须支付的价格获得现金流量，你就已经增加了股东的投资价值。

这就是净现值背后的简单理念。在计算投资项目的净现值时，我们不断追问投资项目的价值是否超过了其成本。我们假设将投资项目现金流量的索取权交给投资者并在资本市场上交易，计算此时该投资项目现金流量的价值，从而估计该投资项目的价值。

这就是我们要以资本机会成本（即与投资项目具有相同风险的证券所能获得的预期报酬率）对未来现金流量进行折现，从而计算净现值的原因。在一个有效的资本市场里，所有风险相当的资产都按照相同的预期报酬率定价。这样，当我们以资本机会成本为折现率时，我们正在计算将为投资者提供该报酬率的价格。

与多数好的理念一样，如果你略加思考，就会发现净现值法并没有什么高深之处。但值得注意的是，净现值确实是一个重要的理念。净现值法使成千上万拥有不同财富和对风险持不同态度的股东可以共同投资于同一家公司，并委托职业经理负责经营。这些股东只对经理提出了一个简单的要求："实现净现值最大化。"

风险与报酬率（第 11 章和第 12 章）

有些人认为现代财务学的全部内容就是资本资产定价模型。这种说法纯属无稽之谈。即便从来就没有人提出资本资产定价模型，我们给财务经理的建议也基本相同。资本资产定价模型的魅力在于，它为我们提供了思考风险性投资项目必要报酬率的一种便于操作的方式。

当然，资本资产定价模型也是一种充满魅力的简单理念。风险包括可分散风险和不可分散风险两大类。投资者关注的唯一风险是他们无法消除的风险，即不可分散风险。

你可以通过整个经济体所有资产价值总额的变动对投资项目价值的影响程度来度量投资项目的不可分散风险或市场风险。这就是投资项目的贝塔系数。资产的必要报酬率随其贝塔系数的提高而提高。

有些人担心资本资产定价模型背后的某些假设过于苛刻，或者投资项目的贝塔系数难以估计。这些担心不无道理。将来，我们也许拥有比现在更好的理论。[①] 但我们还是要说，这些更为复杂的理论仍将保留资本资产定价模型背后的两个重要理念：

- 投资者不喜欢风险，而且会为了补偿风险而要求得到一个更高的报酬率。
- 真正重要的风险是投资者无法消除的风险。

有效资本市场（第 7 章）

第三个基本理念是证券价格准确地反映了现有信息，而且一旦出现新的信息，就迅速对新的信息做出反应。与"现有信息"的不同定义相匹配，有效市场理论存在三种形式。弱式有效市场理论（或随机游走理论）认为证券价格反映了过去价格包含的所有信息。半强式有效市场理论认为证券价格反映了所有公开的现有信息。强式有效市场理论认为证券价格反映了所有可获得的信息。

千万不要误解有效市场理论。有效市场理论并不是说没有任何税收或成本，也不是说投资者就不存在聪明与愚蠢之分，更不是说投资者就不会出错。有效市场理论只是说明资本市场竞争非常激烈，资本市场上并不存在"生钱机器"。有效市场理论认为，基于投资者拥有最充分的信息，证券价格反映了资产真实的基础价值。

有效市场假设已经得到广泛的检验，而这些检验也发现几个定价"异象"或简单投资策略的貌似获利机会。尽管我们在第 7 章讨论了这些异象的几个案例，但学术期刊现在却充斥着这些谜题。这是否意味着投资者明摆着可以轻松赚钱而不去赚呢？

遗憾的是，对于我们而言，这些证据并没有转化为轻松赚钱的门道。超额报酬率难以捉摸，只有少数共同基金的经理曾经持续获得这种超额报酬率。在现实的市场中利用异象获得超额报酬率远比在历史报酬率数据库中发现异象难得多。

MM 无关定理（第 16 章和第 17 章）

莫迪格利安尼和米勒的无关定理认为，除非筹资政策能够增加投资者的现金流量总额，否则，你不可能通过筹资政策增加价值。仅对现金流量进行重新组合的筹资决策不可能增加价值。

---

① 我们承认我们已经憧憬了 35 年啦！将来的某一天，我们可能会实现这个梦想。

财务经理经常问公司应该借多少钱。MM 定理认为，只要借款没有改变公司资产创造的现金流量总额，就不会影响公司的价值。

莫迪格利安尼和米勒用一种类似的论据说明，除非分配政策影响了现有和未来股东的现金流量总额，否则，分配政策不会影响公司的价值。如果投资额与借款额固定不变，公司可以增加股利的唯一方式就是减少股票回购数额或发行更多股票。无论采用哪种方式，都只不过是把现金放入你的一个口袋，然后又从另一个口袋取出。

当然，也可以反过来说明 MM 定理。正如分离现金流量不能增加价值一样，不同现金流量系列的组合也不能增加价值。这就意味着除非两家公司整合在一起能够增加现金流量总额，否则不可能通过整合两家公司增加价值。因此，仅仅为了多元化而合并不会产生任何效益。

你可以把这些"无关定理"视为"价值守恒"（conservation of value）的一种形式。你不可能只通过两家公司的整合增加公司价值，也不可能通过将现金流量总额分为几部分（如将现金流量总额分为债务与权益）创造价值。公司的整体价值只是各个分部的价值之和。

期权理论（第 23 章）

在日常的谈论中，我们经常将"期权"一词视为"选择"或"可能性选择"的同义词。因此，我们可能提及某人拥有许多期权。财务学的"期权"特指未来按照现在约定的条款交易的机会。精明的经理知道，为了获得未来购买或出售某项资产的权利，现在花钱是物有所值的。

我们在第 10 章和第 23 章提到，许多公司都愿意为赋予公司未来灵活性的资本性投资项目支付更高的价格。许多证券也赋予公司和投资者各种期权。例如，可转换债券赋予其持有者将债券转换为股票的权利。

与过去相比，现在经理花费更多的时间考虑期权问题。部分原因是经理越来越多地运用期权抵补风险。此外，财务经理和经济学家也逐渐意识到许多资产包含隐性实物期权。例如，放弃某个投资项目并收回其残值的机会就是一份看跌期权。

既然期权如此盛行，那么知道如何评估期权的价值就显得非常重要。最伟大的财务学发展之一就是布莱克、斯科尔斯和默顿提出的期权估价模型。我们在第 23 章简要地讨论了期权价值的决定因素。

代理理论

现代公司是一个团队合作的聚合体，涉及许多参与者，包括经理、员工、股东和债权人。公司团队成员基于一系列正式和非正式的契约而凝聚在一起，以确保他们共同推动公司的发展。

长期以来，经济学家假设所有公司团队成员都本能地从共同利益出发行事。然而，最近 20 年来，我们已经发现公司团队成员之间存在许多利益冲突，并知道公司如何想方设法缓解这些利益冲突。这些理念的汇集形成了代理理论。

例如，我们可以考虑公司的股东与经理人之间的关系。股东（委托人）希望经理（代理人）实现公司价值最大化。为了激励经理实现公司价值最大化，公司设法将经理的薪酬与其创造的价值挂钩。此外，长期忽视股东利益的经理可能面临因公司被接管而被解聘的威胁。

尽管我们没有用单独的一章讨论代理理论，但是，代理理论已经帮助我们思考下列问题：

- 企业家如何说服风险资本投资者加入其公司？（第 15 章）
- 为什么债券协议会出现许多非常难懂的条款？（第 16 章）
- 兼并、收购和杠杆收购仅仅为了"排除"其他参与者还是为了实现公司价值最大化而改变经理

的激励机制？（第21章）

上述六个理念究竟是激动人心的理论还是非常普通的常识呢？你可以任意评说。但这些理念是财务经理工作的基础。如果你在阅读本书之后确实领会了这些理念并清楚如何运用，你就会受益匪浅！

25.2　未知：财务学九个尚未解决的问题

未知的世界永无止境，财务学的未知问题的清单也可以无限地列举下去。下面是财务学的九个尚未解决的问题。研究这些问题可能会取得丰硕的研究成果。

哪些因素决定投资项目的风险和现值？

好的资本性投资项目就是净现值为正值的投资项目。尽管我们已用一些篇幅讨论如何计算净现值。我们在第10章只是提及如果公司拥有某些竞争优势，投资项目的净现值为正值，我们几乎没有涉及如何寻找净现值为正值的投资项目。然而，为什么有些公司能够获得更高的报酬率，而同行业的其他公司却无法企及呢？

何时超额报酬率只是"意外收益"，而何时超额报酬率可以预期、创造和计划呢？超额报酬率来源于何处？面对竞争的冲击，超额报酬率还能够持续多久呢？我们对这些重要问题知之甚少。

这里还有一个相关的问题：为什么有些实物资产的风险较高，而其他实物资产相对较安全呢？我们在第12章列举了投资项目贝塔系数不同的几个原因，例如，经营杠杆程度不同或投资项目现金流量对国民经济状况的反映程度不同。尽管这些都是有用的线索，但是迄今为止，我们依然没有估计投资项目贝塔系数的一般程序。因此，评估投资项目的风险主要凭感觉。

风险与报酬率：我们是否迷失了什么？

1848年，英国著名哲学家和经济学家约翰·斯图尔特·穆尔（John Stuart Mill）曾经写道："令人欣慰的是，价值规律理论已经非常完整，没有什么需要现在或未来的学者进一步完善的内容。"不过，现在的经济学家却没有这么乐观。例如，资本资产定价模型对于理解风险如何影响资产价值是一个伟大的进步，但是依然存在许多统计性和理论性困惑。

之所以产生统计性问题，是因为资本资产定价模型的结论难以证实或证伪。贝塔系数较低的股票的平均报酬率过高（即高于资本资产定价模型预测的报酬率），而贝塔系数较高的股票的平均报酬率却过低。当然，这可能是检验方法的问题，不一定是模型本身的问题。

我们也曾经描述令人困惑的发现：期望报酬率似乎与公司规模、股票账面价值与市场价值比率相关。当然，这些发现可能仅仅是一种巧合（一种不可能重复出现的偶然结果）。但是，如果这些发现不是一种巧合，资本资产定价模型就可能未必完全正确。也许，公司的规模、账面价值与市场价值比率都与其他变量 x 相关，而变量 x 又与贝塔系数一起真正决定了投资者要求的期望报酬率。然而，我们还无法识别变量 x 并证明该变量确实与期望报酬率相关。

与此同时，理论前沿的研究工作放宽了资本资产定价模型的简单假设。下面就是一个例证：假设你喜欢美酒。对你而言，购买葡萄庄园的股票可能占用你大部分的个人财富，也使你的投资组合相对集中，但这依然是明智之举。然而，你对冲了美酒价格上涨的风险：如果酒市处于牛市，为了满足你的爱好，你可能花更多的钱购买美酒。不过，购买葡萄庄园的股票将使你更为富有。这样，你有理由持有一个相对集中的投资组合。我们不指望你会因为承担了投资组合的不可分散风险而获得额外的报酬。

一般而言，偏好不同的两个人持有不同的投资组合是合情合理的。你可能投资于酿酒业，以便对冲你的消费需求风险，其他人却可能觉得投资于巴斯金 – 罗宾斯公司（Baskin-Robbins）的股票更有利。资本资产定价模型没有充分解释这种现象。资本资产定价模型假设所有投资者的偏好相似，并不存在"对冲动机"，因此，投资者持有相同的风险性资产投资组合。

为了适应对冲动机，默顿拓展了资本资产定价模型。[①] 如果足够多的投资者都试图对冲同一件事情，那么，资本资产定价模型预示着一个更复杂的风险 – 报酬率关系。然而，现在还不清楚谁为什么而对冲，因此依然难以检验资本资产定价模型。即使这些额外的对冲动机存在许多可能性，除了贝塔系数，还有许多貌似合理的其他计量风险的指标，简单的资本资产定价模型也有许多潜在的替代模型。

与此同时，我们必须清楚资本资产定价模型的真正含义：一种不完整但非常有用的将风险与报酬率联系在一起的方式。我们还必须清楚资本资产定价模型带来的最基本的启示：可分散风险不重要。这几乎是每个人都接受的观念。

有效市场理论是否存在重要的例外?

尽管有效市场理论非常有说服力，但没有完美无缺的理论，总是存在某些例外。

有些明显的例外可能只是巧合。因为研究者对股票绩效的研究越深入，他们可能发现的各种离奇巧合也就越多。例如，有证据表明月初前后的日报酬率为月末前后的日报酬率的两倍。[②] 除非是一种巧合，否则，这种结果令人难以置信。严谨的投资者或财务经理看到这样的信息会觉得非常有趣，但并不会太在意。然而，并非所有例外都能如此轻易地消除。例如，公司首次公开发行股票之后数年，这些公司的股票走势相对较差。有些学者认为这可能意味着股票市场还不是有效市场，投资者历来都对公司的股票公开发行信息反应迟钝。当然，我们不能指望投资者永不犯错。如果投资者过去曾经反应迟钝，那么，我们有兴趣观察投资者是否吸取教训，将来更有效地确定股票价格。

有些学者认为有效市场理论忽视了人类行为的重要方面。例如，心理学家发现人们在预测未来时往往过于关注最近发生的事件。我们尚不知道这种行为观察在多大程度上有助于我们理解各种明显的异象。

在 20 世纪 90 年代后期互联网公司蓬勃发展的时期，股票价格飙升到天文数字的水平。纳斯达克综合指数攀升了 580%，从 1995 年初开始上涨，到 2000 年 3 月达到顶峰，随后下跌了大约 80%。也许标准的估值方法可以解释这种极端的股票价格走势。有些人则认为股票价格受到了投机泡沫的影响，非理性繁荣蒙蔽了投资者。现在真相大白：有些人容易变得过度激动。但是，为什么专业投资者也不远离定价过高的股票呢? 如果专业投资者用自己的钱投资于这些股票，也许会远离定价过高的股票，但是，驱使专业投资者随波逐流的绩效评价与激励机制可能使其难以独善其身，无法远离定价过高的股票。

这些问题都很重要。在充分理解资产价格为何有时会严重偏离其未来收益折现值之前，我们还需要进行更多更深入的研究。

管理层是一项表外负债吗?

我们在第 7 章讨论过，公司的市场价值应该等于其内在价值即公司持续经营的价值。但公司的价

[①] R.Merton, "An Intertemporal Capital Asset Pricing Model," *Econometrica* 41 (1973), pp.867–887.

[②] K.Yuan, L.Zheng, and Q.Zhu, "Are Investors Moonstruck? Lunar Phases and Stock Returns," *Journal of Empirical Finance*, 13 (2006), pp.1–23.

值有时似乎并不等于其内在价值。例如，封闭式基金的唯一资产就是普通股投资组合。其内在价值应该很容易计量。然而，封闭式基金的股票价格经常低于该基金投资组合的价值。其他例子不胜枚举。房地产公司的股票价格经常低于该公司净资产的市场价值。20 世纪 80 年代初期，许多大型石油公司的市场价值低于其石油储存量的市场价值。分析师调侃，你在华尔街购买石油比在得克萨斯西部购买石油更便宜。

相对而言，要将公司的市场价值与其基础资产的价值做比较并不难。也有这样的案例。也许，这些案例只是冰山一角，类似的差异在难以计量其价值的其他公司也普遍存在。果真如此，这冰山一角可能转变为烫手山芋。

我们不理解公司为何以低于市场价值的价格出售其资产。一种可能的解释是市场价值与反映管理层所创造价值的资产价值之间存在差异。当然，如果市场价值低于资产价值，那么，市场似乎认为经理没有创造价值，甚至减损了价值。这就是我们认为管理层可能是一项表外负债的原因。投资者也许还担心经理为了自己的利益或偏爱的投资项目而占用公司过多的现金流量。当然，经理将其人力资本投入公司，有理由期待个人投资能够获得合理的报酬。在多数公司里，经理和员工与股东和债权人共同投资于公司，即人力资本来自内部人，而财务资本来自外部投资者。然而，迄今为止，我们对这种共同投资如何运作仍知之甚少。

我们如何解释资本结构？

莫迪格利安尼和米勒关于资本结构的论文强调，公司的价值取决于各种现实变量，如生产的各种商品、销售价格及其发生的各种成本。筹资决策只影响分配给股东的现金流量的组合方式。现金流量组合的内容比现金流量组合本身更为重要。

公司借多少钱真的无关紧要吗？我们已经有多个理由可以说明，公司借多少钱是一个重要的问题。税收就是一个可能的理由。债务可以为公司提供税盾（税收抵扣），而这部分税盾可以大大补偿投资者因收到利息而必须额外支付的个人所得税。经理可能关注潜在的破产成本。资本结构的差异可能反映了公司成长机会相对重要性的差异。然而迄今为止，我们既不能证明这些可能性确实相关，也不能明确排除这些可能性。

关于这个问题，我们依然缺乏一个一致公认的资本结构理论。关于资本结构理论的争论一直存在。也许，没有一种理论可以刻画数千家公司如何选择债务与权益的动因。

我们如何解决分配之争？

尽管我们用整个第 17 章讨论分配政策，但仍无法解决股利之争。许多人认为公司发放股利是好事，也有人认为公司发放股利是坏事而回购股票才是好事，甚至还有人认为只要公司的投资决策不受影响，股利支付决策无关紧要。如果被迫做出选择，我们总体上持中立态度，但不会固执己见。

也许，关键在于我们一直问错了问题。与其不断追问发放股利是好事还是坏事，我们也许应该追问何时多发股利或少发股利。成熟公司的投资者，投资机会较少，可能更喜欢通过较高的股利支付率强化公司的财务约束，初创公司或拥有大量闲置资金的公司，股票回购的税收优势可能更有吸引力。

最近几十年来，公司分配现金的方式发生了变化。越来越多的公司不发放任何股利，而回购股票的数量迅速增加。这可能主要是因为拥有更多投资机会的小规模、高成长性公司所占的比例提高，但这似乎并不能完全解释公司分配政策的变化。理解分配政策的这些变化可能有助于我们理解分配政策如何影响公司的价值。

我们如何解释兼并浪潮?

许多似是而非的理由可以解释两家公司希望兼并的原因。如果你挑出一个具体的兼并案例,通常总能想到一个理由来解释其兼并的合理性。然而,这就给我们留下了一个具体兼并案例的具体假设。我们需要的是能够解释兼并浪潮的一般假设。例如,2002 年似乎没有发生公司兼并,而仅仅四年之后,公司兼并十分普遍。这是为什么呢?

我们可以想想其他金融时尚的例证。例如,不时会出现狂热的新证券发行期。这时,似乎有源源不断的投机性新证券来满足贪得无厌的需求。近年来,经济学家一直致力于发展新的投机泡沫理论。也许,这些理论有助于解释令人费解的金融时尚。

何谓流动性价值?

与国库券不同,现金不会产生利息。当然,现金的流动性比国库券强。随着你持有的现金数额增加,流动性的价值会下降。如果你的资产只有一小部分现金,额外再增加一点现金可能就非常有价值,但如果你持有大量的现金,再增加现金持有量,流动性的价值就不会那么高。遗憾的是,我们并没有真正理解如何评估现金的这种流动性功效。因此,我们无法确定公司持有多少现金合适或如何便捷地筹集这些现金。在讨论营运资本管理的章节,我们含糊其辞地提及公司需要确保"足够的"流动性而巧妙地绕过了这些问题。

更好地理解流动性也有助于我们理解公司债券如何定价。我们已经知道公司债券出售价格低于国库券的部分原因——公司债券的风险较大。然而,仅仅基于公司违约的可能性,我们无法解释低等级公司债券价格与国库券价格之间的差距为何如此之大。这种价格差异很可能主要是因为公司债券的流动性比国库券差。但是,除非我们知道有流动性差异的证券如何定价,否则,我们无法做出进一步的解释。

投资者对流动性价值的评估在某些时候似乎远远高于在其他时候。如果公司的流动性突然丧失,公司就会发现难以借钱。2007—2009 年金融危机期间,当投资者开始关注次级抵押贷款市场不断攀升的违约率时,就出现了这种情况。许多原本已经出售抵押品的银行又重新将这些抵押品打包并出售给美国和其他国家的金融机构。这就像"击鼓传花",没有人知道"鼓点"停下来时最终"花落谁手"。交易商越来越不愿意参与债券的买卖,银行变得越来越"惜贷"。年初还能够以高出美国联邦储备银行目标利率 0.1 个百分点的利率借到钱的那些银行发现,即便能够借到钱,现在也需要支付 4 个百分点的利差。

为什么金融系统容易出现危机?

尽管金融市场经常有效发挥作用,但我们并不清楚为什么金融市场有时会关闭或出现故障,而我们对经理如何应对这种局面也提供不了什么建议。

始于 2007 年的金融危机以一种不受欢迎的方式预示着金融系统的脆弱性。有时,万事似乎皆好;而有时,金融市场崩溃,银行失灵。不久之后,整个经济衰退。我们知道重要的银行危机经常是信用繁荣和资产价格泡沫的前兆。一旦泡沫破裂,房地产价格和股票价格双双下跌,随之而来的是急转直下的严重经济衰退。

我们对这些金融危机的理解非常有限。我们需要知道究竟何种原因引起金融危机、如何预防金融危机的发生,以及一旦发生了金融危机如何应对。要预防金融危机的发生,就必须将有效的治理制度、精心设计的薪酬计划和有效的风险管理有机结合。经济学家和金融监管机构未来还需要耗费数年的时间去理解金融危机。我们期待他们能够彻底解决这个问题。

以上就是我们列出的尚未解决的财务学问题的清单。我们已经为你提供了我们心目中最重要的九个问题。如果你发现还有更有趣和更具挑战性的其他问题，务必列出你自己的清单，然后思考这些问题。

25.3 结束语

我们将本章的名称定为"财务学的已知与未知"。也许，我们应该不客气地增加一节"我们已知但没有写出来的财务学"。但本书毕竟只是一本财务学的入门教材，有许多主题只能一笔带过。下面仅列举三个例证：

● 投资决策对筹资总是存在副作用（公司必须以某种方式让每一美元增值）。有时，这些副作用可能非常重要。例如，如果投资项目允许公司借入更多的债务，那么这些债务可能带来有价值的税盾。公司在评估新的投资项目时如何考虑这些筹资的副作用呢？尽管我们在第 13 章讨论如何计算加权平均资本成本时曾经提及这个问题，但是，投资项目评估如何最充分地考虑筹资的副作用，还涉及非常丰富的知识。

● 我们在第 14 章强调了公司发行证券筹集资金而产生的各种索取权。我们只是描述了其中主要的索取权，而忽略了其他索取权。租赁就是一个例证。公司租赁资产而不是购买资产，因为租赁资产不仅较为方便，有时还有税收优惠。现在有很多方法可以评估租赁。

● 大型公司的司库都担心汇率、利率和商品价格的波动。人们已经开发出各种工具（包括期权、期货、远期合约和互换）来帮助经理对冲这些风险。许多财务界精英的聪明才智都用于设计和评估这些新的金融工具。我们仅仅涉足期权估价问题，而未涉及期货估价问题。期货估价是一个激动人心的领域，相关论著和文章有助于你做更深入的了解。

我们希望这本财务学的入门教材可以深深地打动你，吸引你更深入地学习充满魔力的财务学。

图书在版编目（CIP）数据

财务管理基础：第 10 版 /（英）理查德·布雷利，
（美）斯图尔特·迈尔斯，（美）艾伦·马库斯著；胡玉
明译. -- 北京：中国人民大学出版社，2023.8
（工商管理经典译丛. 会计与财务系列）
ISBN 978-7-300-31872-1

Ⅰ.①财… Ⅱ.①理… ②斯… ③艾… ④胡… Ⅲ.
①财务管理 Ⅳ.① F275

中国国家版本馆 CIP 数据核字（2023）第 136044 号

工商管理经典译丛·会计与财务系列
财务管理基础（第 10 版）
［英］理查德·布雷利
［美］斯图尔特·迈尔斯　著
［美］艾伦·马库斯
胡玉明　译
Caiwu Guanli Jichu

出版发行	中国人民大学出版社	
社　　址	北京中关村大街 31 号	邮政编码　100080
电　　话	010 - 62511242（总编室）	010 - 62511770（质管部）
	010 - 82501766（邮购部）	010 - 62514148（门市部）
	010 - 62515195（发行公司）	010 - 62515275（盗版举报）
网　　址	http://www.crup.com.cn	
经　　销	新华书店	
印　　刷	北京七色印务有限公司	
开　　本	890 mm × 1240 mm　1/16	版　次　2023 年 8 月第 1 版
印　　张	31.5 插页 2	印　次　2023 年 8 月第 1 次印刷
字　　数	830 000	定　价　108.00 元

教师反馈表

　　麦格劳-希尔教育集团（McGraw-Hill Education）是全球领先的教育资源与数字化解决方案提供商。为了更好地提供教学服务，提升教学质量，麦格劳-希尔教师服务中心于 2003 年在京成立。在您确认将本书作为指定教材后，请填好以下表格并经系主任签字盖章后返回我们（或联系我们索要电子版），**我们将免费向您提供相应的教学辅助资源。如果您需要订购或参阅本书的英文原版，我们也将竭诚为您服务。您也可以扫描下面二维码，直接在网上提交您的需求。

★ 基本信息					
姓		名		性别	
学校		院系			
职称		职务			
办公电话		家庭电话			
手机		电子邮箱			
通信地址及邮编					

★ 课程信息					
主讲课程		原版书书号		中文书号	
学生人数		学生年级		课程性质	
开课日期		学期数		教材决策者	
教材名称、作者、出版社					

★ 教师需求及建议		
提供配套教学课件（请注明作者／书名／版次）		
推荐教材（请注明感兴趣领域或相关信息）	-	
其他需求		
意见和建议（图书和服务）	-	
是否需要最新图书信息	是、否	系主任签字/盖章
是否有翻译意愿	是、否	

麦格劳-希尔教育教师服务中心
地址：北京市东城区北三环东路 36 号环球贸易中心 A 座 702 室 教师服务中心 100013
电话：010-57997618/57997600
传真：010 59575582

教师服务信箱：instructorchina@mheducation.com
网址：www.mheducation.com

中国人民大学出版社　管理分社

教师教学服务说明

中国人民大学出版社管理分社以出版工商管理和公共管理类精品图书为宗旨。为更好地服务一线教师，我们着力建设了一批数字化、立体化的网络教学资源。教师可以通过以下方式获得免费下载教学资源的权限：

★ 在中国人民大学出版社网站 www.crup.com.cn 进行注册，注册后进入"会员中心"，在左侧点击"我的教师认证"，填写相关信息，提交后等待审核。我们将在一个工作日内为您开通相关资源的下载权限。

★ 如您急需教学资源或需要其他帮助，请加入教师 QQ 群或在工作时间与我们联络。

中国人民大学出版社　管理分社

🔔 **教师 QQ 群:** 648333426(工商管理)　114970332(财会)　648117133(公共管理)
　　教师群仅限教师加入，入群请备注(学校＋姓名)

☎ **联系电话:** 010-62515735, 62515987, 62515782, 82501048, 62514760

✉ **电子邮箱:** glcbfs@crup.com.cn

📍 **通讯地址:** 北京市海淀区中关村大街甲 59 号文化大厦 1501 室（100872）

管理书社

人大社财会

公共管理与政治学悦读坊